中国汽车新材料产业发展蓝皮书

中汽数据有限公司　东风汽车集团有限公司技术中心　组编

冯屹　谈民强　等著

BLUE BOOK ON
THE DEVELOPMENT OF CHINA'S AUTOMOTIVE
NEW MATERIAL INDUSTRY

本书是由中汽数据有限公司联合中国主流整车企业、零部件企业、材料企业，以及科研院所的专家深度参与编撰的汽车新材料产业发展蓝皮书，从关键材料的应用概述分析、国内外新技术发展现状、典型应用实例、产业链分析等维度，全方位解读汽车产业发展过程中关键材料技术的变化趋势和下一步的发展方向，为汽车整车、零部件企业的选材用材提供技术参考，引导汽车材料企业的规划和生产，有利于推动汽车产业高质量发展。

本书主要读者对象为关注汽车新材料产业发展的政府部门、行业、生产企业、研究机构等相关从业人员。本书可以为汽车生产企业提供技术参考，也可以为管理者提供技术支持。

图书在版编目（CIP）数据

中国汽车新材料产业发展蓝皮书 / 中汽数据有限公司，东风汽车集团有限公司技术中心组编；冯屹等著 . —北京：机械工业出版社，2023.7
ISBN 978-7-111-73328-7

Ⅰ.①中…　Ⅱ.①中…②东…③冯…　Ⅲ.①汽车 - 工程材料 - 材料工业 - 产业发展 - 研究报告 - 中国　Ⅳ.① F426.7

中国国家版本馆 CIP 数据核字（2023）第 105750 号

机械工业出版社（北京市百万庄大街 22 号　邮政编码 100037）
策划编辑：王　婕　　　　责任编辑：王　婕
责任校对：樊钟英　李　杉　封面设计：张　静
责任印制：刘　媛
北京中科印刷有限公司印刷
2023 年 11 月第 1 版第 1 次印刷
210mm×285mm · 20.25 印张 · 2 插页 · 662 千字
标准书号：ISBN 978-7-111-73328-7
定价：299.00 元

电话服务　　　　　　网络服务
客服电话：010-88361066　机 工 官 网：www.cmpbook.com
　　　　　010-88379833　机 工 官 博：weibo.com/cmp1952
　　　　　010-68326294　金 书 网：www.golden-book.com
封底无防伪标均为盗版　机工教育服务网：www.cmpedu.com

编委会

名　誉　顾　问：周　廉
顾　　　　　问：谈民强　冯　刚　范家春　朱国森　祝颖丹
编 委 会 主 任：冯　屹
编 委 会 副 主 任：赵冬昶　徐树杰
编委会执行主任：云　洋
编委会执行副主任：李明桓　高　聪
编 委 会 委 员（按姓氏笔画排序）：

马　丹	王　刚	王　博	王本满	王亚会	王志白	王超前
王策正	王路瑶	王熙大	王熙艳	王慧珍	中冈真哉	石春梅
龙　宇	龙杰明	卢朝亮	田世伟	田宇黎	史　静	冉　浩
代小杰	冯喜洋	邢　阳	邢　涛	戎颖颖	曲新军	吕树洋
乔雪峰	任　鹏	任家宝	任凯旭	任贵兰	刘　东	刘　阳
刘　铮	刘　敏	刘丹丹	刘李斌	刘伯芳	刘宏亮	刘晓平
闫康康	安保芹	江海涛	许利鹏	孙　竑	孙　通	孙子敬
孙建亮	杜艳玲	杜盟相	李　贺	李守华	李冰阳	李志通
李泽勇	李赵波	李彦波	李祖彬	李菁华	李静怡	杨　臣
杨　琴	杨　斌	吴文珍	吴永坤	吴贵根	宋　涛	宋建新
宋起峰	张　军（38岁）	张　军（43岁）	张　岳	张　贺		
张　雯	张世伟	张民爱	张吉光	张俊华	张翛然	陈　超
陈　磊（38岁）	陈　磊（41岁）	武胜军	武晓燕	范　林		
林　利	罗国伟	季春红	季俊娜	周世龙	郑　雪	孟大海
赵丽萍	胡宽辉	段宏强	禹如杰	俞　雁	贺小国	聂铭歧
倪娟丽	高　翔	高　嵩	高伟峰	高祥达	郭宇辰	郭鹏宗
唐　毅	崔跃宗	黄　硕	黄骏霖	黄燕敏	曹　兰	梁志纯
葛　浩	韩　赟	韩志勇	程冬霞	谢联福	蔡　钢	蔡　莹
熊　芬	谭召召	滕华湘	霍聪敏			

汽车工业是现代经济增长的主导产业和支柱产业之一，同时也是一个国家制造业竞争力体现的标志之一。汽车材料是汽车生产制造及运行的基础，与汽车的性能息息相关。近年来，随着新能源、信息技术、人工智能等技术的不断进步和人们生活品质的不断提高，汽车产业开始向着低能耗、低污染、高安全的方向发展，电动化、智能化、轻量化逐渐成为汽车行业的发展趋势，而这一切离不开材料的支撑。材料的更新迭代对促进汽车产业的变革起着关键作用，因此，汽车新材料成为世界各主要国家竞相发展的领域。

美国、德国、法国、日本、韩国等作为传统汽车强国具有深厚的技术积淀，在汽车新材料领域占据着领先地位。美国一直以来高度重视汽车新材料产业的发展，在轻量化合金、耐温合金、复合材料、塑料及橡胶、燃料电池及相关材料等领域持续保持竞争优势。以德国、法国、英国等为代表的欧洲国家则在汽车用新型钢材、轻量化合金、塑料及橡胶、复合材料、燃料电池催化剂等领域具有较强的竞争力。日本在汽车新材料领域的发展目标是保持产品的国际竞争力，注重实用性，目前在碳纤维、高性能钢材及铝合金、工程塑料、高端磁性材料、液态锂电池及高端三元正极材料和隔膜、全固态电池、燃料电池及相关材料等领域优势明显。韩国在汽车新材料领域同样具有较强的创新能力，在汽车用新型钢材、液态锂电池及高端三元正极材料等方面有一定竞争优势。

我国非常重视汽车新材料产业的发展，历经数十年的奋斗，汽车产业不断发展壮大，在技术、产业规模等方面取得了长足进步。第三代高强钢具有国际领先优势，薄铝硅镀层热成形钢、铝合金、中低端塑料及橡胶、碳纤维技术取得突破，产能规模逐渐扩大；玻璃纤维材料方面多项技术达到国际先进水平，产能位居世界第一；液态锂电池及相关材料如正极材料、负极材料、隔膜、电解液等产能位居世界前列，燃料电池技术不断进步，膜电极、双极板、质子交换膜实现小规模自主生产，固态电池技术进步明显，逐步缩小与欧、美、日、韩等国际先进水平的差距。虽然我国汽车新材料产业已经具备良好的基础，但不可忽视的是我国大部分汽车新材料在性能、规模、绿色化生产等方面与国际一流水平相比仍有较大差距。在新一轮科技革命与我国经济发展转型形成历史性交汇时，我国汽车新材料产业发展迎来了新的机遇，而国际环境的深刻复杂变化则使我国汽车新材料的发展面临严峻的外部挑战。因此，及时梳理和掌握我国汽车新材料产业的发展脉络十分必要，这将有助于全面了解汽车新材料产业的发展现状，并清晰认识我国汽车新材料产业面临的短板，明确未来创新发展的方向。《中国汽车新材料产业发展蓝皮书》是在我国汽车材料产业加速发展的背景之下编制的行业书籍，全书分为钢铁材料、铝合金材料、塑料及橡胶、复合材料、动力电池五章，围绕我国汽车新材料、新工艺、应用实例以及国内外产业进展展开论述分析，并在此基础之上提出了新材料的发展趋势及建议，供相关业内人士参考。本书的编制对汽车材料产业及其上下游都具有较好的借鉴意义，有助于推动我国汽车材料产业向专业化、精细化、绿色化转型，促进汽车材料产业高质量发展，为全球汽车产业变革贡献中国智慧。

中国工程院院士（首批）

前言

汽车工业作为国民经济的支柱性产业之一，在助力GDP增长、稳就业、降能耗、碳中和等方面，都扮演着十分重要的角色。汽车产业链纵向延伸长、跨界融合面宽，构建畅通安全的产业链、供应链是汽车产业发展的根基所在，汽车产业未来的发展离不开产业协同，少不了汽车行业上下游企业深度联动。随着制造技术的进步，汽车功能越来越多，其结构也越来越复杂，传统汽车通常由几千个甚至上万个零部件组成。每种汽车零部件根据功能和性能需求，选择一种或多种材料。

材料是汽车工业实现创新发展的基础动力，也是串联整个工业领域的核心所在，材料稳定则工业稳定，材料创新则工业创新。为满足汽车安全、节能、环保、舒适的要求，轻量化、高强度、高性能的新材料被大量采用，智能化、高精度、低能耗的材料加工制造工艺不断涌现，促使制造汽车的材料种类和比例也有较大的改变。

为了梳理汽车产业中新材料的使用现状，绘制汽车材料技术发展趋势蓝图，引领绿色环保时代主题，实现汽车产业绿色低碳可持续发展，促进中国汽车新材料产业化应用，中汽数据有限公司联合汽车企业开展《中国汽车新材料产业发展蓝皮书》编制工作，为中国汽车行业及原材料产业创新及融合发展提供必要的战略方向和依据。

本书是在中汽数据有限公司多年持续研究汽车新材料产业的基础上，联合东风汽车集团股份有限公司、重庆长安汽车股份有限公司、国家新材料产业发展战略咨询委员会天津研究院等共同推出的产业研究专著，在编制过程中获得了来自国内主流整车企业、零部件企业、材料企业、高校、科研院所、行业机构及相关单位专业人士的大力支持。

本书共设计策划了五章内容。第1章是钢铁材料，主要内容包括汽车用钢材料概述、汽车钢板新材料、钢板材料新工艺、钢铁材料典型应用实例以及钢铁材料应用产业链分析。第2章是铝合金材料，主要内容包括铝合金分类及应用概述、铝合金材料新技术、铝合金材料典型应用实例、铝合金应用产业链分析。第3章是塑料及橡胶，主要内容包括塑料及橡胶的简介及应用概述、主要系统塑料及橡胶材料应用、汽车塑料应用产业链分析、汽车橡胶应用产业链分析。第4章是复合材料，主要内容包括复合材料概述、纤维及预浸料的制备技术、复合材料零件成形及连接技术、汽车复合材料典型应用案例、复合材料应用产业链分析。第5章是动力电池，主要内容包括锂离子电池和燃料电池的用材及产业链分析。

本书从社会科学角度，对我国汽车新材料产业发展情况进行了全面系统的梳理和分析，持续紧跟产业发展态势，深度解读产业发展内涵，既从受众的角度让广大读者了解中国汽车新材料产业发展的现状和趋势，又从专业角度客观分析新材料技术和产品，分析产业发展面临的问题并提出建议措施。

本书将有助于汽车新材料产业管理部门、研究机构、上下游企业、社会公众等了解中国乃至全球汽车新材料产业发展的最新动态，旨在为政府部门出台新材料产业相关政策法规、企业制定相关战略规划提供必要的借鉴和参考。

感谢各位编写者的辛苦工作，感谢参与编写的国内整车企业、零部件企业、材料企业以及科研院所、高校、行业机构的专业技术人员的支持，感谢出版社老师严谨、高效的编辑工作，使本书得以顺利出版。

本书是汽车材料领域多位专家付出大量心血、艰辛努力共同完成的成果，但由于时间紧张，书中纰漏和不足在所难免，敬请广大读者对书中错误及不当之处提出批评和修改建议，以便我们进一步完善本书。

编 者

目 录

序

前言

第1章 钢铁材料 … 1

1.1 汽车用钢材料概述 … 2
- 1.1.1 汽车用钢 … 2
- 1.1.2 汽车钢制零部件 … 3
- 1.1.3 小结 … 5

1.2 汽车钢板新材料 … 5
- 1.2.1 热成形钢 … 5
- 1.2.2 高强度马氏体钢 … 19
- 1.2.3 增强成形钢 … 23
- 1.2.4 淬火配分钢 … 34
- 1.2.5 短流程CSP钢板 … 39
- 1.2.6 差厚板 … 45
- 1.2.7 钢板镀层材料 … 47
- 1.2.8 其他钢板新材料 … 54

1.3 钢板材料新工艺 … 75
- 1.3.1 高强钢热冲压成形新工艺 … 75
- 1.3.2 辊压成形工艺 … 78
- 1.3.3 液压成形工艺 … 81
- 1.3.4 钢塑复合成形 … 83

1.4 钢铁材料典型应用实例 … 84
- 1.4.1 一体式热成形门环 … 84
- 1.4.2 3D辊弯A柱上边梁加强件 … 88
- 1.4.3 差厚板B柱 … 91
- 1.4.4 辊压成形前防撞梁本体 … 93
- 1.4.5 钢质高扩孔前三角臂 … 94
- 1.4.6 空心钢管成形后扭力梁 … 95
- 1.4.7 静音钢板在防火墙、前/后地板的应用 … 98

1.5 钢铁材料应用产业链分析 … 99
- 1.5.1 国外产业进展 … 99
- 1.5.2 国内产业进展 … 101
- 1.5.3 发展趋势及建议 … 101

参考文献 … 102

第2章 铝合金材料 … 105

2.1 铝合金分类及应用概述 … 106
- 2.1.1 铝合金简介 … 106
- 2.1.2 国内外铝合金应用 … 107
- 2.1.3 小结 … 109

2.2 铝合金材料新技术 … 109
- 2.2.1 6XXX系铝合金外板材料 … 109
- 2.2.2 6XXX系高烘烤硬化板材 … 114
- 2.2.3 7XXX系铝合金防撞梁材料 … 119
- 2.2.4 免热处理高压铸造铝合金 … 126
- 2.2.5 陶铝新材料：纳米陶瓷颗粒增强铝基复合材料 … 128
- 2.2.6 泡沫铝材料 … 130

2.3 铝合金材料典型应用实例 … 138
- 2.3.1 铝合金型材拼焊电池箱体 … 138
- 2.3.2 铝合金铸造副车架 … 139
- 2.3.3 高真空压铸铝合金零件 … 144
- 2.3.4 铝合金前纵梁 … 147
- 2.3.5 铝合金仪表板横梁总成 … 151
- 2.3.6 铝合金防撞梁 … 152

2.4 铝合金应用产业链分析 … 154
- 2.4.1 材料研发 … 154
- 2.4.2 产业变革 … 155
- 2.4.3 市场竞争 … 155

参考文献 … 156

第3章 塑料及橡胶 … 159

3.1 塑料及橡胶的简介及应用概述 … 160
3.2 车身系统 … 161
3.2.1 车身系统用塑料 … 161
3.2.2 车身系统用橡胶及弹性体 … 174
3.2.3 小结 … 178
3.3 电器系统 … 178
3.3.1 电器系统用工程塑料 … 178
3.3.2 电器系统用橡胶及弹性体——硅橡胶 … 187
3.3.3 小结 … 189
3.4 底盘系统 … 190
3.4.1 底盘系统用橡胶及弹性体 … 190
3.4.2 小结 … 198
3.5 动力系统 … 199
3.5.1 动力系统用工程塑料 … 199
3.5.2 动力系统用橡胶及弹性体 … 205
3.5.3 小结、存在问题及建议 … 207
3.6 "三电"系统 … 207
3.6.1 "三电"系统用工程塑料 … 209
3.6.2 "三电"系统用橡胶及弹性体 … 216
3.6.3 小结 … 219
3.7 汽车塑料应用产业链分析 … 219
3.7.1 轻量化设计方面 … 219
3.7.2 感知品质设计方面 … 220
3.7.3 智能化设计 … 221
3.7.4 绿色环保化设计 … 221
3.8 汽车橡胶应用产业链分析 … 222
3.8.1 电气化趋势 … 222
3.8.2 热管理系统 … 222
3.8.3 轻量化管理 … 222
3.8.4 噪声、振动与声振粗糙度管理 … 222
参考文献 … 223

第4章 复合材料 … 225

4.1 复合材料概述 … 226
4.1.1 复合材料简介及分类 … 226
4.1.2 复合材料在汽车上的应用 … 226
4.2 纤维及预浸料的制备技术 … 228
4.2.1 玻璃纤维概述及先进制备技术 … 228
4.2.2 碳纤维概述及低成本制备技术 … 230
4.2.3 织物及混编技术 … 233
4.2.4 预浸料制备技术 … 235
4.3 复合材料零件成形及连接技术 … 237
4.3.1 长纤维增强热塑性复合材料工艺 … 237
4.3.2 片状模塑料模压工艺 … 239
4.3.3 玻璃纤维毡增强热塑性复合材料模压工艺 … 240
4.3.4 高压树脂传递模塑成形工艺 … 241
4.3.5 预浸料模压工艺 … 243
4.3.6 三明治夹芯复合材料 … 245
4.3.7 连接技术 … 247
4.4 汽车复合材料典型应用案例 … 249
4.4.1 LFT-G 全塑前端模块 … 249
4.4.2 LFT-D 备胎池 … 251
4.4.3 SMC 电池上壳体 … 253
4.4.4 GMT 防撞梁 … 254
4.4.5 HP-RTM A 柱下内板 … 256
4.4.6 玻纤 PCM 板簧 … 258
4.4.7 热塑性 PCM 顶盖横梁 … 260
4.4.8 碳纤维尾翼 … 261
4.4.9 三维编织 A 柱上加强件 … 263
4.4.10 碳玻混杂纤维复合材料前罩 … 263
4.4.11 PHC 复合材料备胎盖板 … 265
4.5 复合材料应用产业链分析 … 267
4.5.1 国外产业进展 … 267
4.5.2 国内产业进展 … 268
4.5.3 发展趋势及建议 … 268
参考文献 … 269

第5章 动力电池 … 271

5.1 锂离子电池 … 272
5.1.1 锂离子电池概述 … 272
5.1.2 正极材料 … 275
5.1.3 负极材料 … 278
5.1.4 隔膜 … 281
5.1.5 电解液 … 284

5.1.6 固态电解质（全固态锂离子电池）……287
5.1.7 锂离子电池应用产业链分析……290

5.2 燃料电池 …… 293
5.2.1 燃料电池概述……293
5.2.2 质子交换膜……296
5.2.3 催化剂……299
5.2.4 气体扩散层……301
5.2.5 双极板……303
5.2.6 燃料电池应用产业链分析……309

参考文献 …… 313

CHAPTER 01
第 1 章
钢 铁 材 料

随着汽车全产业链条技术的不断进步和发展，汽车行业逐步呈现出电动化、智能化、网联化的新发展趋势，从汽车大国转变成汽车强国已经成为我国汽车产业当前的主要目标和任务。新能源、新一代信息技术、新材料等前沿科技成果在汽车工业领域深度集成应用，带动全球汽车工业向着更节能、更智能的方向发展，原材料技术作为关键的基础支撑，直接影响着汽车产业的变革和发展。

钢铁材料的发展由来已久，在汽车上更是作为应用最广泛的材料，汽车产业前进的每一步都在记录和见证着钢铁材料技术的发展历程，越来越多的新材料、新技术和新工艺在钢铁材料领域出现、发展到成熟应用。本章重点分析和解读国内外在钢板材料创新技术和钢板材料新工艺两个方面的技术发展现状，并结合钢铁材料典型应用实例介绍技术发展中存在的问题。最后，针对产业链的发展趋势进行总结和梳理，为汽车用钢铁材料的发展路径提供重要的参考。

随着汽车工业的不断进步，轻量化、安全性、耐蚀性等先进指标对汽车材料提出了新的要求和挑战，钢铁材料在适应新的技术需求方面依然存在诸多亟待解决的问题，相比国外钢铁材料产业，国内很多方面存在短板和不足，卡脖子技术和专利壁垒的情况没有根本突破。同时，国家层面提出的碳达峰和碳中和目标也对钢铁行业提出了更高的要求。我国钢铁行业是 31 个制造业门类中碳排放量最大的行业，钢铁产业减碳降碳的工作成效直接关系到汽车行业的可持续发展，用减碳竞争力更强的钢铁产品才能制造出全生命周期碳排放更低的汽车，进而提升中国汽车在国际市场的核心竞争力。

新形势下，钢铁材料在汽车上的应用发展前景充满机遇，也面临其他新材料带来的挑战，产业链上下游企业应该高效协同，不断开拓创新，通过开发更多先进的钢铁材料和技术来助推汽车强国梦的早日实现。

1.1 汽车用钢材料概述

18 世纪 60 年代，在蒸汽动力的推动下，欧洲科技技术迅猛发展，人类步入第二次工业革命。1885 年，德国人卡尔·弗里特立奇·本茨研制出世界第一辆马车式三轮汽车，并且在 1886 年 1 月 29 日获得专利证明，随后创立了奔驰汽车公司。人类社会进入了汽车工业时代。时至今日，汽车产业已经为世界上规模最大的产业，并逐渐成为世界各国国民经济的支柱。

汽车产业具有产业链长、关联度高、就业面广、消费拉动大等特点，在国民经济和社会发展中起到举足轻重的作用。因此，汽车产业的发展水平和实力反映了一个国家的综合国力和竞争力。随着全球经济一体化及产业分工的日益加深，以中国为代表的新兴国家汽车产业迅速发展。

进入 21 世纪，我国汽车产业进入了高速发展时期，形成了完整的零部件生产和配套体系，产业集中度高，产品技术水平显著提升，在全球汽车市场格局中的市场地位得到逐步提升。

材料是汽车工业发展过程中的基础产业和支撑产业。我国汽车产业的高速发展也为材料产业发展带来了新的契机。当前，汽车材料的总体性能要求是高强度、耐疲劳、蠕变性、耐高温、耐溶剂、尺寸稳定、电气性能优异等，对国产汽车用材料提出了更高的要求。汽车车身材料中，金属材料所占比例接近 90%，而其中 70% 为钢铁材料，20% 为铝合金、镁合金等，另外工程塑料、碳纤维等材料占比 10% 左右。综合考虑成本、安全性、轻量化等特点，钢材在相当长的时间内还是最适合汽车车身的材料。

1.1.1 汽车用钢

按照强度级别，汽车用钢可以分为低碳钢、普通高强钢和先进高强钢三大类。

1.1.1.1 低碳钢

低碳钢主要指低碳铝镇静钢或无间隙原子钢（IF 钢），具有低屈服强度和高断后伸长率，它拥有优异的塑性加工性能，非常适合于生产复杂零件，可用于车门内板、备胎舱、轮罩板等深冲与超深冲产品的冲压使用。特别是，无间隙原子钢是在超低碳钢中加入适量的钛和/或铌，钢中间隙原子（碳、氮）以碳化物和氮化物形式存在，减少了钢中的间隙固溶原子，使其具有更好的成形性。

1.1.1.2 普通高强钢

普通高强钢包括加磷高强钢、高强 IF 钢、烘烤硬化钢和低合金高强钢四大类。

加磷高强钢是指在超低碳钢（以无间隙原子钢为基体）或低碳钢（以低碳铝镇静钢为基体）中，添加不超过 0.12% 的磷等固溶强化元素来提高钢的强度。这种钢具有高强度和良好的冷成形性能，同时具备良好的耐冲击和抗疲劳性能，通常用于制造汽车覆盖件或结构件。

高强IF钢通过控制钢的化学成分改善钢的塑性应变比（r值）和应变硬化指数（n值）。由于钢中合金元素产生了固溶强化效果，加上无间隙原子的存在，使这种钢同时具有很高的强度和优异的冷成形性能，通常用来制作需要深冲压的复杂部件。

烘烤硬化钢在钢中保留了一定量的固溶碳和氮原子，同时可通过添加磷、锰等强化元素来提高钢的强度。经加工成形，在一定温度下烘烤后，由于时效硬化使钢的屈服强度显著提升，通常应用于对烘烤硬化性能要求较高的汽车外覆盖件。

低合金高强钢是在低碳钢中，通过单一或复合添加铌、钛、钒等微合金元素，形成碳氮化合物粒子析出进行强化，同时通过微合金元素的细化晶粒作用，以获得较高的强度，主要用于翻边成形要求较高的结构件和加强件。

1.1.1.3 先进高强钢

先进高强钢可以在不降低车辆安全性能的前提下最大限度地减轻车辆自重，进而满足汽车工业的节能减排要求。先进高强钢主要包括双相钢、增强成形性双相钢、相变诱导塑性钢、复相钢、增强成形性复相钢、淬火配分钢、马氏体钢、热成形钢八类。

双相钢（Dual Phase Steel，DP钢）的组织主要由铁素体和马氏体组成，具有低屈强比、高加工硬化性能、良好的均匀伸长率和烘烤硬化性能。在同等屈服强度水平下，双相钢比低合金高强钢有更高的强度，且无室温时效，成形性好。目前，双相钢强度级别覆盖450～1310MPa，主要用于结构件和加强件。

增强成形性双相钢（Dual Phase Steel with Improved Formability，DH钢）的组织主要由铁素体和马氏体及少量贝氏体或残余奥氏体组成。与同等抗拉强度的双相钢相比，具有更高的伸长率和加工硬化指数。因此，该钢种适用于具有较高拉延需求的零部件。

相变诱导塑性钢（Transformation Induced Plasticity Steel，TR钢）的组织主要由铁素体、贝氏体和残余奥氏体组成，且残余奥氏体的含量不少于5%。在成形过程中，残余奥氏体可相变为马氏体，所以该钢具有较高的加工硬化率、均匀伸长率和抗拉强度。与同等抗拉强度的双相钢相比，具有更高的伸长率。

复相钢（Complex Phase Steel，CP钢）的组织主要是铁素体或贝氏体基体上分布少量马氏体、残余奥氏体或珠光体，利用微合金元素细晶强化或析出强化。与同等抗拉强度的双相钢相比，具有较高的屈服强度和良好的弯曲性能，主要用于折弯翻边成形零件。

增强成形性复相钢（Complex Phase Steels with Improved Formability，CH钢）在传统复相钢组织（铁素体+马氏体+贝氏体）的基础上，引入了亚稳相的残余奥氏体、马氏体和贝氏体，使其具有更高的强度和较高的扩孔率。钢中的铁素体可以提供较好的塑性，依靠残余奥氏体的相变诱发塑性作用获得更高的均匀伸长率和总伸长率，多相组织复合使CH钢在具有高强度和高扩孔性能的同时，具有较好的延伸性能。

淬火配分钢（Quenching and Partitioning Steel，QP钢）是采用淬火-配分工艺生产的高成形性超高强钢。钢的显微组织由马氏体+铁素体+残余奥氏体等多种相组成，利用马氏体带来的超高强度和残余奥氏体的相变诱导塑性（Transformation Induced Plasticity，TRIP）效应，获得比传统超高强钢更优越的成形性能，具有中等屈强比和较高的加工硬化性能，适合用于外形相对复杂、强度要求高的车身骨架件和安全件。

马氏体钢（Martensitic Steel，MS钢）的组织几乎全部为马氏体，通常具有较高的抗拉强度和较高的屈强比，主要用于对强度要求较高的防撞件和安全件。

热成形钢（Hot Stamping Steel，HS钢）是将钢板加热到奥氏体化温度以上，加热的钢板在模具内被冲压，同时完成成形和淬火，将奥氏体转变为全马氏体组织，实现高强度零件的精确冲压成形，解决超高强度钢板在冷冲压时易开裂、回弹严重、难以成形复杂零件、模具损耗严重等问题。目前，热成形钢强度覆盖1300～2000MPa，主要用于B柱、防撞梁等结构件和安全件。

综上所述，在金属结构材料中，钢材的强度和塑性具有很宽的调节范围，同时可采用铸造、锻压和焊接等多种工艺，至今仍在汽车领域中大量应用。

1.1.2 汽车钢制零部件

不同品牌的汽车对零部件数量的需求并不相同，一辆汽车通常需要几万个零部件，而不同零部件发挥的功能不同，所以其服役工况也千差万别，因而对材料性能的需求也各不相同。汽车零部件的选材需要根据其具体服役工况，综合考虑材料的理化性能、力学性能和工艺性能（如屈服强度、焊接性能、冷弯性能等）及经济性等因素，这里简要概述一下汽车用覆盖件、结构件/功能件和底盘类零件对钢铁材料的要求。

1.1.2.1 覆盖件

汽车覆盖件是指覆盖发动机、底盘，构成驾驶室、车身的金属薄板制成的空间形状的表面或内部零件，按功能和部位可分为外部覆盖件、内部覆盖件和骨架覆盖件三类。汽车覆盖件主要有车门、发动机罩、行李舱盖、保险杠（前后，内衬）、车身侧裙板、轮罩、门槛、散热器格栅、牌照板等。汽车覆盖件对表面缺陷要求较高，这类部件表面上的微小瑕疵会引起光反射而损坏外形的美观，所以覆盖件表面不允许有边缘拉痕、波纹、皱折和其他破坏表面美感的缺陷。汽车覆盖件要求良好的成形性、强度和刚度。汽车覆盖件在服役过程中与空气接触，所以汽车覆盖件还要求良好的耐蚀性。汽车覆盖件用钢材通常为厚度 0.6~1.0mm 之间的薄板，且使用表面有涂层的镀锌或锌铁合金钢板。由于发动机罩、车门、行李舱盖等外板对刚度有要求，同时又需要较高的成形性，因而多采用 BH 烘烤硬化钢或者 DP450 双相钢。

1.1.2.2 结构件/功能件

汽车结构件指汽车中的承载件及受力件，包括前后纵梁和 A、B、C 三对支柱等。汽车加强件是指汽车框架等一系列具有强化保护功能的结构件，如前后防撞梁和翼子板内缘等。

汽车结构件和加强件，如保险杠、横梁、纵梁、座椅导轨、机油盘等零件，可选用双相钢，采用热处理得到 80% 的铁素体和 20% 的马氏体的组织结构，其屈服强度在 500~900MPa 之间，具有低屈强比、初始加工硬化速率快、无屈服延伸及烘烤硬化性能，但扩孔性能差；也可选用相变诱导塑性钢，其组织是铁素体、贝氏体和残余奥氏体，强度在 600~1000MPa 之间，其特点是初始加工硬化指数小于双相钢，但在很长应变范围内仍保持较高的加工硬化指数，因此特别适合用于拉胀成形。门柱、窗柱等结构件需要更高的抗拉强度，多选用热成形钢。

1.1.2.3 底盘类零件

汽车底盘主要包括传动部件、行驶部件、转向部件以及制动部件。其中，转向部件通常采用优质碳素钢以及铸铁制造。行驶部件中的车架由碳素钢制造，车桥由灰铸铁制造，个别品牌的汽车车架在制作时也会使用优质碳素钢，而制动部件中的轮缸及其制动管路则选用铸铁制成。

鉴于汽车用钢种类繁多，这里无法一一介绍，所以将部分汽车零部件的选材及性能要求列于表 1-1，以供读者阅后了解。

表 1-1 部分汽车零部件的选材及性能要求

序号	零部件	使用性能要求	采用材料
1	连杆、曲轴、连杆螺栓	强度、冲击韧性、耐磨性	调质钢 45、40Cr、40MnB 等
2	轴承、轴瓦	疲劳强度、耐磨性	轴承钢、轴承合金
3	排气门	耐热性、耐磨性	高铬耐热钢 4Cr10Si2Mo、4Cr14Ni-4W2Mo
4	气门弹簧	疲劳强度	弹簧钢 65Mn、50CrVA
5	支架、盖罩、挡板、油底壳等	刚度、强度	钢板 Q235、20、16Mn
6	传动轴、钢圈等	强度、刚度、韧性	钢板 25、16Mn、610L、340LA、SAPH440
7	前桥、转向节臂、半轴等	强度、刚度、疲劳强度	调质钢 45、40Cr、40MnB 等
8	变速器齿轮、后桥齿轮	强度、耐磨性、疲劳强度、断裂强度	渗碳钢 20CrMnTi、40MnB
9	钢板弹簧	耐疲劳、耐冲击和耐蚀性	弹簧钢 65Mn、60Si2Mn、50CrMn
10	车门内板	强度、刚度、韧性	普通钢 DC 系列
11	车门外板、地板	强度、刚度、韧性	烘烤硬化、低合金高强钢等
12	A 柱、B 柱、防撞梁、纵向承载梁	强度、刚度、韧性	热成形钢
13	车顶横梁、地板横梁	强度、刚度、韧性	双相钢、TRIP 钢

1.1.3 小结

目前，我国汽车用钢总体上逐年增长。2020年，我国汽车行业用钢5250万t。新一代汽车的发展趋势是节能、降耗、环保和安全。为了实现轻量化并提升汽车安全性，高强度和超高强度钢是汽车用钢的未来发展目标。然而，随着车用钢材的强度越来越高，在材料的开发以及成形、连接及涂装工艺中出现了很多需要解决的问题，强度过高会产生延迟断裂和抗疲劳性能下降的现象，这些关键问题限制了高强钢和超高强钢的发展和应用，高强钢的强韧化是汽车用钢亟待解决的重要科学问题。我国汽车行业用钢经过几十年的发展，至今已发展到第三代汽车钢，并已在汽车制造中全面应用。相变诱发塑性钢、双相钢、复相钢、马氏体钢、孪晶诱导塑性钢、轻量化迭层钢板等，均具有高的减重潜力、高的碰撞吸收能、高的成形性和低的平面各向异性等优点，未来在汽车上的应用会越来越广泛。总之，随着国内汽车工业的发展，对于优质汽车用钢的要求越来越高，需求量也越来越大。

1.2 汽车钢板新材料

全球汽车工业正朝着轻量化、高性能、长寿命、安全可靠的方向发展。汽车工业的发展对汽车零部件的发展提出了更高的要求。钢制零部件通常是汽车上的关键零部件，所以钢材是制造汽车核心部件的关键材料。钢材主要应用于汽车内四大系统的零部件，包括发动机系统、变速及传动系统、悬架及转向系统和标准件系统。汽车关键零部件用钢材已经成为提升汽车整车性能的关键材料，正在朝着高强韧性、高纯净度、高均匀性、超细晶粒度、高疲劳寿命的方向发展。

现阶段，汽车用钢板仍面临诸多挑战：

1）安全性能：整车关键部件应采用更高强高韧的材料以满足法规要求以及消费者需求。

2）材料成本：寻找材料性能与材料成本的平衡点是提升车辆性价比的最佳路径。

3）加工性能：克服钢板焊接、回弹等加工难题，进一步适应高速、高质量的加工节奏。

4）耐蚀性能：国内外乘用车车身防腐要求一般为3年油漆表面无锈蚀，10年无钣金基材锈穿。部分汽车品牌的防腐要求更高。因此，汽车车身不仅要满足刚度、强度、结构等要求，还要满足防腐要求。

5）节能降碳：高强度、短流程、近终型能够有效降低车辆在加工制造或后期使用阶段的能耗，在提升整车性能的同时更符合低碳时代的需求。

汽车用钢材的发展不仅要通过加大研发力度不断提升自身性能，从而解决面临的上述挑战，还需要接受其他新材料的挑战。因此，汽车用钢板材料呈现出多元化发展趋势，未来将极大推动我国汽车产业的进步。

1.2.1 热成形钢

热成形钢是指用于直接和间接热冲压成形的钢板或钢带。目前，汽车用热成形钢以1500MPa钢级为主，国内市场普通消费级汽车用量约占白车身10%以内，但欧洲车型普遍使用量达到白车身30%以上。相关机构预测，国内热成形钢在白车身的使用将很快增加至30%的用量。

据统计，全球热成形钢的年使用量超过400万t，热成形零件消耗数量约为10亿件。中国目前有热成形产线超过200条，中国市场热成形钢使用量约为120万t，并且在不断增加。

从使用角度来看，力学性能和表面状态是热成形钢需要重视的两大方面。近些年，国内热成形钢在技术上有了较为明显的突破，以2GPa为代表的高强度热成形钢和铝硅薄涂层热成形钢是热成形钢新材料的典型代表，受到汽车行业的高度关注。

1.2.1.1 汽车钢板热成形技术

热成形钢是热冲压成形钢与热成形工艺技术相结合的钢种，通过将成形和强化分为两个步骤来解决强度和成形性的矛盾，生产出超高强度汽车零部件。与冷成形相比，热成形具有零件强度高、成形性好、零件尺寸精度高等优势，广泛用于防止汽车碰撞过程中变形的加强件，如车门防撞梁、保险杠梁、侧边梁、A柱、B柱加强件和中央通道等。

热成形技术在1977年由瑞典开发，应用于割草机刀片等。1986年，瑞典Saba公司最早将这一技术应用于汽车的防撞部件，如A柱、B柱、门内侧梁/柱、底板中央通道、车身纵梁和横梁、门槛、保险杠等。这些部件的强度级别直接关系到轿车的安全性能，尤其是国家提高了对汽车防撞级别的要求，这些部件的强度级别更是关系到整车的安全星级。

热成形技术可以很好地解决高强度和超高强度钢板成形困难的问题。在热冲压工艺中，板料在加热炉中被加热到奥氏体化温度（900～950℃），并在奥氏体区保持3～5min，然后将板料转移到压力机，在冲压模具中同时进行冲压成形和淬火，使成形零件获得100%马氏体组织，可以形成强度高达1500MPa的冲压件，而且高温下成形几乎没有回弹，具有成形精度高、成形性能好等优点。

1.2.1.2 超高强热成形钢

随着汽车消费市场的发展，低油耗和安全环保受到消费者的普遍青睐，轻量化与安全可靠性是对汽车用钢性能提出的新要求。例如，1800MPa级热成形汽车钢与1500MPa级热成形汽车钢相比，同等条件下可实现零件减重10%～15%。根据汽车用钢的强度对钢材强度等级进行划分，国内汽车用钢屈服强度低于200MPa、抗拉强度小于270MPa的钢为低强钢（LSS）；屈服强度为210～550MPa、抗拉强度为270～700MPa的钢为普通高强钢（HSS）；屈服强度高于550MPa、抗拉强度高于700MPa的钢为先进高强钢（UHSS）。超高强钢是指抗拉强度和屈服强度分别达到1500MPa和1200MPa的汽车用钢。目前，超高强钢板在汽车上的应用已经达到80%，采用超高强钢制造汽车零部件比采用普通钢板减重20%以上。因此，越来越多的关键构件采用高强度级别的钢材制造，如汽车A柱、B柱、保险杠等。

材料的成形能力取决于材料的强度和伸长率。强度低、伸长率高的材料塑性好，更容易进行塑性加工。然而，金属材料的强度和塑性通常是制约关系，强度越高，通常塑性越差，越不易于塑性变形。由于金属的塑性与温度是密切相关的，高温条件下塑性更好，所以室温下采用冷变形的方法加工高于1000MPa的金属是非常困难的事情。因此，需要采用热成形工艺制造超高强钢汽车零部件。此外，热成形技术是在高温形变的同时利用相变提升钢板的力学性能，应用这种钢板可以显著改善汽车的碰撞安全性，同时减少汽车零部件重量，实现了轻量化。

冷成形钢主要依赖加工硬化提升钢的强度，而热成形钢主要依靠相变强化。在汽车碰撞过程中，冷成形钢形变能力较差，热成形钢具有更高的强度和抗碰撞性能，所以其吸能效果明显优于冷成形钢。由于热成形钢在工艺设计中将成形和强化分为两步执行，所以其高温流变应力小，易加工成形且能获得更高的力学性能，成品率高。

鉴于热成形技术的优势，在汽车行业生产高强度钢板主要采用热成形技术。然而，冷成形钢也有其优势，那就是制造过程中不需要加热，制造成本低。近些年，热成形钢研发与使用呈现新变化。热成形技术受到冷成形技术发展的影响，二者的竞争愈发激烈，1200MPa级冷成形产品的相继开发，导致1500MPa热成形钢的使用和发展受到威胁，因此，开发更高强度级别热成形钢势在必行。当前，各个企业都在开发1800MPa级别产品，采用1800MPa级以上级别产品替代1500MPa产品应成为未来发展的必然趋势。面对更为苛刻的汽车碰撞安全性要求和进一步轻量化的需求，全球各大钢铁巨头均致力于开发1.8GPa以上的热成形钢，旨在提高10%～20%的碰撞性能指标。如何在现有热冲压条件下，不增加额外工艺，确保2.0GPa级热成形钢达到1500MPa级钢材同等的伸长率和韧性，以实现更优异的碰撞吸能效果成为当下遭遇的技术瓶颈。

目前，国内汽车行业应用最广泛的热成形钢是22MnB5，其在拥有冷却系统的模具中淬火后可获得完全的马氏体组织，因而获得优异的力学性能。22MnB5热成形钢的化学成分见表1-2。该钢的临界冷速为27℃/s，Ms温度为394℃，Mf温度为261℃。热成形工艺为零件加热至930℃，充分奥氏体化后进行热成形及模具淬火工艺，保压适量时间，以保障开模温度在250℃以下，最终制备零件为全马氏体组织，抗拉强度1500MPa，伸长率5%以上。白车身使用热成形钢零件以1.4～2.0mm规格为主，底盘零件此前很少使用热成形零件，少量使用3.5mm厚的热成形钢制备管梁，采用水淬工艺生产。

表1-2 22MnB5热成形钢的化学成分

化学成分	C	Si	Mn	Ti	B	N
质量分数（%）	0.23～0.25	0.10～0.25	1.3～1.4	0.02～0.03	0.001～0.003	≤0.0040

1. 超高强热成形钢成分设计

合金元素是影响钢材性能的重要因素之一，合金化是提升钢材力学性能的重要手段，所以提高热冲压成形钢强度最有效的方式就是提高合金含量，如C、Mn等。然而，钢材的强度和塑性通常是相互制约的关系。钢材强度提高的同时改变了具有良好韧性的板条马氏体形貌，使之转变为孪晶马氏体组织，最终导致伸长率大幅度下降，并存在延迟开裂等潜在问题。研究人员发现，微合金化在调节钢材强度和塑性方面有突出的优势。钒微合金化，利用钒与碳之间相互作用，充分发挥钒碳溶解析出作用，调控奥氏体和淬火后马氏体中的碳含量，从而改善超高强度热冲压钢强度与塑性之间的关系，并利用碳化钒析出相，起到提高强度改善氢脆的效果，这一技术目前主要用于1800～2000MPa及以上的产品。

通常情况下，碳化钒在相对较低温度析出，一般在700℃左右，并且随着钢中钒含量增加，碳化钒析出温度略有提高，但一般伴随着铁素体转变而析出。然而，当钒含量足够高时，碳化钒的初始析出温度可提高至奥氏体相中，从而实现不同温度奥氏体中碳含量的调控，即淬火时得到可控碳含量的马氏体。以碳含量0.30%为例，不添加钒或添加少量钒时，不同温度奥氏体组织中碳含量均为0.30%，而当添加足够多钒元素后，奥氏体相中先析出碳化钒，温度降低后奥氏体中碳含量也逐渐下降，因而马氏体中的碳含量开始下降，如图1-1所示。

采用钒为主合金设计时，充分结合热成形工艺，加热、缓冷、变形、淬火四个过程，利用V与C的相互作用，使高温奥氏体具备高碳稳定性，部分未溶解的VC具有细化奥氏体组织的效果；热冲压成形过程，充分利用V的应变诱导析出作用，减少奥氏体组织中碳含量，转变为弥散析出的VC，起到析出强化效果；如图1-1所示，热冲压钢在820℃淬火，马氏体中碳含量减少为0.27%，则最终获得低碳板条马氏体组织，保障了良好的韧性和塑性。基于以钒为主的合金设计，综合运用固溶强化、细晶强化以及析出强化复合作用，并实现马氏体低碳控制技术，保障强度、塑性同时提高，可以制备出2000MPa级以上热冲压成形钢，实现伸长率大于6%的控制目标。钒微合金化是超高强度热成形钢制备技术的主要发展趋势。

2. 超高强热成形钢组织特征

钒微合金显著改善了热成形钢的微观组织结构。采用钒微合金化后，热冲压钢在加热过程中，奥氏体中开始析出碳化钒析出相，具有显著的钉扎奥氏体晶界作用，可以获得更加细小、均匀的奥氏体组织。如图1-2所示，对比传统22MnB5热冲压钢，采用高碳、高钒可以获得显著的晶粒细化效果。奥氏体组织的细化，一方面来自于碳化钒析出作用，另一方面采用高碳成分设计，也可以采用更低的奥氏体化温度，在节能的同时进一步实现微观组织结构的细化。

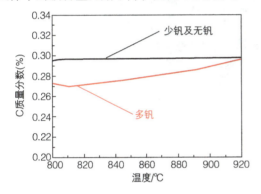

图1-1 热冲压钢中V对奥氏体中C含量的影响

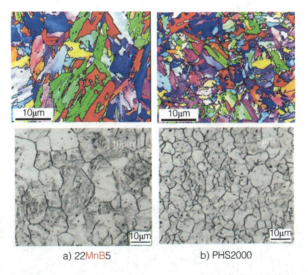

a) 22MnB5　　　　b) PHS2000

图1-2 热冲压钢22MnB5与PHS2000淬火组织对比

钒微合金化主要影响奥氏体中的碳含量，进而影响淬火马氏体的组织形态。如图1-3所示，单独采用高碳设计时，淬火获得高碳马氏体组织，组织形态以孪晶马氏体为主，呈现凸透镜形貌特征。该形貌特征组织具有较高的强度，但韧性相对较差，并且氢脆敏感性较高，易发生氢致延迟开裂。采用高钒设计时，适量的钒可以调控淬火前奥氏体中的碳含量，进而获得相对低碳的板条马氏体组织，从而有效提高韧性，并降低氢脆风险。

钒合金化热冲压钢，淬火后获得细小弥散分布的碳化钒析出相，形貌如图1-4所示，沉淀析出相以5～20nm粒子居多，极少量在晶界附近分布20～50nm析出相。性能检测结果与传统1500MPa产品对比，沉淀析出相的弥散强化作用使钢的强度提高500MPa，伸长率没有降低，并略有提高，从而解决了超高强度热冲压钢的组织设计问题。

PHS2000热成形钢相变测试是合理制定热冲压工艺的重要依据。其在全自动相变仪（Formastor-FII）上进行测试，得到A_{c1}温度和A_{c3}温度分别为669℃和785℃。冷却速度为5℃/s时，组织为贝氏体和马氏体；冷却速度为7℃/s时，贝氏体含量很少；冷却速度10℃/s时，其组织全部为马氏体，如图1-5所示。

结合不同冷却速度PHS2000钢的显微组织和温度-膨胀量曲线得到静态CCT曲线，如图1-6所示。PHS2000与传统22MnB5相比，可以在更低的加热温度和更低的临界冷却速率下实现热冲压生产，在提高材料强度前提下，可以实现降低碳排放并提高生产效率。

a) 含V板条马氏体　　　　b) 无V孪晶马氏体

图1-3　PHS2000钢中V对马氏体形貌的影响

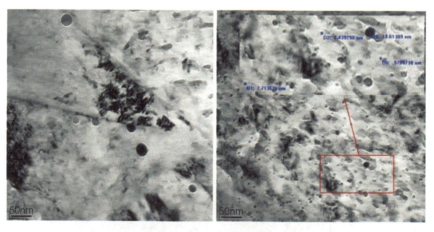

图1-4　PHS2000热冲压后马氏体基体上沉淀析出形貌

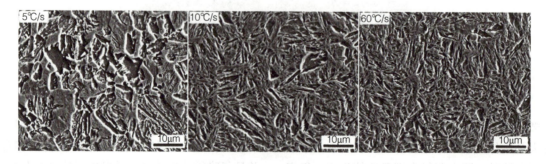

图1-5　不同冷却速度下试验钢的SEM形貌

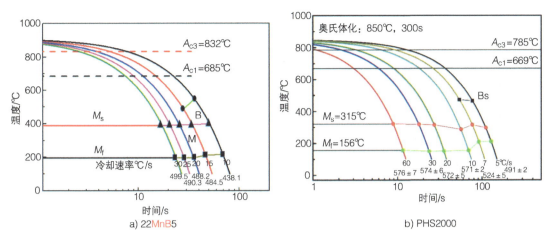

图 1-6　22MnB5 与 PHS2000 静态连续冷却转变曲线对比

3. 超高强热成形钢力学性能

抗拉强度、弯曲和疲劳性能是评价超高强热成形钢产品性能的重要指标。PHS2000 与传统 22MnB5 热冲压后，平板样品取样分析，力学性能对比如图 1-7 所示。与传统 22MnB5 相比，PHS2000 强度提高 500MPa，伸长率略有增加。基于高钒合金设计，综合析出强化、细晶强化、组织强化等达到预期目标，在提高材料强度的同时，伸长率没有降低。

采用载荷下降法确定，取峰值载荷下降 50% 或试样断裂作为试样失效的判据。

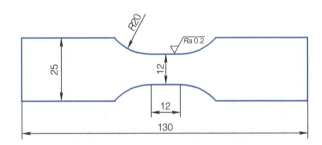

图 1-8　PHS2000 板材低周疲劳试样尺寸

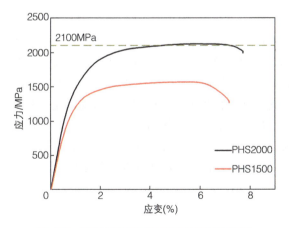

图 1-7　热冲压钢 PHS2000 与 PHS1500 应力-应变曲线对比

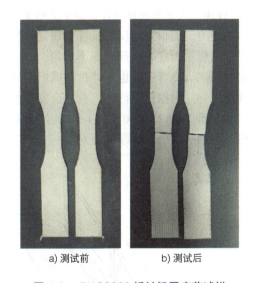

a) 测试前　　b) 测试后

图 1-9　PHS2000 板材低周疲劳试样

图 1-8 和图 1-9 分别给出了 1.4mm 厚 PHS2000 板材低周疲劳试样尺寸和检验前后试样图像。试验采用轴向应变控制，循环应变比 $R=-1$，频率 0.02～1.0Hz（大应变时采用较低的频率，小应变时采用较高的频率），疲劳试验加载波形为三角波，试验设备为 MTS 370.25 电液伺服疲劳试验系统，并采用 10mm 轴向引伸计测量控制应变。疲劳试样的失效

PHS2000 钢的循环应力-应变曲线和应变-寿命曲线分别如图 1-10a 和 b 所示。PHS2000 钢的循环应力-应变曲线参数和应变-寿命曲线参数分别见表 1-3 和表 1-4。

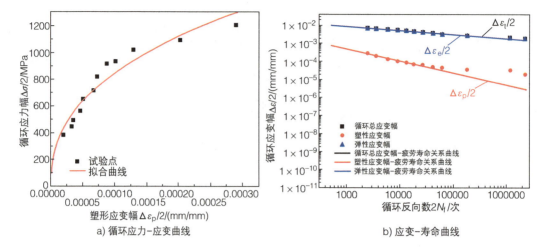

图 1-10 PHS2000 板材循环应力 - 应变曲线和应变 - 寿命曲线

表 1-3 PHS2000 钢的循环应力 - 应变曲线参数

参数	循环应变硬化指数 n'	循环强度系数 K'/MPa	相关系数 r
数值	0.4045	35009.26	0.9578

表 1-4 PHS2000 钢的应变 - 寿命曲线参数

参数	疲劳强度系数 σ_f'/MPa	疲劳强度指数 b	相关系数 r_1	疲劳延性系数 ε_f'	疲劳延性指数 c	相关系数 r_2
数值	7348	−0.21577	0.9848	0.04688	−0.66003	0.9758

注：计算疲劳强度系数所用的弹性模量为 200GPa。

冷弯性能是表征金属材料在常温下能承受弯曲而不破裂的能力，能很好地反映试件弯曲处的塑性变形，揭示钢材是否存在内部组织不均匀、内应力和夹杂物等缺陷。冷弯性能也是评价热成形钢质量的重要性能指标。根据德国汽车工业协会发布的三点弯曲试验标准 VDA238-100（图 1-11），汽车制造商要求热成形钢有 1 个最小弯曲角（60°~70°）。而实际上传统的热冲压成形钢构件的弯曲角一般为 50°~60°，处于下限水平，有过早弯曲开裂的危险。汽车碰撞时，要保证较好的吸能效果，尤其是侧碰性能，不允许保险件提前出现断裂或者吸能不足。吸能性能与弯曲性能的关系如图 1-12 所示，一般弯曲角越大、弯曲载荷越大，吸能越多。如果在弯曲角度较小时出现断裂，则反映材料的吸能效果较差。

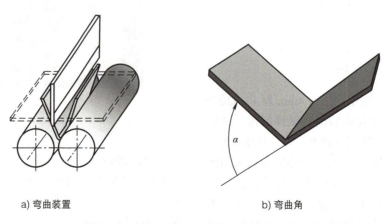

a) 弯曲装置　　　　　　b) 弯曲角

图 1-11 标准 VDA238-100 的弯曲装置及弯曲角的示意图

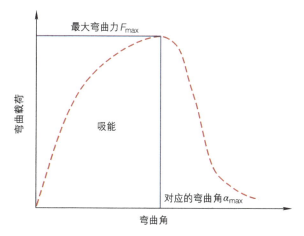

图1-12 吸能和弯曲性能的关系图

冷弯样品的方向（即平行于轧制方向为纵向、与轧制方向成直角为横向）、冷弯速度、支承辊之间的跨距、试样的宽度、弯心直径等都是影响冷弯性能的重要因素。相关技术检验标准中对这些因素均做了规定。比如，德国汽车工业协会发布的VDA238-100标准，规定冷弯试样尺寸为60mm×60mm，跨距$L=2a+0.5$mm，a为厚度。在按照VDA238-100规定的弯曲试验装置上进行弯曲试验，试样放置于两辊筒上，尽可能保证安装的辊筒无摩擦。设定预载荷阈值为30N。以10mm/min的横梁位移速度进行预加载，达到设定值后，以20mm/min的横梁位移速度向下压，压力达到最大值后下降30~60N试验结束。不同状态的PHS2000热成形钢的载荷-弯曲角度曲线如图1-13和图1-14所示。

图1-13和图1-14所示的结果表明，热冲压后经过170℃/20min回火模拟汽车喷烤漆环节处理的弯曲试样的弯曲角度较未进行回火处理的弯曲试样的弯曲角度有所提高；垂直于轧制方向的冷弯性能较平行于轧制方向的冷弯性能更优异；对比不同奥氏体化温度下PHS2000热冲压后板料的冷弯性能可知，900℃奥氏体化温度下热冲压后的板料最大载荷下的弯曲角度较大，冷弯性能较850℃时热冲压的板料得到改善。

通用汽车中国科学研究院采用帽型件冲压评估分析，不同技术路线1.8GPa以上强度级别的热成形钢比较结果表明，PHS2000兼具优良韧性和伸长率，如图1-15所示，PHS2000热成形钢对比22MnB5性能提高约20%。

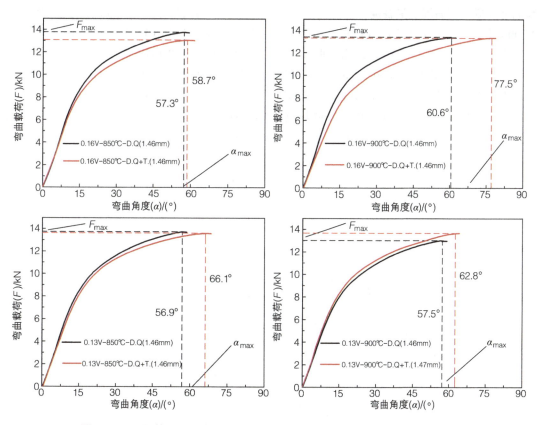

图1-13 不同热处理工艺下PHS2000热冲压后板料的冷弯性能对比分析

注：D.Q：Die Quenching，模压淬火；T.：Tempering，170℃/20min回火模拟汽车喷烤漆环节；后同。

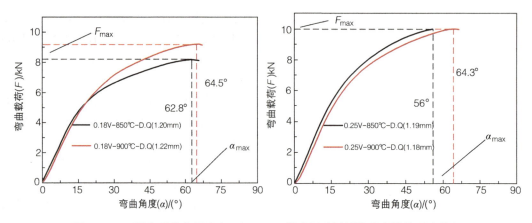

图 1-14 不同奥氏体化温度下 PHS2000 热冲压后板料的冷弯性能对比分析

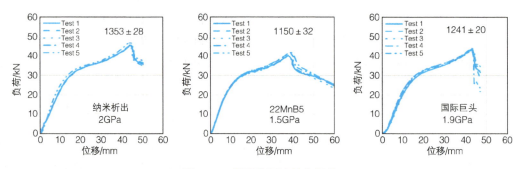

图 1-15 帽型件压溃性能评价

4. 超高强热成形钢高温成形性能

PHS2000 热成形钢采用热膨胀仪模拟冲压情况拉伸数据,测试方案如图 1-16 所示,测试曲线如图 1-17 所示。PHS1500 和 PHS2000 热冲压成形钢在高温条件下的变形能力以及不同温度下延伸性能的变化情况对比表明,不同工况下,PHS2000 热成形过程伸长率均大于 35%,可以满足成形复杂零件要求。

为了验证高温成形过程对模具和设备的要求,采用 JMatPro 软件对热冲压成形钢 PHS1500(22MnB5)和 PHS2000 的高温应力应变曲线进行模拟计算。如图 1-18 所示,对比结果表明,850℃ 以上冲压无差异,800℃ 冲压,PHS2000 应力略大于 PHS1500,但不影响成形过程,现有装备可以满足 PHS2000 热成形工艺。

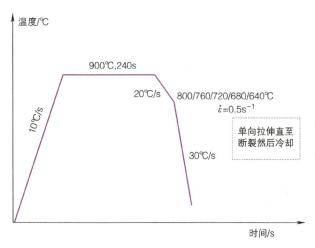

图 1-16 PHS2000 钢高温下变形模拟方案

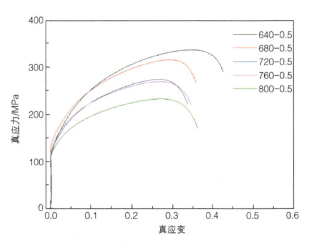

图 1-17 PHS2000 热成形钢高温条件下的真应力-真应变曲线

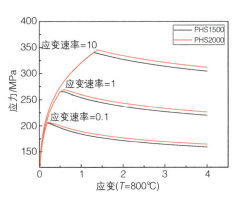 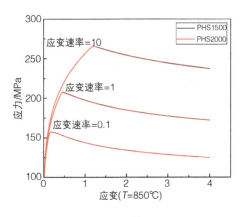

图1-18 PHS1500钢和PHS2000钢高温应力应变曲线模拟计算结果

5. 国内外超高强热成形钢技术及产业发展情况

将国内外各先进钢铁企业的1800MPa级以上热成形钢产品的企业标准和国家标准进行对比，见表1-5。

不同企业设计热冲压成形成分体系见表1-6。1800MPa级以上的热冲压成形钢，技术路线不同，采用不同成分体系。

表1-5 国内外各先进钢铁企业的1800MPa级以上热成形钢产品的企业和国家标准对比

企业	牌号	抗拉强度/MPa	伸长率（%）	伸长率（实际值）（%）
安塞乐米塔尔	Usibor2000	≥1800	≥3	6（参考值）
新日铁-住友	NSSQAS1800	≥1800	协议	4（参考值）
宝钢	B1800HS	≥1800	协议	5.5（报道典型值）
国标	CR1200/1800HS	≥1800	协议	4（参考值）
本钢	PHS2000	≥2000	≥5	≥6
本钢	PHS1800	≥1800	≥5	≥6
蒂森克虏伯	MBW-K1900	≥1900	≥4	不详

表1-6 热冲压成形1800/2000MPa级主要化学成分（质量分数）对比

企业	C（%）	Si（%）	Mn（%）	B（%）	添加的微合金元素
本钢	0.31~0.35	0.05~0.20	1.40~1.50	0.001~0.003	V适量
宝钢	0.30~0.33	0.22~0.26	1.30~1.50	0.002~0.003	Nb适量
Arcelor-Mittal	0.28~0.33	0.22~0.26	1.10~1.30	0.002~0.003	不明
新日铁-住友	0.29~0.32	0.05~0.15	1.25~1.35	0.001~0.003	不明

北汽新能源将工业连续退火板料切成尺寸为1.5mm×160mm×1110mm，进行热冲压件（汽车左右门防撞梁）的工业试制。热冲压构件及所使用的模具如图1-19所示。其工艺为：①加热温度850℃保温5min，出炉至合模的时间控制在10~12s，模面温度80℃以下，压强20MPa，保压时间不变（10s）；②加热温度875℃保温5min，出炉至合模的时间控制在10~12s，模面温度80℃以下，压强20MPa，保压时间不变（10s）；③为模拟汽车喷烤漆涂装工艺，对各工艺热冲压后的零件抽取部分进行170℃加热、保温20min的回火工艺处理。

拉伸试样分别按照ASTM A370-2014（A50）和JIS Z2241-2011（JIS5）标准进行加工和测试，拉伸工程应力-工程应变曲线如图1-20所示，拉伸性能见表1-7。零件焊接装车碰撞结果良好，溃缩10mm弯曲变形未发生断裂，验证了材料的高韧性，北汽新能源车量产PHS2000热成形钢应用展示效果如图1-21所示。

图1-19 热冲压所用模具及热冲压成品件实物图

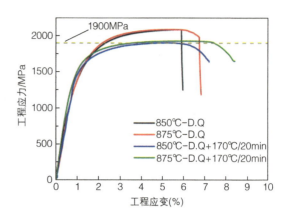

图1-20 零件取样拉伸曲线

表1-7 汽车左右门防撞梁热冲压成形件的力学性能检测结果

工艺	试样尺寸	抗拉强度 R_m/MPa	屈服强度 $R_{t0.5}$/MPa	伸长率（%）
850℃-D.Q	A50	2036±10	1424±21	6.1±0.4
850℃-D.Q+170℃/20min	A50	1905±15	1514±19	7.2±0.02
875℃-D.Q	A50	2010±8	1414±16	6.9±0.3
875℃-D.Q+170℃/20min	JIS5	1921±7	1510±29	8.3±0.1

图1-21 北汽新能源车高强钢应用展示

表1-8 汽车左右门防撞梁热冲压零件力学性能检测结果

编号	试样尺寸	抗拉强度 R_m/MPa	屈服强度 $R_{p0.2}$/MPa	伸长率（%）
11	A50	2050	1290	6.4
21	A50	2080	1290	8.0

爱驰汽车U5为纯电动汽车，其采用上钢下铝设计方案，电池铺装于地板下方，车身重量较燃油汽车略重。其中车门防撞梁采用本钢提供的PHS2000进行测评，热成形工艺采用加热910℃淬火，具体零件形貌如图1-22所示，热成形后的力学性能见表1-8，各项指标均满足用户的使用要求。采用PHS2000作为前后门防撞梁进行碰撞测试，测试结果如图1-23所示，侧面碰撞车门防撞梁起到关键作用，防撞梁发生弯曲，没有断裂。

图1-22 爱驰U5汽车车门防撞梁零件

图1-23 爱驰汽车U5碰撞测试效果展示

6. 小结

热成形钢是热冲压成形钢与热成形工艺技术相结合的钢种，将成形和强化分为两个工艺步骤来解决强度和成形性的矛盾，生产出超高强度汽车零部件。与冷成形相比，热成形具有零件强度高，成形性好，零件尺寸精度高等优势。1.8~2.0GPa级别热成形钢作为新兴高强度热成形钢种的代表，在各项性能上均达到了汽车行业应用需求，将为汽车轻量化进程提供强大助力。

高强钢（热成形钢）在汽车上主要用于安全笼零件，承担抗变形作用，1.8～2.0GPa级别钢强度较高但韧性普遍降低，与较低级别的热成形钢相比其吸能效应需要更多数据验证，同时1.8～2.0GPa级别钢材焊接窗口与1.5GPa相比将进一步缩小，需要更多数据验证。2.0GPa级别热成形钢仍处于产业推广阶段，面临着两个突出问题：其一，国内能够生产此类钢材的企业相对较少，以本钢、宝钢、首钢、唐钢为代表的钢铁企业正在进行商品化开发，距离真正完成商品化并替代广泛应用的Mn-B系热成形钢种仍有一段距离，产业供应规模不充分带来的供应链风险是阻碍此类钢种大规模应用的原因之一；其二，各钢企生产的1.8～2.0GPa级别热成形钢成分体系并不一致，为下游企业的应用产生一定困扰。

当前，高强度热成形钢是汽车材料行业重点发展的方向之一，具有较高的应用价值。汽车轻量化发展方兴未艾，高强度钢材的应用在提升整车安全性的同时又减少了重量，降低了油耗，这是汽车绿色发展的必由之路。预期在充分解决产品脆性问题与产品规模化生产问题后，1.8～2.0GPa级别将成为汽车用热成形钢的应用主流。

随着"碳中和"目标的提出，以及热冲压钢面临的国外专利"卡脖子"问题，开发自主知识产权、低碳排放的热冲压产品和技术，是未来热冲压领域的发展方向。高强度、高韧性、良好的加工性能是未来汽车用钢的重要发展方向，随着轻量化进程的持续推进，高强度热成形钢的应用将会得到更广泛的普及。

1.2.1.3 热成形钢铝硅镀层

热成形钢板具有极高的材料强度和延展性，不仅因为高的延展性有利于成形复杂零部件，还有利于获得高强度提升零部件的安全性。因此，热成形钢在汽车车身上应用呈现出迅猛增长趋势。然而，汽车零部件用热成形钢成形过程中需要将材料加热至950℃以上，导致材料表面氧化形成氧化皮，高温条件下钢板表层金属脱碳影响了钢板的服役性能，因而需要后续喷丸或抛丸处理进而清除氧化皮并提升金属零部件的服役性能。喷丸或抛丸工艺不仅增加成本，还会影响钢板的残余应力以及零部件的尺寸，同时有粉尘和噪声污染。铝硅镀层技术的出现解决了高强度热成形钢板成形工艺中面临的这一技术难题。

1. 热成形钢铝硅镀层简介

根据热成形钢表面镀层不同，热成形钢产品可以分为无镀层（裸板）、Al-Si镀层、锌基镀层等。锌基镀层热成形钢在热冲压过程中易导致基板脆裂，因而很少应用。铝硅镀层在热冲压过程中无氧化铁皮，冲压成形后无需抛丸处理，显著降低了热成形钢的生产成本，同时铝硅镀层还可以提升热成形零件的耐蚀性能，因此广泛应用于热成形零部件的制造。

1999年，安塞乐米塔尔钢铁公司（Arcelor Mittal）最早成功开发了铝硅镀层技术并申请了专利（国内专利号CN101583486B），对铝硅镀层热成形钢确定了自己的加热温度区间和保温时间，若采用该材料生成汽车零部件，必须要避开此工艺区间。目前，安塞乐米塔尔专利技术的铝硅镀层最为成熟，其性能已得到充分的应用验证，成分为8%～11%Si、2%～4%Fe、余量为铝，典型成分为Al-9.3%Si-2.8%Fe在热成形钢板表面镀上铝硅镀层，Al-Si系合金镀层材料高温氧化环境下表面生成连续、均匀、致密的氧化铝、氧化硅氧化保护薄膜；易与富Si的SiC内镀层之间形成成分梯度过渡。相比较于其他类型的镀层，铝硅镀层可以耐高温，950℃的高温环境下依然能保持镀层的形态和性能。由于铝硅镀层热冲压钢在加热过程中不需要加入气体保护控制，在加热后不会产生氧化铁皮，而且由于省去了喷丸处理，改善了加工环境，增强了尺寸精度，因此广受各大汽车冲压厂、主机厂的欢迎。目前，安塞乐米塔尔铝硅镀层专利已授权蒂森和新日铁使用，其他钢企生产铝硅镀层热成形钢可能面临知识产权纠纷。

2. 铝硅镀层制备工艺

安塞乐米塔尔对铝硅镀层热成形钢确定了加热区间和保温区间，此区间也是该专利的核心工艺参数，受到专利保护，如图1-24所示。钢板连续热浸镀铝硅的工艺流程为酸轧→清洗→连续退火→热浸镀→气刀→冷却→光整→表面处理。

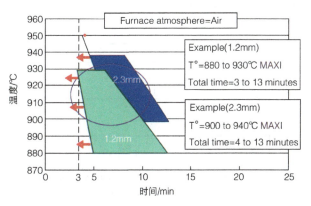

图1-24　安塞乐米塔尔铝硅镀层专利工艺参数

3. 薄铝硅镀层性能评价

薄铝硅镀层热成形钢除了高冷弯性能外，同时还兼具优异的焊接性能、涂装耐蚀性能、抗氢致延迟开裂性能等。

薄铝硅镀层热成形钢相较于常规铝硅镀层热成形钢，最显著的特点是冷弯性能的明显提升。良好的冷弯性能意味着良好的断裂韧性，即良好的安全性能。图1-25所示为薄铝硅镀层热成形钢（90g/m²，单面镀层厚度约15μm）与常规铝硅镀层热成形钢（150g/m²，单面镀层厚度约25μm）在常规热成形工艺下的冷弯性能对比。可见，当镀层厚度由25μm减薄至15μm后，冷弯角由约57°提升至约67°，提高了15%以上。

焊接性能作为铝硅镀层热成形钢最重要的应用性能之一，主机厂具有非常高的要求，一般要求焊接电流工艺窗口 >1kA。本节按照SEP1220标准评价了薄铝硅镀层热成形钢的点焊性能，试验条件见表1-9。

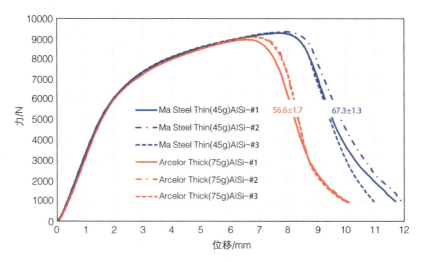

图 1-25 薄厚镀层冷弯性能对比

注：Ma Steel Thin 是马钢薄镀层；Arcelor Thick 是安塞乐厚镀层。

表 1-9 焊接工艺参数

板厚/mm	电极直径/mm	电极压力/N	焊接时间/ms			维持时间/ms
			最小时间	中等时间	最大时间	
1.4	8.0	4000	170	200	230	250

薄铝硅镀层热成形钢在三种焊接时间（170ms、200ms、230ms）下的焊接电流工艺窗口不低于1.2kA，结果如图1-26所示。薄铝硅镀层热成形钢具有良好的焊接性能。

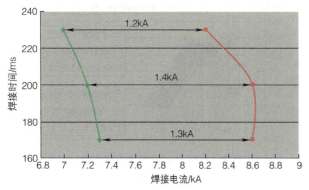

图 1-26 薄铝硅镀层热成形钢焊接电流工艺窗口

涂装耐蚀性能作为铝硅镀层热成形钢最重要的应用性能之一，主机厂要求较为严格，一般要求预镀层磷化电泳后划痕腐蚀扩展宽度 $C_{max} \leq 4mm$。本节按照通用标准（GMW15282、GMW14872）对薄铝硅镀层热成形钢（标记M）与Arcelor-Mittal AS150（标记A）磷化电泳后的划痕腐蚀扩展宽度进行评估，结果见表1-10。薄铝硅镀层热成形钢具有良好的涂装耐蚀性能，其磷化电泳后划痕腐蚀扩展宽度与常规铝硅镀层热成形钢相当，可满足主机厂要求。

随着铝硅镀层热成形钢强度的提高，产品氢致延迟断裂敏感性也随之增大，氢致延迟断裂敏感性高已经成为制约高强度级别钢种推广应用的一个重要因素。抗氢致延迟开裂性能的评估一般是将试样进行预应力加载后放入酸溶液中浸泡若干时间，记录试样开裂时间。采用四点弯曲夹具（图1-27）对薄铝硅镀层热成形钢（标记M）与Arcelor-Mittal AS150（标记A）进行预应力加载，加载应力选择100%屈服强度，随后放置于盐酸溶液中（pH=1）120h，记录试样开裂时间，结果见表1-11。两种铝硅镀层热成形钢抗延迟开裂性能相当，在100%屈服强度对应的应力水平上进入pH=1的盐酸溶液中应保证120h不发生开裂。

表1-10 循环腐蚀性能测试结果

样品	M	A
C_{max}/mm	2, 3, 3	2, 2, 3
样品照片		

图1-27 四点弯曲夹具

4. 国内外技术及产业发展情况

根据欧洲白车身会议及热成形国际会议统计结果，2014年热成形零件占白车身重量的比例在欧洲主流车型约10%，北美车型约6%，国内自主品牌约1%，2018年欧洲车型中热成形零件占白车身比例达到23%，北美车型约15%，国内自主品牌车型约5%。

表1-11 抗氢致延迟开裂性能测试结果

样品	M	A
120h有无断裂	无	无
断裂时间	无	无
试验前照片		
试验后照片		

根据中国汽车工程学会统计数据，国内热成形钢用量在2011年后快速增长，典型应用情况如图1-28所示。2014年，国内热成形钢需求量达26.6万t，其中Al-Si镀层占57%；2016年，国内热成形钢需求量达46.8万t，其中Al-Si镀层占81%；2018年，国内热成形钢需求量达87.5万t，Al-Si镀层占90%。未来，国内热成形钢需求量将不断提高，Al-Si镀层热成形钢的应用比例也将不断提高。

在对车身碰撞安全性能的研究中，弯曲极限角度是评价热成形钢塑韧性的重要指标。汽车用材料或零件冷弯性能（弯曲极限角度）不足会导致在车辆碰撞过程中零件容易出现过早脆断，无法有效吸收碰撞产生的能量，给乘员带来安全威胁。对于热成形钢而言，在德国汽车工业联合会（Verband Der Automobilindustrie ev，VDA）测试规范中，VDA冷弯性能是评价其热成形后韧性的非常重要的指标，很多主机厂都在标准中明确提出了对冷弯角的具体指标要求（如通用汽车，在其最新版热成形钢标准GMW 14400-2019-06中，增加了热成形钢VDA冷弯性能增强的要求，热成形后冷弯角大于或等于60°）。然而据统计，安塞乐米塔尔铝硅热成形钢在热冲压成形后冷弯性能只有55°，无法满足主机厂的要求。

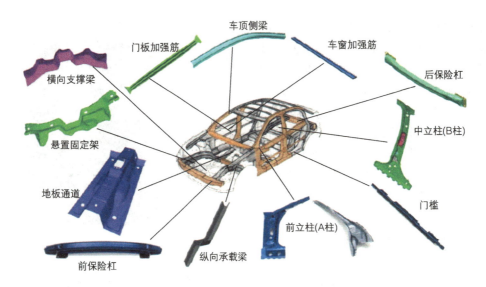

图 1-28　热冲压成形零件典型应用

为开发更高冷弯性能的铝硅镀层热成形钢，马钢联合育材堂（苏州）材料科技有限公司、通用汽车中国研究院共同开展研究。研究发现，安赛乐米塔尔铝硅镀层热成形钢冷弯性能不良的主要原因是在热成形过程中，镀层与基体相互扩散反应，且随着加热的进行，镀层不断增厚，由于靠近基体侧镀层不溶碳，因而在镀层向基体扩展的过程中，基体靠近镀层侧的碳不断向内侧扩散，从而相比基体中间位置，存在一个碳的浓度梯度，靠近镀层侧碳浓度最高。经电子探针（EMPA）分析，常规热成形后靠近镀层附近的基体碳的质量分数可达到 0.4%（富碳层深度约为 2μm），而基体中碳平均的质量分数仅为 0.2%，如图 1-29 所示。界面处的高碳基体在热成形后形成高碳马氏体，相比基体内侧更脆，从而导致冷弯性能无法满足更高的要求。

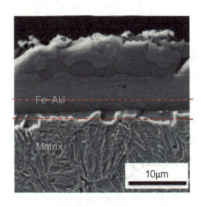

图 1-29　界面碳富集

通过研究，相关学者提出了减薄镀层的方式来提高铝硅镀层板的 VDA 冷弯角的方法，提出降低预镀层厚度至 3～19μm，降低碳原子在镀层/基体界面附近（基体一层）富集程度，相比于常规预镀层厚度，冷弯角显著提高。镀层减薄之后，可实现镀层在热成形过程中快速合金化，结合辊道炉的加热工艺调整（快速高温加热奥氏体化），可实现热成形后基体性能满足要求的基础上，镀层结构的转变（三层或三层+不连续的第四层的镀层结构）。2019年，马钢成为国内首家推出薄铝硅镀层热成形钢产品的钢铁企业，有效填补了国内空白，实现了国内铝硅镀层热成形钢产品由 0 到 1 的跨越性突破。

5. 小结

铝硅镀层是提升热成形钢零部件服役性能的关键技术。然而，其厚度影响热成形钢板的弯曲性能。薄铝硅镀层技术突破了镀层热冲压钢的韧性技术瓶颈，对比现有技术可进一步减薄汽车零件，更好地实现汽车轻量化。根据德国汽车工业协会标准（VDA standard），在 1500MPa 级热冲压钢中，该技术是全球目前唯一可以实现 65°折弯角的高韧性镀层技术。薄铝硅镀层热成形钢较传统铝硅镀层热成形钢具有更高的轻量化水平，更优异的韧性，有望成为新一代的铝硅镀层热成形钢产品。推动薄铝硅镀层热成形钢的应用对于促进国内车用热成形钢产业的可持续发展有重要的意义，也将为国内汽车轻量化技术的发展提供支撑。

从技术角度来看，热成形钢铝硅镀层工艺已经较为成熟，工艺路线也较为清晰。从产业角度看，安赛乐米塔尔的铝硅镀层专利对加工制备过程中的工艺及成分窗口进行了详尽的约束保护，很大程度上制约了国内产业发展。该专利将于 2026 年 10 月

30日失效。

随着汽车行业安全、环保性能的要求越来越高，铝硅镀层热成形钢向着更高耐蚀性能、更高强度、更高抗氢致延迟开裂性能等发展。就更高耐蚀性能，安塞乐米塔尔已开展新一代高耐蚀铝硅镀层热成形钢开发，主要在铝硅镀层中添加一定含量的Zn、Mg，使得镀层具有一定的牺牲阳极保护作用；就更高强度，安塞乐米塔尔已开发出第二代热冲压用钢USIBOR2000（抗拉强度2000MPa），较第一代热冲压用钢USIBOR1500（抗拉强度1500MPa）强度大幅提高，具有更好的车身轻量化效果（数值模拟估算有30%的减重潜能）；就更高抗氢致延迟开裂性能，马钢通过在基体中添加合金元素Nb、V来生成纳米级碳化物，从而降低可扩散氢含量，提高了铝硅镀层热成形钢抗氢脆能力，同时细化了高温奥氏体晶粒，冷却后得到细小马氏体组织，增加变形时裂纹扩展阻力，提高了铝硅镀层热成形钢冷弯性能；就更高冷弯性能，安塞乐米塔尔、蒂森专利针对提高热成形产品冷弯性能为突破口，对铝硅镀层热浸镀过程中的脱碳程度进行控制，最终可保证热成形产品的高冷弯性能（冷弯角55°以上）。

1.2.2 高强度马氏体钢

随着汽车工业的发展，普通高强钢已不能完全满足汽车生产的需要，近年来高强度马氏体钢的开发和应用成为钢铁业和汽车工业关注的焦点。马氏体钢的显微组织几乎全部为马氏体组织，主要是通过高温奥氏体组织快速淬火转变为板条马氏体组织，可通过热轧、冷轧来实现，马氏体钢具有较高的抗拉强度，需进行回火处理以改善其塑性，使其在如此高的强度下，仍具有足够的成形性能，是商业化高强度钢板中强度级别最高的钢种。目前，基于全新冷冲压成形（非辊压成形）技术，可采用1500MPa马氏体钢设计制造非等截面几何形状零件，甚至可以取代一些热成形钢（PHS）和高强度双相钢（DP）应用。汽车轻量化极大地刺激了高强度马氏体钢的市场需求，继1500MPa之后，1700~1900MPa的超高强度马氏体钢也在研发之中。高强度马氏体钢的竞争力在于采用冷成形工艺，与冷成形钢相比，热成形钢要获得较高的强度，其制造工艺更复杂且更昂贵。

1.2.2.1 高强度马氏体钢简介

马氏体钢的抗拉强度为800~1700MPa，按照强度级别分为980MPa级、1180MPa级、1300MPa级、1500MPa级和1700MPa级。其中，1300MPa级和1500MPa已经获得较多应用。马氏体钢的生产是通过高温的奥氏体组织迅速淬火转变为板条状马氏体组织，可以通过热轧、冷轧连续退火或成形后退火实现。目前，马氏体钢以冷轧态为主，是商业化高强度钢板中强度级别最高的钢种。

马氏体钢中含有较高的C、Mn、Si、Ti、Cr、B、V、Nb等化学元素，可通过热轧、冷轧连续退火或成形后退火获得马氏体组织。钢经高温奥氏体化后采取快速冷却的形式，抑制过冷奥氏体发生珠光体和贝氏体等扩散性转变，在Ms点以下发生马氏体转变，这一热处理工艺为"淬火"，淬火是使得钢获得强韧化的重要手段。淬火钢的基本组织主要是马氏体，而获得马氏体组织是使得钢具有良好的强韧性的先决条件。图1-30所示为板条状马氏体钢的SEM形貌图。

图1-30 马氏体钢典型金相组织

综合考虑钢材的成本和工艺性能等因素，如何从源头上解决单相马氏体钢的强度及韧性关系，提高马氏体组织本身的韧性，是马氏体钢向高强度、高韧性钢发展的方向。

1.2.2.2 材料制备工艺及关键技术

1. 钢的强化原理

低碳马氏体钢常见的强化方法主要有固溶强化、位错强化、第二相粒子析出强化及细晶强化等，各种强化机制的实质是溶质原子、第二相粒子、晶界与位错发生交互作用，阻碍位错运动，产生加工硬化，从而提高马氏体钢的强度。固溶强化分为间隙固溶强化与置换固溶强化，两种方式均是通过固溶原子与基体金属产生晶格畸变，制造点缺陷，产生的弹性应力场与位错周围的弹性应力场相互作用，形成气团，增加位错运动阻力来提高材料的强度。

第二相粒子析出强化也是钢中较为常用的一种强化方式。基体中析出相会造成应力场，应力场与运动位错的交互作用强化了基体，产生了析出强化（沉淀强化）。晶界强化是强化方式中唯一既可以提高强度同时又改善韧性的方法，在阻隔位错滑移和裂纹拓展方面均有明显成效，因此对于马氏体钢的强化有着重要的作用。

2. 钢的韧化原理

韧性是指材料在变形乃至断裂过程中吸收塑性变形功和断裂功的能力，以及材料抵抗微裂纹产生和扩展的能力。通常，马氏体钢中韧性与强度的提高通常是矛盾的，强度的提高意味着一定程度上会损失部分韧性。钢的洁净度对性能有着重要的影响。夹杂物类型、数量、尺寸、形状和分布，对钢的韧性都有损害。

通过真空自耗、电渣重熔等方法提高钢洁净度可以有效提高其冲击吸收功。另外，钢中各种强化方式对韧性也有着不同的作用：间隙固溶显著损害韧性；置换固溶对韧性影响不明显；位错增殖，可动位错数量减少，材料韧性也会下降；第二相粒子的数量、尺寸、形状对韧性也有较大影响，增大其体积分数、尺寸，具有尖锐棱角，沿晶界分布等均会损害韧性；细晶是各种强化方式中可以同时提高强度及韧性的强化方式，晶粒细化增加了可以阻碍裂纹扩展的晶界的面积，增大了裂纹扩展阻力，因此在钢的强韧化中具有重要的作用。

马氏体时效钢为超低碳马氏体钢在 500～600℃时效 4～6h，组织为板条马氏体+时效析出相，基体强度为 300～550MPa，主要强化方式为时效强化；二次硬化钢为淬火回火马氏体组织+部分弥散 MC+少量 $M_{23}C_6$，基体强度为 700～800MPa，中碳低合金马氏体钢主要为淬火低中温回火马氏体组织+碳化物，基体强度为 1200～1300MPa。由时效强化代替固溶或位错强化的马氏体时效钢具有最佳的冲击功，而主要由固溶或位错提供强化的中碳低合金马氏体钢韧性最差，这说明强化方式的改变或许可以成为提高马氏体钢强韧性的重要手段；另外，通过晶粒细化对韧性的作用，在改变强化方式的基础上进一步细化马氏体组织，也是马氏体强韧化的一个有效途径。

3. 控制轧制技术

热机械控制工艺（Thermo Mechanical Control Process，TMCP）即控制轧制技术，是指在有目的地控制工艺参数的条件下，在奥氏体相区或在奥氏体与铁素体两相区进行轧制，然后控制冷却速度以得到理想组织的轧制工艺，即对从轧前的加热到最终轧制道次结束为止的整个轧制过程实行最佳控制，以使钢材获得预期良好性能的轧制方法。通过充分细化晶粒和获得均匀分布的第二相粒子来控制轧制以提高钢的综合性能。

对于马氏体钢来讲，通常采用的控制冷却方式为直接淬火或间断式直接淬火，其目的是在轧制结束后加速冷却，使奥氏体快速进入马氏体转变区域而获得马氏体组织，以得到高强度，但是通常需要回火来消除淬火内应力，以保证一定的韧性。在间断式直接淬火工艺中，热轧后的钢板以一定的冷却速率（大于发生马氏体相变的临界冷却速率）快速冷却到某一温度，然后空冷，此终冷温度必须低于马氏体转变起始温度。在随后的空冷过程中，已生成的马氏体发生自回火，而未转变的奥氏体则在随后的冷却过程中逐步转变成马氏体。

4. 微合金化技术

微合金化技术是在普通 C-Mn 钢中添加微量强碳氮化物元素（如 Nb、V、Ti、Cr）来进行微合金化，利用微合金元素析出的碳氮化物第二相纳米颗粒对晶粒进行钉扎，从而细化晶粒，并产生细晶强化和析出强化效果。控制轧制技术的应用通常与微合金化技术紧密联系，二者相辅相成，通过合理的工艺调控，可以更进一步地优化钢的组织性能。

5. 1500MPa 级马氏体钢

1500MPa 级马氏体超高强钢屈强比高、抗拉强度高、伸长率相对较低，具有高碰撞吸收能、高强度塑性积和高 n 值（加工硬化指数）的特点，主要用于简单零件的冷冲压和截面相对单一的辊压成形零件，如保险杠、门槛加强板和侧门内的防撞杆等。在化学成分设计上，主要考虑使用低成本的 C-Si-Mn 成分体系，降低合金成本，发挥连退产线高氢快冷的特点，以利于快冷过程中马氏体的形成，提高吨钢利润。

热轧主要考虑到热轧组织遗传的影响，热轧组织过分粗化，将导致连退过程中得到粗大的组织，导致成品强度偏低；热轧组织过分细化将导致连退过程中组织细化，导致成品强度偏高，应设计适当的卷取温度得到平衡态组织，获得铁素体+珠光体组织，降低热轧卷板强度，从而有利于冷轧轧制。

冷轧后需要进行退火，必须将钢加热到临界点 A_{c1} 以上获得奥氏体组织，其后的冷却速率必须大于临界冷却速率才能得到马氏体组织。一般冷却速率越快，就越容易获得马氏体组织。为保证材料获得超高强度，组织应尽可能多地转变成马氏体，这可以通过提高冷却速率来实现。通常快速冷却至温度低于马氏体相变温度，通过低温时效对淬硬的马氏体岛组织进行低温回火以改善其内部畸变，最终获得性能良好的马氏体钢。为准确得出连续退火过程的均热温度、均热时间工艺窗口，在 Gleeble 上针对不同均热温度和不同保温时间，研究时间对超高强马氏体钢性能的影响。

超高强钢汽车板产品的技术特点是：成分控制，热轧力学性能均匀，高强度，可以冲压延伸不高的简单零件以及辊压成形。CR1200/1500MS 的化学成分见表 1-12。在低 C-Si-Mn 体系基础上，通过控制合金元素含量，添加一定量的 Cr、Ti 元素，可以提高超高强钢淬透性，利用控轧控冷手段，最终使得马氏体钢的强度和韧性得到较好的匹配。CR1200/1500MS 的力学性能要求见表 1-13。

表 1-12　CR1200/1500MS 的化学成分

化学成分	C	Si	Mn	P	S	Als
质量分数（%）	≤ 0.3	≤ 1.5	≤ 3.0	≤ 0.02	≤ 0.025	0.03 ~ 0.08

表 1-13　CR1200/1500MS 的力学性能要求

力学性能	屈服强度 /MPa	抗拉强度 /MPa	伸长率（%）
要求	1200 ~ 1500	≥ 1500	≥ 3

汽车板交付表面要求质量等级为 FB，表面允许有少量不影响成形性及涂镀附着的缺陷，如轻微划伤、压痕、麻点、辊印及氧化色等。表面结构为麻面时，粗糙度目标值为 $0.6\mu m < Ra \le 1.9\mu m$。表面结构为光亮表面时，粗糙度目标值为 $Ra \le 0.9\mu m$。

产品工艺路线：转炉→RH→连铸机→加热→除鳞→粗轧→飞剪切头尾→精轧除鳞→精轧→层流冷却→卷取→开卷、焊接→酸洗→冷轧→卷取→开卷、焊接→碱液清洗→烘干→退火→平整（光整）→表面检查→卷取→包装入库。

1）转炉冶炼。采用顶底复吹冶炼、脱碳升温。通过采用合理造渣工艺技术、低氮吹炼技术、温度控制技术、终点控制技术、出钢挡渣及顶渣改质技术等，能使转炉冶炼终点钢水碳含量稳定在 0.03% ~ 0.05%，磷含量降至 0.012% 或更低，钢中氧控制在 0.065% 以内；出钢前期加铝脱氧并初始合金化，出钢伴随钢包底吹氩气搅拌，进行预造渣和均匀成分，为钢包精炼炉（LF）精炼处理提供良好条件。

2）LF 精炼。LF 精炼的目的是造还原渣，实现渣、钢完全脱氧，白渣精炼脱硫至 0.005% 内，降低钢中硫对钢质的恶化倾向。因高强钢合金元素含量高，依靠 LF 钢包底吹搅拌功能对合金成分进行调整，实现合金成分均匀化。发挥 LF 电极升温功能，实现钢水温度提升，促进合金熔化和溶解，同时为后续 RH 无氧化真空处理创造良好的温度条件。

3）RH 真空处理。RH 真空循环进入真空室内的钢水，利用合金计算模型，在合金化过程中实现碳、锰、铬、硅等合金元素的窄成分精确调整，其中碳含量控制在 ±0.01% 的偏差，锰、硅、铬元素控制在 ±0.05% 偏差内。同时，在真空作用下实现钢水中的氢等气体元素净化处理，实现钢中 ω_H（H 的质量分数）≤ 0.00015%；控制 RH 真空纯脱气时间实现钢液搅拌，促进了夹杂物的碰撞、聚合、上浮，充分净化钢液。

4）连铸。板坯连铸过程中，采用保护浇注控制技术，预防中间包钢液二次氧化。根据超高强钢连铸结晶器冷却过程容易发生包晶反应等相变特点，经过技术分析制定了高碱度包晶钢专用保护渣，实施合理的结晶器冷却制度、拉速控制制度、低过热度控制制度等，同时采用动态轻压下技术和铸坯缓冷制度，保障铸坯质量。

5）热轧工艺控制。为了保证在冷轧前获得理想的析出物形态，制定相应热轧工艺。较高的终轧温度有利于保证热轧在奥氏体区进行，避免在非再结晶区轧制，以获得良好的热轧组织，有利于提高后续冷轧产品的质量。高中温卷取有利于得到铁素体、珠光体组织，降低热轧卷板强度，从而有利于冷轧轧制。冷却制度为采用后段 1/2 冷却控制。后段 1/2 冷却有利于获得较低的冷速，促进铁素体生成，有利于后续冷轧工序生产。热轧态组织均为铁素体、珠光体和马氏体，且马氏体含量较高，如图 1-31 所示。

图 1-31　热轧金相组织

6）冷轧与连续退火工艺控制。为了保证成品质量，需清除带钢表面氧化铁皮。满足表面质量的同时为了使带钢表面获取一定粗糙度与良好的清洁度，须保证轧辊粗糙度转印率与润滑效果，故采用以下酸轧工艺。

严格按照工艺技术规程，控制各项酸洗工艺参数，严格控制切边精度，保证轧机出口产品宽度正公差控制；F5工作辊上线时表面粗糙度为3.0~3.5μm，表面不得有影响使用的缺陷；冷轧压下率根据厚度规格不同，控制范围为40%~65%；第一~四机架乳化液浓度保持在1.5%~3.0%；第五机架乳化液浓度保持在0.3%~1.0%，皂化值≥160mg KOH/g；冷轧成品板面必须保持清洁，不得有黄斑，避免大量轧制乳化液和灰尘的残留。

对于双相钢，首先将冷轧硬板连续加热到铁素体奥氏体两相区的某个温度，在加热过程中，冷变形组织首先产生回复再结晶。在两相区保温过程中，钢板产生部分奥氏体化。两相区保温后，首先通过缓慢冷却使少量奥氏体重新分解转化为铁素体，在这个过程中，合金元素进一步向残留奥氏体中转移，从而进一步提高奥氏体的稳定性。在快速冷却过程中，这部分残留奥氏体转化成马氏体而使钢板具有双相组织。快冷后的等温过时效不仅可以对淬硬的马氏体组织进行低温回火以改善其内部畸变，而且可以改善铁素体内元素的固溶状态。对于马氏体钢，将带钢加热至完全奥氏体化，然后缓冷至某一温度，再以80~100℃/s的速度快速冷却至马氏体转变温度以下，使奥氏体转变成马氏体，然后通过再加热升温进行时效处理，碳原子活动能力较强，能进行长距离扩散，析出碳化物，降低内部应力，提高马氏体韧性。为研究退火工艺与组织、性能关系，进行热模拟试验方案。得出以下结论：马氏体含量随缓冷温度升高而升高，导致屈服抗拉强度也随之升高；马氏体含量随均热温度升高而升高，强度也有随之升高的趋势。

1.2.2.3 国内外技术及产业发展情况

马氏体高强钢在汽车领域主要应用于成形性要求不高的零件部分，如汽车前后左右门的防撞杆，A、B、C柱加强板，下边地板通道，车顶加强梁等。低碳马氏体钢具有良好的强度、塑性、韧性以及低的疲劳倾向，同时还具有较低的缺口敏感性、过热敏感性、优良的冷加工性、良好的可焊性而且热处理变形较小等一系列的优点，在实际生产使用中，可以代替中碳钢或者中碳合金结构钢的某些零件（图1-32）。

图1-32　1500MPa级马氏体钢零件前防撞梁

我国汽车钢板的生产正处于快速发展阶段，但仍满足不了我国汽车行业的高速发展，仍有35%~40%冷轧汽车板依赖进口。我国目前有四家主要汽车用钢板生产厂家：宝武、首钢、河钢以及鞍钢。虽然这几年依托国家科技支撑计划，各钢企在先进高强度钢研发方面有了突飞猛进的发展，其中宝武马氏体钢最高可达1700MPa，代表国内先进水平，但在先进超高强度钢板的生产上与国外仍有一些差距，比如高强度冷轧薄钢板快速连续热处理机组的设计、快速连续热处理关键技术的建立等。

随着我国技术装备的更新换代，直接淬火技术有着很好的应用前景。虽然国内已实现1500MPa级马氏体钢的生产，但是对1500MPa级及以上马氏体钢的研究不够深入。随着钢铁材料向高强高韧的方向发展，以及汽车行业的需求量增加，有必要对1500MPa级及以上马氏体钢的强化机制及生产工艺优化进行深入的研究，如钢坯再加热制度、热变形行为、冷却工艺及重新奥氏体化对直接淬火钢微观组织及力学性能的影响。

现阶段国内外马氏体高强钢的生产方式为：获得传统马氏体钢的热处理通常是采用热轧+缓冷，随后退火处理；然后，离线进行再加热奥氏体化+淬火+回火处理。这种工艺造成生产工艺流程长，以及获得较为单一的马氏体组织，所制备的钢材无法获得最佳的强度和韧性，在轧后冷却过程中易产生变形或开裂。作为能源消耗较大的钢铁领域，节能减排大势所趋，迫切需要开发出新一代节能高效的热处理技术。冷轧薄板（包括冷轧马氏体薄板）的快速加热和快速冷却作为一种高效的热处理技术，即快速连退技术，在我国正处于研究、开发阶段。

日本钢铁企业在这方面起步较早，其著名的钢铁企业——新日铁（NSC）在快速连退领域取得了一些显著的进展，新日铁冷轧钢板连续退火技术一直保持世界领先地位。20世纪80年代，新日铁开发出气水冷却的新冷却方法（ACC），分别从水集管上的水喷嘴和气集管上的气喷嘴喷射出水和气体，形成气水混合流，喷吹到钢板上，冷却速度可达到100℃/s。并且通过对喷射水量和气体量以及集管开启数的控制，可对冷却终点温度和冷却速度进行控制。采用这种冷却方法，既可缩短过时效处理时间，又能保证钢板的性能。1982年，名古屋制铁所、广烟制铁所相继投入生产，利用ACC的高冷却速度和对冷却温度的控制，可以生产出固溶强化型高强钢板、析出强化型高强钢板以及最高强度可达1180MPa以上的相变组织强化型高强钢板。ACC成为新日铁连续退火的核心技术。1999年泰国SUS、2000年巴西Usiminas、2005年中国BNA（生产汽车用钢板的合资工厂宝钢-新日铁／安赛乐汽车钢板公司）相继引进新日铁的连续退火生产线，实现了连续退火生产线在全世界的推广应用。2017年4月，河钢邯钢MS1500实现量产，其产品性能指标达到国内外先进水平。河钢邯钢高强连退产线是继SSAB和安赛乐米塔尔之后世界第三条采用高速喷水冷却的生产线。

随着高强度钢板的需求量越来越多，以快速加热与快速冷却技术为核心的连续退火技术正在成为高强度钢板研发、生产的新方向。围绕快速连续退火技术开发的连退设备，也必将受到钢铁生产企业的青睐。表1-14给出了国内外超高强马氏体钢工业化生产概况。

表1-14 国内外超高强马氏体钢工业化生产概况

公司	牌号	供货厚度/mm	供货宽度/mm	屈服强度/MPa	抗拉强度/MPa	伸长率（%）	180°弯心直径（t=试样厚度）
SSAB	MS1500	0.5~2.1	最大1527	1220~1520	1500~1750	≥3	≥8t
SSAB	MS1700	1.0~2.1	最大1250	1350~1700	1700~2000	≥3	≥8t
宝钢	MS1500	1.0~2.1	最大1250	1200~1500	≥1500	≥3	≥8t
宝钢	MS1700	1.0~1.8	最大1250	1350~1700	≥1700	≥3	≥8t
河钢	MS1500	1.0~2.0	最大1500	1200~1500	≥1500	≥3	≥8t

1.2.2.4 小结

提高汽车用钢强度、降低钢板厚度是汽车轻量化的主要途径之一。研究数据显示：轿车的用材中，强度高于500MPa的材料占84.65%，强度高于800MPa的材料已占到61.68%，采用高强度马氏体钢可使汽车轻量化并降低汽车摩擦噪声、降低排放、提高车身安全系数。抗拉强度1000MPa以上的超高强马氏体钢由于其很高的强度和相对较低的价格，近年来在汽车上得到广泛应用，常用于制造保险杠、车门防撞梁、B柱等零部件。1500MPa马氏体钢具有良好的塑韧性、优异的疲劳性能和抗应力腐蚀性能，是应用范围很广的产品。普通高强钢已不能满足汽车工业的发展需求，近年来，高强度马氏体钢的开发和应用成为钢铁业和汽车工业关注的焦点。但是随着强度的升高，钢的氢脆敏感性也随之增大，由此带来的氢致延迟断裂敏感性也会升高。氢致延迟断裂是一种滞后断裂，它是材料或零件在应力和氢共同作用一段时间后突然发生的一种脆性断裂，是材料-环境-应力共同作用的结果。延迟断裂的发生一般没有先兆，并且可以在远低于屈服强度的应力下发生，一旦发生便很有可能造成严重的危害，因此先进超高强钢的氢致延迟断裂将是材料制造商和汽车制造商的重点研究方向。

1.2.3 增强成形钢

2020年，我国首次提出"2030年前实现碳达峰，2060年前实现碳中和"的国家战略目标，并开始部署相关行业的碳中和实现路径。作为重要的碳排放来源，汽车行业的碳减排进度将影响我国"双碳"目标的实现。先进高强钢的应用有助于车身的轻量化，是汽车行业实现碳减排与碳中和的重要途径。双相（Dual-Phase，DP）钢作为先进高强钢的典型代表钢种，由低碳钢或低碳合金钢经过临界区退火处理得到，显微组织主要由铁素体和马氏体组成。通常，金属材料的强度主要影响因素是硬质相的强度及比例，而金属材料的塑性是由软相的塑性及比例决定的。由于 DP 钢组织中含有大量的铁素体且合金含量相对较低，因此具有低屈强比、高初始加工硬化能力、高伸长率、较好的成形性能以及易于批量生产等特征。正是基于这些优点，DP 钢目前已成为汽车白车身中使用比例最高的先进高强钢。

1.2.3.1 增强成形性双相钢

1. 增强成形性双相钢简介

对于复杂形状的零部件，传统 DP 钢组织中的铁素体与马氏体之间应变不协调且伸长率偏低，在部分高拉延性零件上容易发生开裂，难以满足复杂结构件的冲压要求，如图 1-33 所示。为有效改善 DP 钢的成形能力，需要提高其总伸长率。解决这个问题的一个重要途径是在 DP 钢的基体中引入适量的、稳定性适中的残余奥氏体。在变形前期和中期，部分残余奥氏体在应力作用下会逐渐转变成马氏体，产生相变诱发塑性（Transformation Induced Plasticity，TRIP）效应，能有效提高材料的伸长率和加工硬化率；在变形中后期，基体中剩余的稳定性较高的残余奥氏体在应力的作用下转变成马氏体并发生体积膨胀，松弛了基体内的局部应力并有效阻碍了微裂纹的扩展。在上述两种机制的综合作用下，残余奥氏体能有效提高 DP 钢的总伸长率和成形性能，这就形成了增强成形性双相钢（DP Steel with Improved Formability，DH 钢）的概念。与 DP 钢相比，相同强度级别 DH 钢的伸长率具有明显优势。除了 DP 钢和 DH 钢以外，图 1-34 中还给出了复相钢（Complex Phase Steel，CP 钢）和高塑性复相钢（CP Steel with Improved Formability，CH 钢）的应力 - 应变曲线。相同强度等级下，DH 钢的伸长率最高，DP 钢次之。同级别的 DH 钢和 DP 钢的屈服强度接近，但 DH 钢能在更大的应变量范围内持续硬化。

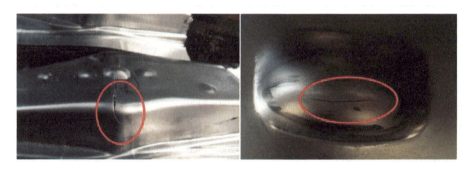

图 1-33 零件复杂应变处 DP 钢易开裂

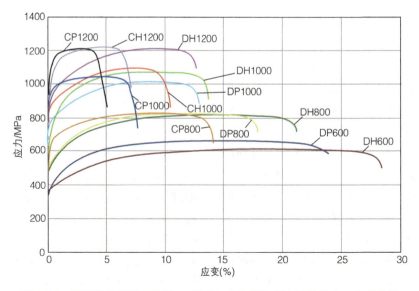

图 1-34 不同强度级别 DP 钢、DH 钢、CP 钢和 CH 钢的应力 - 应变曲线

2. 材料制备工艺及关键技术

为了改善DP钢成形能力不足的问题,首钢技术研究院汽车板研发团队在国内率先开启了高变形能力DH钢的研发。在工业试制DH钢之前,首先在实验室内进行DH钢的中试,各项性能合格后再进行工业生产。DH钢开发的初衷是在双相钢基础上提高塑性,这需要在双相钢中引入一定量的残余奥氏体,所以C、Mn含量相对传统双相钢较高。同时,基体中需加入一定量的Si、Al元素,用以抑制时效过程中碳化物的析出、增加残余奥氏体稳定性。前期,首钢试制了高Si体系的DP780和DP980,由于Si含量过高,不利于带钢表面质量的控制。综合考虑强度、伸长率以及带钢表面质量的要求,首钢DH780和DH980均采用C-Mn-Al-Si的成分体系。在此原则指导下,结合前期高强钢的成分设计经验,设计了3种成分的DH980,见表1-15。

为判断成分设计的合理性,利用热力学软件计算了3#成分的CCT曲线,结果如图1-35所示。1#和2#成分的CCT曲线与3#成分区别较小。全奥氏体化和部分奥氏体化对材料的CCT曲线影响并不明显。两种奥氏体化温度下,珠光体转变的临界冷速都小于10℃/s,这表明该成分的带钢在工业退火炉的冷却条件下淬透性是足够的,不必添加Mo、B等昂贵或者对镀层质量有明显影响的元素来提高淬透性。

表1-15 中试DH980钢的化学成分质量分数 (单位:%)

元素	C	Si+Al	Mn	P	S	Cr	Nb+Ti
1#成分	~0.18	~1.0	~2.0	≤0.01	≤0.005	<0.5	~0.02
2#成分	~0.20	~0.8	~2.0	≤0.01	≤0.005	<0.5	~0.02
3#成分	~0.20	~1.2	~2.0	≤0.01	≤0.005	<0.5	~0.02

注:"~"表示"大约为"。

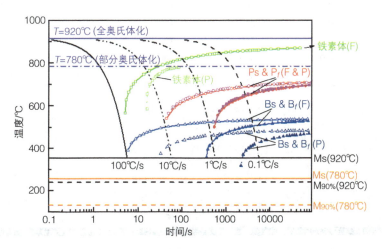

图1-35 3#成分全奥氏体化和部分奥氏体化的相变计算

在中试车间利用50kg真空感应炉炼钢,钢锭切除冒口后进加热炉加热,加热温度为1250℃,保温2h。加热后在中试轧机上轧制成厚度为3mm的热轧板,终轧温度为890℃。热轧完成后钢板塞入加热炉保温1h后炉冷,模拟卷取过程。热轧板冷至室温后进行酸洗、冷轧,冷轧压下率为50%左右。对不同成分的冷轧板进行了退火模拟,对应的工艺和力学性能见表1-16。退火工艺参数对三种成分DH980钢的力学性能的影响趋势基本一致,屈服强度和抗拉强度均随均热温度的升高而上升,而伸长率则随之下降。对比1#、2#和3#成分,1#样品的合金含量偏低,导致整体强度偏低,如780℃退火后伸长率高于标准要求的下限15%,但抗拉强度低于980MPa;2#样品的Si+Al含量偏低,导致材料的伸长率偏低,虽然780℃退火后抗拉强度合格,但伸长率低于15%;3#样品的合金含量均衡,经780℃退火后综合力学性能符合标准要求。

在其他参数不变的情况下,3#样品分别经780℃、800℃、820℃退火后的显微组织如图1-36所示。780℃均热后,基体内铁素体尺寸相对粗大,且铁素体的体积分数偏大；随着均热温度的升高，铁素体晶粒尺寸变小且硬相含量逐步增加，这正是强度随均热温度升高而逐渐升高的原因。XRD结果显示，不同工艺下组织中的残余奥氏体含量介于1%~6%。

图1-37所示为DH980中残余奥氏体在透射电镜下的形貌。图中分别给出了典型马氏体及残余奥氏体分布情况，包含明场像和暗场像。由图可知，DH980中马氏体及残余奥氏体呈现出依附生长的状态，分布在马氏体周边的残余奥氏体在时效过程中能充分地吸收马氏体内扩散过来的碳原子实现稳定化，在变形过程中稳定性适中的残余奥氏体能协调应变并持续地产生形变诱导相变效应（TRIP效应），对提高伸长率具有积极的意义。

表1-16 不同成分DH980的热模拟工艺及力学性能

样号	均热/℃	快冷/℃	时效/℃	带速/(m/min)	$R_{p0.2}$/MPa	R_m/MPa	A_{80}(%)
1#	760	360	360	100	423	938	17.3
	780	360	360	100	456	972	15.2
	780	360	360	150	489	1013	14.5
	800	360	360	100	436	963	16.2
	820	320	320	100	506	1045	13.3
2#	760	360	360	100	472	972	15.8
	780	360	360	100	495	1015	14.3
	780	380	380	100	458	968	16.2
	800	360	360	100	473	1024	14.5
	820	320	320	100	563	1105	12.4
3#	760	360	360	100	452	957	17.8
	780	360	360	100	473	1018	15.5
	780	360	360	150	495	1052	14.6
	780	380	380	100	442	975	16.4
	800	320	320	100	489	1052	13.8
	820	320	320	100	528	1089	13.5

a) 780℃　　　　　　　b) 800℃　　　　　　　c) 820℃

图1-36 3#成分经不同温度退火后的显微组织

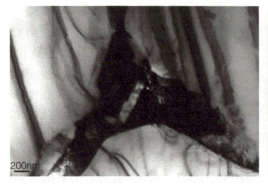 

图1-37 DH980中残余奥氏体的TEM形貌

基于中试试验数据，首钢开始了高屈服强度 DH980 钢（牌号 HC700/980DH）的试制。炼钢工艺设计为：转炉冶炼→LF 炉精炼→RH 真空脱气→板坯连铸，严格控制 C、Si、Mn、Cr、Al、Nb 的成分范围，降低成分波动对力学性能的影响。由于钢液铝含量较高，为了减轻连铸时保护渣变性，使用了高铝钢专用保护渣。铸坯经加热后除鳞、定宽、粗轧后进入精轧机组，终轧温度为 890℃。热轧卷经酸洗后进行冷轧，冷轧压下率为 50% 左右。DH980 冷轧后采用连退炉退火，连退均热温度/缓冷温度/快冷温度/时效温度/带速均参考中试结果设定。图 1-38 给出了工业试制的铸坯、热轧卷及连退板的图片。

图 1-38　DH980 铸坯、热轧卷和连退板图片

在连退卷不同部位取样复测性能，见表 1-17。结果表明，DH980 连退成品的性能满足标准要求且性能均匀性良好。

表 1-17　DH980 连退卷不同部位的力学性能

位置		$R_{p0.2}$/MPa	R_m/MPa	A_{80}(%)
头部	边	758	1057	15.0
	中	725	1026	16.0
	边	747	1042	15.5
中部	边	741	1038	14.0
	中	723	1012	15.5
	边	738	1041	14.5
尾部	边	787	1086	14.0
	中	753	1041	15.0
	边	768	1072	14.5

图 1-39 给出了某座椅靠背边板零件模拟冲压成形图像，用 DH980 成形整体无严重开裂区域，而用 DP980 冲压，零件在多处出现了开裂现象。因此，使用 DP980 成形该零件具有较大的开裂风险。针对此类复杂零件，使用成形性更好的 DH980 优势明显。

3. 国内外技术及产业发展情况

利用残余奥氏体提高 DP 钢伸长率的概念早在 1987 年就已经出现，这类 DP 钢后来被称为相变诱导塑性双相钢（TRIP-Aided DP Steel，TADP 钢）。新日铁于 1987 年开发了成分为 0.4C-0.8Mn-1.5Si 的高强钢，经两相区均热后在贝氏体区等温时效不同时间，可获得不同的强度和伸长率组合，所采用的热处理工艺和不同工艺下的力学性能分别如图 1-40 和图 1-41 所示。0.4C-0.8Mn-1.5Si 在 770℃下均热 5min/400℃时效 2～5min 后可获得抗拉强度达 1000MPa、伸长率大于 30% 的性能组合；在 820℃均热 5min/400℃等温 2min 后可获得抗拉强度

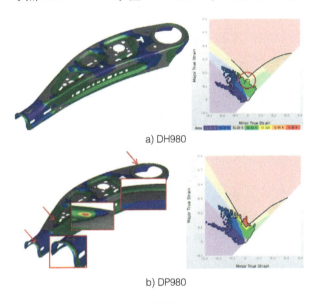

图 1-39　某靠背边板零件用 DH980 和 DP980 模拟冲压成形结果

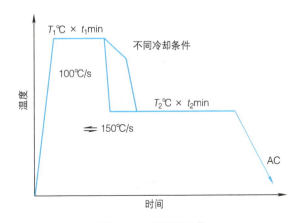

图 1-40　热处理工艺

1200MPa、伸长率大于15%的性能组合。在所研究的均热温度范围内，材料的抗拉强度基本都随贝氏体区时效时间的延长而降低。伸长率的变化趋势与均热温度有关。均热温度为770～790℃时，伸长率在时效5min后达到最高，超过5min后伸长率明显降低；均热温度升至820～870℃后，伸长率随时效时间的延长单调下降。

考虑到Si和P都是铁素体形成元素且均能抑制碳化物的析出，台湾中钢研究了Si和P含量对低碳钢（C含量介于0.08%～0.18%，Mn含量介于1.3%～2.0%）残余奥氏体含量和力学性能的影响。低碳钢经冷轧后，在770～850℃之间均热1～7.5min，随后快冷至400～450℃等温时效1～5min，P和Si复合添加后能显著提高基体中残余奥氏体的含量。如图1-42所示，在800℃均热2.5min、450℃时效5min的条件下，当基体Si含量为0.5%时，P含量从0增加至0.28%后基体的残余奥氏体含量从约1%显著增加至约14%；而当基体中不含Si时，P含量从0增加至0.28%后基体的残余奥氏体含量仅从约1%增加至约4%。P含量为0.07%、Si含量为0.5%时材料的综合力学性能最优，此时抗拉强度为730MPa，伸长率可达36%，如图1-43所示。

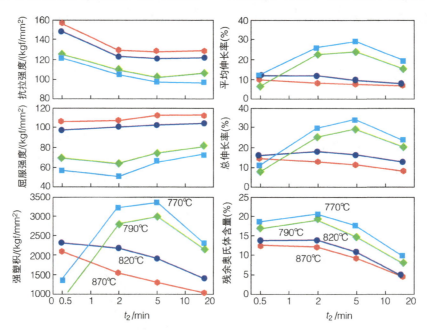

图1-41 0.4C-0.8Mn-1.5Si经不同工艺处理后的力学性能（T_2=400℃，t_1=5min）

注：1kgf=9.80665N。

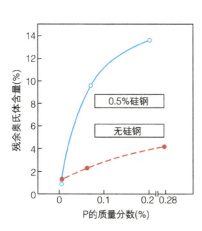

图1-42 P和Si含量对残余奥氏体量的影响（800℃均热2.5min，450℃时效5min）

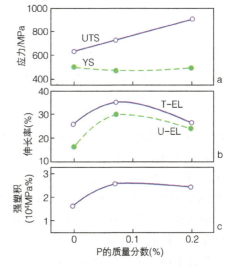

图1-43 P含量对力学性能的影响（800℃均热2.5min，450℃时效5min，Si含量为0.5%）

最近，塔塔公司研发人员介绍了DH钢的开发情况。塔塔公司780MPa级DH钢（DH780）采用TADP的理念生产，退火工艺如图1-44所示。DH780的退火工艺与传统TRIP钢相似，两相区均热后在贝氏体区等温时效以获得适当数量的贝氏体。基体中需添加Al和Si以抑制时效过程中渗碳体的形成。在时效过程中，贝氏体中的自由碳会扩散到剩余的奥氏体中，少部分稳定性较高的奥氏体在终冷后会得到保留，其余稳定性较差的奥氏体则转变成马氏体。通过调整化学成分，可调节时效过程中的奥氏体稳定性，以在终冷过程中形成相当数量的马氏体，获得屈服强度和抗拉强度满足常规DP780要求、加工硬化和伸长率得到显著提升的DH780。因此，DH780最终的显微组织包括铁素体、贝氏体、残余奥氏体和马氏体。需要指出的是，DH780与TRIP780相比合金含量更低，因此，DH780具有更好的可制造性和可加工性。

塔塔公司研发人员认为利用TADP理念生产DH980难以满足屈服强度和局部成形性的要求，因此他建议使用TAB钢（TRIP-Aided Bainitic Steel，与TBF钢类似）的理念来生产DH980。TAB钢通过在两相区高温退火或完全奥氏体化后快冷至贝氏体区等温时效以形成大量的贝氏体组织。与TADP钢一样，基体中需添加较高含量的硅或铝以抑制碳化物的大量产生。根据工艺的变化，组织中可能含有少量的铁素体和马氏体。为获得大量的稳定性更高的残余奥氏体，可在较低的贝氏体转变温度时效，这样还可提高基体的屈服强度（图1-45）。

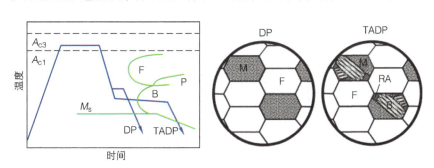

图1-44　DP780和DH780退火工艺和组织示意图

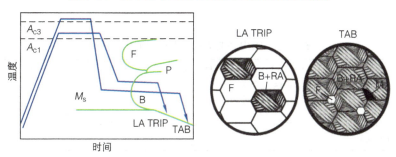

图1-45　TRIP980和TAB980退火工艺和组织示意图

图1-46比较了工业生产的TAB980与常规DP980和CP980钢的应力-应变曲线。TAB980的伸长率具有明显优势（图1-46a和b）。低屈服TAB980的伸长率与DP780的伸长率接近；高屈服TAB980的塑性与常规低屈服DP980的塑性相当，但屈服强度相比增加100~150MPa。贝氏体组织不仅能改善扩孔率，也能提高折弯性能，图1-46c所示为不同钢种的相对折弯性能（基准为低屈服DP980）的对比。高硅钢退火过程中更容易产生表面缺陷，这可能会对折弯性能产生负面影响。图1-46d比较了不同钢种的相对扩孔率（基准为低屈服DP980）。低屈服TAB980的扩孔率明显优于低屈服DP980，与高屈服DP980相当；高屈服TAB980的扩孔率显著提高，介于高屈服DP980和CP980之间。众所周知，DP钢具有较强的边部裂纹敏感性，因为较软的铁素体和较硬的马氏体混合组织在相对较低的应变下能促进应变局部化，从而导致损伤和断裂。相比而言，TAB钢的组织相对均匀、硬度差异不大，从而能改善边部裂纹敏感性。

不同企业采用不同的成分体系生产DH钢，国内外典型钢企DH钢的化学成分见表1-18。以阿赛洛为代表的国外钢企主要采用高Si成分体系；为改善带钢的表面质量，首钢采用的是Al、Si复合添加的成分体系。表1-19列出了VDA标准中DH钢的力学性能范围,也给出了相同强度级别 DP 钢的性能要求。相同强度级别 DH 钢的伸长率和加工硬化率(n值)标准明显高于 DP 钢。

国内外典型钢企 DH 钢的力学性能见表 1-20,不同厂家同级别 DH 钢的力学性能差别并不大。与同等强度级别的 DP 钢相比,DH 钢的伸长率和 n 值明显具有优势,这正是 DH 钢成形性能改善的直接原因。

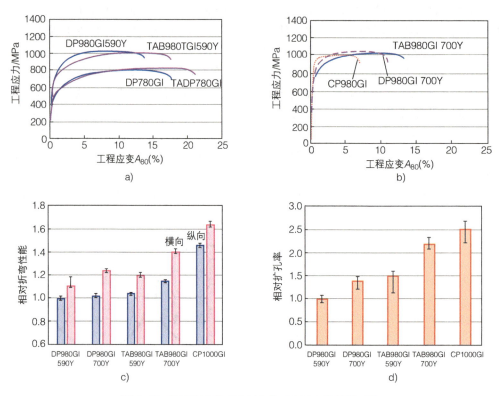

图 1-46 TAB980 与 DP980 和 CP980 的性能对比

表 1-18 国内外典型钢企 DH 钢的化学成分

钢企	牌号	C(%)	Mn(%)	Si(%)	Al(%)	Nb+Ti(%)
奥钢联	DH780	~0.15	~2.0	0.5~1.0	<0.1	<0.01
阿赛洛	TD1050	~0.2	~2.3	~1.5	<0.1	<0.01
首钢	DH780	~0.16	~2.0	~0.5	<1.0	<0.01
首钢	DH980	~0.2	~2.3	~0.5	<1.0	<0.05

注:"~"表示"大约为"。

表 1-19 VDA 标准中 DH 钢的力学性能要求

牌号	$R_{p0.2}$/MPa	R_m/MPa	A_{80}(%)	$n_{10\text{-Ag}}$
CR440Y780T-DH	440~550	780~900	≥18	≥0.13
CR700Y980T-DH	700~850	980~1180	≥13	—
CR440Y780T-DP	440~550	780~900	≥14	≥0.11
CR700Y980T-DP	700~850	980~1130	≥8	—

表 1-20 国内外典型钢企 DH 钢的力学性能

钢企	牌号	$R_{p0.2}$/MPa	R_m/MPa	A_{80}(%)	A_g(%)	$n_{10\text{-Ag}}$
奥钢联	DH780	489	817	21.9	14.6	0.14
阿赛洛	TD1050	758	1053	15.8	11.3	0.12
首钢	DH780	465	835	22.3	14.8	0.15
首钢	DH980	746	1047	16.2	11.5	0.12

虽然不同厂家生产同级别 DH 钢的力学性能差异不大，但由于化学成分和生产工艺的不同，显微组织上还是存在一定差异的。图 1-47 所示为阿赛洛 TD1050 和首钢 DH980 的金相组织。对比结果表明，首钢 DH980 的显微组织整体上细小一些，这与微合金元素的添加有关；另外 DH980 带状组织相对轻一些，这与合金元素的宏观和微观偏析有关，可通过调整连铸工艺和热轧工艺来改善。

a) TD1050

b) DH980

图 1-47　阿赛洛 TD1050 和首钢 DH980 的金相组织

近年来，欧洲多个车企及德国汽车工业协会（VDA）等纷纷提出了增强成形性双相钢（DH 钢）的概念，并将其修订在新的 VDA 标准中。与此同时，首钢在与国内外主流车企交流的过程中，得知用户同样面临着传统双 DP 在高拉延性零件上成形困难的问题。为帮助客户改善传统 DP 钢成形性不足的问题，首钢技术研究院汽车板研发团队在国内率先开启了 DH 钢的研发和攻关。经多轮中试开发后确定了 DH 钢的化学成分，随后在产线进行了工业试制和批量化生产。性能检测结果表明，首钢 DH 钢的力学性能满足标准要求，并且通卷性能均匀性良好。目前，首钢 DH 钢已在各主流车企得到批量应用。

4. 小结

DP 钢具有良好的综合力学性能，在汽车零部件上有大量应用。但是传统的 DP 钢在诸多高拉延性的零件上成形困难，难以满足复杂车身结构件的冲压需求。在 DP 钢的基体中引入适量的残余奥氏体以提高 DP 钢的成形性，研究人员提出了相变诱导塑性双相钢（TADP 钢）。此外，为改善高强度级别（980MPa 以上）DP 钢的整体和局部成形性能，研究人员提出在贝氏体基体中引入适量的残余奥氏体，这样可获得兼具良好整体成形性和局部成形性的材料，这一概念被称为相变诱导贝氏体铁素体钢（TBF 钢）或相变诱导贝氏体钢（TAB 钢）。由于 DH 钢的 Al、Si 等合金含量较高，因此连铸生产相对困难。此外，由于基体中含少量残余奥氏体，高强度级别的镀锌 DH 钢还存在液态金属脆化（LME）的风险。针对 DH 钢的连铸问题，需持续开发性能更好的高 Al 钢专用保护渣。针对高强度级别镀锌 DH 钢焊接时的 LME 风险，可通过调整焊接工艺参数得到改善。

1.2.3.2　增强成形性复相钢材料

复相钢（Complex Phase Steel，CP 钢）是一种金相组织由铁素体+马氏体+贝氏体等多相组成的高强钢，广泛应用于汽车结构件上，以提升汽车的轻量化水平。传统 DP 钢主要由铁素体+马氏体两相组织构成，具有较好的强度和延伸性能，适用于高强度、变形量较大的冲压零件的生产，但其扩孔性能和翻边性能略有不足，无法满足折弯、翻边类成形需求。与传统 DP 钢相比，CP 钢具有更好的扩孔性能，适用于翻边折弯成形零件的生产，但整体伸长率较低，不适用于冲压类零件。随着先进高强钢板用途的不断扩大，汽车零件对材料的成形性能要求也越来越高，除高强度外还要有较高的伸长率要求。DP 钢和 CP 钢除了成形能力不足以外，法兰边翻边扩孔能力也相对较差，上述 DP 钢和 CP 钢的短板，催生出高强度高延展性钢的制备技术，如淬火配分钢（Quenching and Partitioning Steel，Q&P 钢）和 DH 钢等产品，在力学性能上具有强度高、伸长率好的优点，但是也有着其使用局限。尤其设计结构复杂的汽车零件对高强度、高伸长率、高扩孔能力的材料具有强烈的需求。

1. 增强成形性复相钢简介

增强成形性复相钢（Complex Phase Steel with

Improved Formability，CH 钢）的显微组织如图 1-48 所示。

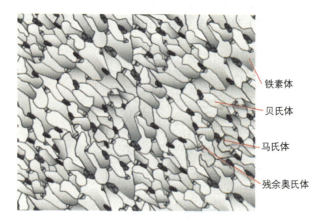

图 1-48　CH 钢的显微组织

该钢种是在传统 DP 钢铁素体 + 马氏体 + 贝氏体的基础上，在组织中引入亚稳相的残余奥氏体，马氏体和贝氏体提供高强度和较高的扩孔率，铁素体提供一定的延伸性能，依靠残余奥氏体的相变诱发塑性作用获得更高的均匀伸长率和总伸长率，多相组织复合使 CH 钢在具有高强度高扩孔性能的同时，具有较好的延伸性能。

2. 材料制备工艺及关键技术

CH 钢是在传统 DP 钢的基础上，通过在组织中引入残余奥氏体，使之在具有高强度的同时，依靠残余奥氏体的作用获得更高的均匀伸长率和总伸长率，同时保持 DP 钢具有的高扩孔性能。因此，如何获得稳定的残余奥氏体成为产品成分设计、工艺优化的关键所在。此外，CH 钢扩孔率要求较高，如何控制铁素体 + 贝氏体 + 马氏体组织的含量才能获得较高的扩孔率也是关键问题。

CH 钢在生产过程中，需要将冷轧材加热到完全奥氏体化区间，在快速冷却过程中避免多边形铁素体及珠光体形成，在时效段贝氏体区进行贝氏体转变，并残留奥氏体，最后快冷获得一定量的马氏体组织，最终形成铁素体 + 贝氏体 + 马氏体 + 残余奥氏体组织，其生产工艺如图 1-49 所示。生产 CH 钢需要连续退火产线具备稳定的高温加热能力实现带钢的完全奥氏体化，同时基体中应添加一定量的硅和铝元素以提高残余奥氏体的含量和稳定性，考虑以铝代替硅来提升表面质量。此外基体中还应添加一定量的微合金元素，一方面可以细化晶粒，另一方面，通过析出强化铁素体，可以提高带钢的局部成形性能。

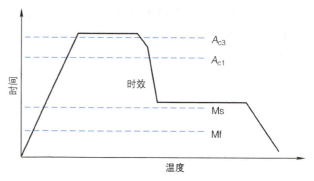

图 1-49　CH 钢生产工艺

3. 国内外技术及产业发展情况

在 CH 钢产品开发方面，目前国内外材料供应商均已开展研发。国外方面，欧洲如奥地利联合钢铁集团（简称奥钢联）、安赛乐米塔尔等钢企均已开展相关产品开发。阿赛洛（安赛乐米塔尔的一部分）于 2015 年成功开发 CH 钢产品，强度等级为 980MPa 和 1180MPa，具备连退板和电镀锌板产品生产能力，GI 和 GA 镀层正在研发过程中。奥钢联 2019 年成功开发了高韧性复相钢产品，强度等级为 980～1370MPa，厚度为 1.0～1.9mm，具备连退板和电镀锌板产品生产能力，GI 和 GA 镀层正在研发过程中，该产品具有高屈服强度的同时还具有良好的弯曲性能、抗冲压边裂性能、可焊性以及高的碰撞能量吸收能力。CH 钢由于具有比 CP 钢更高的成形能力以及比 DP 钢更高的扩孔性能，同时具有超高强度等级，特别适合座椅结构的成形需要，CH 钢将成为座椅选材的发展新趋势。CH 钢已被国际顶级座椅骨架生产商写入材料标准，这对 CH 钢的应用对其他配套厂商有着重要的指导作用，如图 1-50 所示。因此，CH 钢具有很好的市场前景。

VDA239-100 标准中对 CH 钢进行了规定，共有 3 个级别，分别为 CR780Y980T-CH、CR900Y1180T-CH 以及 CR1000Y1370T-CH。与 DP 钢相比，在 980MPa 和 1180MPa 强度级别上，CH 钢与 CP 钢屈服强度和抗拉强度范围完全一致，但伸长率下限有所提高，分别由 7% 和 6% 提高至 11% 和 8%；同时，CH 钢强度级别最高为 1370MPa，高于 CP 钢的 1180MPa。

表 1-21 和表 1-22 分别给出了阿赛洛和奥钢联 CH 钢性能标准。对比阿赛洛和奥钢联性能可以发现，在 980MPa 和 1180MPa 强度级别，两者标准同 VDA 标准一致，其中奥钢联标准中增加了 1370MPa 强度材料，性能与 VDA 标准一致（表 1-23 和表 1-24）。

图 1-50 CH 钢应用场景

表 1-21 阿赛洛 CH 钢性能标准

钢级	屈服强度 $R_{p0.2}$/MPa	抗拉强度 R_m/MPa	总伸长率 A_{80}（%）	BH_2/MPa
CR780Y980T-CH	780～950	980～1140	10	30
CR900Y1180T-CH	900～1150	1180～1350	7	30

表 1-22 奥钢联 CH 钢性能标准

钢级	屈服强度 $R_{p0.2}$/MPa	抗拉强度 R_m/MPa	总伸长率 A_{80}（%）	BH_2/MPa
CR780Y980T-CH	780～950	980～1140	10	30
CR900Y1180T-CH	900～1150	1180～1350	7	30
CR1000Y1370T-CH	1000～1250	1370～1550	5	30

表 1-23 VDA239-100 钢性能

钢级	屈服强度 $R_{p0.2}$/MPa	抗拉强度 R_m/MPa	均匀伸长率 A_g（%）	延伸率			BH_2/MPa
				类型 1 A_{50}（%）	类型 2 A_{80}（%）	类型 3 A_{50}（%）	
CR780Y980T-CH	780～950	980～1140	7	11	10	11	≥30
CR900Y1180T-CH	900～1100	1180～1350	5	8	7	8	见 VDA239 7.1
CR1000Y1370T-CH	1000～1250	1370～1550	3	6	5	6	见 VDA239 7.1

表 1-24 VDA239-100 标准 CP 钢性能

钢级	屈服强度 $R_{p0.2}$/MPa	抗拉强度 R_m/MPa	延伸率			BH_2/MPa
			类型 1 A_{50}（%）	类型 2 A_{80}（%）	类型 3 A_{50}（%）	
CR570Y780T-CP	570～720	780～920	≥11	≥10	≥11	≥30
CR780Y980T-CP	780～950	980～1140	≥7	≥6	≥7	≥30
CR900Y1180T-CP	900～1100	1180～1350	≥6	≥5	≥6	≥30

4. 小结

根据我国汽车产业发展规划，到 2025 年燃油车的百公里油耗要降到 4L 左右，这对整车的轻量化将是一个巨大的考验。因此，高强/超高强材料的应用越来越多，材料的厚度逐渐减薄，为了保证汽车 NVH 性能，尤其是白车身的刚度，零件的设计必然会更加复杂，为此需要更多具有良好成形能力的超高强钢材料。CH 钢作为最新的超高强钢品种，兼具高强度、高扩孔和良好延伸性能，在座椅骨架等复杂零件的成形中必将占有一席之地。

目前，CH 钢还存在以下几点问题：①CH 钢在成分设计、工艺优化等方面对钢厂提出了很高的要求，一般产线难以适应 CH 钢的生产，需建设专用的高强线，如何将成分工艺与现场产线相结合，生产出满足用户需求的 CH 钢是钢铁企业亟需解决的问题；②CH 钢在成形方面存在一定优势，但其合金成分较高，如何保证焊接性能需进一步研究；③CH 钢中存在较多含量的贝氏体和马氏体组织，这些组织具有较强的氢脆敏感性，如何解决氢脆问题也是 CH 钢所面临的挑战之一。

1.2.4 淬火配分钢

汽车零部件在服役过程中总是不同程度地承受着各种形式的力的作用。这就要求使用的材料必须具有一种抵抗外力而不产生过量变形或断裂失效的能力，这种能力称为材料的强度。提升汽车用钢的强度可以减小一些零部件的截面尺寸，进而达到轻量化的目的，目前汽车用高强钢占整车身的比例已达 60%。高强度汽车用钢的发展日新月异，这也为汽车用钢的发展带来了一系列的难题。钢材的强度与塑性通常为制约关系，钢材的强度越高，其变形越困难，越难于成形，采用高强钢制造一些结构形状复杂的零部件面临关键技术难题。因此，汽车用钢的强韧化始终是行业共性科学与技术难题。

20 世纪 80 年代，以无间隙原子钢（IF 钢）为代表的低强度钢，屈服强度小于 210MPa。20 世纪 90 年代，以高强度低合金钢、碳-锰钢为代表的普通高强度钢，屈服强度 210～550MPa。进入 21 世纪后，先进高强度钢得到了快速发展，开发了马氏体钢、双相钢、相变诱导塑性钢等高强度钢，屈服强度大于 550MPa。如今，汽车用钢的强度越来越高，如何使用更高强度的钢材制备汽车零部件已经成为全世界汽车企业技术竞争的焦点。在这种情况下，第三代汽车用钢——淬火配分钢（Q&P 钢）应运而生。

1.2.4.1 Q&P 钢简介

为了使钢铁材料获得高强度和高塑性的完美结合，同时又价格低廉，学者和钢铁企业多尝试通过成分设计获得多相组织复合的方法，并结合多种强化机制与增塑机制来进一步提高钢的综合力学性能，即获得更高强度的同时改善变形能力，从而适用于复杂零部件的成形。2003 年，Speer 等人首次提出了一种同时具有高强度和高塑性的新型钢种，即淬火配分钢（Quenching and Partitioning Steel，Q&P 钢）。Q&P 钢的微观组织为马氏体基体、一定量的残余奥氏体和马氏体基体上少量的合金碳化物，其金相组织如图 1-51 所示。Q&P 工艺可生产一种具有 TRIP 效应的、高强度高塑（韧）性的马氏体钢，即 Q&P 钢。其室温组织是贫碳的板条马氏体和富碳的残余奥氏体，马氏体组织保证了钢的强度，残余奥氏体由于在变形过程中发生了相变诱发塑性，从而提高钢的塑性。Q&P 钢的强度主要分布在 980～1300MPa，伸长率大约为 15%。

图 1-51 Q&P 钢典型金相组织

Q&P 钢还具有 TRIP 效应，组织中马氏体保证了钢的强度，残余奥氏体在变形过程中发生相变诱发塑性效应，提高了材料加工硬化能力，因而 Q&P 钢较同级别产品具有更高的塑性及加工成形能力。由于 TRIP 钢中的铁素体和贝氏体两种较软组织被马氏体硬相（强度远高于铁素体或贝氏体）所取代，故 Q&P 钢的总体强度要高于 TRIP 钢而塑性低于 TRIP 钢，其强度为 800～1500MPa，同时仍能保持 15%～30% 的伸长率。研究表明，低碳的 Q&P 钢的抗拉强度可以达到 1500MPa 以上，中高碳的 Q&P 钢抗拉强度可以达到 2000MPa 以上，伸长率一般超过 10%，甚至可以达到 20%。Q&P 钢根据产品强度级别区分，目前已实现工业量产的产品主要为 980MPa、1180MPa 以及 1470MPa 三个强度级别产品。此外，Q&P 钢以低成本的 C-Mn-Si 钢为基础，价格低廉。根据表面状态可分为无镀层、热镀锌、镀锌合金化三种 Q&P 钢产品。Q&P 钢适用于成形复杂的汽车安全结构件，成形零件主要为 A 柱内板、后地板加强板、前地板侧梁等汽车结构件。与其他钢种相比，Q&P 钢具有合金含量低、强度高、塑性优良、成本低的特点，是先进高强度钢未来的发展方向。

1.2.4.2 Q&P 钢制备工艺

20 世纪六七十年代，Matas 及 Thomas 等学者就通过试验发现并理论证实了碳原子可以自马氏体扩散（或称之为分配）至残余奥氏体，从而使残余奥氏体得到富碳。徐祖耀院士的理论研究发现，生成低碳马氏体的同时伴随着碳原子的扩散，并且碳原子扩散的速度大于或可能略微小于马氏体的生成速度。这些研究成果都证实了碳原子可以从马氏体扩散至奥氏体。马氏体钢传统的热处理工艺为 Q&T

工艺，其淬火温度多为室温，由于温度过低几乎不存在碳原子的扩散现象或者扩散速度很慢。随后的较高温度回火阶段，残余奥氏体的高温回火分解以及马氏体内碳化物的析出都会使得残余奥氏体难以富碳，因此在很长一段时间里人们意识不到可以通过碳自马氏体向残余奥氏体扩散（分配）这种方式来促使残余奥氏体富碳而稳定。一直到2003年，美国Speer等人充分意识到钢在相变过程中碳的分配问题，提出了淬火和分配工艺，简称Q&P工艺。

1. Q&P钢相变临界点测定

Q&P钢在连续加热和冷却过程中，由于发生固态相变会产生不同的相与组织。不同的相变产物具有不同的物理性能和晶体结构（体积改变），因此通过测量相变产物的物理性能和晶体结构的变化，可以确定钢在连续加热和冷却过程中相与组织的演变规律。钢铁材料相变临界点的主要测试方法有热膨胀法和电阻法等，其中热膨胀法基于不同相的不同的相热膨胀系数和比容的原理来测定。一般采用Gleeble热模拟试验机测定了试验用钢的相变临界点。

Q&P钢的A_{c1}（珠光体向奥氏体转变的开始温度，即奥氏体开始形成的最低温度）和A_{c3}（铁素体全部转变为奥氏体的终结温度，即单相奥氏体形成的最低温度）温度的测定工艺为：利用Gleeble热模拟试验机将试样从室温（20℃）以5℃/s的加热速度加热到650℃，然后再以0.05℃/s缓慢加热到1000℃，最后以2℃/s缓冷至室温。观察整个加热过程中热膨胀数据的变化，即热膨胀数据的拐点值，进而确定奥氏体化温度。试样直径的初始值和改变量分别用符号d_0和Δ_d表示，记录加热过程中样品的热膨胀数据（Δ_d/d_0）随温度（T）的变化曲线，根据该曲线斜率发生改变的位置（即拐点位置），通过切线法分别得出其奥氏体的转变开始温度A_{c1}和奥氏体的转变结束温度A_{c3}。

Q&P钢的M_s（马氏体相变的开始温度）和M_f（马氏体相变的终结温度）温度的测定工艺为：利用Gleeble热模拟试验机将试样从室温（20℃）以2℃/s的加热速率缓慢加热到已经确定的A_{c3}奥氏体化温度，然后在该温度保温10min使其充分奥氏体化，最后以100℃/s的冷却速率将试样冷却到室温。观察冷却过程中热膨胀数据的拐点值，进而确定M_s和M_f温度。通过XRD测定，试样的XRD谱上只有马氏体的衍射峰，没有观察到明显奥氏体衍射峰的存在。试样中奥氏体几乎全部已经发生了马氏体相变，进一步明确M_f温度。

2. 残余奥氏体含量与淬火温度关系的理论预测

Q&P工艺的核心思想，即采用Speer提出的CCE理论模型预测淬火温度（T_q）。通过使用CCE模型理论预测Q-P/Q-P-T工艺中的淬火温度，而T_q的选择将直接影响着室温Q&P钢显微组织中残余奥氏体的体积分数乃至钢件最终的综合力学性能。Speer等在提出Q&P工艺的同时，还提出了碳分配过程中的三个热力学条件，即CCE热力学理论模型。依据CCE理论，分配结束后富碳残余奥氏体中的含碳量可以被估算出来，再利用马氏体相变开始温度M_s的经验公式，估算出此时富碳残余奥氏体的M_s温度，然后结合计算残余奥氏体含量的K-M（Koistinen-Marburger）经验公式，可以预测出室温下最终的残余奥氏体体积分数。CCE热力学理论模型要求分配过程中仅仅存在碳原子从α相分配至γ相而最终使得两相碳的化学势相等，但Fe及合金元素质量是守恒的（即界面不迁移，Fe及置换元素在每相中的含量不变）。当淬火温度较高时，转变的马氏体量较少，未转变的奥氏体量较多，在碳由少量马氏体分配至大量奥氏体过程中，因奥氏体碳浓度过低而不足以使得大部分奥氏体在室温下稳定存在。随着淬火温度的降低，马氏体量逐渐增多，尽管未转变的奥氏体量降低，但由于碳从大量马氏体分配至少量残余奥氏体中而使残余奥氏体碳浓度明显提高变得更加富碳，因此在室温下稳定存在的残余奥氏体含量也明显增加，并且当淬火温度为某一特定数值时，残余奥氏体含量也会达到峰值。当淬火温度继续降低时，未转变的奥氏体含量继续降低，但由于其本身具有很高的碳浓度，所有未转变的奥氏体在随后快速冷却至室温时，由于残余奥氏体富碳而更加稳定，均有可能在室温保留下来，因此室温下残余奥氏体含量与未转变的富碳奥氏体含量近似，随着淬火温度的降低而降低。

Speer等人在研究残余奥氏体含量预测值和试验值的比较时发现，室温下最大残余奥氏体含量对应的淬火温度试验值和理论计算值基本相同，但理论计算的残余奥氏体含量与试验值有较大的偏离。Speer等人认为在碳分配过程中不可避免地会发生其他相变，如ε碳化物的析出，这种竞争关系使得未转变奥氏体减少或者未转变奥氏体内碳含量降低（碳化物的析出消耗碳，使得碳不能尽可能多地分配至奥氏体），从而导致未转变奥氏体的稳定性下降，最终导致室温下所得的残余奥氏体含量减少。

Clarke和Santofimia等人发现在最佳淬火温度（对应最大残余奥氏体含量）附近区间内进行淬火时，残余奥氏体含量变化不大，这为Q&P工艺淬火时提供了一个较宽的温度范围。

3. Q&P钢连退工艺流程

冷轧Q&P钢在连续退火快速加热的过程中，存在铁素体向奥氏体相变的过程。在相变的过程中，需要研究奥氏体的相变规律。目前没有适应于连续退火生产条件的、加热过程中奥氏体相变的相关研究，因此很有必要研究连续加热的过程中奥氏体体积分数变化规律，为均热过程的奥氏体相变研究做好准备。在连续加热过程中的奥氏体相变规律，可以采用JMAK方程进行描述

$$X = 1 - e^{-kt^n}$$

式中，X为组织转变的进行度；t为时间；k为系数。

通过将适应于恒温热处理的Avrami方程用数学的方法处理为适应于恒加热速率条件下的数学形式，以适应连续退火在生产线带速情况下，不同热速率下奥氏体体积分数的变化情况。适应于恒温热处理条件下的Avrami方程变化为恒加热速率下的方程形式，其主要的核心思路在于将一个恒加热速率过程考虑为一系列短时恒温的过程。通过Sheli等效原理，算出等效时间后，将一系列短时恒温过程考虑为一个恒加热速率过程。

均热的研究内容是在加热研究的基础上，进一步研究奥氏体在均热过程中的体积分数变化情况，由于加热速率会影响到均热前奥氏体的体积分数和均热时间的长短，因此加热、均热的奥氏体化过程应建立一个统一的奥氏体化模型进行研究。Avrami方程的热处理终点，相变体积分数为1，但是在连续退火临界区均热的过程中带钢并不能完成100%的奥氏体化，因此有必要根据热力学的计算结果来估计临界区保温Avrami方程相变的体积分数终点。在缓冷的过程中，奥氏体中合金元素的浓度以及缓冷冷速决定了缓冷过程中是否形成铁素体。由于缓冷冷速受带速影响，而带速又影响了均热时间，进而影响了临界区奥氏体体积分数，间接影响了奥氏体中合金元素的浓度，因此，缓冷过程既受缓冷段工艺的影响，也受到加热+均热热处理结果的影响。由于奥氏体中合金元素的浓度与奥氏体的体积分数直接相关，不同的均热温度会导致加热+均热热处理结束时奥氏体中的碳等合金元素含量不同，

而JMAK方程受成分的影响，只能在相同成分的前提下用JMAK方程描述相变动力学的相关规律。JMAK方程在描述Q&P钢的缓冷过程时，不同的加热+均热热处理工艺就需要建立不同的JMAK方程，这会极大地增加试验量，也极大降低了对于工业生产的指导意义。缓冷结束时的奥氏体体积分数和奥氏体中的合金成分决定了快冷过程马氏的相变温度，目前马氏体的相变温度均采用经验工艺，通过钢的基础成分进行计算，一方面存在计算精度问题，另一方面由于临界区保温，奥氏体中已经富集合金，直接用钢的基础成分计算马氏体的相变温度会导致计算准确性下降。

Q&P钢在配分过程中需要解决两个问题：一是碳从马氏体片条向奥氏片条扩散的过程；二是碳化物在奥氏体中析出形成降低奥氏体中碳含量的过程。目前已知马氏体相变体积分数是与相变时间无关的参数，但是马氏体的片条厚度与冷速有关，需要研究马氏体的片条厚度随合金元素在奥氏体中的富集程度的变化趋势以及冷速对马氏体片条厚度的影响。只有得出这个结论才能合理地建立出配分过程中，马氏体片条中的碳向奥氏体片条中的碳富集的扩散模型。随着快冷结束，马氏体相变至某一体积分数后，停止继续相变，连续退火进入再加热的过程，随着再加热温度的升高，奥氏体、铁素体界面上的碳含量逐步达到热力学平衡状态。如前文Speer对于Q&P钢的研究结果表明，淬火完成时，奥氏体和铁素体中的碳浓度是一致的。此时，奥氏体和铁素体界面处的碳的化学势是不相等的，但随着再加热的进行，当进入到配分过程，配分初期，奥氏体和马氏体内部的碳含量依然保持淬火时的浓度，维持一致，但是在奥氏体和马氏体界面上的碳的浓度发生了变化，碳向奥氏体一侧扩散，使得奥氏体、马氏体界面上的化学势达到了一致的水平。在配分初期，马氏体中碳过饱和，奥氏体中碳未达到饱和，碳通过奥氏体和马氏体的界面持续向奥氏体中扩散。因此在求解配分过程的扩散方程前，需要计算出在配分温度下奥氏体、马氏体界面上碳活度相等的碳浓度数值，Q&P钢的缓冷过程界面上碳浓度的变化如图1-52所示。终冷过程是一个再次淬火的过程，奥氏体由于在配分过程中富碳，且伴随着渗碳体的形成，最终造成奥氏体中碳含量同时受到扩散和碳化物析出的影响，通过配分过程的计算，得出奥氏体在终冷前的碳含量。

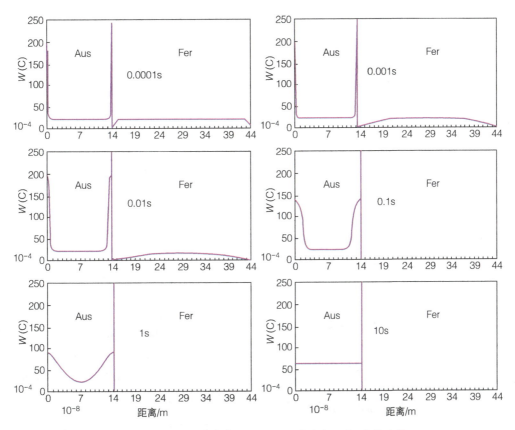

图 1-52 Q&P 钢的缓冷过程界面上碳浓度 W(C) 的变化

Q&P 工艺流程以及相变情况如图 1-53 所示。原始合金、马氏体和奥氏体中的含碳量分别用符号 C_i、C_m 和 C_γ 表示，符号 QT（或 T_q）和 PT（或 T_p）分别表示淬火温度和碳分配温度。这里的淬火温度（T_q）被 Speer 等定义为从奥氏体化温度冷却到的某一温度，而并非通常所指的奥氏体化温度。

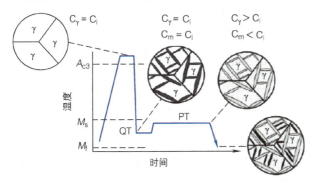

图 1-53 Q&P 工艺流程图以及相变示意图

Q&P 钢热处理工艺主要分为四步：

第一步，将含 Si 和 / 或 Al 的钢高温奥氏体化，使其得到全奥氏体组织。

第二步，在马氏体相变开始温度（M_s）和终结温度（M_f）之间的某一温度进行淬火，这个温度被命名为淬火温度（T_q）。淬火后会形成一部分过饱和的马氏体和部分未转变的奥氏体（并未富碳）。

第三步，在该 T_q 温度或高于该 T_q 温度保温一段时间进行碳分配，使碳原子从过饱和的马氏体分配（或扩散）至未转变的奥氏体中去。分配完成时，马氏体脱碳而得到软化，奥氏体富碳而更加稳定。

第四步，水淬至室温。由于在最后冷却到室温的过程中富碳增加了残余奥氏体在室温的稳定性，因此在冷却到室温的过程中残余奥氏体不会发生马氏体相变。Q&P 工艺处理后最终获得马氏体（贫碳）与残余奥氏体（富碳）的两相复合组织。

在碳分配过程中，如前所述，碳分配温度可以等于淬火温度，也可以高于淬火温度。若 $T_p=T_q$，则称为一步法 Q&P 工艺处理；若 $T_p > T_q$，则称为二步法 Q&P 工艺处理。作为马氏体钢热处理的一种新工艺，经 Q&P 工艺处理后的钢种可以获得更多的残余奥氏体，这是传统的 Q&T 工艺所不能比拟的。

徐祖耀等人在 Q&P 工艺基础上，引入沉淀硬化机制，提出了 QPT（淬火-碳分配-回火）热处理工艺，即在钢中加入少量复杂碳化合物形成元素，如 Nb、V、Ti 等，在碳分配后进行回火时或者是在碳分配过程中，析出弥散的复杂碳化物，起到析出强化作用。另外，向钢中添加的碳化物形成元素还可以起到固溶强化、细化晶粒等的效果。采用 QPT 工艺的 Q&P 钢具有较高的强度和良好的塑性。低碳 QPT 工艺的 Q&P 钢的抗拉强度可以达到 1500MPa 以上，中高碳 QPT 工艺的 Q&P 钢抗拉强度可以达到 2000MPa 以上，延伸性能一般超过 10%，甚至可以达到 20%。因此采用该 QPT 热处理工艺作为能生产具有超高强度、较好塑性，而且成本低的钢的热处理工艺。

1.2.4.3 国内外技术及产业发展情况

2013 年，鞍钢完成了 Q&P 钢企业标准的制定，生产出抗拉强度超过 980MPa、伸长率大于 20% 的冷轧板卷产品，Q&P 钢作为第三代汽车用钢的代表品种之一，具有良好的塑性，特别适用于汽车结构件和内部加强板。

2015 年 2 月，宝钢全球首发 QP1180GA 钢，抗拉强度达到 1180MPa，伸长率仍能保持 10%，成为汽车板制造的市场引导者。宝钢已成为世界上唯一能够同时批量生产第一代、第二代、第三代先进高强钢的钢铁企业，巩固了超高强钢产品在世界范围内的领先地位。

2018 年 10 月，河钢邯钢 QP980 产品顺利下线，其性能指标达到国内先进水平，该产品在邯宝产线高强连退线产出，该产线是继 SSAB 和安赛乐米塔尔之后的世界第三条采用高速喷水冷却的生产线，依靠其再加热能力，从多相化、亚稳化等方面进行微观组织调控，保障了 Q&P 工艺的稳定实施。2019 年，河钢邯钢 QP1180 也顺利下线。河钢邯钢形成了 Q&P 钢系列产品，以满足客户的不同需求。

宝钢以 C-Si-Mn 的成分体系为采用淬火 - 配分（Q&P）退火工艺，成功开发出抗拉强度达 1200MPa、断裂伸长率在 15% 以上、扩孔率在 30% 以上的新一代汽车用高强钢。其适合外形相对复杂、强度要求相对高的零件，并且对焊接工程化影响不大，可达到汽车轻量化的效果。Q&P 钢特别适合形状复杂的车身结构件和安全件的生产。

目前，Q&P 钢的主要成分体系为 C-Si-Mn 系。Q&P 钢主要成分的质量分数见表 1-25。采用这种成分体系的主要核心思想是低成本，利于汽车制造商低成本条件下实现轻量化，利于 Q&P 钢的推广。吸取 TRIP 钢设计之初合金成本较高、为了推广重新开发低成本 TRIP 钢导致 TRIP 推广周期过长的历史经验，以及第二代汽车用钢 TIWP 钢在开发过程中成本过高没有成功应用的经验。Q&P 钢的主要规格及力学性能见表 1-26。

表 1-25　Q&P 钢主要成分的质量分数　（单位：%）

C	Si	Mn	Al
0.2	0.37	1.28	
0.17	1.41	1.48	0.25
0.16	1.58	1.83	
0.26	1.5	1.7	

表 1-26　Q&P 钢主要规格及力学性能

公司	牌号	供货厚度 /mm	供货宽度 /mm	屈服强度 /MPa	抗拉强度 /MPa	延伸长率（%）
宝钢	QP980	0.9～2.3	850～1250	600～850	≥ 980	≥ 15
宝钢	QP1180	0.9～2.1	850～1200	820～1180	≥ 1180	≥ 8
河钢	QP980	1.0～2.2	1000～1400	600～850	≥ 980	≥ 15
河钢	QP1180	1.0～2.0	1000～1300	820～1180	≥ 1180	≥ 8

1.2.4.4 小结

淬火配分钢简称 Q&P 钢，其微观组织为马氏体基体、一定量的残余奥氏体和马氏体基体上少量的合金碳化物，具有 TRIP 效应。其室温组织是贫碳的板条马氏体和富碳的残余奥氏体，马氏体组织保证了钢的强度，残余奥氏体由于在变形过程中发生了相变诱发塑性，从而提高了钢的塑性，使 Q&P 钢的强度主要处于 980～1300MPa 之间，伸长率大约为 15%。徐祖耀等人在 Q&P 工艺基础上，引入沉淀硬化机制，提出了 QPT（淬火 - 碳分配 - 回火）热处理工艺。低碳 QPT 工艺的 Q&P 钢的抗拉强度可以达到 1500MPa 以上，中高碳 QPT 工艺的 Q&P 钢的抗拉强度可以达到 2000MPa 以上，延伸性能一般超过 10%，甚至可以达到 20%。

然而，对 Q&P 钢的变形机制的研究主要聚焦在残余奥氏体软相，由于马氏体的特征是多尺度结构，不同的尺度控制着马氏体的力学性能，当下对 Q&P 钢中马氏体的多尺度描述不多，仍然集中在位错滑移与元素配分行为上，马氏体内部是否还有其他未发现的强化效应和变形机制，仍需要深入研究。

此外，QPT 钢中位错型的马氏体板条虽然强度很高，但塑性很差，深入研究 Q&P 钢的增强和增塑机制，有利于设计和控制微观组织，进而来获得所需力学性能。总之，研究先进高强度钢的力学性能时不能仅仅考虑静态（或准静态）条件下先进高强度钢的变形行为，研究高应变（形变）速率条件下先进高强度钢的动态力学行为对于开发和拓展先进高强度钢的使用范围与应用潜力有着非常重要的意义。

1.2.5 短流程 CSP 钢板

传统长流程生产汽车车身用高强钢主要采用冷轧、热镀钢板，其制造流程长、工序复杂、能耗和排放高、交货周期长。汽车零部件产品制造流程的长短关系到生产成本和能量损耗，集中体现企业的核心竞争力。经过测算，短流程制造工艺较长流程制造工艺的生产成本降低接近 10%。因此，短流程制造工艺较长流程制造工艺有突出优势。

薄板坯连铸连轧，也叫短流程 CSP 钢板，流程绿色、生态、低成本，产品高强度、薄规格、高精度，与汽车白车身及底盘用钢具有显著的适应性。薄板坯连铸连轧材料当前可部分用于车身结构件（图 1-54 和图 1-55）和底盘典型结构件（图 1-56）。

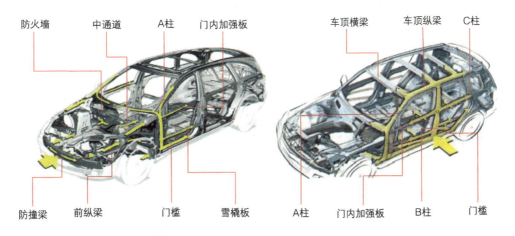

图 1-54 车身典型热成形件

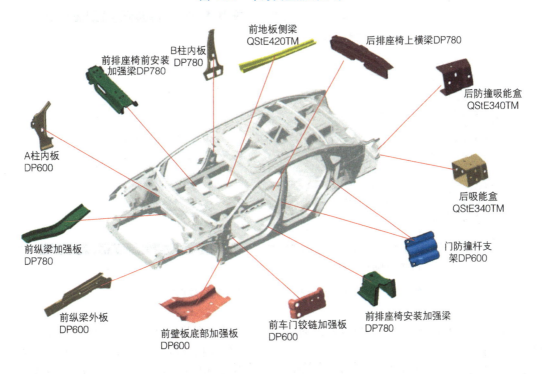

图 1-55 车身典型结构加强件

图 1-56 底盘典型结构件

1.2.5.1 薄板坯连铸连轧材料组织

薄板坯连铸连轧产线与传统冷轧热成形钢组织对比如图 1-57 所示。CSP 热成形钢是热轧轧制后经过层流冷却，获得的组织为先共析铁素体和珠光体（图 1-57a）；热冲压成形前，冷轧热成形钢为退火再结晶组织，即热轧钢卷冷连轧轧制后，在连续退火炉或罩式退火炉进行再结晶退火处理，获得的组织为铁素体和渗碳体（图 1-57c）。热冲压成形奥氏体化过程中，由于短流程热成形钢的原始组织中有碳含量较高的珠光体，奥氏体首先在其周围形核，然后迅速长大、碳化物溶解，以及奥氏体组织与成分均匀化，在随后的模压淬火过程中获得尺寸均匀的板条马氏体组织（图 1-57b）；而冷轧热成形钢的原始组织为铁素体和渗碳体，局部区域的碳含量低，成分浓度梯度小，需要更大的温度梯度才能满足奥氏体形成的动力学条件，其模压淬火后的组织也为板条马氏体（图 1-57d）。

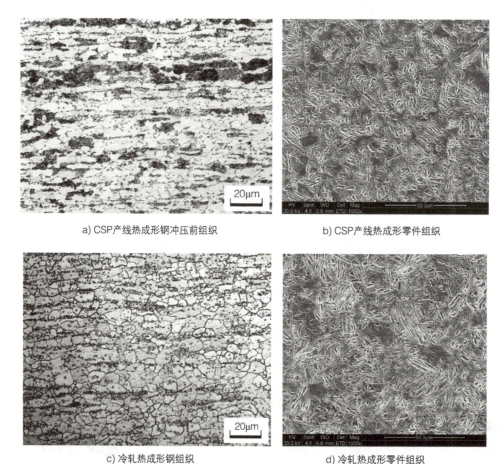

a) CSP产线热成形钢冲压前组织　　b) CSP产线热成形零件组织

c) 冷轧热成形钢组织　　d) 冷轧热成形零件组织

图 1-57 薄板坯连铸连轧产线与传统冷轧热成形钢组织对比

采用钛元素和铌元素微合金化是短流程钢的组织控制的重要手段之一。

1）钛微合金化原理。钛的化学性质较为活泼，在钢中主要以固溶态或含钛析出相形式存在，被广泛用作微合金化元素。TiN 或富氮 Ti（C，N）具有良好的高温稳定性，在铁中的固溶度小，在高温下有足够体积分数的 TiN 或富氮的 Ti（C，N）相析出。微合金钢中 TiN 或富氮的 Ti（C，N）阻止晶粒长大的作用可持续到 1300℃ 以上，能有效控制高温状态下晶粒尺寸的大小，起到细化晶粒的作用。采用薄板坯连铸连轧流程生产钛微合金化高强钢，在铸坯均热阶段完成 TiN 析出有效细化轧制前奥氏体晶粒，进而得到组织细小的高强钢产品。

2）铌微合金化原理。铌在钢中可以细化晶粒，提高钢的强度和韧性。在元素周期表中，铌属于过渡族金属元素，也是强碳、氮化物形成元素，并具有更强的析出强化作用。与传统流程一样，在薄板坯连铸连轧流程中，铌在连铸、均热、控轧控冷过程中都会析出，根据 Nb（C，N）的固溶度积，铌的全固溶温度在 1250℃ 左右，薄板坯连铸连轧条件下铸坯的均热温度一般低于 1250℃，在连铸出坯后有部分铌析出，析出物的尺寸大小不一，小的尺寸为 5～10nm，能够强烈抑制后续热连轧过程中奥氏体的再结晶过程。热轧过程中铌的析出数量、尺寸与析出位置密切相关。研究表明，传统流程中，含铌析出相主要在位错线析出，随变形量提高，位错密度增加，尤其是在未再结晶区变形，累积作用更明显。薄板坯连铸连轧流程轧制道次内，铌微合金钢组织的位错密度随着变形温度降低、变形量提高而增加，位错密度的增加为含铌析出相提供了形核位置，同时在位错线上均匀析出。细小的含铌碳氮化物析出充分钉扎位错运动，进而有效抑制奥氏体再结晶。尤其，在低温区抑制奥氏体再结晶，在较大的温度区间内实现变形，促使晶粒内部产生大量的变形带，为铁素体形核提供有利条件，最终得到均匀细小的铁素体组织。

1.2.5.2 薄板坯连铸连轧材料性能

1. 材料力学性能

表 1-27 列出了薄板坯连铸连轧流程与传统冷轧流程汽车用钢材料力学性能。对于相同的冷轧钢板，短流程与传统流程相比，短流程制备的薄板力学性能显著优于传统流程制备的薄板材料。

2. 零件力学性能

热成形钢广泛应用于车身的 A 柱、B 柱、纵梁、保险杠、门内防撞杆等安全件。薄板坯连铸连轧产线与传统产线相比具有不同的轧制及热处理等工艺，其生产出的钢板组织与性能具有明显优势。薄板坯连铸连轧（CSP）产线热成形零件与传统冷轧产线的热成形零件力学性能见表 1-28，两条产线的热成形零件力学性能均达到了使用要求。

3. 弯曲性能

对薄板坯连铸连轧流程与传统冷轧流程热成形钢板采用平板模淬火后进行三点弯曲性能评价，测试方法按 VDA-238-100 标准执行，测试结果如图 1-58 所示。短流程热成形钢的弯曲角度为 66°～68°，传统冷轧流程热成形钢的弯曲角度为 65°～67°，两种流程产品的弯曲性能相当。

表 1-27 薄板坯连铸连轧流程与传统冷轧材料典型性能对比

钢种	厚度规格 /mm	薄板坯连铸连轧（CSP）产线材料			传统冷轧产线材料		
		屈服强度 /MPa	抗拉强度 /MPa	伸长率（%）	屈服强度 /MPa	抗拉强度 /MPa	伸长率（%）
BR1500HS	1.2	390	575	17.6	310	525	26.3
	1.5	395	595	18.8	310	505	26.8
	1.8	435	635	18	345	510	27
HR340/590DP	1.6	401	643	21	371	628	25
HR420/780DP	1.2	489	823	14	480	804	17
HR500/780DP	2.0	515	798	17	527	808	17
QStE340TM	1.2	360	444	26	368	478	28
QStE420TM	1.2	497	542	22	443	563	24

表 1-28 薄板坯连铸连轧流程与传统冷轧热成形钢热冲压零件典型性能对比

厚度规格/mm	薄板坯连铸连轧（CSP）产线 1500MPa 级热成形零件			传统冷轧产线 1500MPa 级热成形零件		
	屈服强度 /MPa	抗拉强度 /MPa	伸长率（%）	屈服强度 /MPa	抗拉强度 /MPa	伸长率（%）
1.5	1050	1460	6.4	1030	1450	6.1
	1100	1530	6.5	1010	1430	5.6
	1030	1480	6.3	1050	1500	5.8

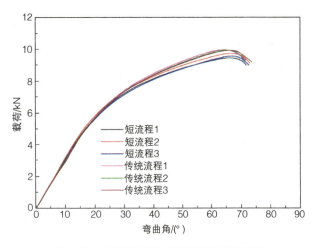

图 1-58 两种流程热成形钢弯曲性能对比

4. 热冲压成形性能

利用某车型热成形零件 B 柱模具，分别对 1500MPa 级薄板坯连铸连轧热成形钢和传统冷轧热成形钢 22MnB5 进行对比研究。热冲压工艺参数见表 1-29，经过冲压成形后的零件如图 1-59 所示。与传统冷轧热成形零件相比，薄板坯连铸连轧热成形钢冲压后的零件无起皱、开裂等明显缺陷，零件精度也符合车企要求。

表 1-29 热冲压工艺参数

板料加热温度	930℃
加热时间	4min
板料从加热炉转移到模具上的时间	6s
合模保压时间	30s
保压力	400t

图 1-59 薄板坯连铸连轧热成形钢和传统冷轧热成形钢 22MnB5

5. 焊接性能

分别取 1500MPa 级薄板坯连铸连轧流程和传统冷轧流程热成形钢在实验室进行电阻点焊窗口试验评估，试验设备为 DBZ-160 中频逆变直流点焊机，电极采用的是 ϕ8.0mm 铬锆铜，试验参数：电极压力 4.5kN，3 个脉冲，焊接时间 140ms，间隔时间 40ms，保持时间 40ms。图 1-60 给出了 1500MPa 级薄板坯连铸连轧流程和传统冷轧流程热成形钢的电阻点焊窗口。薄板坯连铸连轧热成形钢的焊接电流范围为 9~13kA，焊接工艺窗口为 4kA；冷轧热成形钢的焊接电流范围为 8.6~12.6kA，焊接工艺窗口为 4kA。两种流程产品的焊接性能相当，焊接电流窗口一致。

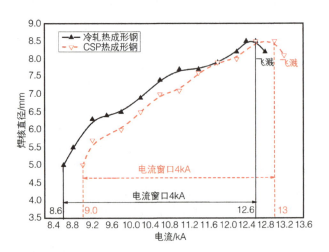

图 1-60 两种流程 1500MPa 级热成形钢的点焊工艺窗口

6. 涂装防腐性能

利用国内某汽车厂涂装生产车间，根据汽车钢板涂装工艺流程，对 1500MPa 薄板坯连铸连轧热成形钢进行处理，如图 1-61 所示。对表面处理后的钢板进行测试，包括外观、膜厚、附着力、铅笔硬度、耐酸、耐碱、耐汽油、耐机油和中性盐雾试验，测试结果见表 1-30。1500MPa 薄板坯连铸连轧热成形钢表面电泳漆膜各项测试结果均满足车企应用需求。

图 1-61 钢板表面涂装处理工艺

表 1-30 薄板坯连铸连轧汽车用热成形钢的涂装性能评价

序号	评价项目	评价方法	车企应用需求	评价结果
1	外观	目测	无缺陷,水平面与垂直面外观不能有差异	光滑平整
2	膜厚	GB/T 13452.2—2008《色漆和清漆 漆膜厚度的测定》	≥15μm	38~43μm
3	附着力	GB/T 9286—2021《色漆和清漆 划格试验》	0级或1级	切割边缘完全平滑,无脱落,0级
4	铅笔硬度	GB/T 6739—2022《色漆和清漆 铅笔法测定漆膜硬度》	>H	2H无擦痕
5	耐酸	GB 9274—1988《色漆和清漆 耐液体介质的测定》甲法（浸泡法）	酸浸无异常	漆膜表面无失光、变色、起泡、斑点、脱落等
6	耐碱	GB 9274—1988《色漆和清漆 耐液体介质的测定》甲法（浸泡法）	碱浸无异常	漆膜表面无失光、变色、起泡、斑点、脱落等
7	耐汽油	GB 9274—1988《色漆和清漆 耐液体介质的测定》甲法（浸泡法）	汽油浸无异常	漆膜表面无失光、变色、起泡、斑点、脱落等
8	耐机油	GB 9274—1988《色漆和清漆 耐液体介质的测定》甲法（浸泡法）	机油浸无异常	漆膜表面无失光、变色、起泡、斑点、脱落等
9	中性盐雾（240h）	GB/T 1771—2007《色漆和清漆 耐中性盐雾性能的测定》试验仪器：FQY盐雾腐蚀试验箱	漆膜无起泡、无生锈、无锈蚀蔓延	漆膜无起泡、无生锈、无锈蚀蔓延
10	中性盐雾（480h）	GB/T 1771—2007《色漆和清漆 耐中性盐雾性能的测定》试验仪器：FQY盐雾腐蚀试验箱	漆膜无起泡、无生锈、无锈蚀蔓延	漆膜无起泡、无生锈、无锈蚀蔓延
11	中性盐雾（720h）	GB/T 1771—2007《色漆和清漆 耐中性盐雾性能的测定》试验仪器：FQY盐雾腐蚀试验箱	漆膜无起泡、无生锈、无锈蚀蔓延	漆膜无起泡、无生锈、无锈蚀蔓延
12	中性盐雾（1000h）	GB/T 1771—2007《色漆和清漆 耐中性盐雾性能的测定》试验仪器：FQY盐雾腐蚀试验箱	漆膜无起泡、无生锈、无锈蚀蔓延	漆膜无起泡、无生锈、无锈蚀蔓延

7. 抗氢致延迟开裂性能

根据标准ASTM G30《U型弯头应力腐蚀试件的制备和使用的标准实施规程》采用恒载荷的方法分别测定了两种流程1500MPa级热成形钢在不同充氢电流下的门槛应力值,恒载荷试样尺寸如图1-62所示。试验环境为0.2mol/L NaOH溶液+0.22g/L硫脲,分别在三个不同的充氢电流下测定两种流程热成形钢的门槛应力值（表1-31）。薄板坯连铸连轧流程热成形钢的抗氢致延迟开裂性能优于同级别传统冷轧热成形钢产品。

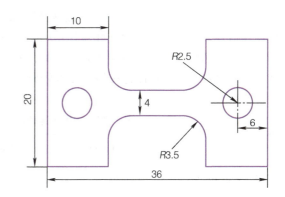

图1-62 恒载荷试样尺寸

表1-31 薄板坯连铸连轧热成形钢与冷轧热成形钢热冲压零件抗氢致延迟开裂性能对比

钢种类型	厚度/mm	不同充氢电流下的门槛应力值/MPa		
		1mA/cm²	2mA/cm²	4mA/cm²
1500MPa薄板坯连铸连轧热成形钢（CSP）	1.2	1185	1110	997.5
1500MPa级冷轧热成形钢	1.2	937.5	772.5	712.5

8. 碰撞性能

薄板坯连铸连轧热成形钢主要用在汽车碰撞关键零部件，用来抵抗碰撞变形，保护乘客安全。1500MPa薄板坯连铸连轧热成形钢（WHF1500）与传统冷轧热成形钢（22MnB5）工程应力-应变曲线如图1-63所示。

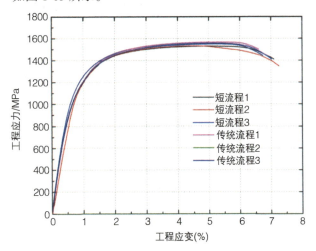

图1-63 工程应力-应变曲线比较

选择状态相同的两辆车进行40%偏置碰撞对比试验，其A柱上边梁分别采用1500MPa薄板坯连铸连轧热成形钢和传统冷轧热成形钢，碰撞试验后乘员舱相对完整，前围板区域、A柱区域、中央通道区域及前纵梁区域变形基本一致，车身速度和加速度变化基本一致，车身速度曲线和加速度曲线分别如图1-64和图1-65所示。

1.2.5.3 薄板坯连铸连轧工艺

薄板坯连铸连轧工艺可以显著降低能耗与排放。薄板坯连铸连轧流程与传统热连轧流程相比，其铸坯厚度薄，连铸坯出铸机后直接进入均热炉，入炉温度一般在800℃以上；而传统铸坯厚度较厚，一般为210～250mm，连铸坯出铸机后有一个冷却过程，在轧制之前需要长时间高温加热。另外，传统流程的厚铸坯需要粗轧多道次可逆式往复轧制后才能进入精轧。这些制造过程的不同，导致了生产过程中能耗与排放的显著差异，具体数据见表1-32，相比于传统热轧流程，薄板坯连铸连轧流程综合能耗约降低45%，二氧化碳排放约降低13%。

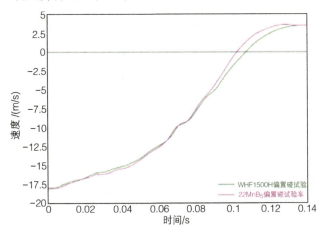

图1-64 车身速度曲线

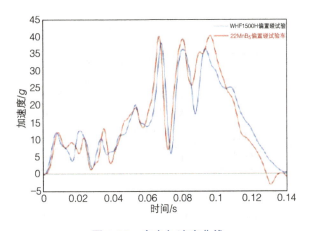

图1-65 车身加速度曲线

表1-32 薄板坯连铸连轧流程与传统流程能耗与排放比较

产线	燃料消耗/(kgce/t)[①]	电耗/(kgce/t)	综合能耗/(kgce/t)	CO_2排放/(t/t)	水耗/(m^3/t)
薄板坯连铸连轧产线	24.26	7.98	32.24	1.55	2.84
传统热连轧产线	42.72	16.71	59.42	1.78	4.01

注：此表数据以普碳钢为标准进行统计计算，燃气价格按48.70元/GJ计算，电价按0.57元/kW·h计算。
① kgce/t的单位名称是"千克标准煤/吨"。

1.2.5.4 薄板坯连铸连轧材料在汽车上的应用

自1989年全球第一条薄板坯连铸连轧产线在美国纽柯钢铁公司建成投产以来，薄板坯连铸连轧工艺技术得到了迅猛发展，先后经历了单坯轧制、半无头轧制和无头轧制三代连铸连轧技术。

第一代单坯轧制和第二代半无头轧制技术是以CSP为代表的薄板坯连铸连轧产线，半无头轧制技术与单坯轧制技术的差别在于，半无头轧制工艺的铸坯长度是单坯轧制长度的4~6倍，可以实现连续轧制，并且在卷取机前进行钢卷分切的轧制工艺。第三代无头轧制技术是新一代薄板坯连铸连轧工艺技术，以无头带钢连铸连轧技术（Endless Stripe Production，ESP）产线为代表，以及近几年首钢京唐建成的多模式全连续铸轧生产线（Multi-mode Continuous Casting & Rolling，MCCR）等，其主要是通过连铸高拉速与轧机轧制速度匹配，实现铸坯连续轧制，在卷取前由高速飞剪按要求进行分切卷取。截至目前，第三代无头轧制技术在全球建成投产的薄板坯连铸连轧产线72条，年生产能力超过了1.2亿t，其中中国已建成投产18条产线，年产能超过4300万t。相较于传统流程，薄板坯连铸连轧流程具有铸坯薄、钢水凝固快、铸态组织均匀、中心偏析小、析出物细小弥散、性能均匀和厚度精度高等特点。其可生产的钢种范围不断扩大，由最初的普通碳钢，逐渐扩大到低碳钢、中碳钢、高强钢、IF钢、管线钢、先进高强钢和电工钢等品种，如图1-66所示。

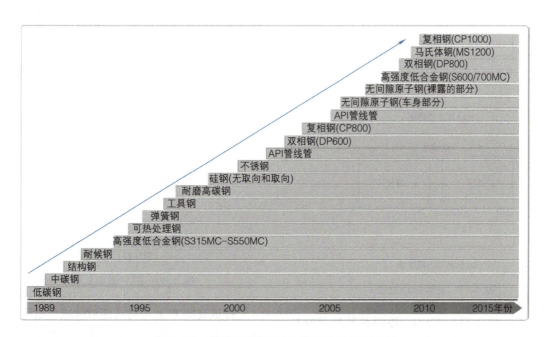

图1-66 薄板坯连铸连轧产线可生产品种现状

1.2.5.5 小结

绿色制造、生态发展已成为我国的重要发展战略。钢铁材料制造正朝着绿色化、生态化、连续化和智能化方向发展。薄板坯连铸连轧流程简约高效，制造过程能耗和排放低，符合当前"双碳"发展战略方向。

从整车全生命周期的角度来看，随着整车热成形零件的使用数量越来越多，节能减排的效果将越来越显著。随着未来汽车环保和轻量化要求的提高，热成形钢的用量将会越来越高。薄板坯连铸连轧汽车用热成形钢作为一种既拥有良好的应用性能又兼具环保性的优秀钢种，将在未来汽车高强钢的使用和汽车轻量化方面发挥重要的作用。

1.2.6 差厚板

1.2.6.1 差厚板简介

20世纪90年代，继激光拼焊板（Tailor Welded Blank，TWB）之后，基于新材料加工技术，德国亚琛工业大学金属成形研究所（IBF）开发出了差厚板（Tailor Rolled Blank，TRB），如图1-67所示。柔性轧制技术是生产TRB的核心技术，它能够实现间隙在轧制过程中实时的监测、控制和调整，进而获取沿轧制方向上预先定制的变截面形状。由TRB加工而成的零部件具有更好的承载能力，并且能够显著减轻重量。

轧制差厚板与激光拼焊板相比具有以下明显的

优点：

1）省去了焊接及其相关的一系列工序，可降低生产成本，减少能耗和过程损耗。

2）在连续性生产时，其生产效率高、操作容易、可靠性好。

3）没有焊缝，其表面质量好、组织性能均匀性好，连接强度大幅度提高。

4）可方便地获得不同厚度，易于生产出2种以上厚度组合的板材。

5）厚度过渡区的长度和形状可以控制，可根据冲压件服役时的受力状况设计过渡曲线。

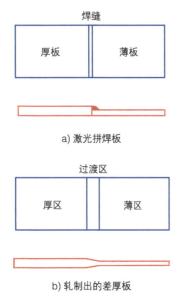

图 1-67　差厚板示意图

TRB 不能完全取代 TWB，原因是轧制差厚板也有其局限性，如不能把成分和性能不同、宽度不同的板材连接在一起，不能实现曲线拼接、三维拼接和扩宽拼接等。当前的发展趋势是用轧制差厚板替代宽度相同、材质相同、厚度不同的激光拼焊板。

1.2.6.2　差厚板材制备工艺

工业生产中用轧制单张板材的方法获得差厚板是不经济的，而经济、有效、实用的方法是，首先轧制出周期性变厚度带材（Periodic Longitude Profile Strip，PLP带材），再分段切断成长度为 L 的差厚板，如图 1-68 所示。

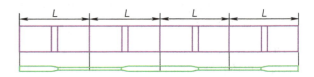

图 1-68　PLP 带材示意图

PLP 带材可用带有前后卷取机的冷轧机轧制，如图 1-69 所示。在轧制过程中，由安装在轧机牌坊内的液压缸按照设定的程序对带材实施动态变厚度压下。利用水平方向的轧制速度与垂直方向的压下速度的合理匹配，来保证不同厚度区间的长度和过渡区的形状尺寸。由安装在轧机和卷取机之间的测厚仪来实测轧件的厚度，根据厚度实测值与设定值的偏差来实现对轧件目标厚度的自动控制，以保证厚度精度。上述轧制过程周期性、连续不断地进行，直到完成一卷带材的轧制，进而生产出 PLP 带材。

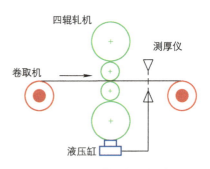

图 1-69　PLP 带材轧机示意图

将成卷的 PLP 带材按照后续成形过程的要求进行（或不进行）退火，不需退火的直接移送到后部处理机组进行后续处理，如图 1-70 所示。首先，经开卷机开卷，然后经矫直机矫平，最后按照确定的尺寸精确剪切成为 TRB 板。将剪切后的板材收集起来，作为汽车冲压件的坯料。TRB 板材的材料目前主要是钢，也可以是铝合金或其他金属材料。

由于轧制差厚板的厚度是连续变化的，其成形性能与厚度突变的激光拼板和局部加强板有很大不同，因此必须重新研究其成形性能，并依据其成形性能进行成形工艺和模具的设计。

图 1-70　PLP 带材的后续处理工作

1.2.6.3 国内外差厚板技术及产业发展

20世纪90年代后，德国亚琛工业大学金属成形研究所（IBF）开始研究轧制差厚板，同期国内的东北大学也开展了对变厚度轧制技术的系列研究。

2000年，德国亚琛工业大学金属成形研究所在德国Mubea公司的轧机上首次实现了连续变厚度钢板的轧制，并于2004年正式投产。该机组年产7万t，所生产的TRB最大宽度为750mm，其生产的TRB板料主要供货给奥迪、奔驰、宝马、大众等汽车制造集团。

我国沈阳东宝海星公司是国内第一家差厚板生产企业，经过小批量试制和验证，于2013年实现了差厚板的大批量生产，生产的差厚板目前广泛应用于车身的各种梁、柱、板、管类等20余款零部件，全球主流汽车主机厂如大众、通用、福特、沃尔沃等都在大范围使用。

1.2.6.4 小结

差厚板可部分替代激光拼焊板及局部补强板，是实现汽车轻量化的重要技术。然而，差厚板技术发展时间尚短，差厚板轧制工艺和成形工艺仍需要继续研究。差厚板是一种定制板材，在冲压成形过程中钢板的厚度又会发生变化，因此为使最终零件的厚度符合最佳承载要求，必须综合考虑整个流程的优化分析。

未来差厚板成形领域的主要研究课题如下：

1）研究更高强度的差厚板轧制工艺及热冲压技术，获得更高强度的变厚度零件，以更好地实现轻量化。

2）建立针对整个流程的数值模拟和优化分析方法，考虑轧制生产和冲压成形对最终零件的厚度和性能影响，以获得服役性能最佳的实际零件。

3）目前差厚板的应用受到卷宽和材料限制，需深入研究差厚板轧制工艺，以拓展材料范围及卷宽，从而拓展应用范围。

1.2.7 钢板镀层材料

1.2.7.1 锌铝镁镀层钢板

汽车在实际服役过程中可能遭受雨水和潮湿大气等典型介质侵蚀。在《2021中国在用车腐蚀研究报告》阶段性研究成果中，发现在中国进行销售的汽车产品很少向消费者提供耐腐蚀质保承诺。根据国家市场监督管理总局缺陷产品管理中心采信的第三方平台的数据显示，2010—2020年汽车腐蚀质量问题投诉案例数量已累计高达13000余宗，截至2022年，已经超过2万宗，涉及的汽车零部件包括车身外观区域零部件、底盘、乘员舱、行李舱及发动机舱区域零部件等。超过60%的腐蚀投诉发生在车辆开始服役后的3年内，超过90%的腐蚀投诉发生在车辆开始服役后的6年内。耐蚀性能是汽车零部件的重要性能之一，改善汽车钢板耐蚀性能是一项重要任务。

1. 汽车零部件镀层简介

20世纪80年代以来，纯锌镀层钢板在汽车车身上获得了成功应用，将汽车车身的腐蚀寿命年限提高到10年以上。进入21世纪，欧洲钢铁企业和汽车企业又在纯锌镀层钢板的基础上开发出了锌铝镁镀层钢板。锌铝镁镀层钢板是在纯锌镀层中添加少量的铝元素和镁元素，镀层的耐蚀性能得到显著提升。在大气腐蚀环境中，锌铝镁镀层的耐蚀性是纯锌镀层耐蚀性的2～4倍。因此在达到相同腐蚀寿命的要求下，锌铝镁镀层的厚度有望比纯锌镀层减少30%以上。

纯锌镀层的显微组织为锌的多晶组织，锌晶粒尺寸通常在300μm以上。而锌铝镁镀层的显微组织中则包含有初始凝固组织以及由锌、铝以及锌镁化合物构成的共晶组织，不同相的尺寸通常都在300μm以下，共晶组织的尺寸通常不超过5μm。其中，初始凝固组织的体积分数范围为80%～95%，其余为共晶组织。根据锌铝镁镀层中合金元素含量的不同，初始凝固组织可以是富锌相，也可以是富铝相。共晶组织又可分为锌与锌镁化合物构成的二元共晶组织和由锌、铝以及锌镁化合物构成的三元共晶组织。共晶组织的体积分数与镀层中铝、镁元素含量、镀层凝固过程以及微量元素含量有关，共晶组织通常以层片状或颗粒状形式存在。二元共晶组织主要以层片状形式出现，而三元共晶组织则大多以颗粒状形式出现。层片共晶组织和颗粒共晶组织的尺寸通常远小于初始凝固组织。

锌铝镁镀层钢板具有特别优异的耐蚀性。根据镀层中铝元素和镁元素含量的不同，锌铝镁镀层钢板的大气耐蚀性是传统纯锌镀层的2～5倍，典型锌铝镁镀层钢板的大气耐蚀性见表1-33。锌铝镁镀层在大气腐蚀条件下，镀层中的Mg元素与Al元素溶解到表面极薄的水膜中，能够抑制水膜pH值的快速上升，从而使得在镀层表面主要形成致密的以氯水锌矿为主的腐蚀产物，而不是疏松不稳定的ZnO。这种致密的腐蚀产物具有很低的电导率和致密的物理结构，从而使得镀层表面的去极化剂难以到达镀层表面，抑制了阴极反应，降低了镀层腐蚀速率。在电泳涂装后，漆膜的膜下耐蚀性也能够达到纯锌镀层的1.5倍以上，原因是镀层表面形成的腐蚀产物更加致密，对漆膜的膨胀应力更低。同时镀层表面的阴极反应受到抑制，延缓了镀层本身的腐蚀，减少了对镀层与漆膜之间化学键的破坏。由于锌铝镁镀层钢板的水膜能够自由流动，因此在锌铝镁镀层钢板的切口位置也能够形成致密的以氯水锌矿为主的腐蚀产物，从而对钢板切口位置形成良好的保护作用。

表 1-33 典型锌铝镁镀层钢板的大气耐蚀性

镀层成分范围	大气耐蚀性	典型商品
Zn-（1~2）%Al-（1~2）%Mg	2~2.5倍	SOZAMV、BaoZM、ZM Ecoprotect
Zn-（2~4）%Al-（2~4）%Mg	2.5~3倍	PosMAC3.0、Magnelis
Zn-（5~7）%Al-（2~4）%Mg	3~4.5倍	SOZAMC、ZAM、KOBEMAG
Zn-（8~13）%Al-（2~4）%Mg	3.5~5倍	SuperDyma

锌铝镁镀层钢板的镀层硬度是纯锌镀层的3~4倍，在摩擦测试中表现出低而稳定的摩擦因数，摩擦因数比传统纯锌镀层降低10%~15%，比锌铁合金镀层降低30%以上，与表面润滑处理的电镀锌钢板相当。这是由于锌铝镁镀层中含有一定比例的锌镁金属间化合物，这种化合物具有很高的硬度。除此之外，锌铝镁镀层中无论是初始凝固组织还是共晶凝固组织，尺寸都远小于纯锌镀层，锌铝镁镀层的硬度高于纯锌镀层。因此，锌铝镁镀层钢板在摩擦过程中，镀层本身不容易磨损和剥落，可以一直保持较低的摩擦因数，测试结果如图1-71所示。

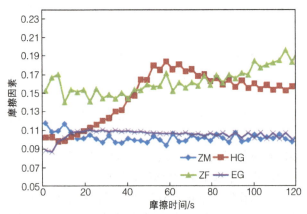

图 1-71 往复摩擦试验测量的SOZAMVTM锌铝镁镀层（ZM）、传统纯锌镀层（HG）、锌铁合金镀层（ZF）以及电镀锌镀层（EG）的摩擦因数

注：摩擦试验载荷为24N，摩擦副为钢球。

在目前汽车企业应用的锌铝镁镀层中，铝含量和镁含量均不超过4%。不同汽车企业对锌铝镁镀层钢板的镀层成分要求不太一样，具体要求见表1-34。在德国汽车工业协会（VDA）的团体标准VDA 239-100：2016中，要求锌铝镁镀层中铝的质量分数范围为1.0%~3.0%，镁的质量分数范围为1.0%~2.0%。

表 1-34 汽车企业对锌铝镁镀层钢板成分的要求

汽车企业	执行标准	铝质量分数（%）	镁质量分数（%）
PSA	B53 3220：2016	1.5~3.9	1.0~3.2
大众	VW 50065：2014	1.5~8.0	
雷诺	1104009：2017	2.2~4.0	
特斯拉	TM-2011：2014	1.5~8.0	
宝马	AA-0611：2015	1.0~2.5	1.0~2.5

锌铝镁镀层钢板除了在汽车车身应用以外，在对大气耐蚀性要求较高的户外建筑、汽车底盘零件、户外电器外壳等方面也有广泛应用前景。因此，目前存在面对不同需求的锌铝镁镀层钢板。美国材料协会（ASTM）在其标准ASTM A1046M：2017中，将锌铝镁镀层钢板按照镀层成分分为五大类，详见表1-35，用于汽车车身的为第四类锌铝镁镀层钢板。

表 1-35 ASTM A1046M：2017对锌铝镁镀层的分类

分类	铝质量分数（%）	镁质量分数（%）
1	5~13	2~4
2	3~5	2~4
3	3~6	0.4~2
4	0.5~3	0.4~2.6
5	0.5~3	2.6~4

2. 材料制备工艺及关键技术

锌铝镁镀层钢板主要采用传统的连续热浸镀生产技术制备，主要生产步骤包括：开卷—焊接—清洗—退火—热浸镀—冷却—光整—后处理—表面检查—卷取，主要流程如图1-72所示。

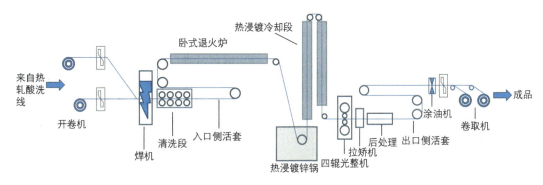

图 1-72　国内某钢铁企业生产热基锌铝镁镀层钢板的流程图

钢板以钢卷的形式进入产线，通过开卷机后，该钢卷的头部与前一卷钢卷的尾部焊接在一起，形成连续运动的钢带。连续运动的钢带经过多重清洗后，去除掉表面残留的油污等污染物，然后进入退火炉中进行高温退火处理，调控其力学性能。经过高温退火处理的钢带冷却到一定温度后，被浸入锌铝镁合金熔体中进行热浸镀。锌铝镁合金熔体与带钢之间发生快速冶金反应，然后在空气或者氮气气氛中快速凝固，在钢带表面形成致密均匀的锌铝镁合金镀层。完成热浸镀的钢板会进一步进行表面光整处理，主要目的是控制镀层表面的粗糙度，满足下游用户涂装与成形的需求，同时在一定范围内精细调节材料的屈服强度。随后根据目标用户要求进行表面处理，包括表面涂油、表面钝化、表面预磷化等。完成所有制造流程的钢带会经过人工表面缺陷检查和机器自动缺陷识别，满足用户需求的产品才最终进行销售。

与纯锌镀层钢板相比，锌铝镁合金镀层钢板在生产流程上没有明显的区别，主要差异在于使用的热浸镀镀液的成分和温度不同。生产纯锌镀层钢板时，热浸镀镀液的成分通常为 Zn-（0.18%～0.25%）Al。生产锌铝镁合金镀层钢板时，热浸镀镀液的成分与锌铝镁合金镀层的成分基本相同，同时会根据产品实物检测结果进行微调。在生产纯锌镀层钢板时，热浸镀镀液的温度一般比纯锌的熔点高 30～50℃，也就是在 440～460℃之间。如果温度太低，则镀层与钢板之间的合金层生长不完整，导致镀层黏附性较差。而如果温度太高，又会导致镀液中的锌与空气中的氧激烈反应，在镀层中出现大量氧化物类夹杂物。在生产锌铝镁合金镀层钢板时，除了考虑以上两个因素，还需要考虑到镀层本身的凝固生长特性。这是由于锌铝镁镀层与纯锌镀层不同，存在多相先后凝固生产的过程，不同的物相在镀层中起到不同的作用。因此需要根据镀层质量控制目标，综合设计镀液的温度范围。

3. 国内外技术及产业发展

20 世纪 70 年代，美国钢铁公司开始研究各种锌合金镀层钢板材料，发现在纯锌中添加微量的镁能够显著提高锌的耐蚀性。20 世纪 80 年代初，日本钢铁企业在 Galfan 镀层的基础上，开发了商业化的锌铝镁镀层钢板，当时镀层中添加的镁元素的质量分数不超过 0.5%。真正实现商业化开发的锌铝镁合金镀层钢板是日本制钢公司开发的 ZAM 产品以及新日铁公司开发的 Super Dyma 产品。这两种锌铝镁镀层产品镀层中的镁元素的质量分数大约为 3%，而铝元素的质量分数超过 5%，在海洋性大气环境中的耐蚀性能达到纯锌镀层的 5 倍左右，在汽车零部件上获得了广泛应用。进入 21 世纪后，欧洲和韩国的钢铁企业开始研究开发了合金元素含量更低的锌铝镁镀层钢板，镀层中铝的质量分数范围为 1.0%～3.0%，镁的质量分数范围为 1.0%～2.0%，大气中的耐蚀性普遍能达到纯锌镀层的 2 倍以上，同时具备很好的焊接性能与涂装性能。中国钢铁企业在 2015 年之后陆续开始跟踪国际前沿，同步开发出了适应于汽车车身和零部件制造的锌铝镁镀层钢板。国内外主要的锌铝镁镀层钢板产品见表 1-36。

4. 小结

汽车通常在大气环境下运行，可能受雨水和潮湿空气的侵蚀，耐蚀性是评价汽车零部件性能的重要指标。随着汽车制造业对车身腐蚀寿命要求的提高以及环境保护对表面涂漆限制更加严格，采用高耐蚀性的镀层钢板制造汽车成为必然选择。传统的镀层钢板在不改变镀层成分的情况下，已经难以大幅度提高镀层的耐蚀性。锌铝镁镀层钢板是一种新型的高耐蚀镀层钢板，具有大气耐蚀性能优异、耐磨损能力强等优点，在汽车车身以及零部件制造方面具有广阔的应用前景。

表 1-36　国内外主要的锌铝镁镀层钢板产品

钢铁企业	商品名称	镀层名义成分
日本制铁	ZAM	Zn-6%Al-3.0%Mg
	SuperDyma	Zn-11%Al-3.0%Mg-0.2%Si
神户制钢	KOBEMAG	Zn-6%Al-3.0%Mg
浦项	PosMAC3.0	Zn-2.5%Al-3.0%Mg
	PosMAC1.5	Zn-1.5%Al-1.5%Mg
安赛乐米塔尔	Magnelis	Zn-3.5%Al-3.0%Mg
	Zagneils	Zn-1.5%Al-1.5%Mg
奥钢联	Corrender	Zn-2.5%Al-1.5%Mg
蒂森克虏伯	ZM Ecoprotect	Zn-1.5%Al-1.0%Mg
中国首钢	SOZAMV	Zn-（1%～2%）Al-（1%～2%）Mg
	SOZAMC	Zn-6%Al-3.0%Mg
中国宝武	BaoZM	Zn-（1%～2%）Al-（1%～2%）Mg

目前，锌铝镁镀层钢板在汽车上的应用时间还比较短，德国宝马公司在2013年才开始批量使用，我国到2020年开始有应用的案例，因此在全车工艺匹配性上仍然存在一些不足之处。锌铝镁镀层的摩擦因数比纯锌镀层低10%～15%，按照纯锌镀层钢板设计的冲压模具就需要经过一定调整才能用于锌铝镁镀层钢板的零件冲压生产。锌铝镁镀层的熔点温度通常低于纯锌镀层，同时锌铝镁镀层由于耐蚀性好而能够比纯锌镀层更薄，这两方面的因素叠加，会使得按照纯锌镀层设计的焊接参数需要调整后才能用于锌铝镁镀层。锌铝镁镀层钢板作为一种耐蚀性明显优于传统镀层钢板的新型材料，在整车防腐方面具有天然的优势。尤其在节能减排降碳的时代背景下，通过选择更耐腐蚀的金属材料而非有机涂层提高整车耐蚀性，具有明显的环保优势。因此，在未来的新车整车材料设计中，建议将锌铝镁镀层钢板纳入金属材料库中。

1.2.7.2　自润滑镀锌钢板

为了兼顾车身及零部件的防腐性能，镀锌板高强钢的选用为车身的前舱盖、四门等零件实现减重和防腐的双重目的。镀锌加磷强化钢和镀锌烘烤硬化钢得到了广泛的应用，但是由于镀锌板在冲压过程中模具和材料有接触摩擦，导致锌粉脱落，脱落后的锌粉随模具运动分散或聚集在冲压模具内部或零件表面，聚集的锌粉会压伤零件表面，造成冲压成品零件不合格。

某车厂在高速自动化冲压生产线生产汽车发动机舱盖外板零件，每次停机进行模具保洁的停线时间至少10min以上，造成100～120余件成品件的生产损失，同时也额外增加了主机厂冲压现场的人力资源和物料资源，严重降低冲压生产效率，增加冲压生产成本。宝钢在长城汽车、吉利汽车部分零件均遇到过难以解决的冲压掉锌粉问题，如何改善镀锌板冲压过程掉锌粉已经成为一个行业性的难题。

1. 自润滑镀锌钢板简介

镀锌钢板在冲压过程中产生锌粉的原因是，冲压过程中模具与材料表面之间互相摩擦导致镀锌板表面锌层剥落。为提高其抗脱锌粉性能，主要从以下两个方面进行改善：一是提高表面锌层的抗剥落性能；二是改善模具与材料之间的摩擦条件。纯锌镀层产品由靠近基板极薄的一层Fe_2Al_5抑制层及纯锌层η相组成，其性能取决于表层的η相。η相为Zn含量超过99.9%的纯锌层，性能固定，无法调节，抗脱粉性能只能通过改善模具与材料之间的接触状态来加以提高。改变原材料表面状态，以降低摩擦因数减少模具对软质锌层的刮擦，从而减少锌粉脱落，即在材料表面涂覆具有自润滑功能的膜状物质，对既有镀锌工艺的工序不产生变更。

自润滑产品是在现有的镀锌产品表层涂覆一层具有润滑功能的薄膜所得，薄膜为固态且均匀附着在钢板表面，使得镀锌板具备更好的润滑功能性，减小板料和模具之间的相互摩擦，有效改善冲压脱锌粉问题，同时该层物质不影响后续的涂装、焊接等工序。根据自润滑板的不同用途，其基板分为热轧板、冷轧板和镀锌板三类。在现有的应用技术中，主要以镀锌板为主。

2. 自润滑镀锌钢板制备工艺及关键技术

自润滑产品生产工艺与现有产品基本一致，于光整、拉矫后，检查、涂油工序前经辊涂工序涂覆一层自润滑原液，经过烘干后，形成自润滑皮膜附着在钢板表面。

涂覆工艺为：将所涂覆的药剂装入托盘中，经取料辊、涂覆辊将药剂涂覆于带钢再经干燥处理。自润滑产品膜厚主要通过药剂浓度及辊涂参数控制，马钢自润滑产品采用原液生产（不兑水稀释），其膜厚主要与辊涂参数有关（取料辊与涂覆辊的转速和压力）。

相比无处理镀锌板，自润滑产品表面摩擦因数下降20%以上，并且采用的药剂经过第三方环保检测，禁用物质检测结果符合GB/T 30512—2014《汽车禁用物质要求》的规定，是一种环境友好型的产品。制备的自润滑镀锌板产品特性如下：

（1）**静摩擦性能**

相比普通镀锌板，自润滑镀锌板摩擦因数降低

20.38%。普通镀锌板与自润滑镀锌板静摩擦因数对比见表1-37。

表 1-37 普通镀锌板与自润滑镀锌板静摩擦因数对比

钢板	静摩擦因数	均值
普通镀锌板	0.194/0.213/0.226	0.211
自润滑镀锌板	0.162/0.168/0.174	0.168

（2）平面滑动性能

自润滑镀锌板表面涂覆一层有机自润滑膜后，在平面滑动试验过程中载荷波动明显变小，平面润滑性能得到改善，试验结果如图1-73所示。

（3）摩擦后表面微观特点

非自润滑产品表面锌层经摩擦后表面锌层出现明显裂纹并伴有轻微锌层脱落现象，自润滑处理钢板表面锌层仍保持均匀、致密形态，对比结果如图1-74所示。

（4）磷化性能

对比两种钢板的磷化膜结晶状态，自润滑镀锌板磷化膜晶粒细致，与普通镀锌板无差异，结果如图1-75所示。

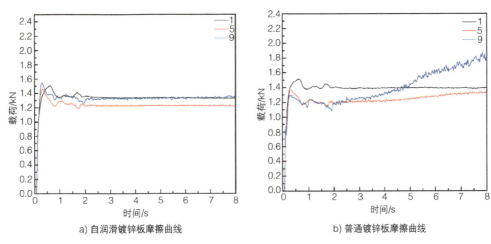

a) 自润滑镀锌板摩擦曲线　　　　b) 普通镀锌板摩擦曲线

图 1-73　自润滑与非自润滑卷平面滑动试验对比

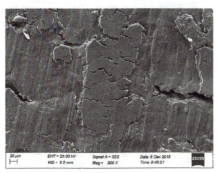 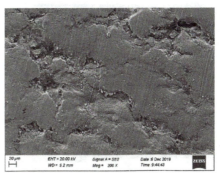

a) 普通镀锌板　　　　b) 自润滑镀锌板

图 1-74　摩擦后锌层表面微观形貌对比

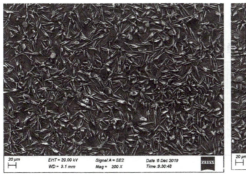 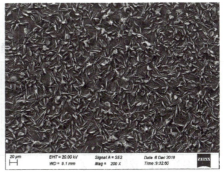

a) 普通镀锌板　　　　b) 自润滑镀锌板

图 1-75　磷化膜结晶状态对比

(5) 焊接性能

相比普通镀锌板,自润滑镀锌板可焊电流范围有一定程度下降,如图 1-76 所示,但二者可焊电流范围均大于 1.2kA,满足一般主机厂要求的大于 1.0kA 使用要求。

(6) 胶黏性能

对比两种钢板的胶黏性能(图 1-77),自润滑镀锌板胶黏性能稍有降低,剪切强度相差不大。自润滑镀锌板和普通镀锌板整体性能综合对比结果见表 1-38。对比发现,自润滑镀锌板综合性能表现更加优异,可以代替普通镀锌板。

(7) 产品应用案例

现场连续冲压 1200 件,成品件对比如图 1-78 所示,自润滑材料经过冲压后,成品件残留锌粉明显比非自润滑产品少,模具表面的锌粉残留情况也得到较大改善。

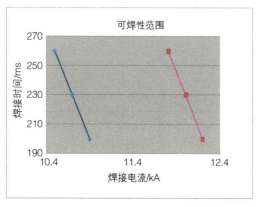
a) 普通镀锌板

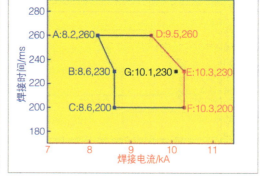
b) 自润滑镀锌板

图 1-76 焊接性能对比

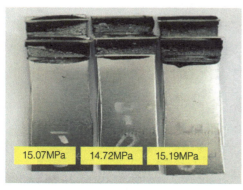
a) 普通镀锌板

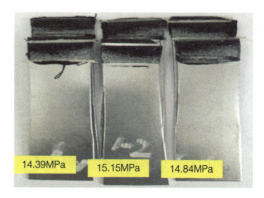
b) 自润滑镀锌板

图 1-77 结构胶胶黏性能对比

表 1-38 自润滑镀锌板与普通镀锌板整体性能综合对比结果

类型	摩擦因数	冲压稳定性	冲压流动性	耐表面擦伤	磷化性能	焊接性能	胶黏性能
普通镀锌板	○	△	○	×	○	○	○
自润滑镀锌板	◎	◎	◎	△	○	○	△

注:◎—优秀;○—良好;△—较好;×—差。

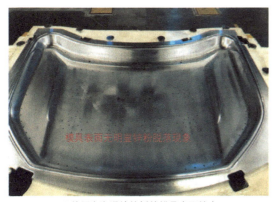
a) 使用自润滑镀锌板的模具表面检查

b) 使用普通镀锌板的模具表面检查

图 1-78 模具表面锌粉残留情况

经过批量验证，对比自润滑镀锌板和普通镀锌板的首次合格率（First Time Through，FTT）指标，自润滑镀锌板一次通过率提高较为明显，平均提高 4.4%，对比结果见表 1-39。

表 1-39 长安汽车某车型前舱盖外板六次生产过程 FTT 指标对比

生产过程	FTT（%）		
	普通镀锌板	自润滑镀锌板	变化量
第一次	89	98	9
第二次	94	99	5
第三次	95	98	3
第四次	93	96	3
第五次	92.5	95	2.5
第六次	92	96	4

3. 国内外自润滑镀锌钢板技术及产业发展

传统的冲压加工采用润滑油减少模具与钢板间的摩擦，成形后采用洗涤剂洗去零件表面的油渍。润滑油和洗涤剂的使用会对环境产生污染，且脱脂工序会增加设备、药剂、人力等费用。同时，在特定环境下使用的镀层钢板还需在成形后再涂装耐腐蚀材料。总之，传统钢板的冲压成形过程工艺程序多，操作不便，产品综合成本较高。

在此背景下，20 世纪 80 年代末日本新日铁等钢厂开发出了适合微电机外壳等冲压成形要求的自润滑电镀锌产品，该产品因具有良好的冲压润滑性能和耐蚀性能，被迅速应用于各种微电机外壳、油罐等冲压成形加工件。由于该产品中所含的 Cr^{6+} 对环境破坏严重，为应对 RoHS 指令，从 2007 年起完全禁止使用 Cr^{6+}，国内外钢铁企业相继开发了环保型自润滑产品。这些自润滑钢板均以镀锌板为基板，不仅冲压成形性好，耐蚀性能较普通镀锌板也有很大的提高。例如，新日铁开发出"ZINKOAT-21"电镀锌钢板和"SIVERZINC-21"热浸镀锌钢板，川崎制铁开发了无铬自润滑锌镍预涂钢板，德国 Chemetall 公司也开发了一系列的自润滑钢板。

我国自润滑涂层钢板起步较晚，但发展迅速，攀钢用二涂二烘的工艺生产以镀锌板为基板，采用自主研发的自润滑处理剂 PG-L608A 试制了自润滑钢板。宝钢试生产了无铬自润滑电镀锌产品。马钢也研发了环保型无铬钝化自润滑钢板，均符合欧盟 RoHS 指令等国内外的环保规定。

4. 小结

传统镀锌钢板在冲压过程中表面容易掉脱锌粉，导致零件表面缺陷。自润滑产品在现有的镀锌产品表层涂覆一层具有润滑功能的薄膜，使得镀锌板具备更好的润滑功能性，能减小板料和模具之间的相互摩擦，有效改善冲压脱锌粉问题，同时该层物质不影响后续的涂装、焊接等工序。在倡导绿色节能、可持续发展的背景下，自润滑镀锌钢板对于提高车厂劳动效率、减少锌资源的浪费方面相比传统的无表面处理的镀锌板具有更加广阔的应用前景。

1.2.7.3 热镀锌低合金高强钢

1. 热镀锌低合金高强钢简介

随着汽车行业的高速发展，对车身安全性、节能减排、耐形蚀能力提升等方面的追求已成为必然趋势，高强钢在汽车上的使用量迅速提高。镀锌低合金高强系列钢板具有较高的强度、良好的成形性、焊接性能和耐蚀能力，主要应用于车身结构件和加强件。

一直以来，国内外镀锌低合金高强钢研究与应用的强度级别主要在500MPa以下，屈服强度500MPa以上的镀锌低合金高强钢鲜有研究，已不能满足车身轻量化、安全性的迫切需求。在现有技术中，多采用低温卷取、低温退火工艺获取较高的屈服强度，因组织偏析严重导致力学性能伸长率急剧下降，严重影响后续的加工成形，大大限制了高强度等级镀锌低合金钢种的适用范围。因此，屈服强度级别为550MPa级及以上热镀锌低合金高强钢的成功开发对推动汽车工业的发展具有重要的意义，可满足汽车工业轻量化、安全性、高耐蚀性的发展需求，可广泛应用于车身加强件和结构件。

2. 热镀锌低合金高强钢制备工艺及关键技术

1）制备流程：炼钢—热轧—冷轧—镀锌。
2）炼钢工艺流程：铁水预处理—转炉冶炼—LF精炼—RH精炼—连铸。
3）热轧工艺流程：板坯加热—粗轧—精轧—卷取。
4）冷轧工艺流程：酸洗—轧制—清洗—退火—镀锌—卷取。

通过低碳及Nb、Ti微合金化成分的合理设计，匹配热轧轧制、冷轧压下率、热浸镀连续退火工艺和一定量的光整机伸长率，强化钢板析出强化作用，获得组织均匀、力学性能稳定、冷弯性能良好、高耐蚀性热镀锌低合金高强钢，成品显微组织为铁素体+珠光体+渗碳体。这种钢板可用于乘用车后梁上下件，如图1-79所示，产品力学性能见表1-40。

图1-79 乘用车后梁上下件

表1-40 邯钢高强度镀锌低合金高强钢力学性能

牌号	拉伸方向	屈服强度R_{eL}/MPa	抗拉强度R_m/MPa	断后伸长率A_{80}(%)
HX550LAD+Z	横向	550～670	≥610	≥11
HX600LAD+Z	横向	600～750	≥650	≥9
CR550LA	纵向	550～670	≥610	≥11
CR600LA	纵向	600～750	≥650	≥9

3. 小结

国内外500MPa以下的热镀锌低合金高强钢已无法满足汽车行业车身轻量化、安全性、耐蚀性的迫切需求，600MPa级、700MPa级热镀锌低合金亟待开发。目前，GB/T 2518—2019《连续热镀锌和锌合金镀层钢板及钢带》中关于冷基镀锌低合金高强钢最高强度牌号为HX500LAD+Z，因此需补充HX550LAD+Z、HX600LAD+Z等更高等级的牌号。

1.2.8 其他钢板新材料

1.2.8.1 相变诱导塑性贝氏体+铁素体钢（TBF钢）

1. TBF钢简介

成形性是制约高强钢在汽车领域应用的关键因素。随着先进高强钢板用途的不断扩大，对钢的性能要求逐步提高，不仅要有较高的强度，还要同时具备良好的成形性。引入更强的基体组织和塑性更好的亚稳组织是同时提高钢的强度和成形性的重要方法。传统铁素体基体相变诱发塑性钢（TRIP）因为软硬相的共存，屈服首先在软相中发生，因此屈服强度比较低，其凸缘翻边性能和弯曲性能较低。

日本神户制钢为了提高TRIP钢的局部成形性，研发出相变诱导塑性贝氏体-铁素体钢（TRIP aided Bainitic Ferrite Steel，简称TBF钢），也叫作无碳化物贝氏体钢或贝氏体基体相变诱导塑性钢。TBF钢以贝氏体或贝氏体型铁素体作为基体，同时含有10%左右的残余奥氏体、少量马氏体和铁素体。图1-80给出了TBF钢的微观组织照片，利用贝氏体低温相变产物提高强度，同时利用残余奥氏体的TRIP效应，在塑性变形作用下诱发马氏体相变，引入相变强化和塑性增长机制。与相同强度级别TRIP钢相比，TBF钢屈服强度明显要高，同时具有良好的伸长率和延伸凸缘性能匹配。

TBF钢的出现为高强钢在冷成形中的应用带来了更大的便利和广泛的市场。TBF钢基体组织主要是贝氏体或贝氏体型铁素体，屈服强度相对较高，组成相的硬度差异小，因而具有较好的翻边扩孔性能，适用于局部成形要求较高的汽车零件。图1-81给出了TBF钢解决成形开裂问题的应用效果图。TBF钢含有残余奥氏体，在加工过程中残余奥氏体因为应变诱发相变，导致材料可以持续硬化，因而表现出较高的延展性能。在材料使用过程中，当汽车发生碰撞时，TBF钢能更好地吸收碰撞能量以保护乘员安全，被广泛应用到抗碰撞的汽车安全部件领域。此外，TBF钢还具有良好的烘烤硬化能力。

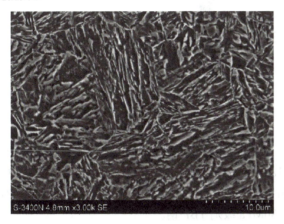

图1-80　TBF钢的微观组织

图1-81　采用TBF钢解决零部件成形开裂问题

2013年，雷诺日产集团首次在英菲尼迪（INFINITI）Q50上使用了神户制钢的TBF钢，用于制作A柱、B柱加强件和上边梁，后续依次还应用在楼兰、西玛、泰坦皮卡等车型上，使用量在10%左右，并逐渐增长至20%以上。安赛乐米塔尔开发的Fortiform®系列TBF钢也应用在福特很多车型上。目前，许多原本需用热成形实现的零件如B柱、防撞梁等均可以通过TBF冷成形实现，无论在合资品牌还是自主品牌上均具有良好的应用前景。目前TBF钢产品涵盖980MPa、1180MPa、1470MPa强度级别连退、热镀锌、合金化热镀锌及电镀TBF钢。针对980MPa、1180MPa强度级别，根据性能特点分为高伸长率TBF钢和高扩孔TBF钢两种。

2. TBF钢制备技术

TBF钢工艺不同于传统TRIP钢工艺，需要将冷轧材加热到完全奥氏体化区间，在快速冷却过程中避免多边形铁素体及珠光体形成，在时效段贝氏体区完成贝氏体转变，并残留奥氏体，最终形成贝氏体（或贝氏体型铁素体）+残余奥氏体的组织。生产TBF钢需要连续退火产线具备稳定的高温加热能力，实现带钢的完全奥氏体化，要求快冷段实现低温产物贝氏体转变。图1-82给出了传统TRIP钢和TBF钢的实施工艺比较。为了引入残余奥氏体，需添加抑制渗碳体析出的Si、Al等元素。这些元素易氧化，导致镀锌润湿性降低，恶化钢的镀锌性。因此，生产镀锌先进高强钢还需配备加热预氧化炉、配合后续还原，使得镀锌和合金化处理尽量少受Si等易氧化元素添加的影响。此外，还可以采用高露点退火、闪镀等其他方法解决可镀性问题。

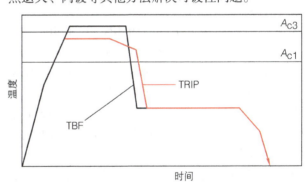

图1-82　传统TRIP钢和TBF钢实施工艺比较

一般传统产线不具备生产TBF先进高强钢专用设备功能。为了满足汽车行业对先进高强钢的需求，保证先进高强钢的低成本以及稳定的生产，国内外钢铁企业（奥钢联、阿赛洛、SSAB、神户、浦项、宝钢等）对现有的设备进行技术改造或建设新的专用产线，开发先进高强钢。采用专用高强钢产线设备配备的高温退火、超快冷却、预氧化还原等技术，使先进高强钢的性能和表面具有明显的竞争力。TBF钢的主要研究方向是通过组织调控（硬质相与残余奥氏体的匹配组合）不断优化高伸长率和高的局部成形性（屈服强度、扩孔性、弯曲性）匹配。图1-83给出高伸长率TBF钢的实施工艺。高伸长率TBF钢工艺不同于上述TBF钢工艺，需要将冷轧材加热到两相区间，获得一定含量的铁素体和奥氏体，接着快速冷却到马氏体相变温度，进行马氏体相变，随后感应加热到贝氏体相转变温度区完成贝氏体转变，并残留奥氏体，最终形成铁素体+贝氏体+马氏体+残余奥氏体的组织。引入一定含量的铁素体，虽然能够有效提高 TBF 钢的伸长率，但同时会损失一定的屈服强度。

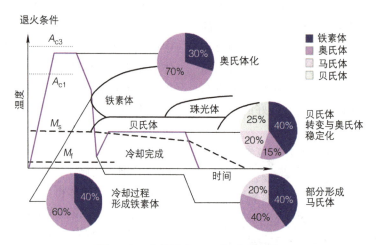

图 1-83　高伸长率 TBF 钢实施工艺

3. 国内外 TBF 钢技术及产业发展情况

日本神户制钢最早开发 TBF 钢，已成功开发了连退和合金化 980MPa、1180MPa、1470MPa 级别 TBF 钢。神户还通过优化硬质基体和残余奥氏体成功开发了 980MPa、1180MPa 级别高扩孔和高伸长率两种 TBF 钢。980MPa 级别高伸长率 TBF 钢应用在 INFINITI QX50 SUV 车型上。日本神户制钢利用 Cr 元素成功开发了具有良好抗氢脆性能的 TBF 钢。

2014 年，安赛乐米塔尔也成功开发了 Fortiform® 系列连退、镀锌、合金化镀锌 980MPa、1050MPa、1180MPa 级别 TBF 钢，还成功开发了电镀锌 1050MPa 级别 TBF 钢。与相同强度级别镀锌先进高强钢相比，安赛乐米塔尔开发的 Fortiform®980GI 具有抗点焊液态金属脆化优势。图 1-84 所示为安赛乐米塔尔开发的 Fortiform® 系列 TBF 钢的应用，其成功替代 DP600、DP800、DP980 实现 20% 的减重。目前，他们正在研发 Fortiform®S 系列，目标是进一步提高减重效果。

奥钢联也成功开发了连退和镀锌 980MPa、1180MPa 级别 TBF 钢。鞍钢与神户合作，引进神户制钢特有的水淬生产技术，成功开发连退 980MPa、1180MPa 级别 TBF 钢。

目前，日本神户和安赛乐米塔尔在开发 TBF 钢方面领先于其他钢企，本节重点列举了两家钢厂的 TBF 钢的力学性能。表 1-41 给出了日本神户 TBF 钢的力学性能。相同强度级别 TBF 钢又分为高伸长率的 TBF 钢和高扩孔率的 TBF 钢。表 1-42 给出了安赛乐米塔尔的 Fortiform® 系列先进高强钢的力学性能范围。安赛乐米塔尔的 Fortiform® 系列 TBF 先进高强钢也分为高伸长率的 980MPa 级 TBF 钢和高扩孔率的 1050MPa 级别 TBF 钢。日本神户 TBF 钢的屈服强度和扩孔率都高于安赛洛的相同强度级别的屈服强度和扩孔率，而伸长率则差异不大。

表 1-41　日本神户 TBF 钢的力学性能

强度级别	$R_{p0.2}$/MPa	R_m/MPa	A_{50}(%)	λ(%)
980MPa	≥ 600	≥ 980	≥ 20	≥ 30
980MPa	≥ 750	≥ 980	≥ 15	≥ 60
1180MPa	≥ 900	≥ 1180	≥ 14	≥ 40
1180MPa	≥ 1050	≥ 1180	≥ 8	≥ 60

表 1-42　安赛乐米塔尔的 Fortiform® 系列 TBF 钢的力学性能

强度级别	$R_{p0.2}$/MPa	R_m/MPa	A_{50}(%)	λ(%)
980MPa	600 ~ 750	980 ~ 1130	≥ 20	≥ 20
1050MPa	700 ~ 820	1050 ~ 1180	≥ 15	≥ 40
1180MPa	850 ~ 1060	1180 ~ 1330	≥ 14	≥ 30

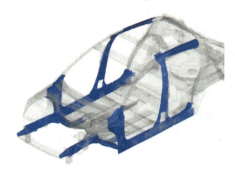

图 1-84　安赛乐米塔尔开发的 Fortiform® 系列 TBF 钢的应用

国内，宝钢 2009 年新建设高强钢专用产线，全球首发成功开发出性能与 TBF 钢相当的第三代高强淬火配分钢。鞍钢与神户制钢合资成立鞍钢神钢冷轧高强汽车钢板有限公司，引进神户制钢特有的水淬生产技术，建设超高强钢连退产线。2013 年，首钢启动汽车板高强线项目，完成高强钢专用产线建设，并基于新建的专用高强钢产线成功开发与 TBF 钢相当的 980MPa 镀锌 DH 钢。

4. 小结

通过改变合金和热处理工艺，引入贝氏体及贝氏体型铁素体等硬质相和残余奥氏体，研发出具有高强高塑性的 TBF 钢。相对于第一代和第二代先进高强钢，第三代的 TBF 钢具有更好的综合性能和较低的制造成本。

虽然 TBF 钢具有良好的力学性能，但其生产和应用也面临一定的挑战。由于 TBF 钢基体中含有大量的 Si 元素，带钢表面容易产生严重的氧化现象，从而导致热轧板和镀锌板的表面质量问题。由于合金元素及组织构成与常规高强钢不同，TBF 钢在点焊中容易产生液体金属致脆（LME）问题。同时，氢脆问题也是 TBF 钢应用所面临的挑战之一。TBF 钢一般含有 10% 左右的残余奥氏体，面心立方结构的奥氏体相比体心立方结构的马氏体和铁素体而言，氢的溶解度高且扩散系数低，塑性变形后奥氏体转变为氢饱和的马氏体，导致高氢脆敏感性。因此，残余奥氏体是影响 TBF 钢氢脆敏感性的主要原因之一，掌握残余奥氏体对 TBF 钢氢脆的影响规律及缓解 TBF 钢氢脆敏感性是未来亟待解决的重要问题。一些研究指出，随着奥氏体化时间的增加，板条和/或薄膜状的亚稳残余奥氏体的含量会增加，使得氢的俘获部位增加，有效抑制了 TBF 钢板的氢脆。从问题源头出发，有效控制残余奥氏体含量、形貌及稳定性，进而抑制 TBF 钢板的氢脆问题，是解决问题的思路之一。

1.2.8.2 冷轧超高强复相钢

先进高强钢的应用满足了汽车行业更安全、更轻量化、更环保的需求。先进高强钢越来越多地应用在一些复杂零部件上，如在较小的弯曲半径下弯曲、扩孔及局部翻边等，材料的局部变形能力极为重要。目前广泛应用的 DP 及 TRIP 等相变强化钢具有优异的强塑性匹配，然而高的应变硬化率易导致冲孔边缘局部区域损伤，具有较高的边缘开裂敏感性，避免冲裁边缘在成形时开裂成为一项更具挑战性的难题。

1. 超高强复相钢简介

复相钢（Complex Phase Steel，CP 钢）的组织中包含铁素体、贝氏体、马氏体及纳米析出相，该组织结构有利于获得较高的屈强比，提升了关键安全部件抗侵入能力。CP 钢属于超高强钢系列，通过微合金元素细晶强化或析出强化，与同等抗拉强度的 DP 钢相比，其屈服强度明显要高，同时具有更好的局部成形性能，在汽车工业具有广阔的应用前景。其主要牌号化学成分及性能指标见表 1-43 和表 1-44。

表 1-43　冷轧复相钢牌号及化学成分（质量分数）要求　　　　　　　　　　　（单位：%）

牌号	C	Si	Mn	P	S	Al_t[①]
HC570/780CP（D+Z）	≤ 0.18	≤ 1.0	≤ 2.50	0.050	0.010	0.015 ~ 1.0
HC660/780CP（D+Z）	≤ 0.18	≤ 1.0	≤ 2.50	0.050	0.010	0.015 ~ 1.0
HC780/980CP（D+Z）	≤ 0.23	≤ 1.0	≤ 2.70	0.050	0.010	0.015 ~ 1.0
HC900/1180CP（D+Z）	≤ 0.23	≤ 1.0	≤ 2.90	0.050	0.010	0.015 ~ 1.0

① Al_t 表示全铝量。

表 1-44　冷轧复相钢牌号及性能指标

牌号	屈服强度 R_m[①]/MPa	抗拉强度 $R_{p0.2}$/MPa	下列公称厚度断后伸长率 A_{80}(%)	
			≤ 0.7mm	> 0.7mm
HC570/780CP（D+Z）	570 ~ 720	≥ 780	≥ 9	≥ 11
HC660/780CP（D+Z）	660 ~ 820	≥ 780	≥ 6	≥ 8
HC780/980CP（D+Z）	780 ~ 950	≥ 980	≥ 5	≥ 7
HC900/1180CP（D+Z）	900 ~ 1100	≥ 1180	≥ 3	≥ 5

注：试样为 GB/T 228.1—2021《金属材料　拉伸试验　第 1 部分：室温试验方法》中的 P6 试样（$L_0=80mm$，$b_0=20mm$），试样方向为纵向；也可采用 JIS Z 2241—2011《金属材料拉伸试验方法》中的 No.5 试样，断后伸长率应不小于表中相应规定值的 110%，试样方向为横向。通常情况下，只提供其中一种试样的拉伸性能。

① 无明显屈服现象时采用 $R_{p0.2}$，否则采用 R_{eL}。

DP钢中组织由软相铁素体和分布在铁素体基体上硬质相马氏体岛组成，可以实现良好强度和延性匹配。通过调控前述两相比例，可以获得不同的强度。通常，590MPa、780MPa和980MPa级别DP钢分别需要10%～15%、20%～30%和40%～50%的马氏体。CP钢中组织除了铁素体/马氏体双相外，还含有贝氏体、回火马氏体或少量残余奥氏体等第三相。第三相的存在对于缓和铁素体/马氏体双相在局部成形时应变不均匀性具有非常重要的作用，这也是CP钢具有优良局部成形性能的主要原因。二者组织结构示意图如图1-85所示。

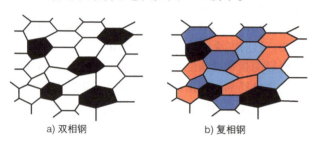

a) 双相钢　　　　　　b) 复相钢

图1-85　双相钢和复相钢组织结构示意图

白色—铁素体　黑色—马氏体　灰色—贝氏体/回火马氏体

由于冷轧CP钢优异的折弯、翻边性能，在汽车工业诸多零件制造上具备良好的应用前景。图1-86所示为某车型控制臂零件，该零件设计翻孔坯料冲孔尺寸为38mm，翻孔后直径为56mm，仿真计算获得其翻孔后边部最大应变为0.3694，即线应变为36.94%，在翻孔时由于材料性能安全裕度不足经常发生开裂，为避免偶发开裂，对材料性能一致性、优良的翻边扩孔性能及组织的均匀性均具有较高的要求。因此，普通的DP钢由于扩孔率不足难以满足其冲压要求，采用冷轧CP钢可满足使用要求。

图1-86　冷轧CP钢HC570/780CPD+Z应用于某控制臂

冷轧CP钢由于其高屈强比、优良弯曲性能、高扩孔翻边性能，成为座椅滑轨的首选材料。该零件除了对上述性能有较高要求外，对材料厚度精度一致性要求也非常高，如某零部件厂要求通卷厚度均满足±30μm。由于该零件对产品要求较高一致性，因此能否实现该零件稳定供货也成为衡量材料供应企业制造能力的关键。图1-87给出了某零部件厂采用CP980制造的座椅滑轨。

图1-87　冷轧复相钢HC780/980CP应用于某座椅滑轨

2. 冷轧超高强复相钢制备技术

（1）冷轧CP钢成分设计

选择合适的合金元素对于获得所需的微观结构和力学性能至关重要。根据生产设备及工艺条件并考虑产品经济性，冷轧CP钢常用的合金元素有C、Si、Mn、Cr、Mo、Nb、Ti、V等。碳具有非常强的固溶强化作用，需要足够量的碳来确保达到所需的强度水平，但另一方面，碳对韧性、焊接性能影响很大，因此碳含量不宜超过0.2%。锰是提高强度的有效元素，添加1.5%～2.0%将会减缓珠光体转变，显著促进贝氏体转变的形成。另外，锰含量过高将不利于焊接，同时也会导致带状组织的形成，对于冷轧CP钢，锰含量不宜超过3.0%。硅具有较强的抑制渗碳体形成作用，同时净化铁素体，促进碳向奥氏体聚集并稳定奥氏体。然而，在热轧、退火过程中，高硅含量容易导致坚固的氧化层，并在热轧过程中压入表面，酸洗难以完全去除，导致镀锌时涂镀性能较差。此外，硅显著降低贝氏体转变动力学条件，这使得必须具有较长的时效段进行等温处理。因此，为了确保相对较快的贝氏体转变动力学，在含有较多贝氏体含量的冷轧复相钢中，硅含量往往限制在0.15%。但由于生产装备差异以及使用习惯，日系钢企倾向于采用高硅含量设计，以CP980为例，其硅含量高达1.35%。铬的添加延迟了$\gamma \to \alpha$转变的开始，从而提高钢的淬透性，促进了较低温转变产物的形成，这也就是常在CP钢中添加该元素的原因。尽管钼并没有显著降低$\gamma \to \alpha$转变温度，但严重影响转变动力学条件。事实上，它在抑制珠光体形成方面比铬更有效，根据Grossman淬透性计算，钼比许多其他合金元素更具有提高淬透性的潜力，在冷轧CP钢中，通常以铬、钼组合添加。铌是冷轧CP钢中重要的添加元素，它能够有效延迟奥氏体再结晶，阻止奥氏体晶粒长大，提高奥氏体再结晶温度，细化晶粒，同时与钢中碳、氮形成化合物形式析出，对提升 CP 钢屈强比具有积极效果，同时改善强韧性，铌含量一般控制在 0.015%~0.05%。在冷轧 CP 钢中添加钛作用效果与铌类似，通过晶粒细化和析出强化来提高钢的强度。钛含量一般控制在 0.015%~0.05%。

（2）关键工艺及组织调控

对于冷轧多相钢，因为软硬相的共存，屈服首先在软相中发生，因此屈服强度比一般都较低，典型的就是 DP 钢。如果在冷轧高强产品中提高屈服强度，具有较大的难度。高屈服 DP 钢就是采用了增加贝氏体作为基体、采用微合金化提高基体强度或者最后采用平整提高屈服强度，但是要在 980MPa 以上强度级别，将屈服强度提高到 780MPa 级别甚至更高，是极难实现的。980MPa 以上强度级别冷轧 CP 钢的本质是要求基体几乎全部为贝氏体，采用硬质相作为基体将大幅提高屈服强度。冷轧 CP 钢生产工艺包括炼铁—炼钢—连铸—热轧—冷轧—退火/镀锌，如图 1-88 所示。在整个工艺链条中，炼钢与热处理对产品性能的影响较大。炼钢工序的主要作用是精确获得所需的化学成分，为成品板材的组织和性能控制打下基础；连退和镀锌机组的热处理工序直接获得成品板材所需的组织和性能。

图 1-88　冷轧板生产工艺流程图

目前生产冷轧 CP 钢主要有两种工艺路径，如图 1-89 所示。

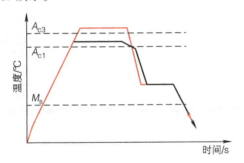

图 1-89　冷轧复相钢典型退火工艺曲线

1）工艺一：将冷轧硬板加热到几乎完全奥氏体化温度（A_{c3} 温度以上），然后快速冷却避免缓冷段产生大量的先共析铁素体，直接在贝氏体区等温处理获得贝氏体，剩下少量未转变奥氏体在贝氏体等温处理后的终冷过程中部分转化为马氏体，部分以残余奥氏体存在。

2）工艺二：将冷轧硬板加热到低于 A_{c3} 温度的两相区进行热处理。常规的连续退火产线加热温度往往难以达到奥氏体化温度以上，在均热阶段就具有一定数量的铁素体存在，在缓冷和快速冷却过程中，冷速欠缺可能导致更多的铁素体析出，最终组织含大量铁素体，屈强比难以提高。因此，开发的主要难点在于在铁素体大量存在的情况下如何获得高屈强比的 CP 钢力学性能。SSAB、奥钢联、阿赛洛等公司为生产冷轧 CP 钢，在退火炉技术上进行了适当改进，或者在传统连续退火产线通过合金调节显微组织展开生产。

基于传统连续退火产线，首钢科研团队也做了诸多具有创新性的实践。既然传统产线具有缓慢冷却段无法避免铁素体的存在，那么可以考虑采用微合金化强化铁素体基体，同时因为微合金化的细化作用，使得两相区退火时奥氏体的形成更加容易，可以获得更多的奥氏体量，便于后期冷却获得贝氏体。因此，基于传统产线，改变冷轧 CP 钢"高碳当量+高温退火"传统生产工艺，采用低碳当量微合金化设计，通过析出强化及充分晶粒细化实现屈服强度的提高，实现冷轧 CP 钢的成功开发成为可能。

（3）技术效果

冷轧 CP 钢系列化产品典型力学性能指标见表 1-45，其强度等级均为 780MPa 级别及以上，其中 780MPa 级有两个不同屈强比产品。相比以低屈强比为特征的 DP 钢，CP 钢产品具有高屈强比特点，同时兼顾一定的延性。随着强度级别提高，伸长率和加工硬化指数随之下降。图 1-90 给出了冷轧 CP 钢系列产品工程应力-应变曲线，可以看出均表现为连续屈服特征。由于 CP 钢微观组织中软相铁素体大量减少，贝氏体增加，且由于 Nb/Ti 沉淀强化，其初始硬化行为与双相钢存在明显的差异，在较高应力下才会发生屈服。若加热到全奥氏体化温度进行冷轧复相钢的生产，可以实现复相组织调控。通过全奥氏体化后，经冷轧后的纤维状组织完成回复、再结晶并全部转变为奥氏体，同时残余渗碳体充分溶解，奥氏体中成分及组织充分均匀化，缓慢冷却至较高温度确保抑制初始冷却过程中新生铁素体的形成。这样不仅能够防止组织不均匀性演变，同时也能避免碳向奥氏体中富集，奥氏体淬透性降低，为贝氏体的形成提供了良好条件。图 1-91b、c、d 分别给出了 CP780、CP980、CP1180 组织形貌，主要由马氏体、贝氏体及少量铁素体组成。如图 1-91a 所示，经过对比，DP780 组织主要由铁素体和马氏体双相组成，与复相钢相比，铁素体比例明显更高，这也就是 DP780 力学性能呈低屈强比的主要原因。

表 1-45 冷轧复相钢系列化产品典型力学性能指标

钢种	屈服强度 $R_{p0.2}$/MPa	抗拉强度 R_m/MPa	断后伸长率 A_{80}(%)	加工硬化指数 n
HC570/780CP	604	844	14	0.11
HC660/780CP	702	857	12	0.09
HC780/980CP	808	1020	10.5	0.07
HC900/1180CP	1030	1249	8	0.05

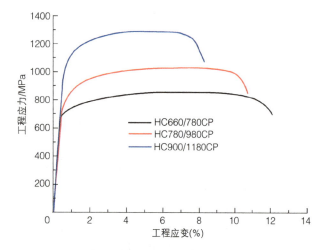

图 1-90 典型牌号冷轧复相钢工程应力 - 应变曲线

采用 Zwick/Roell BUP1000 综合成形试验机按照 ISO 16630 标准对试验钢进行扩孔试验，扩孔试验用以衡量材料冲压过程中翻边、翻孔等工序材料抵抗边部破裂的能力，如图 1-92a 所示。试样尺寸为 100mm×100mm×1.5mm，初始孔径为 10mm，每钢种 3 组试样，同时为使得扩孔时试样被充分压边固定，扩孔试样制孔中心与试样边部距离应不小于 45mm，试样尺寸如图 1-92b 所示。为考察材料最坏条件下的扩孔率，要求扩孔时毛刺方向应与凸模运动方向一致，该扩孔方式能够使撕裂带最先发生变形引起微裂纹扩展、开裂，从而得到材料最差的边部抵抗能力。扩孔率 HER(%)采用下式进行计算，其中 d_f 为扩孔结束时的孔径，d_0 为初始孔径。

$$HER = (d_f - d_0)/d_0 \times 100\%$$

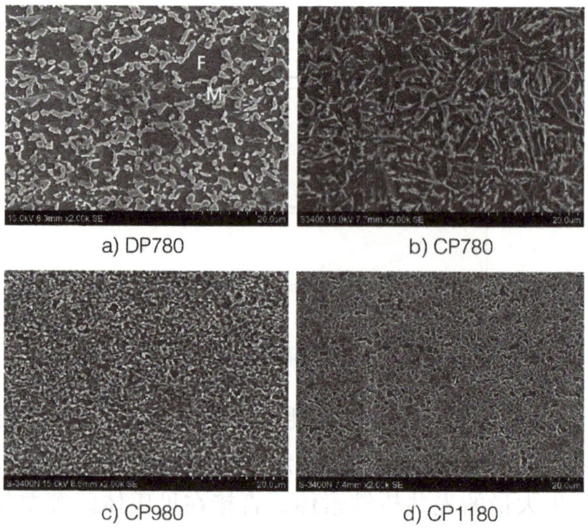

a) DP780 b) CP780

c) CP980 d) CP1180

图 1-91 冷轧复相钢系列化产品组织形貌

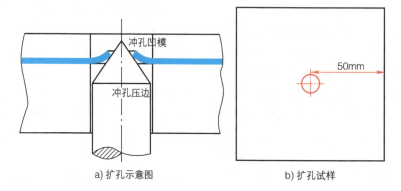

a) 扩孔示意图   b) 扩孔试样

图 1-92 扩孔示意图及扩孔试样尺寸

经上述试验方法对系列冷轧复相钢扩孔率进行评价，结果如图 1-93 所示。经检测，冷轧复相钢产品扩孔率均大于 40%，CP780、CP1180 达到 50% 以上，表现出非常优异的扩孔性能。

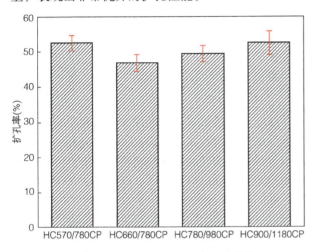

图 1-93　冷轧复相钢系列产品扩孔率

采用 GB/T 232—2010《金属材料　弯曲试验方法》对冷轧复相钢系列产品弯曲性能进行分析。国标中的折弯试验分为 U 型弯曲和 V 型弯曲。U 型弯曲为 180° 折弯，t 代表板厚。图 1-94a 和 b 分别给出了 HC570/780CPD+Z 和 HC780/980CP 采用 180° 弯曲 0t 后试样，可以看出两牌号在此条件下均未发生开裂，表现良好。图 1-94c 为 HC900/1180CP 采用横纵向试样不同弯曲半径后情况，可以看出纵向 180° 弯曲 2t 试样未发生开裂，横向 180° 弯曲 4t 未发生开裂，3t 轻微开裂。

3. 国内外冷轧超高强复相钢发展现状

先进高强钢越来越多地应用于车身设计中，以实现车辆轻量化并提升环保性能。图 1-95 所示为新一代 Volvo XC90 车身材料，其超高强钢占比达到 36% 以上。图 1-96 给出的 DuckerFrontier Analysis 数据分析表明，到 2025 年，每辆车先进高强钢和超高强钢用量占比将逐年增加。

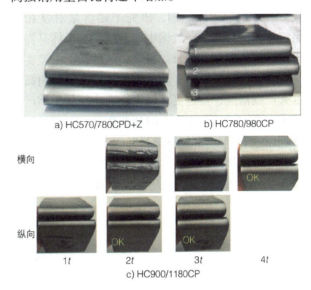

图 1-94　冷轧复相钢系列产品弯曲性能

图 1-95　Volvo XC90 多材料混合车身

来源：Henric Lindberg. Advanced high strength steel technologies in the 2016 Volvo XC90.

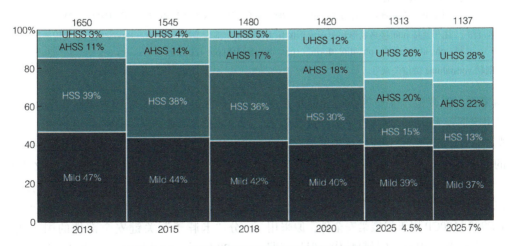

图 1-96　白车身和覆盖件用钢按强度级别构成

来源：DuckerFrontier Analysis。

冷轧复相钢作为第一代先进高强钢典型代表，国内外钢铁企业围绕该钢种研发和应用取得了长足进步。例如，为应对常规具有缓冷段的连续退火产线，浦项采用添加硼元素合金化的方法开发出了冷轧 CP1180 和 CP1470 钢，研究了硼含量对复相钢组织性能的影响，一般钢中硼通过在奥氏体晶界析出而抑制铁素体的形核。目前，这两种钢已经实现了商业化。与此同时，浦项也积极发挥具有超高温退火产线潜能，推进更高强度级别冷轧复相钢产品开发，图 1-97 所示为 CR1180CP 和 GA1180CP 热处理路线和组织对比，GA1180CP 组织主要为马氏体、贝氏体及铁素体，其组织是由缓冷方式形成的。CR1180CP 加热至奥氏体单相区后淬火，最终组织大部分由马氏体组成，相比较 GA 产品，CR 产品具有更高的屈强比及更优良的弯曲性能。

浦项开发的 GA1180CP，具有低 C_{eq} 和 Si 含量，在关键工艺上抑制铁素体、促进贝氏体转变来实现高屈强比、优良弯曲性能。目前该产品实现了商业化应用，采用 GA1180CP 替代 EG 590TRIP 可以获得 33% 减重效果。据报道，该项目为世界首次商业化量产。

欧美先进钢企中以奥钢联为代表，先后实现了 780~1180MPa 级别冷轧和镀锌复相钢系列化生产，并且在宝马和奔驰等高端车企实现了批量应用。根据该钢企发布推荐电池包用材，冷轧复相钢在与碰撞相关轻量化部件应用比例较高，具有良好的应用前景，详见表 1-46。

图 1-97　浦项 CR1180CP 和 GA1180CP 热处理工艺及显微组织差异

表 1-46　电池包用材推荐

解决方案	推荐用材
电池盖和托盘用钢	具有高拉深、小角度和小半径的部件（热浸镀锌或电镀锌设计中的 CR1~CR6） 具有更高强度要求的深拉零件：CR260Y450T-DP、CR330Y590T-DP、CR440Y780T-DP
与碰撞相关轻量化部件用钢	具有高屈服强度的抗碰撞优化轻质钢，用于弯曲/滚压成形生产的零件：CR780Y980T-CP、CR900Y1180T-CP、CR1030Y1300T-MS 用于更复杂碰撞部件的高延性钢：CR780Y980T-CH、CR900Y1180T-CH、CR1000Y1370 T-CH
冲压硬化部件用钢	用于直接和间接热成形和滚压成形的压力硬化钢，强度范围为 1500~2000MPa，以及用于拼焊板的温和搭档材料：phs-ultraform®、phs-directform®、phs- uncoated 和 phs-rollform®

来源：奥钢联 voestalpine 微信公众号。

从国内来看，以奔驰、宝马等高端合资车企冷轧复相钢应用比例较大，同时国内自主品牌近些年来采用辊压成形方式生产的高强钢零件逐步增加，对冷轧复相钢的需求逐步增加，特别是 1000MPa 及以上强度级别产品，这类钢种早期主要依靠进口奥钢联、SSAB 等先进企业的材料。举例来讲，国内某车企设计时选用 HC900/1180CP 用于门槛梁安全件，原采用进口材料，一直以来无相应国产材料替代，但量产期间对方迟迟未能按时交货，这对中国汽车产业自主化及产业链安全带来了较大的桎梏及隐患。

首钢在过去几年的实践中，实现了 780~1180MPa 冷轧和镀锌复相钢产品系列化开发，同时 HC900/1180CP 和 HC660/780CPD+Z 两项产品相继实现国内首发，满足了国内车企车身用钢迫切需求，带动了国内汽车用钢升级发展，也实现针对上述部分"卡脖子"关键安全部件的国产化替代，如图 1-98 所示。与此同时，首钢结合用户特色需求还开发了部分低屈服低碳当量的复相钢产品，如满足通用汽车标准的 CR700Y980T-MP/ CR700Y980T-MP-LCE。总体而言，在冷轧复相钢技术领域，我国与国际基本处于并跑状态，表 1-47 列出了国内外部分钢企冷轧复相钢开发进展。表 1-48 列出了奥钢联和首钢 HC570/780CPD+Z 产品力学性能，奥钢联材料屈强比更高，加工硬化指数相对较低，扩孔率相当。

进一步对两者微观组织进行分析，如图 1-99 所示。奥钢联材料基本由贝氏体、回火马氏体组成，铁素体含量较少，而首钢材料主要由贝氏体、铁素体及少量马氏体组成。

图 1-98　某车企 CR780Y980T-CP 和 HC900/1180CP 材料生产的门槛梁

表 1-47　国内外典型钢企冷轧复相钢开发进展

牌号	奥钢联	浦项	SSAB	首钢	宝钢
HC570/780CP	●◎	—	●○○	●◎○○¤	●○○◇
HC660/780CP	●◎	—	—	●◎¤	—
HC780/980CP	●◎	—	●○◇	●◎¤	●○○
HC900/1180CP	●◎	●○○	●	●	●

注：●—UC；◎—GI；○—GA；¤—ZM；◇—EG。

表 1-48　典型钢企 HC570/780CPD+Z 产品力学性能比较

钢厂	试样方向	屈服强度 $R_{p0.2}$/MPa	抗拉强度 R_m/MPa	断后伸长率 A_{80}(%)	加工硬化指数 n	扩孔率 HER(%)
奥钢联	90°	702	846	12	0.08	56.8
	0°	716	834	13	0.09	
首钢	90°	644	844	12	0.11	52.4
	0°	653	835	14	0.10	

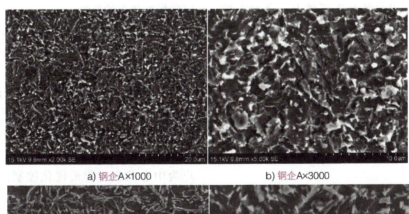
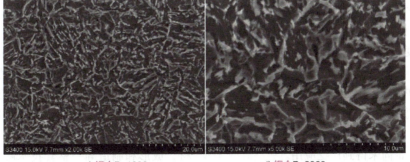

图 1-99　HC570/780CPD+Z 微观组织比较

国内外钢企不同强度级别冷轧复相钢综合性能对比见表1-49。比较维度分别为性能指标、扩孔性能、表面质量以及使用效果，星号数量越多表明该企业表现越好。由于HC660/780CP级别目前市场应用较少，且仅有少数钢厂生产，因此这里不做详细对比。

表1-49 国内外钢企不同强度级别冷轧复相钢综合性能对比

牌号	比较维度	奥钢联	SSAB	首钢	宝钢
HC570/780CP-GI	性能指标	★★	★★★	★★★	★★★
	扩孔性能	★★★	★★★	★★★	★★★
	表面质量	★★	★★★	★★★	★★★
	使用效果	★★★	★★★	★★★	★★★
HC780/980CP-UC	性能指标	★★★	★★★	★★★	★★★
	扩孔性能	★★	★★	★★★	★★
	表面质量	★★★	★★★	★★	★★★
	使用效果	★★★	★★★	★★★	★★
HC900/1180CP-UC	性能指标	★★★	★★★	★★★	★★★
	扩孔性能	★★	★★	★★★	★★
	表面质量	★★★	★★★	★★★	★★★
	使用效果	★★★	★★★	★★★	★★

数据来源：实物检测分析、文献检索以及用户走访反馈。

4．小结

在汽车轻量化和高安全性大背景下，先进高强钢越来越多地应用在复杂零部件上，诸如在较小的弯曲半径下弯曲、扩孔及局部翻边等，因而材料的局部变形能力尤其令人关注。复相钢组织中含有铁素体、贝氏体、马氏体及纳米析出相，为解决冲裁边缘成形时的开裂问题提供了良好的方案。冷轧复相钢属于第一代先进高强钢，包含780MPa/980MPa/1180MPa三个强度级别，在生产及应用过程中，仍存在一些制约的瓶颈问题，具体包括：

1）冷轧复相钢的生产要求具备稳定可控的全流程制造技术，特别是微合金含量高的产品，在轧制稳定性、厚度精度一致性、镀锌可镀性以及产品性能一致性均存在一定的挑战性。

2）目前，国内已经有能够生产冷轧复相钢系列产品的厂家，但仍然只有宝马、奔驰等部分合资车企将其纳入设计选材，以CP780/1180为代表的热镀锌复相钢在国内车企尚未得到广泛应用。

3）冷轧复相钢属于超高强钢系列产品，产品屈强比高，伸长率较低，塑性变形范围窄、变形抗力大，成形时容易出现开裂、回弹大、零件尺寸精度等难以控制的问题，严重影响后续的连接和装配，以致影响整车的质量。

冷轧复相钢优异的折弯、翻边性能，在汽车工业诸多零件具备良好的应用前景。针对现阶段产业发展存在的问题，提出以下建议：

1）提高冷轧高强钢制造能力是汽车用钢企业不懈的追求，生产企业应加强制造管理体系落地，以满足用户质量需求为前提，从产品先期策划开始，按产品种类从原材料进厂直至用户满意，进行以客户为中心的全过程最优化控制，并借助计划—执行—检查—处理（PDCA）方法，以最经济的方式制造出用户满意的产品。

2）汽车用钢生产企业一方面应不断地为汽车行业提供系列稳定的高质量、高性能、高强度产品，同时还要建立和形成从生产制造到用户技术的完整的技术体系和高素质人才队伍，加强复相钢产品标准宣贯及应用优势分析，为汽车企业提供选材、用材、成形和制造等一整套技术解决方案，并建立从先期介入（EVI）到全面用户技术支持与服务的双赢体系。

1.2.8.3 高扩孔钢

扩孔和翻边性能是汽车用钢板的重要性能之一，通常钢的扩孔率介于 10%～120% 之间。扩孔性能与钢的成分和微观组织结构密切相关，特别是与基体强度、塑性以及软硬相硬度差异密切相关。高扩孔钢作为热轧先进高强钢中的一种，已有多年的研发和生产历史。高扩孔钢始于铁素体 + 马氏体双相钢，因为该系列产品组织中铁素体 + 马氏体的两相硬度差较大，所以在加工、制造某些较大扩孔/翻边零部件时（如副车架上下板、控制臂等），裂纹易于在两相界面处萌生并迅速扩展，如图 1-100 所示。

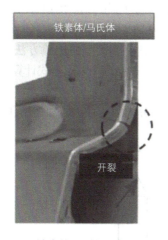

图 1-100　铁素体马氏钢双相钢翻边开裂

为了解决铁素体 + 马氏体双相钢扩孔开裂、翻边开裂等问题，采取贝氏体取代马氏体，形成铁素体 + 贝氏体双相组织。这种组织是过冷奥氏体在珠光体转变和马氏体转变之间的中温区发生转变形成的，转变产物是铁素体和贝氏体混合物。铁素体 + 贝氏体双相高扩孔钢具有较高的强度、断后伸长率、具备良好的扩孔/翻边性能，满足乘用车底盘复杂形状的汽车零部件的加工要求和服役要求。

1. 高扩孔钢简介

高扩孔钢作为底盘中应用量最大、应用最广泛的先进高强度钢，主要体现在产量大、性价比高、强度高、综合性能优和使用寿命长等特点，在制造汽车底盘零部件中成本、性能、成形难度等方面具备较高的竞争优势。20 世纪 90 年代，美国、日本等相继开发了 440～780MPa 级热轧铁素体 + 贝氏体高扩孔钢，成功应用于翻边性能要求较高的汽车底盘零部件。近年来，各大钢铁企业及研究机构对高扩孔钢的显微组织类型进行了拓展，除铁素体和贝氏体外，铁素体或强化的铁素体单相组织、贝氏体或强化的贝氏体单相组织等均实现了高扩孔翻边性能。如日本 JFE 报道了一种基于纳米尺寸碳化物析出强化的"NANOHITEN"热轧高扩孔钢，抗拉强度达到 780MPa，具有较好的伸长率和极高的扩孔率。高扩孔钢强度级别由早期的 440～500MPa 提高到 600MPa，部分车企已大量使用 800MPa 级别的高扩孔钢。在现有乘用车的车型中，高扩孔钢的抗拉强度大多在 800MPa 以下，随着汽车轻量化发展趋势愈加明显，且国家对汽车排放标准的日益严格，汽车用户已经加大在超高强减薄领域的研发投入，未来新车型中将应用 1000MPa 强度级别高扩孔钢。图 1-101 给出了近年来国外热轧高扩孔钢的应用实例。基于乘用车底盘的制造工艺过程和服役条件对所采用材料的技术要求是非常苛刻的，产品应具有良好的延伸凸缘性能。

a）三角臂　　　　b）副车架

图 1-101　高扩孔钢的应用

在我国东南沿海地区，由于气候湿热、滨海盐雾和大量使用含钠盐的融雪剂等原因，对车身的底盘部件的耐蚀性提出很高的要求。目前，底盘用材多为无镀层的热轧板或热轧酸洗板，钢板经成形和焊接后，主要依赖电泳工艺在钢板表面涂覆一层底漆达到防腐目的。随着汽车服役环境的多样化，电泳漆膜经常会因石击破坏而出现剥落和划伤，导致钢板表面裸露在外部，与污水、酸性物质等接触后容易发生锈蚀。因此，常规酸洗高扩孔钢已无法满足底盘零件高耐蚀性要求。近年来，热基镀锌和镀锌铝镁技术和产品发展迅速，可有效解决热轧和酸洗产品耐蚀性不足问题。

2. 高扩孔钢性能要求

目前，欧美、日本及我国的联盟/国家标准均制定了高扩孔钢的标准，各大汽车企业均制定了相应的高扩孔钢企业标准。以 GB/T 20887.2—2022《汽车用高强度热连轧钢板及钢带　第 2 部分：高扩孔钢》为例，除了屈服强度、抗拉强度及伸长率外，还对扩孔率做了明确要求，详见表 1-50。

表 1-50　GB/T 20887.2—2022 中高扩孔钢技术要求

牌号	拉伸试验[①]			扩孔率（%）
	下屈服强度[②,③]/MPa	抗拉强度/MPa	断后伸长率（%）（L_0=80mm，b=20mm）	
HR300/450HE	300～380	≥450	≥24	≥80
HR390/540HE	390～540	≥540	≥20	≥80
HR440/580HE	440～620	≥580	≥14	≥75
HR600/780HE	600～800	≥780	≥12	≥55

① 拉伸试验试样为纵向试样。
② 屈服现象不明显时，采用 $R_{p0.2}$。
③ 经供需双方协商同意，对屈服强度下限值可不作要求。

3. 扩孔翻边性能评价

高扩孔钢的扩孔翻边能力主要采用扩孔试验来评价，主要评价指标是扩孔率。通过线切割制成 90mm×90mm 的矩形试样，然后在试样中间处冲裁直径为 10mm 的圆孔。试验时，将中心带有预制圆孔的试样置于凹模与压边圈之间压紧，通过凸模将其下部的试样材料压入凹模，迫使预制圆孔直径不断胀大，直至圆孔的边缘局部发生开裂停止凸模运动，然后测量试样孔径，用它们计算扩孔率 λ 作为金属薄板的扩孔性能指标。

根据 2003 年国际标准化组织颁布的 ISO/TS 16630：2003 Metallic materials- Method of hole expanding test，钢板扩孔率的试验方法可按图 1-102 所示方法实施，扩孔率 λ 采用下式计算：

$$\lambda = (D_h - D_0)/D_0$$

式中，D_h、D_0 分别为孔径破断和初始孔径的直径。

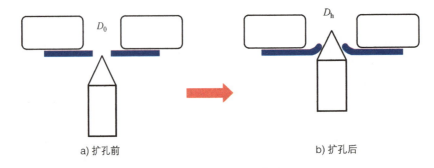

a) 扩孔前　　　　b) 扩孔后

图 1-102　扩孔试验方法

4. 高扩孔钢制备技术

铁素体+贝氏体双相（FBDP）钢主要通过控制工艺参数获得铁素体+贝氏体双相组织，该钢具有较高的扩孔率。基于影响扩孔率的冶金学因素，适当调控高扩孔钢的轧制工艺和轧后冷却工艺，从而使钢材获得铁素体+贝氏体双相组织。终轧温度、轧后冷却策略（包括冷却速度、分段冷却起始温度和空冷时间）、卷取温度等指标对于 FBDP 钢的组织形成起着至关重要的作用。热轧 FBDP 高扩孔钢需要采用特殊的冷却工艺来实现。为了获得具有铁素体+贝氏体的双相组织，可采用一种水冷+控冷+水冷的冷却工艺，如图 1-103 所示。空冷阶段使铁素体中的碳向未转变的奥氏体中富集，获得适量的先共析铁素体，第二段水冷促进贝氏体组织形成，同时在贝氏体区间进行卷取，从而形成铁素体+贝氏体双相组织。

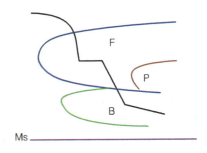

图 1-103　高扩孔钢的生产工艺路线

宝钢为了达到生产热轧高扩孔钢等相变强化钢的工艺要求，在层流冷却的头、尾部加装了集束喷淋装置，提高了冷却线的冷却能力，保证了相变强化钢的生产。首钢为了解决铁素体+贝氏体高扩孔钢自动化轧制问题，开发了基于自动反馈控制的多段冷却控制系统，实现了多温度的全自动设定、动态控制和自学习控制。新的多段冷却控制系统重新设定了轧后冷却区的集管组态配置，基于冷却模型计算的动态集管调整保证高扩孔钢控制精度。

5. 国内外超高强扩孔钢技术发展情况

新日铁已经形成 370~590MPa 多个强度级别的热轧高扩孔钢系列，详见表 1-51。铁素体和贝氏体混合组织可获得强度和扩孔率的良好匹配，可以通过固溶处理缩小铁素体与贝氏体两相之间的强度差，并改善铁素体的形态。

宝钢从 2004 年开展了高扩孔钢研究工作，逐步形成了抗拉强度从 440MPa 到 780MPa 多个强度级别的铁素体+贝氏体高扩孔钢（表 1-52）。影响组织均匀性的因素都会对钢板的扩孔性能产生影响，如夹杂物、Fe_3C、晶粒度等。

首钢已开发 FB450、FB540、FB580、FB780、FB980 等系列铁素体+贝氏体高扩孔钢，见表 1-53。在成分设计方面，采取低碳、低硅、低硫和低磷的控制，其中 FB540、FB580 和 FB780 钢采用适量铌、钛和钼元素复合强化。首钢不同强度级别高扩孔钢的典型力学性能详见表 1-53。

表 1-51 新日铁高扩孔钢技术要求

牌号	屈服强度 $R_{p0.2}$/MPa	抗拉强度 R_m/MPa	扩孔率（%）
SANH370B	≥225	≥370	≥90
SANH400B	≥255	≥400	≥90
SANH440B	≥305	≥440	≥90
SANH490B	≥325	≥490	≥80
SANH540B	≥355	≥540	≥80
SANH590B	≥420	≥590	≥70

表 1-52 宝钢高扩孔钢典型性能

牌号	厚度/mm	屈服强度 $R_{p0.2}$/MPa	抗拉强度 R_m/MPa	伸长率 δ（%）	扩孔率（%）
BR290/440HE	3.5	325	460	33	105
BR390/540HE	3.2	439	564	29	101
BR440/590HE	2.3	555	650	28	80
	2.9	501	622	26	96
	3.5	533	599	28	99

表 1-53 首钢不同强度级别高扩孔钢的力学性能

牌号	屈服强度 $R_{p0.2}$/MPa	抗拉强度 R_m/MPa	断后伸长率 δ（%）	扩孔率（%）
HR300/450HE	375	455	35	122
HR380/540HE	480	563	30	110
HR440/580HE	565	602	25	104
HR600/780HE	778	820	15	72
HR780/980HE	881	1015	13	35

JFE 公司针对复杂零部件开发了汽车底盘/悬架等零部件用热轧高强钢。针对其扩孔性能新需求，开发"NANOHITEN"产品，基体组织为铁素体和纳米强化相，保证产品具备高强度和优异的扩孔翻边性能。其抗拉强度达到 800MPa，其中析出强化对屈服强度的贡献达到 300MPa 以上。如图 1-104 所示，其微观组织为多边形铁素体，没有珠光体和大的渗碳体，在基体中存在大量排列规则的纳米级粒子，且稳定性较高。运用能谱仪鉴定了这些粒子的化学成分并通过萃取的纳米级粒子的 X 射线衍射频谱确定了这些纳米粒子的结构类型。这些纳米级粒子为（Ti, Mo）C，其结构为 NaCl 型。JFE 公司的这一研究开创了（Ti, Mo）C 直接在铁素体钢中析出的先河。该产品析出主要集中在卷取阶段，使得产品的轧制难度下降。通过对比发现，与 B、BF、F+B 等单相/多相产品相比，NANOHITEN 的扩孔率显著提升，如图 1-105 所示。

6. 小结

高扩孔钢是汽车用先进高强钢的一种，它具有高强度、高伸长率和高扩孔率，因而具有优良的成形性和翻边性能,能满足对成形性能要求很高的复杂形状的汽车零部件的要求。目前,国内钢铁企业生产的高扩孔钢力学性能、表面质量等方面仍有待于进一步提升,仍存在部分高扩孔钢不能满足超深冲、高扩孔翻边零件成形要求以及工艺性不佳的问题,如焊接性能不良等,甚至还存在表面质量较差,如红铁皮、色差等缺陷。

图1-104 JFE研发NANOHITEN组织及析出相

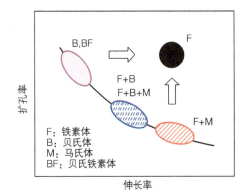

图1-105 组织对扩孔率、伸长率的影响

1.2.8.4 高鲜映性汽车外板

1. 材料简介

汽车涂装旨在提升车身长期在复杂气候条件下服役时的耐蚀性,同时维持车身表面光泽、色彩和美观。传统的汽车涂装工艺为3C2B工艺,即中涂—烘干—底色漆—罩光漆(或两道面漆)—烘干。

2010年左右,在欧洲出现了2C1B水性免中涂工艺,其是由艾仕得涂料系统与德国大众公司及设备供应商德国杜尔(Dürr)公司合作开发的一种精益水性免中涂涂装工艺,也称为Eco-concept工艺。免中涂工艺流程为:色漆—清漆—烘干,取消了中涂喷漆和烘干工序,将传统水性涂装体系汽车涂装线缩短了25%,投资大幅度降低,能耗和制造成本大幅度降低,涂装时间缩短,取消了中涂打磨点修和返工,生产效率提高。

免中涂工艺成为汽车涂装的一次重大的技术进步。节能环保的免中涂工艺始于欧洲后,迅速在我国兴起。该工艺因取消了中涂及烘烤过程,可降低VOCs排放60%以上。然而,2C1B工艺漆膜厚度降低使漆膜鲜映性显著降低,传统的汽车外板已无法满足新工艺的要求。汽车涂装中要求漆膜外观光滑平整,光亮如镜,通常采用鲜映性(Distinctness of Image,DOI)指标来表征涂装后外观的光泽度和成像清晰度。其测量机理为以入射角为30°的光线照射漆膜表面,检测其镜面反射角反射的强度R_s和偏离反射角±0.3°的散射光强度$R_{0.3}$,DOI值计算公式如下:

$$DOI=(R_s-R_{0.3})/R_s \times 100\%$$

由于免中涂工艺使漆膜厚度减薄,如果采用与传统涂装工艺相同的钢板进行免中涂工艺生产,车身漆膜外观质量下降的可能性非常高。某车企对比了免中涂和传统工艺条件下的漆膜外观质量,如图1-106所示,免中涂工艺的车身漆膜桔皮数值显著增大,鲜映性指标DOI值下降,目视感知表面质量下降。因此,汽车厂在进行涂料和涂装工艺优化的同时,对车身钢板表面质量也提出了更高的要求。一般外板表面允许偶发缺陷尺寸在0.8mm以下,而免中涂工艺外板允许偶发缺陷尺寸要在0.5mm以下。

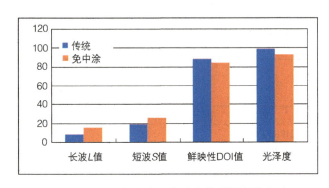

图1-106 免中涂工艺对涂装质量的影响

钢板表面结构对产品的成形性能、涂装性能影响显著,汽车企业对汽车板的表面结构提出了严格的控制要求。根据美国机械工程师协会的定义,钢板表面结构是指真实表面上可以分离的典型成分,一般包括粗糙度和波纹度两种成分,二者的关系如图1-107所示。粗糙度是表面结构中跨距较短的不规则成分,通常来自于生产过程及材料本身特性。波纹度是表面结构中跨距较长的成分,通常来自于生产过程中的机器或工件缺陷、振动以及颤动等。一般来说,粗糙度的波长范围是在1mm以下,而波纹度的波长范围是1~10mm。

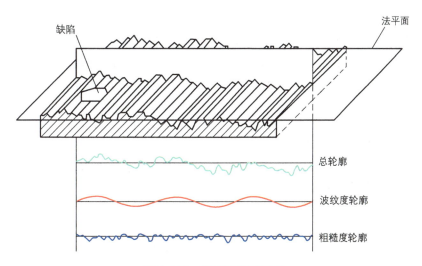

图 1-107 表面结构示意图

长波轮廓通常用波纹度表示,许多钢铁公司和汽车企业都开发了评价波纹度的方法,包括 Wsa_{1-5}、Wmotif、Wmacro 和 Wca 等,详见表 1-54,国内汽车厂常用的为 Wsa_{1-5}。

汽车涂装后钢板表面形貌中的短波轮廓部分被掩盖,但是部分长波轮廓会保留下来,对涂装后的漆膜鲜映性影响如图 1-108 所示。免中涂工艺对汽车外板表面轮廓提出更高的要求,即冲压后表面更光滑,波纹度足够低。根据国内外汽车厂的涂装经验,冲压后零件表面波纹度 Wsa_{1-5} 在 0.35μm 以下,才能保证免中涂工艺后的表面质量,也是免中涂外板的控制重点和难点。

表 1-54 传统波纹度参数

波纹度参数	使用范围	描述
Wsa_{1-5}	大众内部标准	使用高斯滤波器得到波纹度轮廓后计算算术平均值,滤波范围是 1~5mm
$Wa_{0.8}$	大众内部标准	使用高斯滤波器得到波纹度轮廓后计算梯度分布偏差,滤波范围 ≥ 0.8mm
Wmotif	雪铁龙内部标准	轮廓包络线
WSt	戴姆勒内部标准	使用高斯滤波器得到波纹度轮廓后计算梯度分布偏差,滤波范围是 1~8mm
Wmacro	SAAB 内部标准	使用直径为 1mm 的机械针尖测量表面粗糙度轮廓
Wca	主要用于日本制铁等钢企内部标准	使用 2RC 滤波器测量波纹度轮廓,滤波范围是 0.8~8mm、0.8~2.5mm 或者 0.5~5mm
WcP5	安赛乐米塔尔内部标准	采用 5 次多项式对原始轮廓进行滤波,然后用 0.8mm 的高斯滤波器去除粗糙度轮廓

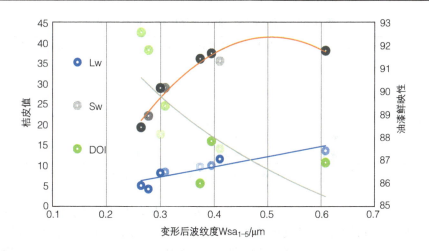

图 1-108 波纹度对涂装参数的影响

2. 高鲜映性汽车外板制备技术

免中涂工艺对涂装质量提出了更高要求，外板表面质量要达到以下要求：一方面，冲压后波纹度 Wsa_{1-5} 控制到 0.35μm 及以下；另一方面，钢板表面 0.5mm 及以上尺寸细微缺陷尽量少。

（1）波纹度控制技术

外板零件冲压过程中，变形量范围是 5%~10%。冲压过程中，钢板表面波纹度提高，成形性能较好的 IF 钢波纹度可能提升 100% 甚至更高，如图 1-109 所示。

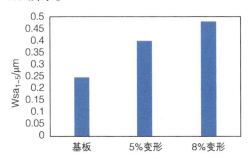

图 1-109 IF 钢冲压前后波纹度

因此，钢板冲压后零件表面波纹度控制技术包括两个方面，即基板表面波纹度控制和钢板冲压过程中波纹度变化的控制。

基板表面的波纹度参数与粗糙度参数近似为正相关关系。由于汽车外板对粗糙度有下限控制要求，因而无法通过无限制减小粗糙度来减小波纹度。分析认为，除了表面粗糙度，光整机轧辊表面波纹度也对最终产品表面波纹度有显著影响，而光整机轧辊表面波纹度主要由轧辊磨削工艺决定。综合考虑轧辊磨削工艺因素的交叉影响，才能获得最佳工艺组合。基板表面波纹度控制只是零件表面波纹度控制的一个方面，基板的局部塑性变形不均匀是引起冲压后波纹度提高的根本原因，要降低冲压后零件表面波纹度，重点是控制冲压过程中波纹度的上升。通过改进冶金成分、热处理工艺以及光整工艺，可以改善基板塑性变形的均匀性，消除波纹度提高的内在因素，成形后零件表面波纹度 Wa_{1-5} 稳定控制在 0.35μm 以下。

（2）表面缺陷控制技术

镀层板表面点状缺陷的形成机理复杂，是外板表面缺陷控制的难点。在热浸镀工艺过程中，带钢与流动的锌液之间发生物理化学反应。现代的热镀锌生产技术几乎全部为连续热镀锌工艺，带钢在连续退火炉内完成退火后经过炉鼻子进入锌锅中进行热镀锌，然后经过锌锅内的沉没辊、纠正辊、稳定辊后出锌锅，在气刀处经过吹扫达到合适的锌层厚度，后经冷却工序完成热镀锌过程带钢在热镀锌生产过程中，在退火炉内的选择性氧化、炉辊带来的小硌痕，在炉鼻子中的细小锌灰，在锌锅中的细微锌渣颗粒，以及在后续辊面和光整机辊面造成的锌粉硌痕，都可能带来点状缺陷。这就需要进行全工序的精细质量管控。

3. 国内外高鲜映性汽车外板技术发展情况

2016 年以来，全球主要汽车板生产企业针对免中涂工艺开发了一系列的满足免中涂工艺要求的外板产品（表 1-55），主要有德国蒂森的 PrimeTex® 商标产品、安赛乐米塔尔的 Ultragal® 商标产品、塔塔的 Serica® 商标产品，萨尔茨吉特的 Pretex®focar® 商标产品、宝钢的宝特赛® 商标产品和首钢的 SmooSurf® 商标产品。这些商标产品主要包括 IF 钢、BH 钢、高强 IF 钢三个钢种和连退、热镀锌、热镀锌铝镁三种钢板表面状态，其中首钢 SmooSurf® 商标产品实现上述两个维度的全覆盖，还开发了双相钢外板。

表 1-55 国内外钢厂免中涂外板钢种覆盖情况

	IF 钢	180MPa 烘烤硬化钢	220MPa 烘烤硬化钢	180MPa 高强 IF 钢	500MPa 双相钢
塔塔 Serica®		○	○	○	
蒂森 PrimeTex®	○△	○△	○△	○△	
萨尔茨吉特 Pretex®focar®		○	○		
安赛乐米塔尔 Ultragal®	○	○	○	○	
宝钢宝特赛®	○●	○●			
首钢 SmooSurf®	○△●★	○△●★	○△●★	○△★	○★

注：○—热镀锌镀层产品；△—锌铝镁镀层产品；●—连退产品；★—合金化镀锌产品。

4. 小结

汽车涂装旨在提升车身长期在复杂气候条件下服役时的耐蚀性，同时维持车身表面光泽、色彩和美观。传统的汽车涂装工艺为 3C2B 工艺。2010 年左右，由艾仕得涂料系统与德国大众公司及设备供应商德国杜尔（Dürr）公司合作开发了一种精益水性 2C1B 免中涂涂装工艺。免中涂工艺将传统水性涂装体系汽车涂装线缩短了 25%，投资大幅度降低，能耗和制造成本大幅度降低，涂装时间缩短，取消了中涂打磨点修和返工，生产效率提高。免中涂工艺成为汽车涂装的一次重大的技术进步。免中涂工艺使漆膜厚度减薄，对表面缺陷遮盖力降低，涂装后表面质量的改进要在涂料改进、喷涂工艺优化和钢板质量改进等多个方面进行联合攻关。对汽车厂和钢厂表面轮廓参数和表面涂漆后外观质量参数测量要进行方法和标准的统一，以期实现免中涂外板质量的进一步提升。

1.2.8.5 球墨铸铁

汽车上一些重要的零部件常采用铸造成形方法。球墨铸铁具有优良的力学性能，其强度、塑性、韧性、耐磨性等均高于其他铸铁，疲劳强度接近于中碳钢，抗冲击性优于中碳钢，屈强比几乎是碳钢的1倍多。目前球墨铸铁已成功代替了碳钢、合金钢、可锻铸铁等，用于制造气缸套、气缸体、气缸盖、活塞环、连杆、曲轴、机床床身等一些受力较复杂，对强度、韧性和耐磨性要求较高的零件。

1. 球墨铸铁简介

随着商用车行业不断发展，轻量化、高性能、低成本成为铸件发展的核心趋势。高强度球墨铸铁是满足铸件新要求的最佳原材料，800～1000MPa级球墨铸铁分为铸态供货和等温淬火铸件（Austempered Ductile Iron，ADI）两大类。

铸态供货球墨铸铁需采用严格的熔炼工艺、球化、孕育处理工艺和原材料控制，避免晶界夹杂影响材料性能，铸件生产以砂型、消失模、熔模精铸三种铸造工艺为主。铸态供货球铁铸件以QT800-5为主，密度为7.3 kg/m³，抗拉强度为800MPa，屈服强度为480MPa，伸长率为5%，材料硬度为HBW 245-335。ADI等温淬火球墨铸铁是一种由球墨铸铁通过等温淬火热处理得到以奥铁体为主要基体的强度高、塑韧性好的铸造合金，因不存在脆性的渗碳体使ADI具有优异的韧性，能有效减缓裂纹的扩张。ADI球墨铸铁性能详见表1-56。

表1-56 ADI单铸或附铸试块的力学性能（铸件主要壁厚≤30mm）

	抗拉强度 R_m/MPa	屈服强度 $R_{p0.2}$/MPa	伸长率 A（%）
QTD800-10	≥800	≥500	≥10
QTD900-8	≥900	≥600	≥8
QTD1050-6	≥1050	≥700	≥6

2. 球墨铸铁成形工艺

（1）铸态供货球墨铸铁铸造工艺

铸态供货球墨铸铁支架以砂型、消失模、熔模精铸三类铸造工艺为主。砂型铸造工艺简单、适合大批量低成本生产；消失模铸造工艺灵活方便，可用于复杂结构小批量试制或制造。铸态供货球墨铸铁铸造工艺的关键在于性能稳定性和缺陷控制，需通过不同球化方式、浇注方式、缺陷控制方式来保证铸件在成本、力学性能方面的一致性。应用铸造模拟软件对缺陷位置实现预判和优化，通过对浇注系统优化改进来精确控制缺陷。

（2）ADI球墨铸铁热处理工艺

ADI球墨铸铁是在铸态球墨铸铁铸件的基础上通过等温淬火热处理提升材料强度和塑性。等温淬火工艺是将球铁件加热到奥氏体化温度区，保温一定时间，完全奥氏体化后，快速淬入盐浴炉、油箱或流动床炉中，快冷至奥氏体转变温度区，等温保持1～4h，然后空冷至室温。热处理后的铸件组织由高碳奥氏体-针状铁素体-石墨球组成。

3. 高性能球墨铸铁零件开发案例

高性能球墨铸铁主要用于重型货车底盘悬架系统，下面以重型货车底盘悬架系统平衡轴支架为例说明高性能球墨铸铁零件开发方法。

（1）平衡轴支架结构优化设计

平衡轴支架是底盘平衡悬架的重要组成部分，主要起到连接车架与钢板弹簧、保证双后桥载荷实时均衡性的作用，对确保车辆的驱动性能、通过性能有重要意义。本案例采用高性能球墨铸铁QT800-5替代原普通球墨铸铁QT500-7，原设计方案如图1-110所示，零件重量为51kg。从整体道路载荷中分解平衡轴支架受力情况，提取得到平衡轴支架在垂向工况Z向载荷220000N，制动工况Z向载荷90000N，X向载荷120000N，作为有限元分析计算边界条件进行拓扑优化分析，CAE分析模型如图1-111所示。

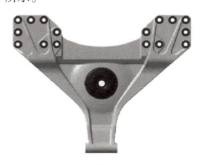

图1-110 平衡轴支架原设计方案

图 1-111 平衡轴支架 CAE 分析模型

图 1-112 平衡轴支架轻量化设计方案

对拓扑结果进行精细化设计，充分考虑球墨铸铁的凝固特性和工艺特点，尽可能采用均匀化等壁厚方案，得到轻量化设计方案，如图 1-112 所示。轻量化后 QT800-5 铸件主壁厚由 14mm/16mm 减薄至 12mm，零件重量 36kg，实现单件降重 15kg，减重率 29%，经 CAE 分析校核满足垂向、制动等使用工况强度要求。

（2）平衡轴支架工艺分析

利用铸造模拟软件对平衡轴支架的充型及凝固过程进行模拟，图 1-113 所示为凝固过程仿真结果，铸件凝固可以实现顺序均匀凝固。仿真发现图 1-114 所示局部位置可能出现缩松，待凝固后对铸件进行切割验证，如图 1-115 所示，发现铸件只存在轻微缩松，满足铸件缺陷控制标准，判定铸件质量合格。

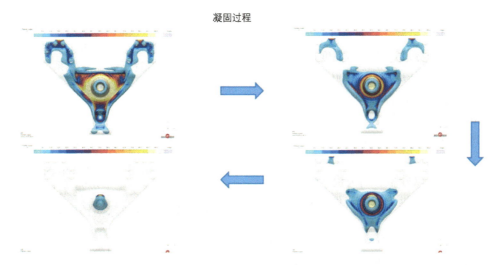

图 1-113 凝固过程仿真结果

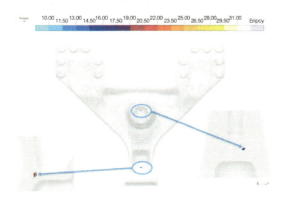

图 1-114 铸造缩松缺陷仿真结果

图 1-115 实际样件缩松缺陷检验

（3）QT800-5球墨铸铁制备工艺

废钢化学元素的质量分数为：C，0.10%～0.30%；Si ≤ 0.30%；Mn ≤ 0.30%；P ≤ 0.04%；S ≤ 0.04%；Cr ≤ 0.25%。增碳剂化学成分要求：固定碳 ≥ 98%；灰分 Mn ≤ 0.30%；挥发物 ≤ 0.20%；硫 ≤ 0.03%。球墨铸铁制备工艺主要分为原料熔化工艺和球化及孕育处理工艺两部分。按照废钢-生铁-回炉料的顺序加入，熔化温度控制在1370℃以下，按照炉料熔融百分比不同，分两次加入增碳剂。当炉料熔融至90%时做炉前分析。根据炉前分析结果进行必要调整，最后熔炼至出炉温度后出炉。先将占铁液重量1.5%的球化剂放到包底凹坑内，用铁托捣实，再一次将硅钡孕育剂放到球化剂上，用铁托捣实，再用经烘烤后的球铁铁屑覆盖并捣实。加入合金，并使用珍珠岩进行覆盖。出铁时第一次倒入铁液后，待球化反应结束倒入剩余铁液，并随流加入二次硅钡孕育剂。

（4）平衡轴支架制造与验证

铸造采用钢制模具，模具平面图如图1-116所示。为检验铸件实际力学性能和材料组织，从铸件本体取样进行拉伸试验检测力学性能和金相分析，拉伸断裂试样和金相取样位置分别如图1-117和图1-118所示。

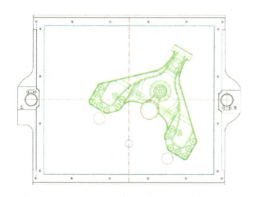

图1-116　平衡轴支架铸造模具平面图

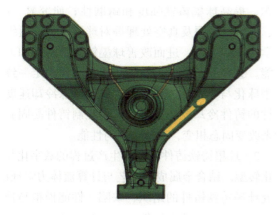

图1-117　铸件本体

图1-118　拉伸断裂试样

试验得到的力学性能数据详见表1-57，金相分析石墨和基体组织分别如图1-119和图1-120所示。细分可得出球化等级3级，石墨大小6级，珠光体体积分数80%，QT800-5符合技术要求。检测合格后，最终对零件进行了装车试验，如图1-121所示。经道路试验，支架完全能满足整车耐久性和可靠性道路试验要求。

表1-57　平衡轴支架零件取样力学性能检测结果

编号	抗拉强度/MPa	伸长率（%）	硬度试验（HV）
#1	807	6%	251
#2	813	5.5%	253

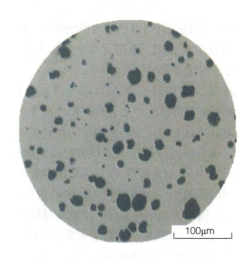

图1-119　试样显微组织：石墨分布

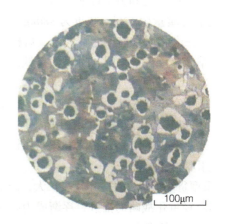

图1-120　试样基体组织

图 1-121 零部件装车试验

4. 国内外球墨铸铁技术发展情况

20 世纪 50 年代，美国对球墨铸铁进行了等温热处理试验，使球铁具备了高强、高韧及良好的耐磨性。20 世纪 70 年代，国内外几乎同期宣布了高性能 ADI 球墨铸铁的成功研发。在国外 ADI 球墨铸铁应用市场中，汽车铸件占 50% 以上，主要有曲轴、齿轮特别是重型货车的底盘零件。据介绍，目前美国 ADI 球墨铸铁铸件目前最小可做到壁厚 3mm。国内 ADI 铸件主要应用于重型货车悬架、支架、耐磨件、齿轮、曲轴等部件。

2000 年，国内首次将 ADI 球墨铸铁大批量应用于重型货车零部件生产上，种类和产量逐年增加。在重型货车底盘上的应用已从最早的单件尝试替代，转变为应用有限元分析技术多件装配以实现轻量化设计。国内主要 ADI 铸件生产厂家有河南欧迪艾、河北清河恒基机械、大连三明等，产品包含板簧支座、支架、拖钩等几十种零件，产品质量较好。

东风汽车在 5t 高机动越野车上采用 ADI 铸件替代传统铸钢件，结合 CAE 模拟分析，充分发挥 ADI 球墨铸铁优良的铸造和力学性能，满足零件承载要求的前提下总质量由 630kg 减重为 380kg，减重率为 39.6%。一汽集团在前梁、转向节、后桥、轮毂等重型货车底盘零件上采用 ADI 球墨铸铁，通过结构优化和减薄设计，实现轻量化和降成本。球墨铸铁在国内商用车企业底盘件应用广泛，表 1-58 列举了 800～1000MPa 球墨铸铁主要应用范围。

近年来，我国 ADI 等温淬火球墨铸铁铸件生产技术与应用取得较大进展：

1）重型货车底盘零件应用逐步扩大，产量逐年提高，随着轻量化战略的推进，逐渐成为我国 ADI 铸件产量新的增长点。

表 1-58 800～1000MPa 球墨铸铁主要应用范围

厂家	零件名称	试制、批量应用车型
陕汽	平衡轴支架	重型商用车
	前伸梁支架	重型商用车
	片扭簧支架	重型商用车
	板簧支架	重型商用车
	拖钩	重型商用车
一汽	钢板弹簧支架	中重型商用车
	拖钩	中重型商用车
	底盘左右支架	重型商用车
	左右齿轮壳	越野车
	控制臂	越野车
	转向节	越野车
	快速转换支架	工程机械
	锁钩	工程机械
东风	钢板弹簧导向座	重型商用车
	前轴	自卸车
	托架	载重车
	转向节	重型商用车
	后桥	矿用车

2）球墨铸铁用原辅材料质量和毛坯质量大幅改善，支持 ADI 铸件在齿轮、曲轴等抗磨耐磨零件应用突破。

3）通过建立 ADI 铸件热处理中心，提供了质量稳定、价格合理的热处理装备和生产服务。

5. 小结

近年来，行业对铸态球墨铸铁材料与工艺技术研究取得了长足进展，重点聚焦于如下三个方面的研究：

1）以汽车工业、航空航天及核能工业轻量化、集成化、降成本需求为主要目标，重点研究球墨铸铁高强高韧化，尤其是薄壁铸件高强高韧化：①研究化学元素含量、状态、分布对球墨铸铁组织、性能的影响，例如适量添加稀土等合金元素细化共晶组织，提高球墨铸铁强度和耐磨性；研究氧、硫、碳、硅、锰、铜及真空处理等对球墨铸铁件组织和力学性能的影响，进而改善球墨铸铁件组织和力学性能。②研究开发球化率高、球径小而稳定一致的石墨球化与孕育工艺技术。③研究确保冷却速度一致性的铸件冷却控制技术，通过控制铸件凝固后冷却来改变固态相变，改善组织与性能。

2）球墨铸铁铸件设计、生产过程的数字化与智能化转型。结合金属成形工艺与计算流体力学理论，研究球墨铸铁铸件的组织、缺陷、性能模拟与预测技术、数值模拟仿真软件、设计与工艺管理专家系统，使球墨铸铁铸造技术由经验化向定量化发展。能够对铸造过程和设备进行在线检测与智能控制，实时控制有关生产设备，自动发出准确合理的指令控制相关设备，实现铸造过程和生产设备的智能化。

3）专业化、规模化、低碳化生产，实现球墨铸铁质量稳定控制，提升应用球墨铸铁铸件应用范围和比例。专业化、规模化生产是保障球墨铸铁质量稳定性的重要途径，通过强化质量控制与管理，保证产品质量稳定性和一致性。

未来ADI铸件研究趋势重点聚焦于如下五个方面：

1）利用有限元分析等现代设计手段，按ADI的性能特点及服役条件进行零件结构和集成化优化，实现轻量化设计。

2）结合增材制造技术（3D打印）在线快速生产砂型模具，实现ADI铸件薄壁化（壁厚<2.5mm）。

3）通过质量控制、工艺管理、质量检验等手段提升ADI铸件质量的稳定性和一致性。

4）加强ADI铸件国家标准的宣贯，支持并推动行业工程技术人员主动选用ADI铸件以解决轻量化、降成本等产品问题。

5）建立ADI专业生产厂和等温淬火热处理中心等产业化生产发展平台。

1.3 钢板材料新工艺

汽车轻量化对汽车用钢的强度提出了更高的要求，而钢的强度和塑性通常相互制约，所以强度的提升给汽车用钢的成形和加工带来了更大的难题。先进高强钢以其较好的综合性能在减重和安全性方面优势突出，但也对冲压成形工艺提出了挑战。面对这一难题，新工艺成为解决技术难题的钥匙，汽车行业中新工艺的开发越来越紧迫，任务越来越艰巨，挑战越来越严峻。

1.3.1 高强钢热冲压成形新工艺

热冲压成形工艺在国内也叫作高强钢热冲压成形工艺，在国外被称为 Hot Forming、Hot Stamping、Hot Press、Press Hardening 或者 Die Quenching。早在1973年，Jernverk率先开发出了适用于汽车零部件生产的热冲压技术。1975年，Volvo在汽车零部件上进行了适用性研发。国内热冲压技术起步相对较晚。2005年，宝钢研究院率先开展热冲压技术的研究，经过十几年的发展，热冲压技术已经达到了行业领先水平，截至2023年6月，国内热冲压生产线已达285余条。

高强钢热冲压成形工艺是将含铁素体和珠光体为主的硼钢加热到奥氏体化温度并保温一段时间，然后送入含冷却装置的模具中进行压淬成形的工艺。该工艺的实质是通过马氏体相变产生的位错与孪晶来提升材料的抗拉强度，达到强化目的，其技术原理如图1-122所示。

热冲压成形技术包括直接热冲压成形和间接热冲压成形两种。直接热冲压是板材经过加热奥氏体化后直接转移至热冲压模具进行冲压淬火成形，如图1-123a所示。目前，国内绝大多数的热冲压厂均掌握直接热冲压技术。当零件造型复杂使用直接热冲压方法无法一次冲压成形时，则先将零件进行预成形，将预成形后的半成品置入加热炉中进行加热奥氏体化，然后将其转移至热冲压模具进行最终压淬成形，如图1-123b所示。目前间接热冲压使用较多的是奥钢联公司，其在复杂零件和锌基镀层板的热冲压上使用该技术。

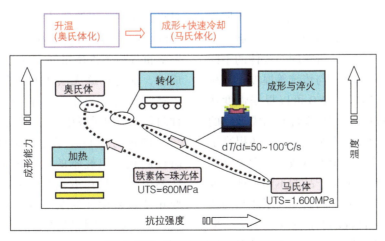

图1-122 高强钢热冲压技术原理

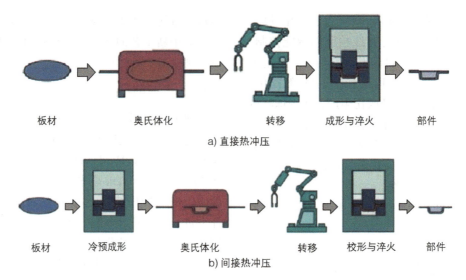

图 1-123 热冲压工艺

热冲压零件的强化新技术主要包含以下几种：激光拼焊板（TWB）、不等厚板（TRB）、补丁板（Patch Work）和软硬分区等厚变强度板（Soft Zone）等与热冲压相结合的技术。各种强化技术在车身上的使用情况如图 1-124 所示。

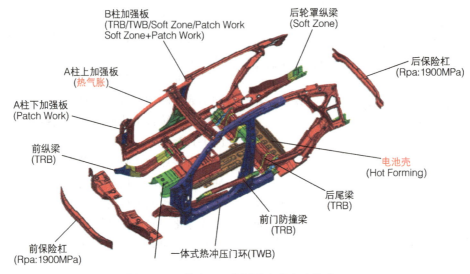

图 1-124 热冲压强化零件在车身上的应用

TWB 是采用激光焊接技术把不同厚度、不同表面镀层甚至是不同强度的金属薄板焊接在一起，然后进行冲压制作成各种零件，可在同一零件的不同部位实现不同的厚度和强度。与传统等厚度板材相比，其减重效果可达 20%。TWB 可以根据强度功能设计需要进行任意拼接，减少零件和所需模具的数量，不仅优化了结构和生产装配工艺，还提高了生产效率和材料利用率，减少人员数量，大大降低了整车制造及装配成本。由于产品的不同零件在成形前即通过激光焊接在一起，因而提高了产品的整体精度，大大降低了零部件的制造及装配公差。但 TWB 的拼接处存在着厚度突变，这使回弹预测、模具设计制造、焊缝移动控制成为新的研究课题。而焊缝引起的材料硬化现象，不仅使焊缝的开裂成为影响拼焊板零件质量的因素之一，而且影响后续的成形，加之焊缝无法在外观上完全消除，使 TWB 不适宜作为车身外覆盖件。应用 TWB 最多的是 B 柱门环、纵向承载梁等需要高强度的零件。

TRB 的核心技术是"柔性轧制"，即通过实时控制轧钢机轧辊的位置来调整其间距，从而使轧制出的板材在沿轧制方向上具有预先根据载荷变化特点来设计的变厚度形状。TRB 具有下列优点：① TRB 零件的厚度是连续变化的，比 TWB 零件具有更好的减重性能；②不存在 TWB 的厚度突变和焊缝的影响,这样就消除了突变处的应力峰值和因焊缝引起的硬化区域,因此具有良好的成形性能;③TRB没有焊缝难以弥盖的缺陷,表面质量好,可以作为汽车车身的外覆盖件使用;④TRB过渡区光滑连接,模具设计相对简单;⑤在零件生产和制作工艺方面,TRB工艺操作也与普通的等厚度板材的成形基本相同,可连续性生产,生产效率高;⑥TRB的制造成本不受厚度过渡区数量的影响,而TWB的制造成本则随着焊缝数量的增加而增加。TRB板材是由单一材料整块轧制而来,因而不能实现不同材质的拼接,在多种形状拼接时也表现出灵活性不足。另外,若TRB由镀层板轧制,还可能因损伤材料的镀层而影响防腐性能。TRB也主要应用于B柱、横梁纵梁等零件,多见于欧系车辆。

Patch Work是一种在主板局部焊接衬板起到局部加强结构再一起成形的钢板,它的热成形模具特点除与激光拼焊板相同外还需要注意在补丁区域使用传热性更好的模具材料,以此来保证板料各成形区域冷却均匀。

软硬分区零件有两种实现方式,一是不同材料激光拼焊为软硬分区板料。二是同一板料软区通过模具加热实现板料软硬分区。对于不同材料激光拼焊制成的软硬分区板料,其热成形模具的结构特点和激光拼焊板类似;对于软区通过加热炉局部加热实现的软硬分区热成形钢板,在模具设计时要考虑预估软区回弹的影响;对于软区通过模具加热实现的软硬分区钢板,它的模具需要使用加热棒来加热软区特定位置和形状的镶块,并且还要匹配对应的温控系统,保证软区加热温度处于500~600℃区间,模具镶块间需要保留一定的间隙,考虑热胀冷缩影响,避免镶块加热膨胀时相互挤压损坏模具,同时模具材料需要具有高温热硬度和耐磨性,保证成形效果。

1.3.1.1 管状零件热冲压成形工艺

在传统的热冲压成形工艺基础上衍生而来的高温金属气体压力硬化(Hot Metal Gas Press Hardening,HMG-PH)技术,在生产高强度管材零件上已开始应用。长安福特新福克斯的长A柱(图1-125)便采用了此工艺,该工艺生产的管状零件,不仅扭转强度高,而且比传统A柱更窄更细,有效地减少了A柱视野盲区,提高了驾驶安全性。为达到高强度和减重目标,部分底盘管类液压零件被热冲压件替代,图1-126所示为某车型底盘扭力梁的热冲压管材设计。为便于和车身其他零件连接匹配,日本住友金属株式会社开发了带法兰的热冲压管件,成形过程分为通电加热、法兰成形和成形淬火三步,如图1-127所示。

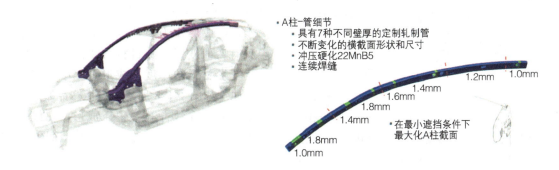

图1-125 新福克斯的长A柱

图1-126 热冲压管状扭力梁

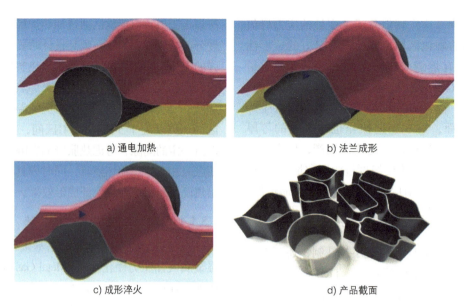

a) 通电加热　　　　　　　b) 法兰成形

c) 成形淬火　　　　　　　d) 产品截面

图 1-127　带法兰的热冲压管件

1.3.1.2　小结

本节简要介绍了高强钢热冲压技术的原理和工艺、新工艺及管类零件热冲压成形工艺。热冲压成形技术经过几十年的发展，从单车用 1 件到 40 余件，从等厚板技术升级为多种新工艺技术，从单一小件到门环类高度集成的大件，从板材热冲压件到部分管材热冲压件，材料由裸板、铝硅涂层板到铝合金材料和锌基涂层钢板，强度由 1500MPa 到 2GPa，热冲压成形技术正在朝着产品应用普及化、工艺技术创新化、部件结构集成化、材料应用多元化发展。

1.3.2　辊压成形工艺

在成形过程中采用传统冷冲压工艺时，1200MPa 以上的超高强汽车钢板容易发生开裂、翘曲等，无法满足高强度钢板的加工要求。在常温条件下，采用辊压成形工艺可以解决传统冷冲压工艺存在的问题，获得更小的弯曲半径，加工成形各种复杂截面的零部件。同时，多个道次的变形可以实现回弹的灵活控制和补偿，保证零部件具有良好的尺寸精度。如今，辊压成形工艺已经成熟应用于汽车制造的各个领域，并逐渐打破了一些冷成形工艺的极限，成为先进高强钢重要的成形方式。

1.3.2.1　传统辊压成形工艺

辊压成形工艺通常是指在室温条件下，利用多组成对并具有特定轮廓的辊轮作为成形模具，使金属板带沿直的、纵向的、平行的弯曲线成形而并不改变其厚度的前提下，以制成特定断面型材的一种成形工艺过程。辊压成形在材料成形中定义为冷弯成形，是一种高效、节能、节材、环保的金属板材成形技术。由于辊压成形其特有的线接触，连续逐步成形，变形力小、残余应变值低的特点，与热成形工艺相比，具有耗能低、效率高、成本低等优势。相较传统冲压工艺工序多、生产效率低、维护复杂等劣势，辊压成形具有生产效率高、节约材料、维护简单等特点，特别适合批量稳定生产高强钢、超高强钢等伸长率低的产品。

辊压成形作为一种冷成形工艺，在成形过程中只有弯曲变形。除材料弯曲角局部有轻微减薄外，变形材料的厚度在成形过程中保持不变。其成形原理如图 1-128 所示。辊压产品基本工艺过程包括开卷、在线冲孔、辊压成形、在线焊接、矫直（辊弧）、定尺切断等，生产线示意图如图 1-129 所示。

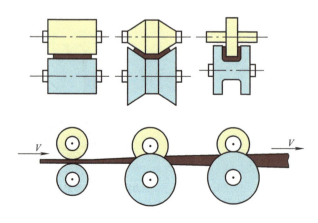

图 1-128　辊压成形原理

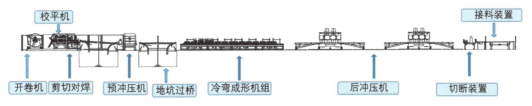

图 1-129　辊压成形生产线示意图

辊压成形机组是用来驱动辊压成形工装，加工一定形状、精度产品的工艺装备，在生产过程中通过电控系统控制实现的。根据需求配置辊点焊、激光焊或高频焊等焊机完成在线焊接。辊压成形机组可以在其前后集成冲压单元进行在线冲孔、切边、压型等工序，也可以集成铆接单元在线铆接工序。对于有三维轮廓要求的产品，可完成在线辊弧的功能，最后经切断装置按要求定尺下料，可由人工下料或机械手下料。

辊压成形工艺加工出来的型材，其断面结构合理、几何尺寸精确，可控制在 ±0.5mm，特别适用于超高强度钢零件的加工成形，有效地解决了超高强度钢的回弹，并极大地降低了制造成本，推进了超高强度钢在汽车工业中的应用。辊压成形工艺常用于高强度钢板的汽车前后保险杠、门槛件、A柱和座椅滑轨以及传统低强度钢板的汽车车门、滑槽、导轨等，图 1-130 所示为该工艺加工的典型零部件。

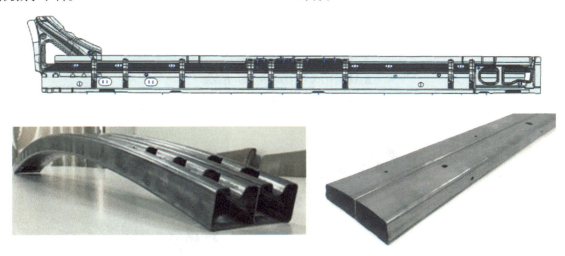

图 1-130　辊压成形制备的典型汽车零部件

1.3.2.2　辊压成形新工艺

1. 变曲率辊弯成形技术

传统生产工艺普遍采用拉弯或压弯工艺，二者都存在工序较长、人员和设备投入较大的缺点，且制造柔性差，很难加入整线自动化生产中。面对传统工艺的不足，行业内提出了变曲率辊弯成形技术。该技术是一种能够在线连续生产变曲率产品的新型、柔性加工工艺，在保证生产精度的同时能够有效避免传统工艺中的缺点，工艺路线如图 1-131 所示。在超高强钢变曲率成形技术方面，国内与之对应的关键技术水平还有待提高，与实际需求之间还存在很大的不对等性，技术开发需求非常迫切。

图 1-132 给出了典型的通过变曲率成形技术生产的防撞梁产品。变曲率成形技术可以突破传统压弯、滚弯成形边界，在更高强度材料、更小半径弯曲半径产品上具有明显工艺优势。如目前已成功生产的防撞梁类变曲率产品，材料强度已经达到 1500MPa 级，料厚达到 2.0mm，最小成弧半径达到 R800mm。

2. 辊压成形虚拟仿真技术

汽车超高强钢板材料强度已达到 1700～1900MPa 等级，在汽车行业使用更薄、更高强度的材料将会越来越普遍。汽车产品设计将会更多地采用辊压成形技术，产品造型也会越来越复杂，这就对辊压产品的型材精度提出了更高的要求。面对复杂的产品截面，为了实现节约模具投资和减少辊轮修理频次，应用计算机建立辊压成形机的虚拟样机和仿真模型可以对产品进行数字化三维描述，进行预装配和基于物理产品的运动仿真，将为辊压成形工艺研究提供可开发可优化的平台，进一步优化成形工艺，如图 1-133 所示。

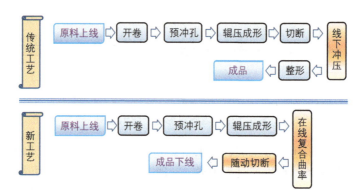

图1-131 新旧工艺路线对比

直线段+R1000+R1800+R1000+直线段

直线段+R1100+直线段+R1100+直线段

图1-132 变曲率防撞梁实物

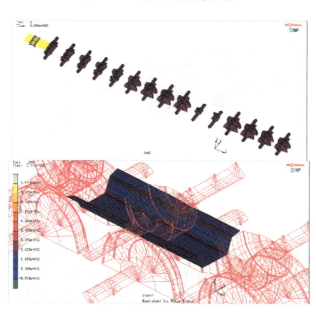

图1-133 辊压成形虚拟仿真

3. 3D辊弯成形工艺

传统的车身A柱采用钣金拼焊结构，其截面较宽，阻碍驾驶人的视线，尤其是在进行转向操作的时候，A柱常常就是视线盲区。采用1700MPa强度等级的原材料，利用三维辊弯成形技术，缩小了A柱截面宽度，扩大了驾驶人的视野，增加了内部空间并改善了安全气囊的包装，如图1-134所示。

图1-134 3D辊弯成形的A柱加强件

采用超高强钢在线三维辊弯成形技术开发A柱加强件，A柱总成重量减少约1kg，整车减重约12%。传统车身A柱是液压成形的，但其可成形的材料强度有限制，且生产效率相对较低。取而代之的是，在辊压成形直管后将管子进行3D折弯，再将其通过遥控激光焊接到子组件上，以集成到车辆安全笼中的A柱和车顶纵梁区域中，起冲击保护的作用。

按照既定工艺路线，分单元实现了各工艺环节，并完成了工序衔接生产。图1-135和图1-136分别给出了实际工艺路线主要工序组成和实际生产工件。3D辊弯成形工艺是一种汽车行业为了减轻重量和增强安全性能需要而创新的、面向未来的加工成形技术解决方案。对于现代汽车行业要求重量不断减轻、节能减排、增加安全性能而言具有非常有竞争力的优势，应用前景广阔。

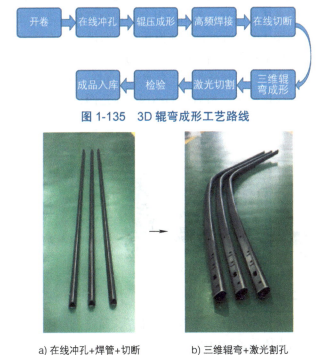

图1-135　3D辊弯成形工艺路线

a) 在线冲孔+焊管+切断　　b) 三维辊弯+激光割孔

图1-136　辊弯成形A柱产品样件

4. 辊压工艺发展新方向

传统辊压成形工艺受限于计算机及控制技术的发展，一直以等截面为主，即产品沿长度方向的各个截面都一致。近年来，随着原材料不等厚度激光拼焊技术、伺服电机控制技术等新技术的突破，辊压工艺也迎来了新的机遇，如变截面辊压、不等厚辊压等前沿技术。

未来的辊压成形技术可以在不更换模具的情况下任意改变产品的截型，在计算机的辅助下自动更换机组的辊轮，形成全自动可调节辊压线。同时，随着材料技术的发展，不等厚度材料的开发应用，辊压成形工艺将会进一步扩宽应用范围，可以高效地生产更加复杂的产品。

1.3.2.3　小结

本节简要介绍了辊压成形工艺的技术背景及发展现状、工艺过程、新工艺形式。随着汽车工业的快速发展，辊压成形工艺应用的场景越来越广泛，变曲率辊压工艺、3D辊弯工艺、虚拟仿真技术等新工艺、新技术成为新的发展方向，极大推动相关材料种类的应用和制造工艺的升级换代。

1.3.3　液压成形工艺

在复杂曲面件成形方面，传统板材成形技术存在成形性差、工序复杂、模具费用高、尺寸精度低、废品率高、组织损伤等问题，严重影响零件的质量和可靠性。针对传统成形技术存在的问题，国内外先后发展出许多新颖、独特的板材成形技术。板材液压成形技术具有成形极限高、道次少、尺寸精度高、工艺可控、制造成本低等优点，在高精度、复杂形状、薄壁曲面件的成形方面显示出巨大的潜力。与传统的冲压工艺相比，液压成形工艺在减轻重量、减少零件数量和模具数量、提高刚度与强度、降低生产成本等方面具有明显的技术和经济优势，在工业领域尤其是汽车工业中得到了越来越多的应用。

1.3.3.1　液压成形工艺

液压成形工艺是指利用液体作为传力介质，将液体压强作用在坯料表面，使坯料成形为理想形状结构件的塑形加工技术，也被称为液力成形。依据成形部件的不同，液压成形工艺分为三类：管材液压成形、板材液压成形和壳体液压成形。

1. 管材液压成形技术

管材液压成形（Tube Hydro Forming，THF）是通过向密闭的金属管材内部施加高压液体介质，同时配合轴向进给，使管壁逐渐膨胀贴合模具，最终成形为特定形状零件的加工工艺。THF技术的工艺过程主要分为：放料（将管坯放入模具）、闭合模具、轴向密封、排气充液、增压胀形与开模取件等工序。

根据成形件的形状以及生产工序的不同，可将THF成形件分为变径管、弯曲轴线异形截面管和多通管三类，不同类型的管材液压成形件如图1-137所示。根据胀形区的变形条件与受力方式的不同，可以将THF工艺分为三类，分别为管材自然胀形、管材轴向压缩胀形和管材复合胀形。

| a) 变径管 | b) 弯曲轴线异形截面管 | c) 多通管 |

图 1-137 不同类型的管材液压成形件

管材液压成形技术的优势体现在：相对于传统的冲压焊接工艺，THF 技术有许多独特的优点；节约原材料，减小成形件的最终质量；减少后续机械加工和组装焊接的工作量；提高成形零件的强度与刚度；降低零部件生产成本，较冲焊件平均成本降低 15%~20%；提高成形件精度，成形零件的尺寸精度可以从传统工艺的 IT14 提高到 IT10。

目前，THF 技术广泛应用于汽车领域。具体应用有车身顶梁、仪表盘支架、散热器支架、发动机歧管、发动机支架及齿轮轴、变速杆等。采用 THF 技术制造的空心双拐曲轴，与原零件相比，重量减轻了 48% 左右。

2. 板材液压成形技术

板材充液拉深就是在凹模中充满液体，利用凸模（带动板料）进入凹模时建立反向液压的成形方法。由于反向液压的作用，使板料与凸模紧紧贴合，产生"摩擦保持效果"，缓和了板料在凸模圆角处（传统拉深时的危险断面）的径向应力，提高了传力区的承载能力；在板料与凹模表面间形成流体润滑，使摩擦力减小，油液的保护作用使得成形零件表面无划伤，同时使法兰变形所需的径向应力减小。通常用来成形深筒、深盒以及复杂曲面零件。工艺过程如图 1-138 所示，先在液压室（凹模）内充满液体，放上拉深坯料，施加一定的压边力，凸模下行进行拉深，同时开动液压泵使液体保持一定的压力，直到拉深结束，然后抬起凸模、压边圈，取出成形零件。

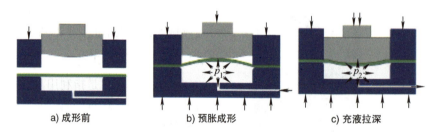

| a) 成形前 | b) 预胀成形 | c) 充液拉深 |

图 1-138 充液拉深工艺过程

板料液压成形技术的优势体现在：充液拉深技术已经大量应用到汽车制造中，其优点是显著提高材料成形极限，减少成形道次；零件质量好，尺寸精度高，壁厚分布均匀；可有效控制材料内皱等缺陷的发生；显著减少模具加工量，降低费用。板料液压成形工艺可以应用在汽车灯反光罩、翼子板等零部件上，这些零部件通常带有复杂型面、局部需要凹模与凸模压靠才能成形。

3. 壳体液压成形技术

封闭壳体液压成形的基本过程：先由平板组焊成封闭多面壳体，然后在封闭多面壳体内充满液体介质，并通过一个加压系统向封闭多面壳体内施加内压，使壳体产生塑性变形而逐渐趋向于目标壳体，壳体液压成形技术从最初成形单层球形容器逐步发展到成形双层球壳、不等厚球壳、椭球壳、环壳和多面壳体等各类内压容器。

壳体液压成形工艺特点：成形过程不需要模具和压力机；成形自由度高，容易变更壳体壁厚和直径；产品尺寸精度高；制造成本低，制造周期短；该技术为"先焊接后成形"，焊接质量需要严格进行控制；对于大型壳体，成形过程的支撑基础难度大、费用高。

壳体液压成形在制造工艺中体现出工艺简单、制造周期短、制造成本低、产品适应性强等优点，目前主要应用于大型零部件的制造工艺过程，在汽车领域案例较少。

1.3.3.2 小结

本节简要介绍了液压成形工艺的发展现状和管

材液压成形、板材液压成形和壳体液压成形三种工艺形式。液压成形成为实现结构轻量化的一种先进制造技术，成本低、强度高、结构稳定且具有独特的技术优势，发展迅速，深受行业认可。

1.3.4 钢塑复合成形

为了在不降低性能的前提下实现汽车轻量化，秉承合适的材料应用在合适部位的原则，钢塑复合成形技术逐渐出现在汽车制造的新工艺中。该成形工艺能够充分发挥钢材的高强度、低成本，工程塑料良好的成形性和较好的强度、韧性，借助精确仿真分析和结构设计，实现零件各处载荷与结构的最优匹配，减轻重量，优化成本，实现冲压和注塑这两个传统行业的融合升级，拓展应用场景。目前该工艺处于前期发展阶段，只有少部分车型的零部件尝试采用钢塑复合成形。

1.3.4.1 钢塑复合成形工艺

钢塑复合成形技术也称为 Insert Molding，即嵌入成形，是把金属、塑胶半成品或其他物料嵌入预先制好的模腔内，然后将熔融的塑胶材料注入，实现嵌件与树脂基材紧密结合的一种成形方法。

根据机台或模具的不同可以分为卧式成形（模具水平开合）和立式成形（模具上下开合）。在卧式成形中，嵌件首先要解决定位问题，避免晃动或熔体高速冲击不发生偏移。立式成形在植入嵌件时，操作员比较轻松，嵌件容易定位，也不易掉落。然而，在立式成形中，做模内注塑时，浇口离断时产生的料屑会留在公模上，需要清理，必要时需用自动风枪来吹扫。在钢塑复合成形过程中，首先将钢板冲压成初级零件，然后对零件进行表面除油处理，将金属件表面的脱模剂、油脂、污垢等污染物去除，去除毛刺及碎屑、铁锈等，再放入注塑模具中定位，通过注塑工艺实现背部塑料结构与钢质零件的结合。

1.3.4.2 钢塑复合成形的应用案例

汽车摆臂作为汽车悬架系统的导向和传力元件，将作用在车轮上的各种力传递给车身，同时保证车轮按一定轨迹运动。摆臂分别通过球销或者衬套把车轮和车身弹性地连接在一起，作为悬架的导向和支撑，其变形会影响车轮定位、降低行车稳定性等的部件。

汽车摆臂采用钢塑复合成形工艺，通过精确的受力分析和结构优化，依靠高强钢提供零件强度，依靠背部塑料结构提高整体刚度，具有替代钢板双片结构或者铸铝结构的潜力，结构方面通过拓扑优化，按照底盘零件各安装点受力状况，采用最优化走向的加强筋进行加强，并且可以对局部壁厚或者筋高进行重点加强，确保各处强度均满足要求。重点对摆臂总成的模态、刚度、多向强度、疲劳耐久、弯曲等项目进行计算与测试，并结合 CAE 工况对衬套压出力进行计算，满足极限工况下衬套不脱出。产品如图 1-139 所示。

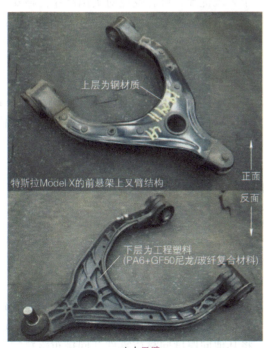

a) 上叉臂

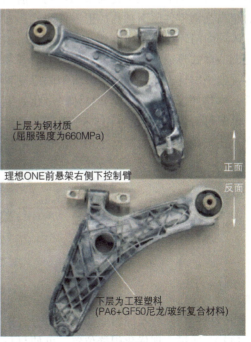

b) 下控制臂

图 1-139 钢塑复合成形工艺制备的摆臂

钢塑复合成形的优势体现在：钢板厚度可以减薄，重量减轻30%以上，重点降低簧下质量，提高车辆动态性能，耐蚀性能提升，成本介于钢板零件与铝合金零件成本之间。然而，这种工艺也有缺点，即异种材料连接难度大，钣金有回弹，尺寸不稳定，电泳防护层脱落，模具投资增加，对结构设计及仿真计算要求较高。

1.3.4.3 小结

钢塑复合成形工艺可以充分发挥钢和塑料两种材料的独特优势，使得制备的零部件能获得较好的综合性能。在应用此类成形工艺过程中，加强结构设计与仿真计算能力，尤其拓扑优化能力，将各向同性高强钢和各向异性的玻纤增强塑料结合起来，提高设计自由度。对于钢材进行复合成形，可降低暴露环境下的腐蚀或连接部位的电位腐蚀，甚至实现绝缘保护。

1.4 钢铁材料典型应用实例

1.4.1 一体式热成形门环

1.4.1.1 一体式热成形门环简介

随着汽车安全和能耗的要求提高，作为汽车碰撞"安全笼"概念的重要组成部分，由车身A柱、B柱、A柱上边梁及门槛零件所围成的前门环区域在正碰、侧碰尤其是小角度偏置碰防护中担任着越来越重要的角色。前门环一般由上述4~5个不同厚度的超高强钢或热成形零件通过点焊连接而成，以应对不同位置不同方向的碰撞性能要求，如图1-140所示。

图1-140 热成形门环设计理念

随着汽车安全标准及轻量化要求的提高，前门环区域的超高强钢零件逐渐被热成形零件取代，并发展为一体式的门环结构。2014年，安赛乐米塔尔公司开发出一体式热成形门环零件，以一个门环零件取代传统四个零件，通过激光拼焊将不同厚度料片拼焊后一体热冲压成形，在提升整体轻量化效果的同时（单车可实现减重10%~15%）保证车身整体刚强度，在正碰、侧碰尤其是小角度偏置碰防护中表现优异，可有效应对美国高速公路安全保险协会（IIHS）或中国保险汽车安全指数（C-IASI）法规，逐渐成为车身结构设计应用的趋势。

1.4.1.2 一体式热成形门环制造工艺

一体式热成形门环制造工艺流程如图1-141所示，尽管一体式热成形门环优点显著，但其设计制造过程存在一定的难度。

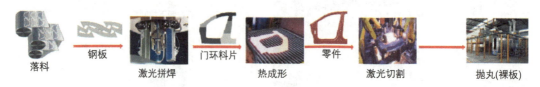

图1-141 一体式热成形门环制造工艺流程

1. 落料

对于激光拼焊门环，不同料厚的板料可分开落料（图1-142），通过合理优化焊缝位置，可使材料利用率得到最大限度的提高，有利于降低材料成本。而对于一体式等厚门环，采取的是一体式落料方式，材料利用率相对较低，可通过利用门洞位置等余料，将其他同厚度同材质零件共同排布落料的方式，提高材料的利用率（图1-143）。

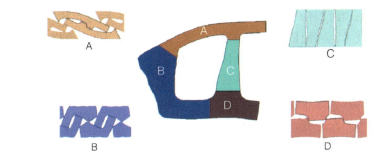

图 1-142 激光拼焊门环板料落料示意图

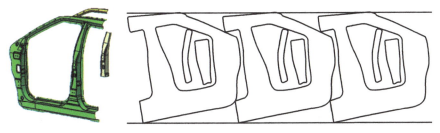

图 1-143 等厚门环板料落料示意图

2. 门环板料激光拼焊

一体式等厚门环板料在落料后按需点焊补丁板即可进行后续零件冲制，而对一体式激光拼焊门环，需要先将不同厚度的料片通过激光拼焊为一个整体门环料片。可以说，激光拼焊质量是影响拼焊门环性能的关键控制点之一。

对于铝硅镀层激光拼焊门环，由于材料表面有一层 Al-Si 镀层，焊接时易熔化进入熔池内，导致熔池内的 Al 元素含量明显升高，同时由于受到熔池流场的影响，Al 元素在焊缝及熔合区处出现了局部富集。在 Al 浓度相对较高的区域，溶解的 Al-Si 镀层会与基板形成非常脆的金属间络合物；在铝浓度相对较低的区域，溶解的 Al-Si 镀层会改变焊缝部位的冶金性质，在热冲压后，焊缝部位的金相组织会与基板不同，机械强度大幅下降，表现为焊缝硬度不均匀，存在局部软点（图 1-144a），在拉伸时试样易出现沿焊缝开裂（图 1-144b），使焊缝成为薄弱区。

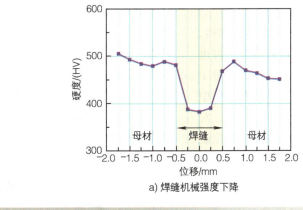

a) 焊缝机械强度下降

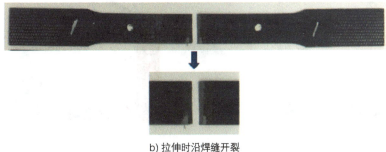

b) 拉伸时沿焊缝开裂

图 1-144 铝硅镀层板激光拼焊常见问题

为解决上述焊接问题,在门环产品铝硅镀层板的拼焊方面出现了两种技术:一种是半剥离激光拼焊技术,其实质是首先利用激光束去除热成形材料表面的 Al-Si 镀层,消除 Al 的有害影响,然后进行焊接,最终获得具有优异焊接性能的零件(图 1-145a);另一种是直接激光填丝焊技术,不对镀层进行剥离,亦可获得合格的焊缝(图 1-145b)。目前国内能进行铝硅镀层板激光拼焊的厂家较少,铝硅镀层激光拼焊门环板料焊接成本较高。

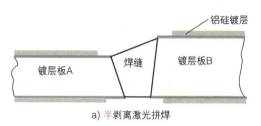
a) 半剥离激光拼焊

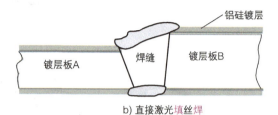
b) 直接激光填丝焊

图 1-145　铝硅镀层板激光拼焊技术示意图

对于使用裸板材料的热成形门环,裸板热成形材料激光拼焊不存在上述问题,同时在设备投入及人工投入等方面也具有显著优势,因此成本具有一定优势。国内钢厂已开发了无填丝激光拼焊和有填丝激光拼焊两种工艺:无填丝激光拼焊焊接设备投入少,不需要额外的送丝装置,依靠板材的自熔化实现板材的连接;而有填丝激光拼焊则是通过外加焊丝的熔化实现板料连接。两种激光拼焊工艺验证结果显示,两种激光拼焊材料淬火前后抗拉强度均达到母材强度,且淬火前杯突试验都未出现沿焊缝开裂现象,但采用无填丝焊进行等厚板焊接时,由于局部熔体损失导致焊缝轻微凹陷,拉伸时易沿焊缝断裂,需要对焊接过程进行更严格的管控。

3. 门环热冲压及加工

一体式门环板料制备完成后,送入加热炉加热,然后在模具上进行一体热冲压制成门环零件,再进行激光切割和根据需要进行抛丸等后续加工。对于一体热成形门环这种超大型零件,其热成形过程中的冲压开裂、尺寸精度等较常规零件更难控制,对零件供应商的能力有较高要求,包括冲压开裂控制技术、回弹控制技术、抛丸工装设计、图样公差(含特殊公差)设计、夹具及检具工装设计(含定位基准)、过程质量控制等。

1.4.1.3　一体式热成形门环应用案例

某门环零件设计方案如图 1-146 所示,原设计为多零件焊接方案,通过设计优化,采用一体式激光拼焊门环方案。两种方案的零件重量对比详见表 1-59,一体式门环通过激光拼焊方式代替搭接点焊方式,减少了零件搭接处的材料重量,同时采取热冲压工艺代替冷冲压工艺,提升了整体材料强度并降低了零件厚度,从而使门环零件相比传统分件方案实现减重 1.98kg,减重率达 13.5%。

表 1-60 为传统多零件焊接方案及一体式激光拼焊门环方案的材料利用率对比,通过合理优化焊缝位置,可有效提升门环产品材料利用率,降低材料成本。同时,一体式热成形门环的引入,还可使汽车制造工厂减少焊接设备和人工的投入。因此,虽然门环材料和激光拼焊成本提升,但对比整车焊接成本,门环方案成本仍具有一定优势。

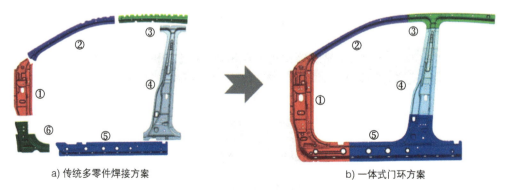

a) 传统多零件焊接方案　　　　b) 一体式门环方案

图 1-146　某门环零件设计方案

表 1-59 两种方案零件重量对比

传统多零件焊接方案						一体式门环方案				
序号	零件序号	料厚/mm	材料	重量/kg	合计重量/kg	零件序号	料厚/mm	材料	重量/kg	合计重量/kg
1	①	1.4	B410LA	2.25		①	1.0	22MnB5	3.39	
2	②	1.4	B410LA	1.45		②	1.2	22MnB5	1.57	
3	③	1.4	B410LA	1.44	14.68	③	1.1	22MnB5	1.49	12.70
4	④	1.6	B410LA	4.75		④	1.4	22MnB5	2.47	
5	⑤	1.4	B410LA	3.98		⑤	1.0	22MnB5	3.78	
6	⑥	1.2	B410LA	0.81						

表 1-60 传统多零件焊接方案及一体式激光拼焊门环方案的材料利用率对比

传统多零件焊接方案			一体式激光拼焊门环方案		
零件序号	排布方式	材料利用率	零件序号	排布方式	材料利用率
①		85.2%	①		81.6%
②		71.4%	②		75.8%
③		81.98%	③		86.4%
④		71.2%	④		88.5%
⑤		90.74%	⑤		90.29%
⑥		73.8%			

1.4.1.4 国内外技术应用情况

一体式热成形门环的首次量产应用是在 2014 款的讴歌 MDX 车型上，采用的是一体式激光拼焊热成形门环技术。该一体式激光拼焊热成形门环的应用助力 MDX 获得了 NHTSA 碰撞五星安全等级，并实现了显著的减重。

鉴于热成形门环的轻量化效果及性能优势，一体式激光拼焊热成形门环应用案例在北美的车型上已经屡见不鲜，比如 2017 款克莱斯勒 Pacifica 车型，2019 款道奇 RAM1500 等车型上均已实现一体式热成形门环的量产应用。

为了追求更佳的轻量化效果，一些国外主机厂开发和使用内外双一体式门环结构，比如 2019 款的讴歌 RDX 就使用了内外双激光拼焊门环（图 1-147），且在各大碰撞评价中取得了优异成绩，获得了 IIHS 的"顶级安全评价"和 NHTSA 碰撞五星安全评级。

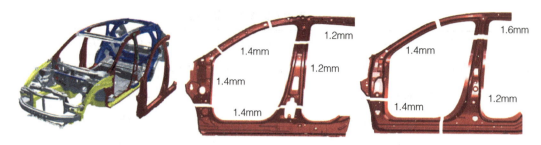

图 1-147　讴歌 RDX 内外双激光拼焊门环

在上述一体式激光拼焊门环之外，部分企业还开发了不用拼焊的一体式等厚热成形门环，先将钢板一体式落料为等厚门环料片，再根据性能需求焊接不同厚度补丁板，最后一体热冲压成形。一体式等厚门环和一体式激光拼焊门环的特点对比见表 1-61。目前这种一体式等厚门环技术已在部分车型实现了量产应用。在国内，广汽、长城、东风、吉利等多家自主品牌主机厂也已开展或完成了一体式热成形门环的开发与应用，如广汽新能源 Aion Y 车型已量产应用了一体式激光拼焊热成形门环，而长城哈弗 H6 车型应用了一体式等厚热成形门环，国内使用一体式门环的车型呈逐年增长态势。

表 1-61　一体式等厚门环及一体式激光拼焊门环对比

方案	一体式等厚门环	一体式激光拼焊门环
焊缝	无焊缝，碰撞无焊缝开裂风险	有焊缝，焊缝质量需严格管控
性能	整体料厚相同，无性能梯度变化，需根据性能需要增加补丁板	可根据性能需要实现不同料厚分布和性能梯度变化；轻量化效果更优
材料利用率	一体式落料，材料利用率较低	可优化焊缝位置，材料利用率较高

在一体式热成形门环用材方面，目前已量产应用的一体式热成形门环绝大部分采用的是铝硅镀层热成形材料。铝硅镀层热成形材料可有效避免热冲压过程的表面氧化，避免增加抛丸工序及抛丸工序对零件精度的影响，同时具有较好的防腐性能。然而，受制于其原材料和激光拼焊工艺，铝硅镀层热成形门环板料的价格相对昂贵。基于成本考虑，目前有部分企业开始推进裸板热成形门环的开发和应用，但裸板热成形材料在加热过程中容易产生氧化皮，在成形后需要进行抛丸处理，同时还需要解决所带来的抛丸变形问题以及涂装防腐问题。

1.4.1.5　小结

综合考虑到工艺、成本和性能，一体式热成形门环在各方面均体现出了自己的优势与竞争力。一体式热成形门环在性能方面保证了车身的强度与刚性，满足了碰撞的要求。在工艺方面，门环采用热成形和激光拼焊技术，两种技术的结合运用提高了门环的成形质量和成形率，同时也实现了车身轻量化。在成本方面，新技术降低了设计及生产制造的成本。

1.4.2　3D 辊弯 A 柱上边梁加强件

1.4.2.1　辊压工艺介绍

辊压是将卷材、带材通过一系列型面的轧辊模具，多道次对材料进行横向弯曲变形，制成具有特定断面的一种金属材料深加工工艺，如图 1-148 所示。其主要工艺流程包括：开卷入料→矫平→预冲孔→辊压成形→切边→压形→切断等。相比于传统冷冲压，具有回弹控制效果好、变形抗力小、成形精度高、成形速度快（可达 10m/min 以上）、材料利用率高、成本低、生产噪声低等优点。在汽车领域，该工艺可应用于门槛边梁、前后碰撞横梁、电池包框架等零部件的加工流程中。

自辊压技术诞生以来，辊压工艺不断发展，其中 3D 辊弯技术就是在传统辊压基础上发展而来的新型成形工艺，是塑性成形领域近年来的一项重要的技术创新，可实现管材、型材、线材精确无模连续弯曲成形，适用于复杂空间形状弯曲构件或者弯曲半径连续变化的复杂弯曲构件。相比传统辊压工艺，增加了 3D 弯曲工艺，通过程序控制实现管状零件 6 自由度运动，可将异形截面型材无模弯曲成

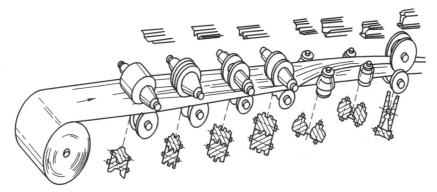

图 1-148 辊压工艺

曲率连续变化的空间几何形状。在汽车上的典型应用为 A 柱上边梁,福特野马、探险者、蒙迪欧等新一代车型均采用此项技术。

1.4.2.2 零件设计及工艺验证

为了保证在 25° 偏置碰撞中性能达标,传统方案一般采用抗拉强度为 1500MPa 的热成形钢制造 A 柱,但其技术成本高、重量高、存在焊点失效等风险。采用 3D 辊弯工艺,A 柱上边梁可从 A 柱区域一直延伸到 C 柱,保证碰撞传力路径的连续性,减少焊点失效风险,提高偏置碰撞性能。同时,管状结构设计可以减小 A 柱腔体尺寸,减小 A 柱区域视野盲区,增大零件布置空间。

基于 3D 辊弯 A 柱方案进行碰撞性能分析。在 C-NCAP 三大整车碰撞工况中,ODB 工况对 A 柱结构要求最高,所以提取该工况下 A 柱截面力作为子系统模型的输入载荷。截面力是动态变化的,可将其转化为时域下的平均恒定的力加载在子系统上,转化公式如下:

$$F_m = \frac{\int_0^T F(t)\mathrm{d}t}{T}$$

式中,T 为 ODB 工况分析时间,取 120ms。

参考车整车 ODB 工况变形图和平均截面力分别如图 1-149 和图 1-150 所示。

通过计算机辅助分析选择满足性能目标的最优 3D 辊压管截面截形和尺寸,并将优化得到的 A 柱内外板和 3D 辊弯管放入整车模型中进行仿真分析。

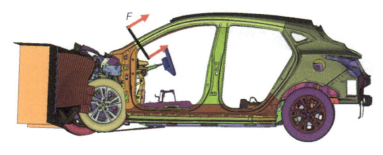

图 1-149 参考车整车 ODB 工况变形图

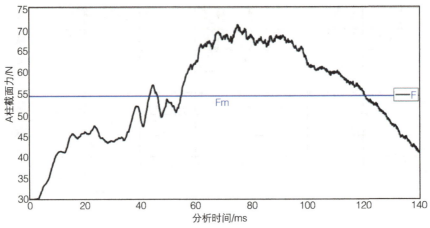

图 1-150　平均截面力

3D辊压仿真分析基于线性强化材料模型，建立了具有轴向推力的流变应力应变关系，计算了弯曲内外表面的等效应力（图1-151），揭示了弯曲应变中性层的变化方向及壁厚分布情况，表明切向压应力减轻了切向拉伸应变，有利于减小管坯外弧侧的壁厚减薄量。通过仿真分析计算出理论生产所需的关键工艺控制要点（图1-152），指导实际生产过程。但是材料强度高，回弹较大，实际零件制造须结合调试结果与仿真分析值的差异进行调试优化。

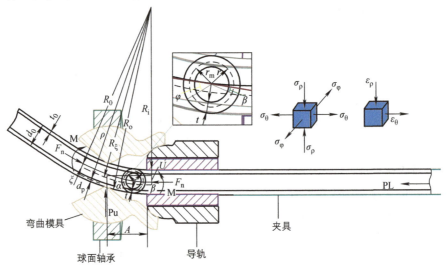

图 1-151　管材自由弯曲应力应变状态分析

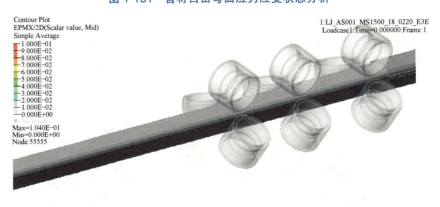

图 1-152　成形模拟分析

1.4.2.3 小结

3D 辊弯技术是在传统辊压基础上发展而来的新型成形工艺,是塑性成形领域近年来的一项重要的技术创新,可实现管材、型材、线材精确无模连续弯曲成形,适用于复杂空间形状弯曲构件或者弯曲半径连续变化的复杂弯曲构件。3D 辊弯 A 柱上边梁从 A 柱延伸到 C 柱,无焊点撕裂风险。材料强度高,最高可达 1700MPa,碰撞性能优异,可有效提升小偏置碰撞性能。对材料性能稳定性的要求高。3D 辊弯 A 柱上边梁加强板轻量化效果好;A 柱区域腔体尺寸小,增大布置自由度,减少 A 柱视角盲区;传力路径连续性好,碰撞性能好,降低了焊接失效风险。其缺点是,原材料成本价高;材料性能波动对零件回弹影响大,对原材料性能稳定性要求高;3D 辊弯工艺中弯曲工艺为无模弯曲,零件精度控制困难,调试时间周期长。

1.4.3 差厚板 B 柱

1.4.3.1 差厚板 B 柱简介

差厚板(TRB)是指通过轧制技术,将坯料轧制成纵向变厚度薄板,差厚板由薄区、厚区和过渡区组成,如图 1-153 所示。20 世纪末,以德国亚琛工业大学塑性成形研究所的考普教授为首的研究团队进行了差厚板轧制与成形的前期开发;2005 年,由德国慕贝尔(Mubea)公司率先在世界上实现了差厚板工业规模化生产。我国从 21 世纪初开始对变厚度轧制理论与应用进行了系统研究,目前主要有沈阳东宝海星公司和上海宝钢新材料公司具有工业生产能力,分别于 2013 年和 2017 年具备批量供货能力。差厚度板技术广泛应用于汽车车身的各种轻量化构件,将差厚板深加工为梁形、柱形、盒形件,替代等厚度件或者激光拼焊板,可取得节材减重、提高安全可靠性的良好效果。

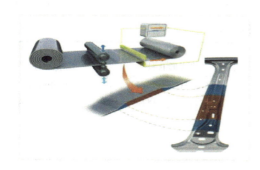

图 1-153　差厚板

1.4.3.2 差厚板 B 柱的设计

在乘用车发生侧面碰撞时,B 柱是主要的承载部件。B 柱的变形侵入量和侵入速度,对乘员的安全起着至关重要的作用。长期以来,汽车行业多使用局部补强板 B 柱(补丁板)、激光拼焊板 B 柱(TWB)等技术,保证 B 柱的变形模式和能量吸收模式满足侧碰的要求。基于汽车轻量化的强烈需求,差厚板近些年来被大量用于 B 柱的设计和制造。

目前有许多使用差厚板热成形 B 柱的案例,板料厚度大多在 1.2~2.5mm 之间,分区形式依据各车型的性能需求,分为三段或多段。在汽车发生侧碰时,B 柱中间段受到的弯矩最大,所以差厚板 B 柱设计成中间部分厚度大、两端部分厚度小的形式,可以保证碰撞过程中,上下两个部位先发生变形吸收能量,从而保证本体不发生断裂,降低人员受伤风险。

依据 B 柱加补丁板的方案设计的差厚板 B 柱,原零件为 1.5mm 厚的 B 柱加强板再加 1.0mm 的补丁板,材料均为 1500MPa 热成形钢。结合车型的性能需求及现有的原材料数据、加工技术及成本等情况,制定的差厚板方案为将整个零件分为七段,每段过渡区的长度均为相邻厚度差的 100 倍即 20mm,过渡区均匀过渡。差厚板热成形 B 柱分区设计如图 1-154 所示,各段的厚度与长度见表 1-62。

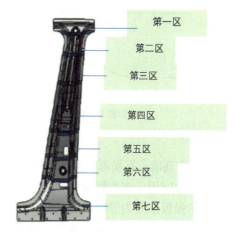

图 1-154　差厚板热成形 B 柱的分区设计

表 1-62　差厚板分区情况

位置	厚度/mm	长度/mm
第一区	1.35	96
第二区	1.55	89
第三区	1.75	170
第四区	1.95	315
第五区	1.75	170
第六区	1.55	89
第七区	1.35	298

1.4.3.3 差厚板的生产工艺

汽车用差厚板的生产,首先在带有快速液压压下装置的冷轧机上对成卷带材实施动态变厚度压下,轧制出周期变厚度带材(图1-155),再经退火(对热成形等部分产品也可不退火)、矫直、分段剪切、涂油、包装入库。

差厚板的过渡区在轧制过程及产品使用中均有重要作用。过渡区曲线形状、尺寸不仅决定了冲压件成品的整体和局部承载能力,也影响到冲压生产和模具设计,同时还与轧制过程的控制水平密切相关。东北大学在分析用轧制方法获得过渡区特点的基础上,提出了四种类型过渡区曲线,如图1-156所示。图1-156a、c适用于短过渡区,图1-156b、d适用于长过渡区。差厚板材料的关键技术在于板料轧制技术及配套落料技术,需要轧制设备、轧辊及在线监测设备共同管控提高板厚形状控制精度,同时数据管理系统将轧制数据与配套落料设备进行关联,保证落料的精度。

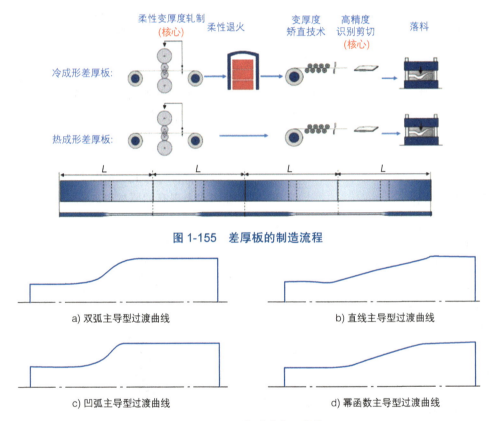

图 1-155 差厚板的制造流程

a) 双弧主导型过渡曲线

b) 直线主导型过渡曲线

c) 凹弧主导型过渡曲线

d) 幂函数主导型过渡曲线

图 1-156 四类型过渡区曲线

在差厚板出现前,有局部补强板(补丁板)、激光拼焊板等技术应用于汽车轻量化。目前汽车行业常用的B柱加强板主要为等厚板热成形B柱、补丁板热成形B柱、激光拼焊热成形B柱、补丁板热成形B柱和差厚板热成形B柱等方案。表1-63中列举了各种B柱方案的典型材料、坯料加工工艺、零部件重量、零部件成本以及零部件碳排放等方面的对比,综合来看,差厚板B柱具备较优的性价比。

表 1-63 不同方案 B 柱优劣势分析

方案	等厚板 热成形 B 柱	补丁板 热成形 B 柱	激光拼焊 热成形 B 柱	差厚板 热成形 B 柱
典型材料	1500PHS	1500PHS+1500PHS	1500PHS +500PHS	1500PHS
坯料加工工艺	落料	落料+点焊	落料+激光拼焊	变厚度轧制+落料
材料利用率	☆☆☆	☆☆	☆☆	☆
零件重量	☆☆	☆☆☆	☆☆☆	☆☆☆☆
零件成本	☆☆	☆	☆	☆☆
零件碳排放	☆☆☆☆	☆☆☆	☆☆☆	☆☆☆☆

注:☆☆☆☆表示最优,☆表示最差。

1.4.3.4 小结

差厚板是一类重要的变截面板材，采用差厚板取代传统激光拼接板是一项重要的工艺创新，可以为汽车提供更加轻量化的材料，同时降低工艺成本。差厚板在轧制方向上的硬度变化比较平缓，没有硬度和应力的突变点，因而具有更好的力学性能和成形性能。由差厚板制成的结构件厚度可以任意连续变化，可适应汽车车身各部位不同的承载性能要求，而且差厚板表面连续且光滑，甚至可以制作车身的外覆盖件，差厚板在汽车零部件的应用会越来越广泛。

1.4.4 辊压成形前防撞梁本体

前防撞梁系统是车身的重要组成部分，其作用是当汽车与其他车辆或障碍物发生碰撞时，能保护翼子板、发动机舱盖、散热器、灯具等零部件。当发生轻微碰撞时，前防撞梁系统能吸收冲击能量，碰撞后恢复原装，可有效降低车辆维修费用；当发生严重碰撞时，前防撞梁系统能吸收碰撞能量，并合理导向分散给整个车身，以避免局部区域变形量过大，保证驾乘人员的人身安全。

前防撞梁本体目前常用的材料及工艺有以下几种：HC420/780DP/冷冲压、HC820/1180DP/辊压成形、HC950/1300HS/热成形以及6082-T6/铝合金挤压。较为常见的辊压成形前防撞梁本体一般指采用抗拉强度在1000~1200MPa级别冷轧钢板，厚度在1.2~1.4mm之间，通过辊压成形工艺，可实现封闭截面的前防撞梁本体（图1-157a），挤压铝合金前防撞梁本体也可实现更多样的封闭截面（图1-157b），而热成形和冷冲压工艺必须要考虑拔模，无法形成封闭截面（图1-157c），较辊压和铝合金前防撞梁截面相对简单。

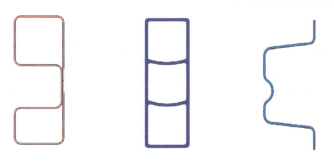

a) 辊压前防撞梁截面　　b) 挤压铝合金前防撞梁截面　　c) 热成形和冷冲压前防撞梁截面

图 1-157　前防撞梁本体截面图

辊压成形的前防撞梁本体与其他方案相比的主要优势是，采用冷轧高强钢，原材料相对于铝合金成本较低；辊压模具相对简单，成本也较热成形和冷冲压模具成本低；辊压工艺材料利用率较高，能达到90%以上。对于平台化车型不同的碰撞需求，可以通过调整辊轮来实现截面变化，以满足碰撞要求，无需额外的模具投入。其缺点在于，重量处于中下水平，考虑到成形以及在线焊接工艺顺利实现，辊压前保险杠横梁本体一般选材为1000~1200MPa级别的冷轧钢板，钢板的密度比铝合金大，同时为满足碰撞要求，其截面需要设计成有一定结构强度的封闭截面，材料用量比热成形多；因此与以上两种材料相比，重量较大，具体对比见表1-64。

表 1-64　不同工艺下前防撞梁本体优劣对比表

序号	工艺	截面尺寸/mm×mm[1]	材料及厚度[2]	性能[3]	重量/kg	重量指数[4]	成本[5]/元	平台化[6]
1	辊压	40×84 封闭	HC820/1180/DP/1.2	满足	3.06	100	100	5
2	挤压铝合金	35×87 封闭	6082-t6	满足	2.37	77	147.5	5
3	热成形	48×86	HC950/1300HS/1.6	满足	2.78	91	111.5	4
4	冷冲压	48×86	HC420/780DP/2.0	满足	4.15	135	105	3

[1] 截面尺寸、材料及厚度有多种排列组合，此处仅列出一种作为参考。
[2] 冷轧板材料牌号以宝钢牌号为例。
[3] 性能以满足CNCAP五星为标准。
[4] 重量指数以辊压成形的前保险杠横梁本体作为基数100。
[5] 成本以辊压成形的前保险杠横梁本体价格作为基数，按100计算，不同期价格不同，仅供参考。
[6] 平台化的评价标准为1~5分，分数越高，其平台化程度越好，即可用最小代价适应不同车型平台变更需求。

1.4.5 钢质高扩孔前三角臂

1.4.5.1 前三角臂材料简介

轿车前悬架三角臂又称前摆臂,其功能是连接转向节和前托架,保持车轮平面并传递来自车轮的载荷到前托架,因此要求三角臂有正确的几何尺寸、足够的机械强度、合适的结构刚度、符合标准的防腐性能,同时要求其具有结构简单、重量轻、工艺性能好等特点。冲压三角臂同时应有合适的结构在车辆碰撞的时候按照设定的要求变形吸收碰撞能量。

前三角臂常用的材料及成形方式有锻钢、钢板焊接及铸造铝合金等。常用锻钢及铸铝件材料有30MnVS、AlSi7Mg0.3等。对于钢板焊接件,常用材料为具有优秀疲劳性能及扩孔性能的铁素体贝氏体高强钢。

目前,汽车用先进高强度钢板的种类主要有:铁素体马氏体双相高强钢(DP钢)、热轧酸洗铁素体贝氏体高扩孔性高强钢(FB钢)、相变诱导塑性钢(TRIP钢)、复相钢(CP钢)、马氏体钢(MS钢)、淬火延性钢(QP钢)、高成形性双相钢(DH钢)、高成形性复相钢(CH钢)以及热成形钢(如22MnB5)等。

其中,热轧酸洗铁素体贝氏体高扩孔性高强钢属于先进汽车高强钢的一种,与传统的热轧酸洗低合金高强钢及双相高强钢相比,其具有优良的成形性能、扩孔性能、焊接性能及疲劳性能等,在车身及底盘领域得到了广泛应用,尤其是前三角臂、发动机前托架、后桥横梁、悬架支座、翻边扩孔螺母板等典型零件,对扩孔性能、疲劳性能要求较高。

1.4.5.2 钢板制前三角臂加工工艺

对于高扩孔性FB钢板,综合材料的强度和扩孔性,以FB590的应用更为常见。钢板制前三角臂的主要成形工序包括落料、预成形、成形、冲孔、翻孔、焊接、切边等工序。常用成形设备包括压力机、自动焊机等。常用的防腐方案有:裸板+黑色油漆500、镀锌板+黑色油漆500GR、裸板+MAG-NI等。下面介绍一个典型的高扩孔性FB钢应用案例,零件主要由固定架、支撑架、衬套管、衬套等组成。该典型零件的爆炸图如图1-158所示。

该典型前钢板制三角臂的材料牌号选择、材料厚度、单件重量见表1-65。

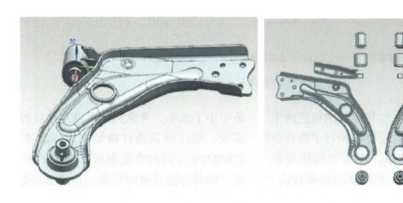

图1-158 总成及总成爆炸图

表1-65 钢制高扩孔性三角臂材料BOM表

序号	零件名称	材料牌号	材料厚度/mm	单件重量/kg
1	固定架右/左	FB590	4.0	2.201
2	支撑架右/左	FB590	4.0	0.415
3	外衬管	E355 E2	3.5	0.180
4	前衬套	—	—	0.282
5	后衬套	—	—	0.310

1.4.5.3 高扩孔性钢板制三角臂的性能评价

1. 总成的焊接性能检测

前三角臂总成采用MAG焊的形式进行焊接,如图1-159所示。针对焊缝强度进行检测,包括焊缝熔深、焊缝熔宽、焊缝厚度、焊缝倾角等。焊缝表面及内部缺陷,如气孔、咬边、飞溅等同样需要按照相关标准进行检测。

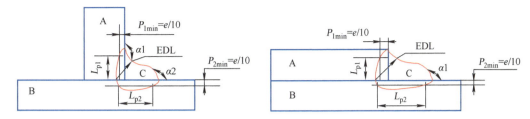

图 1-159 总成焊接示意图

e—焊缝间距

2. 总成的疲劳性能试验

三角臂总成需进行疲劳性能测试，总成的装夹方式示意图如图 1-160 所示。E1、E2 用橡胶套与台架连接，D 点用球头总成连接，疲劳载荷施加于 D 点，方向与 X 向成一定夹角。试验参数主要包括基准加载力、阶梯循环次数、试验频率、载荷类型等。测试零件达到损坏标准（出现裂纹）时停止测试，按相关技术文件对零件疲劳性能进行符合性判定。

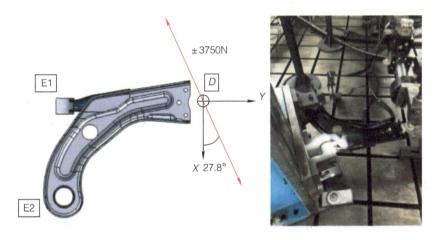

图 1-160 总成的装夹方式示意图

1.4.5.4 小结

高扩孔性铁素体贝氏体高强钢镀锌板具有足够高的强度、优秀的扩孔性、优秀的防腐性能、成熟且稳定的可焊性以及良好的疲劳性能。目前高扩孔性钢制三角臂已广泛应用于乘用车领域，并逐渐完全替代传统的锻钢制三角臂，在轻量化及成本方面均有较大贡献及收益。相对于锻钢制三角臂和铸铝三角臂，高扩孔性钢制三角臂的子件更多，增加了翻边扩孔工序，增加了焊接工序。相对于其他两种三角臂，其质量控制更加严格，防腐性能要求更高，以满足零件的疲劳性能要求。钢板制三角臂总成重量通常高于铸铝件，但低于锻钢件。高扩孔性钢制三角臂在汽车领域应用实现了零件轻量化，同时满足了成本要求。

1.4.6 空心钢管成形后扭力梁

后横梁总成是轿车后桥的重要部件，作为安全件保证车身和地面的良好连接。直接连接左右后车轮总成，决定了后轮的定位参数，主要影响整车的操纵性和行使稳定性。同时支撑、连接多个总成，使各总成保持相对正确的位置，并承受汽车内外的各种力和力矩载荷，因此要求后横梁总成有正确的几何尺寸、足够的机械强度、合适的结构刚度，符合标准的防腐性能。同时要求它具有结构简单、重量轻等特点。后桥中间横梁有 V 形冲压、冲压空心管及液压空心管等多种产品。这里主要介绍一种后扭力梁，采用了冲压、液压相结合的封闭式变截面高强钢焊接管。这种空心钢管具有强度高、重量轻、刚度大等优点，其主要技术难点为：材料的化学成分和力学性能的控制、钢管焊接质量、钢管耐疲劳性能。

1.4.6.1 横梁管激光焊接及产品检验

中间横梁管通常采用热轧超高强度钢板焊接而成，钢管的主要制造工艺流程包括：卷料分条→开卷→辊压成形→焊接→焊缝检测→液压成形等主要工序。常用材料有热轧高强度低合金钢、热轧高强度铁素体贝氏体钢，以及热轧高强度复相钢等。这里以热轧高强度复相钢为例，简要介绍液压成形空心横梁钢管的生产及验证流程。后桥横梁总成以及空心中间横梁管的纵切面示意图如图 1-161 所示。

可参考表 1-67。

表 1-66　材料的主要化学成分

元素	C	Si	Mn	P	S
最小质量分数（%）	0.05	0.1	1.5	—	—
最大质量分数（%）	0.1	0.3	1.7	0.02	0.005

图 1-161　后桥横梁总成及空心中间横梁管纵切面示意图

表 1-67　CP800 钢管的主要的力学性能

抗拉强度 R_m/MPa	屈服强度 $R_{p0.2}$/MPa	断后伸长率（%）
≥ 830	≥ 700	≥ 10

空心中间横梁管采用抗拉强度 800MPa 级别的热轧高强度复相钢，材料牌号为 CP800，板厚范围通常为 2～3.8mm。这种材料的主要化学成分见表 1-66。800MPa 热轧酸洗高强度复相钢的生产难度较大，需更加严格地控制化学成分及夹杂物，从而提高疲劳性能。CP800 钢管的主要力学性能要求

焊管通常采用激光焊接的形式生产，其主要生产流程如图 1-162 所示。此外，感应焊接也是一种较为常见的焊接形式，但高强钢的焊接比较困难。

图 1-162　激光焊接流程图

激光焊管主要采用扩管试验进行评价，主要评价方法有两种。

方法一：扩管至出现开裂停止，开裂不允许在焊缝或焊接热影响区位置，按标准要求进行扩孔率的测量，在达到扩孔率时焊缝处不得出现任何开裂。在试验过程中，将空心焊管试样套在 60° 锥形工具上方，压机以一定速度压焊管的另一端，依据如上两种试验方法，将焊管扩充至开裂或扩充至要求的扩孔率以上停止。观察并记录开裂位置以及测量扩孔率。主要试验设备如图 1-163 和图 1-164 所示，扩管后的样品如图 1-165 所示。

图 1-164　60° 锥形扩口工具

图 1-163　试验压机

图 1-165　试验前/后空心焊管

方法二：压扁试验。空心焊管的压扁试验通常采用0°位置和90°位置两种试验条件进行，焊管取样位置位于后桥横梁管的左、右端，如图1-166所示。试验过程中，将管样在0°方向压扁，压扁至1/3D处母材及焊缝无开裂，如图1-167所示；将管样在90°方向压扁，完全压扁，焊缝及热影响区无裂纹，如图1-168所示。

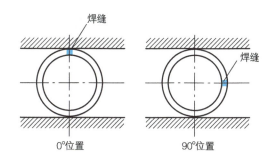

图1-166　焊管取样位置

图1-167　0°方向压扁试样

图1-168　90°方向压扁试样

其他检测内容包括：缺陷检测和焊管尺寸检测。缺陷检测主要包括焊管的内、外表面缺陷检测；焊缝内、外部毛刺及外观质量检测；焊缝质量在线涡流探伤检测等。焊管尺寸检测主要包括管材厚度、焊缝厚度、焊缝相对管料平面高度差、管长、外沿周长、直线度、圆度、垂直度等。

1.4.6.2　后横梁管冲压成形和液压成形

后横梁管的冲压预成形采用传统压机进行，冲压过程中焊管焊缝的位置通常是固定的，而不是随机的。冲压预成形的目的是横梁管的形状接近于液压成形后的形状。冲压成形后的焊管需进行密封性能测试，排除焊接及冲压缺陷，后横梁管的冲压成形如图1-169所示。横梁中间细两边粗，从中间到两边每个截面的形状都不同，并且横梁厚度在不同的位置也不同，是封闭式变截面扭力梁横梁管的主要特点。如此设计使得横梁变形时的刚度变化更加平顺，从而提升操控性能，国内采用了领先的内高压液压成形工艺来确保耐久性能。采用液压成形的方式最终成形，使横梁管达到复杂的可变截面状态，后横梁管的液压成形如图1-170所示。

图1-169　后横梁管冲压成形示意图

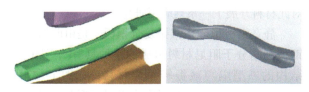

图1-170　后横梁管液压成形示意图

1.4.6.3　焊接总成

空心管后桥横梁总成采用熔化极活性气体保护电弧焊（MAG焊）将中横梁管、悬臂、弹簧座、衬套管、轮毂轴承安装座等主要零件焊接成总成件（图1-171），并对焊缝进行喷丸处理，以消除焊接残余应力。焊接总成通常采用黑色油漆+PVC抗石击涂层+塑料护板等形式进行防护，提升零件的耐久性能及耐蚀性能。

图 1-171 后桥横梁管及空心管后桥横梁总成

1.4.6.4 小结

在轿车后横梁管上，800MPa 级液压成形超高强复相钢的应用实现了最优乘坐舒适性与操控稳定性的平衡，实现了更大的乘客腿部空间。同时通过降低板厚实现了轻量化，进一步降低了使用油耗。经过特殊底盘调校，封闭式变截面管状扭力梁可以与多连杆独立悬架的操控表现相媲美。

1.4.7 静音钢板在防火墙、前/后地板的应用

1.4.7.1 静音钢板简介

随着汽车工业不断发展进步，人们对乘用车舒适性的要求日益提高。噪声、振动和声学粗糙度（NVH）性能已然成为乘用车舒适性的重要指标之一，成为各大主机厂及消费者关注的焦点。同时伴随着汽车轻量化的发展要求，轻质结构往往会增加车身振动，导致 NVH 性能的下降，这使得降低车内噪声、提高乘员舒适性的难度加大。考虑轻量化设计的同时提高车身降噪性能是汽车设计开发的重点，所以汽车用静音钢板应运而生。静音钢板在北美一些车型上已经开始应用，国内各大主机厂也已对此材料开展了一系列应用研究。

静音钢板也叫作减振复合钢板，是由两层普通钢板和高分子阻尼材料组成的一种具有"三明治"结构的新型隔声减振轻量化材料，如图 1-172 所示。通常中间层阻尼材料由高阻尼减振胶、导电媒介、抗剥离胶水、高分子树脂等组成，厚度通常为 0.03 ~ 0.15mm，通过调节中间阻尼材料的成分可实现不同形式和不同频率噪声的降噪。其降噪原理是，当静音钢板受迫振动时，产生的弯曲振动使两块钢板表面之间存在相位差，中间阻尼材料产生剪切变形，可以吸收大量的振动机械能；另一方面，由于阻尼材料本身的高阻尼特性，当阻尼层受迫振动时可以吸收振动机械能，将振动机械能转化成热能散发出去。

图 1-172 静音钢板结构示意

材料的阻尼性能采用复合损耗因子来衡量，通常情况下，复合损耗因子越高，说明材料的阻尼性能越好；反之，阻尼性能越差。采用自由梁测试阻尼因子的方法测试材料的复合损耗因子，图 1-173 给出了 1.5mm 厚度的静音钢板和普通钢板的复合损耗因子随温度变化的曲线。普通钢板的复合损耗因子为 0.001 ~ 0.003，随温度的变化无波动，而静音钢板材料的复合损耗因子随温度上升整体呈上升趋势，其最低值为 0.002，在 55℃时损耗因子可达到 0.18。由此可见，随着温度上升，静音钢板的损耗因子可达普通钢板的 1 ~ 10 倍，并且其阻尼性能也优于普通钢板。

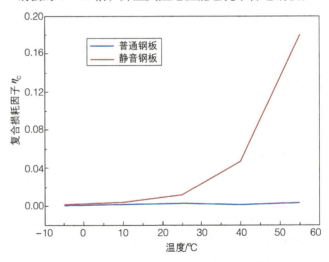

图 1-173 各板材损耗因子随温度变化曲线

隔声量的大小直接反映了材料的隔声性能。选取大小为 750mm×750mm、同厚度（t=1.5mm）的普通钢板和静音钢板，采用混响室 - 平板消声室法测试普通钢板与静音钢板的隔声量，隔声量测试结果如图 1-174 所示。从测试结果来看，在对 200 ~

250Hz 的中低频结构噪声与 1000～6500Hz 的高频噪声的抑制上，静音钢板明显优于普通钢板。

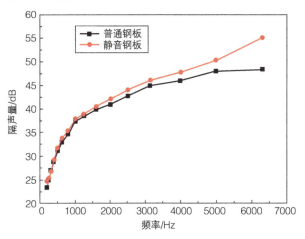

图 1-174　板材隔声量曲线

静音钢板的应用范围非常广泛，而且所用钢板的种类较多，可根据具体工作条件采用不同种类的钢板，如普通钢板、表面耐蚀钢板、耐磨钢板等。静音钢板隔声减振优势明显，可减少沥青垫、LASD 等声学包材料的应用，在车身上主要应用于前围板、前/后地板、后轮罩等零件，如图 1-175 所示。另外，发动机作为汽车乘员舱的噪声源，采用静音钢板可从源头抑制传递给乘员舱的噪声，主要应用部件有气缸罩盖、齿轮室罩盖、油底壳等零件。在零部件设计开发过程中，针对静音钢板独有的特性，其性能评价项目见表 1-68。

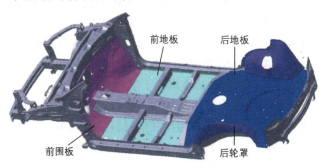

图 1-175　车身应用部位示例

表 1-68　静音钢板的性能评价项目

序号	项目	常规要求（建议）
1	基本力学性能	参照基材性能标准
2	T 型剥离试验	参照 GB/T 36709—2018《减振复合钢板》
3	焊接性能	满足常规钢板点焊、凸焊的性能要求
4	冲压性能	不起皱、不开裂
5	隔声减振性能	结合声学包的布置设计评价整车 NVH 性能

1.4.7.2　小结

静音钢板在降低车内噪声、提高乘员舒适性方面表现优秀，目前制约静音钢板普遍应用的主要因素是其材料成本高昂，是普通钢板的 2～3 倍，对于静音钢板成本的增加与隔声吸声材料的减少能否平衡这个问题还需要在前期设计阶段进行深入验证。随着制造工艺及导电高阻尼减振胶的开发工艺的不断发展，静音钢板的性能越来越稳定，尤其是焊接性能方面已然取得了突破性的进展，MSC 的静音钢板的焊接性能可媲美普通钢板。对于成本不敏感的中高端车型，可根据车型定位及性能需要定义应用。

1.5　钢铁材料应用产业链分析

1.5.1　国外产业进展

全球汽车钢材主要厂商有安赛乐米塔尔（ArcelorMittal）、浦项（POSCO）、蒂森克虏伯钢铁（thyssenkrupp）和新日铁（Nippon Steel）等，全球前五大厂商共占有接近 50% 的市场份额。

2020 年，全球汽车钢材市场规模达到了 1529 亿元，预计 2026 年将达到 2162 亿元，年复合增长率（CAGR）为 5.1%。全球汽车钢材的市场规模呈逐年递增的趋势。

全球汽车生产和消费的总体特征：一是美国、日本和欧洲等发达国家及地区，汽车生产和销量均达到了一定的饱和状态，面临的挑战是提高产品质量，包括汽车的整体质量，如轻量化、节能、安全舒适和多功能，以及低污染到无污染的环保质量；二是广大发展中国家和新兴发展中国家的汽车生产和消费尚处于规模扩张阶段。以上两个特征均对钢材提出新要求。

随着法律法规的不断更新完善以及日益严苛的市场竞争环境，汽车厂在乘用车的轻量化设计、安全性与成本控制方面都面临着非常大的挑战。在此过程中，国外各大钢铁公司也在逐步完善和更新产品来进行应对。

1.5.1.1　从产品功能考虑

当前，全球汽车工业正积极寻求汽车轻量化的方法和途径。钢铁企业通过扩大先进高强钢在汽车外板和车身结构件的应用来实现车身轻量化，并与轻金属进行竞争。

浦项、安赛乐米塔尔、蒂森克虏伯等钢铁公司利用 490DP 和 590DP（DH）替代 340BH 生产汽车外板，可分别实现外板减重约7%和21%。

对于车身结构件和底盘件，开发更高强度级别钢种成为首选。目前国外主要钢厂可生产1470MPa级、1700MPa级和2000MPa级马氏体钢；1180MPa级复相钢、双相钢等冷成形钢，为车身的进一步减重提供了更多的材料选择。第三代高强钢旨在定义强度不变的情况下增加其伸长率，使产品有更好的成形性能。当部件成形复杂且极具挑战性时，兼具强度和良好成形性的第三代钢的优势不言而喻。由安赛乐米塔尔生产的Fortiform®980、Fortiform®1050和Fortiform®1180可分别用来替代传统的DP600、DP780和DP980，适用于车身前后纵梁、后座椅横梁、B柱内板等强度要求较高的加强件。基于其研究成果，在新车型设计中，使用第三代高强钢取代DP钢，可达到10%的减重。目前，蒂森克虏伯、浦项、新日铁、神户制钢等都有类似钢种（DH、TBF等钢种），强度级别可达到1180MPa。传统的DP钢有被DH钢等具有良好伸长率的先进高强钢替代的趋势。

高强度钢板热冲压生产技术也是实现轻量化和提高碰撞安全性的良好途径，目前国外钢厂已可生产2000MPa强度级别的热成形钢，相对于1500MPa的热成形钢，应用该钢种可实现进一步减重约9%。同时为满足不同零件的功能需求，蒂森克虏伯、安赛乐米塔尔等国外钢厂可提供1000MPa的热成形材料，其具有更好的碰撞吸能性，VDA弯曲角可达到80°。

国外汽车厂对车身防腐的要求较高，欧美用车白车身镀锌钢板的应用比例高达90%。对于镀层板，除了常规的纯锌镀层和锌铁合金镀层，目前国外已经大规模应用锌镁镀层板，其具有更好的防腐性能和优良的综合成形性能，在欧洲有逐步取代纯锌镀层的趋势。

除了传统的涂镀技术，国外钢厂也在研究物理气相沉积（PVD）镀层技术。PVD采用电磁加热的物理气相沉积技术，运用了连续真空沉积工艺，在钢板表面涂覆锌、锌-镁、铝-镁等涂层。该产品的最大特点是电磁加热涂层，在真空条件下感应线圈对涂层物质进行加热，蒸发后形成的蒸汽向钢板表面移动，由高温加热的喷嘴进行喷射。其不仅可以形成均匀的涂镀层，而且表面质量也非常突出，相比现有涂镀产品，晶粒的外观更为规则，加工后的耐蚀性和切割后的耐蚀性也较高。由于PVD是一种无氢涂层工艺，因此避免了超高强度钢（UTS>1000MPa）中的氢致延迟开裂问题。

浦项钢铁公司推出的名为浦项物理气相沉积（Posco Physical Vapour Deposition，PosPVD）以及安赛乐米塔尔推出Jetgal®的第二代高耐蚀性表面处理钢板产品，今后有望捕获全新的市场需求。

电工钢的应用伴随着现代车辆的发展，从驱动后视镜和座椅的小型电动机到纯电动汽车的推进系统中使用的大型电机，这些替代动力总成的电动机和发电机的性能特别依赖于高效电工钢的性能。低铁损、高磁感是电工钢生产技术发展的大势所趋。

1.5.1.2 从产品应用考虑

随着汽车用钢强度的不断提高以及热冲压成形钢的兴起，热成形技术和滚压成形技术成为当前研究的焦点。目前，冷成形3D辊压、3D辊弯以及不等厚板（TRB）技术也在逐步发展中。

第三代高强钢虽然解决了成形性的问题，但由于其高强度还是会造成产品尺寸难以控制的问题。蒂森克虏伯钢铁创新提出了高效稳定的smartform®冷成形技术，可以实现超高强钢零件很好的尺寸控制精度，生产稳定性好，材料性能的波动对其尺寸影响不大。这使更高强度的冷成形材料在车身大规模应用成为可能。

1.5.1.3 从产品经济性考虑

各大汽车厂以及零部件供应商将成本控制作为最重要的指标之一，而钢材是目前从设计至整车量产过程中进行整体成本控制的最优方案。在汽车行业中，有许多重要的成本因素需要考虑，如材料本身成本、加工工艺成本、时间节拍成本、材料利用率以及制造环境管理成本。除原材料价格外，一辆汽车上的最终单位成本取决于生产。

从上述几个成本指标中不难得出，钢材在整体成本控制方面的优势相比其他材料要高得多。纵观将来的车身用材料发展，冷成形先进高强度钢仍然有着很大的降本潜力。

1.5.1.4 从产品环保性考虑

为应对气候变化，需要降低温室气体排放，然而以现有的炼钢技术难以满足减少排放的要求，必须进行突破性技术的研究。目前，欧盟主要的突破性技术是超低二氧化碳炼钢（ULCOS），宗旨是降低欧盟整体吨钢碳排放，德国蒂森克虏伯钢铁、瑞典SSAB公司、安赛乐米塔尔公司为该项目的成员。凭借突破性的氢气炼钢（HYBRIT）技术，SSAB的目标是成为世界上第一家在2026年将无化石钢推向市场的钢铁公司。预计到2045年，SSAB将真正实现无化石燃料炼钢的目标。

1.5.2 国内产业进展

近年，我国高强度钢生产技术不断发展，在汽车用钢品种和强度级别等方面已经与发达国家基本相当，我国在具有高强度、高塑性第三代汽车钢开发和生产方面具有国际领先优势，以宝武、鞍钢、首钢为代表的一批第三代高强钢为整车企业扩大高强度钢应用提供了技术依据和材料保障。随着对高强度钢回弹、延迟断裂等技术问题的认识不断深入与解决，以及采用近终形制造流程进一步减低高强钢的制造成本，将为高强钢的应用开拓更大的空间。

与欧美相比，我国汽车用先进高强度钢（AHSS）的质量（品质）稳定性和一致性仍有较大提升空间，其品质及性能也低于日本同等型号。对于汽车用超高强度（UHSS），我国零件设计-制造-应用技术经验不足，使用也较为不足。

目前国内的高强汽车用钢处于质量提升和升级换代过程中，依据其在汽车结构中的位置和加工成形方式不同，对材料的功能性提出了不同的新需求，主要包括高成形性能、高强韧性能以及耐蚀性能等。

1.5.2.1 高成形性能需求

从高成形性能角度考虑，为了满足一些复杂汽车结构件的冲压成形需求，瑞典SSAB率先成功开发了DP钢升级产品DH钢（VDA标准下第三代高强钢），国内首钢、宝武和鞍钢也随后实现了DH钢产品的工业化。DH钢作为DP钢的替代升级产品，由临界区铁素体、岛状或板条状马氏体及少量残余奥氏体组成，是在DP钢高强度的基础上，基于少量残余奥氏体的相变诱导增塑效应明显提升了材料的塑性和韧性，同时可以保障良好的焊接性能及疲劳特性，避免冲压开裂，实现复杂结构件的生产。在QP钢方面，2010年宝钢开发出QP980冷轧汽车板。2013年以来，鞍钢、马钢、唐钢、本钢等大型钢铁企业均已开发出QP980冷轧汽车板，鞍钢和邯钢还开发出QP1180级冷轧板，鞍钢的蒂森克虏伯重庆高强汽车钢公司开发出了强度级别更高的QP1400-GI产品。未来，高强高塑汽车钢开发及相关轻量化服役性能研究将成为研究热点之一。

1.5.2.2 高强韧性能需求

高强韧性能指有优良的抗凹陷能力和足够的结构强度，能够在发生冲撞事故中最大限度地保护乘员的安全。其主要体现在具有较高的屈强比，适用于弯折、翻边或辊压生产冷加工，可用于座椅滑轨、防撞梁、门槛梁、座椅加强梁等梁类加强件的生产，代表钢种为高屈强比DP（HC700/980DP）钢、CP钢（800~1000MPa）和马氏体钢（1000~1700MPa）。随着日本新冷冲压技术的开发，高扩孔性能兼顾延伸性能的980MPa以上级别的DP钢和QP钢产品成为全新的研发热点。

1.5.2.3 耐蚀性能需求

随着汽车工业耐蚀性标准提高，汽车板正向全镀层方向发展。目前汽车车身上广泛使用的镀锌类钢板有热镀纯锌、合金化热镀锌板、电镀纯锌板（EGI）、电镀锌镍合金等，欧系车多采用热镀纯锌板，日系车则多采用合金化热镀锌板，电镀锌板由于相对成本较高而主要应用于高端轿车外板件。与热镀锌、镀锌铝、锌铁合金等传统镀层相比，锌铝镁镀层具有更优异的耐蚀性能，国内可生产钢厂主要有宝武、鞍钢、首钢等，进口的产品主要来自韩国浦项和日本新日铁。目前，锌铝镁产品在汽车用钢领域仍在初步推广阶段，主要在德系和自主品牌中使用，主要应用零部件为发动机舱盖、门外板等。得益于锌铝镁产品优异的耐蚀性能，一些大主机厂（如大众）计划将所有或部分GI材料转换成锌铝镁材料，未来锌铝镁涂层产品需求有望进一步增加。

1.5.3 发展趋势及建议

随着汽车工业的发展，低碳排放、燃油经济性和安全性对汽车轻量化提出了新的要求和挑战，也为汽车用钢提供了更多的发展空间。

在技术发展领域，随着先进高强钢强度的持续提高，基体中的合金含量也逐步升高，这带来了钢板涂装、焊接性能的恶化以及氢脆和LME敏感性的提高。此外，虽然减薄和高强是先进高强钢在减重和安全方面的优势，但也对冲压成形工艺提出了新的挑战。这两个优势对冲压工艺而言是恶化成形性的双重因素，使车身零件在成形过程中易开裂和产生过量回弹。综上所述，高强钢研发技术发展趋势包括以下几个方面。

1. 更高的强度级别和良好的成形性能

目前冷成形的相变类高强钢已批量应用至1180MPa级，辊压成形的MS钢和热成形钢已批量应用至1700MPa和1800MPa级。为持续满足汽车行业节能、减排以及安全性的要求，冷成形的先进高强钢会朝向 1500MPa 甚至更高强度级别发展，强度级别提高的同时成形性能也应保持在较高水平；MS 钢和热成形钢会朝 2000MPa 及以上强度级别发展。

2. 良好的涂装、焊接性能以及较低的氢脆和 LME 敏感性

先进高强钢合金含量和强度级别提高的同时，应保持有良好的涂装、焊接性能以及较低的氢脆和 LME 敏感性，这需要合理设计材料的化学成分以及先进的产线工艺来满足相关要求。

3. 开发超高强度先进高强钢的冷冲压成形技术

材料特性决定了其成形工艺，材料的强度越高，成形后零件的回弹越大，防止这种成形缺陷的技术难度也越大。先进的成形方法尤其是防回弹技术是未来的主要研究方向之一。

4. 新型冷成形模具钢材料的研究开发

钢板的强度提高后，对成形模具的寿命提出了更严峻的挑战，为了有效提高模具抗拉特性，增加模具的使用寿命，提高生产效率，亟须研究出高耐磨、高韧性的冷冲压模具钢材料。

在市场发展领域，当前国内汽车用钢产品质量已经达到了国际先进水平，相比于国外产品，稳定、优质、低成本的国产化汽车用钢已经占据了较大比例的国内市场份额。值得注意的是，随着国家"双碳"战略的推进以及绿色低碳理念在消费者群体中的逐步渗透，越来越多的主机厂开始选择具有低碳属性的材料。因此，"零碳钢"或"低碳钢"可能成为市场上的新宠。从材料工艺技术等维度来看，氢能冶金、短流程工艺、近终形工艺等系列先进工艺技术是下一步的企业需要重点加强的领域。

在产业发展领域，中国钢铁企业虽具备完整的产业链，但在上游矿石尤其是高品位矿石领域仍存在一定的短板。注重上游矿石资源的布局不仅是企业未来发展的重要核心，更应上升到产业乃至国家战略高度。另一方面，当前美国、德国、日本等发达国家都在采用电炉冶金短流程路线，而我国则采用高炉-转炉冶金长流程路线，国内的电炉冶金更多的是生产特种钢材。我们必须看到，中国钢铁工业起步较晚，单位国土面积钢铁量与经历了长时间工业积累的发达国家之间仍有较大差距，同时我们的长流程生产设备相对较新，平均在 15 年，其能耗、排放等指标都位于世界先进水平。从产业角度来看，由长流程冶金工艺制备汽车用钢仍是现阶段的发展主流。虽然长流程在碳排放属性上有一定的不足，但整个产业需要从实际出发，脚踏实地地做好每一步的节能减排，而并非从原则上颠覆现有的工业体系。

参考文献

[1] 赵汉兴，黄宜贤. 高强度钢在车身轻量化中的应用 [J]. 技术与市场，2016，23（6）：169-170.
[2] 蒋浩民，陈新平，蔡宁. 汽车车身用钢的发展趋势 [J]. 锻压技术，2019，43（7）：56-61.
[3] 王立辉，齐建军，孙力. 乘用车白车身轻量化选材及发展趋势 [J]. 河北冶金，2019，287（11）：2-4.
[4] 李世红. 汽车底盘常用金属材料机械性能研究 [J]. 冶金与材料，2019，39（1）：77-78.
[5] 白树全. 汽车应用材料 [M]. 北京：北京理工大学出版社，2013.
[6] 彭斐. 轻量化材料驱动汽车未来 [J]. 汽车与配件，2014（10）：43-45.
[7] 刁可山，蒋浩民，王利，等. 宝钢第三代高强钢 QP 钢的成型特性 [C]. // 中国汽车工程学会. 2012 中国汽车轻量化技术研讨会论文集. 北京：北京理工大学出版社，2012：222-227.
[8] 刘宏亮，易红亮，黄健，等. 最高强度与特厚规格热冲压钢研制及其系列化开发 [J]. 中国冶金，2021，31（4）：124.
[9] 易红亮，常智渊，才贺龙，等. 热冲压成形钢的强度与塑性及断裂应变 [J]. 金属学报，2020，56（4）：429-443.
[10] 曹广祥，芦强强，宋起峰，等. 基于1800MPa级热成形钢的车门防撞梁轻量化设计分析 [J]. 汽车工艺与材料，2021（4）：40-43.
[11] WANG J，LIU Y，LU Q，et al. Effect of microstructure on impact toughness of press-hardening steels with tensile strength above 1.8 GPa[J]. Iron and Steel Technology，2017，14（10）：104-111.
[12] 段宏强，韩志勇，王斌. 2000MPa 热成形车门防撞梁开发与性能研究 [J]. 汽车工艺与材料，2021，4：33-39.
[13] 周世龙，邓宗吉，陈乐. Si 含量对铝硅镀层热成形前后镀层结构与表面形貌的影响研究 [J]. 安徽冶金科技职业学院学报，2021，31（4）：1-3.
[14] 魏焕君，何先勇，崔丽丽，等. 钢板连续热浸镀铝硅镀层的微观结构和冷成形性能 [J]. 上海金属，2021，43（5）：7-13.
[15] 李鹏飞，李子鹏，刘冠华. 热镀铝硅简介及发展现状 [J]. 中国科技信息，2021（23）：49-50.
[16] 樊君. 热成形零件在车身上的应用及其设计准则 [J]. 机电技术，2018，5：61-63.

[17] 易红亮，常智渊，刘钊源，等．热冲压成形构件，热冲压成形用预涂镀钢板及热冲压成形工艺：202210882404.2 [P]．2018-12-27．

[18] HEIBEL S, DETTINGER T, NESTER W, et al. Damage mechanisms and mechanical propertiesof high-strength multi-phase steels [J]. Materials, 2018, 11：761.

[19] MATSUMURA O, SAKUMA Y, TAKECHI H. Enhancement of elongation by retained austenite in intercritical annealed 0.4C-1.5Si-0.8Mn Steel [J]. Tansactions ISIJ, 1987, 27：570-579.

[20] CHEN H C, ERA H, SHIMIZU M. Effect of phosphorus on the formation of retained austenite and mechanical properties in Si-containing low-carbon steel sheet [J]. Metallurgical Tansactions A, 1989, 20：437-445.

[21] 徐匡迪．在《薄板坯连铸连轧技术交流与开发协会第一次交流》闭幕式的讲话 [J]．钢铁，2003，38（7）：1-3．

[22] 张华伟，何晓明．热轧超薄带钢生产装备技术现状与分析 [J]．宝钢技术，2020，4：1-7．

[23] 张华伟．轧制差厚板成形性能研究 [D]．大连：大连理工大学，2012．

[24] 刘相华，吴志强，支颖，等．差厚板轧制技术及其在汽车制造中的应用 [J]．汽车工艺与材料，2011（1）：30-34．

[25] 张启富，刘邦津，黄健中．现代钢带连续热镀锌 [M]．北京：冶金工业出版社，2007：173-549．

[26] 李九岭．带钢连续热镀锌 [M]．4 版．北京：冶金工业出版社，2019：357-373．

[27] 李锋，吕家舜，杨洪刚，等．铝镁镀层钢板的研究进展 [J]．轧钢，2013，30（2）：45-51．

[28] 谢英秀，金鑫焱，王利．热浸镀锌铝镁镀层开发及应用进展 [J]．钢铁研究学报，2017，29（3）：167-174．

[29] 袁训华，林源，张启富．热镀锌铝镁镀层的切边保护性能和耐腐蚀机理 [J]．中国有色金属学报，2015，25（9）：2453-2463．

[30] THIERRY D, PERSSON D, LUCKENEDER G, et al. Atmospheric corrosion of ZnAlMg coated steel during long term atmospheric weathering at different worldwide exposure sites[J]. Corrosion Science, 2019, 148(12)：338-354.

[31] 小松厚志，泉谷秀房，辻村太佳夫，等．溶融 Zn-Al-Mg 系合金めっき鋼板の促進腐食環境下における耐食性と防食機構 [J]．鉄と鋼，2000，86（8）：534-541．

[32] YASUHIDE M, MASAO K, KAZUHIKO H, et al. The Corrosion Resistance of Zn-11%Al-3%Mg-0.2%Si Hot-dip Galvanized Steel Sheet[J]. Tetsu-to-Hagane, 2003, 89(1)：161-165.

[33] 杨忠，马凤雪，孙浩，等．锌铝镁钢板的防腐及涂装性评价 [J]．电镀与涂饰，2021，40（18）：1393-1397．

[34] 胡彦昭，张宇，李振华．锌镁涂层钢板车身外覆盖件的应用研究 [J]．模具工业，2020，46（4）：64-67，83．

[35] 顾宏．锌镁涂层新型热镀锌钢板与涂料的匹配研究 [J]．涂料工业，2019，49（4）：65-70，87．

[36] SCHULZ J, VENNEMANN F, NOTHACKER G. Zn-Mg-Al Hot-Dip Galvanized Coatings for Exposed Parts in the Automotive Industry[C]. //Galvatech 2015 Conference Proceedings. Warrendale：Association for Iron & Steel Technology, 2015：153-159.

[37] SCHULZ J, ANASTASIA S, et al. New potentials for Zn-Mg-Al hot-dip galvanized coating in automotive applications[C]. //Proceedings of 11th International Conference on Zinc and Zinc Alloy Coated Steel Sheet. Tokyo：The Iron and Steel Institute of Japan, 2017：733-739.

[38] 袁旭，刘昕，杨春生，等．自润滑镀锌钢板的现状和发展 [J]．腐蚀与防护，2011，32（12）：976-979．

[39] 杜蓉，涂元强，蔡捷，等．自润滑镀层钢板的研究进展 [J]．武钢技术，2014，52（4）：4．

[40] 杜蓉，陈园林，雷泽红，等．自润滑热镀锌板的耐腐蚀性能研究 [J]．材料保护，2018，51（3）：124-126．

[41] 付东贺．汽车结构用 590MPa 级低合金高强度钢热镀锌生产工艺 [J]．金属世界，2018（4）：50-52．

[42] FONSTEIN. Advanced High Strength Sheet Steels. [M].NYC：Springer International Publishing, 2015.

[43] RANA R, SINGH S B. Automotive Steels[M]. Amsterdam：Elsevier Ltd, 2017：225.

[44] KARELOVA A, KREMPASZKY C, WERNER E, et al. Hole expansion of dual-phase and complex-phase AHS steels-effect of edge conditions[J]. Steel Research International, 2009, 80(1)：71-77.

[45] COLLINS LE, GODDEN MJ, BOYD JD. Microstructures of linepipe steels[J]. Canadian Metallurgical Quarterly, 2013, 22(2)：169-179.

[46] TANG Z, STUMPF W. The effect of microstructure and processing variables on the yield to ultimate tensile strength ratio in a Nb-Ti and a Nb-Ti-Mo line pipe steel[J]. Materials Science Engineering A, 2008, 490(1-2)：391-402.

[47] ZHAO J, JIANG Z. Rolling of advanced high strength steel [M]. New York：Taylor & Francis Group, 2017.

[48] 丁昊．热轧 FB 钢组织和扩孔性能研究 [D]．沈阳：东北大学，2008：14-20．

[49] 史东杰，王连波，刘对宾．汽车底盘轻量化材料和工艺 [J]．热加工工艺，2016，45：16-18．

[50] 魏元生. 镀锌板种类及其在车身上的应用 [J]. 材料应用, 2011, 9: 51-57.

[51] 洪巨锋, 刘俊亮. 夹杂物及组织对FB780高扩孔钢扩孔性能的影响 [J]. 冶金分析, 2016, 36: 29-35.

[52] 郭子峰, 郭佳. 首钢热轧酸洗先进高强钢的开发与进展 [J]. 中国冶金, 2019, 29: 17-20.

[53] LI X, WANG S. Multiple setup model for coiling temperature control in hot strip mill[C]. //Proceedings of the 2018 International Conference on Mechanical, Electrical, Electronic Engineering & Science. [S.l.: s.n.], 2018: 124-128.

[54] 佚名. 高鲜映性免中涂汽车外板制造关键技术及装备 [J]. 中国冶金, 2021, 31: 123.

[55] 徐伟力, 管曙荣, 艾健, 等. 钢板热冲压新技术关键装备和核心技术 [J]. 世界钢铁, 2009, 9 (2): 30-33.

[56] 李扬, 刘汉武, 杜云慧, 等. 汽车用先进高强钢的应用现状和发展方向 [J]. 材料导报, 2011, 25 (13): 101-104, 109.

[57] 黄大鹏, 杨国庆, 张梅, 等. 热冲压成形技术及其新进展 [J]. 上海金属, 2017, 39 (5): 83-89.

[58] 史晓辰, 周波, 孙慧. 汽车零部件自动化热成形生产线关键技术设计 [J]. 金属加工 (热加工), 2022 (7): 6-17.

[59] 周飞. 汽车车身热冲压成型技术的应用和质量控制措施 [J]. 汽车实用技术. 2021, 46 (11): 139-140, 143.

[60] 王在林, 韩飞, 刘继英, 等. 韧性断裂准则在超高强钢辊弯成形工艺中的应用 [J]. 塑性工程学报, 2012, 19 (4): 16-20.

[61] 韩非, 石磊, 肖华, 等. 应用先进高强钢的典型汽车零件辊压成形关键技术及开发 [J]. 塑性工程学报, 2013, 20 (3): 65-69, 120.

[62] 周波, 江树雄, 廖孟安. 超高强钢辊弯成形工艺研究 [J]. 建设机械技术与管理, 2014 (10): 130-131.

[63] 刘继英, 李强. 辊压成形在汽车轻量化中应用的关键技术及发展 [J]. 汽车工艺与材料, 2010 (2): 18-21.

[64] 孔凡燕, 崔礼春, 虞帅, 等. 辊压技术在汽车门槛成形中的研究与应用 [J]. 锻压装备与制造技术, 2019, 54 (6): 94-96.

[65] 苑世剑. 现代液压成形技术 [M]. 2版. 北京: 国防工业出版社, 2016.

[66] 苑世剑, 王仲仁. 内高压成形的应用进展 [J]. 中国机械工程, 2002, 13 (9): 783-786.

[67] 陈杰. 管材内高压成形数值模拟与工艺研究 [D]. 上海: 上海交通大学, 2013.

[68] 苑世剑, 刘伟等. 板材液压成形技术与装备新进展 [J]. 机械工程学报. 2015, 51 (8): 20-28.

[69] 张伟玮. 双母线椭球壳液压成形研究 [D]. 哈尔滨: 哈尔滨工业大学, 2015.

[70] 李洪波, 袁立峰. 液压成形在汽车车身成形上的应用分析 [J]. 模具制造, 2017 (10): 21-24.

[71] 崔礼春, 黄顶社, 徐迎强, 等. 板式液压成形技术在汽车轻量化中的应用 [J]. 模具工业, 2021, 47 (7): 25-29.

[72] 罗成浩, 吴新星. 一体式热成形门环方案应用现状分析 [J]. 汽车材料与工艺, 2020 (12): 10-14.

[73] 刘相华, 支颖, 孙继涛, 等. 周期性纵向变厚度带材厚区与薄区之间的曲线过渡方法: 200910012400.3[P].2009-12-23.

[74] 朱资鉴. 新型航天用铝镁和铝锌镁合金材料概述 [J]. 中国战略新兴产业, 2018 (4): 75-77.

[75] 侯世忠. 汽车用铝合金的研究与应用 [J]. 铝加工, 2019 (6): 8-13.

[76] 余东梅. 电动汽车挤压铝合金新进展 [J]. 铝加工, 2020 (1): 4-7.

[77] 唐靖林, 曾大本. 面向汽车轻量化材料加工技术的现状及发展 [J]. 金属加工 (热加工), 2009 (11): 11-16.

[78] 管仁国, 娄花芬, 黄晖, 等. 铝合金材料发展现状、趋势及展望 [J]. 中国工程科学, 2020, 22 (5): 68-75.

[79] 张琪. 汽车覆盖件用6xxx系铝合金板材的研究、产业化现状及发展趋势 [J]. 有色金属加工, 2020, 49 (1): 1-5.

CHAPTER 02
第 2 章
铝合金材料

随着我国汽车行业"碳达峰""碳中和"工作的不断推进和新能源汽车行业的蓬勃发展，轻量化技术作为汽车节能减排、提升续驶里程的重要手段得到越来越多的关注。铝合金具有质轻、比强度高、易于成形、耐蚀性好、循环利用价值高的优点，是替代钢材实现整车轻量化目标的首选金属材料，正在被广泛应用于汽车白车身以及结构件、功能件。本章从铝合金在汽车中的应用及其制造技术出发，结合国内外产业现状，剖析了铝合金产业链面临的关键问题并提出发展方向及建议，供行业上下游参考。

先进的生产制造工艺是推动铝合金材料在汽车车身中应用的技术衔接和有效保障。世界各个国家的材料产业愈加专业化、绿色化，新材料在全球产业体系中逐步占据重要的地位，也成为汽车产业转型升级的重要推手。我国在高端铝合金方面的需求仍存在对外依存度较高的问题，对新技术、新材料的系统研究有待提速。因此，在国际新形势下，改进传统材料生产制造工艺，发展新型材料精细化、智能化加工技术，对我国铝合金产业链的可持续发展具有重大意义。

作为全球最大的汽车生产国，我国对铝合金材料在汽车中的应用仍在不断探索，许多汽车企业已经加入铝合金汽车车身以及零部件的研究行列，铝合金关键技术的升级迭代进一步推动和扩大了其在汽车中的应用。本章将着重介绍主要牌号铝合金和新型铝基材料的制造工艺、关键技术以及国内外研究现状，旨在分析梳理技术问题，为产业的发展升级奠定基础；并且系统梳理铝合金材料在汽车中应用的典型案例，指出了存在的问题，目的是结合实际应用为行业提供发展方向，进一步推动铝合金上下游产业的协同发展，为我国汽车工业提高国际竞争力贡献力量。

2.1 铝合金分类及应用概述

气候变化是人类面临的全球性问题。随着各国二氧化碳排放，温室气体猛增，对生命系统形成威胁。在这一背景下，世界各国以全球协约的方式减排温室气体，中国由此提出"碳达峰"和"碳中和"目标。

汽车是我国国民经济的重要支柱产业，汽车制造业是体现国家制造业竞争力的标志性产业。我国是世界上最大的汽车消费市场，汽车保有量已经超过3亿辆。庞大的汽车保有量带来的能源消耗问题和汽车尾气排放问题成为汽车行业发展亟待解决的问题。

汽车产业在全社会碳排放中占7.5%左右，汽车轻量化是减少碳排放的重要途径。据公开数据显示，若汽车整车重量降低10%，燃油效率可提高6%~8%，碳排放可以降低0.3%~0.5%；汽车整备质量每减少100kg，百公里油耗可降低0.3~0.6L。因此，在节能环保的大背景下，轻量化是促进汽车行业健康持续发展的大趋势。

2.1.1 铝合金简介

铝合金是重要的金属结构材料，具有良好的比强度、耐蚀性、加工性能、焊接性，广泛用于汽车、航空航天、电力电子、军工等领域。在汽车轻量化、高端材料绿色化和智能化的背景下，铝合金材料是汽车轻量化的理想材料。

我国汽车制造业将对标飞机制造业，因为航空领域中应用的材料等级通常高于汽车行业。高强度的2XXX系（2A12、2024、2219、2090等）和超高强度的7XXX系（7050、7075、7A04、7055等）铝合金是航空领域应用范围最广、使用量最大的合金，主要应用在机翼、机身蒙皮、翼梁上下缘条、压力舱和整流罩等部位。部分5XXX系（5A06、5456、5086、5B70等）具有良好的焊接性、疲劳性和耐海洋大气腐蚀性，常被用作飞机发动机、齿轮箱、支架结构和航天器整体壁板等。高性能铝合金材料已经在飞机制造业大量应用，汽车行业对高性能铝合金材料的需求也将日增月盛。

在汽车制造业，铸造铝合金和变形铝合金是两大类重点应用材料。变形铝合金是通过冲压、弯曲、轧、挤压等工艺使其组织、形状发生变化的铝合金，又称可压力加工铝合金。在汽车行业主要应用的变形铝合金有2XXX系、6XXX系和7XXX系等。2XXX系铝合金是以铜为主要合金元素的铝合金，可热处理，其主要强化相为$CuMgAl_2$和$CuAl_2$，具有良好的强度和锻造性能，烘焙强化效应良好，但耐蚀性较差，该系列铝合金在汽车上的应用仍处于探索阶段。6XXX系铝合金是以镁和硅为主要合金元素的铝合金，可热处理，其强化相主要为Mg_2Si。目前，6061铝合金板材主要用于汽车车身、保险杠等零部件的生产，相比于钢铁零部件，6061不仅能满足汽车对零部件强度的要求，同时具有更优良的加工性能和塑韧性。特别是，它具有更好的伸长率，达到6%以上。针对汽车用金属板材,应用6061铝合金可以实现一次减重35%以上。二次减重效果亦十分明显,应用6061铝合金可使整个汽车承重件减轻10%以上,综合减重效果十分明显。7XXX系铝合金是以锌为主要合金元素的铝合金,可热处理,其主要强化相为$MgZn_2$,该系列铝合金具很高的屈服强度和抗拉强度,正在逐步地应用于汽车的保险系统和防撞击系统。变形铝合金在汽车上主要用于制造车门、行李舱等车身面板、保险杠、发动机舱盖、车轮的轮辐、轮毂罩、轮外饰罩、制动器总成的保护罩、消声罩、防抱死制动系统、热交换器、车身构架、座位、车厢地板等结构件以及仪表板等装饰件。

铸造铝合金是以熔融金属充填铸型,获得各种形状零件毛坯的铝合金。在汽车行业应用的铸造铝合金主要有Al-Si合金、Al-Si-Mg-Cu合金、Al-Cu合金和Al-Mg合金等。通常情况下,在经历砂型铸造或压力铸造的零部件,仍需经过T4~T6时效处理、喷丸等工艺,以增强其力学性能和耐久性能。铸造铝合金主要用于铸造发动机气缸体、离合器壳体、后桥壳、转向器壳体、变速器、配气机构、机油泵、水泵、摇臂盖、车轮、发动机框架、制动钳、油缸及制动盘等非发动机构件。

2.1.2 国内外铝合金应用

近代以来,国外工业发达国家对于铝合金的研究起步早且具有一定的基础,铝合金材料体系系统性强,产业技术水平较高。美、俄等工业强国早期已开展铝合金的研究工作,且申请大量铝合金牌号,被广泛地用于汽车、航空航天等领域。

我国汽车铝合金用量发展趋势迅猛,至今已形成了一定的产业规模。本篇对1800余款乘用车车型铝材使用情况进行了分析,具体如图2-1所示。统计结果显示,整车用材中铝材的使用量在40~200kg范围内变动,平均值约为145kg,最低使用量为29kg,最高使用量为730kg。

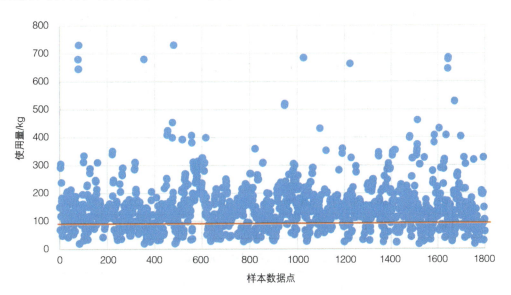

图2-1 乘用车铝合金用量分布

由于铝合金汽车车身等结构件上应用已经初具规模,产业技术相对成熟,本章针对正在迅速发展的车身用变形铝合金进行深入剖析。在汽车领域中,整车总质量的40%为汽车车身,车身轻量化对整车的轻量化有着重要的作用。奥迪公司已研发出全铝合金车身(图2-2),不仅提升了汽车在不同工作场景的使用性能,延长了汽车寿命,而且使汽车在油耗、节能减排方面取得更好的成绩。在2XXX系铝合金中,法国贝西内公司开发的AU2G-T4和2036-T4用于汽车车身。在5XXX系铝合金中,HANV

图2-2 奥迪A8全铝车身结构

金属公司开发的 HANV 82-O 材料、美国 ALCOA 公司开发的 X5085-O 及 5182-O 等材料已用于汽车车身内板。在 6XXX 系铝合金中，挪威海德鲁铝业公司在 2018 年开发了 HHS360 合金，抗拉强度比 6082 合金提高了 10.8%，达到 360N/mm^2，伸长率达到 10%；之后，该公司在此基础上又开发出了 HHS400 合金，抗拉强度达到 400N/mm^2，屈服强度 ≥ 370N/mm^2，伸长率为 8%，主要应用于制造汽车零部件。美国的肯联铝业公司开发了 HSA6 系列合金，其中 HSA6-T6 合金挤压型材的最低屈服强度为 370N/mm^2，而最低抗拉强度为 400N/mm^2，与采用传统铝合金材料制造的全铝汽车质量相比，可减重 30% 以上。

国外先进铝加工企业致力于开发低成本的汽车用铝合金板。印度的诺贝丽斯铝业公司已经推出 Advanz TM 系列合金 Ac5754R，进一步减轻了汽车重量。该公司还与捷豹路虎汽车有限公司合作开发了具有优异成形和卷边性能的 AC-170PX 铝合金，用于汽车覆盖件外板。美国的奥科宁克公司成功开发了新一代汽车板生产设备与工艺 "Micro-Mill" 技术，极大地提升了汽车车身和覆盖件用铝板的性能，综合性能提升 20%，成本降低 30%。在汽车车身板领域，应用最多的为 6082 铝合金，在前后防撞梁上，较多企业尝试使用 6XXX 系或 7XXX 系挤压型材。

通过从国外引进与消化吸收，并结合国内制造业的实际情况，我国基本上建成了具有国际先进水平的高强铝合金材料生产装备和加工基地。几十年来，我国铝合金材料科技水平不断提升，研发了 LC4、LC9、LY12、2A12、2A16、7A04、7B04、7A50、7B50 等系列铝合金，实现了第一代、第二代、第三代铝合金材料批量生产的能力，形成了铝合金材料及加工技术体系。国内中铝集团下属的西南铝和中铝瑞闽建立了完整的汽车板生产线，并成功开发出了 6016、6014、6111 等汽车板产品，可实现厚度 0.8 ~ 3.5mm、宽度 800 ~ 2400mm 铝合金板材的稳定生产。部分产品正在为上海通用、上汽大众、蔚来汽车、北汽新能源、吉利等汽车公司供货。表 2-1 列出了中铝集团部分产品性能。表 2-2 列举了铝合金型材在国内外车型上的应用案例。

表 2-1 中铝集团下属企业部分可供 6XXX 系产品性能

牌号	供应状态	屈服强度/MPa	抗拉强度/MPa	均匀伸长率（%）	总伸长率（%）	n 值（10%~20% 应变范围）	r 值（10% 应变）
6016-S	T4P	90 ~ 140	≥ 190	≥ 20	≥ 24	≥ 0.23	≥ 0.5
6016-IH	T4P	90 ~ 130	≥ 175	≥ 20	≥ 23	≥ 0.23	≥ 0.6
6016-IBR	T4P	100 ~ 150	≥ 200	≥ 19	≥ 22	≥ 0.23	≥ 0.5
6014-IH	T4P	90 ~ 130	≥ 175	≥ 20	≥ 24	≥ 0.23	≥ 0.6

表 2-2 铝合金型材构件应用案例

零部件	零部件供应商	使用车型	牌号
仪表板加强梁支架	上海友升	凯迪拉克 CT6	6063T6A
前纵梁	上海友升	凯迪拉克 CT6	7003T6
地板横梁	上海友升	凯迪拉克 CT6	6063T6A
前端框架	上海友升	凯迪拉克 CT6	6063T6A
副车架	宝敏科	蔚来 es8	7003T6
门槛梁	上海友升	蔚来 es8	6082T6
防撞梁	宝敏科	蔚来 es8	7003T6
前防撞梁、吸能盒	星乔威泰克	长安 CX55	6082T6、6 系
衬套、连杆	上海友升	大众	6060、6063、6061 等
行李架、座椅导轨	上海友升	奔驰	6082-T6、6063-T66

2.1.3 小结

可以预见,铝合金在汽车用金属材料中所占比重将越来越大。在车身系统中,随着异种材料连接技术的发展,多材料混合型车身将成为主流的发展趋势,高端铝合金特别是6XXX系及7XXX系铝合金将成为内外板的重要组成元素。在底盘及三电系统中,各类壳体、连杆结构将会大范围普及铝合金材料,尤其是电池箱体、副车架、转向节、油底壳等重型结构件的铝合金应用更为突出,一体化压铸工艺也将取得长足发展。随着国内工业低碳进程的不断发展,具有回收属性、绿色能源属性、降碳工艺属性的铝合金产品也将获得市场青睐。

2.2 铝合金材料新技术

在世界范围内,汽车产业竞争日趋激烈。环境污染和能源消耗等问题的日益加剧对汽车制造业提出了更高的要求。在汽车轻量化的大趋势下,新材料技术成为车企竞争的前沿阵地。无论是整车厂还是零配件供应商都在尝试采用各种方式降低车身重量,如采用新材料、新加工工艺等。白车身减重技术竞争如火如荼,如采用铝板、高强钢、激光拼焊板、热成形、液压成形等技术的应用,在降低车身重量的同时也保障和提高了车身的安全性能。铝合金材料比强度高,技术相对成熟,有效降低了轿车车身重量,对汽车车身轻量化做出了巨大的贡献。

2.2.1 6XXX系铝合金外板材料

铝合金汽车板是指汽车车身及覆盖件用铝合金板材,主要为5XXX系和6XXX系。5XXX系主要用于覆盖件内板和结构件,6XXX系主要用于覆盖件外板及部分结构件,覆盖件外板主要包括发动机舱盖、车身顶盖、车门外板、行李舱盖等,用于覆盖件外板的材料需要满足一些要求:一是在供应、存放期间保持低且稳定的屈服强度,以保证冲压时具有良好的成形性与一致性;二是冲压后表面质量高;三是为了保证涂装烤漆过程顺利进行,应具有较快的烤漆响应速率和较高的烤漆硬化增量。6XXX系铝合金以其良好的成形性能以及可热处理强化特性,成为汽车覆盖件外板的主要材料。

2.2.1.1 6XXX系铝合金简介

6XXX系铝合金具有中等的强度、优异的成形性能、良好的耐蚀性能、良好的焊接性能,且焊接区耐蚀性能不变、无应力腐蚀倾向。6XXX系铝合金材料主要以锻件、板材、棒材、线材、型材、挤压管材等形式供货,不同的热处理状态可以满足建筑、交通、机械、化工、电子电气、船舶、军工、航天等多种工作条件下的使用需求。一些典型6XXX系铝合金的用途详见表2-3。

表2-3 6XXX系铝合金的用途

牌号	品种	状态	用途
6009	板材	T4、T6	汽车车身板
6010	板材	T4、T6	汽车车身板
6061	板材 厚板 轧制或挤压结构型材	O、T4、T6 O、T451、T651 T6	要求一定强度、可焊性与耐蚀性高的工业结构件
6101	挤压管、棒、型、线材 轧制或挤压结构型材	T6、T61、T63、H111 T6、T61、T63、H111	公共汽车用高强度棒材、导电体、散热装置
6205	板材 挤压材料	T1、T5 T1、T5	厚板、踏板与高冲击的挤压件
6A02	板材 厚板 锻件	O、T4、T6 O、T4、T451、T6、T651 F、T6	发动机零件,形状复杂的模锻件,要求高塑性和高耐蚀性的机械零件

工业使用的6XXX系铝合金种类较多,比较常见且应用广泛的有6016、6063、6061、6005A、6082、6A02等。铝合金的4字符牌号的命名主要依据铝合金中主要合金元素的种类、改型情况,表2-4列出了汽车常用6XXX系铝合金的化学成分。

表 2-4　汽车常用 6XXX 系铝合金化学成分（质量分数）　　　　　　　　　　　（单位：%）

牌号	Mg	Si	Cu	Fe	Mn	Cr	Zn	Ti
6005	0.40~0.60	0.60~0.90	0.10	0.35	0.10	0.10	0.10	0.10
6009	0.40~0.80	0.60~1.00	0.15~0.60	<0.50	0.20~0.80	0.10	<0.25	<0.10
6010	0.60~1.00	0.80~1.20	0.15~0.60	<0.50	0.20~0.80	0.10	<0.25	<0.10
6016	0.25~0.60	1.00~1.50	<0.20	<0.50	<0.20	0.10	<0.20	<0.15
6111	0.50~1.00	0.60~1.10	0.50~0.90	<0.40	0.10~0.45	0.10	<0.15	<0.10
6181A	0.60~1.00	0.70~1.10	<0.25	0.15~0.50	<0.40	0.15	<0.30	<0.25
6061	0.80~1.20	0.40~0.80	0.15~0.40	0.70	0.15	0.04~0.35	0.25	0.15
6063	0.45~0.90	0.20~0.60	0.10	0.35	0.10	0.10	0.10	0.10
6151	0.45~0.80	0.60~1.20	0.35	1.00	0.20	—	0.25	0.15
6201	0.60~0.90	0.50~0.90	0.10	0.50	0.03	0.03	0.10	—
6022	0.45~0.70	0.80~1.50	0.01~0.11	0.05~0.20	0.02~0.10	0.10	0.25	0.15

在 6XXX 系铝合金中，Mg 和 Si 是最主要的合金元素，Mg_2Si 相为主要强化相。当 Mg 和 Si 的总质量分数为 2.5%~3.5% 时，具有最大的淬火效应及最大抗拉强度。主要强化相 Mg_2Si 的 $m(Mg)/m(Si)$ 为 1.73，当合金中总 Mg 和 Si 含量一定，$m(Mg)/m(Si)$ 的变化将影响合金的性能，过量的 Mg 可以提高材料的耐蚀性能，过量的 Si 不会影响 Mg_2Si 的溶解度，可以增加时效过程析出相的成核率，细化 Mg_2Si 相，Si 沉淀后也能起到强化作用。但是 Si 容易在晶界处偏析，引起合金脆化，导致塑性下降。由于 Si 可以消除 Fe 对铝合金性能的不利影响，所以大部分的铝合金均为 Si 过剩型合金。

少量或微量合金元素对 6XXX 系铝合金服役性能有显著影响。在 6XXX 系铝合金中加入 Cu 可以提高合金的强度和硬度以及延展性，还可以提高铝合金的耐热性能，降低淬火敏感性。Cu 的加入会降低合金的耐蚀性能。另外，Cu 含量的增加还会增大合金的过烧敏感性。在 6XXX 系铝合金中常添加 Mn 可以使铸锭在均匀化过程中形成细小、弥散分布的第二相粒子以抑制合金的再结晶，细化晶粒并使滑移变形均匀，提高合金的塑性。此外，Mn 元素的加入，可以使铝合金相中呈粗大针状或片状，将对合金伸长率及冲击韧性产生有害影响的 β-AlFeSi 相转变为 β-AlFeMnSi 相，消除 Fe 的有害作用。Cr 和 Mn 有相似的作用，Cr 能够抑制 Mg_2Si 相在晶界析出，延缓自然时效的过程，提高人工时效后的强度。Cr 还可以细化晶粒使再结晶后的晶粒呈细长状，提高合金的耐蚀性，适宜添加的质量分数为 0.15%~0.3%。在 6XXX 系合金中加入质量分数为 0.02%~0.1% 的 Ti 能有效改善柱状晶组织，改善合金的锻造性能。Ti 是铝合金熔炼过程中形核质点的主要构成元素，形核质点的增加促进了晶粒的形核，细化了晶粒。Ti 元素的加入还可以抑制 α-Al 晶粒生长。Fe 在铝中是低固溶元素，Fe 的质量分数不超过 0.4% 时对铝合金的力学性能没有不利影响，并可以细化晶粒。当 Fe 的质量分数超过 0.7% 时，将生成不溶的 AlFeSi 相，会降低制品的强度、塑性和耐蚀性能。合金中含有 Fe 时，会使制品表面阳极氧化处理后的色泽变坏。少量的杂质 Zn 对合金的强度影响不大，Zn 的质量分数通常应小于 0.3%。

6XXX 系铝合金作为综合性能良好的中强铝合金，强度等性能仍需要进一步提高，才能更好地促进该系铝合金在汽车工业上的应用。微合金化是挖掘合金潜力、改善合金性能、研发新一代铝合金材料的重要手段。目前，国内外学者在添加稀土元素方面也取得了一定的进展，但是其综合性能远没有达到最佳。因此，继续寻求廉价且有效的新型微合金化元素，加强微合金化作用机理研究，探索复合微合金化作用效果，大力开展实用合金研究，不断积累资料和数据，有利于将该系铝合金的应用推向一个新的高度。

2.2.1.2　国内外 6XXX 系铝合金板材的应用

汽车铝板大体可以分为三类：特种车与专用车使用的厚板；厢式车用的薄板和大型客车用的部分板材；乘用车（主要是小型轿车）用的车身板与大公共车用的部分覆盖外板。前两类板材都是通用的普通铝合金材料，只要具有现代化的热轧机、冷轧机、常规精整设备的企业都可以生产，目前中国已具有批量化生产的能力。汽车车身薄板（Auto Body Sheet，ABS）带属于高精级铝合金板带，可分为外板与内板，外板的生产难度大，所要求的性能高，所以现在所说的 ABS 一般都是指车身外覆盖板。

2004 年以前，国外针对 ABS 用 2XXX 系、5XXX 系及 6XXX 系铝合金均开展了相关研究。由于 6XXX 系铝合金可热处理强化，且在 T4 供货状态（固溶淬火＋自然时效）屈服强度低，适合冲压成形，同时在涂装烘烤之后强度会提高，所以 6XXX 系铝合金在汽车车身上应用最广泛。自 2005 年起，各国材料工作者集中开展了 6XXX 系铝合金 ABS 的研究与开发。

由于 ABS 对表面质量、性能一致性、稳定性等要求极高，目前国际上能够批量供应 ABS 的企业仅有诺贝丽斯、奥科宁克、爱励、肯联、海德鲁、神户制钢等。国内的西南铝、中铝瑞闽、忠旺、南山集团等厂家生产的铝合金板正在开展汽车公司的认证，部分产品处于小批量供货阶段。据最新数据显示，2020—2021 年，国内铝合金 ABS 设计产能为 102 万 t，ABS 铝合金板带厂开工率普遍较低，综合开工率在 20% 左右，且产线放量缓慢。外板生产技术比内板高，国内汽车 ABS 铝合金板带 90% 的产量为内板，外板方面主要是中外合资企业，如诺贝丽斯、神户制钢及民企山东南山生产。中国首条 ABS 生产线——诺贝丽斯（中国）铝制品有限公司位于江苏省常州市国家高新技术开发区，占地 4320km^2，投资 1 亿美元，生产能力 12 万 t/年，2014 年投产，已向国内外市场批量供应 ABS。诺贝丽斯公司投资 1.8 亿美元扩大常州厂 ABS 的生产能力（10 万 t/年），成为世界三大 ABS 生产厂之一。中国建成的部分 ABS 项目详见表 2-5。国外汽车 ABS 铝板带产能在 288 万 t 附近，且国外汽车 ABS 铝合金板带生产主要是诺贝丽斯、美铝、肯联铝业及日本联合等大企业垄断。全球汽车 ABS 铝板带产能在 390 万 t 附近，集中分布在北美洲、欧洲及亚洲地区，中国产能只占全球比重的 26.2% 左右。

表 2-5　中国建成的部分 ABS 项目

企业	地址	生产能力/（kt/年）	类别
西南铝业（集团）有限责任公司	重庆市	8	国有
诺贝丽斯（中国）铝产品有限公司	江苏省常州市	120	外商独资
神钢汽车铝材（天津）有限公司	天津市	100	外商独资
南山集团轻合金公司	山东省龙口市	100	民营
天津忠旺铝业有限公司	天津市武清区	135	中外合资
南南铝加工有限公司	广西壮族自治区南宁市	60	国有

目前，全球 ABS 铝合金板高端生产技术掌握在欧洲、美国、日本等大型企业手中，不过国内企业部分牌号铝合金板材生产也取得了突破，并处于逐步平稳发展的过程中。在产能方面，国内企业借助外企技术、产线向国内转移，大型生产线逐步建成投产，积极克服困难、扩大生产、推进技术创新。国内 ABS 铝板产能逐年提高，且增长迅速，同时专注于 6XXX 系铝合金板的生产技术研究与突破，如中铝集团下属的西南铝和中铝瑞闽成功开发了 6016、6014、6111 等系列化汽车板产品，可实现厚度 0.8～3.5mm，宽度 800～2400mm 铝合金板的稳定生产。部分产品已经为上海通用、上汽大众、蔚来汽车、北汽新能源、吉利、海马等汽车公司供货。此外，中铝集团已具备了为用户提供结构设计、成形连接及表面处理等全面应用技术服务的能力，这将对其汽车板市场推广起到推动作用。除中铝下属企业外，南山铝业、忠旺等企业也在加快 6XXX 系汽车铝板的开发、认证和产业化步伐。

铝化率是指在某一产品中铝合金材料使用量的占比，内燃机汽车平均铝化率在 27.2% 左右，其中压延铝材占比在 13%～18%。新能源汽车平均铝化率为 33%，其中压延铝材占比预计 20%。压延铝材中，汽车 ABS 铝合金板重量占比 30%～50%。未来，国内汽车轻量化以及新能源汽车的发展将进一步提升国内 ABS 铝合金板的需求。

2.2.1.3　6XXX 系铝合金外板性能对比

汽车外板一般指汽车外表面覆盖件，主要包括发动机舱盖、车身顶盖、车门外板、行李舱盖等。汽车企业除了关注 6XXX 系汽车外板的室温稳定性和烘烤硬化等性能外，对铝板的尺寸精度、表面性能以及成形、连接、表面处理等应用性能等均有较高的要求。汽车企业一般根据应用部位不同，将汽车板分为标准型（S）、高强型（HS）、增强烘烤硬化型（IBR）、增强翻边性能型（IH）等类型。表 2-6 列出了某汽车厂商对不同类型 6XXX 系铝合金板材力学性能的要求。

表2-6 某汽车厂商对不同类型6XXX系铝合金板材力学性能的要求

性能指标	6XXX系-S	6XXX系-HS	6XXX系-IBR	6XXX系-IH
	发动机舱盖、车门内外板	车身顶盖	发动机舱盖或行李舱盖外板	发动机舱盖或行李舱盖外板
屈服强度/MPa	90~140	115~170	100~150	90~130
抗拉强度/MPa	190	250	200	175
均匀伸长率（%）	20	18	19	20
总伸长率（%）	24	20	22	23
n值（10%~20%应变范围）	0.23	0.23	0.23	0.23
r值（10%应变）	0.5	0.5	0.5	0.6
烤漆屈服强度（2%预应变+185℃/20min）	160~230	250~300	220~270	200~250
翻边因子	0.6	1.2	0.7	0.5

在6XXX系铝合金中，最早的牌号是6009、6010和6011。由于Cu对铝合金的耐蚀性不利，不含Cu的6016铝合金及含微量Cu的6022铝合金应运而生。低的Cu含量对铝合金的耐蚀性无影响，但对铝合金的烘烤硬化性能及成形性产生了积极影响。美国汽车制造商更多使用强度较高的6111铝合金，欧洲较多使用成形性能更好的6016铝合金，日本主要使用含Cu量较低的6XXX系铝合金如6022、6016等。常用6XXX系铝合金材料外板性能详见表2-7。

表2-7 常用6XXX系铝合金材料外板性能

牌号状态	抗拉强度R_m/MPa	屈服强度$R_{p0.2}$/MPa	伸长率A（%）	n值	r值	杯突值/mm	抗凹陷性能
6009-T4	230	125	25	0.23	0.7	9.7	好
6010-T4	290	120	24	0.22	0.7	9.1	好
6111-T4	290	160	27	—	—	8.4	好
6016-T4	235	125	28	0.26	0.7	—	好
6022-T4	235	152	26	0.25	0.67	—	好

2.2.1.4　6XXX系铝合金外板制备关键技术

ABS铝合金板材的制备流程比较复杂，可以将ABS的生产工艺分为两段：上游为配料、熔炼、净化处理、添加晶粒细化剂、铸造、锯切、铣面、均匀化处理与加热、热轧、冷轧（含中间退火），这些工艺与通用铝板的生产工艺完全相同，即使对个别工序有一些特殊要求，也与常规工艺无大差别；下游为热处理（含预时效）、矫直、表面处理、喷涂润滑剂、下料与冲压成形、喷漆与烘烤等。上游工艺全部在加工厂完成，也可以把下游工艺中的热处理、矫直、表面处理、喷涂润滑剂、裁剪下料等归为上游工艺在加工厂完成，在汽车制造厂仅进行冲压、贮存、粘接、连接、车身组装、精加工等，如图2-3和图2-4所示。

1. 铸造

6XXX系铝合金在铸造扁锭时有形成热裂纹的倾向，但不严重，只要严格控制成分与冷却速度，控制好晶粒细化剂添加量，完全可以避免裂纹产生。在铸造500mm厚的扁锭时，熔体浇注温度约700℃，铸造速度一般为40~60mm/min。

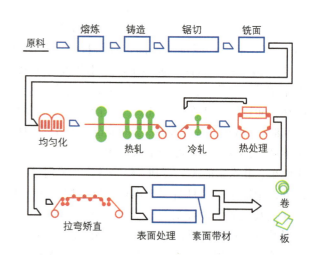

图2-3　铝加工厂ABS板带材典型生产工艺流程示意图

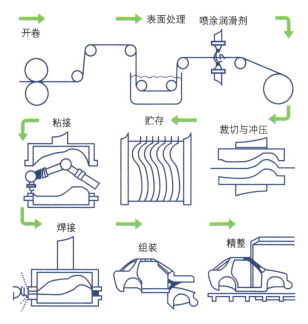

图 2-4　汽车厂用 ABS 制造车身工艺流程示意图

2. 均匀化退火与热轧前加热

均匀化退火的目的是使铸锭组织均匀，消除晶内偏析，去除内应力，提高锭坯热轧性能，改善材料的性能。均匀化退火工艺的主要参数是加热温度和保温时间，其次是加热速度和冷却速度。为加快均匀化过程，应尽可能地提高均匀化温度，普通均匀化温度为 $0.9T_m \sim 0.95T_m$，T_m 为实际的铸锭开始熔化温度，它低于状态图上的固相线，如图 2-5 所示，Ⅰ 区在非平衡固相线温度以上但在平衡固相线以下的均匀化退火工艺称为高温均匀化。在实际的生产过程中，确定均匀化温度需要根据经验进行试验，观察组织是否过烧，再确定合理的温度范围。如果仅考虑热轧工艺，则可不对热轧温度严加控制，但在生产 ABS 时，为了保证板带材的烘烤硬化性能，固溶体中须保持尽量多的 Mg、Si 含量，加热温度宜高一些，加热时间也宜长一些。

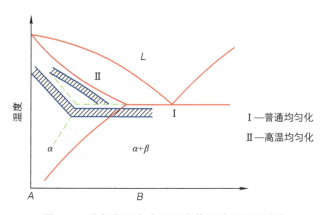

图 2-5　均匀化退火合适温度范围（阴影区域）

3. 热轧

热轧是将厚板加工成薄板的工艺环节。现代化的热轧机多是将厚 500～600mm 的锭坯热粗加工到 20～30mm，再精轧为 3～5mm 的带材。热粗轧开始温度通常在 505℃左右，热精轧终了温度为 250～350℃，在高温下卷成卷再慢慢地冷却下来，会有一部分 Mg 及 Si 析出，它们在快速固溶处理时不会全部固溶，使烘烤硬化性能下降。

4. 中间退火

在生产 ABS 的过程中，在热轧后与冷轧前进行一次中间退火是必要的。一些研究指出，中间退火可改善带材的卷取性能以及热轧组织的不均匀性对材料表面性能的不利影响，控制铝合金固溶处理后的显微组织，在一定程度上提高板材的成形性能，即提高 r 值。

5. 冷轧及冷轧带材表面

对于 6XXX 系铝合金带材，只要冷加工率能达到 50%，在成形后就不产生表面粗糙现象。为了获得良好的综合性能与组织结构，冷轧变形率不宜低于 75%。至于冷轧带材表面状态可以是冷轧的，也可以是经过加工的，如放电钝化处理（Electron Discharge Texture，EDT）或激光钝化处理（Electron Beam Texture，EBT）。

6. 固溶处理、淬火及预时效处理

6XXX 系铝合金 ABS 都是在 T4 或 T4P（固溶+预时效）状态下交货，而外车身钣金件在人工时效（烘烤）后使用。固溶热处理都在连续处理炉（CAL）或连续感应炉内进行（图 2-6）。开卷后的带材进入加热区受到向上、下表面喷射的高温热风加热，在短时间内被加热到固溶处理温度后进入保温区，保温时间短或不保温立即进行水淬或强风淬火，因为 Al-Mg-Si 铝合金的淬火敏感性低。

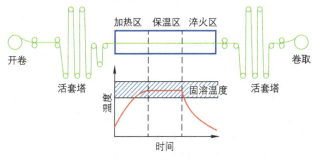

图 2-6　6XXX 系铝合金 ABS 固溶处理示意图

为了提高铝合金的烘烤硬化性能，铝合金中的 Mg、Si 应尽量多地固溶，为此可提高固溶处理温度，但不能过高,以免过烧,通常为530~560℃;同时,提高固溶处理温度会使残留的第二相质点减少,材料的弯曲性能更好。预时效处理或回归处理都对烘烤性能有益,预时效温度比回归处理低一些,而保温时间则长一些,回归处理往往只有几秒钟,预时效处理可以在淬火后立即进行,同时不必在淬火冷到室温以后再加热与保温,而回归处理是在淬火冷到室温自然时效一段时间以后再进行加热与保温-冷却的一种处理,应快速升温与快速冷却。一般来说,6XXX系铝合金预时效的温度应高于70℃,同时保温时间应大于5min。

7. 表面处理

生产ABS时,表面处理是一道关键工序。一方面,良好的表面层有利于吸附润滑剂,能很好地冲压成形;另一方面,可增强与油漆的结合,形成均匀牢靠的漆层。

汽车铝制零部件及ABS的表面处理大多采用化学转化法。铝的化学转化处理是在不通电的情况下,采用浸渍、喷淋或涂刷等方式,使铝表面与氧化性溶液发生反应,在表面生成与基体有较好附着力的、不溶性的转化膜。化学转化又称化学氧化,国内统一称为化学转化处理,简称转化处理。

化学转化膜主要作为有机聚合物膜的底层,有时候也可以作为直接使用的涂层,其厚度比阳极氧化膜薄得多,因此它的保护性能不如阳极氧化膜。它的特点是,操作方便、不需电源、设备简单、成本低、处理时间短、生产效率高、对基材材质要求低,因而适用于大批量零部件的低成本生产。尤其是对于耐蚀性要求不太高或使用时间不长的情况,化学转化处理仍有其广阔的应用空间。

汽车和飞机的某些铝工件至今还在采用铬化膜,是铬酸盐化学转化处理应用的典型实例。化学转化处理作为有机聚合物喷涂前的预处理步骤是众所周知的工艺,不仅可以解决有机聚合物膜与铝基体的附着性,而且可以提高喷涂膜的耐蚀性。

2.2.1.5 小结

ABS产业化存在的困难主要是生产技术难度高、产品认证及车厂认证流程缓慢、生产线投资大,仅一条热处理及表面处理生产线投资便在4亿元左右,国外产品竞争优势高,存在进口流入。中国ABS铝板带批量产业化生产仍处于起步阶段,虽然国内产能增长迅速,但产能不能完全满足市场的需求,仍需要大量进口。与工业发达国家相比,中国在ABS铝合金研发与板带生产技术方面存在较大差距,特别是研发创新与冷轧设备设计、制备领域的差距则更明显。国内生产集中于低端产品,大部分牌号的6XXX系铝合金ABS的生产技术被外国企业所垄断,急需生产技术的实质性突破。

中国自2018年起已进入铝加工产业高质量发展期,针对以上问题,笔者认为高速度发展普通铝材项目建设应适当放缓。当前,我们应该把有限的资金集中于发展填补行业空缺的项目上,优先发展高科技项目,加大科技投入,加强与跨国铝业公司组建合资公司,向欧、美公司学习技术与经验,同时也注重研发与创新,建立汽车铝材专业研发机构,优先发展替代进口产品的项目。6XXX系铝合金汽车板作为汽车轻量化用铝的关键产品,技术含量、性能及精度要求较高,得到了工业和信息化部(简称工信部)、发展改革委、科学技术部(简称科技部)等的大力支持。我国核心铝加工企业、高校等机构也应主动担当起6XXX系汽车板国产化重任,组织"产、学、研、用"等各方面力量,推动我国6XXX系铝合金汽车板产业化和应用实现快速发展。

2.2.2 6XXX系高烘烤硬化板材

烘烤涂装是汽车生产过程中一个重要的工艺步骤,经过厂商组装后的车身结构件(即白车身)需要多层涂漆处理,如图2-7所示,其工艺流程为底漆→烘烤→中涂漆→烘烤→色漆→清漆→烘烤。车身结构件在涂漆烘烤过程中性能得到改善,车身材料在成形前需要较低的强度以利于其冲压成形,经冲压成形或拉伸变形,再经烘烤工艺后利用烘烤硬化提高零件的强度,从而改善零件冲压成形、力学性能和抗凹陷性能。

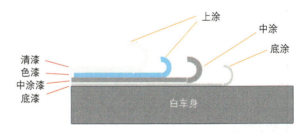

图2-7 典型车身涂漆层示意图

汽车车身用结构件一般采用Al-Cu-Mg(2XXX系)、Al-Mg(5XXX系)和Al-Mg-Si(6XXX系)合金。6XXX系属于可热处理强化铝合金,其最大的优点是在固溶淬火后具有较低的屈服强度,在这种状态下供货使其具有优良的冲压成形性能,并且在零件成形后的烤漆阶段，其性能会有进一步的强化，满足车身结构材料烘烤硬化性能优势明显。

2.2.2.1 烘烤硬化铝合金工艺简介

6XXX系铝合金属于Al-Mg-Si系，具有优良的强塑性组合、耐高温和耐蚀性能，并且具有良好的成形能力。Al-Mg-Si合金属于可进行热处理时效强化合金，经过热处理后能够很好地满足汽车车身框架的要求。在汽车厂经过涂装烤漆处理，由于纳米级硬化相β"的快速析出，铝合金的强度和刚度可以得到大幅度增强，并提高其抗凹陷性能，此过程即为烘烤硬化。

6XXX系车身用高烘烤硬化型铝合金材料的主要合金元素为Mg、Si和Cu。镁、硅元素决定了合金的烤漆性能和成形性能，6XXX系铝合金中通常含有过量的Si元素，以提升其烘烤硬化性能。Cu在6XXX系铝合金中主要起提高烘烤硬化性的目的，但Cu含量过高会降低材料耐蚀性能。微量元素有Mn、Cr、Ti、Zr和稀土元素，杂质元素主要是Fe。表2-8列出了6XXX系铝合金汽车外板主要合金元素含量。高烘烤硬化的6XXX系铝合金，由于其优良的性能得到各生产厂商广泛关注，如日本的KOK、德国的VAW以及中国西南铝业加工集团等均研究了高强度、高硬度和成形性好的汽车用铝合金结构件。

表2-8 已经注册的汽车车身用6XXX系铝合金的成分（质量分数） （单位：%）

合金	Mg	Si	Cu	Mn	Cr	Ti	Fe
6009	0.4～0.8	0.6～1.0	0.15～0.6	0.2～0.8	≤0.1	≤0.1	≤0.5
6010	0.6～1.0	0.8～1.2	0.15～0.6	0.2～0.8	≤0.1	≤0.1	≤0.5
6016	0.25～0.6	1.0～1.5	≤0.2	≤0.2	≤0.15	0.1	≤0.5
6111	0.5～1.0	0.6～1.1	0.5～0.9	0.1～0.45	≤0.1	0.1	≤0.4
6022	0.45～0.7	0.8～1.5	0.01～0.11	0.02～0.1	0.15	0.1	0.05～0.2

6XXX系汽车车身板材多以T4状态供货，在经过烤漆处理和另外工序处理后，可用于汽车要求轻量、刚性的部分。对于高烘烤硬化型铝合金，典型的应用包括高强度的汽车发动机舱盖和车身外覆盖件等，为汽车车身零部件提供了较好的冲压成形性能以及成形后的使用性能，如AA 6111铝合金在T4状态下强度为150～170MPa，烤漆后强度大于200MPa，满足了汽车车身结构件的强度要求。表2-9为按照不同力学属性分类的Al-Mg-Si合金车身板烘烤硬化后屈服强度范围。

表2-9 Al-Mg-Si合金车身板烘烤硬化后屈服强度范围

合金	标准型铝合金	烘烤硬化增强型铝合金	包边压合性能增强型铝合金
屈服强度范围[①]	120～190MPa	185～235MPa	160～210MPa
屈服强度范围[②]	160～230MPa	220～270MPa	220～250MPa
合金	高强度型铝合金	加强件应用型铝合金	成形性增强型铝合金
屈服强度范围[①]	220～260MPa	150～220MPa	160～210MPa
屈服强度范围[②]	250～300MPa	190～260MPa	200～250MPa

① 无预拉伸，直接进行185℃ 20min的烘烤硬化。
② 先进行2%预拉伸，再进行185℃ 20min的烘烤硬化。

铝合金板材在车身上的应用首先必须满足的是客户对于碰撞的安全性需求，这就要求汽车车身板具有更高的强度。目前，奥迪A8已采用此类铝合金作为车身板材，日本的KOK、德国的VAW和中国西南铝业加工集团等均在此系合金的基础上开发了高性能的汽车用铝合金结构件。高烘烤硬化的6XXX系铝合金具有优良的表面质量和良好的耐蚀性能等，成为汽车车身外板的首要选择。

1. 成分设计

Mg、Si元素含量和比例决定了材料的烤漆性能和成形性能，在6XXX系铝合金中，通常含有过量的Si元素以提高合金的烘烤硬化性。合金中适量的Cu元素对于提高烘烤硬化性有很好的作用。因此当Si的质量分数为0.5%～1.0%、Mg的质量分数为0.6%～1.3%、Cu的质量分数为0.01%～0.3%时，材料既具有较高的烘烤硬化性能，又具有较高的成形性能及耐蚀性能。此外，合理控制微量元素 Fe、Mn 的含量，可以进一步提高材料的成形性能。

2. 材料性能

6XXX 系汽车结构件在 T4 状态需要具有较低的强度，以保证后续冲压过程的变形性能，并且经过涂漆烘烤后强度大幅度提高。高烘烤硬化型铝合金，其屈服强度能达到 270MPa，满足汽车结构件的强度要求。

3. 工艺技术

6XXX 系铝合金汽车车身结构件的涂漆烘烤一般在 170℃烘烤 30min 左右，由于在烘烤之前板材经过一段时间的放置（自然时效），会出现室温停放效应，抑制了后续烤漆硬化，所以目前国内外均主要采用预处理的工艺来改善烘烤软化问题。预时效改变了显微组织中原子团聚的尺寸或状态，成为加快烘烤硬化的一种有效手段。另外，采用预应变的加工工艺也可抑制自然时效造成的不良影响，提高烘烤硬化速率。

2.2.2.2 烘烤硬化铝合金性能

汽车用 6XXX 系铝合金结构件要求材料具有较高的比强度，还要求减轻重量提高安全性。只有提高铝合金的烤漆硬化效应，即明显提升冲压变形和涂漆烘烤织构板材的屈服强度，才能保证板材优良的抗凹性能，使汽车板材在减轻重量的同时具有较高的抗变形能力，从而提高汽车的安全性。

AA 6016 在 T4 状态时具有较低的屈服强度和优异的冲压成形性能，并且在冲压成形过程中不会出现吕德斯带，但其烤漆强度较低（约为 180MPa）。AA 6111 铝合金在 T4 状态下的强度为 150～170MPa，烘烤后强度超过 200MPa，这就为制造车身零部件提供了良好的冲压成形性能和成形后的使用性能。

日本住友轻金属工业公司与美国雷诺尔兹铝制品公司共同开发出一种代号为 SG112-T4A 的车身铝合金板材，不仅具有良好的冲压加工性，而且硬度要比普通铝板高 1.5 倍。此种材料在冲压加工时强度较低、延性较好，烤漆涂装前屈服强度为 110MPa，通过涂装即人工时效热处理后，屈服强度可以达到 210MPa，具有优良的烘烤硬化性能。

2.2.2.3 烘烤硬化铝合金制备关键技术

图 2-8 所示为 Al-Mg-Si 合金车身板生产流程示意图。第一步为铸造，随后对铸锭进行去皮处理，然后进行均匀化热处理。待铸锭内部偏析等缺陷减弱到合理范围时，对铸锭进行热轧、退火以及冷轧处理，随后冷轧板还需经过固溶处理和预时效处理。预时效结束后，板料经矫直、涂油、检测和包装等步骤，运往工厂。在工厂中，板料经过冲压、焊接和总装。随后，经历烤漆，板料在短时间内大幅提升力学性能，即实现了烘烤硬化。最后，整车下线，完成全部制造流程。

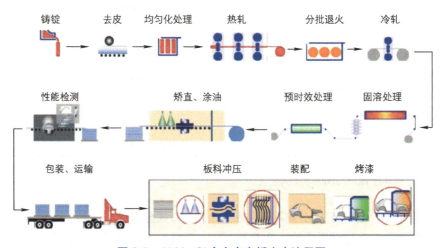

图 2-8 Al-Mg-Si 合金车身板生产流程图

烤漆涂装是汽车车身生产不可或缺的工艺过程，因为汽车产品在雨雪、灰尘等恶劣环境中进行服役，必须对汽车车身结构件进行烤漆涂装处理以防止其被腐蚀破坏，同时汽车厂家还需将冲压成形后的车身结构件涂装烘烤成各种颜色、持久闪亮的光泽以实现其设计风格，满足客户的美观需求。由于汽车车身结构件复杂多变，导致其涂装工艺非常复杂，汽车车身板的涂装烘烤工艺主要可分为电泳涂装、中涂层烘烤和面漆烘烤。电泳涂装工艺参数为：温度 180～190℃，时间 10～20min；中涂层烘烤工艺参数为：温度 160~170℃，时间 15~20min；面漆烘烤工艺参数为：温度 130~140℃，时间 15~25min。汽车结构件涂装烤漆温度大多在 130~200℃之间。近年来，绿色环保低污染的要求迫使汽车烤漆温度的降低和烤漆时间缩短，一般在 170℃烤漆 30min 左右。典型的车身涂装烤漆工艺如图 2-9 所示。

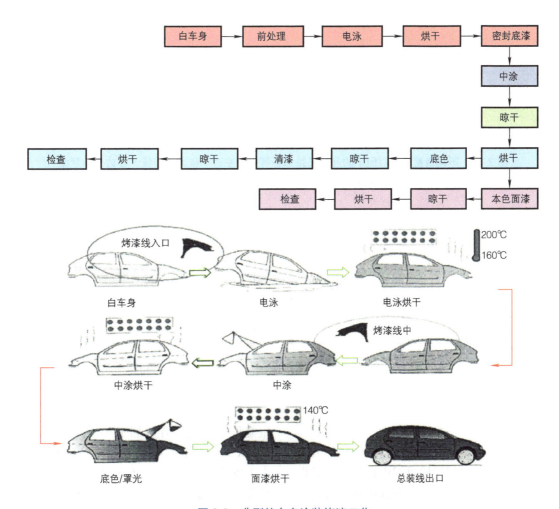

图 2-9 典型的车身涂装烤漆工艺

在 6XXX 系铝合金车身结构件生产制造时，冲压和烤漆之前会在室温放置较长时间（自然时效）后才在工厂进行冲压成形及烤漆（相当于人工时效）。在自然时效过程中，合金硬度明显增加，严重影响后续冲压变形以及烤漆硬化，甚至在经过烘烤喷漆后合金硬度降低，发生软化，即存在室温停放效应。如图 2-10 所示，在自然时效阶段会形成小尺寸原子团簇。一方面，在自然时效过程中这种原子团簇的数量不断增多，但尺寸不会增加，引起晶格畸变，在自然时效后造成合金屈服强度增加，不利于后续汽车板冲压成形；另一方面，在自然时效阶段形成的原子团簇的高温稳定性差，在喷漆烘烤过程中难以形成 β″相，从而降低合金的烘烤硬化性，不利于烘烤强度的提高。目前，T4 态铝合金在烤漆处理初期合金板材中自然时效形成的 GP 区会先发生部分溶解，由于烤漆时间较短（≤30min），未溶的 GP 区来不及长大，使合金板材的强度增量有限甚至出现强度降低的现象，即发生烤漆软化现象。

目前国内外关于 Al-Mg-Si 合金的研究热点集中在合金成分及制备工艺对合金性能的影响，旨在获得优良的成形性和较高的烘烤硬化性能，充分发挥合金在烤漆过程中的时效强化能力。目前已经研究出多种方法抑制自然时效对后续工序的不利影响。如图 2-11 所示，在合金固溶淬火后采用预时效、预应变等预处理工艺已经在工业生产中得到了广泛应用，以提高烘烤硬化性能。

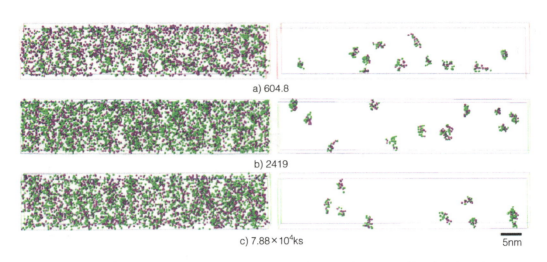

图2-10 不同自然时效时间下的基体三维原子探针（左边）和原子团簇（右边）示意图

注：Mg和Si原子分别用绿色和紫色点代表。

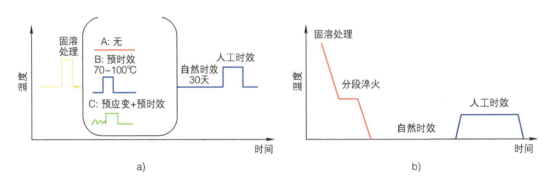

图2-11 不同预处理工艺示意图

1. 预时效

预时效是指在固溶淬火之后进行短时间的人工时效处理，以改善长时间运输过程中自然时效对烤漆硬化的影响，是目前工业生产时解决自然时效不利影响常用的方法。例如，6016合金在70~100℃预时效处理T4P工艺（固溶淬火+预处理+自然时效）已在汽车工业中广泛应用，不仅能够获得相对低的T4态屈服强度，而且能够较大限度地提高合金的烘烤硬化性能。在预时效过程中，合金基体中析出随时效时间增长而尺寸不断增大的原子团聚，当其Mg/Si原子比接近1时，可以作为β″相直接形核，在烤漆处理时得到更多细小弥散分布的β″相，使合金表现出优异的烘烤硬化性能。预时效温度和时间决定了强化效果，预时效处理参数的选择与合金种类、固溶处理参数及其与预时效处理的间隔时间有关。针对不同合金和应用的最佳预时效处理参数仍然在不断探索中。

2. 预应变

在铝合金固溶处理后进行预变形是目前克服室温停放效应的有效加工工艺，能够进一步发挥6XXX系铝合金的烤漆硬化潜力。预变形后合金产生大量位错，一方面，位错密度的增多提高了加工硬化的效果；另一方面，产生的位错促进淬火后过饱和空位的消失来避免室温小尺寸原子团聚的出现，从而抑制自然时效的不良影响。同时位错也为GP区的形成提供形核点，为Si、Mg原子的扩散提供通道，增大其析出动力，GP区在高温下可作为β″相核心，加速涂漆烘烤过程中GP区向β″相的转变，从而增强6XXX系合金的烘烤硬化速率，提高其烘烤硬化性能。这两方面的效果在AA 6016铝合金板材上已得到了应用。但是预变形量过大时，加工硬化效应明显导致板材在冲压前硬度较大，从而对板材成形性产生影响，需要根据合金和生产条件实际，合理选择预应变的工艺参数。

3. 合金元素

合金元素对提高6XXX系铝合金的烘烤硬化效应影响显著。Cu能够促进预时效原子团簇的聚集，促进β″相的形核，进而提高合金时效初期的硬化速率。研究表明，含过量 Si 的 6XXX 系铝合金相比于较高镁硅比的铝合金析出动力响应更快，在烤漆过程中得到快速强化。

6XXX 系铝合金汽车结构件在提高烘烤硬化性能上，仍存在一些技术难点和技术缺陷。目前，绿色环保低污染的要求迫使汽车烤漆温度的降低和烤漆时间缩短，限制了合金在烤漆阶段强度的提升空间。汽车车身板在长时间运输过程中会不可避免地发生室温停放效应，影响后续冲压和涂漆烘烤过程板材的性能。虽然，预处理工艺能够改善工业生产中自然时效的不利影响，但对于不同合金的工艺参数，仍需要不断地进行尝试。

6XXX 系铝合金汽车结构件是汽车轻量化的理想材料。合金的成分对于烘烤硬化性能的提升有着至关重要的作用，厂商需要通过成分设计和优化对新型高烤漆硬化铝合金的成分范围进行选择，兼顾较好的烘烤硬化性能及成形性能的 6XXX 系汽车车身用高烘烤硬化性铝合金材料。新型高烘烤硬化铝合金的研发需要注重热处理工艺的调控，充分利用强化相或其过渡相的快速时效析出和协同强化，提高合金烘烤硬化的强度增量。针对自然时效对合金烘烤硬化性能的不良影响，材料厂商仍需要对工艺进行创新和探索，提高合金烤漆硬化增量，降低生产成本。

2.2.2.4 国内外技术及产业发展情况

汽车车身用铝合金性能有着双重要求：一方面，在烤漆涂装前 T4 态板材强度尽可能低，以满足板材冲压成形要求；另一方面，在烤漆涂装后能获得较高强度，提高板材的力学性能和抗凹陷性。

6XXX 系铝合金为国外铝制车身板大型材所用铝合金。在欧洲广泛应用的为合金元素含量较低的 AA 6016 铝合金，主要研究以 6XXX 系铝合金作为车身板材，例如车盖、行李舱盖、车门外覆盖件等。北美汽车厂商更注重强度，应用较多的为含 Cu 较多的 6XXX 系合金，主要用 AA 6111 合金，最近还开发了耐蚀性能更好的 6022 合金。德国已经建立汽车车身用铝板生产线，为奥迪轿车配套铝合金车身板。美国在 20 世纪 70 年代就研制了 6010 和 6009 汽车车身铝合金板材，通过 T4 后塑性较好，成形后经过烘烤处理，可获得更好的强度和硬度，用于汽车的内外层板。

国内对 6XXX 系铝合金的研究主要集中在 AA 6111 合金上。AA 6111 合金烘烤硬化性较好，但其冲压变形前的强度较高（通常超过 150MPa），影响成形性能，翻边延性较差。同时，该合金的 Cu 含量较高，具有较差的耐蚀性能。表 2-10 列出了三种 6XXX 系铝合金烤漆硬化性能。

表 2-10　三种 6XXX 系铝合金的烤漆硬化性能

合金牌号	T4			2% 预应变 + 175℃ -30min			5% 预应变 + 175℃ -30min		
	屈服强度 σ_s/MPa	抗拉强度 σ_b/MPa	伸长率 δ（%）	屈服强度 σ_s/MPa	抗拉强度 σ_b/MPa	伸长率 δ（%）	屈服强度 σ_s/MPa	抗拉强度 σ_b/MPa	伸长率 δ（%）
6016	115	230	27	173	245	23	—	—	—
6111	165	283	25	216	306	23	252	322	19
6022	118	228	27	—	—	—	—	—	—

2.2.2.5　小结

6XXX 系铝合金汽车结构件烘烤工艺分为电泳烘烤（180～190℃）、中涂烘烤（160～170℃）及面漆烘烤（130～140℃）。烘烤工艺要求材料具有较好的烘烤硬化特性，即经烘烤后材料力学性能有明显的提升。目前国内对于 6XXX 系铝合金主要集中在 AA6111 合金上。北美厂商更注重材料的强度和硬度，如 6010 和 6009 汽车车身铝合金板材，经烘烤处理后具有较好的强度。烘烤结构件铝板材料的关键技术集中于抑制自然时效影响和提高烘烤硬化特性两方面，通过改善合金元素以及在固溶淬火后采用预时效、预应变等方法，可有效提高合金烘烤硬化性能。

2.2.3　7XXX 系铝合金防撞梁材料

碰撞是汽车在服役过程中的典型工况，优异的防撞性能可为汽车驾驶人提供更高的安全保障。低速碰撞、行人保护碰撞、可修复性碰撞以及高速碰撞是车用防撞梁典型的碰撞工况。因此，防撞梁材料应具备足够的强度、冲击韧性以及优良的加工性能。铝合金密度仅为钢材的 1/3，采用铝合金防撞梁可实现减重，减重率可达 40% 左右，且防撞梁的截面设计更加自由，给设计预留的空间更大。因此，7XXX 系铝合金作为高强铝合金，在防撞梁中的应用具有一定前景。但汽车结构件大多要经过冲压加工，而 7XXX 系铝合金的成形性能不如常见的 2XXX、5XXX、6XXX 系铝合金。为追求轻量化，厂商大多会选择 5XXX、6XXX 系铝合金，因此限制了 7 系铝合金在车用防撞梁中的应用，其技术突破及产业化应用是目前行业研发的前沿。

2.2.3.1 7XXX 系铝合金简介

7XXX 系高强合金也称为 Al-Zn-Mg(-Cu) 合金，是一种可热处理强化变形铝合金，通常需要通过半连续铸造制备铸锭，经过退火后，最后通过变形和热处理能够获得具有高强度、高硬度、高韧性的 7XXX 系高强铝合金构件。7XXX 系铝合金广泛应用于航空航天工业、车辆及兵器装备等领域，汽车工业近些年也有 7XXX 系铝合金应用。常见 7XXX 系铝合金的力学性能、种类和应用见表 2-11 和表 2-12。

表 2-11 7XXX 系铝合金典型力学性能对照

合金	品种	规格 /mm	状态	试样方向	抗拉强度 σ_b/MPa	$\sigma_{0.2}$[①]/MPa	伸长率 δ（%）	K_{IC}[②]/MPa·m$^{1/2}$
7001	挤压件	—	T6	—	689	640	13	—
7049	挤压件	≤76	T73511	L	510	441	7	—
				LT	483	414	5	
			T76511	L	538	483	7	
				LT	524	469	5	
7075	厚板	25.4	T651		570	505	11	24
			T7351	L	515	434	10.7	28.3（LT）
				TL	509	434	11.5	23.2（TL）
7175	自由锻件	51~76	T74	L	503	434	9	33.0（LT）
				TL	490	414	5	27.5（TL）
				ST	476	414	4	23.1（ST）
7475	厚板	25.4	T651	L	524	462	6	33.0（LT）
				TL	531	462	6	31.0（TL）
			T7651	L	476	407	6	36.3（LT）
				TL	483	407	6	33.0（TL）
			T7351	L	469	393	10	42.0（LT）
				TL	469	393	9	35.0（TL）
7150	厚板	25.4	T7651	L	606	565	12	26.4（ST）
				LT	606	599	12	29.7（LT）
			T7751	L	606	565	12	26.4（ST）
				LT	606	599	11	29.7（LT）
	挤压件	25.4	T76511	L	675	634	12	26.4（ST）
				LT	606	606	11	29.7（LT）
			T77511	L	648	634	12	24.2（LT）
				LT	599	613	8	29.7（LT）
7055	厚板 挤压件	25.4	T7751	L	648	634	11	26.4（ST）
				LT	648	620	10	28.6（LT）
			T77511	L	661	641	10	27.5（ST）
				LT	620	606	10	33.0（LT）
В95	厚板	26~50	T1	LT	530	460	6	—
В95ПЧ	厚板	40	T2	LT	490	410	7	—
В95ОЧ	—	≤75	T2	L	470	421	7	43.5（LT）
				ST	451	401	3	24.5（ST）
			T3	L	451	383	7	45.6（LT）
				ST	422	363	3	29.7（ST）
В96Ц	挤压件	10~20	T1	L	650	620	7	—
В96Ц1	挤压件	50	T1	L	720	680	6	—
			T2	L	680	640	5	—
				L	640	590	8	
В96Ц2	模锻件	—	T1	L	640	610	8	—
			T3	L	510	450	9	

① $\sigma_{0.2}$，规定材料发生 0.2% 伸长率时的应力为屈服强度。
② K_{IC}，金属材料的平面应变断裂韧性。

表 2-12　常见 7XXX 系铝合金种类和应用

合金	品种	状态	实际应用
7005	挤压管、棒、型、线材板材和厚板	T53 T6、T63、T6351	挤压材料，用于制造高强、高断裂韧性的焊接结构件，如交通运输车辆的桁架、杆件、容器，大型热交换器，以及焊接后不能进行固溶处理的部件，还可以用于制造体育器材
7039	板材和厚板	T6、T651	冷冻容器、低温器械与贮存箱，消防压力器材，军用器材、装甲板、导弹装置
7049	锻件、挤压型材、薄板和厚板	F、T6、T652、T73、T7352 T73511、T76511、T73	用于制造静态强度与 7079-T6 合金相同而又要有高抗应力腐蚀开裂能力的零件，如飞机与导弹零件（起落架液压缸和挤压件等）。零件的疲劳性能大致与 7075-T6 合金的相等，而韧性稍高
7050	厚板、挤压棒、型、线材、冷加工棒材、线材、铆钉线材、锻件、包铝薄板	T7451、T7651、T73510、T73511、T74510、T74511、T76510、T76511、H13、T73、T74、T7452、T76	飞机结构件用中厚板、挤压件、自由锻件与模锻件，飞机机身框架、机翼蒙皮、舱壁、桁条、加强筋、肋、托架、起落架支撑部件、座椅导轨，铆钉
7072	散热器片坯料	O、H14、H18、H19、H23、H24、H241、H25、H111、H113、H211	空调器铝箔与特薄带材；2219、3003、3004、5050、5052、5154、6061、7075、7475、7178 合金板材与管材的包覆层
7075	板材 厚板 拉伸管 挤压管、棒、型、线材 轧制或冷加工棒材 冷加工线材 铆钉线材锻件	O、T6、T73、T76 O、T651、T7351、T7651 O、T6、T73 O、T6、T6510、T6511、T73、T73510、T73511、T76、T76510、T76511 O、H13、T6、T651、T73、T7351 O、H13、T6、T73 T6、T73 F、T6、T652、T73、T7352	飞机结构件及其他强度要求高、耐蚀性能强的高应力结构件，如飞机上、下翼面壁板、桁条、隔框等。固溶热处理后塑性好，热处理强化效果极佳，在 150℃ 以下有较高的强度，并且有特别好的低温强度，焊接性能差，有应力腐蚀开裂倾向，双级时效可提高 SCC 性能
7175	锻件 挤压件	F、T74、T7452、T7454、T66 T74、T6511	锻造航空器用的高强度结构件，如飞机翼外翼梁、主起落架梁、前起落架动作筒、垂尾接头，火箭喷管结构件。T74 材料有良好的强度、抗剥落腐蚀、抗应力腐蚀开裂性能、断裂韧性以及疲劳强度
7178	板材 厚板 挤压管、棒、型、线材 冷加工棒材、线材 铆钉线材	O、T6、T76 O、T651、T7651 O、T6、T6510、T6511、T76、T76510、T76511 O、H13 T6	用于制造航空航天器用的要求抗压屈服强度高的零件
7475	板材 厚板 轧制或冷加工棒材	O、T61、T761 O、T651、T7351、T7651 O	机身用的包铝的与未包铝的板材，以及其他要求高强度和断裂韧性的零件，如飞机机身、机翼蒙皮、中央翼结构件、翼梁、桁条、舱壁、T-39 隔板、直升机舱板、起落架舱门，子弹壳件
7A04	板材 厚板 拉伸管 挤压管、棒、型、线材 轧制或冷加工棒材 冷加工线材 铆钉线材 锻件	O、T6、T73、T76 O、T651、T7351、T7651 O、T6、T73 O、T6、T6510、T6511、T73、T73510、T73511、T76、T76510、T76511 O、H13、T6、T651、T73、T7351 O、H13、T6、T73 T6、T73 F、T6、T652、T73、T7352	飞机蒙皮、螺钉以及受力构件，如大梁桁条、隔框、翼肋、起落架等

（续）

合金	品种	状态	实际应用
7150	厚板 挤压件 锻件	T651、T7751 T6511、T77511 T77	大型客机的上翼结构，机体板梁凸缘，上面外板主翼纵梁，机身加强件，龙骨梁，座椅导轨。强度高，耐蚀性良好，是7050的改良型合金，在T651状态下比7075高10%~15%，断裂韧性高10%，抗疲劳性能好，两者的抗SCC性能相似
7055	厚板 挤压件 锻件	T651、T7751 T77511 T77	大型飞机的上翼蒙皮、长桁架、水平尾翼、龙骨梁、座轨、货运滑轨。抗压和抗拉强度比7150高10%，断裂韧性、耐蚀性与7150相似

根据名义屈服强度，一般将铝合金分为普通强度（≤300MPa）、中强（300~400MPa）、高强（400~600MPa）和超强（>600MPa）铝合金。通常也将名义屈服强度大于400MPa的铝合金统称为高强铝合金。作为高强铝合金的代表，7XXX系铝合金为Al-Zn-Mg合金，以锌元素为主要合金元素，合金中还加入了镁元素，属于可热处理强化铝合金。合金具有良好的热变形性能，淬火范围宽，在适当的热处理条件下可以获得较高的强度，焊接性能良好，耐蚀性能也较好，但有一定的应力腐蚀倾向，是高强可焊的铝合金，如7005、7039、7A52等，表2-13列出了四种常见7XXX系铝合金的化学成分。

表2-13　7XXX系铝合金的化学成分（质量分数）　　　（单位：%）

牌号	Cu	Mg	Zn	Zr	Fe	Si	Mn	Cr	Ti	Al
7055	2.5	2.05	8.03	0.1	0.05	0.04	0.002	0.001	0.001	余
7075	1.2~2.0	2.1~2.9	5.1~6.1	≤0.05	≤0.5	≤0.4	≤0.3	0.18~0.28	≤0.2	余
7005	≤0.1	1.0~1.8	4.0~5.0	0.058~0.2	≤0.4	≤0.35	0.2~0.7	0.06~0.2	0.01~0.06	余
7150	1.9~2.5	2.0~2.7	5.9~6.9	0.08~0.15	≤0.15	≤0.12	≤0.1	≤0.05	≤0.06	余

在Al-Zn-Mg合金中添加铜元素得到Al-Zn-Mg-Cu合金，其强度高于2XXX系铝合金，为超高强铝合金。合金的屈服强度与抗拉强度接近，屈强比和比强度均很高，但塑性、高温强度以及焊接性能较低，一般称为超高强难焊铝合金，如7050、7075、7475等，可以用作120℃以下使用的承力结构件，合金易于加工，有较好的耐蚀性能和韧性。

2.2.3.2　7XXX系铝合金防撞梁材料制备技术

目前，7XXX系铝合金正快速向着高强韧性和大型整体构件的方向发展。一方面，通过调整元素，微合金化，提高7XXX系铝合金强度、耐蚀性、耐磨性、耐疲劳、耐应力腐蚀等综合性能；另一方面，通过控制凝固和控制成形的方法获得优质大规格7XXX系铝合金铸锭或铸件，包括提高熔体纯净度、施加电磁搅拌精确智能控制凝固过程、改善凝固过程中冷却条件等。

如图2-12所示，7XXX系铝合金板材的主要生产过程主要包括熔铸工艺、均匀化处理、热塑性变形（挤压工艺、轧制等）、固溶时效处理和回归再时效（RRA）。

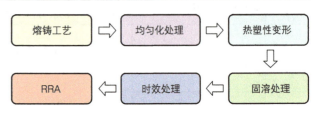

图2-12　7XXX系铝合金生产与制备流程图

1. 熔铸工艺

熔铸工艺主要是把成分控制在一定范围内，并减少杂质、气孔对后续加工的不良影响。熔铸工艺包括以下步骤：①将质量分数Si≤0.08%、Fe≤0.10%、Cu≤0.01%、Mn≤0.01%、Mg为1.1%~1.15%、Zn为5.60%~5.80%、Cr为0.06%~0.10%、Ti为0.015%~0.025%、Zr为0.015%~0.025%、单个杂质≤0.01%、合计杂质≤0.1%，其余为Al的原材料投入熔炼炉进行熔炼，在熔炼过程中把温度控制在710~730℃；②待铝液全部融化后，扒开铝液的浮渣，进行取样并化验，根据化验结果和①步骤中原材料的各种成分的质量分数的比例进行对比，补加硅镁元素，调整合金成分；③将铝液温度控制在710~750℃，进行精炼打渣，用无水氮气通过精炼制罐把打渣剂吹入铝液中，使铝渣分离，同时使渣变得松散，以利扒净，此时温度控制在730℃以下；④待上述所有工作全部完成后再进行炉后取样并化验，根据化验结果与①步骤中原材料的各种成分的质量分数的比例对比，合格就进行下一道工序，不合格再补加合金；⑤出炉化验合格后，炉内铝水静置20～30min，把铝水温度控制在730～740℃进行放水浇铸铝棒；⑥将步骤⑤的铝棒进行过滤、冷却和均质，其中过滤步骤中过滤方式为二级过滤，第一级为3～45目陶瓷板过滤，第二级为管式过滤，冷却步骤中冷却速度为100～110mm/min，均质步骤中均质温度为565～575℃。

2. 均匀化处理

为了获得细小的原始晶粒，扩大合金激冷区的范围，在铸造过程中通常采用水冷模具。当金属液快速冷却时，合金中就会出现非平衡共晶组织，这些非平衡共晶组织的存在使得合金耐蚀性能大大降低，同时铸造过程中也会有成分偏析现象出现，7XXX系铝合金中的Mg、Zn、Cu元素的偏聚会严重降低其耐蚀性能。铸造后均匀化工艺可以使激冷形成的非平衡共晶相充分地溶入铝基，同时消除枝晶偏析。但是在均匀化工艺中并不是温度越高非平衡共晶相溶解越充分。如果温度过高，就会使合金过烧，使合金综合性能严重降低。有研究者发现，460℃下单级均匀化工艺能使合金中的晶间粗大第二相粒子和非平衡共晶相很充分地回溶至基体中，极大地提升了合金质量。

3. 热塑性变形

通过在线淬火达到离线淬火力学性能，以挤压工艺为例，挤压工艺包括如下步骤：①在挤压前首先对铝棒、模具、挤压筒进行温度测量，铝棒加热温度为435～445℃，模具加热温度为445～455℃，挤压筒温度为420～440℃，三项温度全部达到要求后开始挤压；②挤压时把出料口的温度控制在480～500℃；③每生产20～30条铝棒时用清空垫清空挤压筒，保持挤压筒的清洁；④出料口淬火采用喷水，在出冷却水箱时温度降到80℃以下；⑤拉伸量在0.5%～0.8%。

4. 固溶处理

为了使合金元素更充分地溶入基体，使基体获得更高的饱和度，通常对7XXX系铝合金进行固溶处理。固溶处理是7XXX系铝合金制备过程中的关键工艺之一，它决定着后续的时效处理效果，对最终的力学性能起到关键作用。固溶处理的主要参数是加热温度和保温时间，加热温度越高，越能提高合金的固溶度，提高后续的时效强化效果；保温时间长，也能提高合金的固溶度，但是随着加热温度增高和保温时间延长，还会导致合金晶粒再结晶，甚至造成晶粒长大，影响最终的力学性能；另外，温度过高还会在合金局部区域产生过烧，造成合金力学性能急剧下降，成为废品。因此，制定最佳的固溶处理工艺对合金的力学性能非常重要。7XXX系铝合金主要的固溶方式为单级固溶、双级固溶、强化固溶和高温析出等方式，高锌的7XXX系铝合金单级固溶温度为470℃以下时，合金第二相溶解不充分；当单级固溶温度为475℃时，合金晶粒出现长大现象；当单级固溶温度为480℃时，合金局部出现过烧现象；当单级固溶温度为470℃时，保温时间超过4h，合金再结晶比例提高，确定了最佳单级固溶处理工艺为470℃-4h。当然，固溶工艺的选择也要根据合金中各元素的含量、种类以及性质来确定，7XXX系铝合金中主要析出相如η′相和η相的固溶度随着温度的升高而增大。因此，合理增加固溶温度并快速冷却可获得室温下的过饱和固溶体或亚稳态的过渡组织，在后续的时效过程中，溶于基体的元素脱溶形成强化相从而使合金得以强化。从目前的研究现状来看，7XXX系铝合金固溶工艺的关键在于控制固溶温度和保温时间，在不过烧的情况下使基体达到最大饱和度，从而改善合金组织与性能。

5. 时效处理

时效处理是调控高强铝合金性能的关键工艺环节，它保证了材料的力学性能。时效工艺包括以下步骤：①把挤压好的材料先放置6～10h后装入时效炉进行二级时效，第一级时效温度控制在105～115℃，保温时间为6h，第二级时效温度控制在145～155℃，保温时间为6h；②出炉后用强风冷却，使材料在1h内降到常温。时效处理包括单级时效和双级时效，单级峰值时效是指在将合金置于单一低温下长时间保温一定时间的工艺，该工艺主要受保温温度和保温时间的影响，其他的因素影响较小，一般不考虑。一般情况下，自然放置一段时间后自然时效都会出现在可热处理强化的合金中，其形成的主要是GP区，不会有过时效出现，对合金性能影响并不明显。人工时效对合金的性能影响较大，单级峰值时效后，细小的共格GP区和半共格弥散相η′相在晶内析出，不共格相在晶界处连续呈现链状分布，但是这种连续链状分布相对剥落腐蚀和应力腐蚀都很敏感。经过单级峰值时效后，合金的强度可调至峰值。7XXX系铝合金经过单级时效后，合金的应力腐蚀和剥落腐蚀敏感性较高。我国于1974年首次提出了RRA时效工艺路线，目的是在改善7XXX系铝合金耐蚀性能的同时保持其较高的强度，改变以往以牺牲过多的强度来提高合金耐蚀性能的做法。双级时效的第一阶段是低温预时效，析出相成核；第二阶段是高温时效，为稳定化阶段。为了克服T6处理后低的抗应力耐蚀性能，实际生产中对铝合金常用双级时效处理。

2.2.3.3 国内外技术及产业发展情况

当前，世界各国都在积极推进车身、车体主要部件的铝材化，轿车用铝合金已具有多种规格，有些新型铝合金具有良好的冲压性、可焊性和耐蚀性，具有一定的强度和刚度，适用于制造刚度大的承载构件，如车身部分。近年来，日本汽车制造业开发了一种新型铝合金板材，内含1%的镁和硅，拥有很好的烘烤硬化性能，其性能参数已与钢板相似。日本本田公司生产的顶级跑车NSX车身和部分底盘零件全部用铝合金制作，车体重量比用钢材制造时减轻140kg，整辆轿车减轻200kg，燃料消耗率降低13%。奥迪公司更是推出了全铝概念车，该概念车用铝合金做汽车车身框架和保险杠，能有效减轻车体质量30%~40%，并与钢铁制件具有同等的抗冲击强度。但目前全铝车身还仅限于高档轿车和跑车，随着时间的推移，制造成本会不断下降，将会有更多型号的轿车车身和零部件应用铝合金材料。

传统的车用铝合金主要是6XXX系铝合金。6XXX系铝合金广泛应用于车辆车体的制造，而与6XXX系铝合金相比，7XXX系铝合金具有更优异的力学性能，在高速、轻量化、绿色节能、高舒适性轨道交通车辆制造方面应用潜力巨大。汽车保险杠通常采用6XXX系及7XXX系铝合金，但近年来6XXX系合金有被7XXX系合金取代的趋势，7XXX系T5合金的屈服强度和抗拉强度不仅比6XXX系T5和T6都高，而且大大超过冷轧钢板，已逐步应用于制造汽车的安全保险和防冲撞系统。如美国通用汽车公司用7021铝板制造Sature轿车保险杠增强支架，福特汽车公司也用7021铝板制造"林肯城市"轿车的保险杠增强支架。近几年，日本十分注重使用6XXX系和7XXX系高强度铝合金"口""日""目""田"字形的薄壁和中空型材开发，这种铝型材不仅质量轻、强度高和抗冲击性好，而且挤压成形性能好，容易制作，在汽车上将得到广泛应用。

在我国，7XXX系铝合金在车体上的应用大多在轨道交通车辆车体上，而对于7XXX系铝合金在轿车车身上的应用相对较少，例如，蔚来公司推出的ES8系列车型的前纵梁应用了7003铝合金，如图2-13所示。7XXX系挤出梁具有极高的强度和断裂韧性，而超高的断裂韧性，能更充分利用折叠式变形把碰撞能量转换成内能，防止更多的碰撞能量传递到驾驶舱，保证驾驶人的安全。

a) 前纵梁

b) 7003铝材碰撞效果

c) 其他铝材碰撞效果

图2-13 蔚来ES8前纵梁

在轨道交通车辆行业，7XXX系铝合金有50多年的应用历史。日本凭借其高速铁路和材料工业的先进技术水平，引领了铝合金在材料轨道车辆车体的应用，如图2-14所示。日本的第一代铝合金车体轨道车辆（以2XXX系山阳电铁车辆为代表）主要采用5083和6061船舶用铝合金；在制造第二代铝合金车体轨道车辆（以8XXX系近铁车辆为代表）时，专门研发了7N01铝合金，与5083铝合金配合使用。此后，日本轨道交通车辆制造商一直混合使用5XXX、6XXX和7XXX系铝合金。相应地，车体连接工艺经历了铆接、电阻焊到氩弧焊和搅拌摩擦焊的进步。车体结构也从板梁结构、板梁/型材混合结构发展为单层型材结构乃至全封闭式双层型材结构。

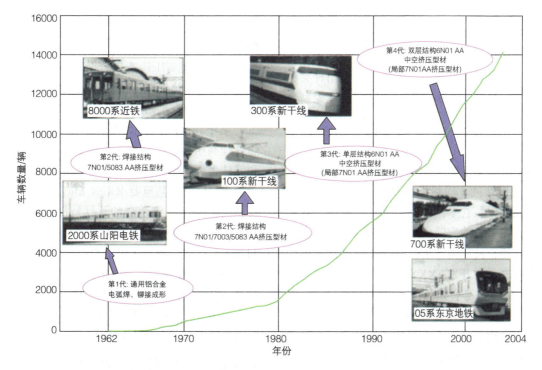

图 2-14　日本铝合金车体轨道交通车辆的发展历程

车体材料、结构和焊接工艺的协同进步，使铝合金车体的重量控制、强度、隔声隔热性能和制造成本控制均取得了显著进步。受挤压性能和可回收性的限制，7XXX系铝合金通常仅用于轨道交通车辆车体的主承力结构。如图 2-15 所示，300 系新干线动车组铝合金车体中，采用挤压性能良好的 6N01 铝合金薄壁、宽幅、大截面型材制造顶盖、侧墙等部件；而主承力结构，包括底架横梁、框架等使用高强度 7N01 铝合金挤压型材制造。除了轨道交通车辆车体，7XXX 系铝合金还被用于轨道交通车辆零部件（如轴箱、齿轮箱）的制造，用于替代钢铁材料，以进一步减轻簧下质量，优化车辆的动力学性能。

我国 7XXX 系铝合金在轨道交通车辆车体中的应用起步较晚，上海地铁1号线和广州地铁2号线早期进口车辆的牵引梁等部件使用 7XXX 系铝合金，CRH2 动车组及其衍生车型车体承力结构使用 7N01 铝合金，CRH380A 动车组车体部件使用 7B05 铝合金。汽车用各类型材（包括 6XXX 系列和 7XXX 系列高强度牌号）、箔材，国内基本上都能生产，板材有 2XXX～5XXX 系列以及 6XXX 系列中的少数牌号，7XXX 系列尚处于研发中。总体而言，7XXX 系铝合金在航空航天领域的应用相对成熟，而在车辆车身上的应用还是相对较少的，国内外对于 7XXX 系铝合金在车辆车身上的应用仍需进一步的研究与开发。

在未来的发展中，由于 7XXX 系铝合金的强度远远高于 5XXX 系和 6XXX 系铝合金，其作为轻质材料的代表代替钢板作为汽车的防冲撞件及支撑件

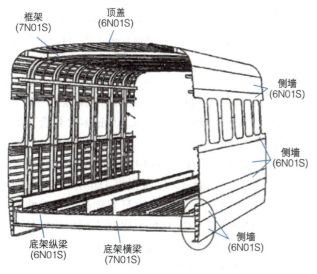

图 2-15　300 系新干线动车组铝合金车体的选材

等结构材料将成为一个必然趋势。然而，7XXX系铝合金的耐蚀性能差，在使用中容易在大气等介质中发生自腐蚀，作为结构件使用时安全系数不高，因此将7XXX系铝合金作为结构材料的关键就是如何有效地使耐蚀性能与力学性能相结合。7XXX系铝合金的力学性能与耐蚀性能受合金中析出相影响很大，由于其内部元素众多，组成的析出相种类也多，分布情况与尺寸大小也不同，因此合理控制合金内部析出相是改善力学性能与耐蚀性能的关键。

2.2.3.4 小结

7XXX铝合金可热处理强化，具有较高的强度、良好的热变形性能，焊接性能良好，耐蚀性较好，有应力腐蚀倾向，它是汽车防撞梁的轻量化替代材料。随着现代工业的发展，人们对7XXX系铝合金的强度、韧性、抗应力、耐蚀性能及焊接性能提出了更高的要求。在开发7XXX系铝合金时，遇到了提高合金的强度势必会降低合金的焊接性能的瓶颈。焊接性能是7XXX系铝合金的重要性能指标，在合金设计时，必须综合考虑合金的各项性能指标，兼顾合金的焊接性能。随着焊接技术的不断发展，如何通过一些涌现出的各种新型焊接技术（双丝MIG焊、搅拌摩擦焊等）来解决7XXX系铝合金焊接的一些难题，从而促进7XXX系铝合金焊接结构件的应用，是当下重要的研究方向。7XXX系合金在民用方面应用太少，如何通过合适的生产工艺和技术手段来降低成本、提高效率，并将其更多地应用于民用汽车、建筑、轮船、铁路等领域也是我们亟待解决的问题。对于7XXX系铝合金的应用和研究，仍然任重而道远。

2.2.4 免热处理高压铸造铝合金

在汽车用铝制品中，铸造产品占74%~80%，主要制品有进气管、气缸盖以及发动机相关部件。铝铸件代替铸铁件极大地减轻了车体重量，成为车体减重的重要途径。现有常规的压铸铝合金在铸造状态下是无法满足技术指标要求的，需要在压铸完成后对零件进行热处理，使得整个工艺流程加长，成本消耗变大，并且铝合金压铸件在热处理时易产生鼓泡、变形等缺陷，导致零件报废，生产成本增加。因此，免热处理高真空压铸铝合金材料就应运而生，其特点是零部件不需要经过高温固溶处理和人工时效，仅通过自然时效即可达到较高的强度和塑性，以规避铝合金压铸件在热处理时易产生鼓泡、变形等缺陷的问题，同时达到节省生产工序、提高零件成品率和降低生产成本等目的。然而，免热处理压铸铝合金对材料成分和压铸工艺的波动非常敏感，大型压铸件的成品率对压铸工艺要求更高。

2.2.4.1 免热处理铝合金简介

免热处理高压铸造铝合金适用于大型薄壁压铸件，无须进行热处理，在铸态条件下就能达到力学性能要求，目前汽车结构件免热处理压铸铝合金的研究主要集中在Al-Si系和Al-Mg系两大类。Al-Si系免热处理高压铸造铝合金，根据Si含量分为高硅含量和低硅含量两大类。相比于热处理压铸合金，其Mg含量明显降低，甚至要求不含Mg。此外，此类合金具备高强韧性压铸合金的共性特征，即低Fe含量、高Mn含量、添加Sr元素对共晶硅进行变质处理等。Al-Mg系免热处理高压铸造铝合金，可以细分为Al-Mg-Mn、Al-Mg-Si-Mn、Al-Mg-Fe、Al-Mg-Mn-Cu等几种类型。Al-Mg系合金的压铸控制难度要比Al-Si系合金大，其主要用于一些有特殊外观和防腐要求的部件，以及对力学性能要求不高的压铸件。

2.2.4.2 免热处理铝合金力学性能

美国铝业公司研发的C611合金在铸态下达到非常高的强度和伸长率，具有良好的弯曲性能和自动铆接性能、良好的防粘模能力与非常小的热裂倾向及凝固收缩倾向。铸态C611合金与560-F合金的力学性能见表2-14。

表2-14 铸态C611合金与560-F合金的力学性能

合金	$R_{p0.2}$/MPa	R_m/MPa	A(%)
C611	123	268	16.2
560-F	153	268	20

德国莱茵公司开发的Magsimal合金拉伸试板（厚度3mm），屈服强度160~200MPa，抗拉强度300~350MPa，伸长率11%~17%。Magsimal Plus合金的屈服强度200~220MPa，抗拉强度340~360MPa，伸长率9%~12%。Castaduct-42铝合金的拉伸试板（厚度3mm）的屈服强度为123MPa，抗拉强度254MPa，伸长率为14%。Castaduct-18合金拉伸试板（厚度3mm）屈服强度180MPa，抗拉强度323MPa，伸长率7.3%。除具有较高的力学性能外，Castaduct-42和Castaduct-18还表现出优异的耐蚀性能、尺寸稳定性和焊接性能。上述铸造铝合金力学性能详见表2-15和表2-16。

表 2-15 Magsimal 合金的力学性能

合金牌号	试板厚度 3mm		
	$R_{p0.2}$/MPa	R_m/MPa	A(%)
Magsimal	160~200	300~350	11~17
Magsimal Plus	200~220	340~360	9~12

表 2-16 Castaduct 合金的力学性能

牌号	$R_{p0.2}$/MPa	R_m/MPa	A(%)
Castaduct-42	123	254	14.0
Castaduct-18	180	323	7.3

上海交通大学研发的系列免热处理压铸铝合金同样具有优异的力学性能。铸态 Al-Mg 合金屈服强度为 150~160MPa，抗拉强度为 260~280MPa，伸长率为 10%~15%。铸态 Al-Mg-Si 合金屈服强度为 180~220MPa，抗拉强度为 360~400MPa，伸长率为 10%~15%。Al-Si-Mn-Mg+Sr/ 稀土复合变质铝合金屈服强度为 160MPa、抗拉强度为 270MPa、伸长率为 7%。Al-Mg-Cu 合金屈服强度为 180~200MPa，抗拉强度为 310~330MPa，伸长率为 6%~10%。Al-RE 合金屈服强度为 150~180MPa，抗拉强度为 200~250MPa，伸长率为 10%~20%，表 2-17 列出了上述铸态铝合金的力学性能。

表 2-17 上海交通大学研发的免热处理铸态铝合金的力学性能

专利公开号/授权号	$R_{p0.2}$/MPa	R_m/MPa	A(%)
CN104805322A	150~160	260~280	10~15
CN108754256B	180~220	360~400	10~15
CN109881056 B	160	270	7
CN110079714 A	180~200	310~330	6~10
CN110106401 A	150~180	200~250	10~20

2.2.4.3 免热处理铝合金国内外发展情况

如何确保零件在压铸状态下的组织和性能达到使用要求，并具有良好的抗冲击、抗变形、可焊接、可铆接性能，以满足各类铝合金压铸件的服役环境，是制备高质量免热处理铸造铝合金的关键。由于无法进行热处理强化，控制合金成分以及压铸工艺技术是开发免热处理高压铸造铝合金、改善合金性能的重要手段。国内外各大铝合金研发机构都在研发无需热处理可铆接的压铸铝合金材料，用于车身部件，目前部分免热处理高压铸造铝合金已经实现了商业化。

美国铝业公司开发了免热处理压铸铝合金，主要有 C611 合金、560 合金和 EZCast-NHT™ 系列等。其中，C611 的 Si 含量与铸造铝合金 A356 的 Si 含量相当，为 Al-Si 系压铸铝合金，已应用于汽车薄壁结构件上。由 Mg、Mn 固溶强化的 560 合金成功应用于高端车型的车身部件。C611 和 560 合金的具体成分见表 2-18 和表 2-19。EZCast-NHT™ 铝合金系列以 Mg 元素为主要合金元素，如 A152（Mg 的质量分数为 3.0%）和 A153（Mg 的质量分数为 4.0%）两种合金。

德国莱茵公司开发了 Magsimal 系列合金，主要合金成分为 Al、Mg、Si、Mn。通过在 Magsimal 基础上添加质量分数为 0.1%~0.3% 的 Zr，同时增加 Mg 元素的含量，避免在铸态组织中形成脆性硅化物，开发出了 Magsimal Phus 合金。德国莱茵公司采用 Fe 合金化开发出了 Castaduct-42 和 Castaduct-18 两种免热处理强化铝合金，专门用于汽车车身的高压压铸结构部件，具体成分见表 2-20。德国特里梅特铝业公司（Trimet Aluminium）与宝马汽车公司（BMW）合作研制了一种名为 trimal-04 的免热处理铸造铝合金，它是一种再生合金，主要用于压铸乘用车油底壳。

表 2-18 C611 铝合金化学元素（质量分数） （单位：%）

合金	Si	Fe	Cu	Mn	Mg	Ti	Sr	Al
C611	4.0~7.0	0.05~0.15	0.05	0.4~0.8	0.15~0.25	0.10	0.01~0.03	余

表 2-19 560 铝合金化学元素（质量分数） （单位：%）

合金	Si	Fe	Mn	Mg	Zn	Ti	Al
560.0	0.25	0.2	1.10~1.40	2.80~3.60	0.05	0.15	余
560.1	0.25	0.15	1.10~1.40	2.85~3.60	0.05	0.15	余

表 2-20　Magsimal 和 Castaduct 铝合金化学元素（质量分数）　　　　　（单位：%）

合金	Si	Fe	Cu	Mn	Mg	Zn	Ti	Zr	Be	Al
Magsimal	1.8～2.6	0.15	0.05	0.5～0.8	5.0～6.0	0.07	0.2	—	0.004	余
Magsimal Plus	2.1～2.6	0.15	0.05	0.5～0.8	6.0～6.4	0.07	0.05	0.1～0.3	0.004	余
Castaduct-42	0～0.2	1.5～1.7	0～0.2	0～0.15	4.1～4.5	0～0.3	0～0.2	—	—	余
Castaduct-18	0～0.2	1.5～1.7	0～0.2	0～0.15	4.1～4.5	3.3～3.6	0～0.2	—	—	余

免热处理压铸铝合金在国内仍处于研发阶段，上海交通大学研发的多种免热处理压铸铝合金较具有代表性。通过控制铝合金中的 Mg/Si 比，引入 Ti、Zr、V 等细晶元素，同时引入 RE/Ca 复合变质元素，细化 α-Al 铝基体及共晶 Mg_2Si 组织，从而获得高强韧压铸铝合金。主要开发的合金包括：高强韧压铸 Al-Mg 合金、Al-Mg-Si 合金、Al-Si-Mn-Mg 铝合金、Al-Mg-Cu 合金以及含稀土压铸铝合金，各合金的化学成分见表 2-21。

表 2-21　上海交通大学研发的免热处理压铸铝合金化学元素（质量分数）　　　　　（单位：%）

文献	Si	Fe	Cu	Mn	Mg	Zn	Ti	Be	Sr	Zr	Re	其他	Al
[46]	<0.1	—	—	0.4～0.8	4.5～6.5	—	—	—	—	—	<1	—	余
[47]	2.0～3.6	—	—	0.6～0.9	6.0～8.0	—	0.15～0.20	0.004～0.006	—	0.02～0.1	0.01～0.2	0.003～0.01Ca, 0.03～0.1V	余
免热处理 560 铝合金（美铝公司）	9.0～11.0	≤0.16	—	0.5～0.8	0.1～0.5	1.0～3.0	—	0.005～0.04	—	0.05～0.35	—	—	余
Magsimal®59（Rheinfelden Alloys GmbH&Co KG）	0.5～1.5	0.6～0.9	—	4.5～7.5	—	—	0.1～0.2	0.004～0.006	—	0.01～0.2	—	—	余
[48]	—	—	—	0.05～0.5	—	0.05～0.1	—	—	—	—	7～10	—	余

2.2.4.4　小结

免热处理高压铸造铝合金主要用于取代铸铁件，实现汽车车身减重。目前，其在国外已经实现应用，在国内的应用处于起步阶段。由于免热处理的铝合金不仅节省了铸件热处理工序，具备非常好的热稳定性能，而且具有降低制造成本、提高产品的良品率、节能减排等优点，其开发得到越来越多的关注。然而，由于没有热处理调节铸件的性能，铸件的性能更依赖合金成分和铸造工艺。目前，国内关于合金元素对免热处理铝合金组织、力学性能的影响、合金的强化机制仍在持续研究中，铝合金零部件在制备过程中出现的各种缺陷及技术研发情况报道甚少。未来的发展应集中于免热处理铝合金材料的研发及一体化成形高压铸造技术开发，推动免热处理强化铝合金零部件制造及应用。

2.2.5　陶铝新材料：纳米陶瓷颗粒增强铝基复合材料

铝合金是汽车轻量化的重要材料，在实际应用过程中因为自身韧性差，硬度低，耐磨、耐冲击差以及热稳定性差等短板制约了其发展。材料复合化设计突破了单体材料难以获得良好综合性能的缺点，成为新材料研发的重要方向。颗粒增强铝基复合材料继承了铝合金强度高、塑性好的优点，通过引入高强度、高模量的陶瓷颗粒，使之具有更高的强度、硬度、模量及更好的耐磨、耐热等性能，拓展了铝合金的应用。用铝基复合材料代替铸钢材料，汽车轮毂质量减轻 60% 左右，铝基复合材料抗疲劳和抗磨损性能优于铸钢件，提高了汽车的服役安全性。

2.2.5.1 铝基复合材料简介

铝基复合材料（Aluminum Matrix Composites, AMC）按照增强体的种类可分为纤维增强体和颗粒增强体两类。与纤维增强铝基复合材料相比，颗粒增强铝基复合材料具有低成本、制备工艺及设备简单、易实现大规模生产、各向同性等优点，得到广泛应用。颗粒增强体按尺寸大小一般可分为微米级和纳米级颗粒（1~100nm）。陶瓷颗粒增强相进入铝合金基体中，可以细化晶粒，提高铝合金材料的综合性能。在增强相体积分数相同的情况下，颗粒尺寸越小，则颗粒数越多，颗粒间距也越小，越能更好改善复合材料的力学性能。陶瓷颗粒的种类有 TiC、ZTA（氧化锆增韧氧化铝陶瓷）、Al_2O_3、SiC、ZrO_2、MgO、Si_3N_4、SiO_2、WC、B_4C 等。目前 Al_2O_3 和 SiC 陶瓷颗粒作为增强相使用非常广泛。

微米级陶瓷增强体在提高铝基复合材料强度的同时，很大程度上牺牲了其塑性。使用微米级颗粒来提高基体的强度时，尺寸较大的增强材料发生破裂时，会使复合材料内部产生微裂纹，导致局部黏结性变差，严重降低材料的强度。对复合材料进行二次加工，如热挤压、轧制等，会促使增强颗粒进一步破裂，导致复合材料性能下降。

纳米颗粒增强铝基复合材料有效克服了上述缺点。纳米粒子尺寸很小，能够阻止位错的运动和细化晶粒，基于 Orowan 强化机制和 Hall-Petch 效应提升铝合金力学性能。AMC 保持了良好的延展性、高温蠕变性能和较好的疲劳强度，同时其硬度、强度和杨氏模量也可以得到显著的提高。对于含相同体积分数增强相的陶瓷颗粒增强铝基复合材料，其增强相尺寸越细，陶瓷颗粒增强铝基复合材料的性能越好。例如，体积分数为 1% 的纳米 SiCp/6066Al 复合材料的强度与颗粒尺寸为 7μm、体积分数为 12% 的微米 SiCp/6066Al 复合材料强度相当，并且前者的塑性高于后者。

与微米颗粒增强铝基复合材料相比，纳米颗粒增强铝基复合材料展现出了很多优点：

1）纳米颗粒增强铝基复合材料强度高，同时还保持了良好的韧塑性或高速超塑性，明显改善了铝基复合材料的抗疲劳性能，极大地提高了塑性加工成形性。

2）纳米颗粒增强铝基复合材料高温力学性能优异，如高温拉伸性能、高温蠕变性能和高温伸长率等。

3）在制备过程中，纳米颗粒的加入能有效抑制铝基体晶粒的长大，通过晶粒细化提高其力学性能。

4）纳米颗粒由于尺寸小，不易发生颗粒破碎，自身结构缺陷较少，而且其周围还具有更高的热错配位错密度。

2.2.5.2 铝基复合材料性能

在铝基复合材料中，增强相是影响其性能的重要因素之一。目前，Al_2O_3 和 SiC 陶瓷颗粒作为增强相使用较广泛。Al_2O_3 颗粒作为典型的陶瓷颗粒增强相，具有低密度、高强度、高弹性模量、良好的耐磨性和化学稳定性，不产生有害界面反应，界面结合较好等优点。基于机械搅拌法和挤压法制备的 Al_2O_3/7075 铝基复合材料和 Al_2O_3/Al 铝基复合材料对比结果表明，采用机械搅拌法制备出的 Al_2O_3/7075 铝基复合材料，当颗粒质量分数从 0~2.0% 时，其晶粒尺寸随 Al_2O_3 增强相含量变化而变化，当颗粒质量分数为 1.5% 时晶粒尺寸最小。当颗粒质量分数从 0~1.5% 时，抗拉强度逐渐升高，到 1.5% 时达到最大值 196MPa，较铸态 7075 铝合金的 152MPa 提高了 29%，硬度从铸态的 67HB 提升到 112HB，提高了 67%。采用挤压法制备的 Al_2O_3/Al 铝基复合材料，添加量质量分数为 5%~15% 时，可以发现在 10% 处复合材料拉伸性能达到最大值 161MPa。当增强相变为纳米 Al_2O_3 和微米 Al_2O_3 时，在质量分数为 10% 微米 + 4% 纳米时，复合材料力学性能达到 174MPa，其抗拉强度仍较单一质量分数为 10% 微米 Al_2O_3 增强复合材料提高了 8.1%。可以采用超声辅助半固态搅拌的方法制备纳米 Al_2O_3 颗粒增强 2024 铝基复合材料，利用 20 kHz 的超声波所产生的空化效应和声流效应对半固态浆料中的纳米颗粒进行分散，再利用机械搅拌进行二次分散，使纳米 Al_2O_3 颗粒在半固态浆料以及成形件中均匀分布。

在铝基复合材料中，增强相的分散度是影响其性能的又一重要因素。采用液态搅拌铸造法制备的 SiC 颗粒增强 ZL108 铝基复合材料，颗粒在基体中弥散均匀分布，无明显团聚、气孔和夹杂等组织缺陷。合理增加 Mg 元素可以改善 SiC 颗粒与基体润湿性，改善颗粒的均匀分布。SiC 添加体积分数为 15%、20% 复合材料的抗拉强度分别为 352MPa 和 373MPa，屈服强度分别为 294MPa 和 304MPa，弹性模量分别为 82GPa 和 89GPa，布氏硬度分别为 111.3HB 和 124.6HB。添加体积分数为 15% 的 SiC 颗粒，基体抗拉强度提高约 23.5%，屈服强度提高约 12.6%，硬度提高约 23.1%，弹性模量增加约 15.5%；当增加 SiC 颗粒的体积分数达到 20% 时，复合材料的抗拉强度、硬度和弹性模量又进一步得到改善。王治国提出了一种溶剂辅助加机械球磨的新方法以改善纳米 SiC 陶瓷颗粒在 2014 铝基体中的分布均匀性，为纳米颗粒在金属基体中的均匀分散提供了借鉴；揭示出纳米 SiC 体积分数对复合材料室温及高温拉伸性能的影响规律，优化出较佳的拉伸性能，室温屈服强度、抗拉强度和伸长率分别为 378MPa、573MPa 和 9.0%，屈服强度和抗拉强度分别比 2014 铝基体合金提高 68MPa 和 60MPa，提高幅度为 21.9% 和 11.7%，伸长率较 2014 铝合金略有下降。

2.2.5.3 铝基复合材料制备技术

制备技术影响铝基复合材料以及产品的使用性能。先进的纳米颗粒增强铝基复合材料的制备技术是保证材料优异性能的前提，也一直是铝基复合材料领域的研究重点。由于纳米颗粒尺寸小于 100nm，因此具有小尺寸效应、表面效应、量子尺寸效应和宏观量子隧道效应等特性，致使原来的许多铝基复合材料的制备方法对纳米颗粒增强铝基复合材料都不适用。纳米颗粒增强铝基复合材料的制备方法主要有粉末冶金法、铸造法和原位生成法等。纳米颗粒增强铝基复合材料的主要难点在于：

1）增强相颗粒越小越容易团聚。陶瓷颗粒与铝熔体的润湿性较差，同时纳米颗粒存在着比表面积效应，导致颗粒与颗粒之间更容易团聚，在铝熔体中不易分散，很难制备出高体积分数的复合材料。并且铸造法中铝熔体的温度较高，使得纳米颗粒在高温下极易氧化，在制备的过程中很可能发生严重的界面反应，严重影响复合材料的性能。在制备过程中往往需要引入一些外场的作用，会对铝熔体造成一定的污染。

2）使用原位内生法增强相难以控制。虽然在熔体内反应原位生成纳米增强相表面较干净无污染，但反应过程中不能很好地控制增强相的尺寸、分散性和体积分数，往往还会有中间过渡相或伴生相的生成，这些中间相或伴生相大多会对复合材料组织性能产生负面影响。

3）使用粉末冶金法制备过程十分复杂，成本高，制备出的复合材料孔隙较多，致密度不高，需要后续的压力加工才能够使用。

2.2.5.4 国内外铝基复合材料发展情况

目前，各种纳米颗粒增强铝基复合材料的制备技术都仅处于实验室研究阶段，不能完全避免微区颗粒偏聚的问题，并且随着颗粒含量的增加，偏聚现象加重，以至于影响了复合材料的力学性能，因此改善制备方法是当前最为迫切的任务。在汽车领域，已有非纳米级别的陶瓷颗粒增强铝基复合材料的应用案例。例如，本田汽车公司率先用挤压浸渗法来制备 2.3L 发动机组的挂面层，大幅度提高了发动机缸体的摩擦性能、加快了电机的冷却速率，从而提高了发动机的输出功率，降低了油耗。美国福特公司用挤压浸渗法制备 20%SiC 颗粒／A356 汽车制动盘，且批量用于高级轿车的后轮上。相信在不远的未来，随着分析方法的不断进步、制备工艺的不断成熟和制备成本的不断降低，纳米陶瓷颗粒增强铝基复合材料必将以其优良的特性在航空航天和汽车等领域发挥更加巨大的作用。

2.2.5.5 小结

纳米陶瓷颗粒增强铝基复合材料在汽车领域应用前景非常广阔，但制造过程复杂、成本高、类型单一等问题制约了它的应用。如何采用工艺简单、成本低的铸造法制备出高体积分数的纳米颗粒增强铝基复合材料是制备高性能铝基复合材料的重点及难点。尤其是，将 Si_3N_4、ZrC 和 WC 等高性能纳米陶瓷颗粒用于制备铝基复合材料和开发新型纳米颗粒等，将成为今后纳米颗粒增强铝基复合材料的研究热点。

2.2.6 泡沫铝材料

泡沫铝是一种新型铝材，质量轻、比刚度大，具有良好的抗弯刚度、抗扭刚度和抗振减噪性。孔洞结构赋予材料的低密度、高强度、高减振以及耐高温等优点，很好地契合了未来汽车特殊零部件材料，如发动机舱盖、行李舱盖、车顶篷等位置的工况需求。在汽车制造方面，为减少汽车发动机振动产生的噪声，可以安装特制的泡沫铝消声器，其降噪效果可达普通钢结构消声器的 2～4 倍，同时重量相比普通消声器减少了 1/3 以上；在汽车的保险杠中加入泡沫铝材料可以有效缓解冲击力，提高汽车安全性；利用粉末冶金法制造的泡沫铝轿车盖板、零部件，重量可减少一半以上。生产工艺复杂性和孔洞均匀性是汽车行业用泡沫铝材料面临的关键技术问题。国内外已经发展起来的泡沫铝材料制备技术有直接发泡法、气泡法和粉末冶金法等。作为一种特殊的结构材料，它的发展非常引人注目。

2.2.6.1 泡沫铝材料简介

泡沫铝是一种在金属铝基体中分布有无数气泡的多孔材料,具有孔径大、孔隙率高、密度低的特点。不同于传统铝合金材料,泡沫铝具有特殊的孔洞结构,其性能与孔类型、孔形状、孔径、孔隙率、孔壁厚度、孔分散均匀度等泡沫材料结构参数息息相关。泡沫铝在不同平均密度下的二维和三维结构如图 2-16 所示。

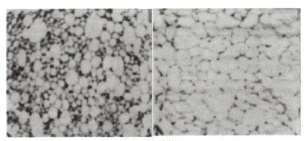

a) 二维结构

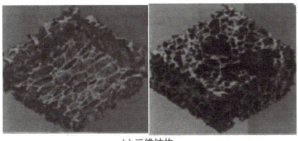

b) 三维结构

图 2-16 不同密度泡沫铝二维与三维结构

泡沫铝的基体选材灵活性很大,1~7 系铝合金理论上都可以作为发泡基体,但是不同的合金元素对金属熔体的黏度、表面张力等性质影响较大,黏度的增大会导致气泡在熔体中的上升阻力变大,增加了熔体中气泡的数量与稳定性,而表面张力的下降会导致气泡的临界形核能降低,气泡的数量与生长速率会提高,但稳定性会变差,泡沫铝最终的孔结构是这些性质综合作用的结果。前人研究表明,在黏度方面,Ca、Mg、Zn、Cu 等元素有促进作用,Si 的作用比较复杂,其加入总体上会降低黏度;在表面张力方面,Ca、Mg、Si、Zn、Cu 有助于降低表面张力,其中 Ca、Mg、Si 的降低作用更加明显。对于泡沫铝而言,一般按照其孔隙结构特征进行分类,目前主要分为开孔泡沫铝与闭孔泡沫铝,如图 2-17 所示。

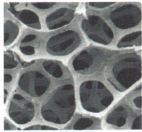 

a) 开孔泡沫铝　　　　　b) 闭孔泡沫铝

图 2-17 泡沫铝分类

1. 开孔泡沫铝

孔洞与相邻孔洞之间相互连通,通过溶解烧结法制备的泡沫铝均为开孔型,材料制备成本高,但产品的实际应用价值高,多用于功能应用,如流体控制和过滤器等。

2. 闭孔泡沫铝

孔洞与相邻孔洞之间相互独立、自行封闭。通过熔体发泡法制备的泡沫铝均为闭孔型,材料制备成本低于开孔型,在结构应用上受到了广泛的关注,如承受较低载荷下的能量吸收件等。

孔洞结构赋予材料的低密度、高强度、高减振以及耐高温等优点,很好地契合了未来汽车、飞机等交通运输工具的发展需求,因此泡沫铝常常作为新兴材料,在这些领域上创新突破,大放异彩。

泡沫铝复合结构在汽车轻质构件上已经开展了示范应用,如图 2-18 所示。德国卡曼公司采用泡沫铝夹层材料制造车顶盖板和底板,并将其应用到一款概念车上,刚度比原来的钢构件提高了 700%,质量比原来减轻 25%。美国福特汽车公司从 20 世纪 70 年代起就开始将泡沫纯铝用于汽车的防撞装置,奥迪、大众和菲亚特汽车公司已将铝管(或钢壳)/泡沫铝复合体用作发动机前部冲击能量吸收器。

图 2-18 泡沫铝在汽车内衬防撞的应用

泡沫铝是汽车吸声减振系统中非常有前景的应用材料，可以将泡沫铝运用到发动机舱上来隔离汽车发动机振动噪声。比如，宝马汽车公司把泡沫铝填充到发动机支架内部，吸收发动机运转过程中产生的噪声和振动，增强发动机支架的强度和刚度，如图2-19所示。

图2-19　填充泡沫铝的发动机支架

泡沫铝复合结构还有很好的散热隔热作用。泡沫铝是一种很强的耐热性材料，且在受热情况下不会散发有毒气体，在汽车绝热保温方面有优异的表现。例如，德国卡曼汽车公司运用泡沫铝夹层板进行发动机舱隔热，其保温绝热性能几乎比铝高出一倍。

2.2.6.2　泡沫铝材料性能

泡沫铝是一种在铝（铝合金）基体中包含无数个孔洞的轻质多孔材料，相较于传统铝及铝合金材料，孔洞结构的加入使材料拥有了多方面优异的性能。

1. 高冲击能量吸收性能和缓冲性能

泡沫金属的吸能性一般使用能量吸收能力（单位质量所吸收的能量）与能量吸收效率来表征，两者一般通过压缩应力-应变曲线获得。如图2-20所示，吸收能力由应力-应变曲线与横坐标轴所包含的面积反映，即图中阴影部分，而吸能效率则等于真实材料与理想材料（其压缩应力-应变曲线为水平直线）压缩到相同应变时两者吸能本领的比值，即图中阴影部分面积与矩形面积之比。泡沫铝合金的吸能能力取决于其应力-应变曲线的形状，而后者与孔隙率密切相关。研究表明，随密度的增加即孔隙率的降低，平台应力大幅增加，吸能能力增加，泡沫铝能量吸收率一般可达70%以上。

2. 优良的电、热性能

泡沫铝中含有大量气泡，热导率很低，仅为致密铝的1/100~1/10；电导率约为致密铝的1/20~1/6。表2-22列举了不同孔隙率泡沫铝材料的热导率。泡沫铝具有很高的耐热性能，加热到10000℃以上也不熔化，而且也不燃烧，可作为阻燃材料使用。

表2-22　不同孔隙率泡沫铝材料的热导率

孔径/mm	孔隙率（%）	热导率/[W/(m·K)]
1.7	91.6	1.63
2.0	91.8	1.63
2.5	91.3	1.64
1.7	81.2	3.23
2.0	81.4	3.22
2.5	81.0	3.19

3. 优良的吸声、隔声性能

其共振吸声系数达0.90以上，闭孔泡沫铝具有6~17dB的隔声性能。

4. 良好的阻尼性能和电磁屏蔽性能

泡沫铝的内耗值为阻尼合金Al-80Zn的2.8倍，电磁波屏蔽性能为80~140dB。部分泡沫铝材料的电磁屏蔽性能见表2-23。

5. 弯曲性能

泡沫铝经常以加芯板材的形式作为工程材料使用，此时更加关注其力学性能。其中，不同孔隙率夹芯泡沫铝板的弯曲性能详见表2-24。

孔隙率是指泡沫材料中孔隙所占体积与总体积的比值，该项参数是泡沫材料的基本参数，也是影响其力学、声学等性能的重要参数，一般采用称重法与显微分析法进行测量。孔径与孔径分布也是泡沫铝的重要性质之一，一般根据需要统计的孔数目选择直接观察或借助软件扫描观察。

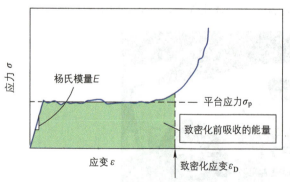

图2-20　材料的能量吸收力与能量吸收效率

表 2-23　不同密度泡沫铝材料的电磁屏蔽性能　　　　　　　　　　　　　　　（单位：dB）

频率 /MHz	密度 /(g/cm²)				
	0.88	0.74	0.55	0.42	0.38
10.0	110.3	110.6	98.7	111.3	110.1
30.1	128.2	111.2	106.7	111.6	119.7
60.7	106.9	106.2	103.9	108.4	104.0
82.0	104.8	94.6	92.7	94.3	97.2
100	107.1	99.8	95.4	99.5	101.9
202	98.5	81.4	98.5	80.7	79.3
498	66.9	50.2	58.3	45.3	33.8
822	60.4	73.4	63.7	63.0	53.1
1005	73.7	75.7	70.6	60.5	66.4
1228	78.8	79.4	76.4	71.9	64.5
1500	78.6	69.0	72.8	74.6	66.6
平均值	92.2	86.5	85.2	83.7	81.5

表 2-24　不同孔隙率夹芯泡沫铝板的弯曲性能

孔隙率（%）	试样高度 /mm	抗弯强度 /MPa	最大弯曲力 /N	试样截面系数 /mm²	断裂挠度	弯曲弹性模量 /GPa	弯曲断裂能量 /J
58.87	6.5	65	510	88.02	3.95	7	0.70
60.12	12	56	2710	540	4.75	2	4.60
72.81	12	33	1320	444	5.53	1	2.60
73.56	12.5	31	1410	507.81	2.39	1	2.20
74.74	13	28	890	352.08	5.67	1	1.7

高孔隙率与结构复合化可能是泡沫铝材料未来的发展方向。目前，泡沫铝在吸能、吸声、隔热、屏蔽电磁等方面表现亮眼，单纯的泡沫铝作为结构材料时在强度方面有所欠缺，但是通过与不同板材进行复合后的夹芯泡沫铝能够在一定程度上弥补缺点。研究表明，在孔壁强度相同时，孔隙率越高，孔壁韧性越高，吸能和阻尼越高且越稳定。在提高孔隙率的同时也应该关注泡沫铝材料与其他结构的复合，如不同板材的泡沫铝夹芯或在开孔泡沫铝的孔隙中加入松香、环氧树脂等填料，制成与黏弹性物质或无机非金属材料的复合材料，这种材料具有的复合阻尼会明显优于单一阻尼。

2.2.6.3　泡沫铝材料制备技术

泡沫铝的制备工艺众多，但其制备机理主要有两种：一种是设法在熔融态的铝中产生气泡；另一种是通过去除夹在铝中的其他物质来获得泡沫铝疏松多孔的结构。目前，属于前者的制备方法主要有直接发泡法、气泡法等，属于后者的制备方法主要有烧结法、电镀法和铸造渗流法等。下面简要介绍一些典型的泡沫铝制备工艺。

1. 直接发泡法

直接发泡法是制备泡沫铝最常用的方法之一，通过向熔融的金属熔体中加入发泡剂分解产生气体，同时利用搅拌装置使发泡剂在熔体中分散均匀，金属熔体冷却后许多气孔滞留在铝熔体中形成闭孔泡沫铝。采用直接发泡法生产泡沫铝的过程中，为使发泡剂形成的气泡容易滞留在熔体中，需要在发泡前加入增黏剂对熔体增黏，按增黏机理不同可分为陶瓷颗粒增黏和熔体合金增黏。目前，常见的金属增黏剂有 Ca、Bi 等，是通过和高温铝熔体生成复合氧化物和金属间化合物增加黏度；陶瓷颗粒增黏剂有 SiC、Al_2O_3 等，是通过增加熔体中的内摩擦力来提高熔体的黏度。发泡剂在加入熔体前需要热处理或包覆处理以提高发泡剂的分解温度，延长分解时间。该方法的工艺流程图如图 2-21 所示，当熔体温度稳定到增黏温度后加入增黏剂搅拌使熔体充分增黏，增黏完毕后再在合适的发泡温度加入发泡剂并搅拌均匀，最后保温发泡、冷却后即可得到泡沫铝材料。熔体发泡法的优点是制备工艺简单、产品孔隙率相对较高而且能够制备大规格的泡沫铝产品，因此熔体发泡法是工业化大规模生产的常用方法之一，但是该方法生产的泡沫铝容易形成大气孔，孔均匀性差，生产工艺要求苛刻，而且目前不能连续化生产。产生这些问题的主要原因是发泡剂分解温度和泡沫铝发泡温度相差过大导致发泡剂分解过快，而且直接发泡法常用的增黏剂 Ca 和发泡剂 TiH_2 价格相对较高，从而提高了整体生产成本，成为大规模商业化生产的瓶颈。

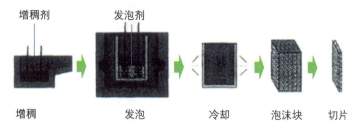

图 2-21　直接发泡法工艺流程

2. 气泡法

气泡法利用特别设计的涡轮或振动喷嘴向铝熔物中注入气体（空气、氮气、氩气等），产生气泡并均匀分散，从而使铝熔物发泡，形成的气泡与铝熔物的黏性混合物浮于液态铝上方，排掉下方的部分液态铝，用传送带将上方泡沫移走，经冷却后即制成泡沫铝材。该方法中的气泡容易长大、生成快、易破灭，因此不易控制发泡过程。该方法工艺流程如图 2-22 所示，因为纯铝液或铝合金液黏度一般较低，气泡生成后排液太快，难以在熔体中长时间存留，因此气发泡法首先需要在熔体中加入 SiC、Al_2O_3 等陶瓷颗粒增黏，从而保证形成的气泡在熔体中能够稳定存在，然后再向增黏后的熔体中吹入气体，注入的气体可以是空气、水蒸气、氮气、二氧化碳等廉价易得的气体，在吹入气体的同时通过调节螺旋搅拌器的出气孔和搅拌速度来产生不同大小和数量的气泡从而控制孔的大小和分布。随着气体不断注入使熔体膨胀溢出，经过传送带的牵引作用脱离发泡熔池，在传送过程中冷却凝固后即可得到泡沫铝板材料。该方法制备的泡沫铝板材孔隙率在 97% 以上，是目前泡沫铝材料商业化生产中最常用的生产方法之一。该方法的优点是设备少、工艺简单、可连续化生产，因此生产成本较低、经济效益好；缺点是生成的气孔平均尺寸较大、孔结构不规则而且生产过程难以控制、力学性能差。

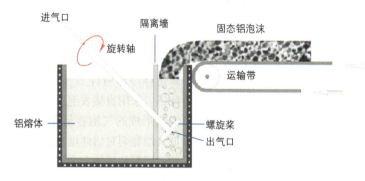

图 2-22　气泡法制备工艺流程

3. 粉末冶金法

粉末冶金法是通过粉末冶金制备泡沫铝材料的一种方法。该方法的工艺过程主要包括混料、挤压和加热发泡等，生产工艺流程如图 2-23 所示。首先，使用混料机将基体金属粉末和发泡剂按一定比例均匀混合，主要目的是使发泡剂均匀分散到基体金属粉末中；然后通过冷压成形的方法把混合后的粉末压制成具有一定强度的板材或棒材，然后将制备好的胚体放置在具有特定形状的密封对开模中，将其加热到高于铝粉或铝合金粉固相线的温度，发泡剂在半固态铝熔体或铝合金熔体中分解产生气体使胚体膨胀填充到模具型腔中，冷却后即可得到接近所需成品尺寸的泡沫铝零件。在利用粉末冶金法制备泡沫铝的过程中，制胚的压制力、胚体升温速度、发泡时间等对泡沫铝的结构具有重要影响。粉末冶金法的优点是气孔大小和分布可控、产品的再现性高，泡沫铝性能相对比较稳定且能够制备形状复杂的泡沫零件；缺点是该方法的工艺参数区间较窄，成本较高，且技术尚不成熟，无法满足大尺寸规格泡沫铝材料的制备需求，模具要求高。

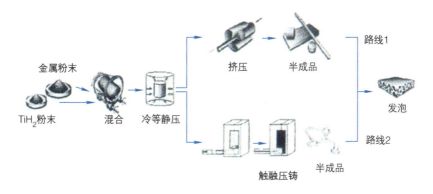

图 2-23 粉末冶金法制备工艺流程

4. 烧结法

烧结法是将粉末颗粒体——金属粒子或金属纤维与黏结剂混合后压制成形，再经烧结而成。粒子烧结法是将适当尺寸的金属粒子烧结成形的方法。纤维烧结法的主要工艺过程为粉末筛选、模压、烧结。其原料可根据用途的要求，选择长纤维或短纤维。以短纤维为原料时，采用金属模成形；以长纤维为原料时，利用特种编织机制成无纺布状，再经烧结制成泡沫金属。在该方法中，作为原材料的纤维，初期曾尝试采用金属切屑，其后则采用捆拉法制得不锈钢细长纤维，最近又开发了高频振动切削短纤维。

5. 电镀法

电镀法采用具有三维网状结构的聚合物材料（如聚氨酯）作为基底骨架，首先对此基底骨架进行预处理，以保证其电导率和基底结构表面粗糙度，电镀金属铝，再经焙烧除去内部的聚合物材料，从而制得泡沫铝。这种方法制造的泡沫铝空隙率可达 98%，而且具有可挠性，可进行弯曲、切断和深冲等加工。若向此泡沫铝中进一步压铸铝液，可提高其强度和耐磨性。

6. 铸造渗流法

铸造渗流法是指将一定粒度的盐类（氯化钠等）放入模具中，然后将液态铝及其合金压入其孔隙中，最后用蒸汽或热水把盐类溶出，得到通孔结构的泡沫铝材料。盐类粒子来源广泛、价格低廉，不与铝液发生化学反应，是铸造渗流法制备泡沫铝的理想材料。该方法的优点在于设备简单，成本低，适合工业化生产；缺点在于发泡后残存的盐类粒子会加剧材料的腐蚀，影响材料使用寿命并且对环境不友好。

泡沫铝材料性能的优劣主要取决于其孔隙率、孔径、孔类型、比表面积等孔结构参数，而成分设计和制备工艺则是影响孔结构参数和产品最终性能的主要因素。因此，高品质泡沫铝材料关键制备技术已成为新材料技术领域的重点研究方向，主要包括成分设计、发泡剂的选择和发泡预制体制备工艺等。

7. 成分设计

泡沫铝芯材成分一般选用纯 Al 或 Al-Si 合金（Si 的质量分数为 5%～12%）作为主要原料，Al-Si 合金体系的熔体性质（熔点、黏度、表面张力等）更为理想。为了调控熔体性质，改善泡孔结构参数和泡沫铝的整体性能，常在 Al-Si 合金中添加 Cu、Mg、Zn 等合金元素。在航空航天和汽车工业中，铝熔体良好的流动性是获得更轻更薄铝合金铸件的关键因素之一，在发泡制备泡沫铝的过程中，铝熔体的流动性（可用黏度值来表征）直接关系发泡效果和产品性能。在 Al-Mg-Si 复合体系中添加约 3% 的 Cu 粉可将 Mg_2Si 颗粒的尺寸从 30μm 减小到 10μm，使颗粒的总表面积增大，增加了熔体黏度，进而改变凝固区间和凝固模式，如加入 5% 的 Cu 时，可由逐层凝固变为同时凝固，最终改变组织结构和性能特征。因此，在 Al-Si 合金发泡体系中添加适量 Cu 粉可有效延长发泡过程中泡孔稳定时间，减少孔壁缺陷和裂纹发生，提高产品的综合性能。通过添加适量 Mg 粉（约为 2%）可有效改善泡孔结构，增加发泡过程稳定性，张敏等研究发现，在纯 Al 粉中加入单一相的 Si 或 Mg 作用不突出，而在共晶成分的 Al-Si 合金体系中添加约 1% 的 Mg 就可使泡孔大小更均匀、孔壁更光滑，且发泡过程更为稳定，即具有共晶成分的 Al-Si 合金粉末体系更适合稳定发泡。

8. 发泡剂的选择

在泡沫铝材料的制备过程中，TiH_2、ZrH_2、CaH_2、$CaCO_3$ 等粉末添加的主要作用是在铝熔体中通过加热分解产生稳定、适量的气体，而发泡剂是否进行预处理对发泡效果影响明显，主要采取的方法是，预氧化或表面包覆以提高发泡过程中的分解释氢温度、延缓释氢速率，或在适宜的温度条件下保温热处理一定时间（如200℃下保温2h），以去除发泡剂粉末表面的湿气和吸附气体，进而改善发泡剂粉末在铝熔体中的润湿性和分散性。国内主要采用 TiH_2。国外研究指出，用 $CaCO_3$ 粉末作为发泡剂效果良好，不仅可以降低工艺成本，还可减少有害气体产生，且制备的泡沫铝材料孔隙率更高、孔径尺寸更小；$CaCO_3$ 的密度（2.71～2.83g/cm³）低于 TiH_2（3.9g/cm³），且几乎与融熔铝相当，因此其在铝熔体中的分散均匀性相对更好，且其受热分解温度（660～930℃）亦显著高于铝的熔点，可避免在发泡过程中过早分解释放气体而影响发泡效果。

9. 发泡预制体制备工艺

粉末冶金法制备泡沫铝复合材料时，发泡预制品的质量直接影响最终产品的综合性能，而发泡预制体芯层粉末的致密度及均匀性是关键影响因素。采用常规热压方式制得的发泡预制体存在致密度极限值（约为95%），并且受压模内壁摩擦力影响，在横向截面上存在密度梯度，导致发泡时预制体内发生内应力聚集，进而易形成裂纹或空腔等发泡缺陷。因此，发展了发泡预制体复合轧制工艺技术。试验结果显示，轧制压下率为65%时（压下速度为0.1m/s），粉末致密度即可达98%以上，且发泡后可获得明显优于热压方式的芯层泡沫结构。如果采用先预压密实、再加热挤压的预制体制备方式，甚至可获得密度接近于100%的预制体，且制得的泡沫铝泡体孔隙率更大、泡孔形态多为发育完全的多边形良好结构。

2.2.6.4 国内外泡沫铝材料发展情况

早在20世纪中期，美、德、日等发达国家就开始对当时新提出的多孔结构材料有所关注，并且开始投入人力物力进行研究。1948年，美国的B.Sosnick提出泡沫铝材料概念，在铝基体中加入汞，利用汞在高温下发生汽化的特点，在铝基体内部形成孔洞，从而获得多孔铝，但是汞的毒性制约了泡沫铝材料的进步。1956年，美国Borkstern公司的Elliott等通过熔体直接发泡实现了泡沫铝的制备。1968年，美国ERG公司成功将制备的泡沫铝材料应用到航空飞机上。1978年，日本科学家上野英俊等另辟蹊径，利用火山灰作为发泡剂，成功制备了泡沫铝材料，并且推动了多孔材料在科研领域的发展。随着20世纪80年代日本制备工艺渐渐成熟，其神钢钢线工业株式会社利用熔体发泡法，率先实现了泡沫铝的工业化生产，泡沫铝开始在日本大量使用。1990年，挪威Hydro铝业公司和加拿大铝业公司Cymat提出了吹气法工艺，该工艺操作简单，适合连续生产，但孔结构与分布难以控制。20世纪90年代，德国的弗雷霍夫实用材料研究所将粉末致密化工艺（Powder Compact Foaming，PCF）应用到了多孔材料的工业生产中，并开始研究泡沫铝的微观结构和发泡动力学过程。进入21世纪，美国军方认识到泡沫铝巨大的高技术应用潜力，2003年，技术研究计划针对特种材料的开发拨款5亿美元，资助哈佛大学、剑桥大学和麻省理工对泡沫铝，特别是闭孔泡沫铝的各种性能和应用进行了联合的攻关研究。OME公司曾经设计过一款汽车，底盘采用了泡沫铝三明治板结构，这种材料使用后，在同种结构下可以减轻25%的重量。此前，BMW曾联合澳大利亚轻金属性能研讨中心（LKR），研发了一种泡沫铝结构的发动机支架，在强化车架刚度、提高构架稳定性的同时还能耗散机械振荡和热能。Cymat作为加拿大的老牌铝业公司，其生产的Cymat泡沫铝已经作为汽车填充物广泛应用于德国格奥菲舍尔汽车，其做成的发动机舱盖能抵挡11m/s的头形物撞击，其填充的撞击吸能盒能抵抗5m/s的碰撞，其填充的A、B柱的抗弯强度是空心柱的3倍。Cymat泡沫铝的主要性能参数见表2-25。

表2-25 Cymat泡沫铝的主要性能参数

杨氏模量/GPa	切变模量/GPa	弯曲模量/GPa	泊松比	抗压强度/MPa	抗拉强度/MPa	热导率/[W/(m·K)]
0.02～2.0	0.01～1.0	0.03～3.3	0.31～0.34	0.04～7.0	0.05～8.5	0.3～10

我国在泡沫材料领域的研究起步较晚，20世纪80年代后期东南大学、中国船舶重工集团725研究所、大连理工大学等相继开始了对泡沫材料的研究，并且取得了一定的成果。1999年，王录才等利用熔模铸造法成功制备出孔隙率70%且性能优异的开孔泡沫材料。2003年，左孝青等结合现代计算机技术，对泡沫铝的发泡过程进行了动力学和数值模拟研究，为后续研究者提供了理论支持。我国虽然起步较晚，

但是通过学习、借鉴国外技术以及自身研究创新，在20多年的时间里，已经在泡沫铝材料的理论研究与制备工艺等方面有了一定的积累，发展出了多种制备工艺，经过生产实践的检验，目前较为成熟的发泡工艺主要为熔体吹气发泡法、熔体添加剂法发泡法与粉末冶金发泡法。在实际生产方面，国内泡沫铝企业一开始主要采用渗流法，该方法在保证一定质量的前提下设备简单，成本较低，但是渗流法主要采用海盐填满模具，导致成品中会残留一定量的海盐，在使用过程中会加剧材料的腐蚀，影响材料寿命并且对环境造成污染，故该方法已被国外淘汰。目前，国内市场主要工艺为熔体发泡法，以清华大学材料院为主在2007—2014年间完成了产业化，代表厂商包括安徽一鸣新材料、杭州龙邦、辽宁融达等。目前，国内许多研究者与企业也努力在汽车行业对泡沫铝材料进行研究与开发。张立宇等用泡沫铝填充汽车B柱，建立泡沫铝有限元模型，仿真泡沫铝材料的力学压缩属性，结果表明，B柱的侵入速度和侵入量均有降低，B柱耐撞性显著提高。刘春盟等将泡沫铝加入汽车保险杠中，证明泡沫铝填充管保险杠在吸能效果和轻量化上效果显著。李传歌等将泡沫铝填入汽车发动机支架，利用有限元软件对填充前后的动静态特性进行了分析，结果表明，泡沫铝填充结构支架具有优越的力学性能，完全满足汽车的NVH设计要求。

就汽车行业而言，国内对泡沫材料的研究主要还是处于实验室的模拟仿真阶段，实际应用方面较少。从国内大部分泡沫铝生产厂家的产品来看，目前国内泡沫铝的使用主要还是在建筑行业，比如利用泡沫铝奇异的造型制作的装饰墙体，利用良好吸声能力制作的道路隔声板，利用优秀阻燃性能制作的防火门。在众多国内厂商中，安徽的一鸣新材料有限公司具有较高创新性，其独家开发的高电磁屏蔽性能泡沫铝材料，是表现优异的大功率电磁屏蔽材料，与传统的铁氧体等屏蔽材料相比，性能提高26倍，并且发热量极低，目前已将其应用于中科院物质科学研究所的EAST可控核聚变试验装置"人造太阳"系统电磁屏蔽，完美地解决了困扰中科院多年的电磁干扰难题。经国家认证权威机构检测，其全领域电场、磁场屏蔽性能达到60dB以上，局部频段达到90dB以上。目前，该项目将泡沫铝应用于大功率电磁屏蔽技术在全球范围内为首创，领先于欧洲ITER、美国NIF。

整体上看，由于中低端产业对产品性能要求不高，国内外产品在该领域不分伯仲，但是在高端产业方面，由于对材料性能要求的提高，国内还缺少研发，国外产品仍存在较大优势。

2.2.6.5 小结

泡沫铝材料特殊的孔洞结构，让其在轻质的基础上，拥有了优异的吸能减振、隔声隔热、屏蔽电磁等性能，这使其在工业领域应用广泛。如今"环保""节能""高效"已经成为中国工业与制造业在新时代发展的关键词，作为在中国近20年才发展的新材料，泡沫铝十分有希望成为下一个应用热点。在泡沫铝的制备方面，我国已经从最早的渗流法，发展到了后来的熔体发泡法、粉末冶金法等方法，所能制备的泡沫铝在尺寸与质量方面有了大的飞跃。但是作为近些年来的新材料，泡沫铝在工业生产和实际应用方面还是存在一定的进步空间。新型发泡剂和泡沫铝在汽车轻量化应用方面仍需加强探索。

鉴于泡沫铝产业目前存在的一些问题，提出以下几点建议：

1）泡沫铝产业应该重视材料成分、发泡剂、发泡预制体对成品泡沫铝性能的影响，尽可能优化上述三点，减少生产的成本，提高产品质量。

2）优化泡沫铝夹芯结构与形状设计，包括面板厚度和泡沫铝芯材的合适密度与孔隙率，不同形状与组合方式的泡沫铝夹芯板结构设计问题，面板厚度与泡沫铝层厚度匹配的问题，力求获得力学性能最优的泡沫铝结构。

3）积极研究泡沫铝材料在汽车轻量化上的大幅度使用，打破国外先进厂商的垄断地位。研究重点可以放在如何在众多的汽车零件中选择出需要并且适宜用泡沫铝结构来替代的汽车零部件结构，同时利用安全性能仿真分析、碰撞分析研究、材料本构关系确立的准确性评估，建立应用效果评估体系，以保证车辆在生产使用过程中满足轻量、安全两个指标。

4）建立泡沫铝材料研究及应用数据库，在材料成分设计优化与制备工艺参数选择过程中应用大数据和人工智能技术，以促进泡沫铝材料技术的数字化发展与应用。

通过以上几点建议，希望未来的泡沫铝材料可以在相对简单的生产流程中拥有更高的孔隙率，更加均匀的孔分布。同时希望，与泡沫铝相结合的复合材料与结构可以更多地出现并且得到更好的优化。最后，泡沫铝在未来汽车行业中大有可为，要抓紧相关研究与实际应用的结合。

2.3 铝合金材料典型应用实例

2.3.1 铝合金型材拼焊电池箱体

2.3.1.1 电池箱体简述

电池包是新能源汽车的核心能量源，为整车提供驱动电能。电池箱体作为电池模块的承载体，对电池模块的安全工作和防护起着关键作用。新能源汽车电池箱体主要由下箱体和上盖组成。电池下箱体以铝合金型材拼焊结构为主，电池包下壳体结构主要有底板、框架、吊耳，主要连接方式为焊接，典型结构示意图如图2-24所示。电池箱体不仅要具有良好的耐振动性、抗机械冲击性、耐挤压性，保护电池在受到外界碰撞、挤压时不会损坏，还应满足外壳防护等级应不低于GB/T 4208—2017《外壳防护等级（IP代码）》中的IP67的要求、盐雾腐蚀和高低温冲击测试要求。

2.3.1.2 电池下箱体选材与开发

发展纯电动汽车是解决环境污染与能源问题的有效途径。在纯电动汽车中，电池包的重量约占整车整备质量的30%左右，而电池包下箱体约占电池包重量的20%～30%。因此，电池包下壳体的轻量化、低成本的结构设计与制造能有效降低电动汽车的成本、提升其续驶里程。6XXX系铝合金无应力腐蚀开裂倾向，同时具有良好的焊接性，因此6XXX系铝合金型材是电池铝托盘的不二选择。通过对型材合理的结构设计，保证箱体结构刚性、强度的情况下，减少材料的使用，并结合计算机辅助工程（CAE）仿真分析，优化型腔结构和壁厚，对产品的耐久振动、抗冲击性、耐侧向挤压等各项安全性能进行验证，在保障安全性能不变的前提下更好地实现轻量化。电池箱体常规仿真分析工况如图2-25所示。

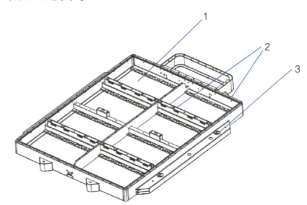

图 2-24 电池包下壳体典型结构示意图
1—底板 2—框架 3—吊耳

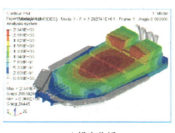
a) 模态分析

b) 耐久振动分析

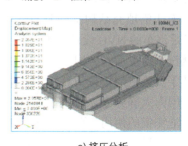
c) 挤压分析

d) 跌落分析

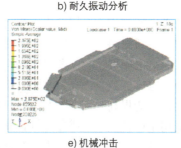
e) 机械冲击

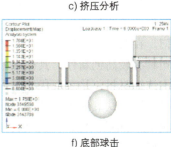
f) 底部球击

图 2-25 电池箱体常规仿真分析工况

2.3.1.3 电池下箱体工艺及生产验证

铝制电池箱体多采用机加后的铝挤压型材通过焊接制成，其结构包括底板和边框，底板通常由2～4块铝挤压型材采用搅拌摩擦焊拼接而成，边框通常由4～6个铝挤压型材横梁组成，各个横梁之间采用MIG焊、TIG焊以及CMT等方法焊接为边框结构，底板结构和边框结构再采用搅拌摩擦焊、MIG焊、TIG焊以及CMT等方法焊接为电池箱体总成。其中铝挤压型材的断面结构形式，要结合CAE仿真分析和铝型材成型能力等进行设计，并且受连接方式影响。

为了减小焊接变形，在焊接前采用焊接仿真技术进行预判，进而优化焊接顺序和焊接参数。同时设计焊接工装夹具，保证焊件尺寸和装配精度，低生产成本，缩短生产周期，有效提高生产效率。

箱体的焊缝质量通过焊缝质量检测技术进行检测，尺寸精度通过三坐标进行检测，密封性能通过气密性检测设备进行检测，耐蚀性通过环境试验箱进行检测，刚度和强度通过振动、冲击、挤压试验设备进行检测，完成以上检测才能保证箱体的性能和质量。检测设备如图 2-26 所示。

a) 电池包冲击、振动试验

b) 电池包挤压试验

c) 电池包盐雾腐蚀试验

图 2-26 产品性能验证试验

2.3.1.4 电池下箱体关键技术

钢、铝材质在强度、抗疲劳、弹性模量、抗拉、抗压、抗剪、抗弯等特性参数方面存在非常大的差异。采用金属合金技术，确实在某些方面（如强度特性方面），较纯铝获得非常显著的提升，但是，单一特性的强化，并不代表本质特性转移和完全变化。尤其在车辆工程中，动、静态载荷下特性差异表现得更加明显。因此，在结构设计中，尽管功能完全相同的零件，铝合金结构也不能等同于钢结构设计。

作为新能源汽车电池的外保护壳及载体平台，电池托盘的材料和制造工艺（机加工-焊接-装配-密封-测试）尤为关键，这将涉及新能源汽车上路后的安全性能、电池续驶里程、电池寿命，以及电池的防水、防火、防碰撞等综合因素，为此，电池托盘的轻量化指标、密封性能十分关键，这是新能源整车制造商、电池制造商及产业链配套供应商面临的考验。

此外，铝合金成本偏高，是钢板的 3~5 倍。在中低端新能源车型的推广应用中，铝的成本仍然是重要评价指标。

2.3.1.5 小结

电池箱体作为电池模块的承载体，对电池模块的安全工作和防护起着关键作用。动力电池受到重量、续驶里程的限制以及节能减排政策的影响，具有低密度、高性能、耐腐蚀、抗老化、塑形性好、易回收的铝合金成为电池箱体的首选材料。铝合金电池箱体具有易集成水冷系统，轻量化效果好，耐蚀性好，不需要表面处理，吸能、碰撞等性能好，工装投资较小，易于平台化集成等优势。目前电池壳体产品发展历程尚短，产品处于快速发展阶段，电池箱体结构种类繁多，应用工艺亦不同，钢铝混合电池箱体较铝合金电池箱体有明显的价格优势，未来有较大的市场发展空间。冲压、铸造类型电池箱体也有一定的市场发展空间。

2.3.2 铝合金铸造副车架

2.3.2.1 铝合金铸造副车架简述

副车架是底盘的重要承载件，是支撑前后车桥、悬架的支架。传统燃油汽车主要以钢制副车架为主，由于新能源汽车动力电池续驶里程、降耗减排的需求，铝合金副车架将是未来的主要趋势，是汽车实现轻量化的有效手段。铝合金副车架根据成形工艺的不同可分为：低压铸造铝合金副车架、高真空压铸造铝合金副车架、铸造+型材焊接副车架、液压成形铝合金副车架、铸造+挤压+液压成形铝合金副车架等，表2-26列出了主流铝合金副车架零件的情况。本节主要介绍一体式低压铸造成形铝合金副车架。相较于其他工艺铝合金副车架，该副车架减少了组件数量，减少了焊接和组装工序，提高了零件生产效率。

表2-26 主流铝合金副车架零件介绍

类别	常用材料	零件照片	代表车型
低压铸造铝合金副车架	AlSi7Mg		比亚迪唐 红旗H5
高真空压铸铝合金副车架	AlSi10MnMg		克莱斯勒200C 广汽传祺
铸造+型材焊接副车架	AlSi7Mg+6000系型材		雪铁龙C5 凯迪拉克CTS
液压成形铝合金副车架	铝管材料 AlMg$_3$Mn		大众辉腾
铸造+挤压+液压成形铝合金副车架	—		奥迪A6、A4及Q5，宝马5系、7系

2.3.2.2 铝合金铸造副车架零件设计

低压铸造铝合金副车架主要采用 Al-Si 系铸造铝合金，如 AlSi7Mg0.3。Al-Si 系铝合金是最常用的铝合金，具有良好的耐蚀性、可焊性、流动性，膨胀系数、收缩率小，适于铸造复杂零件。传统钢板冲焊方案与一体铸造铝合金方案的对比见表 2-27。

铝合金副车架为大尺寸薄壁复杂零件，主体加强筋及腹板厚度范围为 4.5~6mm，起安装作用的凸台位置尺寸较厚。铝合金副车架本体关键位置取样力学性能分析结果满足 $R_m \geq 260\text{MPa}$，$R_{p0.2} \geq 210\text{MPa}$，断后伸长率 $A \geq 7\%$，高于国家标准 GB/T 1173—2013《铸造铝合金》。

表 2-27 传统钢板冲焊方案与一体铸造铝合金方案对比

项目	传统钢板冲焊方案	一体铸造铝合金方案
材料强度	主要采用高强钢热轧板，抗拉强度范围 400~600MPa	采用低压铸造铝合金，抗拉强度范围 260~340MPa
厚度	主体壁厚 2.2~4.0mm	主体壁厚 4~10mm
总成内部连接方式	气体保护焊、点焊	—
总成精度	零件数量多、焊接区域多，整体精度相对较低	一体式铸造，且壁厚相对较厚，热处理后不易出现较大变形，整体精度较高
轻量化效果	—	铸造铝合金方案的主体壁厚是钢板方案的 2 倍左右，但密度只有钢的 1/3，故减重效果明显，可达 40% 以上

一体式低压铸造成形铝合金副车架在结构设计过程中首要考虑的问题是结构设计和铸造工艺。在汽车行业，根据副车架产品周边条件及技术条件，主要采用数值模拟与工艺分析开发相结合的方式进行零件结构设计，如图 2-27 和图 2-28 所示。在结构设计方面，主要考虑产品功能和使用性能，由于汽车在行驶过程中，副车架结构需要承受动态激励的作用，所以需要检验副车架的动态特性，同时还需开展铝合金副车架静刚度、静强度 CAE 计算。在铸造工艺方面，为了更好地实现铸造充型，通过模拟研究在铸造过程中金属液的流动和凝固过程，分析湍流和平流趋势，对成形过程中的缺陷进行预测，并对成形工艺方案加以优化设计。

a) 充型温度

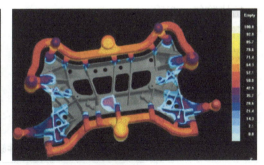
b) 凝固顺序

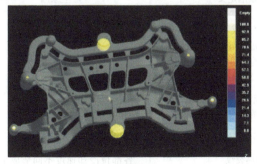
c) 缩松概率

图 2-27 铸造工艺仿真分析

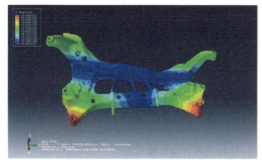
a) 1阶吊耳模态

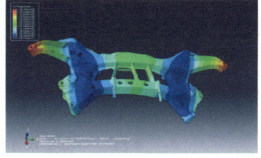
b) 2阶吊耳模态

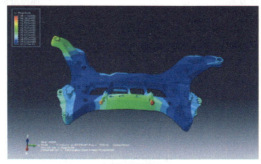
c) 3阶吊耳模态

图 2-28 自由模态 CAE 分析

2.3.2.3 铝合金铸造副车架工艺验证

低压铸造铝合金副车架产品制造工艺流程包括：铝锭熔炼、低压铸造、X 光探伤、热处理、荧光检测、CNC 机加等，其中铝锭熔炼、低压铸造、热处理是关键工艺步骤。

1）铝锭熔炼：合金配料→装炉→熔化→转运→晶粒细化→精炼除气→变质。

2）低压铸造：模具整备（砂芯制造）→模具加热→低压浇铸→机器人取件→刻标记→震砂→机器人去浇冒口、打磨飞边。

3）X 光探伤：条码扫描→零件上料安装→就绪 / 启动按钮→自动检测与分析→检测报告自动保存。

4）热处理：固溶处理（上料→加热→保温→淬火→转移放置）+ 人工时效处理（上料→加热→保温→自然冷却）。

5）荧光检测：上料→渗透→滴落→两级清洗→烘干→显像→人工下料→暗示观察→下料。

6）CNC 机加：上料→装夹→切削加工→下料。

2.3.2.4 铝合金铸造副车架性能分析

铝合金副车架主要性能要求包括：表面质量要求、内部缺陷要求、力学性能要求、微观结构要求、疲劳要求、总成模态要求等，常见的铸件缺陷、原因及解决方案见表 2-28。产品性能验证试验如图 2-29 所示。

表 2-28 常见的铸件缺陷、原因及解决方案

缺陷名称	缺陷类别	缺陷定义	产生原因	常见解决方案
冷隔	外部	铸件上有穿透或不穿透的、边缘呈圆角状的缝隙，缝隙中常被氧化皮隔开，不能完全融合为一体	铸型温度或金属液温度较低 充型压力低，充型速度慢 型腔排气不畅	采用合理的铸型温度和浇铸温度 改善铸型的排气条件、排气方式
浇不足	外部	铸件残缺或轮廓不完整或完整但边角圆角状且光亮		
铸造裂纹	内部 / 表面	沿晶开裂的热裂纹 穿晶开裂的冷裂纹	各部位冷却速度不同形成了内应力，内应力大于抗拉强度时造成开裂	严格控制杂质的含量 控制模具的温度和冷却速度，保持液体金属均匀稳定的流动

（续）

缺陷名称	缺陷类别	缺陷定义	产生原因	常见解决方案
变形	外部	铸件的外形或尺寸发生改变	结构设计不佳，铸件收缩不均匀 模具温度过高，冷却时间短，铸件硬度较低 顶针位置设计不佳，顶出变形 铸件粘模	优化结构 增加冷却时长，降低模具温度 顶针顶出确保平衡 清除模具粘模
夹杂物	内部/表面	铸件内或表面上存在与基体金属成分不同的质点，包括渣、砂、涂料层、氧化物、硫化物、硅酸盐	熔炼精炼除气除渣不到位；金属液与炉气发生化学反应生成	控制充型速度，无冲击、喷溅现象 彻底清除金属液的氧化渣 检查涂料层是否脱落，清理型腔中的灰尘、砂砾
气孔	内部	铸件内由气体形成的孔洞类缺陷	铝液发生喷溅现象，气泡无法释放，被包裹在铸件内	铝液平稳浇铸 优化浇道设计
针孔	内部	针头大小分布在铸件截面上的析出性气孔	铝液中氢含量超标	控制回炉料在20%以内 铝液除气选用纯度99.999%的氩气或者氮气 浇铸温度不超过740℃
疏松	内部	铸件缓慢凝固区出现的很细小的孔洞	浇铸温度过高，导致冷却速度较为缓慢，产生巨大收缩量而得不到补偿	精细化控制模具加热保温与浇注所需温度 优化冒口尺寸设计 铸件进行对称设计 控制凝固顺序，实现顺序凝固或同时凝固
缩孔	内部	铸件在凝固过程中，由于补缩不良而产生的形状不规则的孔洞		

a) X光探伤检测内部质量　　　b) 荧光检测表面质量　　　c) 台架耐久试验

图2-29　产品性能验证试验

1）铸件毛坯外观质量：零件铸造充型是否完整，表面有无明显冷隔、浇不足、铸造裂纹、变形等缺陷。

2）铸件毛坯内部质量：使用X射线对此次铸造毛坯开展内部质量检测，铸件中是否有明显的疏松区域，铸件气孔/针孔、缩孔等是否满足要求。

3）铸件力学性能：在低压铸造铝合金副车架上取拉伸试样进行力学性能测试，检测铸件力学性能是否满足要求。

4）微观组织分析：在低压铸造铝合金副车架不同部位取样，检测其变质效果、二次枝晶臂间距等微观组织是否满足要求。

5）台架耐久试验：完成悬架耐久试验后，铝合金副车架总成不能出现本体变形、开裂、断裂等故障。

6）总成模态测试：总成模态符合技术开发要求。

2.3.2.5　小结

铝合金制造副车架具有明显的轻量化优势，能够明显提升汽车操纵感，提升汽车燃油经济性或电动汽车续驶里程，同时其耐蚀性强，回收难度低，正在成为主流车型应用趋势。作为底盘受力结构件，其内在质量要求及尺寸精度要求均较高，且铝合金副车架外形尺寸较大，结构复杂，壁厚不均匀，铸造难度较大，易出现冷隔、浇不足、气孔、缩松、夹渣及变形等铸件质量问题。因此，需对浇注系统、精炼除气时间、铸造工艺、热处理工艺等工艺参数进行摸索优化并严格控制，以生产出合格铸件。

2.3.3 高真空压铸铝合金零件

2.3.3.1 高真空压铸铝合金零件简述

随着新能源汽车的快速发展，要求高强韧、高质量的汽车受力结构件也越来越多地采用压铸成形工艺来制备。目前铝合金压铸结构件的主要应用区域为前机舱纵梁、减振塔、后地板总成、电池包壳体，如图2-30所示。这些零部件往往都作为车体的碰撞主要传递路径，并承受整车行驶过程的动态冲击。在动/静态刚度、静强度、疲劳耐久性能上有着较高的要求。

传统的零部件方案主要为冷/热冲压钢板通过焊接组成，重量相对较重，且零件数量太多，装配工序繁杂，生产线较长，生产效率较低，而由铝合金压铸的一体式集成方案可以有效地解决这些问题。本节以后地板总成为例来介绍钢板冲焊与铝合金压铸方案的区别，见表2-29。

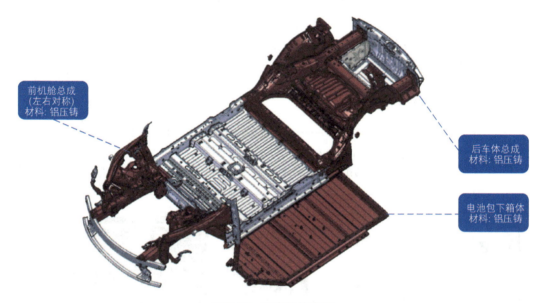

图 2-30 下车体的应用

表 2-29 后地板总成方案对比

方案	后地板总成	
	钢板冲焊	高真空压铸铝合金
零件数量	70+	1
总成内部连接方式	点焊+结构胶	—
重量	约75kg	约60kg
主体壁厚	0.7~2.0mm	3mm
材料抗拉强度	270~1500MPa	180~260MPa
材料牌号种类	10种以上	1种

目前成熟使用的铝合金压铸材料有ADC12、A380、YL112等，主要用于变速器壳体、转向器壳体、发动机悬置等采用螺栓连接的零件上，但普通压铸件由于大量卷气问题导致伸长率不高，因而高真空压铸技术得到了广泛关注，不同的铸造工艺的含气量如图2-31所示。

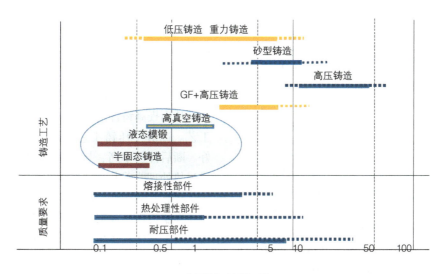

图 2-31 不同铸造工艺含气量比较

2.3.3.2 高真空压铸铝合金性能

一体集成式的零部件要求在承受大冲击载荷下,能产生足够大的变形而不易发生开裂,即良好的压溃性能。在装配工艺上,要求零件之间的连接可靠,即内部致密度高,缺陷少。零件制造上,由于零件尺寸较大,主体壁厚较薄,要求金属液流动性好、热烈倾向小且脱模性能好、不易粘模。

近年,高真空压铸技术得到快速发展,铸件组织致密且可以高温固溶热处理强化,满足了汽车车身和底盘结构件的要求,针对此工艺,国内外也开发出 Al-Si 系和 Al-Mg 系的压铸铝合金专利材料,部分材料牌号见表 2-30。Al-Si 系合金流动性好,收缩率低,脱模性能好,Al-Mg 系合金强度更高,但铸造性能相对较差,相关性能对比见表 2-31。

表 2-30 国外高强韧铝合金成分体系(质量分数)　　(单位:%)

合金代号	Si	Cu	Mg	Fe	Mn	Zn	Ti	Sr	其他
Silafront 36	9.5～11.5	0.03	0.10～0.50	0.15	0.5～0.8	0.07	0.04～0.15	0.01～0.015	0.1
Castasil 37	8.5～10.5	0.05	0.06	0.15	0.35～0.6	0.07	0.15	0.006～0.025	0.2
Aural 2	9.5～11.5	0.03	0.27～0.33	0.15～0.22	0.45～0.55	—	0.08	0.01～0.16	0.03
Aural 3	9.5～11.5	0.03	0.4～0.6	0.15～0.22	0.45～0.55	—	0.08	0.01～0.16	0.03
AA362	10.5～11.5	0.2	0.5～0.7	0.4	0.25～0.35	0.1	0.2	0.05～0.07	0.15
AA372	8.5～9.5	0.25	0.3～0.5	0.25	0.25～0.35	0.1	0.2	0.05～0.07	0.15
AA368	8.5～9.5	0.25	0.1～0.3	0.25	0.25～0.35	0.1	0.2	0.05～0.07	0.15

表 2-31 Al-Si 与 Al-Mg 系合金的特点

材料性能	Al-Si 系	Al-Mg 系
成形性	铸造性能良好,易于融化,适合薄壁复杂件	充型和收缩性能稍差
热处理	热处理可显著改善力学性能	铸态性能高,非热处理合金
脱模性	不粘模,拔模斜度>1°	拔模斜度>2°
可焊性	可进行 MIG 焊、激光焊	可进行 MIG 焊,技术要求稍高

德国的 Rheinfelden 公司研发了第一种低 Fe 高强韧压铸铝合金(Silafront 36),该合金严格限制了 Cu 和 Fe 的含量,同时添加 Mn(质量分数为 0.5%～0.8%)来代替 Fe,提升了脱模性。美国铝业 Alcoa(C601 和 C611)、加拿大铝业 Alcan(Aural 2、Aural 3 和 Aural 5)、Pechiney(Calypsc 61D)等公司相继开发了低 Fe 的 Al-Si-Mg-Mn 系列高强韧铝合金。

2005—2010 年,美国 Mercury Marine 公司研发出了低 Fe、低 Mn 的 Al-Si-Mg-Mn 系压铸铝合金,后注册为 AA362、AA367 和 AA368 合金。这些合金具有优异的静态和动力学性能,热处理后屈服强度高于230MPa，抗拉强度高于280MPa，伸长率大于14%。近两年德国Rheinfelden公司在Silafont 36合金的基础上采用多组元微合金化的方法，开发了Silafont 38合金，其性能可以达到屈服强度230~280MPa，抗拉强度300~350MPa，伸长率8%~11%，被认为是世界上最好的生产汽车结构件压铸铝合金材料。

2010年至今，上海交通大学也陆续开发出了JDA1（Al-Si系）和JDA2（Al-Mg系）两类非热处理型的高强高韧压铸铝合金材料。其中最新的JDA1b屈服强度130~150MPa，抗拉强度260~300MPa，断后伸长率12%~15%；JDA2b屈服强度200~240MPa，抗拉强度360~400MPa，断后伸长率10%~12%。

2.3.3.3 高真空压铸工艺

高真空压铸工艺是指通过在压铸过程中抽除压铸模具型腔内的气体，消除或显著减少压铸件内的气孔，从而提高铸件的力学性能和表面质量的先进压铸工艺。高真空压铸工艺的优点是气孔少、表面质量好、断后伸长率高、与普通压铸生产效率一致，且可通过热处理改善共晶硅形貌及产生析出强化，从而进一步提高其强韧性。高真空压铸技术与传统钣金零件对比在集成性、成形设计、轻量化方面更具优势，可将车身下车体系统集成为3部分（4~5个压铸零件）。高真空压铸的工艺流程如图2-32所示。

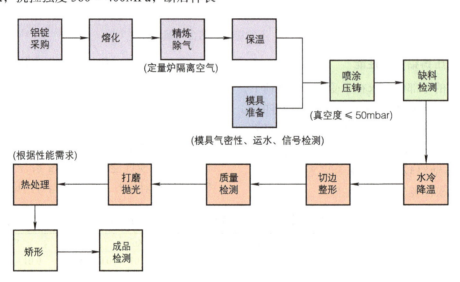

图2-32 高真空压铸的工艺流程

高真空压铸技术的关键技术是抽真空——利用缓冲罐内的真空度和抽气时间，能够有效提升高真空抽气指数。但压铸模具的密封问题依然不容忽视，一旦密封不好，总进气量过大，也会导致高真空度下降。因此，在高真空压铸时，需要进行相关技术改进操作。首先，在模具动模垫板后面增加一块密封板，并在密封板上设置密封槽和缓冲气槽；其次，在压射室和定模底板、冲头，以及压射室内壁上开设密封槽；最后，让所有缓冲气槽都与抽气体系连接。如果有少量气体进入密封圈内，则可利用缓冲气槽将其抽出，避免它进入模具型腔。

目前在国内，该技术主要应用于中高端车型。从这方面来看，降低成本是扩大高真空压铸技术应用范围的最大难点。与普通压铸工艺相比，高真空压铸技术成本增加的原因涉及材料、设备、金属模具、辅助材料等多方面。

未来的研究方向主要在以下两个方面：

一方面，为确保高延展性，要求尽可能减少材料组分中的Fe元素，这是为了避免铁系结晶物降低材料的延展性。同时，由于铝合金中的Fe元素几乎无法去除，其含量要求严格限制在0.15%以下，而低Fe含量的压铸合金必须采用电解铝锭配制，原材料的成本、能耗和碳排放，明显比传统压铸件偏高。因此，研究和开发对Fe元素容忍度更高的新型高强韧压铸合金，才能有利于控制成本，推动再生铝合金的循环应用，形成行业内部铝合金资源自循环，减少外部资源重复投入，降低铝合金材料获取阶段的碳排放。

另一方面，与普通的压铸机相比，高真空压铸机由于其附加功能而导致价格偏高。同时，由于压铸零部件的尺寸都较大，所以压铸机本身的尺寸也大，这进一步导致了设备费用的增加，随着可应用零部件范围的扩大,又必须引进新设备,而高成本设备的引进又使固定资产投资大幅上升,其影响直接反映到铸件生产成本上,也导致铸件的成本上升。为解决这一问题,如果能将提高真空度的追加设备附加在普通的真空压铸机上,通过提高原有设备的功能来抑制新的投资,就有可能生产出高品质的铸件。在考虑模腔内真空度及剩余空气量时,假设压铸套筒的充填率为50%,供给金属熔液后模腔及套筒内金属熔液与空气的比例为1:2左右,这样在套筒上半部分就会形成剩余大量空气的状态。如果压铸套筒的充填率更低,大量空气卷入铝合金熔液中的可能性就越大。为此,也有从套筒上部排出大量空气的相关方法研究。像这样采用在普通压铸机上追加设备的方式,可以保证铸件品质与高真空压铸产品的品质相当。

2.3.3.4 小结

一体式集成的车体设计给汽车的设计和制造带来一场重大变革,给国内汽车企业和压铸制造业带来了机遇与挑战,而高真空压铸工艺在其中扮演了极其重要的角色。对于汽车企业来说,车身下车体可通过2~3个大型压铸件组装而成,能够彻底取代传统冲压-焊装工艺。相比传统方案,该方案减少了将近400个零件,重量减少10%以上。通过一体压铸技术的导入,大幅降低了零部件数量,取消了大部分的涂胶工艺,简化了造车流程。

高真空压铸工艺也推动了大型压铸单元这类高端制造设备的发展。随着国内力劲科技子公司研发的6000T压铸机投入量产使用,说明我国超大型压铸机在技术和结构上取得了很大的突破,充分满足汽车领域、大型重型压铸件及多部件的一体化生产工艺,为国内和国际压铸装备领域的可持续发展打下坚实基础。同时力劲集团9000T巨型智能压铸机和海天金属8800t超大型压铸机问世,伊之密6000~9000吨位压铸机已完成研发,国产大吨位压铸装备拥有了更强的国际竞争力。

高真空压铸工艺发展迅速,但在一些技术领域还存在技术盲区,例如,需要通过多次试验才能获得系统性工艺特性参数,需要根据试验数据分析形成高真空压铸凝固特性、合金物性能参数等的数据库;还要通过技术改革,不断提升高真空压铸设备的机械化、自动化、系列化程度,促使高真空压铸技术日臻成熟。

2.3.4 铝合金前纵梁

2.3.4.1 前纵梁简述

在汽车上,前纵梁是正面高速碰撞的核心安全零部件,在正面偏置碰撞和正面全宽碰撞过程中起着吸收碰撞能量以及传递碰撞载荷路径的重要作用,如图2-33所示。同时,前纵梁还起到前舱动力总成和其他零部件的安装固定作用。

图2-33 正面碰撞传力路径

前纵梁系统通常可以按图2-34中a线分为前后两部分,后段属于乘员舱,应保证不变形或尽量小的变形,以减少侵入量对乘员的伤害。同时为了减小碰撞加速度,需要前纵梁前段有合理的变形来缓冲吸能。碰撞过程中动力总成装置和轮毂通常可视为刚性体,实际可溃缩吸能的空间为L4、L5两段。其中,L3段一般会被定义为低速碰撞的吸能区,主要考虑低速碰撞车辆的维修成本及方便性。该零件要求材料具备极好的强韧性,即一方面保证碰撞峰值力要求,另一方面保证碰撞压缩吸能过程稳定,满足正面碰撞安全防护需求。本案例中所述前纵梁特指a线(乘员舱)以前、L3段(前防撞梁吸能盒)以后的区域,主要作为高速碰撞工况下的吸能结构件。

通过对近5年(2016—2020年)欧洲车身会议中车型前纵梁应用材料分析发现,除去商用车和超跑车型外的50款乘用车,采用铝合金前纵梁的车型共计9款,主要以豪华品牌车型为主,详见表2-32。

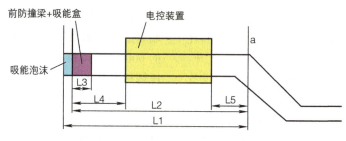

图 2-34 前纵梁位置示意

表 2-32 近 5 年欧洲车身会议铝合金前纵梁汇总

年份	车型	铝合金前纵梁材料	车身用铝占比
2016	陆虎 发现	6 系铝合金板材	68.6%
2017	陆虎揽胜 星脉	6 系铝合金板材	58.2%
2017	宝马 6 Series GT	6 系铝合金型材	24%
2017	奥迪 A8	6 系铝合金型材	65.3%
2018	捷豹 I-Pace	6 系铝合金板材	84%
2018	宝马 8 Series Coupe	7 系铝合金型材	23%
2019	宝马 X7	7 系铝合金型材	13%
2019	福特 探险者 Explorer	6 系铝合金型材	6.6%
2019	蔚来 ES8/ES6	7 系 /6 系铝合金型材	91.5%/87.95%

表 2-32 统计结果表明，捷豹路虎的车型前纵梁材料为 6 系铝合金板材，在 2013 年欧洲车身会议 Range Rover Sport 车型介绍中提到为 Anticorodal300-T61 合金，具有良好的强度以及压缩吸能特性；在 2015 年欧洲车身会议 Jaguar XF 车型介绍中提到为 AC300-T61 合金，是一种基于 AA6014 成分体系开发的高强度高碰撞吸能的合金材料。该材料相比 5754 合金可以实现 20% 的减重、9% 的成本降低。捷豹路虎的铝合金板材冲压前纵梁如图 2-35 所示。

图 2-35 捷豹路虎的铝合金板材冲压前纵梁

除捷豹路虎的车型外，其他车型的前纵梁材料均为 6 系或 7 系铝合金型材，其中 2019 年欧洲车身会议 Ford Explorer 车型介绍资料中详细对比了铝合金型材前纵梁方案和高强钢冲压拼焊前纵梁方案，如图 2-36 所示。换代车型由于新引入 HEV 车型导致增重 450kg，同时由于前舱动力总成和其他零部件的布置导致前悬缩短超过 100mm，这给正面碰撞安全设计带来了极大的挑战。采用铝合金型材前纵梁方案（相比钢制方案）同时提升了纵梁的压缩峰值力和平均力，能够吸收更多的碰撞能量，降低了乘员加速度。同时，多腔铝合金型材提升了纵梁结构稳定性，便于通过调整截形和壁厚来满足不同重量车型的碰撞吸能要求，通过在型材特定区域后加工加强筋可以进一步实现碰撞性能和重量的优化。

2.3.4.2 前纵梁铝合金性能

前纵梁的主要功能是在汽车碰撞过程中尽量吸收能量，减少碰撞对车身其他结构的损坏和乘客的人身伤害。目前，前纵梁用铝合金材料应具有中等的强度和良好的韧性，以满足在碰撞过程中稳定纵向压缩变形以及有效的能量吸收要求。铝合金前纵梁通常需要根据碰撞能量分配、变形吸能空间、弯曲/扭转刚强度等来设计截面形状、尺寸和料厚，并合理选择材料，以满足前纵梁的性能要求。例如，某车型前纵梁选用 6063 挤压型材，主要是为了保持平均压缩力的稳定，严格控制材料拉伸力学性能，特别是屈服强度波动性。采用 T/CSAE 154 极限尖冷弯的方法评价材料的韧性，该合金材料可以满足极限尖冷弯的要求，见表 2-33。

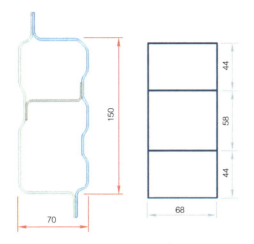

图 2-36 Ford Explorer 钢制和铝制前纵梁方案

表 2-33 某车型 6063 挤压型材前纵梁力学性能要求

合金牌号	抗拉强度 R_m/MPa	规定非比例延伸强度 $R_{p0.2}$/MPa	断后伸长率 A_5(%)	断后伸长率 A_{50mm}(%)	极限尖冷弯角 $α$/°
6063	≥ 220	220 ± 20	≥ 10	≥ 8	≥ 120

铝合金前纵梁还会定义全截面的纵向压缩性能要求。对试样施加轴向压缩力，使试样沿加力方向发生压缩变形和位移，直至试样高度减小至初始高度的 1/3。输出纵向压缩试验过程中的力-位移曲线，压缩过程中的峰值压缩力、平均压缩力和指定压缩距离下的吸收能量应满足设计要求，同时稳定的纵向压缩试验还要求试验后的试样应形成规律的褶皱，不能发生明显开裂，如图 2-37 所示。

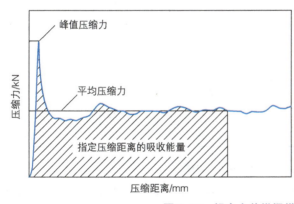

图 2-37 铝合金前纵梁纵向压缩试验结果

此外，铝合金型材前纵梁还需要关注涂装烘烤处理的短周期热稳定性能和服役状态下的长周期热稳定性能，即材料性能不应当发生明显的衰减以免影响碰撞安全性能。不同材料前纵梁优劣势分析见表 2-34。铝合金前纵梁相比高强钢可以显著轻量化，而铝型材方案易于实现多腔体结构，吸能效果优异，模具投入低，设计自由度高，是汽车车身较为理想的轻量化方案之一。

2.3.4.3 前纵梁铝合金关键技术

铝合金前纵梁的应用关键技术涉及两个方面：一方面是如何通过结构设计、材料选择、挤压和热处理工艺来保证高性能和高稳定性；另一方面，从表 2-32 中可以看到宝马和福特的车身材料仍是以钢为主，即使是铝车身，前纵梁也涉及与铝冲压件、铝铸件、铝型材等不同材料的连接，从而对连接工艺也提出了新的要求。

表 2-34 不同材料前纵梁优劣势分析

方案	高强钢冷成形	22MnB5 热成形	铝合金板材	铝合金型材
典型材料	DP1000	1500PHS	6 系铝合金	6/7 系铝合金
强度级别	1000MPa	1500MPa	200～300MPa	200～400MPa
结构形式	盒形内外板	盒形内外板	盒形内外板	一体化多腔
成形工艺	冷冲压	热冲压（软区设计）	冷冲压	挤压
连接工艺	点焊	点焊	SPR 等	FDS 等
零件重量	☆☆	☆☆☆	☆☆☆☆	☆☆☆☆☆
零件成本	☆☆☆☆☆	☆☆☆	☆☆	☆
零件碳排放	☆☆☆☆☆	☆☆☆	☆☆	☆☆

注：☆☆☆☆☆表示最优，☆表示最差。

对于铝合金挤压型材前纵梁的性能开发，型材截形和壁厚的设计除考虑性能要求外，还应关注挤压工艺的需要，确保可以获得良好的尺寸和外形精度。此外，铝合金型材的整个加工与热处理工艺均十分关键。特别是挤压过程中的温度控制，如出口速度、淬火方式以及时效处理制度等，进而更好地发挥合金材料的强度与韧性潜力。表 2-35 列出了某车型 6063 铝合金型材前纵梁不同工艺参数下试模样件的性能示例，实际开发过程中应重点关注工艺参数的开发与稳定性控制。通常情况下，铝合金挤压型材前纵梁采用 T7 过时效的热处理制度，相比 T6 状态的型材可以获得更好的韧性和适当的强度，并且有利于控制性能的稳定性。

表 2-35 时效制度对铝合金型材前纵梁性能的影响

棒料温度/℃	490	500	505	505	505
模具温度/℃	475	475	475	475	475
挤压速度/(mm/s)	2.5	2	2	2	2
淬火方式	喷淋	风冷	喷淋	喷淋	喷淋
时效制度	175℃/8h	175℃/8h	175℃/4h	175℃/6h	175℃/8h
形状尺寸	波浪	合格	合格	合格	合格
抗拉强度 R_m/MPa	229	204	211	222	230
屈服强度 $R_{p0.2}$/MPa	253	233	248	251	256
断后伸长率 A_{50mm}（%）	11	12.5	14	13.8	12
纵向压缩性能	明显开裂	严重撕裂	部分开裂	合格	明显开裂

铝合金挤压型材通常为多腔体的封闭截面结构，其连接方式以 FDS 螺接、铆接并加结构胶的复合连接为主，以弧焊和点焊连接为辅；其中，FDS 连接应注意连接点处的平面度、连接方向以及 FDS 枪的工作空间需求，同时为满足前纵梁的高强度连接要求，应控制被连接件的层数、厚度以及连接点距离。当铝合金前纵梁存在铝合金点焊以及结构胶应用时，应注意保持铝型材表面的清洁。通常采用表面钝化处理能够获得稳定的表面接触电阻，有利于控制焊接过程的稳定，同时致密的钝化层薄膜也有利于提升结构胶粘接接头的耐候性，是获得高质量连接接头的有效手段。

2.3.4.4 小结

随着汽车电动化的快速发展，铝合金前纵梁的应用也在迅速扩展，目前国内的新能源汽车，如爱驰汽车 U5、极狐阿尔法 S、广汽埃安 LX 等车型均已经实现应用。总体来看，冷成形高强钢和热成形钢的前纵梁仍然占据着主导地位，铝合金前纵梁的应用仍待进一步发展。铝合金前纵梁轻量化效果明显，但相比钢前纵梁还存在着成本较高、连接工艺复杂、碳排放高等现实的问题。对于铝合金前纵梁而言，挤压型材方案结构设计自由，成形制造简单且利于控制成本，是较为理想的发展方向。

2.3.5 铝合金仪表板横梁总成

2.3.5.1 仪表板横梁总成简述

仪表板横梁总成（Cross Car Beam，CCB）的三维结构如图2-38所示。CCB主要包括管梁、侧端支架、管柱固定支架总成、下支脚以及附属支架等。CCB是为仪表板（Instrument Panel，IP）总成及其附件（如中央显示屏、主机、组合仪表等）、乘客安全气囊（Passenger Air Bag，PAB）、转向管柱（有时包括制动踏板、加速踏板、离合器踏板等底盘零件）、空调箱、线束等零件提供支撑的结构件，同时也是模块化仪表板总成装配过程中的辅助夹具和定位支撑件。它安装在车身上，直接固定或者带有1~2个支撑支架固定到地板通道上，承受所支撑和连接零件传递的载荷，影响乘员的安全。仪表板横梁必须具有足够的刚性，以便行驶和急速运转时方向盘不会出现干扰振动，并且在上下车时能够为转向管柱提供稳定的支撑。

图 2-38 CCB 的三维结构

目前，大多数的CCB主要采用普通钢材冲压焊接而成。铝合金作为一种轻质合金，具有良好的力学性能，密度只有钢材的1/3，采用铝合金材料设计制造CCB是实现整车轻量化的一个重要手段。某车型采用铝合金材料对CCB进行设计，提出采用挤压和冲压工艺设计零件，采用拉铆、压铆以及弧焊连接成总成的CCB设计方案，在满足模态和碰撞安全性能要求的前提下，来实现轻量化设计。

CCB作为仪表板及驾驶舱其他模块的支撑机构，需要承载和传递连接件的载荷，以保证乘员的舒适性和安全性。根据C-NCAP对乘员碰撞伤害值评价要求，CCB在碰撞过程中虽然不对乘员身体造成直接伤害，但是如果碰撞时CCB受力变形较大，会带动固定在其上的零件对乘员产生伤害。因此CCB必须有一定的耐撞性，能在车辆发生碰撞时有效阻挡驾驶舱零件向乘员的侵入，降低碰撞时乘员受到的伤害。对铝合金CCB的50km/h正面碰撞主梁侵入量和64km/h偏置碰撞主梁侵入量进行仿真分析（表2-36），结果满足目标要求。

表 2-36 铝合金 CCB 碰撞仿真分析

分析项	目标值	分析结果
50km/h 正面碰撞主梁侵入量	< 40mm	17.2mm
64km/h 偏置碰撞主梁侵入量	< 40mm	14.1mm

车辆运行过程中，噪声、异响和抖动均会影响驾驶的舒适性和降低车辆品质，其中方向盘抖动问题的原因在于CCB自身刚度不足，无法有效支撑方向盘，方向盘受到激励后与CCB发生共振。为避免方向盘的抖动，对铝合金CCB进行自由模态分析，结果见表2-37。方向盘在垂向的模态、横向的模态和IP总成模态的仿真分析结果均符合目标要求。

表 2-37 铝合金 CCB 模态分析

项目	目标值	分析结果
方向盘在垂向的模态	≥ 35Hz	35.1Hz
方向盘在横向的模态	≥ 35Hz	37.0Hz
IP 总成模态	≥ 35Hz	36.8Hz

2.3.5.2 仪表板横梁总成铝合金的性能

5系铝合金具有耐蚀性能强、焊接性能好、屈强比低、伸长率高、成形性能良好，可用于形状复杂零件的优势，所以选用5系铝合金作为CCB冲压件的材料；6系铝合金具有较高的强度、较好的塑性、优良的耐蚀性能、较好的可挤压性，可用于CCB主梁和其他支架，主要组件见表2-38。经过更换轻质铝材料、合理布置挤压截面上的加强筋结构，以及优化左右侧支架翻边，铝合金CCB相较于钢制CCB减重约30%左右。

表 2-38 CCB 子系统主要组件

序号	零部件名称	使用材料
1	仪表板主横梁	6系铝合金型材
2	仪表板饰件安装支架	6系铝合金型材
3	转向管柱支架	6系铝合金型材
4	电器模块支架	6系铝合金型材
5	空调支架	6系铝合金型材
6	横梁左/右端支架	5系铝合金板材
7	车身固定支架	软钢

根据模态和碰撞分析结果，铝合金 CCB 主横梁的刚度、强度和韧性的要求较高，以满足 CCB 在碰撞过程中吸收和抵御机舱传递过来的载荷，保证整个仪表总成的侵入量满足安全要求。这里以某车型铝合金 CCB 为例，主横梁选用 6061 铝合金，其他铝型材支架选用 6063 铝合金，而横梁左/右端支架使用冲压工艺，故选用 5754 铝板，力学性能要求详见表 2-39。

表 2-39 某车型铝合金 CCB 组件力学性能要求

零部件信息	合金牌号	抗拉强度 R_m/MPa	规定非比例延伸强度 $R_{p0.2}$/MPa	断后伸长率 A_{50mm}（%）
仪表板主横梁	6061-T6	≥ 260	≥ 240	≥ 7
其他支架	6063-T6	≥ 215	≥ 170	≥ 6
横梁左/右端支架	5754-O	≥ 200	90 ~ 130	≥ 20

表 2-40 对比了不同材料方案 CCB 的差异。本案例中的挤压型材和铝板材冲压拼焊的铝合金 CCB 相比钢制 CCB 可以显著降低零件重量，与镁合金一体压铸、铝塑复合或全塑料类型的方案相比，可以通过部分支架设计变更适配不同的车型，避免新开发大型压铸模具或注塑模具，显著降低零件开发费、模具费和开发周期，属于汽车内饰结构件中性价比极高的轻量化方案。

表 2-40 不同材料 CCB 优劣势分析

方案	钢制焊接型	镁合金压铸型	铝合金型	铝塑复合型	全塑料型
典型材料	Q235、DC01	AM50	5/6 系铝合金	5/6 系铝合金、塑料	塑料
制造工艺	冲压	铸造	挤压/冲压	挤压/注塑	注塑
零件重量	☆	☆☆☆☆	☆☆☆	☆☆☆	☆☆☆☆
零件成本	☆☆☆☆	☆	☆☆☆	☆☆☆	☆☆
零件碳排放	☆☆☆	☆	☆☆	☆☆	☆☆

注：☆☆☆☆表示最优，☆表示最差。

2.3.5.3 仪表板横梁总成铝合金关键技术

铝合金 CCB 的工艺过程包括：主梁的挤压成形，支架的冲压或挤压成形，主梁与支架的加工，主梁与支架的总成焊接。为了满足 CCB 的结构和功能需求，超过 20 个子零件需要通过焊接进行集成，焊缝数量众多。由于铝合金材料的特殊物理性质，如热导率大，需要能量集中的大功率热源，然而能量输入高又会导致焊缝热影响区性能明显下降，通常焊接接头的强度只能达到基材强度的 60% 左右。此外，铝合金热膨胀系数大，容易导致焊接变形，对于焊缝密集的铝合金 CCB 而言，其关键技术主要是焊接工艺的控制。一方面，需要通过焊接工艺参数优化来保障每道焊缝的焊接熔深，控制焊缝内部缺陷，从而获得良好的焊接接头力学性能。另一方面，需要选择合理的焊接顺序，尽量降低焊接热输入等来减小焊接内应力和变形，甚至采用焊后矫形工装来应对焊接变形问题，从而满足铝合金 CCB 总成大量安装点的尺寸精度要求。

2.3.5.4 小结

随着汽车节能减排要求的不断提高，内饰零件的轻量化也越来越紧迫。其中，CCB 作为重要的内饰结构件，相比钢制方案，采用轻质材料可以在满足零件性能需求的前提下实现显著的轻量化设计，铝合金 CCB 也逐渐被越来越多的车型选用，如爱驰 U5、特斯拉 Model X、奥迪 A4 等。其他轻量化材料的 CCB，如镁合金压铸型、铝塑复合型和全塑料型也有部分车型采用。综合来看，铝合金 CCB 开发设计相对简单，模具投入较低，兼顾良好的轻量化效果，属于性价比有显著优势的轻量化方案。

2.3.6 铝合金防撞梁

2.3.6.1 铝合金防撞梁简述

汽车前、后防撞梁是被动安全件，属于前、后保险杠系统，通过溃缩变形吸收汽车的动能，降低碰撞的冲击力,确保乘员的安全。一个典型的防撞梁总成由横梁、吸能盒、安装底板三个主要部分构成,如图2-39所示。其形式与汽车的总体布置有关,受车身造型及相关法规的制约。

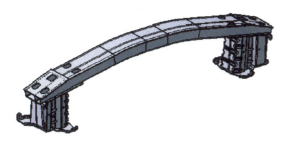

图2-39　7系铝合金防撞梁总成结构

同时,汽车防撞梁需满足各项性能要求,主要包含低速及高速碰撞性能,作为低速碰撞中最重要的承载和吸能部件,防撞梁可在低速碰撞中保护车身、汽车前后车灯、发动机舱部件、冷却模块、排气系统等。轻微碰撞可以依靠防撞梁自身吸收能量,防止纵梁变形,降低维修成本;高速碰撞时,防撞梁对整车碰撞初期的吸能特性和车体减速性能有很大的影响。防撞梁无法吸收所有的碰撞能量,更重要的作用是合理地分散碰撞力,防止车身应力集中、局部变形过大,保证能量传递的稳定性。碰撞过程中,吸能盒不能发生偏折,必须先于纵梁压溃。

2.3.6.2　防撞梁铝合金性能

7系高强铝合金(Al-Zn-Mg-Cu系)具有低密度、高强度的特点。随着汽车轻量化材料应用的深入,高强7系铝合金的应用也越来越广泛,越来越多的车企开始使用该材料减重。7系铝合金以锌为主,少量添加镁、铜,为铝镁锌铜合金,可热处理,属于超硬铝合金,有较好的焊接性,但耐蚀性较差。其中,超硬铝合金接近钢材的硬度、挤压速度较6系合金慢,焊接性能好。

铝合金防撞梁在方案设计时主要考虑以下因素:

1)重量目标。通过优化防撞梁的截型尺寸,达到减重的目的。

2)性能要求。横梁作为防撞梁总成的重要部分,需要有足够的强度和抗弯能力。对于7系铝合金横梁,截型的设计尤为关键。通过合理布置加强筋、在特定部位增加法兰边、增大截型的过渡圆角等方法提高横梁的抗弯能力。图2-40所示为三点弯曲的仿真模型,两个支架的跨距为1000mm,压头行程为200mm。由图2-41所示的三点弯曲的力-位移曲线可知,随着材料强度的增加,横梁的抗弯力成正比增加,最大增幅可达60%。

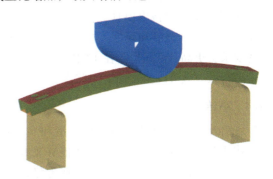

图2-40　三点弯曲仿真模型示意图

3)成本要求。

因此,应综合考虑设计方案的重量和材料的单价等因素评估方案的设计成本。

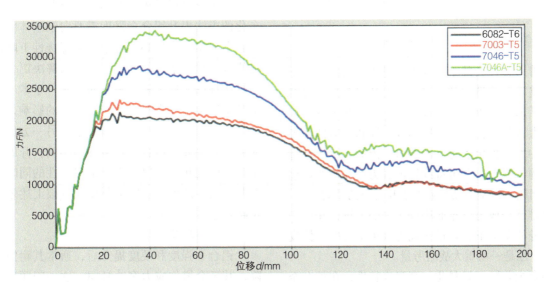

图2-41　三点弯曲的力-位移曲线

2.3.6.3 铝合金防撞梁生产工艺

7 系铝合金防撞横梁的典型加工工艺流程：型材挤出成形—拉弯、压弯—冲压—机加工—去毛刺—清洗—时效处理—压铆、拉铆—最终检测及打标识。其中的关键工艺为挤出和拉弯、压弯。

铝合金横梁在挤出成形中，由于材料与模具具有相对位移，必然导致模具的磨损，当磨损积累到一定量后，零件尺寸就会超出公差范围，最终导致模具的报废，挤压模具 70% 以上的失效形式是磨损。而 7 系铝合金的强度高，挤出工艺更复杂，模具的使用寿命更低。7 系铝合金的挤压模具设计和成形制件质量控制等关键问题迫切需要优化改良，而优化的挤压模具设计方法来源于对挤压过程中剧烈变形下材料的硬化机理、变形方式、流动规律、工艺参数以及制件缺陷等的认识。因此，需通过研究 7 系铝合金材料的硬化机理、材料分类、成形制件缺陷以及模具结构等对挤出模具进行优化。由于 7 系铝合金具有更高的强度和硬度，在拉弯的过程中对设备的要求会更高，因而需要在 T4 状态下对型材进行拉弯后再做时效处理至 T5 或 T7 状态。

2.3.6.4 小结

7 系铝合金防撞梁的优势是低密度和高强度，可设计出重量更轻的产品，使得汽车能够兼顾减重和安全。7 系铝合金防撞梁也存在一些劣势，如原材料成本更高，与 6 系防撞梁对比，7 系防撞梁的生产效率更低且损耗更高，这就造成 7 系铝合金防撞梁的成本更高；另外，7 系铝合金在提高材料强度的同时会牺牲一部分韧性，从而造成延展率降低，设计和应用中要更加注意防撞梁碰撞断裂风险。

2.4 铝合金应用产业链分析

随着人类社会的不断发展和进步，人民对美好生活的追求越来越强烈。交通的便利安全是人民对美好生活追求的重要组成部分。然而，在全球气候变化的大背景下，节能减排的现实性和紧迫性给各行各业的发展提出了更高的要求。因此，解决环境保护问题与汽车行业可持续发展成为摆在行业面前的现实问题，也是驱动行业发展和变革的动力之一。节能减排已经成为汽车业决胜未来的关键，在这一关键任务的驱动下，轻量化成为汽车车身的总体发展趋势，也是一项重大战略考量。

铝合金兼顾了轻量化与高强度特性，在整车企业选材过程中，越来越受到行业的认可，已经成为实现轻量化的首选材料之一。随着技术的不断升级，铝合金在汽车上的应用比例在逐年增加，"全铝车身"的技术已经在多个量产车型中得到应用。尽管铝合金材料在汽车领域具备突出的优势，但是面对日益革新的产品技术发展以及国务院发布的"双碳"目标，仍需要持续推进产业转型和技术升级。本节从材料研发、产业变革、市场竞争三个维度来分析铝合金应用产业链存在的一些亟待突破和解决的问题。

2.4.1 材料研发

铝合金具有优异的综合性能，在汽车轻量化大潮中，发挥了举足轻重的作用。然而，轻量化材料的竞争也是十分激烈的。汽车轻量化为铝合金的研发提出了新的目标，主要集中在两个方面：材料性能的大幅提升以及制造工艺的可控可调和低成本。解决这些问题的过程中、将面临一系列的科学问题和技术难题。

（1）高强韧铝合金的开发

强度与安全是一对密不可分的关系，提升铝合金的强度是改善铝合金构件安全性的重要手段。然而，强度和塑性（韧性）相互制约，这一关键科学问题阻碍了高强韧铝合金的开发。解决强度和塑性或韧性关系，是解决其变形工艺的基础。因此，高强韧铝合金的开发首先需要不断深入认识铝合金强度与韧性的制约机制，揭示其科学本质并不探索新技术和新工艺，打破高强韧铝合金生产和制备的瓶颈。

（2）解决高强与可焊性矛盾

合金化是提升铝合金强度的重要方法，采用合金化的方法提升铝合金强度需要向铝基体中加入大量合金元素，这势必导致铝合金焊接性下降，这为科研人员提出了新的问题，即如何解决铝合金强化与焊接性的矛盾关系。一方面，从科学本质上认识清楚不同合金元素对强度和焊接性的影响，基于合金元素的选择调节这对矛盾关系。另一方面，系统研究多合金元素组合对焊接性的影响，开展合金元素含量的优化，在保证铝合金焊接性的同时尽量提升其强度。此外，还应不断探索打破上述矛盾的新策略。

（3）解决高强与耐蚀性矛盾

铝合金强度和硬度提升后，通常其耐蚀性会下降，甚至会增加应力腐蚀倾向，这一问题显著影响铝合金构件服役的安全可靠性。因此，强度与耐蚀性也构成了一对重要的矛盾。同时，也成为必须深入系统研究的关键科学问题。如何开发强度高并兼具优异耐蚀性的铝合金是一道亟待解决的科学难题。解决好了这个问题，就解决了高强铝合金在潮湿环境或沿海环境服役的后顾之忧。

总之，轻量化铝合金开发还有很多关键科学问题和技术问题需要解决，如疲劳问题、磨损问题、腐蚀问题、耐热问题、高强高导问题等，在此不再一一赘述，这些问题的解决需要加强全产业链的产学研协作。这些关键科学问题的突破，有利于提升国产铝合金材料的竞争力，为我国汽车产业在世界范围内的竞争增添砝码。

2.4.2 产业变革

在技术发展领域，我国先进材料的制备和生产水平正在逐步提高，但在汽车方面的铝合金应用还仅限于成熟的6016、5182等牌号。对于今后铝合金的发展，仍需在以下方面不断努力。

1）政府应加大对汽车材料国产化研究的投入，并整合目前比较分散的科研力量。协调国家在重点基础材料上面的聚焦支持，同时帮助铝合金材料在企业中的发展，打造具有国际竞争力的产业生态环境。汽车制造业与铝加工业应通力合作、相互支持、共同研发，创建完善的产业链、创新链、资金链。

2）系统研究铝合金材料的成分、显微组织、力学性能与冲压性能之间的关系；尤其是加大对汽车车身板材用铝合金的研究力度，通过优化合金成分、热处理工艺和加工工艺来开发与钢板的成形性及烤漆硬化性能相同的板材。

3）借鉴国外先进铝合金生产开发理念，主动开展技术攻关项目，加大技术创新力度，并加强国际技术合作。

4）应用人工神经网络和数值模拟技术来实现材料制备工艺与性能间复杂非线性关系的拟合和预测，进一步优化汽车用铝板、铝带和铝型材的加工工艺。

5）充分研究铝合金的安全环保和回收等问题，开发再生利用技术。加强开发新型的汽车用铝合金，如Al-Li合金、超塑性铝合金、颗粒增强铝基复合材料等。为实现"中国制造2025"做出贡献。

2.4.3 市场竞争

在市场发展领域，目前全球范围内汽车铝板有效产能主要分布在欧洲、北美和日本。规模较大的公司主要有：欧洲海德鲁铝业公司、年邦铝业；北美美国铝业公司、肯联铝业、诺贝丽斯公司、特殊合金公司；日本神户钢铁、日本联合铝业等公司。

美国企业经过多年发展和全球化布局的优势，逐渐在市场取得领先地位，并在世界各大汽车产地投资开设汽车铝板工厂，利用供应链优势占领市场。欧洲企业在市场竞争中举步维艰，挪威海德鲁公司已宣布出售压延铝产线；日本企业则选择了与美国合作建立工厂。

中国企业自2013年来陆续开始对汽车铝板进行研发，目前已在一定规模上供货国内外车企，但整体有效产能不足，下游工艺水平有待提高。据估计，2025年全球对于汽车铝板的需求量将达到500万t，2025年中国需求预计达到200万t，复合增长率将保持60%左右。

在产业发展领域，据统计，2021年，中国铝材产量为4470万t，与上年同比增长6.2%，占全球铝材产量的60%左右，连续16年居世界第一位，自2001年以来，年均复合增长率达到13.6%。铝的产业关联性极高，应用极其广泛，对发展经济的带动作用极强，中国铝加工业已经形成了技术工艺最齐全、产业链最完整、产品品种最丰富、配套保障最完善的产业体系。

在汽车轻量化需求增长的大趋势下，汽车用铝需求有很大增长空间。目前汽车产业用铝量在整车重量占比20%~40%，单车耗铝量120~200kg。当前燃油车销量占据市场超过90%的份额，是汽车铝材消耗的主力。未来新能源车市场将成为汽车用铝的主要增量市场，相关研究预测，2025年中国新能源汽车年销量将达到700万辆，中国仍将在较长时间内处于领跑地位，国内的新能源汽车也将成为汽车铝板的主要增量市场。

从产品生态设计的角度来看，铝合金的应用符合节能降碳的产业要求，未来铝合金材料在汽车上的应用会越来越广泛深入。在"双碳"背景下，整车企业作为材料的下游应用终端，需要从绿色供应链出发来控制整车产品维度的碳排放水平。宝马、大众、奔驰、雷诺、沃尔沃等跨国整车企业，也逐渐开始向供应商提出全生命周期碳排放要求。

国内铝行业节能降碳仍然任重道远，主要表现在现有能源结构过度依赖煤电，其他可再生能源的应用比例较低；对再生铝资源的利用尚不充分，废铝回收的应用比例远低于世界平均水平。汽车企业应该从政策合规、绿色能源、循环再生等维度联合并推动上游铝供应链企业从源头解决节能减排的核心问题，不断降低汽车用铝合金材料的碳排放水平，提高在整车应用终端的使用比例，促进整车产品低碳升级。

综上所述，国内汽车用铝行业要抓住机遇，以技术为核心，以市场为动力，以产业为基础，不断推动中国汽车铝行业的高质量发展。着力优化铝材产品结构，努力扩大汽车车身薄板、动力电池铝箔等高技术含量和高附加值产品的研发和产出，向中高端产品转变。着眼绿色低碳发展潮流，全面开展生产技术、原辅材料、能源及最终产品的绿色低碳转型，不断提高再生铝利用比例，加强技术装备升级改造，采用绿色环保的原辅材料，积极开展太阳能、风能、水能等绿色能源利用的可行性研究。

参 考 文 献

[1] 李念奎，凌杲，聂波，等. 铝合金材料及其热处理技术 [M]. 北京：冶金工业出版社，2012.

[2] 全国有色金属标准化技术委员会. 变形铝及铝合金化学成分：GB/T 3190—2020[S]. 北京：中国标准出版社，2020.

[3] MATSUDA K, TERASAKI M, TADA S, et al. Effect of excess Si on age-hardening in deformed Al-Mg$_2$Si alloys[J]. Journal of Japan Institute of Light Metals, 1995, 45（2）：95-100.

[4] IKENO S, MATSUDA K, NAKAJIMA K, et al. Effect of copper addition on localized deformation near grain boundaries in an Al-1.0 mass% Mg$_2$Si alloy[J]. Light Metals, 1997, 48（5）：207.

[5] MATSUDA K, IKENO S, UETANI Y, et al. Metastable phase in an Al-Mg-Si alloy containing copper[J]. Metal Mater Trans A, 2001, 32（6）：1293.

[6] 金曼，邵光杰，杨丽丽. 含 Cu 的 Al-Mg-Si 合金微观组织及耐热性能的研究 [J]. 热处理，2010，25（2）：23.

[7] 何立子，陈彦博，崔建忠，等. Cu 含量对一种新型 Al-Mg-Si 合金晶间腐蚀的影响 [J]. 腐蚀科学与防护技术，2004，16（3）：129.

[8] 李海，史志欣，王芝秀. Mn 和 Cr 对 Al-Mg-Si-Cu 合金组织及性能的影响 [J]. 材料热处理学报，2011，22（10）：100-105.

[9] 房洪杰，刘慧，尹红霞，等. 微量元素 Cr 对 7136 铝合金组织和性能的影响 [J]. 热加工工艺，2017（8）：4.

[10] 马润香，刘忠侠，王明星，等. 不同加钛方法对 6063 合金细化的研究 [J]. 特种铸造及有色合金，2004（5）：2.

[11] 张春波，于慧文，王祝堂. 乘用汽车车身铝合金薄板生产工艺 [J]. 轻合金加工技术，2013，41（5）：12.

[12] 路丽英，王祝堂. 中国铝板带冷轧工业发展 [J]. 轻合金加工技术，2019，47（3）：7.

[13] 文章. 汽车用 6000 系铝合金板材成形性能研究 [D]. 重庆：重庆大学，2016.

[14] 夏柳，徐春，白清领，等. 退火后终轧压下量对铝合金轧板织构和深冲性能的影响 [J]. 上海金属，2019，41（2）：29-34.

[15] 冯佳妮. 新型车身用铝合金板及其烘烤硬化特性 [D]. 长沙：湖南大学，2014.

[16] 王祝堂，田荣璋. 铝合金及其加工手册 [M]. 3 版. 长沙：中南工业大学出版社，2005.

[17] 徐欢欢. 预应变及预时效对 Al-Mg-Si-Cu 合金自然时效及烘烤硬化性能的影响 [D]. 重庆：重庆大学，2013.

[18] ZHONG H, ROMETSCH P A, WU X, et al. Influence of pre-ageing on the stretch formability of Al-Mg-Si automotive sheet alloys[J]. Materials Science & Engineering A Structural Materials Properties Misrostructure & Processing, 2017, 697：79-85.

[19] 赵幸锋. 汽车车身用 6xxx 系铝合金板材固溶及预时效的研究 [D]. 沈阳：东北大学，2009.

[20] 任月路，徐燕萍，朱玉涛，等. 提高 6xxx 系铝合金烘烤硬化性能及自然时效稳定性的热处理方法：2014106745465 [P]. 2014-11-21.

[21] MURAYAMA M, HONO K, SAGA M, et al. Atom probe studies on the early stages of precipitation in Al-Mg-Si alloys[J]. Materials Science & Engineering A, 1998, 250（1）：127-132.

[22] 段晓鸽. 汽车用 6000 系铝合金的各向异性及烤漆硬化效应研究 [D]. 北京：北京科技大学，2021.

[23] 王敏. 预时效对 6xxx 系铝合金汽车车身板材烤漆硬化性能影响的机理 [D]. 沈阳：东北大学，2014.

[24] SHEN C, OU B. Effect of pre-training and natural aging on precipitation behavior of aluminum alloy 6022[J]. Journal of the Chinese Institute of Engineers, 2008, 31（1）：181-187.

[25] HAO Z, ROMETSCH P A, ESTRIN Y. The influence of Si and Mg content on the microstructure, tensile ductility, and stretch formability of 6xxx alloys[J]. Metallurgical & Materials Transactions A, 2013, 44（8）：3970-3983.

[26] 刘宏，赵刚，刘春明，等．6000系铝合金组织性能的研究进展[J]．机械工程材料，2004，28（6）：4．
[27] 刘宏．Al-Mg-Si-Cu-Mn汽车车身用铝合金板材的研究[D]．沈阳：东北大学，2005．
[28] 纪艳丽，钟皓，胡平，等．6系汽车车身用高烘烤硬化性铝合金材料：2010105451428[P]．2010-11-16．
[29] 殷俊龙．基于碰撞性能要求的汽车防撞梁概述[J]．汽车实用技术，2020（8）：98-100．
[30] 李念奎，凌杲，聂波等．铝合金材料及其热处理技术[M]．北京：冶金工业出版社，2012：158．
[31] 宋友宝，李龙，吕金明，等．7xxx系铝合金焊接研究现状与展望[J]．中国有色金属学报，2018，28（3）：492-501．
[32] 李贝贝，王元清，支新航，等．我国7XXX系高强铝合金及其研究进展[J]．建筑钢结构进展，2021，23（7）：1-10．
[33] 梅泽锋，周宝华，黄晓中，等．7系铝合金的制造方法：2017101958098[P]．2017-03-29．
[34] 初晋华，王国敬，房洪杰，等．节能环保高生产率的7XXX系铝合金制备工艺研究[J]．热加工工艺，2019，48（14）：33-37．
[35] 赵立军．大规格喷射成形超高强7055铝合金组织与性能研究[D]．镇江：江苏科技大学，2010．
[36] 吴奭登．7050铝合金时效强化行为研究[D]．哈尔滨：哈尔滨工业大学，2006．
[37] 黄超群，赵天生，高飞．热处理对7xxx系铝合金组织及性能影响的研究进展[J]．材料导报，2015，29（23）：98-102，107．
[38] 王孟君，黄电源，姜海涛．汽车用铝合金的研究进展[J]．金属热处理，2006（9）：34-38．
[39] 侯世忠．汽车用铝合金的研究与应用[J]．铝加工，2019（6）：8-13．
[40] 江大发，周礼，陈晶晶，等．7000系铝合金在轨道交通车辆车体中的应用[J]．电力机车与城轨车辆，2019，42（1）：31-35．
[41] 齐继玄．铝合金焊接技术研究进展[J]．工程技术（文摘版）．建筑，2016（6）：193．
[42] 段宏强，韩志勇，王斌．汽车结构件用非热处理压铸铝合金研究进展[J]．汽车工艺与材料，2022（5）：1-6．
[43] 张鹏，丁文江，刘保良，等．非热处理自强化铝镁合金及其制备工艺：2015101679743[P]．2015-04-10．
[44] 彭立明，袁灵洋，刘保良，等．非热处理强化高强高韧压铸铝镁硅合金及其制备方法：2018108156266[P]．2018-07-16．
[45] 彭立明，韩盼文，袁灵洋，等．一种高强韧压铸铝合金及其制备方法：2019102287032[P]．2019-03-25．
[46] 彭立明，袁灵洋，郑飞燕，等．一种非热处理强化高强高韧压铸铝镁铜合金及其制备方法：201910458305X[P]．2019-05-29．
[47] 李德江，权北北，朱文杰，等．一种高强韧非热处理强化压铸铝合金及其制备方法：2019104344133[P]．2019-05-23．
[48] 王祝堂．免热处理的trimal-04合金[J]．轻金属，2014（10）：1．
[49] 王浩伟．原位自生陶瓷颗粒增强铝基复合材料制备及应用[J]．航空制造技术，2021，64（16）：13．
[50] 张荻，张国定，李志强．金属基复合材料的现状与发展趋势[J]．中国材料进展，2010，29（4）：1-7．
[51] 周立玉，李秀兰，钟强，等．陶瓷颗粒增强铝基复合材料制备工艺研究进展[J]．热加工工艺，2020，49（18）：21-25．
[52] 袁铮．微/纳米Al_2O_3颗粒增强铝基复合材料的制备与表征[D]．太原：太原科技大学，2016．
[53] 牟姝好．原位纳米Al_2O_3颗粒增强A356铝基复合材料的制备及挤压铸造的研究[D]，镇江：江苏大学，2016．
[54] 谭俊，郑开宏，邓运来，等．陶瓷颗粒增强铝基复合材料的工业制备与应用[J]．材料导报：纳米与新材料专辑，2012，26（1）：5．
[55] 潘利文，唐景凡，林维捐，等．纳米颗粒增强铝基复合材料的研究进展[J]．热加工工艺，2016，45（22）：33-37．
[56] 车长杰．纳米Al_2O_3颗粒增强2024铝基复合材料筒形件流变成形工艺研究[D]．哈尔滨：哈尔滨工业大学，2016．
[57] 郝世明，毛建伟，谢敬佩，等．陶瓷颗粒增强SiCp/Al铝基复合材料制备和性能研究[J]．铸造，2017，66（4）：5．
[58] 王治国．纳米SiC增强铝基复合材料的粉末冶金法制备及其力学性能[D]．长春：吉林大学，2016．
[59] 戴长松，张亮，王殿龙，等．泡沫材料的最新研究进展[J]．稀有金属材料与工程，2005（3）：337-340．
[60] 姚广春．泡沫铝材料[M]．北京：科学出版社，2013．
[61] 曾顺民，王宏雁．泡沫铝材在汽车车门轻量化中的应用[J]．上海汽车，2004（11）：35-36．
[62] 程涛，向宇，李健，等．泡沫铝在汽车工业中的应用[J]．轻金属，2009（8）：71-75．
[63] EVANS A G, HUTCHINSON J W, ASHBY M F. Multifunctionality of cellular metal systems[J]. Progress in materials science, 1998, 43（3）: 171-221.
[64] 黄绪．泡沫铝熔体发泡制备工艺及其力学性能研究[D]．淄博：山东理工大学，2017．
[65] 方正春，马章林．泡沫金属的制造方法[J]．材料开发与应用，1998（2）：35-39．
[66] 单永华，张永玉．超轻泡沫铝合金的发展及应用[J]．中国科技信息，2011（11）：133-135．

[67] 张乐,郑顺奇,郑阳升,等.我国泡沫铝材料关键技术进展与展望[J].中国材料进展:2022,41(7):1-7.
[68] 张敏,祖国胤,姚广春.镁的添加对制备泡沫铝夹芯板泡孔稳定性的影响[J].功能材料,2007,38(4):576-579.
[69] 祖国胤,李鸿,李兵,等.轧制复合法制备泡沫铝夹心板发泡预制坯[J].特种铸造及有色合金,2009,29(2):176-179.
[70] 宋滨娜.金属泡沫铝夹芯板的制备与力学性能研究[D].沈阳:东北大学,2012.
[71] 石建.航空泡沫铝合金的制备与吸能性能研究[D].天津:中国民航大学,2016.
[72] 王录才,陈新,柴跃生,等.熔模铸造法通孔泡沫铝制备工艺研究[J].铸造,1999(1):9-11.
[73] 左孝青,KENNEDY A R,王永胜,等.小孔径泡沫铝的制备及压缩性能研究[J].稀有金属材料与工程,2009,38(S3):254-259.
[74] 张立宇.某车侧面碰撞中B柱的耐撞性研究与优化[D].锦州:辽宁工业大学,2016.
[75] 刘春盟.泡沫铝吸能特性及其在汽车保险杠中的应用研究[D].哈尔滨:哈尔滨工业大学,2011.
[76] 李传歌.泡沫铝填充结构汽车发动机支架研究[D].阜新:辽宁工程技术大学,2014.
[77] 张俊超,钟鼓,邹纯,等.高真空压铸铝合金的研究进展[J].材料导报.2018,32(S2):375-378.
[78] 王强.基于成型7系硬铝合金的模具结构研究[J].模具工业.2021,47(7):63-66.

CHAPTER 03
第 3 章
塑料及橡胶

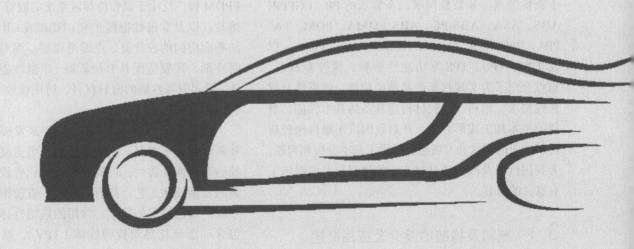

塑料和橡胶是两类特别重要的高分子材料，是聚合物材料工业的核心。塑料和橡胶材料以其材料性可调控、耐化学环境、可塑性强、成形加工简单环保，能提供各种特殊性能，以实现终端产品的预期功能等特点，而成为现代工业产品材料构成的基础之一。目前，塑料及橡胶材料在乘用车上的用量已达整车重量的10%～15%，可以毫不夸张地说，如果没有塑料和橡胶材料，现在的汽车产品将重新回到100年前的状态。塑料和橡胶材料的性能优劣、产业规模及水平既是一个国家工业化程度的体现，又是一个国家汽车设计和制造能力高下的标志。总之，汽车强国离不开塑料和橡胶材料产业的强大。

当下，汽车产品和汽车工业正处于一个急剧变化的时期和转型升级的关口，汽车产品轻量化、电动化、智能化、网联化已成为汽车技术发展的大趋势，而信息技术和材料工艺技术正是这种变化的重要推手，扮演着无可替代的重要角色。然而，由于我国塑料橡胶工业起步较晚，基础薄弱，尽管过去十几年来我们取得了较大的技术进步和发展，国产塑料和橡胶材料产品已能基本满足汽车工业的需求，但对于一些高性能和特殊功能的，尤其是满足新能源汽车、智能网联汽车等特定需求的塑料和橡胶材料，我国对外的依存度还不低。因此，加大车用塑料、橡胶材料领域的原始创新力度，加快我国塑料橡胶工业自身的转型升级速度，已成为摆在我们面前的一项十分重要且紧急的任务。

本章以汽车车身、电器、底盘、动力和驱动电机、动力电池、电控等系统产品为轴线，聚焦基于新能源汽车和智能网联汽车需求的PP、LGFPP、ABS、ASA、ABS/PC、ABS/PMMA、POM、PA、PPA、PPS、IML和TPI、ACM、VMQ、FKM，以及TPV、TPU、TPS等功能性塑料、橡胶新材料，重点介绍了为实现汽车产品特定功能、可靠性及耐久性要求，塑料、橡胶材料应具备的基本性能，材料的基本加工成形方法，并对我国汽车塑料橡胶新材料产业的现状和发展趋势做出了基本分析和判断，为我国汽车及汽车新材料产业的规划与发展提供了有意义的借鉴。

3.1 塑料及橡胶的简介及应用概述

塑料是以单体为原料，通过加聚或缩聚反应聚合而成的高分子化合物，由合成树脂及填料、增塑剂、稳定剂、润滑剂、色料等添加剂组成。塑料分为热塑性塑料和热固性塑料两种，前者可重复熔融加工，后者以体型结构为主，固化后加热无法熔融，无法重复生产。本节主要讨论的是热塑性塑料，热固性塑料通常作为复材基材进行使用。常用热塑性塑料包含聚丙烯（PP）、聚酰胺（PA）、苯乙烯类共聚物（ABS类）、聚碳酸酯（PC）、聚甲基丙烯酸甲酯（PMMA）、聚甲醛（POM）等，由于其特性可满足各类装饰、功能类性能要求而在整车各系统部件中大量使用。

通常车身零部件应用包含免喷涂、低密度、薄壁化、长玻纤材料等外观、轻量化要求，发动机零部件应用包含高耐热、高强度、耐疲劳等要求，电器零部件应用包含新型膜片、电磁屏蔽等外观、功能要求。底盘零部件应用包含高强度、耐疲劳要求，"三电"系统零部件应用包含绝缘、阻燃、电安全等要求。

橡胶材料通常是指具有可逆形变的高弹性聚合物材料，在室温下富有弹性，在很小的外力作用下能产生较大形变，除去外力后能恢复原状。橡胶属于完全无定型聚合物，它的玻璃化转变温度（T_g）低，分子量往往很大，大于几十万。线性的橡胶分子通过硫化，形成三维网状结构，赋予了弹性体材料良好的回弹性。从合成途径可分为天然橡胶与合成橡胶两种。天然橡胶是从橡胶树、橡胶草等植物中提取胶质后加工制成；合成橡胶则由各种单体经聚合反应而得，包含乙丙橡胶（EPDM）、丁腈橡胶（NBR）、氢化丁腈橡胶（HNBR）、反式聚异戊二烯（TPI）、氯丁橡胶（CR）等。其中，高性能EPDM被广泛用于制作冷却液系统的胶管、密封件、垫片，以及非极性电缆护套；NBR或CR可用在耐油和润滑脂的胶管类、电缆绝缘层。而对于新一代制冷剂，需要适配具有耐低温/高温性能、快速减压/抗起泡等性能的密封材料，适用橡胶有HNBR、CR等。

热塑性弹性体（TPE）是近年来发展较快的一种新型高分子材料，它兼有塑料的可重复加工和橡胶的高弹性等特性，可省去传统硫化橡胶加工时所需的复杂硫化工艺，具有省资源、省能源及生产效率高、绿色环保的特点。常用的热塑性弹性体材料包含动态硫化热塑性弹性体（TPV）、聚苯乙烯热塑性弹性体（TPS）、热塑性聚氨酯弹性体（TPU）等，在汽车的车身密封系统、底盘减振系统和发动机管路系统中有大量应用，且在其他整车系统逐渐替代橡胶材料。

3.2 车身系统

3.2.1 车身系统用塑料

相较于动力系统和底盘系统,车身系统是塑料应用最广泛、用量最大的领域。车身座舱内部覆盖部件和装饰部件是塑料材料的传统应用领域,目前各种性能良好的改性聚丙烯材料广泛应用于车身表面覆盖装饰部件和一些结构部件,而 ABS 以及相关合金材料因其良好的可装饰性和成形性能主要应用于一些强调车身风格设计的装饰部件上。车身系统工程塑料材料的用量统计见表 3-1。

表 3-1 车身系统工程塑料材料的用量统计

材料种类	用量 /kg	典型应用领域
各类改性聚丙烯(PP)	60~80	仪表板、门护板、车身内外护板、保险杠、塑料尾门
ABS 类(ASA、ABS/PC)	8~13	仪表框、装饰面板、车身外部装饰护板、后视镜、格栅
POM	3~5	天窗滑轨、车门升降部件
各类改性 PA	2~4	门把手基座、开关基座
聚氨酯	20~30	座椅、软质仪表板、地毯、隔声垫

除了满足有产品安装工况和产品功能赋予的力学性能以外,良好的气候老化和光老化耐久性、良好的表面涂饰性、低挥发性是车身部件塑料材料需要具备的基本特性。此外,仪表板、门护板、前后保险杠等部件的塑料材料还必须具备优良的低温韧性以满足诸如正面碰撞、侧面碰撞、行人保护等相关的安全法规要求。

车用塑料部件及成形制造工艺的设计优化研发路线主要集中在以下方向:①基于低能耗、低排放的车身部件轻量化设计;②基于低能耗、低碳足迹的制造过程低碳化设计;③基于可再生、再利用的资源节约化和绿色化设计。

1. 车身部件轻量化方向

车身部件轻量化包括材料轻量化和制品结构优化两种方式;制品结构优化即通过系统功能集成等方式实现部件的集成化设计,减少部件数量和装配关系,从而实现系统减重的目的,而材料轻量化则是近年来车身轻量化的主要研究和应用方向,材料轻量化的典型路径有:

1)以塑代钢,即采用低密度的材料替代高密度的材料,如以高性能高分子材料替代金属材料,典型的应用如玻纤增强 PA 或 PP 等热塑性材料替代钢材制造仪表板横梁、天窗骨架等;以高性能复合材料如 SMC 替代钢板制造尾门等。

2)以轻质低密度塑料材料替代高密度塑料材料,如采用长玻纤增强 PP 替代玻纤增强 PA 材料制造变速操纵基座、轻质 PU 喷塑复合材料替代 PP 木粉复合材料制造后搁板等。

3)采用新型改进材料和制造工艺实现制品结构优化,如采用高刚性 PP 实现薄壁化保险杠,采用物理或化学微发泡注塑成形微发泡门护板等。

2. 制造过程低碳化方向

制造过程低碳化,即通过缩短制造流程,或降低生产过程的能耗,从而实现部件在成形制造过程中的低碳排放。除了实施工业化设备和生产效率的优化以外,从材料和产品设计研发的角度,实现制程低碳化一般从以下几个方面入手:

1)减少零件制造环节,缩短工艺路线。即通过优化材料性能和制造工艺,将以往需要在多个生产环节中分步获得的产品性能在一个制造环节中集中获取。传统的典型应用如替代二次模压或粘胶复合的低压注塑直接成形表面布饰车身内护板,以及近年来普遍应用的免喷涂高光黑 ABS 或 ABS/PC 注塑仪表框和车身饰板。

2)降低制程能耗,选择更少资源消耗的材料和成形工艺。即选择成形性能更好的材料避免高能耗的制造工艺。典型的应用如采用热塑性弹性体 TPE 替代需要后续高温硫化的 EPDM 制造车门密封系统。

3. 资源节约化和绿色化方向

资源节约化是基于材料的回收再生技术的资源再循环。近年来,不少汽车制造商已将回收再生塑料的用量和应用比例作为新车设计的重要考核目标,针对回收塑料再生利用技术也进步显著,如含 65% 再生 PA6-GF30 制造的进气歧管、100% 再生 /E-MD20 制造的保险杠骨架、含 70% 再生 ABS 制造扶手骨架等。但受限于塑料回收分类管理机制不完善和管理体系不健全等因素,目前国内的塑料回收再生的研究和应用较国外还有一定的差距,亟待加强。

塑料绿色化即指生物基材料,是利用可再生生物质,包括农作物、树木、其他植物及其残体和内含物为原料,通过生物、化学以及物理等方法制造成的材料。目前已进入工业应用的生物基塑料材料包括两类:

1)一类是以从植物中提取的单体作为聚合成分的材料,如采用植物油或从农作物秸秆、芦苇、木材等中提取出的木质素制备的多元醇生产的聚氨酯材料可用于制造座椅坐垫泡沫,采用蓖麻油制作的

PA11和PA56材料用于制造结构和功能部件。

2）另一类是采用植物作为塑料填料。为了改善塑料加工性能、物理力学性能、增加容积、降低成本，采用植物纤维如麻纤维、秸秆纤维或粉末纤维素等有机绿色填充材料也逐步成为绿色塑料材料的一个重要研究和应用方向，如采用大麻纤维增强的P/E-NF20材料已用于成形多款车型的门护板。

作为整车塑料化程度最高的车身系统，也是塑料改性和成形技术的研究成果优先实现工业化应用最广泛和常用的领域，下面将分别介绍几种代表性的改性材料。

3.2.1.1 改性PP材料

各类改性PP材料是车身塑料部件中用量最大的一类塑料材料，车身系统热塑性塑料部件中PP材料用量占到80%以上。相对于传统的PP材料，长玻纤增强PP、低密度PP、薄壁化PP、免表面涂饰PP、生物填充PP等材料已成为车身系统PP材料的应用趋势。

1. 长玻纤增强PP

玻璃纤维增强材料中，基体树脂起到传递载荷的作用，玻璃纤维起到增强作用，同时随着玻璃纤维在材料中保留长度的增加，玻璃纤维互相缠绕，从而大幅度提升材料的抗冲击强度。如图3-1所示，短玻纤增强材料中，玻璃纤维在材料中保留长度小于1mm，因此材料的抗冲击强度比较低。随着玻璃纤维保留长度逐渐提升至1～10mm区间时，材料的抗冲击强度与拉伸强度迅速提升，并远高于短玻纤增强材料。当玻纤保留长度继续提升至大于10mm时，由于材料中玻璃纤维长度已经超过临界长度，因此，材料力学强度变化趋缓。长玻纤增强材料经过注塑成形后，玻璃纤维在材料中保留长度在1～10mm区间，因此任何影响玻纤保留长度的因素，均对零件强度产生重要影响，例如注塑螺杆剪切、熔体温度、模具结构等因素，均影响长玻纤材料熔体流变特性，从而影响玻纤保留长度。因此在实际应用中，从材料选择到注塑工艺，以及零件结构均需要充分考虑，从而使长玻纤材料充分发挥其优势。

制备LGFPP常用的技术路线有电缆包覆法和熔融浸渍法，包覆技术采用熔融聚丙烯树脂直接包覆在长玻纤束外围，玻纤单丝间不存在树脂，而浸渍技术是将聚丙烯树脂加热熔融，然后在浸润装置中浸渍纤维的一种技术，该技术可以将玻纤束分散，使单丝表面最大限度地包裹树脂。浸渍技术具有生产效率高、产品质量有保证、纤维含量可控等优点，是长玻纤增强聚丙烯复合材料制备中普遍采用的技术（图3-2）。国内外厂家PP-LGF20材料性能对比见表3-2。

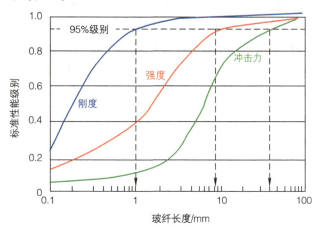

图3-1 不同保留长度玻纤材料性能对比

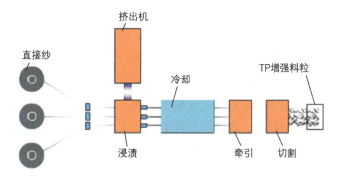

图3-2 长玻纤增强材料典型生产工艺

表3-2 国内外厂家PP-LGF20材料性能对比

检测项目	国内厂家 PP-LGF20	国外厂家 PP-LGF20
密度/(g/cm³)	1.04	1.04
玻纤含量（%）	20	20
拉伸强度/MPa	85	85
拉伸弹性模量/MPa	4800	4800
弯曲模量/MPa	4200	4100
简支梁缺口冲击（23℃）/(kJ/m²)	18	17
简支梁缺口冲击（-30℃）/(kJ/m²)	20	18

采用LGFPP生产的制品中，纤维的分布形态和纤维的长度是直接影响制品的力学和物理性能的关键因素，如何减少LGFPP中的玻纤在注塑过程中经受的剪切和磨损，尽量保证成形制品中较长的玻纤长度是LGFPP注塑工艺设计和模具设计中必须关注的问题。

相同含量的玻纤增强聚丙烯，LGFPP的力学强度与 SGFPP 相比可提高 30% 左右，冲击强度可提高 2 倍左右，可作为 SGFPP 的代替材料，在同等强度下降低产品厚度，降低生产成本，实现轻量化。此外，LGFPP 收缩率小，制品尺寸稳定性好，不会因吸水而影响其使用性能，可代替短玻纤增强 PA 类产品，在多种环境下长期使用。

LGFPP 在车身上的应用案例多是结构复杂的大制件，典型应用如图 3-3 所示：

1）汽车前端模块框架：PP + 30%LGF 注塑成形。整合散热器、喇叭、冷凝器、托架等多个前端部件集成为一个整体部件，已在大众、福特、上汽、长安、奇瑞的多款车型中工业化应用。

2）仪表板本体骨架：PP + 20%LGF 注塑成形软质仪表板骨架材料，因其相较于普通矿物填充 PP 材料强度更高、弯曲模量更高，可实现更薄的壁厚设计，实现减重 20% 以上，已在福特、宝马、奔驰、奥迪、标致等多个车型工业化应用。

3）玻璃升降器导轨，采用 PP + 30%LGF 注塑成形，取代金属框架和 PA66-GF30，实现减重约 30%，已在雪铁龙、标致多个车型实现工业化。

此外，在天窗框架、尾门、蓄电池托架等多个结构部件上也有 LGFPP 的工业化应用案例，目前采用 LGFPP 制造座椅骨架的技术方案也在研究和推广之中。

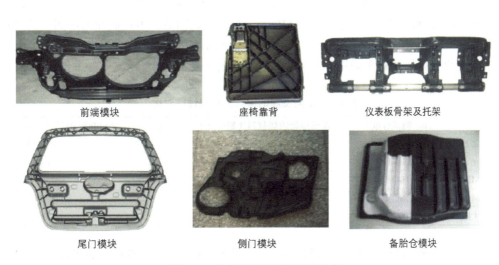

图 3-3 长玻纤增强材料典型应用

LGFPP 材料兼具高强高韧、成型周期短、生产效率高等优点，在汽车轻量化的技术背景下，长玻纤增强 PP 材料在汽车领域的应用将有巨大的前景。但 LGFPP 尚存在许多问题函待解决，如长玻纤制品在玻纤含量较高时容易外露，造成制品表面等级低；玻璃纤维在分散浸渍时易损伤；如何进一步提高玻璃纤维与基体树脂间的界面结构使之具有更高强度和韧性等。

2. 薄壁化 PP

塑料制品薄壁化设计是目前零部件设计和制造商常用的一种汽车零部件减重技术方案。所谓薄壁化是指通过在改善注塑材料的流动性和力学性能的基础上，结合模具设计、注塑工艺的优化实现更薄的产品壁厚，在保持零件的刚性要求和韧性要求的同时通过减少材料的消耗达到减重目的。欧美等发达国家对于汽车薄壁化技术的应用起步较早，在很多汽车零部件上都有其广泛应用，尤其是保险杠、门板等部件。薄壁化技术方案具有以下优势：

1）节省材料：传统的车身塑料制品壁厚一般为 2.5～3.0mm，而薄壁化设计的制品壁厚可降低到 2.5mm 以下。以保险杠为例，零件设计壁厚由传统的 3.0mm 降低到 2.0mm，由于壁厚降低会引起刚度下降，所以调整后的材料密度会有 5%～10% 的增加，制件减重将达到 20% 左右。

2）提高生产效率：制件减薄后所需材料减少，所以注塑时在充填速度不变的情况下可以降低产品的整体充填时间，此外冷却时间也会缩短，注塑节拍得以提升。

3）减少零件收缩，提升尺寸稳定性：PP 属于半结晶聚合物，制件减薄后内层的 PP 可以在出模前结晶程度更高，所以出模后收缩率降低。

适用于零件薄壁化设计的材料必须具有高流动性、高韧性、高强度和高模量等特点。

1）高流动性：壁厚的减薄使得熔体充模过程中

流通截面变小、流动阻力变大，只有高流动性（即材料的熔融指数）材料才能满足这一特别需求。薄壁化聚丙烯材料基本熔体流动速率都在30g/10min以上（测试条件：230℃@2.16kg），而常规壁厚使用的聚丙烯材料熔体流动速率为15~20g/10min（测试条件：230℃@2.16kg）。

2）高韧性：壁厚的减薄以及材料流动性的提升都会导致零件的冲击韧性降低，因此，薄壁化PP材料需要在冲击韧性方面进行改善。

3）高强度、高模量：壁厚的减薄还会带来零件强度和刚性的降低，需要通过提高材料的屈服强度和弯曲模量加以弥补。以保险杠为例，传统壁厚的保险杠材料弯曲模量大多在1300~1500MPa，而薄壁化保险杠材料的弯曲模量需要达到2000MPa以上。

近年来，薄壁化聚丙烯材料多采用弹性体与刚性粒子并用增韧增强改性聚丙烯的三元共混复合体系，为了实现"高流动性、高刚性和高冲击"的性能指标，必须从多角度协同入手。首先，必须选择高流动性、高刚性、聚丙烯原料，高性能的PP基料对产品性能影响较大。早期高性能PP基料主要依靠进口，目前国产的燕山石化等陆续开发出适合薄壁化注塑的高性能聚丙烯原料。其次，无机填料（滑石粉等）在PP基体中分散和相容性，对薄壁化PP的性能影响也较大。因此选择高目数的无机填料，通过挤出机的螺杆组合等优化，提高无机填料在PP基体中的分散，提升聚丙烯材料的性能。最后，弹性体选择对薄壁化聚丙烯材料开发也至关重要。选择低添加量和高效的弹性体能够保证在提高聚丙烯材料刚性同时，不降低冲击性能，最大限度地实现聚丙烯刚韧平衡特性。不同壁厚的聚丙烯材料性能对比见表3-3。

表3-3　不同壁厚的聚丙烯材料性能对比

测试项目	测试标准	常规壁厚聚丙烯材料（壁厚2.8~3.2mm）	薄壁化聚丙烯材料（壁厚2.5mm）
熔体流动速率（g/10min）	ISO 1133	15~20	35~45
密度 /（g/cm³）	ISO 1172	1.06	1.06
拉伸强度 /MPa	ISO 527	16	19
弯曲模量 /MPa	ISO 178	1400	2000
缺口冲击强度 /（kJ/m²）	ISO 180	35	35

薄壁化部件的注塑成形过程中常见的缺陷包括：

1）翘曲变形：薄壁注塑是快速充模过程，由于冷却时间短，容易引起翘曲变形或型面波纹状变形。这是制品成形过程中产生的内应力释放的结果。

2）表面缺陷：薄壁制品表面容易出现流痕和虎皮纹等缺陷。在充模过程中，材料流经薄壁型腔、制品加强筋或卡扣部位受到的剪切应力更大，从而造成流痕和虎皮纹的缺陷。

3）缺胶：壁厚减薄增加了熔体流动阻力，熔体温度和模具温度过低导致熔体黏度过大，引起熔体滞流或注塑时间太长而使熔体过早凝固造成缺胶。

为了获得较好的制品成形质量，需要对模具结构和注塑工艺进行优化和控制，注塑成形薄壁化部件模具设计需要注意以下方面：

1）壁厚过渡应尽量均匀：壁厚的改变通常会导致制品表面收缩痕或变形，由于薄壁化使材料有效流动通道变窄，会加大这种缺陷产生的风险，为此，最好尽量使壁厚均匀过渡。

2）注意加强筋结构设计：加强筋的设置方向应该尽量和注塑过程中熔体的流向方向一致，以尽量减少制品的翘曲变形。加强筋根部避免尖角设计；必要时采用放缩槽，以尽量减少表面缩痕。

3）合理的浇口设计：避免直冲式进胶，尽量采用扇形进胶，采用模流分析确定合理进胶位置和进胶的数量。

4）必要的排气设计：由于薄壁部件填充时间短，充模快，料流冲模过程中容易形成困气，故应在流道末端、分型面等部位留出排气槽。

注塑成形工艺方面，为了尽量减小塑料件的内应力，应注意提高熔体温度和模具温度，提高注塑速度，降低冷却速度。

除了材料性能的提升以外，薄壁化聚丙烯材料的应用还需要借助主机厂良好的零部件设计和制造能力。CAE分析为薄壁化设计提供模拟评估和前期设计方案优化，可以有效地预测壁厚减薄带来的设计失效风险。

3. 低密度PP

（1）微发泡注塑PP材料

传统的注塑成形是一个物理成形过程，正常情况下，成形后的制品截面应为致密结构密度基本与成形前的塑料材料密度一致，故塑料材料的密度是影响制品重量的重要因素；近年来，一种微发泡的注塑成形技术的应用可实现制品的密度低于材料的密度，通过对注塑成形过程的干预使制品呈现一种含十到几十微米不等的封闭气泡微孔发泡层的三明治微观结构，从而实现减重的目的，如图 3-4 所示。

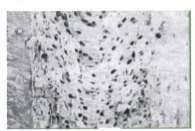

图 3-4　微发泡注塑制品的截面微观结构

微发泡注塑成形较传统的注塑工艺具有以下优势：

1）成形周期更短，材料消耗更低，更低的能耗和制造成本。

2）降低模穴压力，可选择相对更低吨位的注塑机或多模腔，更长的模具寿命。

3）制品具有更小的内应力，减少翘曲和表面缩痕，尺寸稳定性更好。

4）制品具有更高的比强度、比韧性、抗冲击性。

5）更利于成形制造薄壁制品。

目前已实现工业化的微发泡注塑包括两种技术路径。第一种是以 MUCELL 为代表的物理发泡技术，即以热塑性材料为基体，在注塑的过程中，在模具型腔的料流中注入超临界气体，从而获得封闭的微孔气泡层，该技术的实现依赖于特殊的注塑机设备：

1）螺杆具有特殊的螺棱设计——超临界流体被射入搅拌区后需要特别的螺棱结构来切碎超临界流体，使之与热熔胶充分溶解从而形成单相融体。螺杆长径比通常是 22∶1 或 24∶1，比普通的稍长。

2）为保证单相融体在一定的压力下才不会分离析出，机筒应具有单向止逆阀和开关式射嘴设计，从而在料管前端的射出段形成一个高压密闭的空间。

由于物理微发泡技术需要对工业化设备的投资，且成形工艺相对复杂，制品外观质量较难控制，故可在注塑过程中实现化学自发泡的微发泡注塑材料成为研究热点。

第二种是化学微发泡技术，其以热塑性材料为基体，以塑料基体材料中添加的化学发泡剂产生的气体为气源，通过自锁工艺使得气体形成超临界状态，注入模腔后在气体扩散内压的作用下，使制品中间分布尺寸形成从十几到几十微米的封闭微孔发泡（图 3-5）。材料形态在注塑发泡成形过程中通常会经历塑化形成聚合物—气体均相体系、泡孔成核、泡孔长大以及固化定型 4 个阶段。

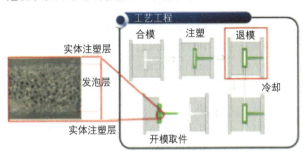

图 3-5　化学微发泡注塑成形工艺过程

微发泡注塑成形的制品中，泡孔的形态、均匀程度、密度会直接影响制品性能尤其是表面质量。

目前在车身领域的部件中应用最为广泛的是微发泡改性 PP 材料，2016 年上海通用 2016 款英朗化学微发泡门板实现量产。其他合资品牌，仅上海大众在门护板不外露区域使用化学微发泡技术，而福特、日产、本田、PSA 等品牌均未量产应用化学微发泡技术。究其原因，尽管目前在门护板上使用化学微发泡技术具备可行性，但仍存在以下 4 个问题：

1）零件供应商资源较少：目前技术最成熟的供应商当上海延峰莫属。

2）设备投资较高：如果车型销量不高，较高的设备投资按照销量分摊后带来的成本增加较高。

3）原材料成本高：原材料成本的增加来源于日本进口的化学发泡剂；若能开发出国产化学发泡剂，原材料成本将会大幅度降低。

4）产品性能降低：化学微发泡技术的应用使产品刚性和外观略有降低，可能需要在某些领域略降低验收标准。

伴随着科技的发展，以及各大零件供应商和原材料供应商的努力，并协调各大主机厂的进一步研究，未来三年内，化学微发泡技术的应用将会大放异彩。

（2）低密度改性 PP 材料

低密度聚丙烯材料是 2012 年以后兴起的一项新技术，其特点是采用更低用量的矿物填充可以达到较高填充量才能达到的材料性能如弯曲强度、弯曲模量等。低密度材料的使用能大大降低零部件重量，从而达到轻量化目的。基于先进的材料技术以及对整车轻量化要求，国外某些车型的内外饰材料已经广泛使用低密度的聚丙烯材料。某车型采用低密度聚丙烯的减重效果见表3-4。

表3-4 某车型采用低密度聚丙烯的减重效果

部件名称	材料牌号	减重/g	减重比例
仪表本体	HCTKC420N	400	7.4%
中央通道	HCTKC420N	200	7.2%
座椅护板	HCTKC2007N	180	6.8%
门板	HCTKC2007N	350	7%
立柱	HCTKC420N	250	6%
保险杠	HXCA7578A	400	8.4%
导流板	HXTKC238P	200	7.2%

目前，工业化量产的低密度聚丙烯材料多采用弹性体与刚性粒子并用增韧增强改性聚丙烯的三元共混复合体系。无机物填充量的降低会导致材料强度降低，收缩率变大等问题。要实现材料的低密度、高强度和低收缩性能，必须从多个角度协同入手。首先，必须选择高流动性、高刚性、低收缩的聚丙烯原料，这对改善填充聚丙烯材料的高性能有显著效果；其次，需要从相容性及分散特性两方面综合评估和选择合适的无机纳米填料，同时为了降低PP材料刚性的损失，优先选择低添加量的高效增韧剂。

当前，低密度PP材料应用较多的是采用PP+EPDM-TD05和PP+EPDM-TD10材料替代PP+EPDM-TD15和PP+EPDM-TD20，由于无机填充物含量下降在一定范围内，可以通过其他技术手段实现收缩率基本一致，从而无需对零件设计和模具做大的调整，也避免了额外的工装投入，甚至实现对量产零件的直接切换，快速达到减重目标。

以门内饰护板用低密度PP材料为例，该材料的主体配方包括：聚丙烯树脂基体、增韧剂、无机填充物（如滑石粉、玻纤）、其他助剂如抗氧剂、成核剂等。为了弥补滑石粉含量减少导致的模量降低，采用以下两个途径进行改善：①选用高目数滑石粉填料；②引入高刚性PP树脂。

弹性体POE组分的加入是为了提升材料的韧性，但同时往往会影响材料的流动性。目前常用弹性体分为C8型和C4型POE，其中C8型为高熔指弹性体，当添加到同一配方体系中时，与普通C4型POE对比，高熔指C8型POE对提升材料的冲击性能和流动性有更好的效果。

以某主机厂开发应用的内饰护板低密度材料为例，其性能如下：

1）密度降低7.6%~7.8%。密度降低，零件重量随之降低。门护板/主副仪表板下体护板材料从20份滑石粉填充降低至10份滑石粉填充，ABC立柱护板从15份滑石粉填充降低至5份填充，背门/门槛/压条护板从20份滑石粉填充降低至10份填充。

2）大部分力学、热学、环保关键性能基本满足原有材料技术要求，保证材料切换后零件的性能。

3）材料流动性、韧性有提升，但刚性、强度、耐热性有小幅度的降低。其中比较明显的是门护板弯曲模量降低了200~300MPa，立柱护板弯曲模量降低了100~200MPa。考虑到原材料成本，仅靠树脂等成分的优化来完全弥补因滑石粉含量降低导致的刚性强度强度是不现实的。材料部分性能可接受的降低幅度后续将通过产品性能进行验证。

4）几乎相同的模具收缩率。低密度材料虽然填充物含量下降，但是材料的整体收缩率做到基本不变，因此不需要对模具进行修改，只需适当优化注塑工艺即可确保零部件的最终尺寸。

低密度材料与传统材料物性对比见表3-5。

国内部分合资主机厂也已经在部分畅销车型上开始逐步推广低密度材料的使用（表3-6）。

表3-5 低密度材料与传统材料物性对比

检测项目	PP+EPDM-T20	PP+EPDM-T5	新型PP+EPDM-T5
滑石粉含量（%）	20	5	5
熔体流动速率/(g/10min)	20	20	20
密度/(g/cm³)	1.05	0.94	0.94
拉伸强度/MPa	20	18	20
弯曲模量/MPa	1500	1200	1500
简支梁缺口冲击/(kJ/m²)	35	25	35
模具收缩率（%）	0.9	1.1	0.9

表3-6 国内部分使用低密度材料车型

车型	零部件名称	材料类别	材料牌号	密度/(g/cm³)	填充量(%)
DPCAB73（C4L）	后保险杠本体	P/E-I-MD10	DaplenTMEF005AEC	0.95	10
CROSSLAVIDA	后保险杠本体	ReactorP/E	DaplenTMEE002AEC	0.905	1～3
ATS-L	前保险杠本体	P/E-I-MD13	DaplenTMEF119AEC	0.98	13.5
Peugeot206+	前格栅	P/E-I-MD10	DaplenTMEH104AEC	0.98	13

低密度改性PP材料的特点为：

1）低密度聚丙烯材料在力学性能、模具收缩率等指标上可以做到与常规聚丙烯基本一致，且材料的耐刮擦性能更好，可以在不重新开模的情况下直接替换常规聚丙烯材料，用于汽车内外饰领域。

2）相对于传统聚丙烯材料，低密度聚丙烯材料在单件成本上基本保持不变，因此不会带来明显成本压力。

3）低密度聚丙烯材料替代传统的聚丙烯材料，可以明显起到减重作用，对整车轻量化具有积极意义。

4）低密度聚丙烯材料开发过程中对于原料的依赖性较高。目前高性能低收缩的批量化PP原料主要依靠进口。进口PP原料综合成本高，因此原料是限制低密度材料发展的一个重要方面。另外在无机填料方面，越来越多的近纳米粒子应用，有助于提升低密度聚丙烯材料的综合性能。降低高性能近纳米粒子无机填料的生产成本也有助于降低低密度聚丙烯材料的成本，同时有助于拓宽该材料在汽车领域的应用。

4. 生物材料填充改性PP

常见的用于塑料的生物填充材料多为植物填充剂，包括木、竹、麻、秸秆等，在塑料基体中的填充形态为纤维或粉末。

（1）麻纤维增强PP

麻纤维是取自麻类植物的纤维，具有吸湿透气性能卓越，不产生静电现象，而且刚度好，抗紫外性能优良，有一定消声性能及抗菌保健作用等优点。试验表明，汗麻与聚丙烯化学属性最为契合，可作为生物补强原料。

制备麻纤维增强材料时，原材料性能、产品结构和成形工艺对制品的适应性是关键。目前，麻纤维增强材料的制备工艺包括：

1）针刺毡真空导入成形工艺。
2）模压成形工艺。
3）针刺毡热压成形工艺。
4）树脂传递模塑成形工艺。
5）注塑成形工艺。

由于注塑成形工艺可以采用较短的纤维，而且能够制备形状复杂的制品，是最广泛应用的一种塑料成形工艺，故麻纤维增强的热塑性注塑材料的研发和工业化应用是近年来车用新型改性塑料材料的一个热点方向。

该材料可替代P/E-MD20、PP+LGF等材料制造门护板、副仪表板、仪表板等车身部件的骨架，目前已成功应用于东风标致4008、东风雪铁龙天逸的门护板上体骨架（图3-6），在PSA308、奥迪、沃尔沃等车型的车身内饰件上也有应用。

图3-6 4008门护板上体骨架

该材料可以满足多种成形工艺要求，包括注塑、激光弱化、TPO真空吸塑、超声波焊接、发泡、搪塑、激光或火焰表面处理等，采用该材料制造的仪表板通过了诸如4AFA+18BFA气候老化度试验、120℃/1200h热老化、气囊爆破、声学性能等严苛的性能测试。

相较于传统的无机矿物填充PP材料，麻纤维增强PP在注塑成形工艺制备时需重点关注以下问题：

麻纤维的耐热性较差，要求加热过程中尽可能减轻对麻纤维的热损伤，以减小加工对材料力学性能的负面影响。

麻纤维富含羟基，是强极性材料，易吸水，不易在非极性/低极性树脂中分散，因此必须通过纤维处理和工艺研究使纤维尽可能均匀分散到树脂中，以免纤维不均匀分布造成材料力学性能不稳定或纤维富集于某区域而使材料存在缺陷。

由于纤维在基体树脂中会产生无规则分散，不同方向的纤维产生不同方向的取向效应，使成形后制品在不同方向上的力学性能存在不同，材料不能获得最佳的力学性能,因此纤维取向效应的分析成为评价改性材料的关键点。

在热塑性树脂基体添加纤维材料必然导致体系流动性降低,给注塑成形造成困难,因此如何改进注塑模具结构和成形工艺参数来制备麻纤维复合材料成为该材料制备的难题。如果工艺条件设置不当、原材料不符合成形要求、模具和设备缺陷及塑件结构设计不合理等,则会产生翘曲、缩痕、飞边及溶解痕等缺陷,因此探索缺陷产生的内在机理和预测制品可能产生缺陷的位置和种类,制定合理的成形工艺来指导产品和模具设计与改进就显得非常重要。此外,麻纤维填充PP的气味性能也是作为车身内饰部件一个需要改善的方面,尤其是气味类型需要进一步优化。

(2) 木粉或秸秆增强 PP

木粉或秸秆填充 PP 材料也是生物填充材料研发应用的另一个重要方向。以木粉填充改性聚丙烯材料为例,当用 10% 木粉替代滑石粉时,材料密度从 $1.061g/cm^3$ 降低到 $1.021g/cm^3$,可减重约 3.8%,而材料力学性能普遍有所降低。

需要注意的是,木粉等生物填充物对 PP 材料的气味影响明显。由表 3-7 可知,采用木粉部分取代滑石粉,虽然材料气味等级没有明显变化,但气味性质却有明显改变,由焦糊味变成木香性。表 3-8 是聚丙烯复合材料的有机挥发性物质测试结果。由表可知,部分滑石粉被木粉取代之后,加工温度设置在木粉分解温度之下,对特定的有机挥发性物质未产生影响。

表 3-7 聚丙烯复合材料的气味

材料名称	等级	香型
20% 滑石粉填充	3.5	焦糊味
5% 木粉替代滑石粉	3.5	木香型

表 3-8 聚丙烯复合材料的有机挥发性物质

材料名称	甲醛 /($\mu g/m^3$)	乙醛 /(g/m^3)	丙烯醛 /($\mu g/m^3$)	苯 /($\mu g/m^3$)	甲苯 /($\mu g/m^3$)	乙苯 /($\mu g/m^3$)	二甲苯 /($\mu g/m^3$)	苯乙烯 /($\mu g/m^3$)
20% 滑石粉填充	10.1	35.6	—	—	12.5	—	—	—
5% 木粉替代滑石粉	12.6	32.7	—	—	13.6	18.6	—	—
限值要求	20	50	10	20	80	50	50	20

木粉填充改性材料制备可在原有的生产设备上进行实现,无需添加新设备,但是螺杆组合需要进一步调整优化,确保剪切程度适中,其目的是保证材料混合均匀的前提下,螺杆剪切不会对所添加的特殊填料粒径和性能产生太大的影响。具体来说,螺杆剪切过强的话,会把特殊填料尺度变小,影响到所呈现的外观效果,同时所产生的剪切热使得生物填料产生热降解,降低材料力学性能,也会大大影响到其散发特性。

生物填充材料还可以给成形的部件带来特殊的外观效果。以木粉填充改性聚丙烯材料为例,木粉填充以后,在材料表面呈现浅棕色的颗粒,仿造织物纱线交织结节和纱线毛羽的效果,再结合模具的织物特征,使材料外观具有逼真的仿植绒效果(图 3-7)。因此,结合模具设计,该材料通过常规注塑成形来替代低压注塑的织物包覆工艺。

a) 光板

b) 皮纹

图 3-7 木粉填充聚丙烯复合材料的仿植绒效果

5. 免喷涂自装饰改性 PP

可以在注塑成形环节即直接获得喷漆或电镀外观效果具有所谓"免喷涂"效果的塑料材料近年来得到汽车设计者和制造商的广泛关注,并在车身装饰部件上大量应用。其中就包括免喷涂自装饰改性 PP 材料,如具有金属光泽的金属质感材料以及高光镜面黑材料。金属质感粉体多为极薄的片状结构，这种片状结构对光具有极强的反射作用，所以成形后制品外观呈现出良好的金属质感效果。免喷涂自装饰改性 PP 材料可用于替代表面电镀和银色喷漆工艺制造车身装饰部件，可节约 30% 以上的制造成本。

针对这种免喷涂材料的制备关键是增加树脂基材和效果颜料的相容性，提升颜料效果。如利用聚乙二醇包覆铝颜料再与 PP 进行熔融共混纺丝，得到的纤维均一性和力学性能均优于使用马来酸酐接枝 PP 作为相容剂的效果。采用成核剂、表面改性氧化物填充剂，采用碳纳米管作为黑色粉，制备了高亮黑效果的聚丙烯材料。工艺方面，针对不同材料采用差异化的螺杆设计和喂料方式，使效果颜料有效分散以达到高表面金属质感效果。

国外的一些企业也推出了免喷涂技术，如巴塞尔推出的免喷涂 PP 材料，具有低密度、高抗冲、刚韧平衡、高流动性以及高表面外观等特性；北欧化工推出的免喷涂 PP 是一种矿物填充的弹性体改性聚丙烯化合物，常应用于金属保险杠保护装置。国内外免喷涂 PP 材料性能对比见表 3-9。

表 3-9 国内外免喷涂 PP 材料性能对比

技术指标	国产产品	国外产品 1	国外产品 2
密度 /(g/cm³)	0.98	0.977	0.99
熔体流动速率 /(g/10min)	45	30	25
弯曲强度 /MPa	28	28	26
弯曲模量 /MPa	1580	1360	1500
拉伸强度 /MPa	18	18	17
缺口冲击强度 /(kJ/m²)	32	20	29
热变形温度（0.45MPa）/℃	92	90	90

免喷涂自装饰材料技术目前仍然存在需要克服的问题：

1）表面的耐划伤效果和选择的材料有关，从 H 到 2B，但是均无法达到喷漆的硬度。

2）颜色效果和喷漆存在差距，较难实现多种色彩共存、渐变等特殊效果。

3）可以实现的颜色效果有限，主要集中在银色、珠光色等。

4）免喷涂技术材料的注塑成形理论研究较少，缺乏相应的材料本构方程对流动性及外观效果进行模拟仿真，仅停留在用 Moldflow 软件进行比较简单的分析，急需针对零件的 CAE 分析。

针对以上问题，建议从以下角度入手进行开发和优化：

1）效果颜料的分散对免喷涂材料的外观起着至关重要的作用，纳米填充物的添加有利于效果颜料的分散，因此需要研究不同种类纳米填充物对颜色、性能和外观的影响。

2）由于大部分效果颜料是片状的，在流动过程中，效果颜料受到模具表面剪切作用会产生各向异性，当各向异性的效果颜料在转弯处或者两股熔体回合的地方会发生反转，从而产生熔接线。因此将效果颜料的包覆成球状，这样在熔体流动过程中，包覆成球状的效果颜料在流动过程中不受模具表面剪切作用的影响而呈现出各向同性流动，从而有效地避免熔接线的形成。

3）通过模流分析对产品前期设计提出建议，在前期设计阶段介入，将可能出现的问题避免或者减弱。通过 CAE 分析，模拟试验及使用阶段、零件的结构强度、试验情况等。

3.2.1.2 改性 ABS 材料

苯乙烯类材料如 ABS 及其合金材料以其优秀的物理力学性能、良好的成形性能和表面可涂饰性能，一直是车身装饰部件的首选材料，也是车身领域除改性 PP 以外，应用范围和用量最大的塑料材料。在免涂饰自装饰的材料技术研发和应用过程中，ABS 及其合金也是研究成果最多，最早实现工业化应用，且应用经验最广泛的材料。

从外观上讲，免喷涂产品分别有金属效果、闪烁效果、珠光效果、自然纹理效果 4 种常见外观，此外还有一些荧光、夜光、温敏、光敏等应用面较窄的效果。金属和珠光色粉在塑料中呈现立体分布，免喷涂塑料在后加工成形过程中，由于色粉相容性的原因在熔体流动中逐渐向熔体表面迁移，在成形模具型腔中，材料表面贴近型腔的树脂冷却后，色粉在材料外观形成有序排列，呈现出类似金属或珍珠等的效果。自然纹理效果是由纤维状和片状色粉在材料中无续排列，模拟自然界的水磨石等材质。

1. 免喷涂 ABS

（1）低光泽 ABS

低光泽 ABS 应用在汽车内饰仪表板区域可起到防眩晕作用，在视觉上有柔软感和高级感。过去人们往往采用喷涂哑光漆来实现零件的低光泽，但随着免喷涂的趋势发展，许多零件取消了喷涂后加工。为了匹配汽车内饰的低光泽效果，ABS 的光泽需要做到 3GU 以下，这需要材料和模具的配合。可以通过以下途径来实现制件的低光泽：

1）合成时控制ABS的橡胶粒径及交联度，一般来讲，选择本体法大粒径的ABS更易实现低光泽。

2）加入消光剂，如无机填料、与ABS基体不相容的树脂等，但需要注意材料的相容，防止注塑起皮分层。

3）配合模具的咬花及喷砂处理，对于皮纹模具需要定期进行喷砂维护。

4）高模温注塑，ABS注塑时模温需要达到80℃以上，高速高压成形可保证材料对模具较好的转写效果，进而实现低光泽。

（2）高光泽ASA

使用丙烯酸酯橡胶替代丁二烯橡胶和丙烯腈-苯乙烯共聚得到的树脂为ASA树脂，由于分子链中不含不饱和双键，因此ASA树脂被认为是耐候级ABS树脂，但由于其气味较大，因此多在汽车外饰上使用。

基于其优异的耐候性，ASA往往作为ABS或PP的降本方案用作外饰免喷涂零件，被广泛应用在汽车格栅、后视镜、立柱及尾翼上。目前市面上ASA应用较多的代表性材料为苯领（INEOS）的ASA778T，锦湖日丽ASAXC811是国产ASA中应用较多的产品，两者均可以满足外饰耐候能量2500kJ/m²。

为了实现ASA在更多高光零件上的使用，一些材料改性厂商开发出高光ASA，相较于普通ASA，高光ASA应选择粒径更小、流动性更好的ASA胶粉，采用高模温注塑成形以确保材料对模具有非常好的转写效果，像苯领的ASA778T及锦湖日丽ASAXC811都是市面上应用较成熟的高光ASA树脂，可用于制造汽车免喷涂外后视镜。

金属闪烁效果材料配方中不同粒径的色粉选择也会造成材料外观效果的差异。一般来讲，特殊效果色粉的粒径越大，颗粒感越强，闪烁感越强；色粉粒径越小，外观效果越细腻（图3-8）。

免喷涂ASA金属闪烁效果在上汽荣威汽车格栅上的成功应用标志着免喷涂产品在格栅上的应用达到成熟（图3-9），吉利等自主主机厂均在探索免喷涂ASA金属闪烁效果的试制中。

2. 免喷涂ABS合金

（1）免喷涂ABS/PMMA合金

采用ASA或ABS弹性体对PMMA产品进行增韧改性的应用，通过ASA或ABS弹性体与PMMA树脂共混改性，可以制备冲击性能大幅提高的PMMA合金树脂。在汽车应用市场，该类材料增韧后，由于兼具可媲美钢琴黑漆的外观，较高的硬度、良好的耐刮擦性等特点，在汽车行业应用较广泛，目前主要应用于汽车免喷涂装饰件立柱、格栅、后视镜等零部件（图3-10）。

图3-8　从左到右铝粉粒径逐渐变大

图3-9　上汽荣威"荣麟"系列格栅

图 3-10　PMMA/ASA 汽车用高亮黑格栅、B 柱板、后视镜三脚架、底框等

不同零部件应用区域对材料性能的不同要求衍生出性能各异的各类 PMMA 合金类材料。以散热格栅为例，由于产品长、结构复杂、成形装配复杂，故对材料韧性要求较高，一般会选择采用高韧性级别的增韧 PMMA 合金材料，材料的缺口冲击强度一般在 $6kJ/m^2$。而立柱类产品，由于产品处于汽车偏上区域，产品尺寸偏小，以装饰为主，更关注产品耐热性，故可选择韧性中等的 PMMA 合金材料。锦湖日丽公司选用不同的丙烯酸类弹性体增韧体系，研究了不同材料体系对产品的增韧效率及性能的影响，通过对比，得出了一系列增韧效率及产品性能比较好的 PMMA/ASA 合金材料。不同增韧体系的 PMMA 合金树脂性能见表 3-10。

目前，随着市场需求的多样化，免喷涂 PMMA/ASA 材料应用逐渐增多，在汽车行业，PMMA/ASA 合金以其优异的刮擦性能和视觉效果，使其成为大部分免喷涂应用的首选材料。

ABS/PMMA 合金由于可实现外观的自由设计（透明、半透等），具有极佳的着色力，效应颜料可以发挥其最佳的光学效果，其外观的展现更加具有层次感和视觉差异。ABS/PMMA 合金材料和 ABS 等透明度较差的材料相比，外观更加靓丽，如图 3-11 所示。其原因是 ABS/PMMA 体系树脂透明光度高，光线可更深入地作用到树脂内部效果色粉上，造成视觉上更具冲击力和观赏性。

表 3-10　不同增韧体系的 PMMA 合金树脂性能

样品编号	0	1	2	3	4	5	6
MMA-BA 核壳树脂（%）	0	20	30	40	0	0	0
ASA 弹性体（%）	0	0	0	0	20	30	40
缺口冲击强度 /(kJ/m^2)	1.4	3.4	4.5	6	3.4	7	10

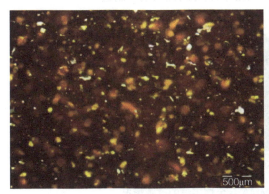 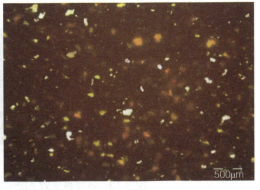

图 3-11　ABS/PMMA 合金材料和 ABS 对比

(2) 高光 PC/ABS 合金材料

高光 PC/ABS 具有优异的耐热性，其高亮黑的特性使其可以应用于汽车仪表饰圈、出风口饰圈等零件。相较于通用 PC/ABS 合金喷涂钢琴漆方案，高光 PC/ABS 具有环保、低成本的优势，配合高抛光度模具，高光 PC/ABS 的光泽可达 100 以上，几乎接近高光钢琴黑油漆的效果。如科思创 T90XG 等牌号已经在大众、奥迪等部分车型内饰高光件上应用；锦湖日丽开发的高光 PC/ABSK8285 也在大众、吉利的车型上有应用。

高光 PC/ABS 的耐热性好，长期使用温度可达 120℃以上，韧性优异，高光黑效果出众，但高光 PC/ABS 的耐刮擦性一般，铅笔硬度只能达到 3B-2B（7.5N），运用在接触频繁的一些区域容易有刮伤的风险。目前改性研究的方向一方面是提升材料的表面硬度，加入低分子量的甲基丙烯酸甲酯，可提升铅笔硬度至 HB 级别，另一方面是降低材料的摩擦系数，如加入含硅或含氟的功能助剂，但须注意表面发雾情况。

虽然目前针对高光 PC/ABS 刮擦性能提升的研究很多，但具备量产价值的方案却少之又少。鉴于高光 PC/ABS 不太出众的耐刮擦性，目前汽车内饰均选择一些窄边框的零件进行尝试，一方面是大面积高光零件的应用风险较大，选择窄边框零件上应用刮擦概率较低，可实现部分降本和低碳环保的目的；另一方面是内饰高光免喷涂的研究目前仍需上下游努力，改性材料厂商不仅需要提升技术储备，注塑厂高光模具的前期也需加强资本投入，高光模具的开模费用及配套的急冷急热模具都是一笔不小的费用。

要赋予免涂饰制品良好的外观表现，除了材料性能以外，部件的注塑成形过程如模具和注塑工艺也会影响部件的外观效果。从图 3-12 可以看出，适当的螺杆组合可有效保证特殊效果色粉的尺寸，使制件外观效果更为明显，更富有艺术性和视觉冲击力。

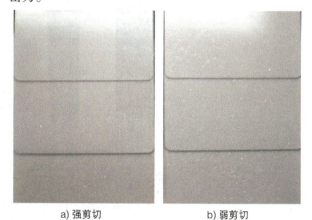

a) 强剪切　　　　b) 弱剪切

图 3-12　强剪切和弱剪切对比

除去材料制备工艺和选材外，终端成形过程中美学塑料还会遇到相应的问题。这主要是因为要实现靓丽的外观需要加入特殊效果色粉（效果颜料），由于效果颜料（铝粉、珠光粉、玻璃片等）具有一定的长径比，因此在材料成形过程中容易受到制件结构的影响造成各向异性的取向，从而造成留痕和熔接线的外观缺陷。因此研究人员花费了大量时间和精力去研究如何解决或减弱这些外观缺陷。

图 3-13 展示了不同模温对材料熔接痕的改善情况。当然，也不能为了改善熔接痕而一味地提高模温，这样也会延长制件的冷却时间，降低成形效率。因此，减弱或消除外观缺陷需要从材料、效果、制件结构、成形等因素进行综合考量。

1）免涂饰塑料成形模具。

高光黑或金属、珠光制品一般要求模具内表面能达到类似镜面效果的极高光洁度，另外，为了实现良好的外观质量，免喷涂 ABS 注塑成形多采用可在短时间内实现模具温度急升急降的所谓快速模技术，故要选用抛光性好、高纯度、高镜面度及热变形小、耐蚀性良好的优质钢材制造。

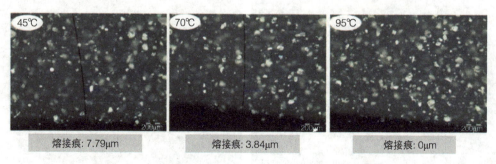

图 3-13　不同模温对 ABS/PMMA 合金熔接痕的改善情况

2）注塑工艺。

精确控制模温是获得良好的免喷涂高光注塑质量的关键因素。如采用蒸汽加热模具或 E-MOLD 技术时，模具局部区域可以达到 150℃ 或更高；适当提高成形温度和注塑压力；采用多级注塑速度；尽量减少对材料的剪切。

3.2.1.3 免喷涂 POM 材料

POM 材料已经广泛地应用于汽车外观部件（如内部手柄、旋钮、把手等），但由于 POM 不易电镀和涂装的缺点，导致它通过电镀或涂装使部件获得金属色调和质感是一件非常困难的事。为了克服这些问题，开发具有金属色调外观的 POM 材料成为各材料商的关注重点。

宝理公司通过添加铝颜料赋予 POM 制品金属色调的外观，根据铝颜料添加量的不同，可以满足市场上各种各样的着色要求。一般来讲，铝颜料的添加量越多，金属感（光泽）就越强。除添加铝颜料之外，通过改变铝颜料的粒径也可以调节其色感。此外，也可以适当添加普通颜料来满足各种各样的着色要求。表 3-11 对比显示了不同免喷涂 POM 和普通 POM 材料的技术参数。

表 3-11　不同免喷涂 POM 和普通 POM 材料的技术参数

参　数	MC-01A	MC-01B	MC-01C	M90-45LV	试验依据
	铝颜料添加量少	铝颜料添加量中	铝颜料添加量多	铝颜料添加量无	
相对密度 /(g/cm^3)	1.41	1.42	1.43	1.41	ISO 1183
熔融指数 /(g/10min)	14	16	17	9	ISO 1133
拉伸强度 /MPa	56	55	52	60	ISO 527-1，2
断裂伸长率（%）	24	28	29	35	
弯曲强度 /MPa	77	76	74	83	ISO 178
弯曲模量 /MPa	2430	2500	2600	2300	
简支梁缺口冲击强度 /(kJ/m^2)	5.6	5.5	3.8	6.0	ISO 179/1eA
甲醛释放量 /(μg/g)	1.1	1.3	1.3	0.9	VDA 275

免喷涂 POM 材料具有可以和普通 POM 完全一样的物理力学特性，其耐候性能也能满足汽车车身内饰部件的性能要求，图 3-14 显示了氙灯辐照下的免喷涂 POM 材料的耐候性。

由于受铝颜料的影响，与普通 POM 相比较，免喷涂 POM 材料的流动性、收缩率都发生了变化，但还是基本上保持了与传统的 POM 相同的性质。图 3-15 和图 3-16 显示了其流动性（流动长度）和成形收缩率。

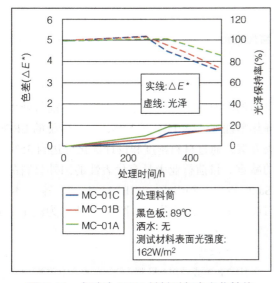

图 3-14　免喷涂 POM 材料耐氙光老化性能

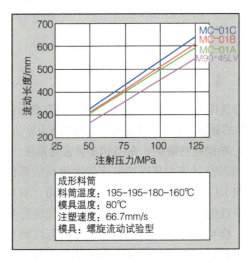

图 3-15　免喷涂 POM 材料流动性

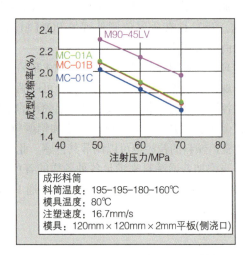

图 3-16 免喷涂 POM 材料成形收缩率

受到铝颜料的影响,金属质感 POM 材料在成形部件的熔合部位强度有降低的趋势,因此,为了使其在使用时应力集中部位不正好处于熔合部位,需要对模具的浇口位置等进行调整,同时需要在部件的设计时考虑到熔合部的强度问题。其次,与传统的电镀或涂装或者添加普通着色材料的成形品相比,树脂的汇流部位,特别是孔部及环形部位,具有更明显的熔合痕的趋势,因此,在设计时需要注意调整浇口的位置,使得熔合线不出现在美工面部位。

图 3-17 显示了汽车的内部手柄成形品,采用流动解析手法,使得熔合线不出现在美工面部位的实际应用例。对于在美工面出现熔合线的情形,可以改变不影响成形品的形状和功能的芯部厚度,进而改变树脂的填充模式,使得熔合线不产生在美工部位,从而有效地解决问题。这个实例说明,在产品设计时利用流动解析手法,调控熔合线的产生部位,可以避免影响美观。

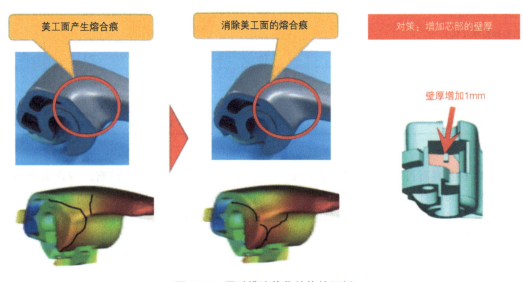

图 3-17 通过模流优化结构的示例

3.2.2 车身系统用橡胶及弹性体

弹性体材料在常温和一定低温下具有变形回弹性和柔软的触感,在车身上的应用包括以下几个方面。

1. 功能密封降噪:车门和车窗密封系统

动态密封条尤其承受应变频次很高的部件(如门框和车门密封条),由于工况相对严苛,对弹性体的力学性能、耐久性能尤其是动态压变疲劳要求非常高,故目前行业多使用动态应变疲劳性能更好的橡胶材料,如 EPDM。而所谓半动态密封条(如玻璃导槽)和静态密封条由于使用工况相对温和,故对材料的动态疲劳性能要求不太高,目前行业大多选择热塑性弹性体 TPV 或 TPS,相比传统的 EPDM 解决方案,通过材料密度和设计优化可达到 35% 以上的减重。目前行业中具有代表性的国外材料品牌为 Santoprene、Sarlink、THERMOLAST 等,本土材料商以山东道恩为代表。图 3-18 所示为汽车上的静态密封系统部件。

2. 气囊盖板

采用 TPO 或 TPV 材料制造的 DAB 盖板已得到成熟应用。

第 3 章　塑料及橡胶

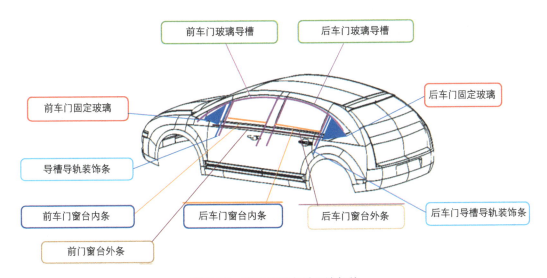

图 3-18　车身静态密封系统部件

3. 内外饰软质部件

采用 TPO、TPS、TPV、TPU 等材料制造杂物盒衬垫、杯垫；以及作为降噪或防尘防水密封边条材料和硬质塑料材料配合采用双色或二次注塑工艺制造的部件，如 A 柱外饰板、前风窗玻璃下排水槽板等。

车门和车窗密封条以及内外软质装饰部件作为外观件，由于整车风格和座舱装饰设计的需要，要求材料性能满足相关部件的功能和安装特性以外，还要具备一定的表面可涂饰性。另外，材料开发商还提供了可用于制造特殊纹理和特殊颜色光泽的热塑性弹性体材料解决方案。

与硬质塑料材料及制品的轻量化设计类似，热塑性弹性体材料和工艺的轻量化优化也是当前主机厂和材料供应商的关注方向之一。

TPV 英文全称是 Thermoplastic Vulcanizate，即热塑性硫化橡胶，其组分为橡胶和塑料共混的体系，橡胶是经过动态硫化分散到塑料内部，形成海 - 岛结构的材料。TPV 中橡胶可以是 EPDM、IR、NBR、SIR 等，塑料可以是 PP、PA、PU 等材料，复合后所制备的热塑性硫化橡胶的特性会有所差异。TPV 微观结构如图 3-19 所示。

TPV 微发泡材料是以 TPV 为基材制备的可以起发至微发泡材料的产品，其起发后密度在 $0.7g/cm^3$ 左右。TPV 微发泡材料可以进行挤出成形，也可以进行注塑成形，产品外观较常规 TPV 材料略微粗糙，可用于制备非外观面产品，可以大幅度降低材料的比重，降低材料成本。如用于汽车玻璃导槽密封条骨架部位、挤出汽车门密封条、风窗玻璃胶条、注塑汽车装饰条等部件。

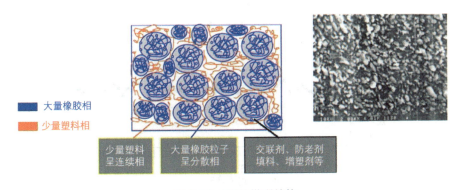

图 3-19　TPV 微观结构

微发泡TPV技术在美国、日本都有应用，主要用于汽车密封条骨架和注塑产品中，且日系车型应用得比较多，大部分产品采用化学发泡剂。因为发泡剂起发温度的限制，基本都采用外掺发泡剂的方式进行加工，并且延续了很久，这种双组分的加工方式存在一定的局限性，主要问题是组分间存在堆积密度的差异性，物料的输送均匀性受限，会出现发泡剂分散不均匀，导致物料起发状态不均匀。目前创新的技术是一体化技术，该技术将发泡剂进行枝化反应，与高熔点物质结合，大幅度提升发泡剂起发的温度，实现一体化造粒，方便下游客户使用，可以实现简化工序，成形稳定性好（图3-20、图3-21）。

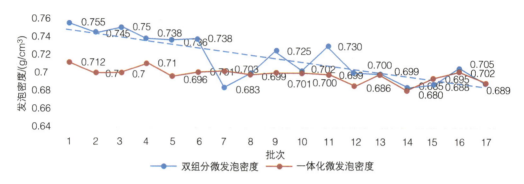

图3-20 两种发泡方式下微发泡材料发泡密度波动性对比

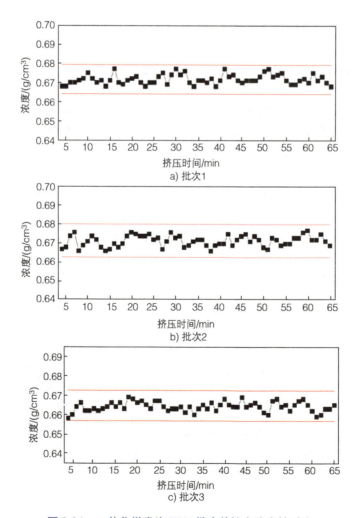

图3-21 一体化微发泡TPV批次件挤出稳定性对比

TPV 微发泡材料制备的关键技术在于发泡剂组分的枝化技术,实现发泡剂的高起发温度,制备流程如图 3-22 所示。枝化技术主要是采用接枝＋微交联技术,共同作用于发泡剂,已达到如下目的:①提供可交联的基团,并实现发泡剂与载体之间的微交联;②提高发泡剂壳层的性能,从而提高起发温度;③提升微球的弹性,解决因为发泡壳层对整体弹性的影响。经过上述接枝＋微交联技术,实现发泡剂可以在高温下加工的特性,从而可以为一体化造粒提供可能性。

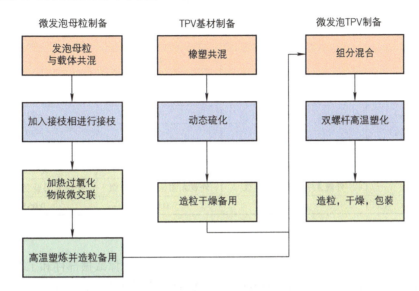

图 3-22　微发泡 TPV 产品制备流程

TPV 微发泡材料制备的关键因素包括:

(1) 改性发泡母粒制备

先将发泡剂与载体混合,塑化充分后加入可接枝物质,进行高温接枝;接枝完成后,加热过氧化物进行微交联,形成微交联状态的发泡母粒。这种经过微交联的母粒具有高性能的载体外壳,且弹性比发泡剂要好,起发的温度可以提升 15～30℃,非常有利于一体化材料制备。

(2) 基材 TPV 制备技术

用于微发泡 TPV 基材的制备方法与常规 TPV 制备方法一致,只是在选材过程中要考虑微发泡 TPV 材料的加工特性,选用高黏度的石蜡油,高熔体强度的 PP,以及高门尼黏度的 EPDM,这样综合考虑 TPV 基材的熔体加工性、延展性都有利于后续的起发及保持良好的成形外观,通过侧喂或另一条双螺杆加入发泡母粒,进行共混造粒。

(3) 挤出成形过程

1) 微发泡材料挤出前需要进行彻底的干燥,因为如果有水分的影响,会使挤出发泡过程不稳定,挤出产品因为有水汽的影响,而产生泡孔不均匀,如出现大孔的现象。

2) 挤出机设备口模的流道尽量做通畅,避免狭窄部分结构出现,因为发泡过程的气阻现象,材料冲模流动性会大幅度降低,狭窄结构很难通畅。

3) 挤出温度尽量按工艺指导温度进行加工,因为挤出成形要兼顾发泡剂的起发效率,确保起发充分,密度合适。

(4) 注塑成形过程

1) 注塑产品对设备和模具要求比较高,设备要求能够实现二次开模功能,通常需要专用的电动机;设备要有自锁喷嘴,防止气体从喷嘴逸出;要求能够实现模具要留出足够的后退空间。

2) 注塑前也要对材料进行充分的干燥,确保水分足够低,以免影响材料的外观。

微发泡 TPV 材料作为最近几年才开始推广应用的新型材料,目前还需要关注以下几点:

1) 目前发泡剂品种不多,这是因为对于可接枝及微交联特性,供应商受限。

2) 在进行接枝及微交联的过程中,仍然会有少量的发泡剂提前起发,损失了一定比例发泡剂的作用。

3) 一体化过程中也有少量的发泡剂提前起发,降低发泡剂的作用,导致添加量增加,成本比较高。

4) 因为发泡材与密实材之间有特性的差异,在做产品时需要进行结构调整来适用材料的特性,因此,主机厂及配套厂进行前期设计时需要进行专门考虑,有时候可能会略微增加设计成本。

几种不同发泡 TPV 材料的性能对比见表 3-12。

表 3-12 几种不同发泡 TPV 材料的性能对比

性能	一体化材料 70A 物理发泡剂	双组分 70A 物理发泡剂	双组分 70A 化学发泡剂	测试依据
密度 /（g/cm³）	0.680	0.71	0.72	ISO 1183
邵尔 A 硬度	68.5	70	70	ISO 868
100% 定伸强度 / MPa	2.8	2.8	3.6	ISO 37
拉伸强度 / MPa	4.5	3.9	5.9	
断裂伸长率（%）	400	360	412	
撕裂强度 /（kN/m）	28	26	30	ISO 34-1
压缩永久变形（%）	46	45	42	ISO 815
脆化温度 /℃	-44	-40	-40	ISO 812
燃烧速率 /（mm/min）	48	46	52	GB/T 8410
拉伸强度变化率（%）	-12	-16	-21	ISO 188
断裂伸长率变化率（%）	-19	-21	-30	
邵尔 A 硬度变化	+2	+2	+3	
耐臭氧老化 200PPHM, 40℃	无龟裂	无龟裂	无龟裂	ISO 1431-1
氙灯老化 2500kJ/m²	外观无明显变化，4 级	外观无明显变化，4 级	外观无明显变化，4 级	SAEJ 2527
挤出稳定性密度 3σ	0.015	0.05	0.055	—

3.2.3 小结

1）在车身轻量化技术路线中，实现在结构部件上的以塑代钢多采用长纤维增强 PP 材料，而玻纤含量较高时容易外露，造成制品表面等级低且玻璃纤维在分散浸渍时易损伤，这些是长玻纤 PP 材料未来发展需要解决的问题。

2）随着新能源汽车产业的发展，可替代金属实现有效减重的基于 PP 树脂的低密度高比强度材料的应用领域会进一步扩展，而高刚性低填充 PP 材料对于原料的依赖性较高，目前高性能低收缩的批量化 PP 原料主要依靠进口。另外，高性能近纳米粒子无机填料的来源和生产成本也是一个制约因素，这是高刚性填充 PP 需要解决的问题。

3）免涂饰 ABS 材料可以获得类似于喷漆、电镀的外观效果，但在光泽和表面质感等方面依然和涂饰表层材料存在差距。另外，免涂饰 ABS 类材料的耐刮擦性能较油漆涂层也存在较大的差距，同时具备量产价值的方案少之又少，尤其是高光 ABS 以及 PC/ABS 的耐刮擦性表现较差，限制了这类材料在一些刮擦发生频率较高的零件上的应用。

4）POM 在车身内部装备部件上的应用经验中，对于一些有外观装饰功能要求的部件，由于 POM 不易涂装和电镀的特性，故具有特殊装饰风格的着色 POM 材料具有一定的需求空间。

5）TPV 在轻量化、低碳制造等方面较之 EPDM 橡胶材料具有优势，但其残余压缩形变及动态刚性等性能上的短板限制了这类材料在一些动态密封和动态支撑减振部件和工况下的应用，而微发泡 TPV 材料作为最近几年才开始推广应用的新型材料，材料性能的稳定性还需要进一步优化，材料成本不具备优势。另外，微发泡 TPV 发泡剂品种不多，可选择的供应商有限，目前酚醛树脂硫化和过氧化物硫化是 TPV 材料制备的两大主要技术路线。随着汽车行业环保意识的逐步增强，各大 TPV 制造企业也开始着眼于在原材料制备过程中引入消费品塑料再生利用（PCR）的概念，以积极应对政府碳中和政策要求和未来的技术发展趋势。

3.3 电器系统

3.3.1 电器系统用工程塑料

3.3.1.1 IML 膜片

IML 中文名为模内镶件注塑，是一种重要的汽车内饰件表面装饰技术。IML 制品特点在于产品表面是一层硬化的透明薄膜，中间是印刷图案层，背面是塑胶层，由于油墨夹在中间，可使产品防止表面被刮花和耐摩擦，并可长期保持颜色的鲜明不易褪色。

IML 技术用于汽车内饰时，对表层薄膜材料性能要求较高，要求膜片具有较好的延展性、透光性、耐老化性和耐磨性等。IML 膜片种类按基材来分有 PC 基、PC/PBT 基和 PET 基三种，其中 PC 基膜片综合性能优异，在汽车上应用广泛，而 PC 材料表面硬度低且易划伤，使用时需表面硬化处理。因此，PC 基 IML 膜按照表面处理不同分为 PC/PMMA 复合膜、PC + 硬化涂层膜片、PC/PMMA + 硬化涂层膜片，其性能要点见表 3-13。

表 3-13 车载 IML 膜材种类及性能

膜片种类	PC/PMMA	PC + 硬化涂层		PC/PMMA + 硬化涂层
		前固化	后固化	
结构特点	基层 PC 表层 PMMA	基层 PC 表层 UV 硬化漆	基层 PC 表层 UV 预硬化漆	基层 PC 中间层 PMMA 表层 UV 硬化漆
成本	低	较高	较高	高
表面硬度	F-H	F-H	F-H	H-2H
耐磨损性	较差	良好	良好	良好
耐护肤品	不耐防晒霜	良好	良好	良好
耐化学溶剂	一般	良好	良好	良好
耐候性	良好	优异	优异	优异

IML 技术可以实现装饰一体化、无后加工工序，能做出各种不同的特殊装饰效果，是替代塑胶件喷漆、电镀最好的加工工艺，且在塑胶零件上推广普及能实现节能环保的意义，近些年来备受业内关注。

在车用 IML 膜片原料资源上，国外开发已成熟，膜片原料厂有德国 Covestro、日本 Mitsubishi、美国 SABIC、英国 Macdermid，占领了近乎全部车载市场份额。

在 IML 工艺成形方面，国内可进行 IML 产品开发设计、加工成形的厂家较多，相关产业链基本已经趋于成熟，具有代表性的 IML 厂家有如安徽徽合台塑料制品有限公司、茸明汽车科技（上海）有限公司、东莞市鸿图塑胶科技有限公司等。

在产品应用方面，IML 技术最初被广泛应用于家用电器行业，近年来国内很多主机厂都开始或完成了 IML 技术的开发与应用，国外尤其是日韩系车企，该技术应用比较普遍，典型的应用领域有汽车显示屏面板、空调面板、仪表装饰面板等。

IML 成形包含裁料、丝网印刷、油墨干燥固定、贴保护膜、冲定位孔、膜片成形、剪切外围形状、模内注塑 8 个步骤，其中膜片成形和模内注塑是关键控制点。以下对各个成形工艺进行简介。

1）裁料：把卷状的 IML 薄膜裁剪成已设计好的尺寸，供后续的丝印和成形使用。IML 薄膜的价格较贵，如何合理地设计裁料尺寸，提高膜片利用率是十分关键的成本控制点。

2）丝网印刷：利用丝网镂孔版和印料，经刮印得到图形的方法。丝印法工序简单、效率高、成本低。通过在透明的 IML 薄膜背面进行多道丝网印刷，以实现膜片不透明和透明颜色、不同图文 / 效果色彩等功能。

3）油墨干燥固定：把印刷好的 IML 薄膜用高温热成形或 UV 固化隧道，对油墨进行干燥固化。油墨不仅要能满足色泽效果要求，还要能满足后续模内注塑时的耐高温性，降低冲墨风险。主流的 IML 丝印油墨为帝国、宝龙、精工等系列油墨。

4）贴保护膜：IML 制品主要用于制作外观件，对外观缺陷控制要求很高，要避免在冲定位孔工序时弄花薄膜表面，需要贴上单层或者双层保护膜。

5）冲定位孔：定位孔必须要求冲切精准，有偏移的定位孔会导致膜片成形中表面图形发生偏移，从而造成报废。

6）膜片成形：膜片成形是整个过程中的关键控制点。通过加热使 IML 膜片软化，在外界压力作用下形成具备最终零件形貌的膜片样品。膜片成形可分为热成形和高压成形两种。热成形适用于 PMMA/PC 膜片和全固化 PC 膜，降低设备投入成本；高压成形一般适用于带半固化涂层的 IML 膜（表 3-14）。

7）剪切外围形状：把成形好的立体薄膜废料剪切掉。

8）模内注塑：模内注塑是整个过程中的关键控制点。模内注塑良率高低、效果好坏，直接影响产品的交付效率、外观状态和成本高低。将膜片预成形体放入注塑模具内，在背面进行单次注塑或二次注塑制得 IML 产品。

IML 成形工艺示意图如图 3-23 所示。

膜片主要性能项目见表 3-15，包含基本物性、抗划伤性、耐介质性和耐老化性四个方面。

表 3-14 IML 膜片预成形工艺

差异点	工艺类别	
	热成形	高压成形
膜片种类	复合膜、全固化膜	半固化膜
温度	加热至熔融温度 200℃左右，材料软化	加热至 150℃左右，材料可成形但保持一定刚性
压力	抽真空或低压（600～800kPa）	高压预热空气（10MPa）
模具	热成形模	高压成形模
设备	热成形设备	高压成形设备
制品应力	较大	低

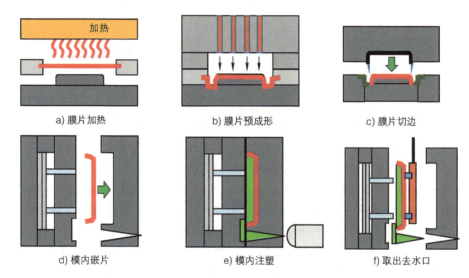

a) 膜片加热　　b) 膜片预成形　　c) 膜片切边

d) 模内嵌片　　e) 模内注塑　　f) 取出去水口

图 3-23　IML 成形工艺示意图

表 3-15　膜片主要性能项目

性能	试验项目	试验方法及要求
基本物性	膜片厚度	千分尺测试
	铅笔硬度	参照 GB/T 6739—2022《色漆和清漆　铅笔法测定漆膜硬度》
	光泽度	光泽度计法
抗划伤性	五指刮擦测试	负载 5N 下，评判划痕、发白
	耐维克牢布测试	负载 9N，磨损 5000 次，每隔 1000 次报告光泽度变化
耐介质性	耐水性（72h）	72h 泡水测试
	耐乙醇	接触乙醇 3min
	耐汗渍色牢度	酸性汗液/碱性汗液
	耐护肤品	80℃放置 20h，接触护手霜/防晒霜测试
	耐护手霜/防晒霜	护手霜：妮维雅深层舒润护手精华霜
耐老化性	耐光老化	氙灯老化 240h
	耐热性	100℃放置 22h 后，零件外观无明显变化
	耐气候循环性能	4 个冷热交替循环后，零件外观无明显变化

各材料规格的基本物性见表 3-16，可见 IML 膜片的基本厚度在 0.25mm 左右，实际可以根据需求调整厚度。铅笔硬度基本为 F～H，差异值不是很明显。外观面光泽度可达 180 以上，高光亮效果优异。

抗划伤性测试结果见表 3-17。五指刮擦测试结果表明，IML 膜片抵抗尖锐物瞬时伤害能力基本可以满足要求，遇到指甲盖、金属钥匙、金属杆等硬物非大力值作用，膜片表面无划伤。但 IML 制件长期使用过程中，表面接触清洁布长久擦拭，存在划伤失光影响外观的风险性。带 UV 涂层保护 IML 膜抗划伤性不如面层材质为 PMMA 的 IML 膜片。

表 3-16 各材料规格的基本物性

材料规格	PC/PMMA	PC/特殊 PMMA	PC/PMMA+涂层	改良 PC/特殊 PMMA
规格	基本规格	抗划伤、高耐候	带涂层，抗划伤、耐化学品	低温成形，抗划伤、高耐候
厚度 /mm	0.24	0.25	0.26	0.26
铅笔硬度	H	F	H	H
光泽度 /UB	183	183	186	187

表 3-17 抗划伤性测试结果

材料规格	PC/PMMA	PC/特殊 PMMA	PC/PMMA+涂层	改良 PC/特殊 PMMA
规格	基本规格	抗划伤、高耐候	带涂层，抗划伤、耐化学品	低温成形，抗划伤、高耐候
五指刮擦（5N 负载）	划痕 1 级 未发白	划痕 1 级 未发白	划痕 1 级 未发白	划痕 1 级 未发白
耐维克牢布测试（次数-衰减率）	0-0% 1000-24.9% 2000-41.3% 3000-43.1% 4000-45.0% 5000-48.3%	0-0% 1000-9.0% 2000-13.0% 3000-28.0% 4000-35.2% 5000-41.8%	0-0% 1000-31.5% 2000-35.7% 3000-38.5% 4000-39.6% 5000-40.5%	0-0% 1000-18.1% 2000-29.2% 3000-31.7% 4000-43.6% 5000-48.3%

考虑到 IML 部件为内饰外观件，基于可能接触到的介质工况，进行了各项耐介质性能研究，结果见表 3-18。可见膜片对水、汗液、酒精、二甲苯、护手霜具有较强的防护性能。而对于防晒霜物质，外观层为 PMMA 材质的 IML 膜片容易发白变色，外观层为 UV 涂层的膜片基本无变化。

各类 IML 膜片的耐老化性能测试结果见表 3-19，IML 膜片具有良好的耐光老化、热老化和气候老化性能，满足内饰件上的环境老化要求。

结合以上性能研究，得出结论如下：

1）IML 膜片厚度基本为 0.25mm 左右，实际使用时厚度可调。

2）IML 膜片表面硬度为 F-H，长期使用后存在表面划伤失光，影响外观的风险。

3）不带涂层的 IML 抗化学品性能能力相对较差，尤其是对防晒霜类物质。零件材料定义时，对于手经常触碰的零件，建议采用带涂层的 IML 膜片。对于非经常触碰零件，基于成本考虑，可以采用不带涂层的 IML 膜片。

表 3-18 耐介质性测试结果

材料规格		PC/PMMA	PC/特殊 PMMA	PC/PMMA+涂层	改良 PC/特殊 PMMA
规格		基本规格	抗划伤、高耐候	带涂层，抗划伤、耐化学品	低温成形，抗划伤、高耐候
耐水性		无变化	无变化	无变化	无变化
耐溶剂性	乙醇	无变化	无变化	无变化	无变化
	二甲苯	无变化	无变化	无变化	无变化
耐汗液	酸性	无变化	无变化	无变化	无变化
	碱性	无变化	无变化	无变化	无变化
耐护肤品	护手霜	无变化	无变化	无变化	无变化
	防晒霜	发白变色	发白变色	无变化	无变化

表 3-19 耐老化性能测试结果

材料规格	PC/PMMA	PC/特殊 PMMA	PC/PMMA+涂层	改良 PC/特殊 PMMA
规格	基本规格	抗划伤、高耐候	带涂层，抗划伤、耐化学品	低温成形，抗划伤、高耐候
光老化	5 级	5 级	5 级	5 级
耐高温性	无变化	无变化	无变化	无变化
耐候性能	无变化	无变化	无变化	无变化

IML工艺核心包含丝网印刷、膜片成形、冲切和模内注塑四步。印刷赋予IML膜片不同的装饰颜色和风格；膜片成形使产品从平面变成三维结构；冲切工序是指将热压膜片放在冲切模具上，去掉多余部分；最后模内注塑塑料材料，得到最终制品。

汽车内饰一体化集成、尺寸曲面、多色彩等造型风格，能有效提升顾客的购买力。要实现这些新造型风格，传统制造工艺（注塑、电镀、喷涂、镭雕等）难以实现。IML作为一种注塑与表面装饰一体化的新兴技术，制品外表美观、抗划伤性强、色彩分明，已成为汽车内饰重要的表面装饰技术之一。对该技术进行小结如下：

1）IML膜片中主要用于汽车内饰件上的为PC/PMMA膜和PC+涂层膜片两大类，其中PC+涂层膜片又分为两种，一种为以Covestro公司HF312型号为代表的半固化膜片，另一种为以Mitsubishi公司MPF08UD50为代表的全固化膜片。

2）PC/PMMA膜和PC+涂层膜片性能差异点主要体现在耐护肤品上和抗划伤性上，其他方面的性能差异不大。抗划伤性上PC/PMMA膜略有优势；耐护肤品上PC+涂层膜片表现最佳，PC/PMMA膜片不耐防晒霜类物质。

3）PC/PMMA膜对零件倒角存在限制，过大的R角和弧面设计存在成形膜片开裂风险（R角≥0.7）；对于PC+涂层膜片，对零件翻边的设计约束小一些（R角≥0.5）。

4）IML部件稳定后常规良率处在60%~80%，工艺过程中影响良率的主要工序在于膜片预成形和模内注塑两道。IML零件的成本与膜片种类和产品良率关系较大。

IML工艺存在的问题如下：

1）零件尺寸越大、视窗越多、造型越复杂，IML制件良率会越低，从而造成最终零件成本增加，以及产生交付问题。

2）对于带视窗的零件，当零件尺寸较大时，会在产品视窗区域造成严重的彩虹纹，影响外观和视频可阅读性。

3）IML膜片普遍为光面膜，而实际应用时，还有防止反光、眩光和脏污等问题，需要附加AG/AR/AF功能性需求，限制了IML技术在汽车内饰上的应用。

4）对于显示屏面板这类的应用，与现有的玻璃屏方案相比，IML表面硬度低，透光率和抗弯强度不如玻璃，因此存在长期使用后的磨损划伤缺陷以及低质感问题。

针对现阶段产业发展存在的问题，提出以下建议：

1）目前国内做IML的成形厂家众多，而车载IML膜片资源却基本为进口垄断，成本很高。因此建议国内材料厂商开发出车规级的IML膜片并推广其在汽车产业的应用，降低原材料成本和打破垄断。

2）现阶段IML膜片普遍为光面膜，而实际用于车载显示系统时，往往期望带有防反/防油/增透功能效果。如何赋予光面膜这类功能表层，且保持功能层在成形过程和使用过程中的可靠性及耐久性，是需要解决的难题。

3）IML作为一种性价比较高的表面装饰工艺，存在的彩虹纹、屏幕全贴合可实施性难、良率低等技术瓶颈，都是限制其推广应用和需要解决的难题。

3.3.1.2 电磁屏蔽材料

在智能驾驶的架构中，传感层被比作汽车的"眼睛"，包括车载摄像头等视觉系传感器和车载毫米波雷达、车载激光雷达和车载超声波传感器等，其中毫米波雷达由于其分辨率高、探测距离远、可全天候工作及高性价比等优势，在自动化驾驶汽车技术中具有广泛的应用，然而由于其对电磁信号的灵敏性，雷达的抗干扰技术显得尤为重要。

电磁屏蔽材料的使用，是解决汽车内电磁干扰问题的重要途径。屏蔽材料的屏蔽效能（Shielding Efficiency，SE），与屏蔽结构表面和屏蔽体内部感生的电荷、电流以及极化现象密切相关。电磁信号到达电磁屏蔽材料表面时，通常有3种不同机理进行衰减：①在入射表面有阻抗突变引起的电磁波的反射衰减（R）；②未被反射而进入屏蔽体的电磁波被材料吸收的衰减（A）；③在屏蔽体内部的多次反射衰减（B）。对于毫米波而言，由于其强的衍射能力，通常可忽略不计。因此$SE = R + A + B \approx R + A$。对于吸波材料，特指其屏蔽效能主要由材料对于电磁波的吸收效应所贡献，电磁干扰信号在通过材料的过程中被转化成了热能，同时材料对于电磁波的反射效应较小。广义的屏蔽材料包含了吸波材料，屏蔽效能高的材料均可称为屏蔽材料，即材料对于电磁干扰信号的屏蔽，既可来源于材料对于电磁信号的反射，也可来源于材料对于电磁信号的吸收。

依据屏蔽效能的差异，可以对屏蔽材料进行分级，见表3-20。对于汽车自动驾驶对屏蔽材料的使用需求，由于电磁干扰信号本身能量较为微弱，一般要求材料的屏蔽效能在10~40dB即可满足使用需求。

表 3-20 屏蔽材料一般分级

屏蔽效果	屏蔽效能
差	< 10dB
一般	10 ~ 30dB
中等	30 ~ 60dB
良好	60 ~ 90dB
优异	> 90dB

电磁屏蔽是指通过屏蔽材料对电磁信号的反射或吸收衰减来中断其传输，其经历了金属型、表面导电型、导电聚合物和填充型复合电磁屏蔽材料等方向发展的过程。

对于金属型导电材料，由于其具有优异的导电性，因此金属材料通常对于电磁信号具有全反射的特点，尤其是像铁、钴、镍等金属还同时具备铁磁性，可以在反射电磁信号的同时通过磁滞效应吸收电磁信号转化为热能，因此通常采用制备金属部件的方法来获得优异的电磁屏蔽性能。但由于金属制品具有密度大、成形工艺较为复杂以及容易存在氧化破坏等缺陷，导致其应用受到了一定的限制。

表面导电型电磁屏蔽材料是指采用喷涂、化学镀等工艺，在树脂基体表面涂覆一层较薄的导电金属层或导电涂料，提高电导率和磁导率，增强屏蔽效应；其主要是以反射损耗为主，且屏蔽效果的大小取决于表面材料本身的屏蔽效果，具有成本低、屏蔽性好、制备简单且应用范围广的特点。但金属表面导电型电磁屏蔽材料金属层存在容易脱落、二次加工性能较差、使用寿命短的缺点。

金属的导电性好，但同时金属的密度大、塑性差，再加之容易氧化等，不适合大量生产加工。而本征导电高分子材料比如聚吡咯、聚苯胺、聚对苯撑等，由于特有的导电功能，且耐蚀性好、密度小、强度高，越来越多地被用在屏蔽电磁波包装等材料上。

填充型复合电磁屏蔽材料是以高分子树脂为基体，向其中加入一定量的导电填料以及磁性填料，通过熔融共混、溶液共混、原位聚合和共沉淀法等制备而成，因而具有易于成形、耐蚀性良好、力学性能良好、适合大批量生产等优点。对于填充型复合电磁屏蔽材料，屏蔽效能主要取决于填料的电磁参数以及填料在体系当中所形成的导电网络，因而复合材料中填料的选型以及填料在体系中的分散及分布对于实现高的屏蔽效能至关重要。目前，导电填料主要有碳系、金属系、复合系、高分子系填料。碳系主要为炭黑、石墨烯、碳纳米管、碳纤维；金属系主要为银、铜、镍、铝等；复合系主要镀银玻璃微珠、镀镍石墨烯、镀镍碳纤维等；高分子系主要为聚苯胺、聚吡咯、聚噻吩等。

表 3-21 列举了目前国外市场上两款具有成熟应用的 PP 基电磁屏蔽材料的物性参数，该材料主要应用于制备雷达支架，屏蔽干扰信号，提升雷达对探测信号的接收及分析精确性。从力学物性参数上看，其物性与常规汽车外饰填充 PP 材料相类似，通过对 PP 体系的配方设计较容易实现相关的力学物性要求。而从该材料的物性表上未有获取与材料屏蔽效能相关的参数数据，仅给出了材料的表面电阻数据为 $101 \sim 103\,\Omega/m^2$，说明该材料实现电磁屏蔽功能的主要机理是通过在 PP 材料中添加导电填料，以此方法制备的导电 PP 材料，具有对电磁干扰信号强反射与强吸收的作用。其中金发公司基于 PP2# 开发的材料表面电阻率优于国外产品，采用自由空间法测得材料的电磁屏蔽效能高达 40dB。

共混工艺主要分为机械共混、熔融共混以及溶液共混等手段。目前工业化量产方案主要采用的是双螺杆挤出的熔融共混制备工艺。

如图 3-24 所示，将各种原材料按照一定配比进行预先混合均匀，再通过挤出设备的喂料口将原材料投入挤出机中，通过加热熔融以及螺杆对物料的输送和剪切作用，使得材料最终塑化完全，再经过水槽冷却以及牵引机和切粒机造粒，得到复合材料颗粒，最终可通过多种成形工艺成形制品。

表 3-21 改性 PP 吸波材料的典型性能

性能	测试依据	吸波 PP1	吸波 PP2	吸波 PP2—金发
密度 /(g/cm³)	ISO 1183	1.04	1.17	1.17
拉伸强度 /MPa	ISO 527	24	26	20
断裂伸长率（%）	ISO 527	> 6	25	13
弯曲模量 /MPa	ISO 178	1700	2400	2680
缺口冲击强度 /(kJ/m²)	ISO 180	25	25	25
热变形温度（1.8MPa）/℃	ISO 75-2	65	55	—
表面电阻率 /(Ω/m²)	ASTM D257	102 ~ 104	101 ~ 103	101 ~ 102

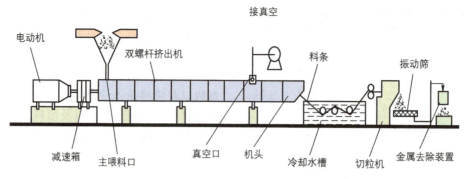

图 3-24　螺杆挤出工艺

进一步，对于通过螺杆挤出工艺制备的复合材料，可以通过 TEM、SEM、OM 等研究工具对于材料当中的功能填料的微观相形貌进行观察，如图 3-25 所示。当采用熔融挤出共混手段制备电磁屏蔽材料时，功能填料倾向于在基体当中呈现无规分布，从而导致材料当中的功能填料相互之间发生接触的概率大幅度下降，导致了材料实现逾渗所需要的功能填料的添加量大幅度提高，从而造成材料的性能衰减以及成本大幅度提升，因此通过配方设计以及螺杆挤出工艺设计，促进电磁填料在基体树脂中有效形成逾渗通道，对提升材料的电磁屏蔽尤为重要。

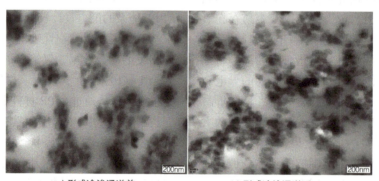

a) 形成逾渗通道前　　　b) 形成逾渗通道后

图 3-25　TEM 观察熔融挤出共混时电磁填料的相结构

当采用熔融共混工艺制备电磁功能材料时，关键技术在于如何实现在低的功能填料添加量情况下，使电磁填料在体系中形成完善的逾渗网络，如图 3-26 所示。电磁填料在树脂基体当中相互连通，而实现该电磁填料的相结构则需要配合特定的材料配方设计，以及熔融共混工艺设计。

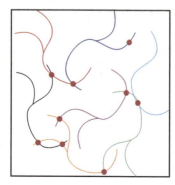

图 3-26　熔融挤出共混时希望获得的电磁填料相结构

在使用熔融共混挤出工艺制备屏蔽材料时，值得注意的是，在选用不同的功能填料以及采用不同的聚合物基体时，由于电磁功能填料粒子的粒径小，粒子间相互作用力大，功能填料在复合材料当中容易发生分散不均一的情况。功能填料在树脂基体中的团聚行为，将导致材料出现严重的外观质量问题，甚至对复合材料的电磁屏蔽性能产生较大的负面作用。

对于聚丙烯电磁屏蔽材料，其电磁填料的选择对于最终材料的电磁屏蔽性能影响显著，常见的电磁填料如图 3-27 所示。在功能填料的选择上，通常涉及功能填料自身的电磁特性及结构特性，电磁特性主要包括电导率、介电常数、磁导率等，而结构特性主要包括粒径、片层距离、长径比等。

如图 3-27a～f 所示，采用碳材料作为电磁功能填料，主要利用了其具有高的电导率，自由电子在电磁波作用下存在介电松弛效应，部分电磁波能量在此时被转化为热能，即发生了电磁波的吸收，使得材料的 A 参数提高，A 参数的提升幅度与功能填料的电导率以及其添加量正相关；再者，采用碳材料作为电磁功能填料，当其添加量在材料中达到逾渗阈值时，所形成的导电通路完善，电磁信号将在导电通路中形成微电流，通过电阻的热效应，电磁信号进一步被转化为热能，即发生了电磁波信号的进一步吸收；与此同时，由于制备的材料的表面阻抗值显著提高，材料对于入射的电磁信号存在显著的反射效应，使得材料的 R 参数提高。因此，选用合适的碳材料作为电磁功能填料，在合适的配方设计及制备工艺条件下，可使得材料呈现出对电磁波信号高反射、高吸收的特点，碳材料是目前制备电磁屏蔽屏蔽材料的首选。如图 3-27h～j 所示，在碳材料的基础上，通过碳材料的复配以及磁性四氧化三铁或者 FeCo 合金粉对碳材料的改性，在一定程度上，可以进一步对材料的表面阻抗值进行调节，从而对材料屏蔽效能中的 A 及 R 比例进行调节。

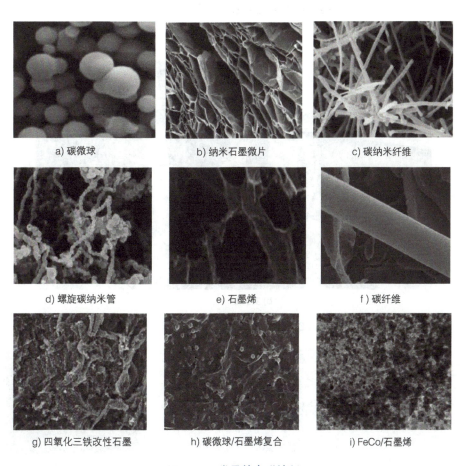

a) 碳微球　　b) 纳米石墨微片　　c) 碳纳米纤维
d) 螺旋碳纳米管　　e) 石墨烯　　f) 碳纤维
g) 四氧化三铁改性石墨　　h) 碳微球/石墨烯复合　　i) FeCo/石墨烯

图 3-27　常见的电磁填料

对于制备的电磁屏蔽材料，通过屏蔽效能的测试可对其屏蔽效果做最终的确认。对于高频电磁信号通常采用矢量网络分析仪进行测试，自由空间法通过将样板置于收发天线之间，测量散射参数（S21 以及 S11）来反映材料对电磁信号的透过及反射特性，通过相应的公式进行计算可获得材料的 R、A 等关键参数。而在采用自由空间的测量过程中，如果天线本身不具备聚焦功能，则容易产生信号损失而导致测试结果的偏差，通过外置凹形面金属板进行信号的聚焦及全反射，降低信号的扩散损耗以及测试样板过小导致的信号绕射问题，测试示意图如图 3-28 所示。

随着汽车自动化驾驶技术的发展以及毫米波雷达在汽车驾驶辅助技术上的应用推广，雷达在使用过程中的抗干扰性受到了广泛关注。汽车毫米波雷达所受到的干扰信号来源复杂多变，根据干扰信号的来源，可以将其归类为外部干扰信号和内部干扰信号（图 3-29a、b）。外部干扰信号指的是汽车驾驶

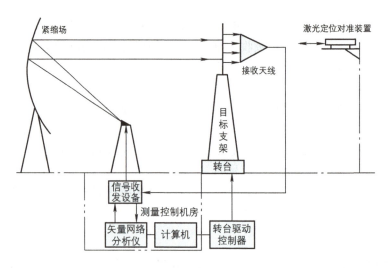

a) 示意图

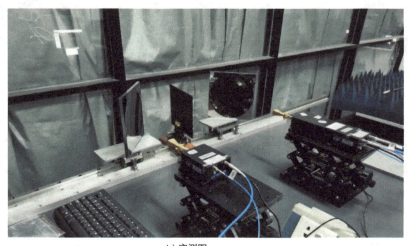

b) 实测图

图 3-28 自由空间法测试材料屏蔽效能

   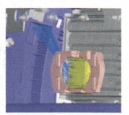   

a) 外部干扰环境　　　　　　b) 内部干扰环境　　　　　　c) 雷达支架

图 3-29 屏蔽材料的使用场景

过程中所接收到的来自外部空间环境中存在的其他汽车或信号发射装置所产生的电磁信号；内部干扰信号指的是汽车驾驶过程中，由于自身电子电器系统以及雷达等产生的电磁干扰信号，这些信号在汽车内部金属部件的反射作用下，运动路径难以精确测量，因而其对于汽车毫米波雷达的干扰尤为显著。如图 3-29c 所示，将电磁屏蔽功能材料通过注塑成形。制成的雷达支架壳体一方面可支撑固定雷达，另一方面，电磁屏蔽材料壳体对辐射向雷达的信号具有强反射及强吸收作用，有效提升了雷达的抗干扰性。单件雷达支架的材料重量为 50～70g，在实现 L5 级自动化驾驶技术时，平均每辆汽车配置 8 个毫米波雷达，以年汽车销量 2500 万辆作为粗略的计算基础，屏蔽材料雷达支架的市场需求可达 1 万 t/年。

电磁屏蔽材料的使用是解决汽车内的电磁干扰问题的重要途径。目前工业化方案主要采用的是熔融共混的制备工艺，其中以螺杆挤出改性工艺最为成熟高效。填充型复合电磁屏蔽材料其电磁填料的选择、材料配方设计以及制备工艺参数对最终材料的电磁屏蔽性能影响显著。

对比国内外相关的电磁屏蔽材料，KINGFA系列聚丙烯电磁屏蔽材料的物性均与常规汽车外饰填充PP材料类似，而从表面电阻及屏蔽效能上看，KINGFA材料表面电阻更低，同时屏蔽效能超过40dB，满足汽车毫米波雷达关于电磁屏蔽材料的使用需求。

通过熔融挤出共混工艺制备的电磁屏蔽材料具有屏蔽效能高、方法简便以及力学性能优良等优势，但其存在功能填料添加量高，功能填料难以在树脂基体中形成完善的网络通路等问题，同时相关的电磁功能填料如石墨烯、碳纳米管、磁粉改性碳填料等大部分仍处于学术研究阶段，存在未具备大规模的量产能力及产品难以匹配使用需求等问题，导致目前在制备电磁屏蔽材料时，功能填料的选择受限。

由于目前汽车自动化驾驶技术仍处于初级阶段，毫米波雷达的使用以及相关电磁屏蔽材料在国内的应用尚不成熟，因此相关电磁屏蔽材料的推广方面，主机厂与雷达商、材料供应商应共同探讨、验证及进一步优化，加快电磁屏蔽材料的国产替代步伐。另外，建议屏蔽材料供应商加大相关材料的基础研究工作，积极与电磁填料供应商联合开发高性能与高性价比的原材料。

3.3.2 电器系统用橡胶及弹性体——硅橡胶

导热硅橡胶是以硅橡胶为基体，与导热填料复合而成的一类具有导热、散热、减振、密封、黏合等性能的功能橡胶。在众多高分子材料中，有机硅材料以Si—O键为主链，在硅原子上可以连接各种有机侧基，因而其分子链兼具有机和无机性质，赋予其具有优异的耐热、耐候、耐辐射、耐化学药品等特性，从而使导热硅橡胶制品具有优异的热稳定性能、较好的耐高低温性、耐化学药品性、耐候耐老化性、绝缘性（使用绝缘导热填料）、耐水蒸气、导热、阻燃、防潮、减振等性能。根据需要使用该产品，可替代空隙中导热系数约为0.02W/(m·K)的空气，提升到1~7W/(m·K)等不同的导热系数，大幅提高导热效果。

上下游厂家在器件设计和应用过程存在差异，使得发热元件和散热元件间的空隙尺寸及黏结要求不同，大多都需要导热硅橡胶厂家进行有针对性的定制散热方案，因此导热硅橡胶种类繁多，大致分类见表3-22。

表3-22 导热硅橡胶的分类

产品类型	产品名称	产品特点
非固化型产品	导热泥	有手捏橡皮泥状和可挤泥状，都保持原状态不会固化，用于缝隙大、不规则且无需黏结的位置，可重复使用
	导热硅脂	可丝网印刷，室温存贮，低沉降，无需固化，便于填充于散热面和发热面平整间隙小的位置
固化型产品	室温固化导热灌封胶	低黏度、可流淌、低比重，广泛用于新能源电池、航天航空等需要散热和整体包裹或灌封的电子器件，可以室温或加热快速固化
	室温交联双组分导热胶	触变性好，通过混合管自动点胶用，可以室温或加热固化，用于空隙大、不规则，需要有一定黏结力的位置，可用于动力电池模块底部的粘合及导热等领域
	单组分潮气固化导热黏结剂	常温湿气固化，固化时间较长，适用于空隙不规则、涂抹面积不大、黏结要求高且不能加热固化的位置
	单组分加热固化导热黏结剂	需要低温保存，高温短时间即可固化，用于将聚光型电转换模组下的玻璃板或铝板的粘合，从而传热，其粘合强度高，无需底涂，固化时对金属无腐蚀，无有害气体产生，用于大面积和深度粘合
成品型产品	导热硅胶垫片	柔软，表面有一定黏性，邵尔OO硬度约为50，压缩变形量大于35%，应力低，可很好地粘附于电子发热元件和散热片间，有效排出空气，达到很好的散热效果
	导热凝胶	状态接近可挤导热泥，但该产品已经过交联反应，具有更好的耐老化和耐渗油的效果

随着时代的前进，新能源汽车正在世界各地飞速兴起，电池模块、驱动电机和电控系统等在工作中会产生大量的热，如不能有效控制温度，则会降低各部件的性能和寿命，严重的可能会引起线路短路，造成车辆自燃。此外，充电桩的工作性能以及安全运行也与温度密切相关。良好的散热条件是这些部件处于合适工作温度的基本保障。采用导热绝缘材料能够有效降低各部件的温度，从而保证其安

全性能与使用寿命。同时，其在5G、航空、航天、电子、电气、电源、通信、光伏、照明等诸多领域应用广泛，特别是近年来，随着自动化、智能化的快速发展，电子元件的小型化、集成化要求越来越高，对导热硅橡胶制品的需求越来越大。

3.3.2.1 国内外技术及产业发展情况

美国Intel的创始人戈登·摩尔于1965年提出，集成电路上可容纳的元器件的数目每隔18~24个月便会增加一倍，性能也将提升一倍，被称为"摩尔定律"。元器件数目翻倍，热量也会随着增加，因此电子器件散热问题逐渐被提到日程上来，且发展迅速。目前，陶氏化学（DOW）、莱尔德（Laird）、派克固美丽（Parker Chomerics）、日本的信越（ShinEtsu）、迈图（Momentive）、德国的瓦克（Wacker）、汉高（Henkel）等在国际导热界面材料领域有较高的地位。国内导热硅橡胶行业起步较晚，但发展迅速。近年来，随着我国航空航天、电子、汽车等行业迅猛发展，硅橡胶导热材料也有突飞猛进的发展，导热填料厂家、导热硅橡胶生产厂家也如雨后春笋般越来越多，规模越做越大。在这股发展的浪潮中以卓尤、回天等公司较为突出，形成了比较完整的导热硅橡胶产品体系，产品性能也较之前有了很大的改善，很多下游公司正在逐渐地用国内产品替代国外产品，而且国外电子工业也大量订购中国公司的产品。

随着电子器件集成化、智能化等要求越来越高，对导热材料的需要也越来越大，虽然最近几年国内导热硅橡胶蓬勃发展，但是国际大公司的产品市场占有率还是比较高的。目前新能源汽车逐步走向历史舞台，对导热材料的需要必不可少，又将打开更广阔的市场，未来导热硅橡胶发展可期。

3.3.2.2 材料性能对比

导热硅橡胶种类不同，被赋予的性能差别也很大，而这种差别来自于所使用的领域和场合的差异。不过，所有产品中都有导热系数这项重要指标。针对导热硅橡胶应用于电子器件发热件和散热件之间的情况，使用ASTM D5470热流法测试导热系数更有参考性。虽然标准都一样，但设备存在很大差异，所以在相同条件下测试导热系数才会有更好对比性。青岛卓尤新材料有限公司曾收集过国内厂家的产品进行测试，导热系数标称为7W/(m·K)、甚至9W/(m·K)的产品，在卓尤测试条件下均不足4W/(m·K)；同时，测试国际大品牌公司的产品与标称差别不大，在±0.3W/(m·K)以内。

对于导热绝缘灌封胶，为灌封整个器件，其黏度需很低才能具有更好的流淌性，达到更好的灌封效果，而随着汽车轻量化的需求越来越严格，低密度产品逐渐受到青睐，所以低黏度、高流动以及低密度是导热灌封胶被关注的关键指标。国内公司在导热系数<2W/(m·K)的产品中与国外产品具有竞争能力，在更高的导热系数产品中，产品的流动性和密度相对而言会略逊于国外产品。但由于该产品的流动性，导热系数一般不会太高，在3W/(m·K)以下居多，参考性价比，导热系数<2W/(m·K)以内的产品占有率较大。青岛卓尤新材料有限公司的一款导热灌封胶TPC-213-08-AT与美国陶氏的导热灌封胶TC-6011性能对比见表3-23。

表3-23 青岛卓尤的TPC-213-08-AT和美国陶氏TC-6011性能对比

检测项目	TPC-213-08-AT	TC-6011
黏度（3号黏度杯，25r/min）/cPs	A/B：3200±500	A：4832，B：5056
热导率/(W/m·K)	A：1.18，B：1.19	A：1.22，B：1.15
操作时间（20℃）/min	>30	>60
邵尔A硬度	32	20
密度/(g/cm^3)	1.66	1.69
固化时间（70℃）/min	40	120
固化时间（25℃）/h	24	—
介电强度/(kV/mm)	27	24
拉伸强度/lbf/in^2[①]	68	86.5
与铝材黏附力/lbf/in^2	80	79.7
与FR4黏结力/lbf/in^2	56	41

① 1lbf/in^2 = 6.895kPa。

从性能对比可以看出,卓尤的 TPC213-08-AT 在黏度和密度上比陶氏 TC-6011 更有优势,综合导热性基本一致,其他差别不大。该产品在电子、汽车等领域都有应用。

其他导热硅橡胶产品,在中低导热系数的产品中,国内产品的性能已经与国外产品差别很小,甚至有更优之势,市场占有率逐渐增加;在高导热系数产品中,国内有些产品相比国际大公司产品还有一定差距,但随着这几年的高速发展,新型导热填料——石墨烯、碳纤维等开发与制备,已经逐渐将差距缩小。随着国际竞争逐渐激烈,导热硅橡胶国内外产品的市场争夺战已经拉开序幕!

3.3.2.3 制造工艺及关键技术

因产品类型不同,制造工艺也有差异,不过相互之间存在一定的关联性,从整体来讲,导热硅橡胶的工艺流程简图如图 3-30 所示。

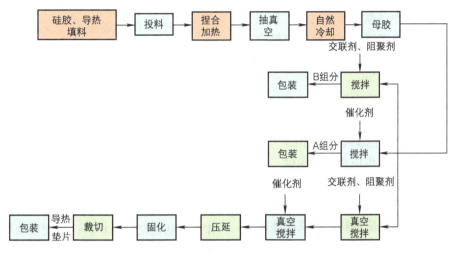

图 3-30 导热硅橡胶工艺流程简图

对于导热硅脂、导热泥来说,需将导热填料加入液体硅胶中混匀、加热、排气,做成各种导热及不同黏度的材料。导热灌封胶、导热双组分需将上述母胶分成 A、B 二组分后分别加小料,AB 混合后进行固化等反应。单组分加热固化型黏结剂及单组分室温潮气固化黏结剂等需先用填料和硅胶做母胶,混炼均匀,加热排气冷却后,直接加小料,混匀后测试各项性能合格后方可进行包装使用。导热凝胶和导热垫片是做好母胶后直接加小料进行固化反应,根据需要做成所需状态或尺寸的产品直接使用。

导热硅橡胶制造的关键技术在于产品能够达到所需的状态,导热灌封胶要流淌、导热硅脂要细腻、导热泥及导热凝胶要有触变、导热胶黏剂要根据客户使用要求触变或半流淌、垫片要软弹并有一定自黏性等,达到规定导热系数的前提下满足客户所需的状态是关键,同时产品要混合均匀并无空气。空气本身不导热,混入空气会影响导热性,还会影响潮气固化产品的固化等性能。

3.3.2.4 存在问题及建议

近几年国内导热硅橡胶发展异常迅速,特别是电子业比较发达的南方,生产厂家较多,但有不少企业技术研发欠缺,对产品性能特别是导热系数认识不足,有数据虚高的情况,使得从行业角度表面看上去产品可以做到很高的导热系数,但是实际和国际大品牌差别较大;同时,能够真实做到超高导热系数产品的厂家较少,而且与国际大品牌尚有差距,高性能的导热填料的开发是产品性能提高的基础,导热填料厂家也需要继续改善自身产品,为导热硅橡胶的发展备足动力。

导热硅橡胶产品在生产过程中相比其他橡胶制品环保性非常突出,在下游行业的作用异常重要,希望国家能重视并支持本行业的发展。同时行业自身产品性能测试不规范,应尽早制定各类产品的行业标准,为快速有序的发展打好基础。

3.3.3 小结

1)IML 作为一种注塑与表面装饰一体化的新兴技术,制品外表美观、抗划伤性强、色彩分明,已成为汽车内饰重要的表面装饰技术之一。目前国内做 IML 的成形厂家众多,而车载 IML 膜片资源却基本为进口垄断,成本很高,且存在的彩虹纹、屏幕全贴合可实施性难、良率低等技术瓶颈,都是限制其推广应用和需要解决的难题。因此对于国内材料厂商，开发出车规级的 IML 膜片并推广其在汽车产业的应用，降低原材料成本和打破垄断是未来发展的关注点。现阶段 IML 膜片普遍为光面膜，而实际用于车载显示系统时，往往期望带有防反/防油/增透功能效果，或赋予光面膜这类功能表层，保持功能层在成形过程中和使用过程中的可靠性、耐久性，这也是未来发展的新方向。

2）电磁屏蔽材料的使用是解决汽车内电磁干扰问题的重要途径。目前工业化方案主要采用的是熔融共混的制备工艺，其中以螺杆挤出改性工艺最为成熟高效。填充型复合电磁屏蔽材料电磁填料的选择、材料配方设计以及制备工艺参数对最终材料的电磁屏蔽性能影响显著。

由于目前汽车自动化驾驶技术仍处于初级阶段，毫米波雷达的使用以及相关电磁屏蔽材料在国内的应用尚不成熟，因此相关电磁屏蔽材料的推广方面，建议主机厂与雷达商、材料供应商共同探讨、验证及进一步优化，加快电磁屏蔽材料的国产替代步伐。另外，建议屏蔽材料供应商加大相关材料的基础研究工作，积极与电磁填料供应商联合开发高性能与高性价比的原材料。

3）导热硅橡胶发展异常迅速，特别是电子业比较发达的南方，生产厂家较多，但有不少企业技术研发欠缺，对产品性能特别是导热系数认识不足，有数据虚高的情况，使得从行业角度表面看上去产品可以做到很高的导热系数，但是实际和国际大品牌差别较大；同时，能够真实做到超高导热系数产品的厂家较少，而且与国际大品牌尚有差距，高性能的导热填料的开发是产品性能提高的基础，导热填料厂家也需要继续改善自身产品，为导热硅橡胶的发展备足动力。

3.4 底盘系统

3.4.1 底盘系统用橡胶及弹性体

杜仲胶化学名称为反式-1，4-聚异戊二烯（TPI），与通用天然橡胶（NR）和异戊橡胶（IR）是同分异构体，如图 3-31 所示。合成杜仲胶与天然杜仲胶的典型物性见表 3-24，从中可知，二者物理及力学性能基本一致，属于同一类材料。因 TPI 室温下易结晶，结晶熔点仅 60℃ 左右，可作为低熔点塑料用于医用固定矫形材料等，如图 3-32 所示。但 TPI 分子链本质上仍是含不饱和 C＝C 双键的柔性链，因此也可以用通常不饱和橡胶的硫化方法进行交联。当交联密度较低时，是一种热致弹性体，可作为形状记忆功能材料；当交联密度较高时，由于交联阻碍了结晶，就变成了弹性体材料。这种弹性体的最大特点是动态性能好，生热低，耐疲劳性能好，是制造高性能绿色节能环保轮胎和高速火车、汽车减振制品的优良材料。可见 TPI 既是塑料，又是橡胶，还可作为功能材料，是一种用途很广的高分子新材料。

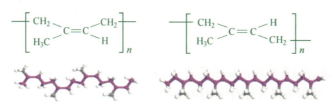

图 3-31 天然橡胶结构及分子模拟 TPI 结构及分子模拟

表 3-24 合成杜仲胶与天然杜仲胶的典型物性

物性	合成杜仲胶	天然杜仲胶
形态	粉末、颗粒或片状	硬质块状
颜色	白色至浅黄色	浅灰色至深棕色
相对密度/(g/cm³)	0.94	0.95
稳定剂	非污染型	非污染型
ML100	10~150（分子量易调节）	60~130
拉伸强度/MPa	25~40	25~40
拉断伸长率/(%)	400~700	400~700
邵尔 D 硬度	30~55	45~55
反式-1，4-链节含量（红外）(%)	>98%	>98%

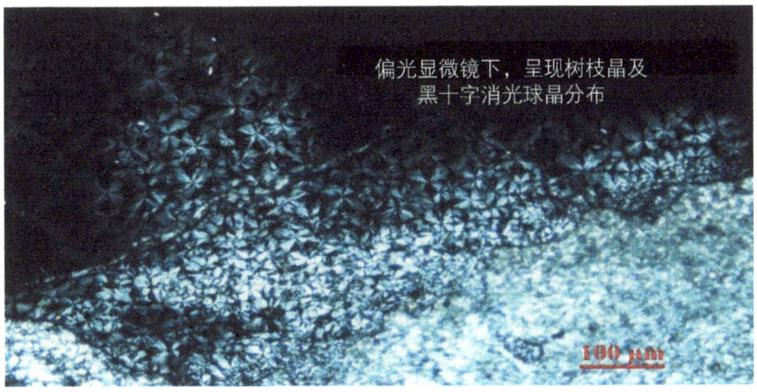

图 3-32　偏光显微镜下 TPI 形貌

20世纪80年代后，中国科学院北京化学研究所严瑞芳等对TPI进行深入研究，提出了硫化过程受交联度控制的三阶段特征，以及三阶段的不同微观结构对应着不同用途的三大类材料：热塑性材料、形状记忆材料和橡胶弹性材料的观点，基本理论是通过适当交联来抑制结晶，使之变成弹性体材料。这种弹性体最大特点是滚动阻力小、生热低、耐磨、耐疲劳性能优异。这一研究成果大大拓宽了反式聚异戊二烯橡胶（TPI）的研究和应用领域，如形状记忆材料，低温热收缩材料，轮胎胎面、胎侧、三角胶，减振零件等，见表3-25。

表 3-25　TPI 硫化三阶段

硫化程度	性状	材料类别	用　　途
零交联度	结晶型硬质材料	低熔点塑料	医用夹板，牙胶，矫形康复器材
低交联度	室温下塑料态，>60℃为橡胶态	形状记忆功能材料	热收缩管，接头密封包装材料
高交联度	非晶软质弹性体	橡胶弹性材料	轮胎、汽车悬置、推力杆、衬套等减振制品

1. 国内外技术及产业发展情况

TPI的合成自20世纪50年代开始有专利和报道。20世纪60~80年代，加拿大、英国、日本、俄罗斯等国家陆续有中试装置建成，当时TPI生产方法均是采用钒或钒/钛混合体系为催化剂，在芳烃或脂肪溶剂中进行溶液聚合，由于其催化剂活性低，胶液黏度很高，大量溶剂需回收精制，聚合物需反复后处理以脱除催化剂残渣等，工艺流程复杂，能耗、物耗均很高，且装置规模较小，因此生产成本较高，使TPI价格超过普通橡胶10倍以上，从而限制了TPI市场的发展。目前，只有日本Kurary公司仍在生产，产品主要用于医用材料市场，价格最高达到60美元/kg，产量400t/年。

青岛科技大学从1989年起开始研究合成TPI，在国家自然科学基金和国家"863"高技术研究发展计划新材料领域的资助支持下，开发出采用自行研制的第三代负载型钛系催化剂催化异戊二烯本体沉淀聚合合成TPI的工艺路线。由于本体法合成TPI的生产成本大大降低，为TPI的发展及将来部分代替天然橡胶而成为通用橡胶创造了条件，并具有良好的工业化前景。2006年青岛科技大学建成年产500t的TPI工业中试装置，2012年青岛竣翔科技有限公司年产3万t的TPI工业装置投产，标志着TPI正式进入工业化大生产时代。

2. 材料性能对比

TPI生产技术难度较大，近年来市场上仅有两家企业生产，分别为青岛竣翔科技有限公司和日本Kuraray公司，产品对比见表3-26。Kuraray公司TPI-301产品主要用于医疗器械，最高价格达到60美元/kg，目前国内市场已难采购到产品，处于停产状态。青岛竣翔科技采用本体沉淀法生产TPI，产品广泛应用于轮胎、铁路/桥梁/汽车等领域减振制品、牙胶材料、医疗器械及塑料增韧等方向。其采用DCS智能化控制系统，产品质量稳定。目前根据门尼指标划分为TPI-20/40/60/80/100等多个基础牌号，也根据特殊用途开发导电、导热、增强或低生热型等功能型牌号，见表3-27。导电型TPI合成示意图如图3-33所示。

表 3-26 Kuraray 与青岛竣翔产品对比

项目	Kuraray	青岛竣翔
催化体系	钒体系或钒/钛混合体系	负载钛系
催化活性	1.7kgTPI/gV	50kgTPI/gTi
聚合方式	溶液聚合	本体聚合
反式-1,4-含量	>98%	>98%
产能/(t/年)	400	1500
形态	细小颗粒状	粉末状或颗粒状
气味	无气味	有轻微气味
售价/(万元/t)	20~30	4~20
主要应用	医用材料	医用材料、轮胎

表 3-27 TPI 产品通用牌号

牌号	门尼黏度 ML100℃ 3+4	特点	应用范围
TPI-Ⅰ型	<20	分子量低,流动性好	加工改善剂,橡胶助剂造粒等
TPI-Ⅱ型	20~40	可塑性好	医用夹板,注射制品等
TPI-Ⅲ型	40~60	兼具加工性好,结晶速度快	形状记忆材料,一般橡塑制品
TPI-Ⅳ型	60~80	动态性能好,加工性也可以	轮胎胶料和一般动态使用的橡胶制品
TPI-Ⅴ型	80~100	动态性能好,但单独加工可塑性差	与其他橡胶并用用于轮胎胎面胶等
TPI-Ⅵ型	>100	韧性好,但加工困难	充油橡胶,特殊要求的材料

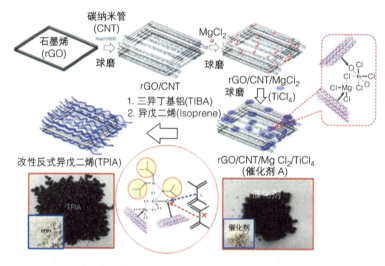

图 3-33 导电型 TPI 合成示意图

3. 材料制备工艺及关键技术

对于结晶性的 TPI,只有当硫黄用量大于 5 份时,才能有效破坏结晶变成弹性体材料,但是,这样的硫黄用量已经属于过硫橡胶的范畴,必然引起硫化胶一些力学性能的下降。可以通过与其他胶种并用共混的方式,依靠分子间隔离和相互穿插,阻止 TPI 结晶,从而达到降低硫黄用量的目的。

(1) 材料制备工艺

开放式炼胶机进行混炼时,需要把辊温升高到 80℃以上,先加入 TPI 使其变为透明胶料包辊完全塑化,然后加入其他待并用胶种,使 TPI 与其他胶种达到细分散均匀混合,再加入其他加工助剂或小料,下片待用。

密炼机炼胶时,原则上还是与上述开放式炼胶相似,使 TPI 与其他待并用胶种达到充分混匀,可采用类似混炼工艺进行,见表 3-28。

刘付永等考察了混炼工艺对炭黑补强 TPI/SBR 并用胶硫化特性和物理性能的影响,结果表明总体影响不大;采用先制备 TPI 炭黑母炼胶再与 SBR 及其他配合剂混炼的工艺,硫化胶的动态疲劳性能较好,滚动阻力较低。

表 3-28 TPI 混炼基础加工工艺

步骤	炼胶设备及条件	炼胶工艺	
		混炼操作	混炼时间
一段母炼胶制备	密炼机 70r/min	向密炼机投入 100 份橡胶	约 45s
		加入小料混合料	约 30s
		加入 2/3 填料（白炭黑）	约 45s
		加入剩余填料	约 60s
		提起上顶栓清扫，清扫完毕继续混炼	约 50s
		提起上顶栓，继续混炼	约 50s
		排胶	—
	开炼机	下片，在室温下停放至少 16h	—
终炼胶制备	密炼机 40r/min	向密炼机投入一段母胶	约 30s
		提起上顶栓	约 30s
		加入硫化剂	约 30s
		提起上顶栓清扫，清扫完毕继续混炼	约 30s
		排胶	—
	开炼机	薄通三次，打三角包 3 个，打卷 3 个，下片	—

（2）材料应用性能

硫化 TPI 具有定伸强度高、耐磨耐疲劳性能优异、生热低、耐曲挠等特点，在轮胎、高速传动带、橡胶弹簧、减振器、制鞋用胶等领域也有好的应用前景。

4. 在减振制品应用方面

（1）合成杜仲胶在发动机左弹性支架、抗扭连杆总成的应用

以东风汽车某车型动力总成系统的"发动机左弹性支架、抗扭连杆总成"为目标零件，在原零件的橡胶材料配方基础上进行配方优化设计、零件成型工艺优化，以实现提升零件动态疲劳性能、降低失效风险的目的。本试验的目标零件主要由三部分组成，分别是大软垫橡胶（以下简称 DRD）、小衬套橡胶（以下简称 XCT）和左弹橡胶（以下简称 ZT），根据实验室及台架试验测试结果，最终零件可提升疲劳性能 2~3 倍，可满足设定目标。

其中 DRD01、XCT01、ZT01 均为原始配方，02、03 配方为不同 TPI 与 NR 配比的试样。

1）屈挠龟裂性能。分别对各配方进行屈挠龟裂性能测试，结果如图 3-34 所示。可以看出，ZT 的调整配方 02 及 03 屈挠至 100 万次仍处于 1 级龟裂，改善效果非常明显，此处疲劳性能预计可提升为原零件的 5 倍以上。

2）伸张疲劳性能。分别对各配方进行伸张疲劳性能测试，结果如图 3-35 所示。可以看出，ZT02 和 ZT03 分别提高了 33.7% 和 31.5%，改善效果尤为明显。

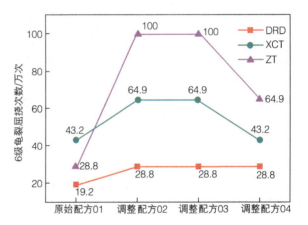

图 3-34 三部分橡胶原始配方及调整配方的 6 级屈挠龟裂次数

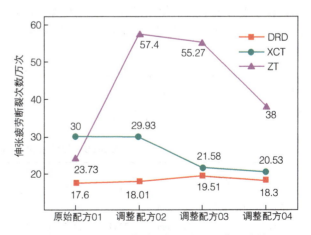

图 3-35 三部分橡胶原始配方及调整配方的伸张疲劳断裂次数

3）压缩疲劳性能。分别对各配方进行压缩疲劳寿命测试，结果如图3-36所示。可以看出，与原始配方相比，TPI改性配方02的压缩破坏次数均明显提升，分别提升为430%、85%、240%。

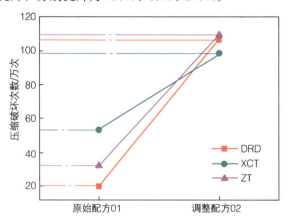

图3-36　三部分橡胶原始配方01及调整配方02的压缩破坏次数

将选取配方02，三部分材料组装为X37车型动力总成系统的"发动机左弹性支架、抗扭连杆总成"零件进行台架试验，该零件原耐久性试验为49万～85万次，而采用新材料制备零件，最终试验次数为200万次，零件未出现破损，已达到试验预期设想，减振零件耐久性寿命可提升2～3倍。

（2）合成杜仲橡胶在汽车扭力梁铰接的应用

汽车底盘的扭力梁铰接主要由钢制外管、钢制内管及中间的橡胶层构成，钢制外管连接扭力梁，钢制内管连接车身上的一个金属支架，中间填充了天然橡胶用于内外管之间的连接和减振。由于乘用车中扭力梁铰接长期受力工况恶劣，铰接中起到减振作用的天然橡胶材料长期受到较大的动态应力作用，在车型开发和客户使用过程中经常因动态疲劳而出现失效的情况。扭力梁铰接的剖面如图3-37所示。

为提升扭力梁铰接的耐疲劳性能，将杜仲橡胶用于产品生产，共混硫化胶选用NR/TPI共混硫化胶。杜仲胶扭力梁铰接的制备：将混炼胶加入注塑机中，并注入放有表面磷化处理并涂胶黏剂金属骨架的模具后硫化成形，硫化压力为10MPa，温度160℃，硫化时间11min。

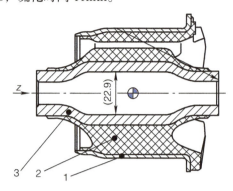

图3-37　扭力梁铰接剖面
1—钢制外管　2—橡胶　3—钢制内管

1）杜仲橡胶扭力梁铰接产品静态力学性能分析。杜仲橡胶扭力梁铰接的产品力学性能见表3-29，可以看出，并用TPI后，产品的静态力学性能无明显变化，TPI用量为15份时，产品的静刚度、扭转刚度均达最优。

2）杜仲橡胶扭力梁铰接疲劳耐久性能分析。为考察杜仲橡胶扭力梁铰接的耐动态疲劳性能，本研究进行了动态疲劳台架试验。主要试验设备为SHENCK产8kN·m级液压伺服试验设备，华东电子10kN级拉压力传感器，样品安装、台架、加载方式如图3-38所示。

杜仲橡胶扭力梁铰接的疲劳耐久性能试验结果见表3-30。并用了TPI的扭力梁铰接产品的耐动态疲劳性能有了显著提高，随着TPI份数的增加，试样的疲劳性能先上升后下降，加入15份TPI的产品耐疲劳性能最优，达到纯NR胶的近3倍。

曹兰等对TPI在橡胶减振制品中的力学及动态性能研究见表3-31和表3-32。可以发现，随着TPI用量增加，硫化胶的力学性能略微降低，但是其6级屈挠龟裂次数大幅度提升，伸张疲劳寿命也有部分提升；并用7份TPI时，tanδ较纯NR降低20%，说明加入部分TPI可以起到降低生热的效果（图3-39）。

表3-29　杜仲橡胶扭力梁铰接产品静态力学性能

测试项目	NR/TPI 并用比				测试条件
	100/0	93/7	85/15	80/20	
径向（空心）静刚度 /N·mm	528	512	520	518	预载 = 0N，加载 F_{max} = ±5kN，速度 v = 10mm/min，计算范围：±980N
径向（实心）静刚度 /N·mm	2234	2167	2215	2208	
轴向静刚度 /N·mm	189	181	200	192	预载 = 0N，加载 F_{max} = ±3kN，速度 v = 10mm/min，计算范围：±980N
扭转刚度 /[N·m/(°)]	1.9	1.8	2.0	1.9	加载 0°～15°，30 (°)/min，0°～1° 计算

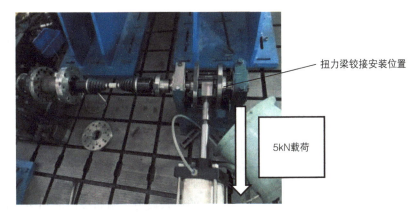

图 3-38 扭力梁铰接疲劳耐久试验台架

表 3-30 杜仲橡胶扭力梁铰接疲劳耐久性能试验结果

测试项目	NR/TPI 并用比				测试条件
	100/0	93/7	85/15	80/20	
动态疲劳耐久/万次	35	68	92	74	沿铰接径向方向施加5kN载荷，同时施加扭转运动，扭转角度±5°，频率1.8Hz，试验次数为100万次；试验中检查铰接的破坏情况：橡胶的撕裂情况、内衬套与橡胶之间的脱离情况、外衬套与橡胶的脱离情况等

表 3-31 TPI 用量对 NR/TPI 硫化胶力学性能的影响

NR/TPI		100/0	97/3	93/7	85/15	80/20
门尼黏度		29.7	30.1	30.5	33.2	35
t_{10}/min（硫化10%所用的时间）		2.5	2.5	2.51	2.51	2.5
t_{90}/min（硫化90%所用的时间）		5.84	5.77	5.7	5.41	5.34
ML/dN·m		0.83	0.85	0.85	0.99	1.06
MH/dN·m		16.64	17.14	16.84	17.65	17.69
MH-ML/dN·m		15.81	16.29	15.99	16.66	16.63
拉伸强度/MPa		30	29.9	28.7	28.9	28.4
断裂伸长率/%		553	516	546	509	512
100%定伸应力/MPa		2.4	2.5	2.6	2.8	2.5
300%定伸应力/MPa		12.1	12.8	13.6	14.4	13.6
撕裂强度/kN·m		74	68	66	67	69
邵尔A硬度		59	59	60	60	60
回弹值（%）		65	65	66	66	67
6级屈挠龟裂/万次		37.4	45	53.4	85.5	76.1
伸张疲劳寿命/万次		18.52	18.56	22.99	26.02	29.83
压缩永久变形率（%）	100℃-24h	55.8	55.1	54.4	52.4	50.1
	100℃-72h	61.2	61	58.3	57.2	57.9
	70℃-72h	34.7	34.4	31	29	28.9

表 3-32 不同 TPI 用量的 NR/TPI 硫化胶的 $\tan\delta$ 值

配方编号	$\tan\delta$		
	0℃	60℃	80℃
100/0	0.232	0.128	0.114
97/3	0.216	0.114	0.101
93/7	0.21	0.102	0.089
85/15	0.215	0.12	0.105
80/20	0.218	0.123	0.108

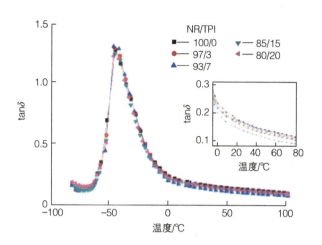

图 3-39 TPI 用量对 NR/TPI 硫化胶阻尼因子的影响

下面具体介绍 TPI 与天然橡胶（NR）、丁苯橡胶（SBR）和顺丁橡胶（BR）等并用硫化胶的应用与性能。

（3）TPI 与 NR 并用胶的应用

由于天然胶 NR 具有较高的物理力学性能，易于加工，其硫化胶的拉伸强度、撕裂强度、断裂伸长率及耐磨老化等综合性能优良，在全钢载重子午胎的各个部件均大幅使用。TPI 与 NR 并用，能够在保持 NR 力学性能下提升动态疲劳、低生热等性能。

齐立杰等对 TPI/NR 并用胶在全钢子午线轮胎胎面胶中的应用及 TPI/NR 并用胶在全钢子午胎胎肩垫胶中的应用研究发现（表 3-33）：TPI/NR 并用比为 15/85 时，硫化胶的综合性能较好，胶片外观光滑，半成品停放时挺性增加，利于尺寸的稳定，通过配方优化在不降低力学性能的前提下，硫化胶的伸张疲劳、耐屈挠性能和滚动阻力等性能大幅提升，耐磨耗性和摩擦指数保持较高水平；在胎肩垫胶中加入 15 份 TPI 代替 NR 后，混炼胶外观光滑，加工时胶料包辊性较好，半成品具有一定的挺性，便于后续加工，其硫化胶的压缩生热性能明显提高，耐老化性能与疲劳系数有所提高。

张晨光对 TPI 在工程轮胎胎面胶中应用的研究中发现：随着 TPI 并用量的增加，硫化胶的断裂伸长率、硬度、耐磨性出现提升，而拉伸强度、撕裂强度及压缩生热呈现出降低的趋势，见表 3-34 及图 3-40。

表 3-33 NR/TPI 并用胶加工性对比

加工性能	NR/TPI 并用			
	100/0	90/10	85/15	80/20
包辊状况	良好	良好	良好	良好
胶片表面状况	光滑	光滑	光滑	光滑
胶片收缩状况	收缩稍大	收缩较小	收缩较小	收缩小
胶片硬度	较软	稍硬	稍硬	较硬

表 3-34 NR/TPI 工程胎对比配方 （单位：Phr）

配方	1	2	3	4	5
10# 颗粒胶	100	95	90	85	80
TPI	0	5	10	15	20
S	1.4	1.4	1.6	1.8	1.8
促进剂	1.4	1.4	1.4	1.4	1.4
ZnO	5	5	5	5	5
Hst	2.5	2.5	2.5	2.5	2.5
N375	50	50	50	50	50
白炭黑	10	10	10	10	10
Si-69	3	3	3	3	3
防老剂 RD	1.5	1.5	1.5	1.5	1.5
防老剂 4020	1.5	1.5	1.5	1.5	1.5
微晶蜡	1	1	1	1	1
其他	3.2	3.2	3.2	3.2	3.2
合计	180.5	180.5	180.7	180.9	180.9

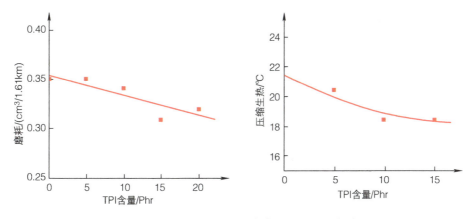

图 3-40　NR/TPI 工程胎配方磨耗及压缩生热对比

山东美晨科技公司在一种 TPI 改善磨耗和屈挠寿命的橡胶配制原料专利中表明，随着 TPI 代替 NR 的份数由 10 份增加至 30 份，制品的疲劳寿命明显增加，磨耗显著降低，且制品的力学性能满足要求，对比之前配方的数据未出现明显下降。

王韵然对反式-1,4-聚异戊二烯（TPI）/天然橡胶（NR）共混体系的性能研究发现：填充 N330 的 TPI/NR 硫化胶具有较好的物理力学性能和耐热氧老化性能，如图 3-41 所示。硫化胶的动态温度扫描结果显示，$tan\delta_{max}$ 值随炭黑比表面积的增加而降低，在 0 ℃后填充 N110 表现出较高的 $tan\delta$ 值，而填充 N990 表现出较低的 $tan\delta$ 值。

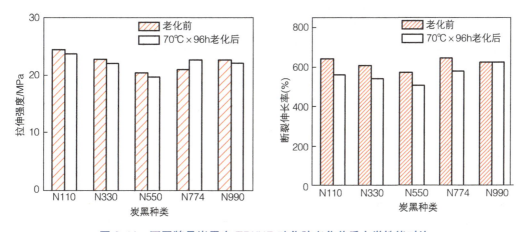

图 3-41　不同牌号炭黑在 TPI/NR 硫化胶老化前后力学性能对比

（4）TPI/NR/BR 并用胶的应用

全钢子午线轮胎胎侧胶多采用 NR/BR 的并用比为 45/55，向普及在 TPI/NR/BR 并用胶的性能与应用研究发现：随着 TPI 并用量的增加，TPI/NR/BR 并用胶性能明显改善，尤其是当并用比为 15/42.5/42.5 时，能够在硫化胶的力学性能、热老化性能未出现较大损失的情况下，改善其动态力学性能，降低滚阻和生热，提高胶料的加工性；在上述并用比例时，白炭黑用量在 4~8 份时综合性能较好，并用胶的 $tan\delta$ 增大峰形变宽，在 60 ℃时 $tan\delta$ 变小，滚动阻力减小，该并用体系是一种理想的全钢子午线轮胎胎侧胶的配方。

向普及等对 TPI 用量和硫化体系对 TPI/NR/BR 并用胶性能的影响研究发现：并用比为 15/42.5/42.5 时，混炼胶加工性能较好，硫化胶的耐屈挠、压缩疲劳温升等动态性能有较大提高，见表 3-35；并用胶老化后，随着 TPI 用量的增加，物理性能下降幅度不大；随着硫黄用量的增大，普通硫黄硫化体系和半有效硫化体系胶料的老化性能下降幅度增大，见表 3-36。当 TPI/NR/BR 并用比为 15/42.5/42.5 时，选用普通硫黄硫化体系，硫黄用量为 2 份时，胶料达到物理性能、动态性能与耐老化性能的平衡。

表 3-35 TPI 用量对并用胶耐屈挠性能和压缩生热的影响

测试项		TPI 用量 /Phr			
		0	10	15	20
压缩疲劳温升 /℃		13.6	12.3	11.7	10.5
屈挠次数 /10^{-4}	1 级裂口	160	190	245	270
	6 级裂口	> 300	> 300	> 300	> 300

表 3-36 硫化体系和硫黄用量对 TPI/NR/BR 并用胶耐老化性能的影响

测试项		硫黄用量 /Phr			
		1.5	2	2.5	3
拉伸强度变化率（%）	CV	−10.4	−14.6	−18.1	−24.9
	SEV	−6.9	−11.6	−16.9	−22.1
拉断伸长率变化率（%）	CV	−22.9	−30.1	−38.8	−36.2
	SEV	−20.1	−23.8	−28.4	−32.5
屈挠 50 万次裂口等级	CV	1	2	4	1
	SEV	1	2	3	2

（5）TPI/SBR 并用胶的应用

在轮胎行业中，乳聚丁苯橡胶（ESBR）及溶聚丁苯橡胶（SSBR）主要应用于轮胎胎面胶，但 SBR 突出缺点是滞后损失大、滚动阻力大、弹性小，造成轮胎胎面生热高、耗油量大、废气排放量大。通过并用 TPI 可以弥补 SBR 胶的缺点，同时可显著提高耐动态疲劳性能（表 3-37）。刘付永研究发现：门尼黏度在 70～80 的 TPI 与 SBR 并用，其并用胶硫化胶的各项性能较好；TPI 用量为 30 份时，TPI/SBR 并用硫化胶的各项性能最好，拉伸试验发现在 TPI 用量为 30 份时，TPI/SBR 硫化胶的撕裂强度最大，可明显改善丁苯胶易崩花掉块的缺点。

表 3-37 TPI/SBR 并用硫化胶性能

性能	TPI/SBR 共混比					
	100/0	80/20	60/40	40/60	20/80	0/100
定伸应力（100%）/MPa	9.17	4.15	2.27	1.74	1.58	1.49
定伸应力（300%）/MPa	17.7	12.9	9.66	7.66	8.88	9.76
拉伸强度 /MPa	20.6	22.3	21.3	20.3	24.4	23.6
断裂伸长率（%）	486	530	560	580	570	530
撕裂强度 /（N/mm）	92.9	—	47.9	49.1	39.9	44.9
邵尔 A 硬度	90	86	75	59	62	64
拉伸疲劳次数 /10^4	28	18	117	150	160	18
压缩温升 /℃	17	19	15	14	11	15

由表 3-37 可发现，在 TPI/SBR 并用比小于 60/40 时，其硫化胶压缩温升较未并用 TPI 时丁苯胶降低，其拉伸疲劳寿命改善显著，提升了约 8 倍，且其力学性能为明显降低。

3.4.2 小结

TPI 材料的定伸强度高、耐疲劳性能优异、生热低且弹性好，在高速传动带、V 带、橡胶弹簧、减振器等领域有好的应用前景。在常用的橡胶减振部件，如空气弹簧中，一般使用天然橡胶或氯丁橡胶，耐疲劳性能直接关系于其使用寿命、检修时间和安全性。配方中加入 TPI 可以提高其耐疲劳性能，意味着大大延长了制品使用寿命和设备更换检修时间，对于以氯丁橡胶为基础的底盘用汽车减振橡胶件，还可降低加工黏性，改善加工性能，降低能耗，节能减排，响应"双碳"战略。

TPI 作为一种橡塑二重性材料，其硫化工艺、混炼工艺尚需进一步探索，涉及结晶、晶型变化等微观结构对工艺性能方面的影响也是阻碍大范围应用的问题。尤其是在规模化量产时的稳定性控制，尚需持续研究。

伴随汽车NVH及驾乘舒适性要求持续提升，以及绿色材料应用、"双碳"战略发展的趋势，预期TPI材料具有广阔的应用价值和前景。

3.5 动力系统

3.5.1 动力系统用工程塑料

发动机是汽车的动力来源，燃料燃烧会产生大量的热，虽然有冷却系统的冷却和排气管的导热，但热的辐射仍会造成整车发动机舱和排气管附近具有较高的温度。非金属材料对于温度比较敏感，温度的高低直接影响着材料的使用寿命。

除了温度的影响外，发动机多数零件工作时浸渍在各种燃油、机油、齿轮油、冷却液、制冷剂等液体介质中，如此苛刻的环境对非金属材料是一个严峻的考验。除耐久和可靠性的使用要求外，还需要考虑动力性、振动噪声、环保性和经济性的要求。综上所述，发动机零件使用条件及性能要求各不相同、整车工况的复杂性及非金属材料配方的多样化，需要根据不同的工作条件选择合适的材料平衡各方面的性能需求。

随着汽车产业的快速发展，碳排放过多而导致全球气候变暖，是人类共同关注的环境问题。近些年新能源汽车（包含混合动力、纯电动以及氢能源）的迅猛发展，汽车行业对于汽车零部件的轻量化、集成化、小型化的需求也与日俱增，对材料的耐久可靠性，对材料供应商的研发能力、快速响应能力也提出更高的要求。非金属材料作为汽车领域必不可少的材料，其工艺、性能要求越来越成为大家的关注点。

聚酰胺（PA）用于纤维时又被称为锦纶，是五大工程塑料之一，自杜邦公司1938年实现工业化以来已有80多年的历史。聚酰胺是由二元胺与二元酸缩合聚合，或者内酰胺开环聚合，或者三者共聚合得到的大分子主链重复单元中含有酰胺基团的高聚物的总称。聚酰胺按主链成分的不同分为脂肪族聚酰胺、全芳香族聚酰胺和半芳香聚酰胺三种。

半芳香族聚酰胺是指聚合单体二元酸或二元胺之一，是含有芳香环的。根据ASTM D5336-03标准，半芳香族聚酰胺（PPA）的定义是"在分子链上的重复结构单元中，对苯二甲酸或间苯二甲酸或对苯二甲酸与间苯二甲酸一起占总的二羧酸部分的摩尔百分含量不少于55%，这样的聚酰胺称为PPA"。目前已商品化的PPA品种包括PA4T、PA6T、PA9T、PA10T和PAMXD6。

PA4T（聚对苯二甲酰丁二胺）是由对苯二甲酸和丁二胺缩聚所得。PA4T的分子链较短，其均聚物的熔点在430℃以上，远大于材料的分解温度，因此PA4T的均聚物无法进行成型加工，商品化的都是PA4T共聚物。丁二胺产业化技术是由帝斯曼控制，所以目前PA4T材料只有帝斯曼生产，其商品化商标为ForTii。

PA6T（聚对苯二甲酰己二胺）是由对苯二甲酸和己二胺缩聚所得，是目前商品化品种最多、体量最大的一类PPA材料。PA6T的熔点约为370℃，与PA4T类似，熔点高于分解温度。商品化的也是共聚改性品种，具体类型有PA6T/M5T、PA6T/66、PA6T/6I、PA6T/6I/66、PA6/6T和PA66/6T等。Dupont、DSM、Solvay、EMS、Mitsui、BASF、赢创、金发和新和成等公司都有PA6T商品化产品。

PA9T（聚对苯二甲酰壬二胺）是由对苯二甲酸和壬二胺缩聚所得。PA9T最早是由日本可乐丽公司产业化。由于专利的保护，长期以来一直是可乐丽公司独家生产。近年随着可乐丽PA9T专利到期，巴斯夫开始宣布生产PA9T材料。

PA10T（聚对苯二甲酰癸二胺）是对苯二甲酸与癸二胺的缩聚物，其熔点约为316℃。由于PA10T的原料癸二胺可以由蓖麻油生物发酵制取，属于生物基材料，具有其他半芳香族无法比拟的优势。EMS、赢创、尤尼吉可和金发都有PA10T商品化产品，金发科技股份有限公司从2006年开始对PA10T进行开发，目前半芳香族聚酰胺的聚合产能已经达到1.5万t的规模。PA10T单一品种产量是全球最大。

PAMXD6（聚己二酰间苯二甲胺）是由己二酸和间苯二甲胺缩聚所得。目前PAMXD6主要由三菱瓦斯、东洋纺和索尔维生产。三菱瓦斯是间苯二甲胺的最主要生产商，因此生产PAMXD6具有先天优势。

国外半芳香族聚酰胺产业化发展较早，并且主要是由化工巨头生产，产品知名度高，质量相对稳定。目前商品化生产半芳香族聚酰胺的公司主要有DSM、Dupont、Solvay、MistuChemical、EMS、Evonik和Kuraray等，年产能保守估计为11万t。

国内半芳香族聚酰胺的产业化开展较晚，早期国内没有半芳香族聚酰胺纯树脂的生产能力，该产业一直受到国外化工巨头的控制。进入2000年后，国内的部分高校如郑州大学、四川大学和浙江大学等开始致力于半芳香族聚酰胺合成技术及产业化的研究。国内改性龙头企业金发科技股份有限公司也于2006年开始投入优势资源开发PA10T材料，2008年中试试产，2013年实现产业化，弥补了国内半芳香族聚酰胺聚合的空白，经过10多年的发展，目前金发科技股份有限公司半芳香族聚酰胺聚合产能为1.5万t/年。此外，国内的新和成、三力本诺、惠生和沃特等企业也紧跟其后，实现了半芳香族聚酰胺的产业化，目前国内半芳香族聚酰胺的总产能达到近5万t/年。

全球主要半芳香族聚酰胺生产厂商及产能情况见表3-38。

表3-39列举了国内外不同厂商半芳香族聚酰胺的生产厂商品种及优势应用情况，可以看出，半芳香族聚酰胺的主要品种集中在PA6T上，但同样是PA6T，各厂商的规格及树脂性能上还会有差异，而且国外厂商的优势应用中基本上都会涉及汽车应用。作为国内半芳香族聚酰胺代表的金发科技，其优势应用主要是在LED和插接器上。

表3-38　全球主要半芳香族聚酰胺生产厂商及产能情况

国家	公司名称	PPA种类	商品名	产能/(t/年)
美国	杜邦 Dupont	PA6T	ZytelHTN	50000
比利时	索尔维 Solvay	PA6T、PAMXD6	Amodel, IXEF	20000
荷兰	帝斯曼 DSM	PA4T	ForTii	5000
瑞士	艾曼斯 EMS	PA6T、PA10T	GrivoryHT	10000
德国	巴斯夫 BASF	PA6T、PA9T	Ultramid	3000
德国	赢创 Evonik	PA6T、PA10T	Vestamid	5000
日本	可乐丽	PA9T	Genestar	10000
日本	三菱瓦斯	PAMXD6	Reny	3000
日本	三井化学	PA6T	Arlen	3000
日本	尤尼吉可	PA10T	XecoT	1000
中国	金发科技	PA6T、PA10T	Vicnyl	15000
中国	三力本诺	PA6T	SLHTPA	3000
中国	新和成	PA6T	NHU-PPA	1000
中国	惠生	PA10T	WISON	20000（在建）
中国	沃特	PA6T	—	10000（在建）

表3-39　半芳香族聚酰胺生产厂商品种及优势应用

公司	品种	商品化牌号	T_g/℃	T_m/℃	优势应用
Dupont	PA6T/XT	ZytelHTN51	141	300	汽车、电子电气（插接器、笔记本计算机外壳）、手机通信
Dupont	PA6T/66	ZytelHTN52	90	310	
Dupont	PA6I/6T/66	ZytelHTN53	80	260	
Dupont	PA6T/6I + PA6T/66	ZytelHTN54	100~130	300	
Solvay	PA6T/6I	AmodelA-1000	123	313	汽车、工业和消费品（水接触、食品接触、金属取代）、电子电气（LED）
Solvay	PA6T/66	AmodelA-4000	100	325	
Solvay	PA6T/66	AmodelA-6000	88	310	
Solvay	PAMXD6	IXEFPARA	—	235	
DSM	PA4T	StanylForTii	125	325	电子电气（插接器、低压电器）、汽车
EMS	PA6T/6I	GrivoryHT1	120~130	325	汽车、工业和消费品（水接触、食品接触、金属取代）、手机通信
EMS	PA6T/66	GrivoryHT2	90~110	310	
EMS	PA10T/6T	GrivoryHT3	100~120	295	
Evonik	PA6T/X	VestamidHTplusM1000	125	315	汽车
Evonik	PA10T/X	VestamidHTplusM3000	100~120	285	
BASF	PA6T	UltramidT	105	298	汽车、工业消费品
BASF	PA9T	UltramidAdvancedN	100~120	305	

（续）

公司	品种	商品化牌号	T_g/℃	T_m/℃	优势应用
Kuraray	PA9T	Genestar	100~120	305	电子电气（插接器、LED、摄像头模组）、汽车
Mitsui	PA6T/6I	ArlenA	125	320	电子电气（插接器）、汽车
	PA6T/66	ArlenC	90~110	290~300	
金发科技	PA6T/66	Vicnyl4	90	310	电子电气（LED、插接器）
	PA6T/6I	Vicnyl5	135	325	
	PA10T/X	Vicnyl6	116	295	
	PA10T	Vicnyl7	116	316	

图3-42、图3-43所示为半芳香族聚酰胺主要公司公开专利中实施例的聚合工艺分析，"预聚+固相增黏"工艺是业内主流半芳香族聚酰胺的聚合工艺。这同半芳香族聚酰胺树脂本身的性质关系密切：熔点较高、接近分解温度，熔融聚合容易产生聚合物降解导致颜色发黄、性能劣化等问题，所以固相增黏工艺更加合适。另外，"高压熔融一锅法"和"预聚+双螺杆"工艺旗鼓相当，都有不少公司采用。前者的优势在于操作方便，预聚合和增黏在同一个反应釜中进行，操作方便。但反应时间较长，容易造成颜色和性能的劣化；后者的优势在于反应停留时间较短，不会产生树脂降解问题，但需要先期预

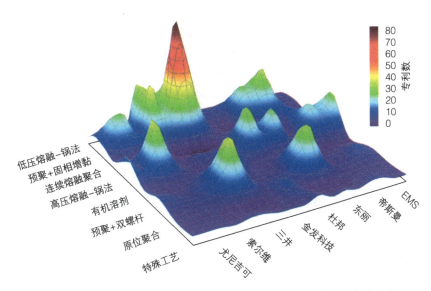

图3-42 半芳香族聚酰胺主要公司专利实施例聚合工艺的3D地形示意图

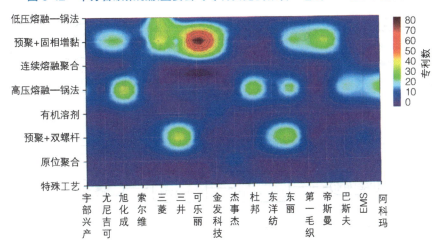

图3-43 半芳香族聚酰胺主要公司专利实施例聚合工艺的等高线图

聚。并且，由于增黏反应发生在双螺杆挤出机中，该双螺杆挤出机属于反应挤出设备，不同于一般的改性共混双螺杆挤出机。反应挤出设备对螺杆组合和排气等都有特殊要求，设备和工艺的门槛较高。国内目前半芳香族聚酰胺产业化的公司都是采用预聚＋固相增黏的工艺（图3-44、图3-45）。

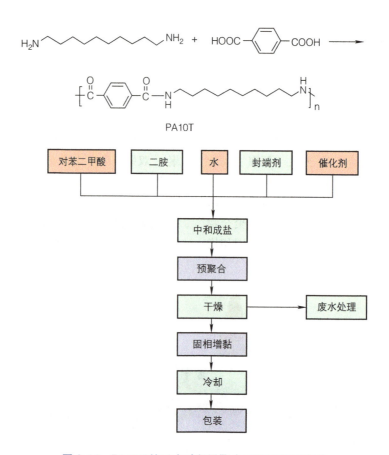

图3-44　PA10T的反应过程及聚合工艺流程示意图

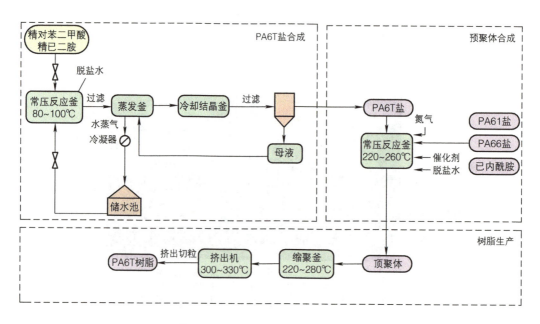

图3-45　PA6T聚合工艺流程示意图

半芳香族聚酰胺 PPA 和传统脂肪族 PA 相比较，有着以下明显的性能优势：

1) 突出的短期和长期耐热性能。
2) 玻璃化转变温度高，高温下高的强度和刚性。
3) 吸水率低且吸水较慢，长时间应用高的性能保持率。
4) 尺寸稳定性好。
5) 优异的抗疲劳蠕变性能。
6) 优异的耐化学药品性能。

在汽车工业，耐热塑料正在很快地替代传统的工程塑料。这一发展的背后推动力，主要是源于适合汽车工业上三大发展趋势的要求：一是提高安全和舒适性；二是要求更长的使用寿命；三是降低油耗，减少排放。对应于在汽车产业 CO_2 排放量的削减、耗油量的改进等环境问题的解决方法就是提高发动机的燃烧温度，使燃油充分燃烧，这样势必会提高发动机室内温度，提高所用塑料材料的耐热要求。顺应汽车工业发展的趋势，特种工程塑料取代传统工程塑料和金属材料应用于发动机周边、汽车电子电气等，为汽车提供安全、低油耗和耐用保障。特别是半芳香族聚酰胺材料被证明是非常理想的金属替代材料。

汽车的动力系统中，发动机部分是最核心的组成。在发动机系统中，过度的热老化会造成部件工作效率降低、损坏，甚至是潜在的危险。因此，耐热老化成为部件设计和使用性能尤为重要的一个影响因素。由于发动机技术的发展，发动机空间越来越小，发动机动力越来越强劲，发动机机舱内的温度也越来越高，结构中的塑料零件的耐温性变得非常重要，新的工作条件也对塑料的耐热氧老化性能提出更高的要求。这些高温区域被称为"热区（Hot Zone）"，而其中的塑料应用被国外厂商称之为汽车的"热管理（Thermal Management）"。图 3-46 为汽车热管理区域对高分子材料的高耐温要求的示意图，热区的高温将会急剧加速其中的塑料材料的热氧老化过程。图 3-47 为燃油汽车涡轮增压系统的发展及恶劣工况的示意图，可以看出，发动机小型化的发展带来了增压空气压力和其中温度的不断提升。因此，半芳香族聚酰胺材料应用于传统汽车动力系统中，非常关键的技术要求就是耐长期热氧老化。

提高聚酰胺材料的热氧稳定性最简单而且行之有效的方法是加入热氧稳定剂（即抗氧剂）。聚酰胺抗氧剂主要有受阻酚类、芳香胺类、含磷化合物、有机金属盐类、复合型抗氧剂，多羟基化合物等（表 3-40）。

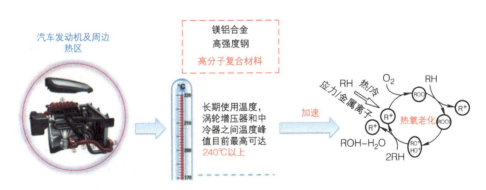

图 3-46 汽车热管理区域对高分子材料的高耐温要求

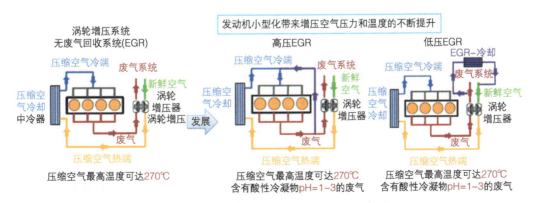

图 3-47 燃油汽车涡轮增压系统的发展及恶劣工况

表 3-40 适用于聚酰胺的主要热氧稳定剂及其特点

热氧稳定剂种类		代表商品（牌号）示例	特　点
无机类		碘化钾、溴化钠、溴化铜等盐类，8∶1∶1 Cu/K/Zn 混合物	热稳定性高，但会严重影响本色聚酰胺材料的颜色
		磷酸盐复合物，抗氧剂 H10	在高加工温度下有效防止聚酰胺的黄变和降解
有机类	磷类	S-9228，Irganox168 等	分解氢过氧化物，为辅抗氧剂
	受阻酚类	Irganox 1010、1098 等	不变色、无污染，为主抗氧剂
	仲芳胺类	NAUGARD 445 等	抗氧效能好，但易变质污染制品，为主抗氧剂
	受阻胺类	S-EED FF 等	高效的抗热氧及光稳定剂
	多羟基类	—	可能机理，形成表面隔氧层

发动机周边的材料性能要求为：①优异的热空气老化性能；②优异的热油老化性能；③优异的耐水解性能；④优异的耐化学性能；⑤良好的表面外观。聚酰胺由于其优异的耐油性、热稳定性、机械强度、韧性等优异性能，在发动机周边热管理应用中取得了巨大的成功。然而，普通抗氧规格的聚酰胺材料仍无法满足逐渐升高的发动机热区温度（通常为 200℃以上）。为应对发动机及周边材料以塑代钢的汽车轻量化发展趋势，国外的竞争厂商纷纷推出各自主打的产品，以抢占市场先机。

图 3-48 为 DSM、BASF 及 Dupont 的耐长期热氧老化聚酰胺产品及其特点。

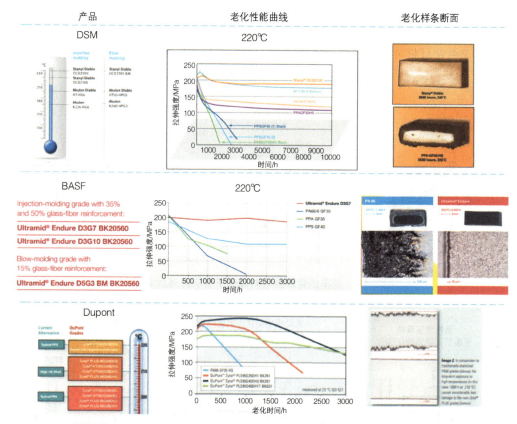

图 3-48　DSM、BASF 及 Dupont 的耐长期热氧老化聚酰胺产品及其特点

根据公开资料可知，较高的使用工况温度所对应的产品树脂基体均为半芳香族聚酰胺，主要代表基体为 PA6T/66 或者 PA66/6T。根据产品的长期使用温度，总结如下：① DSM：PA46＞PA66、PA6；② Dupont：PA6T/66＞PA66/6T＞PA66、PA6；③ Solvay：PA6T/66＞PA66/6T＞PA66、PA6。

经过多年的发展，国内已实现半芳香族聚酰胺 PA6T 和 PA10T 的工业化生产，但目前规模皆偏小，技术积累时间短，市场占有率低，行业影响力相对较低。并且国内只能生产癸二胺和少量长碳链二元胺，而目前用量最大的己二胺还缺乏自主生产能力，这严重限制了国内半芳香族聚酰胺的进一步发展。可喜的是，在国家政策的强力支持下，国内采用丁二烯氢氰酸法和己二酸法生产商品化己二胺都已取得突破，情况已经获得根本好转。凯赛生物的戊二胺也成功实现工业化生产，未来在聚对苯二甲酰戊二胺（PA5T）上亦有望有所发展。

"预聚 + 固相增黏"工艺是业内主流半芳香族聚酰胺的聚合工艺，但这种聚合工艺的生产周期较长，能耗相对较高，并且是间歇性生产，对于树脂的黑色和颜色的管控难度大。树脂聚合装置需要进一步优化，开发出高效、大体积、易出料、具有自清洁性的反应装置也是聚合工艺发展的重要方向。

半芳香族聚酰胺具有非常好的抗蠕变、机械强度、刚性和高温下抗疲劳特性，同时还保持众所周知的塑料优点：即加工容易和可以自由开发设计复杂和集成功能的零部件，减少重量和降低噪声及耐腐蚀。半芳香族聚酰胺材料已经被所有的主要汽车制造商认可。它能承受高强度和高负载、耐高温和在恶劣环境下工作，因此非常适合于汽车动力系统的应用。但汽车动力系统的核心部位，对于材料的要求非常高，所用材料长期被国外垄断，国产材料一直以来很少能进入这个核心应用。近年来，随着国产材料的技术突破和主机厂成本的压力，该核心应用逐渐开始评估国产化材料。国内材料供应商需要进一步加大研发投入，不断提升材料的技术竞争力及质量稳定性，逐步扩大在动力系统中的应用。

3.5.2 动力系统用橡胶及弹性体

橡胶及弹性体材料属于高分子材料，它具有这类材料的共性，如密度小、对流体的渗透性低，具有绝缘性、黏弹性和环境老化性等。除此之外，橡胶还具有一定的机械强度，有减振、吸振的能力，以及极高的可挠性、耐磨性、不透水和不透气等优良性能。某些特种合成橡胶还具有耐油、耐化学品腐蚀、耐热、耐寒、耐燃、耐老化、耐辐射等特点。

汽车工业上，在底盘、发动机、车身、燃油供给、冷却以及制动变速等系统中都有广泛的应用。其主要应用在汽车轮胎、胶管、胶带、密封制品（包括 O 形圈、油封和各类衬垫）、密封条、减振器、皮碗、皮膜、防尘罩等上。

针对不同的使用条件、使用环境来匹配适当的橡胶材料，能够密封多种多样的流体。另外，通过设计填充物、硫化体系、抗老化剂、加工助剂、促进剂等添加剂的配方，还可以实现高功能。就代表性的合成橡胶来说，有丁腈橡胶（NBR）、氢化丁腈橡胶（HNBR）、丙烯酸酯橡胶（ACM）、硅橡胶（VMQ）、氟橡胶（FKM）、乙丙橡胶（EPDM）等。在动力系统当中，ACM 材料具有广泛的应用。

ACM 材料

ACM 的主要成分是丙烯酸酯，乙烯的主链不含不饱和键，因此具有耐热性、耐候性和耐臭氧性，由于具有高极性的酯基侧链，所以具有耐油性。在使用范围上，表现出比 HNBR 更优的耐热性，使用温度范围 $-30 \sim 160$℃，作为耐热要求苛刻的矿油类润滑油的密封材料被广泛使用，通常用于变速器、差速器齿轮等驱动装置的密封和铁路车辆轴承密封。但是，由于主要成分是丙烯酸酯，密封对象为水和一部分酯类合成油这样的极性溶剂时，会伴随着显著的膨润而发生软化劣化。由于机械强度较低，不适合用于压力密封，所以适用于温度较高，含有较多齿轮油等添加剂的油的类型的密封。聚合物分子结构的优化可改良耐寒性，耐压缩永久变形性等新的硫化体系也有开发、改良，因此预测其今后将更广泛地被使用。

历经百年发展，传统燃油动力系统在国内外均已达到较高的技术水平，零部件及其材料的选用相当成熟。以发动机为例，常见的橡胶运动部件主要是油封产品（图 3-49），在静态密封圈应用中，根据介质、压力、温度等工况，会选用 ACM。而在变速器上，耐油性优越的 ACM 为输入轴油封、输出轴油封、差速器油封的主流材料。

从节能角度出发，在动力系统中，为降低精密机械部件运行阻力，在保证润滑、冷却的前提下，会尽量采用低黏度油品。各个油品制造商纷纷开发了先进的添加剂技术，助力能耗目标达成。但另一方面，油品的升级换代，对密封油品的橡胶材料也提出了高兼容性的要求。按照常规的验证流程，需要先评估橡胶材料试片对油品的兼容性，在设定温度条件下浸渍，ACM 一般通过 150℃ $\times 70h$ 老化后硬度变化、抗拉强度变化、断裂伸长率变化、体积变化以及产品单体试验评价、总成台架试验、路试结果，综合判断材料可用性。

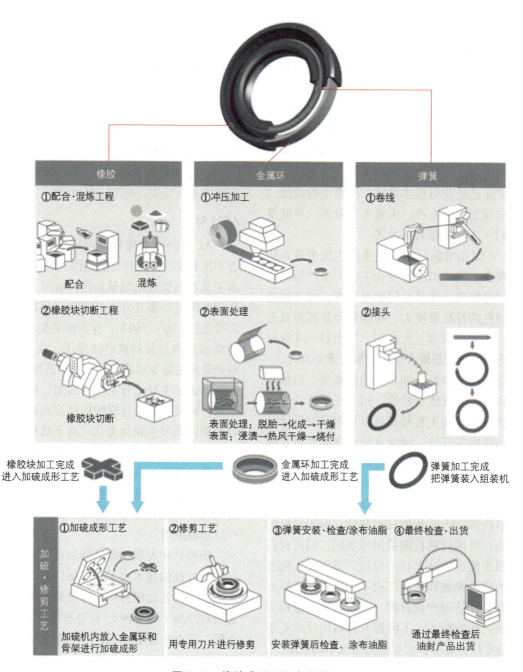

图 3-49 橡胶成形工程（油封）

ACM 具有良好的耐热性、耐寒性和耐油性的平衡，被广泛用于包括驱动系统在内的汽车密封部件。另一方面，ACM 具有高极性的化学结构，表现出优秀的耐油性，但由于这个特性，分子间的凝聚力高，低温性成为很多情况下的问题。面对应对低黏度油所需要的严格的低温性要求，仅靠现有的原料聚合物是难以应对的，因此选择塑化剂是关键。为了适应 ATF 的低黏度而开发的低温性 TR10 改良至 −42℃ 的改良材料的特性见表 3-41。

图 3-50 是为了对应低黏度油，延长了唇长度，

表 3-41 ACM 低温改良特性

参　　数	现行材料	改良材料
邵尔 A 硬度	83	80
拉伸强度 /MPa	7.9	7.9
扯断伸长率（%）	100	130
低温性 TR10/℃	−37	−42

并且增加了弹簧荷重，提高了轴偏心的追随性的油封。如图 3-51 所示，通过形状的优化和表 3-41 所示的低温开发品的应用，确保了与现行油同等的低温性。

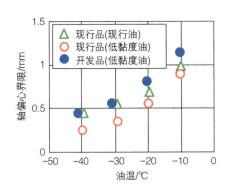

图 3-50 低黏度油的对策

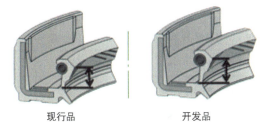

弹簧荷重：1.3倍
唇部长度：1.2倍

图 3-51 低温性改善效果

3.5.3 小结、存在问题及建议

从整个发动机的节能技术来看，燃烧系统、增压、配气、能量管理、低摩擦、轻量化是主要的发展方向。动力系统材料的未来发展趋势是环保、高性能和轻量化。

1. 环保

技术创新是实现碳达峰碳中和的关键，要加快绿色低碳材料的开发和使用，比如采用可再生的植物资源制成生物材料，减少石化产品的使用量，尽量降低二氧化碳的排放。采用消费后再生塑料（Post Consumer Recycling，PCR），能够将工业垃圾变成极有价值的工业生产原料，实现资源再生循环利用。用热塑性弹性体取代传统橡胶，可以提高整车回收利用率，比如进气软管采用热塑性 TPC/TPV 材料替代传统的热固性 EPDM 材料，生产过程中的材料可以循环利用，减少资源的浪费与污染，做到低碳环保。目前有些生物基材料成本是石油基材料的 3 倍左右，如何降低成本，并达到车用需求，还要靠研究人员的进一步攻关。

2. 高性能

随着发动机舱的温度越来越高，高性能（耐高温、耐介质）材料的需求将越来越大。未来，通过不断的技术升级，汽车发动机将向小型化发展，涡轮增压技术将成为主流，与之相匹配的高温尼龙材料有望迎来更大的市场。

3. 轻量化

随着新能源汽车的发展，汽车轻量化逐渐成为汽车行业最为热门的话题。改进结构，使部件薄壁化、中空化，小型化和复合化，采用轻量化的金属和非金属材料，主要是指铝合金、镁合金、高强度钢材、工程塑料及纤维增强复合材料等是目前轻量化的主要技术发展方向。为满足更高的轻量化目标，非金属材料的使用率会越来越高。从轻量化的实施效果来看，高强度的复合材料，如长纤增强的塑料材料、碳纤维增强复合材料等，其强度高、密度低，是未来轻量化的理想材料之一。

总之，我们需要对高性能材料、环境友好型生态材料、废弃物回收及高值利用等关键技术开展研发工作，通过攻克核心关键技术，引领汽车材料产业实现绿色、生态、高效、安全的转型升级。汽车行业创新的速度比历史上任何时候都要快，得益于互联网的快速发展，汽车业也正在经历一场新材料革命，会有更多人致力于开发新材料解决方案，让未来的汽车生活变得更智能、更美好。

3.6 "三电"系统

新能源汽车是指采用新型动力系统，完全或者主要依靠新型能源驱动的汽车，包括插电式混合动力（含增程式）汽车、纯电动汽车和燃料电池汽车等。相对于传统的以燃油为动力来源汽车的"发动机+变速器"系统，"三电"（动力电池、驱动电机和电控）系统是新能源汽车的核心系统。

新能源汽车以电作为驱动动力来源，其电气电子部件易因过热、短路、击穿或老化等发生失效甚至造成火灾，因此，用电安全显得尤为重要，"三电"系统对材料电学性能、化学性能和环境性能等提出了新的更高要求。

同时，区别于传统燃油汽车，新能源汽车的"三电"系统导致整车重量增加，进而增加汽车行驶时的电耗，缩短续驶里程。新能源汽车对轻量化也提出了更高、更迫切的需求，而轻量化材料则是汽车轻量化的主要措施之一。

橡塑材料，体积电阻率一般为 $10^7 \sim 10^{16} \Omega \cdot m$，是电气电子行业（Electric and Electronic，E&E）重

要的绝缘材料,其合理选择和应用是保证电气电子设备质量和可靠性的关键。橡塑绝缘材料的介电性能如电导、极化、损耗和介电强度,决定着其在电场中的性能表现。新能源汽车"三电"系统对橡塑材料的主要要求见表3-42。

相对漏电起痕指数(Comparative Tracking Index,CTI)是"三电"系统尤其是高压系统重点关注的一个绝缘材料电性能指标。当绝缘材料表面比较潮湿、有杂物且电场足够大时,其表面的杂物可能会通电,通电产生的热量将水分蒸发,然后形成干燥带(不含水的导电带)。热量继续聚集,使绝缘塑料表面碳化,形成碳化导电路,最终形成短路,导致系统故障甚至安全事故的发生。

CTI是绝缘材料表面能经受住50滴电解液(质量分数为0.1%的氯化铵水溶液,或质量分数为0.1%的氯化铵+质量分数为0.5%的二异丁基萘磺酸钠溶液)而没有形成漏电痕迹的最高电压值。CTI正是通过模拟上述过程,测出绝缘塑料产生漏电起痕的最小电压,从而能判断该材料是否适用于一些特定的环境。

表3-42 新能源汽车"三电"系统对橡塑材料的主要要求

系统	性能										
	阻燃(V0)	绝缘性和耐电压击穿性	抗漏电起弧性能	着色性和颜色稳定性	电磁屏蔽	抗化学腐蚀	长期耐热性	抗冲击性	尺寸稳定性/低翘曲	防水/防尘/防泄漏	设计灵活性
电池包	★	★	★			★	★	★	★	★	★
电池管理系统	★	★			★		★	★	★	★	★
充电系统	★	★	★	★	★						
高压连接系统	★	★	★		★	★			★		
电控电驱系统		★				★			★	★	
冷却系统		★				★		★	★	★	★
绝缘系统	★	★				★	★	★	★		
线缆	★	★	★			★					

随着新能源汽车对充放电功率要求越来越高,对绝缘材料CTI的要求也日益苛刻,目前"三电"系统尤其是高压系统甚至要求CTI在600V以上。

一般来说,非极性高分子的介电性能要略优于极性高分子,但由于材料成分、制造工艺、测试条件差别很大,即便同一种材料的性能也有很大差别。不同的电气电子产品,有不同的产品结构和使用环境,其绝缘材料选择也要综合考虑材料性能和产品结构设计,以满足最终产品的绝缘要求。

从材料配方设计看,尽量避免小分子添加剂、助剂的析出以及游离碳的生成和堆积,可以有效改善材料的耐电痕化和耐电弧性能。从产品结构设计和生产工艺看,尽量避免尖角,提高制品外表的光泽度和平整度,有利于提升产品的耐电痕化、耐电弧和耐电晕性能;通过设计合理的流道和成型工艺,尽量避免制品内部存在不均匀的复合介质、气泡或气隙、导电杂质等,可以有效降低因电场过于集中于局部而放电的可能性。

新能源汽车一旦发生电路短路或高压击穿,轻则导致汽车故障、整车漏电,重则可能会引起汽车自燃。因此,"三电"系统在材料选择上除了要求绝缘耐压等电性能外,还需要重点关注阻燃性能,甚至需达到UL94V-0级和灼热丝引燃温度(GWIT)775℃以上。

阻燃材料是能够抑制或者延滞燃烧而自己并不容易燃烧的材料,塑料、橡胶等高分子材料一般需添加一定的阻燃剂以赋予其阻燃性能。常见的阻燃剂有卤系阻燃剂、磷系阻燃剂、氮系阻燃剂和无机阻燃剂。不同的阻燃体系阻燃效果各异,同时对材料的性能(如密度、力学性能、着色性能)也有显著的影响(表3-43)。

表 3-43 主要阻燃体系性能对比

性能		阻燃体系					
		卤（溴）系	磷系			氮系（三聚氰胺衍生物）	无机（金属氢氧化物）
			红磷	磷-氮膨胀型	有机磷系		
密度		○	+	+	+	++	○
力学性能		+	++	+	+	+	○
着色性能		+	—	++	++	++	+
阻燃性能	UL94	V0	V0	V0	V0	V2	V1
	IEC60335-1	++	—	+	+	○	+
CTI		— —	++	++	++	+	++
环保性能		— —	++	++	++	++	++
性价比		○	++	++	○	++	+

注：1. "+"表示较好，"○"表示一般，"—"表示较差。
2. 由于材料阻燃等性能与树脂、配方、工艺和测试条件等关系密切，如上仅作定性参考。

3.6.1 "三电"系统用工程塑料

3.6.1.1 改性 PA 材料

随着新能源汽车的发展，PA 在"三电"系统上也获得了广泛应用，如动力电池支架、端板和高压连接系统等。除了传统的力学性能、耐热性能和耐化学腐蚀性能要求外，"三电"系统对 PA 材料的阻燃性能提出了新的更高要求。

材料的阻燃性能可以通过极限氧指数（LOI）法、UL94 燃烧法和灼热丝法等进行评估。阻燃 PA 一般要求 LOI 达到 28% 以上，燃烧性能达到 UL94V-0 级，灼热丝起燃温度（GWIT）达到 775℃，灼热丝可燃性指数（GWFI）达到 960℃。

PA 材料本身具有一定的阻燃性，其阻燃等级可达到 UL94V-2 级，氧指数可达到 24%，因此，普通 PA 材料可用于阻燃要求不高的场合。但是像电子电器等对材料阻燃性要求更高的领域，PA 材料本身的阻燃性能已不能满足要求，尤其是含有玻璃纤维的 PA 材料在燃烧时容易出现烛芯效应，使材料更容易燃烧，因此，需要对 PA 材料阻燃性能的提升进行深入研究。

工业上，PA 的阻燃主要是通过反应型阻燃和添加型阻燃来实现的。

反应型阻燃是通过共聚的方法，将阻燃官能团引入聚酰胺主链或侧链，使其成为本身含有阻燃成分的聚酰胺材料，又称之为本征阻燃聚酰胺。其优点在于化学成分较为稳定，阻燃效果持久，毒性较低，可以解决阻燃剂迁移和暴露等问题，同时还能够保持聚酰胺材料本身的其他性能不受影响。但其生产工艺技术难度高、设备投资大等缺点显著，大大限制了本征阻燃聚酰胺在工业上的应用。

添加型阻燃是将制备好的阻燃剂分子通过熔融共混的方法均匀地分散在聚酰胺基材中，以提升其阻燃性能。该方法成本较低且加工简便，工业上有着较为广泛的应用，但想要达到较好的阻燃效果，阻燃剂的用量往往会较大，这易造成对材料其他性能的影响。

1. 反应型阻燃聚酰胺

Fu 等以季戊四醇、4-氨基苯甲酸和三氯氧磷为反应原料成功合成了一种反应型阻燃剂——"三源体"阻燃剂（TRFR），如图 3-52 所示。TRFR 两端含有羧基 -COOH，能与两端含有 $-NH_2$ 的己二胺反应生成 TRFR 盐；TRFR 盐可与结构相似的 PA66 盐通过缩聚反应制得 TRFR 阻燃 PA66 复合材料（TRFRPA66）。结果表明，当 TRFR 盐的质量分数达到 3.0% 时，TRFRPA66 的极限氧指数（LOI）值达到 29.0%，垂直燃烧性能达 UL94V-0 级，且力学性能良好。通过红外光谱、扫描电镜和拉曼光谱表征并分析了炭层形貌，结果显示，TRFR 能够发挥三源协同作用（即酸源、炭源和气源），促进燃烧界面形成致密多孔的炭层结构，起到很好的隔热隔氧作用。

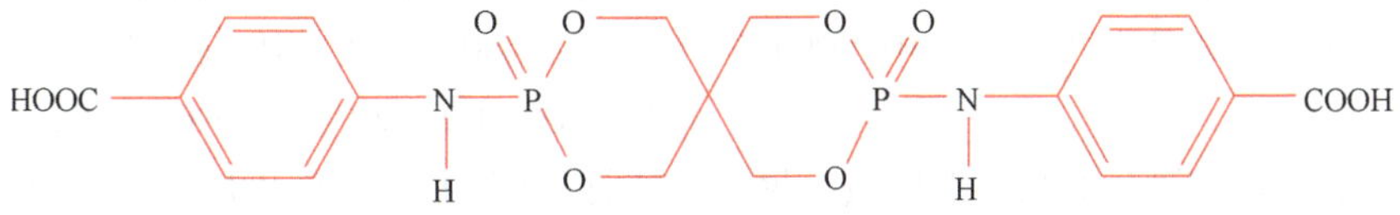

图 3-52 "三源体"阻燃剂

2. 添加型阻燃聚酰胺

（1）卤素阻燃聚酰胺

近年来，随着人们对生态环境保护的重视，小分子溴系阻燃剂的应用和发展受到了一定的限制，但由于其优异的阻燃性能和突出的成本优势，目前还不足以被其他阻燃技术完全取代，从而低卤高效环保型溴系阻燃剂的研究就具有了重要的现实意义。

其中，聚合型溴系阻燃剂是研究较多的一类，该类阻燃剂不仅保留了小分子溴系阻燃剂添加量小、阻燃效率高等优点，而且克服了小分子溴系阻燃剂与基材相容性差、易析出、生物积累等问题。目前，溴化聚苯乙烯、溴化环氧树脂（BER）和溴化聚苯乙烯-丁二烯-聚苯乙烯是主要的聚合型溴系阻燃剂。单辰杰等利用有机蒙拓土（OMMT-DK5）协同聚合型溴系阻燃剂BER、Sb_2O_3在双螺杆挤出机中经过熔融插层法制备阻燃长玻纤增强PA66复合材料（LFR-PA66）。结果表明，当OMMT-DK5添加量的质量分数为2.0%，BER/Sb_2O_3（BER、Sb_2O_3之比为1∶5）总添加量的质量分数为10.0%时，LFRPA66的LOI值为26.0%，垂直燃烧等级达UL94V-0级，表现出良好的阻燃效果，且力学性能良好。通过扫描电镜观察样条燃烧后的炭层形貌发现，随着OMMT-DK5用量的增大，BER/Sb_2O_3能够更好地发挥催化成炭作用；锥形量热结果分析显示，OMMT-DK5的用量越大，总烟灰产量呈明显下降趋势，表明OMMT-DK5的引入能够有效地解决溴系阻燃剂的生烟问题。

（2）磷系阻燃聚酰胺

由于近年来卤素阻燃剂在电子电器中使用的限制，科研工作者对磷系阻燃剂投入了更多的研究。

以最常见的无机磷系阻燃剂红磷为例，首先红磷阻燃剂在加热状态下解聚生成白磷，后者在含有水气的环境中氧化成具有黏性的磷酸，磷酸能够在燃烧状态下进一步脱水生成磷酸酐或者偏磷酸等玻璃状熔融物作为保护膜覆盖在基材表面；紧接着由于磷酸酐和偏磷酸具有强脱水作用，能够促进燃烧界面脱水成炭形成致密的炭隔离层。玻璃状保护膜和炭隔离层共同发挥隔热隔氧的作用，减缓了火焰和基材之间的热传导，进一步阻止或者减少了可燃气体的生成，从而达到了凝聚相阻燃的目的。同时，磷系阻燃剂在聚合物表面燃烧生成的PO自由基还能够捕捉H·等高活性自由基，发挥气相阻燃的作用。

杨福兴列举了红磷阻燃剂在聚酯、聚酰胺、聚甲基丙烯酸甲酯、高密度聚乙烯、聚丙烯腈等不同聚合物基材中应用，结果发现红磷阻燃剂的效果与聚合物结构中是否含氧相关联。分析表明，红磷阻燃剂发挥阻燃作用的关键步骤在于聚合物表面脱水成炭，所以在聚酰胺、聚酯等含氧聚合物中效果显著，而在聚烯烃等本身不含氧的聚合物中阻燃效果不理想。

同时，高磷含量也是磷系阻燃剂发挥作用的关键。因此相较于其他磷系阻燃剂，红磷中磷含量最高，效果最佳。但由于红磷容易吸潮、呈红棕色、对热和摩擦敏感，当单独加工使用时不仅存在安全性等问题，而且在大部分聚合物中分散性不均匀、与基材相容性较差，极大地影响了阻燃复合材料的力学性能。

Liu等人预先在水中分散超细红磷粉末形成悬浮液，紧接着在悬浮液中加入三聚氰胺（MEL）和氰尿酸（CA）。由于MEL和CA之间存在氢键作用，通过升高温度在红磷表面形成自组装增稠效应成功制备了三聚氰胺氰尿酸盐（MCA）微胶囊包覆红磷阻燃剂（MCA-RP），并将其应用到PA6中。结果表明，随着MCA-RP中MCA用量的增大，阻燃剂的着火点呈直线上升；当MCA含量为50%时，阻燃剂的着火点由原来的251℃上升到300℃，吸湿性也得到显著改善。与传统微胶囊化红磷阻燃剂相比，MCA-RP的加工工艺更简单环保，所制得的阻燃PA6复合材料力学性能更加优异；由于MCA和红磷阻燃剂之间还存在磷-氮协效作用，在相同的条件下，MCA-RP催化形成的炭层更加致密，阻燃效果更佳。

（3）氮系阻燃聚酰胺

氮系阻燃剂包括三聚氰胺、三聚氰胺氰尿酸盐（MCA）和双氰胺盐衍生物等。在燃烧过程中，氮系阻燃剂受热分解释放出不燃性气体（如NH_3、N_2、NO_2、水蒸气等），不仅可以稀释可燃性气体和空气中氧气的浓度，同时还能够吸收燃烧释放的热量，从而发挥阻燃作用。

MCA是一种环保型阻燃剂，于20世纪80年代初在日本发展起来，其分子结构式如图3-53所示，为应用最多的氮系阻燃剂之一。Tang等通过对比形貌各异的MCA添加到PA6中的阻燃性能，发现片状MCA制得的MCA/PA6复合材料阻燃效果要高于球状和棒状MCA，其LOI值为29.5%，垂直燃烧等级达到UL94-V0级。分析表明，片状MCA与PA6基材之间的氢键作用更强，使MCA分解滞后，从而起到阻燃效果增强的作用。

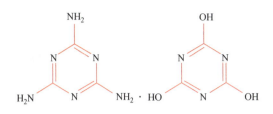

图 3-53 MCA 分子结构式

（4）无机阻燃聚酰胺

无机阻燃剂具有低烟、无卤、热稳定高等优点，近些年来备受关注。在燃烧过程中，无机阻燃剂本身不具备可燃性，但能够通过吸收热量、抑制烟雾等发挥阻燃作用。无机填料作为阻燃剂不仅可以发挥阻燃作用，同时还能够用作填充材料，起到增强力学性能、提高尺寸稳定性和降低成本的作用。但需要注意的是，添加量过大亦会造成复合材料力学性能的下降，对其进行微胶囊化、表面改性是解决这一问题的良策。

常见的无机阻燃剂包括氢氧化镁 [$Mg(OH)_2$]、氢氧化铝 [$Al(OH)_3$] 等。唐小强等选用 4 种硅烷偶联剂对 $Mg(OH)_2$ 进行了表面处理，并将其作为阻燃剂应用在 PA6 中。结果表明，选用环氧基硅烷 FN-301 作为 $Mg(OH)_2$ 表面偶联处理剂制得的 $Mg(OH)_2$/PA6 复合材料性能最佳；当 FN-301 改性 $Mg(OH)_2$ 添加量的质量分数为 45.0% 时，复合材料力学性能提升显著，垂直燃烧等级达 UL94-V0 级。

国内聚酰胺工程塑料生产商主要有朗盛、巴斯夫、帝斯曼等外资在华企业，除此之外，还有中国中平能化集团，其产能位居亚洲第一。国内外主要阻燃增强聚酰胺性能对比见表 3-44。

表 3-44 国内外主要阻燃增强聚酰胺性能对比

参数	杜邦 FR50	兰蒂奇 ARV300AE	帝斯曼 SG-KGS6	金发科技 PA66-RG251	普利特 D222R-G30	普利特 D222R-G30HF	测试依据
阻燃体系	卤素	卤素	红磷	卤素	卤素	红磷	—
玻纤含量（%）	25	30	25	25	30	30	—
密度 /(g/cm³)	1.60	1.67	1.44	1.58	1.61	1.42	ISO 1183-1
拉伸强度 /MPa	158	130	150	140	188	140	ISO 527-2
拉伸弹性模量 /MPa	10600	12200	11000	—	11000	—	ISO 527-2
弯曲强度 /MPa	—	190	—	200	260	200	ISO 178
弯曲模量 /MPa	9410	10300	—	8500	10000	8300	ISO 178
缺口冲击强度 /(kJ/m²)	8.4	6.5	9.0	9.0	10	8.5	ISO 179-1
热变形温度 /℃	242	220	145	235	245	240	ISO 75-2
阻燃性能	V0（0.75mm）	V0（1.5mm）	V0（1.5mm）	V0	V0（1.6mm）	V0（1.6mm）	UL 94

溴系阻燃 PA 由于环保问题，势必会被淘汰，而磷系和氮系阻燃 PA 综合性能相对较好。在磷系阻燃 PA 中，目前可以采用微胶囊红磷、红磷母粒等方法有效避免含毒磷化氢的释放，但由于其相对漏电起痕指数（CTI）最高仅达到 375V，而且红磷阻燃体系的 PA 存在明显的色泽问题，因此，其应用受到限制。在氮系阻燃 PA 中，通过氮系阻燃剂与其他阻燃剂的配合得到了较好的力学性能，CTI 可以达到 600V，但阻燃性不如磷系阻燃 PA 好，也限制了其应用场合。

未来，阻燃 PA 材料的研究将主要有以下几个方向：①无卤化、低毒性，环保要求是未来材料的重点关注方向，无卤阻燃剂将是大势所趋；②协同阻燃体系，随着对 PA 材料阻燃性能和综合性能要求的越来越高，单一阻燃体系往往难以满足要求，需要多种阻燃体系配合并产生协同效应来达到良好的阻燃效果；③功能多样化，目前，大多数阻燃体系在达到 PA 材料阻燃性能的同时降低了力学性能和其他电性能（如相对漏电起痕指数），因此，成功开发出功能多样化的阻燃体系将成为未来阻燃 PA 材料发展研究的新方向。

3.6.1.2 改性 PPA 材料

聚酰胺材料综合性能优异，尤其是通过共混改性后，更能进一步改善其性能，如通过添加玻纤可以大幅度提高其刚性、强度和热变形温度。但是常规 PA，如 PA66 和 PA6 的耐化学性能一般，而且吸水性大，从而影响尺寸稳定性、力学性能和电性能。随着新能源汽车"三电"系统高功率、大电流的发展趋势，对聚酰胺的高耐温性、低吸水率、耐化学性和尺寸稳定性等提出了更高的要求。常规聚酰胺无法满足产品需求，促使了高温 PA 市场的急剧扩大。

高温 PA 俗称 PPA，根据 ASTM D5336-03 标准，PPA 的定义是"在分子链上的重复结构单元中，对苯二甲酸或间苯二甲酸或对苯二甲酸与间苯二甲酸一起占总的二羧酸部分的摩尔百分含量不少于 55%，这样的聚酰胺称为 PPA"，因此 PPA 材料属于半芳香族聚酰胺。

因苯环的引入，使得半芳香族聚酰胺与常规脂肪族聚酰胺有显著的性能差异，甚至弥补了常规脂肪族聚酰胺的缺点，主要表现为：①材料的耐温性得到显著的提高，包括熔点、玻璃化转变温度、热变形温度和长期使用问题，适用于无铅回流焊制程及其他更高温的环境；②苯环空间位阻较大，可以阻碍水分子对酰胺键的进攻，降低材料的吸水率，从而提高材料的尺寸稳定性、力学性能保持率、耐水解和醇解性能等；③苯环的引入还削弱了氧气和化学溶剂对酰胺键的进攻，从而改善了材料的耐黄变性能以及耐化学性能。

根据高温 PA 定义，其分子结构中必须包含苯环，目前商业化产品主要包括聚对苯二甲酰丁二胺（PA4T）、聚对苯二甲酰己二胺（PA6T）、聚对苯二甲酰壬二胺（PA9T）和聚对苯二甲酰癸二胺（PA10T）等（图 3-54）。

在这几种材料中，PA10T 属于生物基材料，其单体癸二胺来源于生物材料蓖麻油，因此 PA10T 材料中的生物碳含量为 40%～60%。

相较于常规 PA 而言，高温 PA 具有高熔点、高玻璃化转变温度和高热变形温度（图 3-55）。

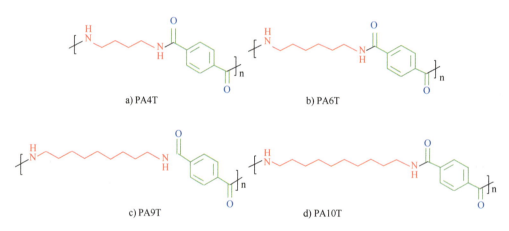

图 3-54 部分高温 PA 的分子结构式

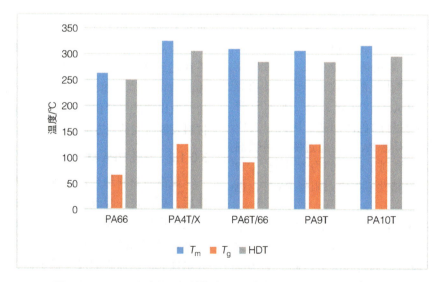

图 3-55 PA66 和高温 PA 的熔点、玻璃化转变温度和热变形温度

PA 材料因其酰胺键会与水通过氢键作用而相结合,导致 PA 吸水。而 PA10T 因重复单元内碳含量较高,具有较低的酰胺键密度,是目前商品化半芳香族 PA 材料中吸水率最低的品种(图 3-56)。

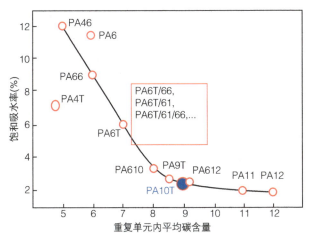

图 3-56　各种纯树脂尼龙的饱和吸水率

吸水率的多寡直接影响 PA 材料的力学性能、尺寸稳定性以及电性能,如图 3-57 所示。从图中可以看出,吸水率越低的 PA10T,拉伸性能在 85℃/85%R.H. 快速调湿 168h 后保持率仍达到 93.5%,而脂肪族材料因吸水率极高而使其拉伸性能保持率仅有 48%。在尺寸稳定性方面,PA10T 同样具有优异的表现,饱和吸水后材料的尺寸变为 0.08%/0.24%(流动方向/垂直方向);而脂肪族材料的尺寸变化为 0.36%/1.18%(流动方向/垂直方向)。

吸水率除了影响 PA 的力学性能和尺寸稳定性外,还影响材料的电性能,见表 3-45。从中可以看出,酰胺键密度越低的 PA10T,其干态和湿态下均具有优异的耐电压性能和绝缘性能,特别适用于大功率产品,尤其是工作环境较为恶劣的情况;而随着酰胺键密度的增加,材料湿态下的电性能衰减程度也会增加;PA66 的湿态介电强度仅为干态下的 50%,CTI 也存在明显的下滑。

对 PA10T、PA6T 以及 PA6T 合金做长期耐水解测试可以发现,PA10T 的力学性能保持率最优,而 PA6T/PA66 的合金则最低,这主要是因为 PA66 的吸水率较高,明显降低了材料的耐水解性能,如图 3-58 所示。

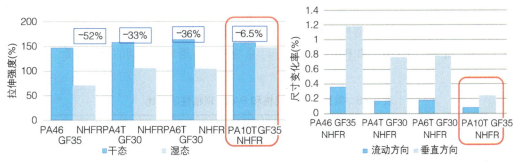

图 3-57　各材料达到饱和吸水率后拉伸强度和尺寸变化

表 3-45　PA10T、PA6T 和 PA66 饱和吸水前后电性能对比

	测试标准	条件	PA10T-GF30FR(40)	PA6T-GF30FR(40)	PA66-GF30FR(40)
介电强度/(kV/mm)	IEC 60243-1	干态	48	39	40
		湿态	42	30	19
CTI/V	IEC 60112	干态	600	600	600
		湿态	600	600	300
表面电阻/Ω	IEC 60093	干态	$\geq 1\times 10^{15}$	$\geq 1\times 10^{13}$	$\geq 1\times 10^{13}$
		湿态	$\geq 1\times 10^{13}$	$\geq 1\times 10^{11}$	$\geq 1\times 10^{11}$

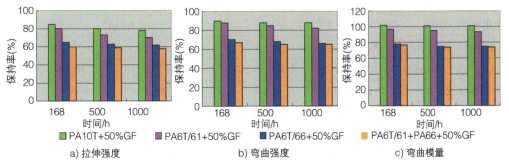

图 3-58　PA10T、PA6T 和 PA6T 合金的耐水解性能

将 PA10T+35%GF，PA6T+35GF 和 PA66+35%GF 浸泡在 125℃ 的冷却液中（GMW 3038），测试其浸泡不同时间后的拉伸强度，如图 3-59 所示。通过对比可以发现，PA10T 具有优异的耐冷却液效果，即便浸泡 5000h 后，拉伸强度依旧在 150MPa 以上，保持率高达 75% 以上；而 PA66 在经历 1000h 的浸泡后，拉伸强度约 40MPa，保持率为 20%。由此足以看出高温 PA 与常规脂肪族 PA 耐冷却液的显著差异。

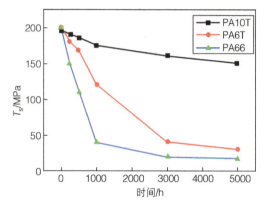

图 3-59 PA10T、PA6T 和 PA66 的耐冷却液性能

国外高温 PA 生产厂商主要有帝斯曼（PA4T）、杜邦（PA6T）、伊斯曼（PA10T 和 PA6T）、苏威（PA6T）、赢创（PA10T 和 PA6T）、可乐丽（PA9T）、三井（PA6T）、巴斯夫（PA6T）和阿科玛（PA11T）。除三井、巴斯夫和阿科玛外，其余厂商均具有万吨级高温 PA 树脂产能。各大外企纷纷主导生物基技术、超高耐热技术以及以塑代钢技术。例如，杜邦推出生物基材料系列 ZytelHTN42 和 ZytelHTN59，苏威推出生物基材料系列 Amodel Bios；帝斯曼推出超高耐热系列 ForTiiACE，苏威推出 Amodel Supreme PPA；伊斯曼推出高光免喷系列 Grivory G7V，巴斯夫推出碳纤增强系列 Ultramid Advanced。

国内高温 PA 生产厂商主要有金发（PA10T 和 PA6T）、杰事杰、新和成、沃特、凯赛、三力本诺。其中，金发技术应用较成熟。

常见 PA6T 规格和 PA4T 规格性能对比及常见 PA10T 规格和 PA9T 规格性能对比见表 3-46 和表 3-47。

随着新能源汽车对充放电功率的要求越来越高，对"三电"系统材料的高耐温性、电性能、耐化学性和尺寸稳定性等提出了更高的要求。该要求与高温 PA 优异的耐热性能、电性能、力学性能和尺寸稳定性不谋而合，高温 PA 在新能源汽车"三电"系统中将有越来越广阔的应用前景。

表 3-46 常见 PA6T 规格和 PA4T 规格性能对比

测试项目	测试依据	PA6T/66 GF30FR（40）	PA6T/66 GF33FR（40）	PA6T/66 GF30FR（40）	PA4T/X GF30FR（40）
热变形温度（1.8MPa）/℃	ISO 75-1/-2	280	280	290	305
熔点 /℃	ISO 11357-1/-3	310	310	327	325
拉伸强度 /MPa	ISO 527	150	160	153	155
断裂伸长率（%）	ISO 527	2.2	2.4	2.1	2.0
拉伸模量 /MPa	ISO 527	10000	12000	12000	12000
弯曲模量 /MPa	ISO 178	8700	11000	10800	11500
弯曲强度 /MPa	ISO 178	230	250	225	245
简支梁缺口冲击强度 /(kJ/m²)	ISO 179	8	—	—	10
悬臂梁缺口冲击强度 /(kJ/m²)	ISO 180	—	9	7.5	—
体积电阻率 /Ω·cm	IEC 60093	> 1×10¹⁵			
介电强度（2.0mm）/(kV/mm)	IEC 60243-1	26	—	—	33
介电强度（1.0mm）/(kV/mm)	IEC 60243-1	—	40	30	—
相对漏电起痕指数 /V	IEC 60112	600	600	600	600
阻燃等级	UL 94	V0（0.4mm）	V0（0.25mm）	V0（0.2mm）	V0（0.2mm）
灼热丝可燃指数（0.75mm）/℃	IEC 60695-2-12	960	960	960	960
灼热丝起燃温度（0.75mm）/℃	IEC 60695-2-13	725	750	800	800

表 3-47　常见 PA10T 规格和 PA9T 规格性能对比

测试项目	测试依据	PA10T GF30FR（40）	PA10T GF45FR（40）	PA9T GF45FR（40）	PA10T GF30FR（40）
热变形温度（1.8MPa）/℃	ISO 75-1/-2	275	275	285	260
熔点 /℃	ISO 11357-1/-3	295	295	306	295
拉伸强度 /MPa	ISO 527	148	165	150	130
断裂伸长率（%）	ISO 527	2.5	2.2	1.5	2.0
拉伸模量 /MPa	ISO 527	10000	15500	—	10000
弯曲强度 /MPa	ISO 178	225	250	220	—
弯曲模量 /MPa	ISO 178	9000	14000	13900	—
简支梁缺口冲击强度 /(kJ/m²)	ISO 179	—	—	9.3	8
悬臂梁缺口冲击强度 /(kJ/m²)	ISO 180	10	11	—	—
体积电阻率 /Ω·cm	IEC 60093	$>1\times10^{15}$			
介电强度（2.0mm）/(kV/mm)	IEC 60243-1	—	—	30	33
介电强度（1.0mm）/(kV/mm)	IEC 60243-1	40	40	—	—
相对漏电起痕指数 /V	IEC 60112	600	600	600	600
阻燃等级	UL 94	V0（0.2mm）	V0（0.2mm）	V0（0.15mm）	V0（0.35mm）
灼热丝可燃指数（0.75mm）/℃	IEC 60695-2-12	960	960	—	775
灼热丝起燃温度（0.75mm）/℃	IEC 60695-2-13	775	775	—	700

3.6.1.3　改性 PPS 材料

电动汽车以电池为动力源来驱动电机，因此需要配备大容量电池，高功率驱动电机和充放电系统，以及用于调整输出功率的动力控制单元（PCU）。这些零件需负荷比普通电器件更高的电压和电流，对材料提出了更为苛刻的要求。

以 PCU 为例，树脂作为绝缘零件，被应用于反应器、变频器外壳、电流传感器、DC/DC 变换器等。为了驱动车辆，需要将从电池供应的直流电压转换为三相交流电压；而为了给电池充电，又需要将交流电压转换成直流电压。因为 PCU 需承受高电流、高电压，就需要树脂具有优异的耐热性能和电学性能。再加上随着近年来小型化、轻量化的发展，树脂和金属一体成形方法（嵌件成形）越来越受到关注，对于树脂的耐热冲击性和焊接耐热性也开始有所要求。

如图 3-60 所示，嵌件成形时，由于内部的金属嵌件和外部树脂的线膨胀率不同，树脂在温度变化时有可能会裂开，尤其是多次重复的温度变化，更容易引起此类失效，所以一般内部有金属嵌件的结构，需要树脂具备防止开裂发生的高耐热冲击性。同时，由于需要将金属零件保持在适当的位置，这也需要具备较高的尺寸精度。

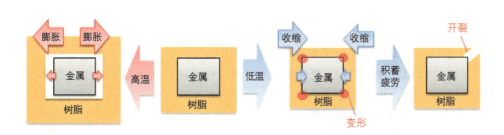

图 3-60　冷热冲击破坏机理

聚苯硫醚（PPS）全称为聚苯基硫醚，是分子主链中带有苯硫基的热塑性树脂，是一种结晶性的聚合物。PPS 是一种新型综合性能优异的特种工程塑料，具有机械强度高、耐高温、耐化学药品性、难燃、热稳定性好、电性能优良等优点。在电子、汽车和航空航天等领域均有广泛应用。

PPS 树脂一般具有优异的耐热冲击性，具有与金属相近的低线性膨胀系数，可称得上是适用于金属嵌入件的理想树。这其中，直链型 PPS 由于韧性高，因而具有特别优异的耐热冲击性。更进一步地，针对高耐热冲击特性要求，则需优选经增韧剂等改性后的高韧性品级。这其中的代表性品级有 DURAFIDE®1130T6（玻璃纤维 30%/ 高韧性），以及 6150T6（填料高填充 / 高韧性），其耐热冲击性试验如图 3-61 所示。与 1130A6（玻璃纤维 30%/ 标准）相比，1130T6、6150T6 均表现出优异的耐热冲击特性。

热冲击处理条件：1 个周期 −40 ℃ ×1.5h ⇔ 180℃ ×1.5h。

在传统技术中有一个难题，如果提高成型性（流动性）就会降低耐热冲击性。通过优化 PPS 的基体高分子、各种充填材料和添加剂，并改良改性技术，开发出兼具高成型性和耐热冲击性的品级，使其具有较高耐热性和耐化学品性并同时有出色的耐热冲击性能和加工性以及较高的尺寸精度。图 3-62 是全新耐热冲击 PPS 等级和传统产品的对比。

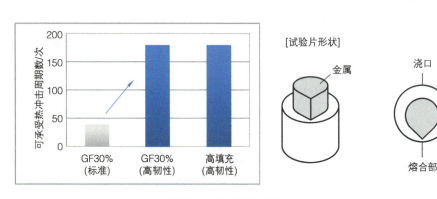

图 3-61 耐热冲击性试验

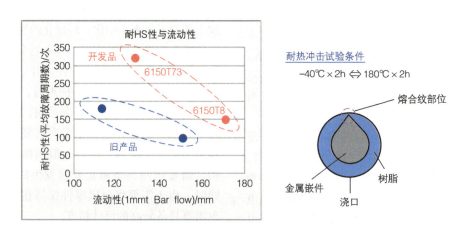

图 3-62 全新耐热冲击 PPS 等级与传统产品的对比

注：1mmt Bar flow 是东丽公司内部的一种测试方法。

由于"三电"系统高压零部件工作于非常严酷的环境（例如，−40 ~ 150℃、95%RH），树脂需要具备在这种环境下的耐受性，由吸水导致的绝缘特性降低被列为风险点之一。PPS 吸水率很低，具有在汽车严酷的环境下依然能保持优异的绝缘特性，且综合性能优异，被大量应用于高电压零件。

国内企业积极研发，初步形成了一定的生产能力，改变了以往完全依赖进口的状况。但是，中国 PPS 技术还存在产品品种少、高功能产品少、产能急待扩大等问题。

3.6.2 "三电"系统用橡胶及弹性体

橡胶弹性体材料广泛应用于汽车零部件，以起到密封、减振等作用。"三电"系统中，对于橡胶弹性体，除了耐热、耐化学介质和回弹性等传统要求外，不同的应用工况还催生了隔热/导热、绝缘/导电、阻燃等新需求。例如，在集成式的电驱动系统上，导电橡胶可在实现密封的同时，助力壳体实现电磁屏蔽；在锂离子动力电池上，基于VMQ的隔热橡胶，可延缓热失控的蔓延；在电控系统上，基于VMQ的导热橡胶，可有效提升电子元件的散热效率。

3.6.2.1 硅橡胶

硅橡胶（VMQ）区别于其他碳氢合成橡胶，主链骨架是硅氧键（Si-O）的构造，在耐高温和耐低温方面非常优秀，适用范围非常广，并且耐高温上仅次于氟橡胶（FKM）。硅橡胶具有耐润滑油、耐水、能制作成低硬度材料的特点，同时也很容易着色。然而，由于其机械强度低，聚合物结构在酸碱下可能会发生水解，从而导致无法预期的产品劣化。

以密封为例，氢能源车、电动车、混合动力车等新能源汽车的三电系统各种单元中，需要密封空气、水、气体、油等多种多样的流体，这就需要开发各种橡胶来适应不同的应用需求。表3-48是各种新能源应用上的推荐材料以及今后的技术趋势。

另外，动力电池等电解液密封及需要清洁流体循环的密封部位对低污染、耐液性提出了更高的要求。恩福开发了适用于该应用的O形圈和密封垫片用EPDM材料，对碱性电解液具有优秀的耐受性，见表3-49。该EPDM材料在国内外已有批量应用的案例。

另外，该材料还以其出色的低溶出性质减少了循环回路中流体的污染，实现清洁流体的循环，见表3-50。

表3-48 新能源车各使用位置密封件的代表橡胶材料以及技术趋势

新能源车型	代表位置	密封对象	代表橡胶材料	橡胶材质的技术趋势
氢能源车（燃料电池）	储氢瓶、配管、阀门等	氢气	EPDM、VMQ	耐极低温、透过性
	冷却装置、加湿模块等	冷却液、空气	EPDM	耐低温、低反力
电动汽车（动力电池）	电机、逆变器等	冷却液、ATF	EPDM、ACM	耐低温、绝缘性
	ECU、PCU等	冷却液	EPDM、VMQ	耐低温、绝缘性
	IGBT等	冷却液	EPDM	耐低温、低反力
	电极等	电解液	EPDM、FKM	耐液性、低污染

表3-49 针对新能源车特性的材料开发

橡胶材料	耐电解液	低污染	电极腐蚀性	耐低温性
NBR	×	×	×	×
HNBR	△	△	○	○
FKM	△	○	○	○
VMQ	×	○	○	○
一般EPDM	○	○	○	○
新能源车用EPDM	◎	◎	○	○

注：◎—优秀，○—良好，△—一般，×—差。

表3-50 液体污染性评价结果

	新能源车用EPDM	一般EPDM
ANION[①]（-）	0.07	119.9
CATION[②]（+）	0.11	1.3

注：测试条件为纯水90℃-500h浸渍后的离子溶出量，单位为$\mu g/cm^2$（溶出量/橡胶表面积）。
① 阴离子。
② 阳离子

密封件看似简单，实际上要在汽车或者各类机械的复杂工况环境下，长时间并且稳定地发挥密封性能需要专业的技术。优秀的密封性能不光要选取合适的橡胶材料以及规避各种失效风险的可靠设计，还与对手件的状态（粗糙度、加工方法、尺寸）紧密关联。此三点缺一不可。

3.6.2.2 氟橡胶

氟橡胶（FKM）是指主链或侧链的碳原子上含有氟原子的合成高分子弹性体。氟原子的引入，赋予橡胶优异的耐热性、抗氧化性、耐油性、耐蚀性和耐大气老化性，在航天、航空、汽车、石油和家用电器等领域得到了广泛应用，主要是做油封和O形圈等，是国防尖端工业中无法替代的关键材料。自从1943年以来，先后开发出聚烯烃类氟橡胶、亚硝基氟橡胶、四丙氟橡胶、磷腈氟橡胶以及全氟醚橡胶等品种。

氟橡胶最早由美国杜邦公司开发并成功商业化，但是由于价格昂贵及当时消费水平限制，氟橡胶在工业上的实际应用较少，直到20世纪50～70年代，氟橡胶得到迅猛发展。20世纪60年代中后期以后，多种新型高性能的氟橡胶相继问世，并投入工业化生产与应用，同时氟橡胶以高达20%～30%的速度增长；20世纪70年代，氟橡胶仍保持10%左右的增长速度，至80年代，氟橡胶的增长速度基本保持在7%～8%，而且这种趋势一直保持下去。目前，全球氟橡胶的生产能力达到约4万t/年，品种（包括配合胶）50余种，实际年产量约为3万t/年，主要生产国为美国、德国、意大利、比利时、荷兰、日本和俄罗斯等。

氟橡胶发展至今已经形成系列多品种的特种橡胶，国际上工业化以聚烯烃类氟橡胶、亚硝基类氟橡胶及用过氧化物硫化的GH、GLT型为主要产品。

我国自20世纪60年代开始研制氟橡胶，先后成功研制出23型、26型、246型、TP-2型等以聚烯烃为主的氟橡胶和羧基亚硝基氟橡胶。20世纪80年代又发展了全氟醚橡胶及氟化磷橡胶等。随着我国汽车等工业的发展，对氟橡胶需求快速增长，1995—1998年，国内氟橡胶消费量年均增长速度高达21.55%；1999—2001年，消费增长近50%；2001年，国内氟橡胶的消费量约为1500t左右；到2006年，仅汽车行业就需要消耗氟橡胶5000t，社会维修量消耗1400t左右，共需求氟橡胶约6400t。

此外，随着国内军工、航空航天、水利设施等领域的发展，对氟橡胶需求也在快速增长，2006年，这些领域消耗氟橡胶1700t左右。因此，国内2006年氟橡胶的需求远远超出前几年的预测量，达到8100t左右。

在中国市场上，进口氟橡胶有杜邦、3M、大金和Solvay等，国产的有3F、晨光、东岳等。

由于氟橡胶存在着生胶加工工艺性能和硫化胶的物理性能不好协调的矛盾，一方面，氟橡胶的合成上通过加宽分子量分布范围和增加分子链非离子化端基，来改善加工工艺和压缩变形性能；另一方面，通过开发新耐热助剂，以解决热稳定交联键和提高物理力学性能。

国外在氟橡胶的合成上做了大量工作，开发出多种新品级的氟橡胶。美国杜邦公司开发了VitonA-HV和VitonE60、60C，用于垫片、O形圈和油封上；VitonE-430，用于旋切垫片等复杂零件；Viton970用于液压系统密封；Viton GLT用于低温柔性用途等。

3M公司已开发出24个品级，其中有些是压缩变形小且硫化速度快的品级，如2170、2173、2174、2179和2180，可用于O形圈及垫圈；还有撕裂强度高、中等黏度和高黏度的胶料等；3M公司的FXII818，具有低温柔性、能耐航空燃料和含醇汽油等。意大利Ausimont公司的TecnflonP819N，含氟量达70%，具有极佳的耐化学介质性能，适于制造轴封和O形圈等密封制品。

除了主要用作油封和O形圈，23型氟橡胶的电性能较好，吸湿性比其他弹性体低，可作为较好的电绝缘材料；26型橡胶可在低频低压下使用；羟基亚硝基氟橡胶主要用作防护制品和密封制品，以溶液形式作为不燃性涂料，应用于防火电子元件及纯氧中工作的部件。部分氟橡胶材料性能对比见表3-51。

今后，我国氟橡胶行业不能再继续走简单扩大外延，而不重视提高内涵的老路，应该在提高生产技术水平和产品质量与应用上下功夫：加大特种单体、聚合工艺、配方、硫化工艺、产品形态开发力度；加快开发FFKM、磷腈氟橡胶、不需要二段硫化的氟橡胶、高含氟橡胶、高纯氟橡胶、液体氟橡胶、环保型氟橡胶、低门尼黏度氟橡胶等；加强生产工艺控制精度和应用技术研究，提供整体解决方案。

表 3-51 部分氟橡胶材料性能对比

性能		材料厂家牌号			
		晨光 FKM-G502	3M FPO3820	科慕 GF200S	苏威 P459
生胶	门尼黏度（1+10min 121℃）/MU	20	24	25	24
	密度（20℃）/(g/cm³)	1.89	1.89	1.9	1.89
	氟的质量分数（%）	70	70.1	70	70
硫化胶	拉伸强度/MPa	19	23.5	18	23.7
	伸长率（%）	180	237	246	205
	硬度/HA	76	71	76	76
	永久压缩变形（200℃×70h）（%）	25	26	20	19

3.6.3 小结

电气化是汽车行业发展的必然趋势，目前，新能源汽车一般应用的是400V高压平台，250A电流可以达到100kW的充电功率，电池30%~80%SOC约30min。做得比较极致的像特斯拉，配合自身的250kW充电桩，峰值工作电流达600A，整车电压平台依然在400V左右。为了进一步向传统汽车加油时间看齐，业内寄希望于把电压平台提升到800V甚至更高水平，达到300~500kW的充电功率，只需几分钟就可以迅速补能。这也对各高压零部件的绝缘、耐压等级和耐高温能力提出了更高的要求。

出于产品安全性考虑，需要材料拥有更高的难燃性（HB→V0甚至5VA）以及更高的CTI值（电压从目前的400V提升至800V以上）。大功率快充要求材料具有更高的耐温性以及耐电压性能；因为大功率的发展趋势，使得部分产品瞬间/长期温度较高（如逆变器），也对材料提出了高导热的要求，及时将热量散发出去。

基于产品的轻量化发展趋势，以塑代钢是重要的手段之一。通过纤维增强改性技术可以开发出低密度/高强度/高模量的材料，从而替代现有金属。

3.7 汽车塑料应用产业链分析

塑料应用于汽车工业，具有轻量化、造型设计自由和成本优势等优点，同时可满足安全性能要求，应用量也在不断提升。据统计，国产各类车型单车平均塑料用量为130~160kg，相较国外的用量水平仍存在明显的增长空间。随着塑料材料技术的发展，根据汽车市场的宏观分析和趋势分析，汽车用塑料除了需要满足强度和使用寿命的基本要求外，还主要集中在以下发展趋势：

1）基于低能耗、低排放的轻量化设计。

2）基于视觉体验、触觉体验、嗅觉体验、听觉体验要求的感知品质化设计。

3）基于汽车智能化、网联化、电动化的发展材料智能化设计（智能显示、便捷操控）。

4）基于可再生、再利用的资源节约化和绿色化设计。

下面针对以上发展趋势进行简略剖析。

3.7.1 轻量化设计方面

在当前汽车工业发展阶段，从全球汽车企业发展的大背景出发，碳中和成为影响世界经济、工业发展的重要因素，同时中国汽车法规和政策要求更趋严格，对汽车企业来说，油耗和碳排放成为新一轮主题，而材料轻量化则是近年来以及未来车身轻量化的主要研究和应用方向。材料轻量化的典型路径有以下几个方面：

1. 低密度塑料

在不改变材料结构及性能的条件下，降低填料密度的份数，从而降低材料的密度。在汽车内外饰零件轻量化领域，随着材料科技的发展，低密度聚丙烯材料成为一个新的突破方向。低密度聚丙烯材料起源于2012年，其关键特性是用更低的矿物填充量可以达到较高填充量才能达到的材料性能，如弯曲强度、弯曲模量等，同时材料的收缩率也可以与高填充材料接近，低密度材料的使用能大大降低零部件重量，从而达到轻量化和节能减排降耗的目的。国外某些车型的内外饰材料已经广泛使用低密度的聚丙烯材料。用新型材料代替现有材料的示例有：采用长玻纤增强PP替代玻纤增强PA材料制造变速操纵基座，采用轻质PU喷塑复合材料替代PP木粉复合材料制造后隔板等。

2. 塑料的薄壁化

欧美等发达国家对于汽车薄壁化技术的应用起步较早，在很多汽车零部件上都有其广泛应用，尤其是保险杠、门板等部件。在不降低材料性能的前提下，减少材料的使用量，从而降低零件的厚度，实现薄壁化和轻量化。采用新型改进材料和制造工艺可以实现零部件结构优化，如采用高刚性PP实现薄壁化保险杠，采用物理或化学微发泡注塑成形微发泡门护板等薄壁化PP。

3. 以塑料代替金属（钢材）/以塑料代替玻璃

通过使用轻质高强的新型塑料替代传统的金属钢材，在保证零件达到相应的碰撞要求的同时，从而实现减重效果。以塑代钢的技术方案在车身结构部件上的应用也越来越广泛。典型的应用如玻纤增强PA或PP等热塑性材料替代钢材制造仪表板横梁、天窗骨架等；以高性能复合材料如SMC替代钢板制造尾门等；以轻质碳纤维增强材料替代金属制造车身外覆盖件及车内部分结构件（如座椅骨架等）；以塑料代替天幕玻璃开发（天窗玻璃改塑料），以塑料代替车窗三角窗玻璃等。

3.7.2 感知品质设计方面

对于汽车行业，用户体验（User Experience，UE/UX）是当前的主流热词。用户体验的广义概念是"用户在使用产品的过程中建立起来的主观感受"，按此定义，对汽车的用户体验包含驾驶体验、整车造型美感、感知品质等。对于整车塑料新材料方面而言，感知品质是最能体现车用材料的用户体验，因此针对感知品质，可以归纳为用户能用眼睛看到的视觉感知品质、用户能用鼻子闻到的嗅觉感知品质、用户能用耳朵听到的听觉感知品质以及用户的身体能够接触或触碰到的触觉感知品质这四个方面。

视觉感知品质方面，随着对汽车感知品质的追求越来越高，装饰风格多色彩、高品质感知能有效提升汽车的视觉体验。IML膜片在视觉效果上高亮剔透，图案印刷在表面PC层下面，可以通过激光雕刻技术，实现装饰件的透光效果，同时可配合灯光的设计，根据不同的图案、颜色，从视觉上带来变换无穷的展示效果。另外，IML图案还可以实现层次感、纵深感，有更多的方案选择效果。典型的应用领域如汽车显示屏面板、空调面板、仪表装饰面板等。随着技术的进步，会有意想不到的进一步实现效果。

同时，车身装饰的塑料感一直是用户长期关注的重点，为获得更佳的视觉效果和感官质量，低光泽PP在成本上优势明显，并能够得到媲美表皮的视觉效果。低光泽PP主要通过对PP树脂的优化、选择不同的增强增韧添加剂以及消光剂的使用等获得零件表面低光泽。

双色注塑主打个性低成本材料。为了更好地提升内饰感官效果，以往高端车上选用在塑料制品如杂物箱外盖、副仪表板护板等表面喷漆来改善塑料感，但由于采用喷漆工艺，不仅油漆材料成本高，喷涂及烘干过程能耗高，而且人工操作导致不合格品多。近年来，随着热塑性弹性体材料的发展，采用双色注塑工艺，即在塑料零件表面注塑一层软触感的TPE材料来代替高成本的喷漆成为趋势。但是，这种材料也有着一些开发难点需要加深研究，比如耐刮擦、耐磨性等。

为了提升零件软触感，目前又出现了采用core-back工艺进行TPE发泡注塑，表面可实现花纹造型、假缝纫线造型等，既能提升触感，相比传统的PVC包覆成本更低，同时TPE密度更低，发泡后更轻，还能够兼备轻量化的性能。

嗅觉感知品质方面，随着公众及驾驶人对健康的关注度提升，越来越多的人开始关注车内环境而选择"健康汽车"，对此，国内外都发布了针对乘用车车内空气质量和环保的要求。汽车内饰气味主要是可挥发性有机物，包括甲苯、乙苯和苯乙烯等物质，如何控制这些小分子物质是材料实现低气味的关键因素。由于PC/ABS的挥发物是来源之一，因此开发低气味PC/ABS内饰材料是目前的趋势。

内饰零件当中，仪表板、座椅和门板的软质包覆用材大部分为聚氯乙烯（PVC）材料，PVC是一种常用塑料，它是由聚氯乙烯树脂、增塑剂和防老剂组成的树脂，本身并无毒性。但为了改善其性能，提升其应用场景，在生产中添加了大量的增塑剂、防老化剂等辅料，导致其气味扰人，故而低气味PVC材料的开发也成为材料研发的课题。除了要从增塑剂选用上考虑外，工艺过程的烘烤也是降低气味的一个手段。PP材料在内饰的应用日渐增多，几乎成为内饰的主要材料，所以低气味PP材料的开发也成为材料发展的方向。

听觉体验方面，随着汽车市场多年来的飞速发展，用户对用车的认知在不断提升，对车辆噪声以及异响有了更高的要求。传统的噪声包括驱动系统噪声、排气噪声、行驶系噪声、轮胎噪声，为满足以上要求，对整车厂而言，在零件结构设计和声学系统设计以外，对声学试验提出更高要求。整车密封性的材料要求多体现在橡胶及弹性体等方面，这里不做详细描述。在千差万别的日常用车场景中，需要对塑料材料本身以及材料间的配合给予更多关注和要求。当前内饰造型丰富，层次感的要求非常高，相邻零件的摩擦会产生噪声，如门把手、出风口以及装饰条等。随着降噪材料的技术不断迭代，有一些新型的降噪材料也逐渐走入开发者的视线中，如在接触面上采用少量的降噪材料，就能大大缓解噪声。

触觉体验包括质感及软触觉，原有的真皮、PU包覆，逐步发展为超纤包覆、优触感的PVC搪塑，以及新型低成本TPE包覆等。

3.7.3 智能化设计

随着汽车智能化、网联化、电动化的发展，汽车内部空间智能化设计（智能显示、便捷操控）日益增多；各种机械式操控向触屏智能操控的方向发展；随着触屏的使用场景越来越多，3D智能塑料大屏，多屏趋势渐显，而触屏在操作过程中表面易被划伤，且使用中会在表面留下指纹痕迹，因而防指纹的设计也成为触屏材料发展的亮点。

智能自修复材料等减少电磁干扰是十分重要的。与微波雷达相比，毫米波雷达的元器件目前批量生产成品率低，再加上许多器件在毫米波频段均需涂金或者涂银，成本较高。因此，亟需开发低成本、易加工的吸波材料用于减少对毫米波信号的电磁干扰。

自发光（夜光面料）稀土夜光纤维是利用稀土发光材料制成的功能性环保新材料。该纤维是以纺丝原料为基体，采用长余辉稀土铝酸盐发光材料，经特种纺丝制成夜光纤维。夜光纤维吸收可见光10min，便能将光能蓄存于纤维之中，在黑暗状态下持续发光10h以上。

3.7.4 绿色环保化设计

2020年，中国政府提出碳达峰、碳中和的发展目标，将3060目标作为国家战略。汽车行业作为碳输出的大户，应采用清洁能源降低碳排放，尽快适应国际能源供应紧缺以及环境保护呼声日益高涨的大背景。通过材料、工艺和设计功能优化等技术干预措施，快速有效降低汽车制造链条中的碳输出；塑料材料回收再利用，减少塑料废弃物，提高塑料资源再利用率也成为塑料生产者和使用者的共识。近年来，不少企业已将回收再生塑料的用量和应用比例作为新车设计的重要考核目标，针对回收塑料再生、再利用技术也进步显著，如含65%再生PA6-GF30制造的进气歧管、100%再生/E-MD20制造的保险杠骨架、含70%再生ABS制造扶手骨架等。同时，天然环保材料、可降解材料、可再生材料必将成为汽车材料未来的大趋势，ABS的回收再利用将会是未来的趋势性产业，包括汽车用的耐热ABS、电子电器用的阻燃ABS，如何将这些废旧的ABS循环再利用是每一个改性企业及上下游应该承担的责任和义务。再生可循环ABS的一个难题就是材料的清洗和提纯，环保可再生ABS将会是未来的方向，也是目前面临的一个严峻考验。

目前世界上超过99%的PA产品来自于石油。随着世界石油资源的逐渐匮乏以及如中间体原料己二腈的供给短缺，寻找石油的替代品已迫在眉睫。而采用可再生的生物基材料作为原料生产PA，即生物基PA，将在很大程度上解决全球经济社会发展所面临的资源和能源短缺以及环境污染等问题。目前已进入工业应用的生物基塑料材料包括两类：一类是以从植物中提取的单体作为聚合成分的材料，如采用植物油或从农作物秸秆、芦苇、木材等中提取出的木质素制备的多元醇生产的聚氨酯材料可用于制造座椅坐垫泡沫，采用蓖麻油制作的PA11和PA56材料用于制造结构和功能部件；另一类是采用植物作为塑料填料，随着塑料改性技术的发展，采用植物纤维如麻纤维、秸秆纤维或粉末纤维素等有机绿色填充材料也逐步成为绿色塑料材料的一个重要研究和应用方向，如采用大麻纤维增强的P/E-NF20材料已用于成形多款车型的门护板。

除材料本身外，生产工艺的环保化也逐渐成为各主机厂及材料厂家的发展关键。采用免喷涂环保类材料可以只通过成形加工，便能够获得与电镀或涂装相同的金属色调，省去了电镀或涂装等工序，可以进一步降低成本并减轻对环境的影响。免涂饰的ABS类材料包括替代钢琴黑喷漆的高光黑材料、替代电镀外观的金属银色材料以及具有珠光效果的调色材料等，传统的电镀和涂漆等装饰工艺在基于制品特殊的表面色泽的同时，也对注塑过程中在制品表面的一些外观不足如熔接痕、收缩痕、流痕、银纹等有一定的遮蔽作用。

环保可再生PC/ABS是实现再生PC回收利用的途径之一，再生PC由于受过多次热历史及污染，对比全新料性能下降很多，因此对再生 PC 的提纯和清洗是回收的关键。由于再生 PC 性能劣化严重，对再生 PC 的扩链增黏使其性能提升也成了改性企业能否利用好这些再生 PC 的核心技术。环保再生 PC/ABS 的发展方向将是高性能化，100% 回收再利用化，使再生 PC/ABS 性能接近甚至是达到全新料的水平，这也是各大改性企业共同的使命和责任。环保可再生 PC/ABS 未来将会拥有极大的市场。

3.8 汽车橡胶应用产业链分析

在"双碳"目标下，中国将加快绿色低碳转型，汽车产业也正在加速"脱碳"进程，以实现绿色发展。自 2021 年，欧盟规定境内新乘用车平均二氧化碳排放量不得高于 95g/km，同时，我国新能源汽车产业链建设也被列为"十四五"期间发展重点领域。国家政策引导正驱动行业加速向新能源、轻量化、功能化等趋势转型。电气化、热管理、减振及轻量化等新机动化重点领域发展，对产业上游的橡胶行业提出了更高要求。除天然橡胶外，乙丙橡胶（EPDM）、丁腈橡胶（NBR）、氢化丁腈橡胶（HNBR）、反式聚异戊二烯（TPI）、液体异戊橡胶/液体顺丁橡胶（LIR/LBR）、羟基化、羧基化丁二烯类液体橡胶（HTPB/CTBN）、氯丁橡胶（CR）、乙烯-醋酸乙烯酯橡胶（EVM）等广泛应用的合成橡胶材料，凭借优异的绝缘性、耐高温、耐蚀性、耐疲劳性、耐低温、耐老化性等突出性能，为汽车行业转型发展提供了重要材料支持。汽车行业正加速向更安全、舒适与绿色方向发展，"未来机动化"是行业升级转型的重点趋势。机动化领域的发展新趋势也为橡胶行业提出了新的要求和机遇，重点关注领域包括以下几个方面。

3.8.1 电气化趋势

新能源汽车对汽车电力的依赖程度高，需要更强大的电力驱动技术以及更安全的电路保护设备，以确保汽车电力系统的正常运转。因此，电动汽车的配件绝缘性、安全性等都至关重要。在电气化过程中，传统内燃机汽车和电动汽车的电气系统和导电材料，都需要具备电磁屏蔽、绝缘、耐液体介质、耐紫外线、耐臭氧和机械磨损等性能。

3.8.2 热管理系统

热管理是电池系统和整车安全的关键。稳定的热管理系统可以保证电池在适宜的温度范围工作，不仅能降低能耗，还能延长电池寿命。如何实现电池的热量平衡、良好散热，保持电池整体的续驶里程，也是非常大的挑战。

热管理系统的材料选择尤为重要，以保证电缆、插头乃至电池本身可适当冷却，以及制冷系统的高效运转，避免电池在过高温度下损坏。高性能 EPDM 被广泛用于制作冷却液系统的胶管、密封件、垫片，以及非极性电缆护套；NBR 或 CR 可以生产耐油和润滑脂的电缆绝缘层；EVM 可用来生产无卤阻燃、耐腐蚀的绝缘制品；对于新一代制冷剂，需要适配具有耐低温/高温性能、快速减压/抗起泡等性能的密封材料，适用橡胶有 HNBR、CR 等。

3.8.3 轻量化管理

轻量化是提升汽车综合性能与续驶里程的重要方式。在满足安全指标下需探索新工艺和轻便材料，综合实现减重、节能、安全要求。减轻整车质量的一种方法是使用复合材料。用于汽车工业的轻量化材料需要足够坚固，并可以承受恶劣载荷条件。

一种常用方法为采用合成橡胶对塑料等材料改性，以获得良好的力学性能和冲击强度。此外，由于大多数复合材料无法承受焊接加工，传统紧固件的开孔也会削弱其性能，因此需要使用黏合强度足够高的黏合剂。

另一种方法是减轻车用橡胶制品自重，开发低密度橡胶制品，或用低密度热塑性弹性体材料（如 TPV、热塑性硫化橡胶）替代传统热固性橡胶实现。目前，市场在该领域已有较多实践，如采用密度 0.8~1.0g/cm³ 的微发泡密封条代替 1.2g/cm³ 的密实密封条；采用 TPV 替代热固性橡胶生产汽车密封，密度可从 1.2g/cm³ 降低到 1.0g/cm³ 等。

3.8.4 噪声、振动与声振粗糙度管理

乘坐纯电动汽车时，噪声主要来自于轮胎噪声及汽车周围的风声。因此，电动汽车减噪领域的重点之一是改进包括车门密封、玻璃导槽密封在内的汽车密封系统，提高减振系统功能化和寿命。

在密封条的结构设计层面，可选方案包括增加密封条厚度、采用断面复杂的复合结构，或在胶料中加入发泡剂以生产更低密度的发泡密封条等。因此在材料选择上，要在降低密度的同时保持密封性能不变，以保证微孔发泡密封条的质量和性能。

在汽车车身减重、环保和降噪方面，HTPB/CTBN 等在低温固化抗噪声黏合方面有突出的表现。

减振方面，由于全电池汽车重量一般高于常规

汽车，为调整汽车行驶高度和改善操控性能，全电池汽车广泛使用空气弹簧，以提高乘坐舒适性，延长行驶里程，并改善对电池组的保护。材料选择上，需要增强线绳的强大附着力，最大限度地发挥空气弹簧性能，并赋予空气弹簧高抗裂口增长性能，提供低透气性，延长空气弹簧寿命。汽车内燃机发展的趋势之一，是随其性能提高而更为紧凑。对于混合动力汽车，由于发动机盖下的可用空间较为有限，其发动后温度持续上升的现象较为明显。常应用于发动机悬置等动态橡胶部件的天然橡胶（NR）虽具有良好的动态性能、初始抗拉强度和疲劳性能，但当温度超过80℃时，这些性能会迅速下降。通过开发新的超高相对分子质量EPDM牌号，并且采用优化的配方设计，可兼顾耐高温性能和材料动态性能。相关工业测试表明，采用超高相对分子质量EPDM的发动机悬置，其动态性能和疲劳寿命已与NR非常接近，而热稳定性显著改善。除此之外，反式聚异戊二烯TPI橡胶因其独特的结晶橡胶特性，在提高减振器寿命以及平衡刚度、黏合和疲劳性能方面有突出的表现。

综上所述，向电气化、热管理、减振及轻量化转型，是未来可持续交通发展的大势所趋，将持续引领车用橡胶上游行业的发展方向。同时，性能卓越、应用广泛的合成橡胶产品，以及定制化的综合材料解决方案，也将不断支撑新机动化趋势发展及交通产业链变革。

参 考 文 献

[1] NAEBE M, HURREN C, MAAZOUZ A, et. al. Improvement in mechanical properties of aluminum polypropylene composite fiber[J]. Fibers and Polymers, 2009, 10（5）: 662-666.
[2] 夏梦阁, 徐青华. 基于PC/ABS的汽车内饰油漆件性能研究[J]. 汽车实用技术, 2019, 3: 162-166.
[3] 蒋艳云, 尧永春, 徐伟. 国内汽车用PC/ABS合金的研究进展[J]. 企业科技与发展, 2017, 5: 88-90.
[4] 林忠玲, 纪学洪, 刘尚伟. 车用塑料VOC含量及气味调控研究进展[J]. 工程塑料应用, 2020, 11: 159-162.
[5] 李兴达. 高性能低VOC环保PC/ABS合金材料的制备[J]. 化工管理, 2019, 4: 187-188.
[6] 刘琳, 张东. 电磁屏蔽材料的研究进展[J]. 功能材料, 2015, 46（3）: 3016-3022.
[7] 宋斌, 黄月文, 祖伟皓, 等. 电磁屏蔽材料的研究进展[J]. 广州化学, 2021, 46（1）: 1-7.
[8] 孙天, 赵晓明. 电磁屏蔽材料的研究进展[J]. 纺织科学与工程学报, 2018, 35（2）: 118-122.
[9] KRAUSE B, BARBIER C, KUNZ K, et al. Comparative study of single walled, multiwalled, and branched carbon nanotubes meltmixed in different thermoplastic matrices[J]. Polymer, 2018, 159: 75-85.
[10] 刘思达, 齐暑华, 郑水蓉. 不同形貌碳材料的电磁波吸收性能研究[J]. 化工新型材料, 2018, 46（10）: 103-106, 110.
[11] 周文英, 丁小卫. 导热高分子材料[M]. 北京: 国防工业出版社, 2014.
[12] 严瑞芳. 杜仲胶研究进展及发展前景[J]. 化学进展, 1995, 7（1）: 64-71.
[13] CAO L, ZHANG T K, XIAO J, et al. Graphene/carbonnanotubes-supported Ziegler-Nattacatalysts for in situ synthesis of mechanically strong, thermally and electrically conductive trans-polyisoprene nanocomposite[J]. Journal of Polymer Research, 2019, 26: 36.
[14] 曹湘洪. 配位聚合二烯烃橡胶[M]. 北京: 中国石化出版社, 2016.
[15] 刘付永, 杜爱华, 黄宝琛, 等. 混炼工艺对反式-1,4-聚异戊二烯/丁苯橡胶并用胶性能的影响[J]. 橡胶工业, 2008, 55（8）: 472-475.
[16] 黄硕, 曹兰, 黄江玲, 等. 合成杜仲橡胶在汽车扭力梁铰接中的应用[J]. 橡胶工业, 2018, 65（5）: 557-560.
[17] 曹兰. TPI在橡胶减震制品中的机械及动态性能研究弹性体[J]. 2017, 27（4）: 32-37.
[18] 齐立杰, 赵志起, 黄宝琛. TPI/NR并用胶在全钢子午线轮胎胎面胶中的应用[J]. 弹性体, 2010, 20（1）: 61-64.
[19] 张晨光. TPI在工程轮胎胎面胶中的应用[J]. 橡塑资源利用. 2012, 6: 5-8.
[20] 张磊, 臧运鹏. 一种TPI改善磨耗和屈挠寿命的橡胶配制原料: 201410130056.9[P]. 2014-04-02.
[21] 王韵然. 反式-1,4-聚异戊二烯（TPI）/天然橡胶（NR）共混体系的性能研究[D]. 青岛: 青岛科技大学, 2010.
[22] 向普及, 齐立杰, 袁海鹏, 等. TPI/NR/BR并用胶的性能与应用[J]. 弹性体 2010, 20（3）: 44-48.
[23] 刘付永. 反式-1,4-聚异戊二烯与丁苯橡胶并用及其并用胶的性能[D]. 青岛: 青岛科技大学, 2008.
[24] FU H, CUI Y H, L YU J P. Fireretardant mechanism of PA66 modified by a "trinity" reactive flameretardant[J]. Journal of Applied Polymer Science, 2020, 137（1）: 262-268.

[25] 单辰杰，左晓玲，江来，等. OMMT-卤-锑阻燃体系对PA6/LGF复合材料的影响[J]. 广州化工，2014，42（20）：61-65.

[26] 张雪，张园，叶斐斐，等. 磷系阻燃剂的发展及应用研究[J]. 工程塑料应用，2015，43（11）：112-117.

[27] 杨福兴. 凹凸棒土、微胶囊红磷/PA6复合材料的制备及表征[D]. 南京：南京理工大学，2008.

[28] LIU Y, WANG Q. Preparation of microencapsulated red phosphorus through melamine cyanurate self-assembly and its performance in flame retardant polyamide 6[J]. Polymer Engineering & Science，2006，46（11）：1548-1553.

[29] TANG S, QIAN L J, QIU Y, et al. The effect of morphology on the flame-retardant. Behaviors of melamine cyanurate in PA6 composites[J]. Journal of Applied Polymer Science, 2014, 131（15）：8.

[30] 侯伟. 无机填料凹凸棒土和ZnO对PA6阻燃及力学性能的影响[D]. 天津：天津工业大学，2019.

[31] 唐小强，任斌，李博，等. 氢氧化镁表面改性对阻燃PA6复合材料性能的影响[J]. 工程塑料应用，2018，46（12）：42-47.

CHAPTER 04
第 4 章
复合材料

复合材料是两种及以上的材料复合在一起得到的新型材料，其具有广义的范畴，其中聚合物基体复合材料种类最多、应用最广，在汽车领域占据重要地位，因此本章的"复合材料"也主要指聚合物基复合材料。复合材料具有高比强度、高比模量的优势，可用于车身、内外饰、底盘中的结构件或次结构件，实现高性能和轻量化。随着新能源汽车的快速发展和国家"双碳"战略实施的逐步深入，复合材料在汽车上的应用越来越广泛。

与传统的钢、铝、塑料和橡胶等材料不同，复合材料具有一些特殊性能，包括可设计性、各向异性和叠加效应，同时也存在模量较低、材料分散性大等问题。本章以纤维增强复合材料和夹层结构复合材料为主体，从先进材料、成形工艺及连接、典型零件应用三个维度，逐层展开，详细介绍汽车复合材料各项技术的国内外发展情况、关键技术点及应用案例，最后进行产业进展及发展趋势分析。期望本章节的内容能够给汽车复合材料从业者带来启发或参考，共同推进汽车复合材料行业的发展。

经济全球化在给我国汽车材料带来巨大冲击的同时，也给我国汽车材料工业带来了机遇。基于汽车行业轻量化、低碳化的应用需求和发展趋势，复合材料也会向着高性能、高效率、多元化的方向发展。我们应以汽车应用需求为牵引，联合上下游企业及研究机构，突破核心技术的同时，建立从先进材料开发、零件生产、性能测试、整车搭载到回收利用的完备产业链，实现复合材料产业链的高质量发展，开创中国汽车复合材料的新天地。

4.1 复合材料概述

4.1.1 复合材料简介及分类

复合材料通常是指将两种或两种以上的材料复合在一起而形成的具有一定形状、结构和强度的新型材料。复合材料具有广义的范畴，按照基体分类，既包括了聚合物基复合材料，又包括了金属基复合材料、陶瓷基复合材料等。其中，聚合物基复合材料的品种最多、应用最广，在汽车领域占据着重要的地位。因此，人们习惯上将聚合物基复合材料简称为"复合材料"，而其他复合材料则被冠以全称。本章的"复合材料"也是指聚合物基复合材料。

复合材料按其结构特点可分为纤维增强复合材料、夹层复合材料、细粒复合材料、混杂复合材料等，其中汽车上应用较多的是纤维增强复合材料和夹层结构复合材料两大类。对于纤维增强聚合物基复合材料而言，按照纤维增强材料的长短可分为短纤维复合材料、长纤维复合材料、连续纤维复合材料等；按照纤维类型的不同可分为玻璃纤维复合材料、碳纤维复合材料、植物纤维复合材料、玄武岩纤维复合材料、芳纶纤维复合材料等。而对于夹层结构复合材料而言，按照芯材的不同可分为蜂窝复合材料、泡沫复合材料等，其中蜂窝结构的材质包括Nomex纸蜂窝、聚丙烯（PP）蜂窝、铝蜂窝等，泡沫塑料材质包括聚氯乙烯（PVC）、聚对苯二甲酸乙二醇酯（PET）、聚氨酯（PU）等。

复合材料具有高比强度、高比模量的优势，可用于车身、内外饰、底盘中的结构件或次结构件，实现轻量化和高性能。与传统的钢、铝、塑料和橡胶等材料不同，复合材料的特殊性主要包括可设计性、各向异性、叠加效应。首先，复合材料具有可设计性，复合材料的各项性能都可以按使用条件要求，通过组分材料的选择和匹配、铺层设计及界面控制等，达到预期的性能目标。其次，复合材料具有各向异性和非均质性的力学性能特点，这主要是由于增强纤维方向或夹层结构取向的不同，其在不同方向表现出不同的力学性能；另外，复合材料具有叠加效应，依靠增强相与基体相在复合后性能的叠加或互补，使复合材料获得新的、独特而又优于各单元组分简单混合物的性能，这就是复合材料的叠加效应。

尽管复合材料具有诸多优点，但也存在弹性模量较低、材料性能分散性大、生产周期较长等问题。经过不断探索和研究，复合材料的新材料、新工艺和新技术不断涌现，使上述问题在很大程度上得以改善。目前，复合材料在车身外覆盖件上的应用已基本成熟，并逐步向次结构件、结构件等方向发展。

4.1.2 复合材料在汽车上的应用

复合材料在汽车上的应用最早出现在20世纪50年代。1953年，美国通用汽车率先开发出全复合材料车身的跑车Corvette敞篷版，此后复合材料逐渐被应用在汽车的内外饰、车身、底盘、发动机等各个领域。美国作为世界第一大复合材料生产与消费国，其汽车用复合材料年消耗量超过70万t，在通用、福特、克莱斯勒三大汽车公司及Mack、Aero-Star等重型车厂，复合材料都有广泛的应用。欧洲的汽车公司，如奔驰、宝马、大众、沃尔沃也在大量使用复合材料。而国内复合材料在汽车上的用量相对较小,具有很大的发展空间。

玻纤复合材料是目前汽车上应用最多的复合材料,主要用于发动机周边部件、车身系统、内外饰系统等。美国通用公司从 1990 年开始,首先将玻纤复合材料用于发动机气门罩、壳体,随后用于进气歧管、油底壳、导风罩、发动机隔声板等。同时,玻纤复合材料用于车身及内外饰领域,也可起到很好的轻量化效果,如林肯使用的 SMC 发动机罩、行李舱盖、凯迪拉克的玻纤复合材料后窗下部件等,欧美等国家重型货车的外覆盖件大都是由复合材料制造而成的。

国内大型客车中应用复合材料较多,如宇通、金龙、福田、依维柯等车型的前后围、前后保险杠、翼子板、轮护板、侧围板等。中小型客车中,玻纤复合材料的用量相对较少,主要应用于前保险杠、行李舱门等部件。而国内乘用车用玻纤复合材料的应用起步较晚,近年来发展迅速,在发动机周边件、前端框架、翼子板、仪表板骨架、电池上壳体、备胎舱等均有应用。

碳纤维复合材料在汽车上的应用,最初起源应用于英国的 F1 赛车、跑车。德国宝马公司率先实现碳纤维的大批量产应用,从 21 世纪初宝马 M3、M6 的碳纤维顶盖,到 2009 年宝马与西格里(SGL)合作组建公司,并于 2014 年推出宝马 i3 碳纤维车身,颠覆了传统汽车的车身结构和制造工艺,引领了行业的发展热潮,后续推出的宝马新 7 系、iX 等车型,分别提出 Carbon-Core、Carbon-Cage 的理念,以实现碳纤维的最合理应用;奥迪则是主要将碳纤维用在外覆盖件上,奥迪 RS5 的前唇、顶盖、后视镜外壳、后尾翼等均采用碳纤维,大幅提升整车运动感和科技气息(图 4-1)。碳纤维复合材料不仅应用在车身和内外饰领域,在汽车底盘如传动轴、悬架片簧、横梁上也有应用。通用汽车就将碳纤维传动轴应用在其载货汽车上,传动轴相比原材料减重达 60%。

a) 宝马i3　　　　　　　　b) 奥迪RS5

图 4-1　碳纤维复合材料在汽车上的应用

国内对于碳纤维复合材料在汽车上的应用起步较晚,2010 年前后开始尝试研究,2015 年后才迎来相对快速的发展时期。北汽 BJ80 发动机舱盖率先实现碳纤维在汽车上的应用,蔚来 ES6 后地板、领克 03+ 后尾翼等首批实现了碳纤维的量产应用。同时,国内各主机厂争相开展碳纤维车身的研究,一汽、长安、北汽、奇瑞等主机厂纷纷发布碳纤维概念车或车身开发成果,其中长安汽车于 2020 年推出逸动 ET 碳纤维车身,是首个获得 C-NCAP 碰撞测试五星成绩的碳纤维整车。目前对于国内汽车企业而言,成本过高仍是制约碳纤维复合材料应用的重要因素。

除纤维增强复合材料外,具有结构特征的夹层结构复合材料(蜂窝结构、泡沫夹芯等)在汽车行业也有广泛的应用。夹层结构复合材料在国外起步较早,已广泛应用于航空、船舶、风电等领域。汽车夹层结构应用主要为玻纤蜂窝板、PP 蜂窝板等,用于行李舱盖板、备胎盖板等,在国内外车型上均已成熟应用。它在客车领域的应用较多,主要用于车厢、地板、车顶等部位,其中荷兰 VDL 公司于 2004 年推出的斐利亚客车的侧围和前后围均采用玻纤增强树脂夹层结构(图 4-2),国内中植航公司推出 12m 复合材料车身纯电动示范公交车,车身大量采用泡沫夹层结构复合材料。

图 4-2　荷兰 VDL 公司推出的斐利亚巴士

4.2 纤维及预浸料的制备技术

4.2.1 玻璃纤维概述及先进制备技术

4.2.1.1 概念及分类情况

玻璃纤维是一种性能优异的人造无机纤维,是采用天然矿石如石英砂、石灰石、白云石等,配合其他化工原料熔制成玻璃,在高温熔融状态下借外力拉制、吹制成极细的纤维状材料。玻璃纤维外观表面呈光滑的圆柱状,其单丝的直径为几微米到 20 多微米,密度为 2.50～2.70g/cm³,具有优异的力学性能、化学稳定性、耐热性、电绝缘性等优良性能,常作为塑料和橡胶的增强材料、绝热保温材料等,在汽车内外饰、车身及动力系统等领域广泛应用(图 4-3)。

图 4-3 部分玻璃纤维产品

玻璃纤维种类繁多,按照纤维玻璃组分与性能不同对玻璃纤维产品进行分类,主要有 E、A、C、E-CR、S、R、D、M、AR 共 9 种产品代号(表 4-1)。其中汽车行业目前绝大多数用的是无硼无氟玻璃纤维(E-CR),它是在 E 玻璃纤维成分的基础上,不加硼和氟化物,可降低 E 玻璃纤维生产过程中对环境的污染。S、R、D、M、AR 等为特种玻璃纤维,其中高强玻纤(S 玻纤、R 玻纤)具有高强度、高模量、耐冲击、耐疲劳等优异性能,在高性能复合材料领域有广阔前景。主要玻璃纤维性能见表 4-2。

4.2.1.2 国内外玻璃纤维发展现状

1. 产业发展现状

目前全球玻璃纤维产量已超 800 万 t,呈现出稳定的寡头竞争格局。中国巨石、美国欧文斯科宁、泰山玻纤、日本电气硝子、重庆国际、美国佳斯迈威六大企业的玻纤年产能占到全球玻纤总产量的 80% 左右。我国玻纤工业体系建成于 1958 年,经过多年发展,目前我国已成为全球玻纤制造大国,玻璃纤维产能高居世界第一,且玻璃纤维产量逐年递增。2020 年,我国玻纤产量达 541 万 t,占全球玻纤产量的 65% 以上。国内外玻璃纤维主要生产企业见表 4-3。

表 4-1 玻璃纤维产品分类

标准代号	玻璃纤维属性	主要纤维制品种类
E	用于一般应用,良好的电气性能	连续纤维纱、织物等
A	高碱含量	短纤维无纺织物
C	耐化学腐蚀	短纤维无纺织物
E-CR	良好的电绝缘及耐化学腐蚀	连续纤维纱、织物等
S、R	高力学性能	连续纤维纱、织物等
D	良好介电性能	连续纤维纱、织物等
M	高弹性模量	连续纤维纱、织物等
AR	耐碱	连续纤维纱、织物等

表 4-2 主要玻璃纤维性能

标准代号	密度 /(g/cm³)	新生态单丝强度 /MPa	弹性模量 /GPa	断裂伸长率(%)
E	2.54	3200～3400	75	4.8
S-2	2.49	4500～4890	84.7～86.9	5.4
R	2.54	4400	83.8	4.8
HS6	2.50	4600～4800	86～88	5.3

表 4-3 国内外玻璃纤维主要生产企业

国家	公司名称	主要产品	公司说明
美国	美国欧文斯科宁公司	E-CR 玻纤、高强玻纤等	20 世纪 50 年代率先开发出高强玻纤
	美国佳斯迈威公司	StarRov®、MultiStar® 无捻粗纱等	商业、工业和住宅用玻璃纤维等材料的优质制造商和营销商
加拿大	Fiberex 公司	ECR 玻纤等	专门制造 ECR 玻璃纤维的厂商
日本	日本电气硝子	E 玻璃纤维、高模量玻璃纤维等	专注于研发和生产适应时代需求的玻璃产品
俄罗斯	俄罗斯玻璃钢科研生产联合体	高强高模玻纤等	研制出高强度高模量玻纤,名为 BMⅡ 玻纤
中国	巨石集团有限公司	E6 及 E7 高模高强玻纤、E8、E9 超高模玻纤等	已建成玻璃纤维大型池窑拉丝生产线 20 多条,玻纤纱年产能超过 200 万 t,产品品种广泛
	泰山玻璃纤维有限公司	TCR 纤维、HMG 高强高模纤维、S-1HM™ 玻纤、THM-1 高模玻纤、耐碱纤维等	玻纤纱年产能超过 110 万 t,产品品种广泛
	重庆国际复合材料股份有限公司	ECT 玻纤、ECR 玻纤及 TM 玻纤等	玻纤纱年产能超过 90 万 t,产品品种广泛
	南京玻璃纤维研究设计院有限公司	高强 6 号等高性能玻璃纤维	主要从事玻纤及制品的研发、设计、制造和测试评价,全国玻纤标委会秘书处承担单位

2. 技术发展现状

玻璃纤维已成为全球用量最大、应用最广的增强纤维材料。玻璃纤维工业化生产起源于 1938 年美国的欧文斯科宁(Owens Corning,OC)公司。1980 年,美国 OC 公司在 SiO_2-Al_2O_3-CaO 三元系统玻璃的基础上开发了 E-CR 玻璃纤维,由于不含硼和氟,避免了排放物问题,同时具有超越 E 玻纤的表现。E-CR 具有特强的耐酸性、耐水性、耐应力腐蚀性以及短期抗碱性,同时还具有良好的电学性能,玻璃软化点为 880~890℃,比 E 玻璃高 50℃左右,更高的软化点带来更好的耐热性能。目前,全球玻璃纤维技术正朝向大型高熔化率池窑发展,采用先进的大型池窑拉丝技术、大漏板、大卷装、多分束;生产自动化程度及技术装备水平提高,物流自动化程度高,人力及生产成本较低,质量稳定性高;窑炉纯氧燃烧技术得到全面推广应用;玻纤多样化趋势明显,玻纤满足不同应用领域的材料需求,如增加强度、提高耐久性和耐蚀性、增强抗疲劳性、确保非导电性、提供设计灵活性等。

经过多年发展,我国在玻璃纤维行业已走上世界舞台,国内已掌握采用单元池窑、马蹄焰池窑、全电熔池窑生产玻璃纤维技术,熔窑采用燃烧重油、天然气、液化石油气、焦炉煤气等燃料以及电助熔制技术;在原料综合利用、浸润剂配制技术、窑炉规模化成套技术、纤维成形、智能化控制和清洁生产及节能技术上达到国际先进、部分领先的水平。从 1968 年开始研究高强 1 号(HS1)玻璃纤维的南京玻璃纤维研究设计院(以下简称南京玻纤院)于 21 世纪初成功研制出更高强度的高强 6 号(HS6)玻璃纤维。自 2000 年以来,南京玻纤院先后完成了高强玻璃纤维池窑生产技术、大漏板拉丝技术、大容量高强玻璃熔制技术等重大产业技术开发工作,其中大容量高强玻璃熔制及大漏板拉丝技术已在生产线运行,大幅度提高了高强玻璃纤维生产效率,玻璃熔化能力提高了 3 倍。

4.2.1.3 先进制备技术

1. 制备技术

玻璃纤维的制备流程为:玻璃纤维配方成分设计→玻璃纤维原料配制→纤维玻璃熔制→玻璃纤维成形→浸润剂涂覆→纤维原丝→玻璃纤维纺织加工(图 4-4)。

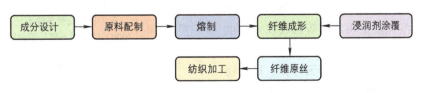

图 4-4 玻璃纤维生产制备流程图

在成分配方设计完成后，玻璃纤维制造的工艺流程均由原料配制、玻璃熔制和纤维成形三大部分组成。

1）原料配制是指将玻璃成分设计配方所需要的各种原料按照所需的质量进行混合，制成配合料的工艺过程。配合料配制质量的好坏可以用均化度指标来衡量，影响均化度的主要因素有原料颗粒度、均化方式、混合设备性能、设备运转条件等。玻璃纤维生产过程的原料配制可采用机械均化和气力均化两种工艺技术。对于小规模的生产，采用机械均化，对于大规模生产，玻璃纤维行业已普遍采用均化效果好的气力均化方式。

2）玻璃熔制是指将制备好的配合料投入玻璃熔窑中，在高温下经过硅酸盐反应，熔制成玻璃的工艺过程。在玻璃熔制期间，玻璃液经过澄清均化后，达到满足拉丝成形的质量要求。根据生产规模的大小和玻璃成分的不同，可采用纯火焰窑、全电熔窑和火电结合的电助熔窑等窑炉形式。

3）纤维成形是指将熔融的玻璃液经过铂铑合金漏板流出，涂覆浸润剂后，被高速旋转的拉丝机牵伸卷绕成玻璃纤维原丝的工艺过程。拉丝成形的工艺方法，分为池窑法拉丝和球法拉丝两大类。池窑法拉丝是指将窑炉熔制的玻璃液，直接流入玻璃液通路，经通路下方安装的漏板流出，拉制成纤维，因此也称为直接熔化法拉丝。随着玻璃纤维大规模生产技术发展，池窑拉丝成为国内外玻璃纤维规模化生产的主导技术。

2. 技术创新点

在"双碳"背景下，低碳节能技术和智能制造技术成为玻璃纤维行业发展的趋势。玻纤技术的升级使玻纤池窑生产逐步采用纯氧燃烧和大功率电助熔技术，不仅提高燃烧效率、提高产品产量和质量，而且可以改善操作环境、减少污染和有害物质的排放。目前，南京玻纤院已完成纯氧加电助熔技术的窑炉设计，玻璃熔化单位燃料消耗量比空气助燃降低30%以上，降低NO_x的排放量在85%以上，粉尘的排放量减少30%以上，生产运行能耗大幅度降低。同时，大漏板多分拉成形工艺技术提高了玻璃纤维产品质量，提升了生产效率；窑炉烟气余热循环、高温车间热空气能量再利用等回收技术，也有效降低了生产能耗。

在玻璃纤维制造过程中，基于云计算、移动物联网、大数据等，通过BIM数字化设计技术、智能物流仓储技术、产品质量追溯技术、无人巡检技术等数字化手段，实现生产管理的智能化和标准化，生产过程的流程化和信息化，可节省大量人力物力，降低运行能耗，提高生产效率。

另外，玻璃纤维增强热塑性复合材料具有出色的断裂伸长率、韧性以及耐湿热、耐蚀性能，避免了热固性复合材料断裂伸长率低、韧性差及易出现开裂等情况，且废料及制品可回收利用，在汽车上的应用范围非常广，而且用量呈逐年增加的趋势。因而热塑性玻纤复合材料的生产制造也是未来发展的重要方向。

4.2.2 碳纤维概述及低成本制备技术

4.2.2.1 碳纤维概述

碳纤维是一种含碳量大于90%的无机纤维，由片状石墨微晶等沿纤维轴向方向堆砌而成，经碳化及石墨化处理而得到的微晶石墨材料（图4-5）。

图4-5 碳纤维产品

碳纤维是由聚丙烯腈（或沥青、粘胶）等有机纤维在高温环境下裂解碳化形成的含碳量高于90%的碳主链结构无机纤维，具备出色的力学性能和化学稳定性，密度仅为$1.8g/cm^3$，具有轻质高强、导热性能好、耐腐蚀、耐疲劳、耐高温、膨胀系数小等一系列优良性能（表4-4）。

表4-4 碳纤维的主要性能特点

性能特点	简　介
强度高	抗拉强度≥3500MPa
模量高	弹性模量≥230GPa
密度小	密度仅为$1.8g/cm^3$（钢为$7.8g/cm^3$，铝合金为$2.7g/cm^3$）
耐超高温	在非氧化气氛条件下，可在2000℃时使用，在3000℃的高温下部分熔融软化
耐低温	在-180℃低温下，钢铁变得比玻璃脆，而碳纤维依旧具有弹性
化学稳定性好	能耐浓盐酸、磷酸等介质侵蚀，其耐蚀性能超过黄金和铂金，同时拥有较好的耐油、耐蚀性能

碳纤维可以按照原丝种类、力学性能、丝束规格、原丝制备工艺等不同维度进行分类，不同类别的碳纤维分类标准如下：

碳纤维根据原丝种类主要分为聚丙烯腈基碳纤维、沥青基碳纤维和粘胶基碳纤维。其中，聚丙烯腈基碳纤维由于生产工艺相对简单，产品力学性能优异，自20世纪60年代问世以来，迅速占据主流地位，占碳纤维总量的90%以上。因此，目前碳纤维一般指聚丙烯腈基碳纤维。

碳纤维因其优异的力学性能作为增强材料而得到广泛应用，因此业内主要根据力学性能进行分类。业内产品分类主要参考日本东丽的牌号（表4-5），并以此为基础确定自身产品的牌号及级别。按照现行GB/T 26752—2020《聚丙烯腈基碳纤维》的力学性能分类，聚丙烯腈碳纤维又分为高强型、高强中模型、高模型、高强高模型四类。

表4-5 日本东丽主要产品牌号的力学性能

东丽牌号	拉伸强度/MPa	拉伸模量/GPa	断裂伸长率（%）
T300	3530	230	1.5
T700	4900	230	2.1
T800	5880	294	2.0
T1000	6370	294	2.2
M35J	4510、4700	343	1.3
M40J	4400	377	1.2
M50J	4120	475	0.9
M60J	3820	588	0.7

按照每束碳纤维中单丝根数，碳纤维可以分为小丝束和大丝束两大类别。一般按照碳纤维中单丝根数与1000的比值命名，比如12K指单束碳纤维中含有12000根单丝的碳纤维。早期小丝束碳纤维以1K、3K、6K为主，逐渐发展出12K和24K。小丝束碳纤维性能优异但价格较高，一般用于航天军工等高科技领域。一般认为40K以上的型号为大丝束，包括48K、50K、60K等。大丝束产品性能相对较低但制备成本亦较低，因此往往应用于基础工业领域，包括交通运输、土木建筑和能源等。

4.2.2.2 国内外碳纤维发展现状

目前实力强劲的碳纤维供应商主要集中在日本，整体水平处于世界领先地位，其中日本东丽是目前世界上领先的碳纤维生产供应商。美国是继日本之后掌握碳纤维生产技术的国家之一，是碳纤维及其复合材料的应用大国，是大丝束技术的主导国家（表4-6）。欧洲碳纤维的起步发展紧随日美，目前德国西格里是有实力的碳纤维供应商，其与宝马公司合作，推动了碳纤维在宝马i3、i8、7系、iX等车型上的量产应用。

表4-6 国外碳纤维领域主要公司技术及产品情况

公司名称	纺丝工艺	主要产品
日本东丽	湿纺/干喷湿纺	高强系列、超高强系列、高强中模系列、高模系列、超高模系列
美国赫氏	湿纺/干喷湿纺	高强系列、高强中模系列、高模系列
日本东邦/帝人	湿纺	高强系列、高模系列、高强高模系列
日本三菱	湿纺/干喷湿纺	高强系列、高强中模系列、高模系列

亚太地区的碳纤维企业经过十几年的发展，以中国为代表的碳纤维产业新兴力量迅速崛起，以中复神鹰、光威复材、江苏恒神等为代表的企业深耕碳纤维产业化领域。2019年10月，中复神鹰突破T1000级别超高强度碳纤维工程化关键技术，率先在国内实现了T1000级超高强度碳纤维的工程化生产。中复神鹰与江苏澳盛、长安汽车等公司签订战略合作协议，推动其在风电叶片、新能源汽车上的应用。2020年9月，吉林碳谷公司生产大丝束碳纤维原丝生产线启动，年产能达到1万t，其二期工程年产能将到10万t（表4-7）。

表4-7 国内主要碳纤维企业技术、规模及产品情况

公司名称	纺丝工艺	主要产品
中复神鹰	干喷湿纺	T700、T800、T1000、M30J、M35J、M40J
光威复材	湿纺/干喷湿纺	T300、T700S、T1000、M60J
江苏恒神	湿纺/干喷湿纺	T700S（大丝束）、T800S
吉林碳谷	湿纺	T300（大丝束）

4.2.2.3 低成本制备技术

碳纤维生产过程主要包括聚合、纺丝、预氧化、碳化和表面处理五个阶段。具体工艺过程为首先将丙烯腈单体聚合为聚丙烯腈溶液，然后通过纺丝工艺、水洗、水牵、烘干、蒸汽牵伸、卷绕等工序制成聚丙烯腈原丝，最后经过预氧化、碳化、表面处理等环节得到碳纤维。

碳纤维因成本高的原因，制约了其在汽车行业的大规模应用。降低碳纤维成本的方法主要有高速纺丝、快速预氧化、大丝束碳纤维等方向，同时开

发热能循环利用系统来提高生产效率和降低综合能耗，进而降低碳纤维材料的成本。

1. 高速纺丝技术

干喷湿纺技术是目前国内外最先进的聚丙烯腈基碳纤维原丝纺丝技术。该技术是纺丝液经喷丝孔喷出后不立即进入凝固浴，而是先经过空气层，依靠快速凝固成形技术实现原丝的高速纺丝。通过开发新的水牵槽加热系统、高纺速水牵装备、多区域热辊烘干及高效分配过滤一体化结构，可将纺丝速率提升至400m/min以上（图4-6）。

2. 快速预氧化技术

预氧化阶段分为第一氧化、第二氧化和第三氧化阶段，是聚丙烯腈在热和氧的作用下，发生脱氢、环化反应。原丝经预氧化、低温碳化和高温碳化转化为具有乱层石墨结构的碳纤维。预氧化是剧烈的放热过程，反应热经历"单丝内部—单丝—丝束"向外迁移的过程，氧分子经历"丝束—单丝—单丝内部"向内扩散的过程。由干喷湿纺技术制备的聚丙烯腈纤维具有表面光滑且致密的特性，增加了单丝边界层热迁移和氧扩散的难度，是快速均质预氧化的瓶颈。采用氧化放热速率调控技术，突破了聚丙烯腈纤维高温、快速、均质预氧化技术，预氧化时间可由传统的60~70min缩短至40min以内（图4-7）。

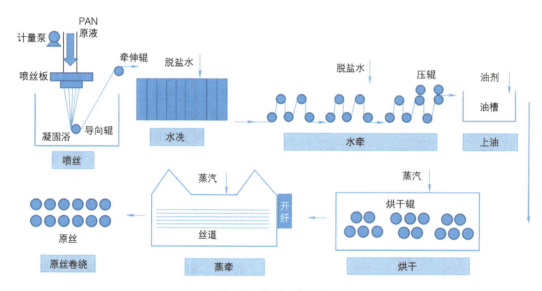

图4-6 纺丝工艺流程

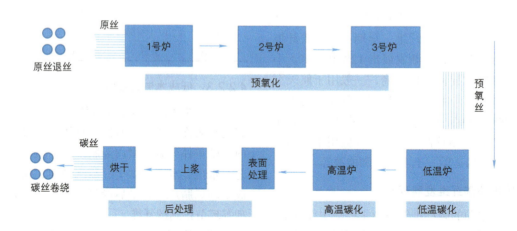

图4-7 碳化工艺流程

4.2.3 织物及混编技术

纤维织物是以连续纤维为原料,用不同的设备和工艺将经纱、纬纱或其他方向的纱交织或捆绑在一起形成的织物。其中,连续长丝由两组平行的纱线组成,一组沿织机纵向的纱(织物行进的方向)称为经纱,另一组横向纱线称为纬纱。

按纤维种类不同,可以将织物分为碳纤维布、玻璃纤维布、芳纶纤维布、玄武岩纤维布、PMI纤维布、PP纤维布、混杂多种纤维的织物等;按织造工艺不同,可以将织物分为平面机织物、多轴向布、三维编织织物等。

4.2.3.1 平面机织物

平面机织物中常见的种类有平纹、斜纹、缎纹以及在此基础上发展的提花等,常见纹路组织如图4-8~图4-11所示。

图4-8　平纹机织布

图4-9　斜纹机织布

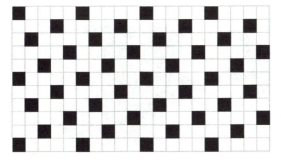

图4-10　缎纹机织布

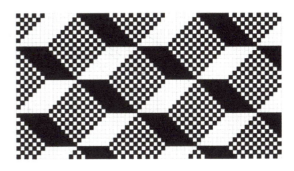

图4-11　提花机织布

平纹、斜纹、缎纹为机织物的基本组织(也称"三原组织"),其他组织诸如提花等则是以这三种为基础进行变化和组合。构成机织物的纱线每一根均有"浮""沉"两种状态,这导致了在织物的厚度截面上,每一根纱线是必然屈曲的。因此,机织物通常是一种"屈曲织物"(图4-12)。

图4-12　机织布厚度方向示意图

虽然机织物有很多种不同的纹路组织,但是制造过程都是相同的。纤维形成机织布,包括开口、引纬、打纬、送经、卷取5个工艺过程。

开口过程是引纬之前将织轴引出的经纱通过综框的升降和叉开,形成一个能让纬纱顺利通过的梭口;引纬过程是由载纬器(如梭子)、纬纱夹持器或引纬介质(如气流)将纬纱引入织口;打纬过程是通过打纬机构进行前后往复摆动,将一根根已引入梭口的纬纱推向织口,与经纱交织形成织物;送经过程是设置适量经纱不断地进行补充;卷取过程是将刚织造完成的织物牵引并离开织口,织物引离织口形成卷状,实现织机连续运转,如图4-13所示。

4.2.3.2 多轴向布

多轴向布即多轴向经编织物,其编织工艺是将0°的增强纤维经纱层、90°的增强纤维纬纱层以及±θ偏轴的增强纤维纱线层中的一层(可结合衬纱或衬毡)或几层,按照一定的顺序铺设,然后用一把满穿的梳栉做经平或编链运动而将各层捆绑在一起成布的过程。典型的织物结构如图4-14所示。

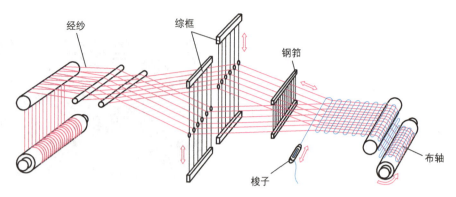

图 4-13 织造工艺示意图

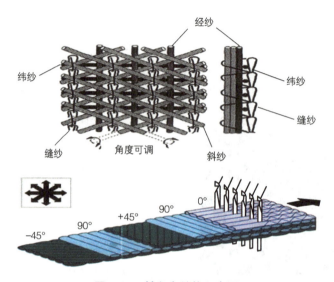

图 4-14 轴向布结构示意图

多轴向布组合形式比较灵活，铺层结构多样且间层可以铺相同方向的铺层。由于组成多轴向经编织物纤维面内基本是无屈曲的，且层间有捆绑纱固定，其主要优点有增强纤维的强度高、织物的成形性能较好、抗层间剪切性能好等。同时，由于允许采用非织造织物作为多轴向经编织物的表面，因此有利于树脂等基体更好地浸渍、涂覆。

4.2.3.3 三维编织

三维编织织物是在平面和垂直方向整体贯穿，并通过特殊编织工艺所构成的三维立体织物（图 4-15）。其整体性好，具有优良的力学性能，从根本上克服了传统层合板层间剪切强度低、易分层的缺点。

三维编织目前应用在管类、梁类、柱类等回转体上，宝马 i3、宝马新 7 系、宝马 iX 的 A 柱加强件上均采用了三维编织技术。三维编织由于其超高的材料利用率及制作效率，今后会应用到更多部件上。国内可提供三维编织的单位包括新立织造、柏瑞鼎、宜兴天晟、天津大学等。

图 4-15 三维编织

4.2.3.4 碳玻混编技术

混杂纤维复合材料是由两种或者两种以上的纤维作为增强材料，具有更强的可设计性，能发挥单一种类纤维复合材料不具备的特殊性能，可实现特定的性能要求。例如碳纤维具有优异的力学性能，T700级碳纤维拉伸强度达4900MPa，模量达230GPa。但由于碳纤维的高模特性，碳纤维复合材料更容易出现脆性破坏，而玻璃纤维的拉伸强度及模量低于碳纤维，韧性要高于碳纤维，且玻纤的价格远低于碳纤维。将碳纤维和玻璃纤维混杂使用，优势互补，不仅能提高综合性能，还能大幅降低成本，提高经济效益。碳玻混编织物的主要性能见表4-8，除了在拉伸强度、拉伸模量、压缩模量上碳纤维平纹布占据优势外，其他性能相差不大，但碳玻混编织物的材料成本降低了30%，因此具有很好的经济性。

常用的碳玻混杂结构有层内混杂和层间混杂两种（图4-16）。层内混杂是指不同种类的纤维在同一层内进行编织，交错排布，混杂界面出现在面内和面外方向；层间混杂是指每一层织物采用同一种纤维，不同种类的纤维在层合板厚度方向上进行交错铺设，混杂界面只出现在面外方向。

表4-8 T700级碳纤维平纹布与T700级碳玻混编平纹布性能比较

性　能	T700级碳纤维平纹布	T700级碳玻混编平纹布
0/90 拉伸强度 /MPa	930	620
0/90 拉伸模量 /GPa	65	36
0/90 压缩强度 /MPa	250	250
0/90 压缩模量 /GPa	51	45
剪切强度 /MPa	80	83
剪切模量 /GPa	3.64	3.78

图 4-16　层内混杂和层间混杂结构

4.2.4　预浸料制备技术

预浸料是指将连续纤维或织物增强体预先浸渍树脂基体，经复合处理后可贮存备用的带状或片状半成品，是制造复合材料制件的中间材料。碳纤维预浸布如图4-17所示。

树脂基体是预浸料的重要组成部分，在复合材料中起到作为黏结剂浸渍增强、传递增强纤维间应力、承载等作用，并决定复合材料的成形工艺性能和使用温度。按照树脂基体的不同，预浸料可以分为热固性预浸料（环氧树脂基体等）和热塑性预浸料（聚丙烯基体、尼龙基体等）两大类，其热性能见表4-9。

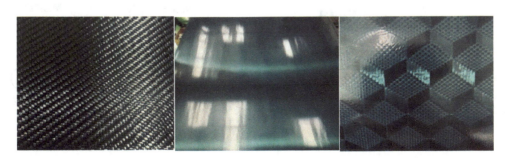

图 4-17　碳纤维预浸布

表 4-9 预浸料常用树脂基体的热性能

树脂基体	类型	密度/(g/cm³)	T_g/℃	T_m/℃	热变形温度/℃	加工温度/℃
环氧树脂	热固性	1.05~1.10	90~130	—	90~130	80~180
聚丙烯	热塑性	0.89~0.91	−18~0	165~170	60~70	160~220
尼龙	热塑性	1.10~1.30	47~60	220~270	65~75	260~300

增强体纤维常见类型主要包括玻璃纤维、碳纤维、玄武岩纤维等。玻璃纤维以无碱 E 玻璃纤维为主，还包括高强 S 玻璃纤维、高模 M 玻璃纤维等，玻璃纤维价格便宜、综合性能优异、性价比高，但是密度偏大、模量相对偏低；汽车用碳纤维以高强 T700 级为主，常用于承载结构，T300 级碳纤维布主要用于外观件，碳纤维密度比玻璃纤维低、性能优异，但是成本较高；玄武岩纤维具有耐高低温、耐蚀性强的特点，力学性能与 S 玻璃纤维相当，但是密度偏大。

4.2.4.1 国内外技术及产业发展情况

自 20 世纪 70 年代以来，随着碳纤维、芳纶纤维的研制成功，预浸料的研发受到世界各国的高度重视。以波音、空客公司为代表的欧美企业联合科研院所合作成立 TAPAS、TPRC 等大型项目开展相关技术研究，先后突破了预浸、自动铺丝和焊接等低成本制造技术和装备，逐步实现了预浸料在飞机地板、翼肋、骨架、前缘等零部件上的成功应用。到 21 世纪初，随着低成本技术和自动化装备的日臻成熟，国外预浸料开始大幅增长，并逐步应用于汽车、轨道交通和运动器材领域，成为先进复合材料行业最大的增长点。

在成形及加工装备方面，国外技术及相关产业链比较成熟，各类热塑性预浸料产品已经获得大规模应用，主要生产厂家有日本东丽、美国 Barrday、日本帝人、英国 ICI、德国朗盛、法国 Porcher Industries 等公司。我国热塑性预浸料行业起步较晚，大部分集中在玻纤增强 PP、PA 等低端产品市场，主要厂家有广州金发、上海杰事杰等公司，品种比较单一。近年来，我国特种热塑性预浸料取得突破性进展，北京航空航天大学、东华大学、吉林大学、中科院宁波材料技术与工程研究所等均开展了特种热塑性预浸料制备及装备技术的研究，其中中科院宁波材料技术与工程研究所已研制出国产化的中温型和高温型热塑性预浸料量产装备，制备出幅宽 0.1~1.4m 的 CF/PP、CF/PA 中温型预浸料，以及 CF/PEEK、CF/PPS 等高温型预浸料，物理性能和力学性能与国外同规格产品均相当，实现了进口替代和自主保障。

4.2.4.2 制备工艺

预浸料的制备工艺有多种，包括热熔法、溶剂法、熔融法、粉末法、薄膜法、反应浸渍法等，其中热固性预浸料常用热熔法制备，热塑性预浸料常采用熔融法、溶剂法制备，下面对这三种工艺进行简介。

1. 热熔浸渍法

目前国内外专业化热固性预浸料生产厂大都采用热熔法。

热熔法又可以分为一步法和两步法。前者是制膜和浸胶在同一台设备上完成，后者是先在涂胶机上完成制膜，再在预浸机上使树脂浸透增强材料，形成预浸料（图 4-18）。目前，国内热固性碳纤维预浸料约 90% 的工艺均采用两步法热熔。

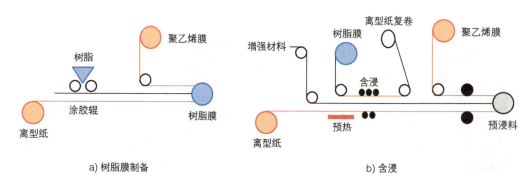

a) 树脂膜制备   b) 含浸

图 4-18 两步法热熔预浸料工艺

2. 熔融浸渍法

熔融浸渍法是在一定张力作用下将增强纤维丝束展开，然后从树脂熔体中拉过而获得浸渍，具有环保、高效、质量稳定等优点，仅适用于热塑性预浸料的制备（图4-19）。其利用挤出机提供熔融树脂，在模具中浸渍增强纤维制备出热塑性预浸料。其中纤维张力、树脂黏度、浸润性、模具结构、运行速度等均是影响预浸料质量的关键因素。

3. 溶剂浸渍法

溶剂浸渍法是将基体树脂溶解于溶剂中制成低黏度的溶液，当连续纤维通过溶液槽时浸渍纤维，最后通过加热除去溶剂（图4-20）。由于采用溶剂且需去除溶剂，因此容易污染环境，生产成本高且生产效率低。

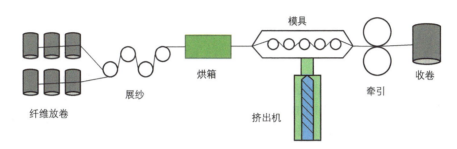

图4-19　熔融浸渍法工艺过程示意图

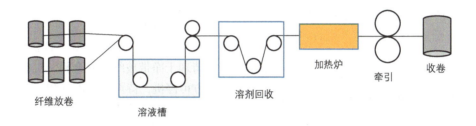

图4-20　溶剂浸渍法工艺过程示意图

4.3 复合材料零件成形及连接技术

4.3.1 长纤维增强热塑性复合材料工艺

4.3.1.1 材料及工艺简介

长纤维增强热塑性复合材料（Long Fiber Reinforced Thermoplastics，LFT）一般指长度超过10mm的增强纤维和热塑性聚合物进行混合并生产而成的制品。与传统短纤增强复合材料相比，LFT具有比刚度和比强度高、抗冲击性能好、耐蠕变性能好等优点。

按照成形工艺的不同，LFT可分为长纤维增强热塑性粒料（Long Fiber Reinforced Thermoplastic Granules，LFT-G）和长纤维增强热塑性直接成形（Long Fiber Reinforced Thermoplastic Direct Processing，LFT-D）两大类。LFT-G注塑成形过程与短纤复合材料类似，先由纤维和树脂制得长纤维粒料，然后采用注塑工艺成形，在注塑过程中因螺杆剪切等，制品中纤维长度一般为3~6mm；而LFT-D采用一步法，将纤维粗纱直接连续地送入聚合物熔体中，经螺杆混合后，直接注塑或模压成形，省去了半成品造粒步骤、降低了成本，也明显提升了制品中纤维长度和零件性能。

LFT-D工艺流程如图4-21所示，将聚合物颗粒通过传送系统送至供料单元中，该单元根据设计程序保证按设计比例进行供料。按比例计量及其他要求的原材料经双螺杆挤出机进行塑化、混合形成瀑布状的聚合物，再进入双螺杆挤出机的开口处。玻璃纤维置于经特殊设计的纺纱架上，经过牵引、预热、分散等程序与聚合物共同进入二级双螺杆挤出机中。两种主要材料进行混合形成连续料块。由挤出机前端的切割设备切割成复合产品体积的料块。通过传送装置传送至机器人抓取的有效位置后通过机器人抓取放置于模具型腔，模具合模进行中低温成形，开模后取件。

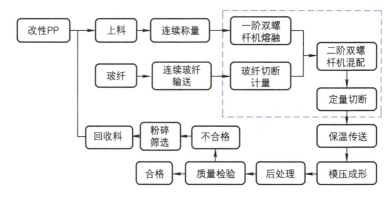

图 4-21 LFT-D 工艺流程

4.3.1.2 国内外技术及产业发展情况

LFT-D 技术汽车复合材料零部件在欧洲首先应用并得到了广泛推广。北美地区采用 LFT-D 技术复合材料零部件产品相对较为分散，目前正往密集型、集中型发展。据不完全统计，在欧美市场已有 60 多条 LFT-D 生产线投入使用并呈现产量增长的趋势。日韩近几年也在不断地引进 LFT-D 设备，通过快速、高效、低成本的生产模式替代原有的生产工艺方式。高性能、轻量化、低成本的产品将替代较多的金属产品及其他的复合材料产品。

我国 LFT-D 技术的产品原材料和工艺的研发开始于 20 世纪 80 年代，与欧美国家的研发时间相当。目前我国部分企业研发并生产出了具有自主知识产权的 LFT 产品，且具备量产能力，但在产品应用种类和规模等方面还有不足。LFT-D 技术复合材料汽车零部件因其独特的一次成形和高效的生产节拍、适合模块化的生产方式和较低的产品生产成本优势等，可以大大降低制造成本和质量管控成本。几十年来，伴随着我国汽车行业的快速发展，LFT-D 技术正在朝着自动化、标准化、模块化、柔性化的方向发展，长春英利、广东亚太、福建海源等公司均具备 LFT-D 零件的量产供货能力。

4.3.1.3 成形工艺

确定关键和特殊工序及其控制内容和方法，以便进行连续监控，包括原材料的质量管控。无论是主要材料还是辅助材料，都需要严格根据客户的技术要求进行相应的检测，如原材料的性能等方面。生产设备需定期维护保养，因 LFT-D 工艺生产设备为自动化生产线，从上料到混料再定量切断后保温传送和模压成形，对产品基材的重量、生产过程中的温度及每个工序的节拍的要求十分严格，因此需要对生产设备进行定期的检查和保养，保证生产设备满足整个工艺要求。关键控制如下：

1. 原料控制

原料控制主要有改性 PP 料和玻纤，在来料时需要按照抽样要求进行检验，尤其对改性 PP 料的检验控制，根据不同的需求做不同的改性。例如：PP+石粉或云母／硼砂，主用应用于小家电产品外壳，如熨斗、电饭煲外壳等；PP+阻燃剂主要用于电器配件、仪表外壳等。因此在检验原料时要检测核实相应的配比数据及性能要求等。

2. 传输控制

传输控制重点要控制双螺杆机中的余料，必须全部清理干净带玻纤的混合料，机器必须完全是 PP 料时方可停机，待再次开机对 PP 料加热熔融后传输出机器。若机器中存在带纤维的混料，则下次开机加热无法使混料形成熔融状态，从而导致双螺杆机卡死，无法维持正常生产。

3. 温度控制

温度控制主要控制原材料混配的温度和成形模具的温度控制，一般汽车零部件的 LFT-D 工艺对料的加热温度控制在 200℃±3℃，模具温度控制在 65℃±3℃，生产不同类型的产品对温度的控制也不尽相同。

4. 生产节拍控制

节拍包含原材料的混配、保温输送、模具成形等，这些节拍需要紧密配合，若模具成形时间太长，则会导致混配料存在多余，只能回收利用，增加不必要的成本。出现以上情况，还可通过增加模具来解决多余的混配料。通过以上循环也可以了解到 LFT-D 生产线适合大规模不间断的生产，因为每一次停机都会产生废料，需要进行回收处理。

5. 回料利用

回料即为 LFT-D 在生产过程中产生的废料，LFT-D 回料需要经粉碎后筛选，从回料斗加入并按照一定比例混入 PP 料中。根据不同的产品性能要求，对回料的使用比例也不尽相同，一般在 10% 左右。

4.3.2 片状模塑料模压工艺

4.3.2.1 材料及工艺简介

片状模塑料（Sheet Moulding Compounds，SMC）主要由不饱和聚酯树脂、玻璃纤维、低收缩添加剂、填料及各种助剂组成，是汽车工业中应用最成功的复合材料之一。SMC采用模压工艺（Compression Molding）成形，是将经过称量的SMC片状模塑料加入金属对模内，经加热、加压固化而成形。

SMC模压生产效率高，能够生产形状复杂的大型零件且容易实现生产自动化。由于SMC材料的组成比较复杂，每种组分的种类、质量、性能及其配比等对SMC的生产工艺、成形工艺及最终制品的性能、价格等都有很大的影响，因此，对组分、用量和配比等进行合理的选择，对于制造优良的汽车SMC零部件十分重要。

SMC材料基本性能参数见表4-10。

表4-10 SMC材料基本性能参数

序号	项目	单位	性能参数
1	密度	g/cm^3	1.80～1.90
2	拉伸强度	MPa	≥80
3	弯曲强度	MPa	≥120
4	弯曲模量	MPa	≥8000
5	冲击强度	kJ/m^2	≥60

4.3.2.2 国内外技术及产业发展情况

SMC模压技术目前发展迅速，在汽车行业得到了广泛应用。作为可工业化规模生产的一种复合材料，它在很多方面替代了金属板材，为汽车轻量化做出了重要贡献，尤其是其高强度、高刚性、易涂装、易成形、高生产效率的优点，在商用车车身外饰件上得到了广泛应用。

SMC在国内的产业发展情况较好，目前国内产业链发展成熟。树脂生产企业（如金陵力联思树脂有限公司、上海上纬、常州华科等）、玻纤生产企业（巨石、重庆国际、泰山玻璃纤维等）等材料企业的生产规模很大；SMC片材生产企业较多，有多条满足汽车行业产品应用的生产线，如浙江律通复合材料有限公司、艾蒂复合材料有限公司、安徽鑫普瑞、常州华日新材等；SMC模压生产企业如世泰仕塑料有限公司、吉林守信、赛史品威奥、湖北大雁、浙江杉盛等都颇具代表性。

在产品应用方面，国内重型货车平均每车SMC用量都达到30kg以上，其大量应用于如顶盖导流罩、导风板、翼子板、脚踏板、前围外板等部件上。近年来，SMC在乘用车上也开始得到应用，尤其是新能源汽车的电池包上盖、后尾门内/外板等大型制件。

国外的SMC应用范围更加广泛，除了在中重型货车上外饰件的大范围应用外，在乘用车领域的应用比国内大胆，包括吉普车的顶盖和侧围、跑车的发动机舱盖/车门外板/翼子板/行李舱外板、皮卡的车厢/翼子板、普通乘用车的翼子板/地板/隔热罩/电池上壳体等，都有成熟的量产应用方案。

4.3.2.3 成形工艺

SMC片材的生产工艺如图4-22所示，依次添加不饱和树脂→低收缩添加剂→小料→填料搅拌，搅拌几分钟，混合物温度到达45℃时停止搅拌备用；混合好的树脂糊通过连接管输送至片材生产机组的上、下胶台，通过辊轮转动与上下PE膜粘合，中间铺夹12mm玻纤束，经过捏压辊压合后收卷。生产好的片材用铝箔包裹，放入35℃熟化间，熟化48h待用。

片材的生产过程中，需要进行填料控制（吸油率、颗粒度的分布等）、水分控制（碳酸钙等）、玻璃纤维控制（单重、浸润性）、增稠剂的控制（活性氧含量）、过氧化物控制（固化时间的测定）、增稠时间/温度控制，以保证片材质量的稳定性。

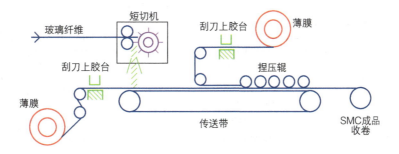

图4-22 SMC片材的生产工艺

SMC 压制生产简单，仅需将 SMC 片材放入金属对模中，在一定压力和温度下固化即可（图 4-23）。但是生产过程中，成形温度、成形压力及保压时间的控制对产品质量影响很大，产品表面的质量缺陷大多是由压制生产的工艺控制问题带来，尤其是气泡、针孔、砂眼等问题，会在后续的喷漆工艺后产生大量的二次修理，引起产品质量控制和生产环境方面的问题。

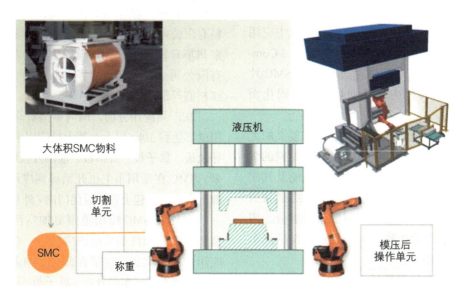

图 4-23 SMC 压制生产示意图

4.3.3 玻璃纤维毡增强热塑性复合材料模压工艺

玻璃纤维毡增强热塑性复合材料（Glass Mat Reinforced Thermorplastic，GMT）是指以热塑性树脂为基体、以玻璃纤维毡为增强材料的轻质复合材料。GMT 一般可生产出片材半成品，然后经模压成形得到最终制品。纤维可以是短切玻璃纤维或连续的玻璃纤维毡，热塑性树脂可以是通用塑料、工程塑料或高性能塑料。GMT 材料具有设计自由度高、比强度高、抗冲击、易成形和可回收等特点，选用按所要求尺寸预先切好的 GMT，就有可能达到 50～300N/mm² 范围内的强度，模压好的 GMT 部件几乎是各向同性的，对于所有类型的冲击，都具有良好的强度，其最终产品没有焊缝，而且可回收利用，因而受到汽车行业的青睐。GMT 材料的性能见表 4-11。

与热固性 SMC 相比，GMT 材料具有成形周期短、刚度更高、冲击性能好、可再生利用和存储周期长等优点。GMT 的冲击吸收能力比 SMC 高 2.5～3 倍，在冲击力作用下，SMC、钢和铝均出现凹痕或裂纹，而 GMT 却安然无恙。

GMT 生产企业主要有美国 Azdel 公司、美国埃克森美孚、美国欧文斯科宁、德国拜尔、德国巴斯夫、荷兰阿克苏诺贝尔、瑞士 Quadrant 公司、韩国韩华等国外企业，以及国内的浙江联洋新材料股份有限公司、广东聚石化学股份有限公司、宁波华业材料科技有限公司等。

GMT 片材比强度高、可制得轻质部件，同时设计自由度高、碰撞能量吸收性强、加工性能好，从 20 世纪 90 年代开始在国外被应用于汽车工业中，主要有座椅骨架、后防撞梁、前端模块、底护板等部件（表 4-12）。

表 4-11 GMT 材料的性能

项目	单位	性能参数	试验依据
密度	g/cm³	1.27 ± 0.03	ASTM D792
玻璃纤维含量	%	45 ± 5	—
拉伸强度	MPa	≥ 220	ASTM D638
弯曲强度	MPa	≥ 220	ASTM D790
弯曲模量	MPa	≥ 9100	ASTM D790
IZOD 冲击强度	kJ/m²	不断裂	ASTM D256

表 4-12 GMT 材料在汽车上的应用举例

车企	车型及应用零件
现代	索纳塔（前/后防撞梁）、新途胜（后防撞梁）、途胜（底护板）、朗动（后防撞梁）
大众	帕萨特（底护板）
通用	乐风（后防撞梁）、科鲁兹

GMT 模压的工艺过程主要包括坯料切割、坯料

加热、模压成形三个步骤。GMT 工艺的过程有两个改进的方向：冲压成形和流动成形。

1）GMT 冲压成形过程中，预切割与制品大小相同的坯料，加热后放入模具冲压成形，过程中没有材料的流动和纤维方向的变化，可以在低成本模具中进行生产。

2）GMT 流动成形过程中，预切割比制品面积略小、厚度略厚的坯料，加热后放入模具模压，同时伴随材料的流动来填充模腔，包括加强筋、嵌件、特征结构等，因此需在高压机压力下进行。

4.3.4 高压树脂传递模塑成形工艺

4.3.4.1 工艺简介

高压树脂传递模塑成形（High Pressure Resin Transfer Molding，HP-RTM）是一种将经过高压混合的树脂注入放置有增强材料的模具中，并辅以抽真空、导流等手段使树脂在模腔内流动并浸润增强材料，然后在一定温度和压力下快速固化及脱模的工艺过程。具体工艺流程如图 4-24 所示。HP-RTM 工艺具有成形效率高（3～5min/件）、浸润效果好、产品孔隙率低、工艺稳定性好等优点，可实现自动化、批量化生产。

HP-RTM 工艺衍生出很多变体，包括高压注塑树脂传递模塑成形（High Pressure Injection Resin Transfer Molding，HP-IRTM）及高压压缩树脂传递模塑成形（High Pressure Compression Resin Transfer Molding，HP-CRTM）、湿法模压（Wet Compression Moddling，WCM）等。HP-IRTM 是模具处于闭合状态进行树脂注塑，而 HP-CRTM 是模具留有一定的间隙进行注塑，湿法模压则是省去了预制体的制备过程，大大提高了生产效率。

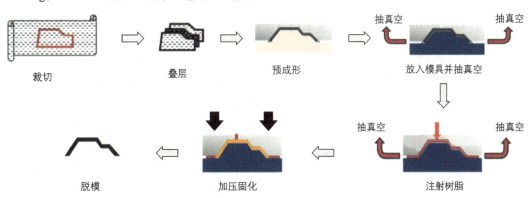

图 4-24 HP-RTM 工艺流程

4.3.4.2 国内外产业发展现状

HP-RTM 自动化生产线设备主要包含注塑机、预成形中心、压机三大部分，除此以外还包含料卷叠层装置、裁切、转运等部分。目前主流的生产线集成商主要为国外供应商，德国克劳斯玛菲（Krauss Maffei）与迪芬巴赫（Dieffenbacher）的 HP-RTM 生产线起初应用于宝马电动车的复合材料部件生产（图 4-25），同时康隆（Cannon）、亨内基

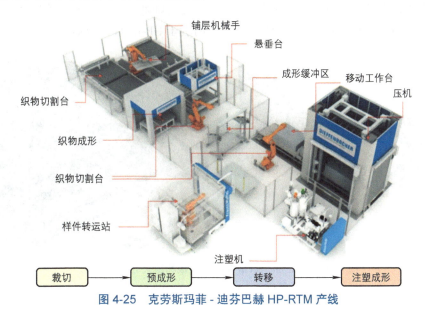

图 4-25 克劳斯玛菲 - 迪芬巴赫 HP-RTM 产线

（Hennecke）、菲珥（Fill）、恩格尔（Engel）、孚利模（Frimo）、舒勒（Schuler）也已具备注射机、预成形或压机设备的能力（表4-13）。

表4-13　HP-RTM 生产线厂家

产地	注塑机	预成形中心	压机
德国	克劳斯玛菲	迪芬巴赫	迪芬巴赫
意大利	康隆	康隆	康隆
德国	亨内基	菲珥	恩格尔
德国	孚利模	孚利模	舒勒

国外在HP-RTM 工艺的应用相对成熟，且已经批量应用于汽车部件上，如宝马i3、i8、7系及iX上采用侧围、地板、门槛等部件，西格里采用HP-RTM 工艺制造的聚氨酯和玻璃纤维复合材料板簧批量应用于沃尔沃XC90。HP-RTM 应用案例见表4-14。

表4-14　HP-RTM 应用案例

车型	部件
宝马i3	侧围、车顶、门槛等部件
宝马i8	侧围、地板、后窗框架等部件
宝马新7系	顶边梁及顶盖横梁
奥迪A8	后壁板
雷克萨斯LFA	顶边梁、地板、吸能盒
沃尔沃XC90	板簧

在国内，HP-RTM 工艺的开发应用处于开发积累阶段，如江苏亨睿为长安汽车开发了HP-RTM 工艺制作的A柱下内板，飞泽科技为蔚来ES6汽车开发了复合材料后地板（图4-26），该后地板为目前国内首个批量化生产的HP-RTM 部件，其累积供应量已超过10万件。

4.3.4.3　关键工艺控制点

HP-RTM 工艺过程中需要控制的参数较多，其成功关键与模具设计、预成形体制作、树脂流速控制、成形温度压力等密切相关。

预成形体是将增强材料由2D变成2.5D或3D的结构，是HP-RTM 工艺过程中不可或缺的中间体。预成形体的制造工艺有模压及3D编织两种方式，其中模压又分为压机定形和夹具定形两种（图4-27）。HP-RTM 工艺中主流的预成形体制作是采用模压方式，对于造型简单、不会因预成形造成纤维局部扭曲乱纹及断丝等的零件，采用压机制作预成形体；对于造型复杂的零件则需要进行分区预成形，然后组合，或采用夹具压制。

影响HP-RTM 工艺的参数较多，如纤维定形剂含量、纤维编织方式、树脂黏度、成形温度、真空度、树脂流速、成形压力、注射量、模具温度、保温时间等。HP-RTM 的树脂流速范围为20～200g/s，流速过高，模内压力高，易冲乱纤维；流速过低，注射时间长，不利于浸润，因此选择合适的流速对于成形有至关重要的影响。成形温度一般根据树脂性能及成形节拍来设定，合适的成形温度应在树脂凝胶前完全注入模具内且有一定的富余时间让树脂浸润纤维。较大且结构复杂的产品如车地板成形除了流道设计外，还可以增加多个注射口以降低模内压力，改善树脂浸润性。定形剂含量是影响层合板的重要参数，较低定形剂含量的层合板的力学性能较好；真空条件下，树脂浸润质量显著提高，孔隙率显著降低，弯曲性能显著提高，且树脂黏度较低时利于HP-RTM 的成形。

图4-26　长安HP-RTM A柱下内板和蔚来ES6后地板

图 4-27 模压预成形

4.3.5 预浸料模压工艺

4.3.5.1 工艺简介

预浸料模压（Prepreg Compression Molding，PCM）工艺的流程是将预浸料裁剪后按照铺层设计制备成预制件放入模腔中，或者直接在模腔中完成铺层，然后合模、加热加压，固化后脱模得到制品，如图 4-28 所示。PCM 工艺的产品质量一致性好、尺寸精度高、表面光洁度好，可实现较复杂结构件的一次成形。根据树脂基体的不同，PCM 成形工艺可分为热固性 PCM 和热塑性 PCM 两大类，成形周期可达 3～10min/件。

图 4-28 PCM 成形基本工艺流程

4.3.5.2 国内外技术及产业发展情况

国外在 PCM 成形工艺及装备技术方面比较成熟，已应用于汽车零部件工业化生产。日本三菱丽阳公司从 2007 年开始自主开发 PCM 成形工艺及专用预浸料，并于 2013 年首次实现了在日产 2014 款 GT-R 超级汽车行李舱盖内、外板上的批量生产应用，这是 PCM 工艺在全世界范围内首次成功实现商业应用。国外汽车行业领先的 OEM 和零部件一级供应商很多采用意大利康隆公司的大型预成形和模压成形设备来生产汽车复合材料部件，其推出的自动化预成形设备，可接受传统的卷式上料，或接受"用不同纤维预切成不规则形状的多层拼装片材"上料。德国迪芬巴赫公司开发的 Fiberforge 4.0 系统专用于 PCM 的高效自动化预成形生产，每条生产线每年就能生产超过 100 万个部件。PCM 成形技术已经成为继欧洲和日本后，美国大型汽车零部件制造商等采用的车用复合材料零部件的重要成形方法，如福特汽车底盘控制臂、保时捷 918 的底护板，以及凯迪拉克 ATS-V 的发动机舱盖等。

国内一些科研单位及供应商建立了自动化 PCM 成形系统，取得较好的进展。例如中科院宁波材料技术与工程研究所率先研发出系列国产化热固性预浸料及热塑性 PCM 成形装置，可将复合材料汽车零部件单模自动化制造效率提高到 3.4min/件。长安福特为新款福克斯开发门基板，实现了连续纤维热塑性预浸料的首次应用，减重 2～5kg。安徽芜湖中机精密产业研究院有限公司与奇瑞新能源汽车公司合作，采用 PCM 工艺批量生产玻纤复合材料电池盒盖，日产量 100 件，现已批量应用于奇瑞新能源汽车的生产。苏州银禧新能源复合材料有限公司主要采用 PCM 工艺进行新能源汽车复合材料零部件的制备，并为宁德时代新能源动力电池箱体量产供货。

4.3.5.3 成形工艺

1. 热固性 PCM 成形

热固性 PCM 成形工艺主要包含预浸料裁切、预成形以及零部件模压成形三个步骤。以下重点对各个成形工艺进行简介。

（1）裁切

将卷状的热固性预浸料片材按照设计好的尺寸进行裁切并标识，供后续预成形和成形使用。碳纤维预浸料成本较高，根据零部件的形状和成形工艺要求，如何合理地对预浸料进行精益设计裁剪，提高材料利用率、高效定位及裁切效率是关键的控制点。

（2）预成形

将裁切好的预浸料按照铺层设计进行层叠制备预制件。为提高预成形效率，可以采用自动化铺叠等预成形装备，制备预制件供后续成形使用。如何快速进行铺层定位以及高效层叠是预成形的关键控制点。

（3）模压成形

将预制件放入已喷有脱模剂的模腔，合模抽真空、加热、加压，树脂固化后脱模得到制品，然后进行修边、打孔等后处理。热压过程成形温度、压力、保压时间等工艺参数是成形工艺的关键控制点。

中科院宁波材料技术与工程研究所研发出热固性 PCM 成形系统，可以实现预成形 - 成形全流程自动化生产（图 4-29）。

图 4-29　热固性 PCM 成形系统

2. 热塑性 PCM 成形

热塑性 PCM 成形工艺主要包含预成形、层合板制备以及零部件热压成形三个步骤。以下重点对层合板制备及零部件热冲压成形工艺进行简介。

（1）预成形

将裁切好的预浸料按照铺层设计进行层叠制备预制件，并突破高精度裁切、视觉定位及在线误差补偿技术，以及片材叠层预定形系统优化控制技术，研制出数控叠层预成形机（图 4-30），实现热塑预浸片材快速精准叠层预成形。

图 4-30　数控叠层预成形机

（2）热塑性复合材料层合板层压制备

采用双钢带压机连续热压制备热塑性复合材料层合板的工艺示意图如图 4-31 所示。具体过程为：将按结构设计要求铺叠好的预浸料预制件置于双钢带压机的进料端；预浸料叠层随运动的钢带进入设备加热、加压区，在高温下发生熔融并在双钢带压力作用下进行层间压实；随后，压实的预浸料叠层随钢带进入冷却区，经过冷却定形，最后从出料端得到热塑性复合材料层合板材。影响热塑性复合材料层压工艺的主要因素包括热压温度和运行速度等。

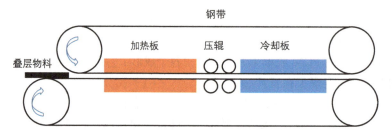

图 4-31　双钢带压机连续热压制备热塑性复合材料层合板工艺示意图

（3）热塑性复合材料零部件热压成形

热塑性复合材料零部件热冲压成形工艺是一种快速制备热塑性复合材料制件的非等温成形技术，其原理是将铺层片材或已固结的热塑性复合材料层合板加热到树脂基体的软化点或熔点上下，再使用模压成形技术将其压制成预定形状的制件（图 4-32）。快速冲压成形工艺参数较多，影响最终制品质量的关键因素包括预热温度和时间、保压压力和时间，以及模具温度等。

中科院宁波材料技术与工程研究所研发出国内首套热塑性 PCM 成形系统，如图 4-33 所示。

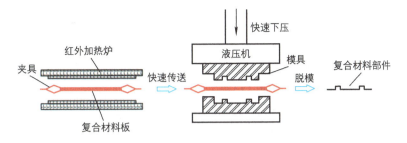

图 4-32　热塑性复合材料零部件快速模压成形工艺示意图

图 4-33　中科院宁波材料技术与工程研究所研发的热塑性 PCM 成形系统

4.3.6　三明治夹芯复合材料

4.3.6.1　三明治夹芯复合材料简介

三明治板是一种具有特殊结构的复合材料类型，其主体结构形式包含上下面层及夹芯层，即在重量轻、厚度厚的芯材上下表面粘合两层厚度薄、强度大、韧性强的面板层，上、中、下三种不同材料之间使用黏合剂粘接后形成的复合结构，因截面层的外观类似三明治，被称为三明治板材，也被称为夹层板、夹芯板（图 4-34）。

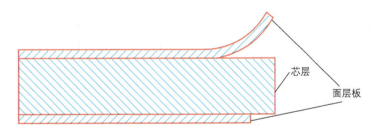

图 4-34　三明治板材结构示意图

三明治板具有重量轻、模量高、耐撞击性优异、设计自由度高等特点，可设计为非平面产品和不等厚产品等，还可以通过调整芯材用量来满足产品不同的强度要求。同时，三明治板还存在可修复性差、无法用于薄壁件、不能成形复杂曲面等缺点。

三明治板芯材的类型包括蜂窝、泡沫塑料、木材等，其中蜂窝结构可以选用多种材质，如 Nomex 纸蜂窝、铝蜂窝、PP 塑料蜂窝等，典型的泡沫塑料材质有 PVC、PET、PU 等，巴沙木、杉木是常用的轻木芯材。三明治板的面层主要包括铝合金、纤维增强复合材料等材质。三明治板结构承载特点与工字梁相似，其上下面板主要承受平面内的压缩和拉伸负载，芯材主要承受剪切负载。与传统的纤维增强树脂基复合材料相比，三明治板在保留质量轻、强度高等优点的基础上，可以大幅提高结构的刚度、抗振、隔声和隔热等性能，目前已广泛应用于航空、风力发电叶片、高铁、汽车工业等领域。

在商用车领域，夹层板主要用于车厢、地板、车顶等部位，如用于客车地板的复合材料/PU 泡沫/复合材料夹层板、铝/巴沙木/铝木夹层板，用于车厢的铝/铝蜂窝/铝夹层板、复合材料/PP 蜂窝/复合材料夹层板，用于车顶结构的铝/PET 泡沫/铝夹层板等。

PU 纸蜂窝板（简称 PHC 板）为夹层结构，它以芯材为基板，上下复合面层、表面复合装饰层而成。根据产品需要，其表面装饰层可以复合面料、无纺布和 PVC 革等材料，面层材料通常采用玻纤或碳纤维毡材料喷涂 PU 组合料，芯材可采用蜂窝纸板、波纹纸板、铝板和塑料板等。从产品的成本及质量要求方面综合考虑，目前纸板芯材采用得较多；蜂窝纸板由于强度高、可压缩且运输成本低，因此一些平面形状的产品（如备胎盖板和搁物板）大多采用蜂窝纸板；波纹纸板易于弯曲，因此一些需要折弯的产品需选用波纹纸板作为芯材。由于 PC 与

PU 之间的结合力最好，因此选用塑料芯材时多采用 PC 材料。

4.3.6.2 国内外技术及产业发展情况

三明治夹层板复合材料在国外起步较早，已广泛应用于航空、船舶业、风电等领域，如空客采用 Airex R82 泡沫夹层结构用于 A330 和 A340，Herex 公司的 C70 泡沫夹层结构由于良好的综合力学性能，大量用于船舶甲板，德国罗姆公司生产的 ROHAC-ELL 泡沫夹层板在风力发电的叶片上得到广泛应用。

三明治夹层板在客车行业的应用，以欧美国家为主，其中荷兰 VDL 公司开发的 11 辆 18m、2 辆 24m 斐利亚客车于 2004 年投入运营，车体侧围、前围采用玻纤增强树脂夹层板结构，顶盖和地板采用铝合金夹层板结构（全车无骨架），通过粘接工艺连接。欧盟研究与技术开发框架计划提出了发展可持续的地面运输系统的命题，并资助"LITEBUS-模块轻量化夹层板客车概念"项目，开发出了一辆 LITEBUS 旅游客车，项目的研究成果于 2009 年 12 月公开发布。德国 MAN、斯堪尼亚、奔驰都在顶盖总成以及双层车的中地板采用夹层板，目前均已批量使用。英国 ADL 丹尼斯双层公交客车的中层地板及车顶总成均使用泡沫夹层三明治板制成，通过预埋的接口与全铝骨架进行机械连接固定。

国内客车行业近年来也在尝试夹层复合材料研究，中植航、烟台鼎立、宇通客车等采用碳纤、泡沫芯材原料开发了纯电动公交，其中侧围、车顶的夹层结构是根据车型特点按特定模具分别整体成形。

聚氨酯蜂窝复合材料应用于车身及零部件已有量产案例。国外厂商伟巴斯特、佛吉亚、瑞士欧拓，国内厂商浙江杉盛、溧阳山湖、昆山嘉驭均具有生产 PHC 产品的能力且非常成熟，已供货于国内外各大车企。奥迪 C7、宝马 5 系应用聚氨酯蜂窝复合材料于备胎盖板，奥迪 Q5 应用该材料于衣帽架。其中，聚氨酯蜂窝复合材料作为次结构件，在减轻车身重量的同时具有优异的耐撞击性。国内方面，长城、长安、吉利等国内整车厂开发汽车备胎盖板、搁物板、天窗遮阳板和支撑板等部件，并开始导入量产车型。

目前，欧美系和国内自主的 SUV 车型主要选用 PHC 板，轿车主要选用 PP 蜂窝板或 GMT 纸蜂窝板，仅有部分车型选用麻纤维板和 GMT-PP 蜂窝板；而日系 SUV 车型主要选用塑料中空板，小型 SUV 和轿车选用 PP 蜂窝板。

随着复合材料轻量化、环保性的发展趋势，木纤维板逐步被淘汰，GMT-PP 蜂窝板、GMT 纸蜂窝板的应用有所增加，但主流仍为 PHC 板；麻纤维板因我国气候等原因导致性能一致性差，发展受限；EPP 蜂窝板成本较高，日系车型主流仍为塑料中空板。

4.3.6.3 成形工艺

三明治夹层板成形工艺一般分为泡沫芯材制备、复合板材粘接成形。

泡沫芯材根据不同芯材的性质，选择不同的方法进行制备，如物理发泡法、机械发泡法、化学发泡法。在制备过程中按照使用需求，可定制调整配方，实现阻燃、隔振、隔声等特殊功能。芯材制备过程中，关键点在于泡沫的原材料配方混料比例，以及成形过程中的温度、压力、成形速度等参数。

泡沫三明治板的生产主要是面板层和芯材粘接固化的过程，工艺流程为：模具清理→摆放下层面板材料→涂胶→放置泡沫层→放置预埋结构→涂胶→摆放上层面板材料→覆盖篷布→覆盖真空橡皮、夹紧→抽真空保压→松开夹子、卷起真空橡皮→卷起篷布→移出夹层板→后处理→检验→入库，如图 4-35 所示。

三明治夹层板在粘接固化过程中的关键点在于各组件的定位、粘接固化质量，每个夹层板几乎都是以总成的形式生产，总成的预埋结构、接

a) 下层面板摆放

b) 涂胶

c) 移出夹层板

图 4-35　泡沫三明治板的部分生产流程

口、连接件较多，如定位存在偏差，总成就不合格。粘接固化过程中需根据总成大小、结构、性能要求，选择特定的固化温度、压力、时间，否则容易出现面板、芯材开裂，夹层板总成失效。

PHC 材料工艺流程如图 4-36 所示，工艺说明如下：

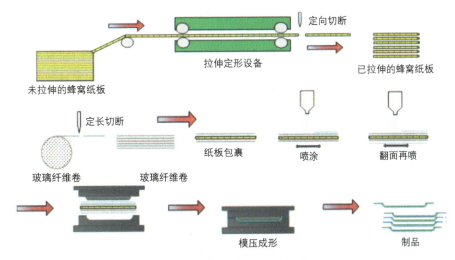

图 4-36　PHC 材料工艺流程

1）将未拉伸的纸蜂窝芯使用拉伸定形设备进行拉伸，再按照产品设计尺寸定长切断，烘干定形，裁切。

2）按产品尺寸要求设定好玻纤毡尺寸，裁切；原材料以玻纤毡+蜂窝纸+玻纤毡的形式铺叠。

3）机器人按既定程序喷涂 PUR，模压→冲切成形（模具设定温度为 115℃±5℃，喷涂脱模剂进行预处理）。

4.3.7　连接技术

4.3.7.1　工艺简介

根据连接区域的载荷特点，可将复合材料连接技术分为机械连接、胶接连接、焊接及混合连接等类别。复合材料连接技术设计需要根据构件的具体使用情况和设计要求来确定，合理和灵活地运用复合材料的连接形式及方法，来充分发挥复合材料的优异特性。

复合材料机械连接包括螺栓连接、铆钉连接等。螺栓连接是非常成熟的机械连接方式，没有外部热输入且拆卸比较方便。传统铆钉连接的形式有抽铆和压铆两种，压铆为间隙配合，而抽铆常为干涉配合。

胶接是复合材料结构的主要连接方式之一，使用胶粘剂将零件连接成整体。各向异性的复合材料经过切割等机械加工会受到损伤和弱化，其层间剪切变得更敏感，同时由于复合材料易于整体成形，因此复合材料更适于采用胶接连接。

混合连接是指在同一个结构连接中采用两种以上的连接手段，目前通常采用的是胶铆或者胶螺混合连接，可提高抗剥离、抗冲击、抗疲劳和抗蠕变等性能。但也会带来孔边应力集中、增加结构重量和成本等不利影响。

与热固性复合材料不同，热塑性复合材料除了胶接和机械连接外，还可以进行焊接。热塑性复合材料焊接的基本原理是利用热塑性树脂可以二次熔融的特点，通过加热熔融热塑性复合材料表面的树脂，使树脂分子扩散完成连接。复合材料常用的焊接方式主要有超声波焊接、感应焊接、电阻焊接和激光焊接四种。

4.3.7.2　国内外技术及产业发展情况

螺栓连接工艺随着轻量化车身的封闭型腔结构而发展，目前广泛采用流钻螺钉机械连接（FDS）单边连接工艺，可连接的材料种类多且板件被加热，连接强度大。1996 年 FDS 首次应用于路特斯轿车车身框架的连接，2000 年 FDS 自动化连接首次用于奥迪 A4，随后许多欧洲汽车厂商开始使用 FDS 技术。由于传统的铆接工艺需要对材料进行预先钻孔，无法实现生产上的经济性，目前无需预先钻孔的自冲铆接工艺（SPR）逐渐成为应用广泛的连接方式。自冲铆接工艺于 1978 年由 Fuhrmeister 提出，目前已在通用、奔驰、宝马等公司得到了大量应用，此后美国 EMHART 公司与德国 BOLLHOFF 公司也相继开发出自冲铆接设备。

胶接技术的发展主要包括合适的胶粘剂选材、改性及表面处理。陶氏公司成功开发出高韧性的聚氨酯型结构胶,满足韧性和抗冲撞性能的要求。同时,针对结构胶高温固化引起的大变形与脱胶等问题,陶氏化学开发出了双组分常温固化胶,并已经在宝马7系车型中得到应用。

热塑性复合材料焊接技术发展迅速,特别是电阻焊和超声波焊,在某些领域已经逐步取代胶接、机械紧固的方法。其中,电阻焊技术发展较早,技术相对成熟,焊接接头强度大,应用范围相对较广。而超声波焊接技术不需添加金属网等加热元件,实现了结构的一致性,增强了焊接接头的疲劳强度。除了以上两种焊接方法外,激光焊接、感应焊接同样拥有很好的发展前景,凭借小到2μm的定位精度,几乎任何形状都可焊接,非常灵活。

随着数字化、柔性化装配技术的发展,自动钻铆技术就是其中重要的发展方向,不但提高了装配生产效率,还可以保证铆钉连接的质量。中科院宁波材料技术与工程研究所研发出适用于纤维复合材料的高精度、高效率、全自动胶接系统和钻铆装置(图4-37),实现了搬运、胶接、输送、铆接的多任务自动化集成控制和多系统协同工作,1~2min可实现快速胶接进入下一个工序,自动化铆接速率高达24个/min。

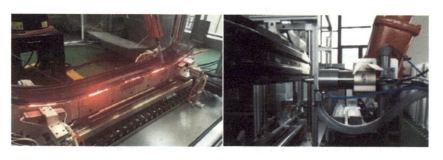

图4-37 复合材料自动化胶接系统和钻铆装置

4.3.7.3 连接工艺

1. 机械连接

复合材料结构的机械连接形式,按有无起连接作用的搭接板来分,主要有搭接和对接两类;按受力形式可分为单剪和双剪两类,其中每类又有等厚度和变厚度两种情况。复合材料典型机械连接方式如图4-38所示。

应用机械连接应特别注意几点:由于复合材料本身属脆性材料,使得多排钉孔传力时的钉孔载荷分配更不均匀,连接被破坏时,基本层压板的应变和应力较低;连接强度与材料、铺叠方式、连接几何形状参数、载荷方向、拧紧力矩和环境影响等多种因素密切相关;连接的失效模式多且预测强度较困难;剪切强度并不随着端距的增大成比例增加;紧固件应承受剪切,避免紧固件受拉和弯曲。

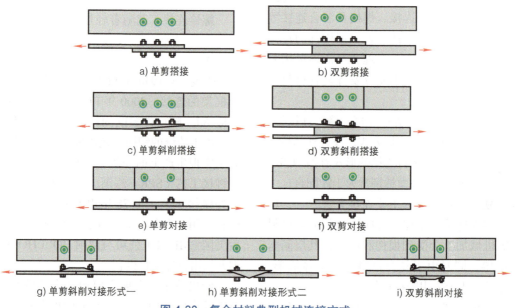

图4-38 复合材料典型机械连接方式

2. 胶接连接

胶接连接的工艺主要包括表面处理、配胶、涂胶、晾置、叠合、清理、固化、检查和整修9个阶段。一般来讲，可以将胶接连接分为平面胶接和非平面胶接两大类。平面胶接形式主要包含单搭接、双搭接、斜面搭接和阶梯形搭接四种基本连接形式。非平面胶接接头主要有T形、L形、帽形、Y形和π形接头等，如图4-39所示。非平面胶接接头可以实现具有一定角度的复合材料结构元件的连接，是整体化复合材料结构设计的研究热点。

3. 混合连接

在复合材料连接中，采取何种连接方式要视情况而定。通常来讲，对于需要传递较大的集中载荷和强调可靠性的部位，多采用机械连接方式；对于需要传递均布载荷或承受剪切载荷的部位，多采用连接效率较高的胶接连接。混合连接（例如胶铆连接）则适用于在一些重要的连接部位，如中等厚度板的连接，可充分利用两种连接方式的优点，设计时需注意选用韧性胶粘剂，尽量使胶接的变形与机械连接的变形相协调，且机械紧固件与孔的配合精度要高（图4-40）。

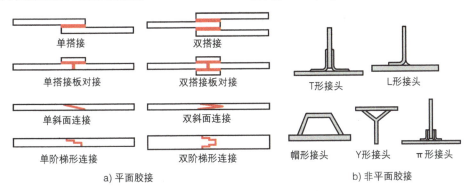

图4-39 胶接连接典型连接方式

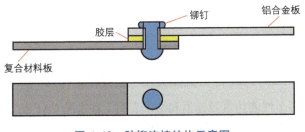

图4-40 胶铆连接结构示意图

4.4 汽车复合材料典型应用案例

4.4.1 LFT-G全塑前端模块

前端模块是前端框架及其附近各部件整合在一起的一个平台，是整车结构和其力学性能的重要组成部分。原有的汽车前端框架由20余个钢制件焊接组成，汽车冷却系统的散热器、车灯和发动机罩锁等零部件均安装在此钢制前端框架上，钢制前端框架重量为8.35kg。相比于钢制前端框架的重量重、工序多等缺点，采用LFT-G全塑前端模块一体注塑成形，可集成多个零件安装功能结构，具有重量轻和误差小的优点，并能在很大程度上减少总装装配工序。

LFT-G全塑前端模块可采用PA6-GF30、PP-LGF30两种材料方案（表4-15）。短纤增强PA材料本身易吸水，容易发生力学性能下降的现象。为增加零件力学强度和保证零件尺寸稳定性，主臂梁采用镀锌金属材料作为嵌件注塑，增加了制造成本，且降低了产品设计自由度。而长玻纤增强PP材料在高温和长期应力下蠕变小、可靠性高，且低温冲击性能较常温略好，性能衰减很小。另外，长玻纤在制品中形成网状结构，大尺寸零件不易翘曲，既保证了刚性，又具备韧性。因此，PP-LGF30全塑前端模块成为主流趋势。

表4-15 PP-LGF30与湿态PA6-GF30材料的力学性能对比

试验项目	单位	PP-LGF30	湿态PA6-GF30	标准
密度	g/cm³	1.12	1.36	ISO 1183
拉伸强度（23℃）	MPa	112	115	ISO 527
拉伸模量（23℃）	MPa	6800	6100	ISO 527
弯曲强度（23℃）	MPa	160	170	ISO 178
弯曲模量（23℃）	MPa	6200	5000	ISO 178
缺口冲击强度（23℃）	kJ/m²	27	28	ISO 179

基于前端模块性能要求及周边总成零件集成及装配要求诉求，结合LFT-G成形工艺特点充分进行集成设计，塑料前端框架结构设计如图4-41所示，最终数据见表4-16。

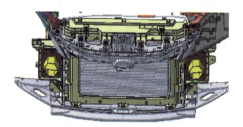 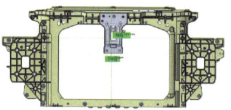

图 4-41 塑料前端框架结构设计

表 4-16 前端框架结构性能分析工况、目标值及结果

序号	分析工况	载荷/N	方向	温度/℃	CAE 仿真结果	性能目标	是否合格
1	约束模态分析	无载荷	—	23	67.6Hz	一阶频率 ≥35Hz	合格
2	发动机罩锁扣区域 Z 向刚度	1000	Z	23	0.38mm	≤2.0mm	合格
3	发动机罩锁扣区域 X 向刚度	1000	X	23	4.87mm	≤7.0mm	合格
4	散热器安装区域 Z 向刚度	300	Z	80	0.083mm	≤1.0mm	合格
5	散热器安装区域 X 向刚度	150	X	80	0.34mm	≤1.0mm	合格
6	前照灯安装区域 Z 向刚度	100	Z	23	0.065mm	≤1.0mm	合格
7	前照灯安装区域 X 向刚度	100	X	23	0.58mm	≤1.0mm	合格
8	锁扣区域强度分析	3500	Z	23	41.8MPa	≤78MPa	合格

开展总成约束模态分析、刚度（锁扣、散热器和前照灯安装区域）分析、强度（锁扣区域）分析，各个性能仿真目标值和结果表明，各工况CAE仿真结果均满足目标值要求（图4-42）。

a) 工况1：频率67.6Hz≥35Hz，合格　　　　b) 工况2：位移0.38mm≤2.0mm，合格

c) 工况3：位移4.87mm≤7.0mm，合格　　　　d) 工况4：位移0.083mm≤1.0mm，合格

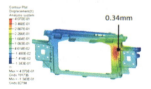 

e) 工况5：位移0.34mm≤1.0mm，合格　　　　f) 工况6：位移0.065mm≤1.0mm，合格

图 4-42 前端框架结构性能 CAE 仿真分析结果云图

g) 工况7：位移0.58mm≤1.0mm，合格　　　h) 工况8：最大应力41.8MPa≤78MPa，合格

图 4-42　前端框架结构性能 CAE 仿真分析结果云图（续）

由前端框架各项试验结果可知（表4-17），零件刚度试验加载点位移小于目标值，零件强度试验无破坏和断裂，且在模拟整车装配状态运行的 90℃ 高温环境箱总成振动耐久试验中，零件无损坏，铆接件、装配件无松弛现象，塑料前端框架零件满足刚度、强度和疲劳性能要求，样件如图 4-43 所示。

表 4-17　前端框架试验结果及其与仿真分析结果对比

序号	试验项	方向	试验结果	CAE 分析结果	偏差（%）
1	锁扣区域刚度	Z	0.40mm	0.38mm	5.0
		X	5.03mm	4.87mm	3.2
2	散热器安装区域刚度	Z	0.09mm	0.083mm	7.8
		X	0.37mm	0.34mm	8.1
3	前照灯安装区域刚度	Z	0.07mm	0.065mm	7.1
		X	0.64mm	0.58mm	9.4
4	锁扣区域强度	Z	无破坏和断裂	41.77MPa	—
5	振动疲劳强度	—	无损坏和松弛	—	—

图 4-43　前端模块样件

通过工程化集成设计、结构性能仿真分析、零件试制和试验，开发的塑料前端框架总成质量为 4.65kg，相比原有的钢制冲压焊接总成，实现减重 3.7kg，减重比例达到 44%。主要零件数量从 26 个冲压件减少为 3 个，实现了前端模块总成零件高度集成，轻量化效果明显，且满足性能目标要求。

前端模块的集成工程化设计和新材料综合应用的"以塑代钢"轻量化技术，可避免车身系统的前端焊接误差和装配累积误差，提升汽车车身前脸外观质量和造型的自由度，降低整车的制造成本和装配难度，还具有减重幅度大、成形周期短、制造成本低、可环保回收等综合优势，可推广到后背门等其他零件轻量化开发应用。

4.4.2　LFT-D 备胎池

传统车型的备胎池主要是给备胎和随车工具提供仓储空间，随着汽车的快速发展，部分汽车取消了备胎功能，把备胎的仓储空间释放，演变为储物盒。采用 LFT-D 技术的车身备胎池或储物盒即与周边零部件组合在一起，将车内空间与车外空间隔离，同时为备用车轮及轮胎撬棒、千斤顶、备胎充气装置等随车工具的装载提供空间。

其外形尺寸为 864mm×571mm×176.5mm，平均料厚 2.8mm，产品结构如图 4-44 所示。该结构最大限度地释放了储物空间，同时满足承载 30kg 物品的刚度和强度要求，极限载荷可达到储物 100kg。在产品设计和性能试验过程中需要充分考虑产品成形和结构性能的关系，针对受力形变较强的地方进行局部的结构加强，通过不等料厚的加强和轻量化设计，实现了性能和轻量化设计的最优平衡。

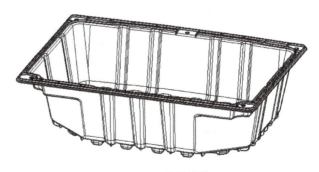

图 4-44　产品结构

此产品开发过程中进行了大量的材料性能试验、零部件性能试验和整车性能试验,最终形成试验数据支持产品的仿真分析准确性,同时也可支持工艺成形分析,保证工艺成形分析的准确性。CAE 仿真分别从零部件的刚度、强度、模态和气密性等维度进行分析(图 4-45)。

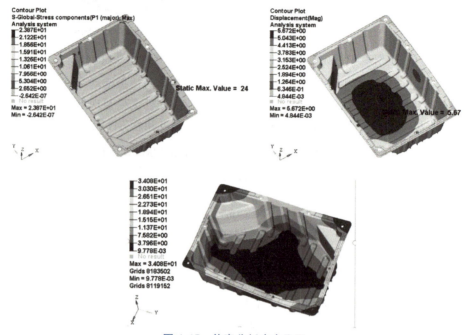

图 4-45 仿真分析应力云图

注:最大主应力最大值为 24MPa,小于弯曲强度 40MPa;储物盒最大位移为 5.67mm;一阶固有频率为 29Hz。

生产工艺:采用高性能改良 PP 颗粒和长纤维混合在线模压成形,具体工艺流程包括混料挤出、在线切割、机器人传输、在线模压、冷却定形、后处理、检查、包装。生产效率高,生产节拍 2min/件。此工艺可以在线预埋金属标准件,M6 螺母最大拧紧力矩超出 35N·m(实测数据),插拔力大于 1000N。与边界零部件连接和密封方式有两种:①EPDM 密封泡面+螺接;②胶接+螺栓。因 LFT-D 技术生产的产品在主机厂总装车间生产,原生产线无装配备胎池工位,现有工位无法增加机器人打胶工位,最终选择 EPDM 密封泡棉+螺接方案实现备胎池与周边的件安装和密封。

对产品样件开展零部件级和整车级的性能和可靠性试验,试验结果见表 4-18。为验证备胎池的密封性,对整车进行多次涉水试验和淋雨试验加以验证。同时在路试完成后再次进行整车的涉水试验和淋雨试验,以保证密封方案的可行性。通过不断优化结构方案来提升整车的性能和轻量化设计,将性能、成本、重量等维度达到一个最优的平衡。

表 4-18 产品性能试验结果

序号	试验项	试验标准/方法	认可要求
1	外观	目视	无气泡、发黄、顶白、拉白等缺陷
2	刚度	缓慢加载到 200N	Z 向位移量 ≤ 4mm
3	静态压溃	缓慢加载到 > 1800N	≥ 1800N
4	嵌件扭转力	使用力矩扳手将螺栓拧紧超过 6N·m	≥ 6N·m
5	嵌件拔脱力	使用拉力计沿着 Z 向往上缓慢加载	≥ 50N
6	耐备胎冲击	备胎 530mm 高度自由下落砸向样件	无龟裂、无破裂等
7	落地脆性	样件 530mm 自由下落	无龟裂、无破裂等
8	抗石击	企业标准	无龟裂、无破裂等
9	模态试验	企业标准	一阶约束模态(上下)≥ 50Hz
10	高低温循环耐久	企业标准	无龟裂、无变形、无白花、无脱皮
11	低温冲击性能	企业标准	无断裂、无裂缝
12	振动耐久	四倍加速路谱,持续 58h	无裂痕、无开裂等

4.4.3 SMC 电池上壳体

电池上壳体,即电池包总成的上壳体,具有防尘、防水、密封,以及保护电池模组不受外界接触冲击等功能。其材料参数见表 4-19。

表 4-19 材料参数

参数	材料		
	钢	SMC	
		常温	80℃
密度 /（g/cm³）	7.8	1.8	—
拉伸强度 /MPa	312	165	116
弯曲强度 /MPa	171	235	165
拉伸模量 /MPa	210000	12500	9000
弯曲模量 /MPa		8500	5960

基于材料性能及成形工艺要求,进行电池包上壳体的结构设计（图 4-46）,主体壁厚 2.5mm,上、下壳采用螺栓紧固连接。对电池包总成进行约束模态、静强度、冲击工况、挤压工况、碰撞、疲劳耐久等性能的仿真分析,均满足要求（图 4-47）。

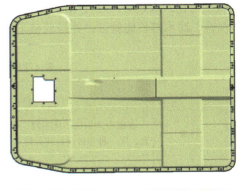

图 4-46 SMC 电池包上壳体结构设计

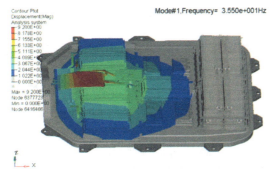

图 4-47 一阶约束模态及静力学分析工况

制品易出现的质量缺陷及解决措施见表 4-20。

表 4-20 SMC 模压部件质量缺陷及解决措施

缺陷	产生原因	解决措施	缺陷	产生原因	解决措施
模腔未充满	加料不足	增加投料量	鼓泡	填料或玻纤含水率大	烘干填料或玻纤
	成形温度太高	降低成形温度		片材间困集空气	用预压法除去层间空气；减小加料面积
	合模时间太长	缩短合模时间		成形温度过高	降低模具温度
	成形压力太低	加大压力		固化时间过短	延长固化时间
	加料面积太小	增加加料面积	表面发暗	压力过低	加大压力
	空气未排出	改进加料方式；必要时需改造模具		模温过低	提高模温
制品开裂	成形温度太高	降低成形温度		模具表面不理想	模具镀铬
	成形压力太大	降低压力	表面波纹多	流动纹	调整配方或改变加料形状
	纤维取向	增加加料面积		成形过程中的收缩过大	改用低收缩添加剂
	制品收缩率过大	选用低收缩片材	翘曲	配方不合理,有较大收缩	制品在定形模具中冷却,改进配方,改用低轮廓添加剂
	结构个别层间存在过大的收缩应力	减小加料面积		流程长,玻纤取向	增加加料面积

进行外观检测时，表面应无裂纹、无裂缝、无变形、无飞边、无划痕等，每批产品颜色应保持一致。搭载电池包总成紧凑，进行刚强度、绝缘、阻燃、耐温性、防水等性能验证，并搭载整车进行疲劳耐久、碰撞等性能验证，均满足要求（表4-21）。通过结构设计和性能综合分析，采用SMC模压工艺，主体壁厚为2.5mm，零件质量为8.0kg，减重2.0kg，减重率为20%。

表 4-21 SMC 复合电池上盖试验项

序号	试验项目	接受准则	试验结果
1	外观	表面应无裂纹、无裂缝、无明显的变形、无飞边、无划痕等，每批产品颜色应保持一致，同一种零件颜色应保持一致，无脱色、无变色、无色斑等缺陷	满足要求
2	尺寸稳定性	满足零件 DTS 公差要求	满足要求
3	主体刚度	电池包整体：永久最大变形 ≤ 2mm 动刚度（模态）要求：搭载整车一阶模态 ≥ 30Hz	满足要求
4	主体强度	垂直向下 4g 加速度时，需满足应力不超过材料屈服强度要求；水平向左（右）1.5g+垂直向下 1g，需满足应力不超过材料屈服强度要求；水平向前（后）1.5g+垂直向下 1g，需满足应力不超过材料屈服强度要求	满足要求
5	绝缘性能	按规定的测试电压进行绝缘耐压试验，过程中无击穿、无飞弧现象	满足要求
6	阻燃性能	箱体总成满足 GB/T 2408—2021《塑料 燃烧性能的测定 水平法和垂直法》中 V-1 级要求	满足要求
7	耐温度性能	在 −40℃ ±2℃、80℃ ±2℃及高低温循环工况下验证	满足要求
8	防水性能	箱体总成满足 GB 4208—2017《外壳防护等级（IP 代码）》中 IP57 的防护要求	满足要求
9	疲劳耐久	满足搭载整车路试工况 2 万 km（正常工况 8 万 km），不得发生疲劳破坏	满足要求

SMC 在汽车行业内已经得到大量应用，在外饰产品上应用已经解决了大量产业发展初期的质量问题。但是在乘用车上，例如在电池包上壳体应用时，还有一些问题需要继续解决：

1）尺寸精度问题，例如电池包应用的平面度问题。电池包上下壳体配合对平面度要求较高，对 SMC 模压产品的尺寸精度要求远高于普通商用车外饰产品，因此需要在产品片材配方上进行更多调整，以满足产品要求。在后尾门的生产上，对产品的尺寸精度的要求更高，SMC 的尺寸控制能力是需要不断提升的。

2）性能提升问题，例如电池包壳体的微裂纹问题。电池包壳体在装配时以及装配后，经常会产生一些细小的微裂纹，在经过振动试验后或使用一段时间后，微裂纹会更加明显。微裂纹的产生很难控制，且对产品的使用带来一系列的不确定性，主机厂对此问题的疑虑会导致 SMC 电池包壳体未来应用受限。

4.4.4 GMT 防撞梁

后防撞梁在车辆后碰过程中是关键安全件，其结构不仅与后防撞梁材质的吸能特性有关，而且与车辆的后部造型、后纵梁结构、后地板强度、吸能盒及其安装方式有关。常见的后防撞梁的结构有 C 形和反 C 形等。

结构设计：集成了拖车机钩的后防撞梁对 GMT 材料的要求很高——不仅要满足 GB 20072—2006《乘用车后碰撞燃油系统安全要求》规定的对后碰过程中材料吸收能量的要求，而且在不同工况条件下，GMT 材料在拖车机钩拖拽过程中要有足够的强度，同时根据公司设计标准，要保证后防撞梁拖车机钩处的位移均小于 10mm（图 4-48）。

由 CAE 分析数据可以看出，在表 4-22 所列的各个工况条件下，拖钩支架上出现的最大应力为 388.5MPa，远小于 GMT 材料的屈服极限（680MPa），其他各零件上的最大应力也均小于所用材料的屈服极限，而且 GMT 后防撞梁拖车机钩处的位移也能满足设计要求。同时，搭载整车进行后碰安全仿真分析，参照 GB 17354—1998《汽车前、后端保护装置》，在两种不同的工况下，后碰横梁均未发生塑性应变，即所受到的应力并未达到材料的屈服极限（图4-49）。

表4-22 不同工况条件及变形分析结果

工况条件		位移/mm	
		原金属件	GMT 零件
X 方向	拉力	8.14	9.97
	推压力	2.68	3.19
$-Y$ 偏 30°	拉力	7.17	7.57
	推压力	3.46	3.85
$+Y$ 偏 30°	拉力	7.32	8.94
	推压力	8.64	9.80
$-Z$ 偏 10°	拉力	9.51	9.41
	推压力	8.32	8.23
$+Z$ 偏 10°	拉力	6.55	6.05
	推压力	6.08	6.59

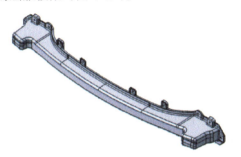

图 4-48　GMT 后防撞梁结构设计

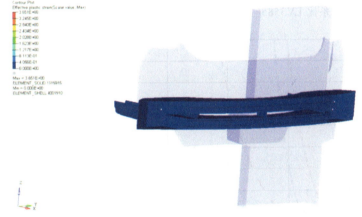

图 4-49　后碰安全分析位移云图

工艺成形：GMT 后防撞梁采用模压成形，模具成本在 30 万元左右，模具开发周期为 45~60 天。首先根据待加工产品的几何尺寸将 GMT 材料加工成片材，然后经过片材加热炉加热后，放入模具中压模成形，其简易工艺流程为：片材加热→模压成形→冷却→后期深加工等。与金属后防撞梁相比，采用 GMT 材料可缩短生产周期 10% 以上，同时可节约生产过程中的人工成本约 30%。GMT 防撞梁性能测试见表 4-23。

表4-23　GMT 防撞梁性能测试

试验项目	试验方法	判断标准
尺寸稳定性	90℃放置 4h，3 次试验	与图样要求一致
冷热交变试验	（80±2）℃/1h→（20±3）℃/0.5h→（-40±2）℃/1h→（20±3）℃/1h→以上为一个循环，需做 2 个循环	无表面起泡、无裂纹、无粉化、无粘手等异常现象
低温耐冲击性	在（-30±2）℃的低温箱中放置 4h 后取出，用直径 ϕ50mm、质量为 0.5kg 的钢球冲击，能量为 10kg·cm	产品不允许发生破损现象
耐振动性	振动频率 33Hz，振动加速度 32m/s²（3.3g）的条件下，上下方向 4h、左右方向 2h、前后方向 2h 实施振动试验	不可有用肉眼可看到的龟裂、破损
抗燃烧性	试验按 GB 8410—2006《汽车内饰材料的燃烧特性》进行	产品燃烧速度≤80mm/min
低速碰撞	参照 GB 17354—1998《汽车前、后端保护装置》标准要求	碰撞器以 4km/h 的速度碰撞后碰撞横梁中间，不发生塑性应变；碰撞器以 2.5km/h 的速度碰撞后碰撞横梁边角（60°方向），不发生塑性应变

金属后防撞梁采用860MPa高强度钢板（厚度为1.6mm）制造，质量为6.4kg；GMT材料的密度为1.27g/cm³，仅为钢的17%左右，GMT后防撞梁的平均厚度为5~6mm，质量为2.2kg。可见，采用GMT材料可使后防撞梁减重60%以上。

4.4.5 HP-RTM A柱下内板

碳纤维在汽车结构件上的应用，在满足性能要求的同时，可实现大幅减重。本案例采用HP-RTM工艺开发满足性能要求的碳纤维A柱下内板。

4.4.5.1 材料选择

根据HP-RTM工艺特点和成形效率要求，选用亨斯迈LY3585环氧树脂以及AD3834、AD3831两种固化剂，其不同温度下的黏度特性如图4-50所示。在相同温度下，LY3585/AD3834体系比LY3585/AD3831体系发生凝胶速度要快，当温度为100℃时，两种体系的黏度均上升非常快，凝胶时间均小于3min，可实现5min内产品的快速固化成形。实际使用时，模具温度一般设定为120~135℃，如果使用LY3585/AD3834体系，则固化会更快，但预留给注射阶段的时间过短，会存在工艺风险。为更加有效地控制树脂注塑及流动固化的时间，选取LY3585/AD3831树脂体系。

4.4.5.2 结构设计

A立柱下内板属于侧围总成的一个部件，该部件位于A柱前端，属于次结构部件。从其尺寸大小、形态结构、性能要求等方面考虑，非常适合采用HP-RTM工艺进行研究和制造。该产品的基本信息如图4-51所示。

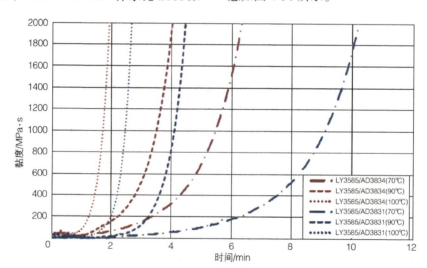

图4-50 LY3585环氧树脂体系固化黏度特性

产品基本信息	
产品名称	A立柱下内板-左
产品零件号	5421262-BN90
长度/mm	880.39
宽度/mm	634
高度/mm	85.34
壁厚/mm	2.9、2.6、1.5
成品重量	1.1kg
成形工艺	HP-RTM工艺
固化成形时间	≤5min

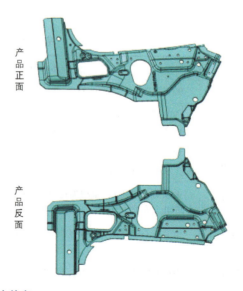

图4-51 产品基本信息

4.4.5.3 铺层设计

基于不同区域的性能要求,对 A 柱下内板进行分区。铺层设计如图 4-52 所示,分区 01 的主体壁厚为 2.6mm,分区 02 的主体壁厚为 2.9mm。

4.4.5.4 工艺参数调试

HP-RTM 工艺中,模具注胶口对产品最终的浸润和充模情况影响非常大。若注胶口位置设计不合理,则产品极易出现干纱、干斑等不可接受的缺陷。为了在前期对模具设计进行指导,规避后期存在的风险,采用模流分析软件对 A 立柱下内板进行充模仿真分析,将流道设置在非产品区。根据仿真分析结果,结合工程经验,流道位置如图 4-53 所示。

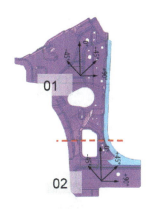

图 4-52 铺层设计

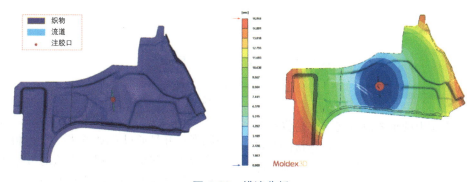

图 4-53 模流分析

HP-RTM 工艺参数调试过程包括预成形体制备、模具温度调试、注胶量调试、注胶速率调试等,同时需结合模内压力传感器反馈,实时监测模具内部注射压力,并可以辅助判断树脂在模具中的流动情况(图 4-54)。

经过工艺调试,最终确定的工艺参数成形的产品浸润良好,能满足 5min 内固化成形,且外观良好,制品毛坯件重量为 1.9kg。

将 A 立柱下内板进行 CNC 加工后进行检测,包含产品表面质量、尺寸等。通过目视检测,产品表面无褶皱、无白斑、无凹陷、无气泡、无外来物等缺陷;三坐标测量报告显示产品精度较高,满足设计要求(图 4-55)。

4.4.5.5 小结

采用工艺仿真软件分析 RTM 注射情况可以有效

指导制品的模具设计，特别是注胶口、流道以及抽真空口的设计，对后期生产过程中的工艺参数调整也有一定指导作用。变厚度制品在铺贴纤维预成形体时，需确保同层纤维织物拼接处理，纤维织物在变厚度位置须对齐，可避免成形过程因局部纤维体积含量过高导致表面干纱、未浸透。采用HP-RTM工艺制造碳纤维制品，可满足纤维体积含量57%的制品5min内快速固化成形。

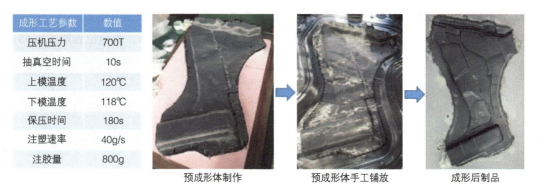

图4-54　产品制作过程

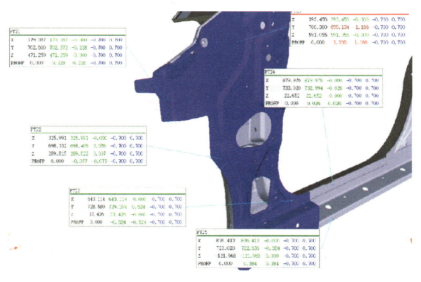

图4-55　A立柱下内板三坐标检测

4.4.6　玻纤PCM板簧

悬架是现代汽车上的重要总成之一，是将车架（或承载式车身）与车轴（或车轮）弹性连接的装置总称。板簧作为汽车悬架中应用最广泛的一种弹性元件，通常是由若干片等宽但不等长的弹簧片组合而成的一根近似等强度的弹性梁。板簧占悬架系统重量的80%，所以板簧的轻量化设计对整车的轻量化起着重要的作用。

与金属板簧相比，复合材料板簧可达到40%～50%的减重收益，且力学性能、减振性、可靠性、疲劳寿命均有大幅提高。本案例以轻型货车的前板簧为研究对象，采用玻纤PCM工艺方案，从材料选型、结构设计、工艺试制及性能验证等方面，开发低成本、高性能的复合材料板簧。

根据整车操稳性和平顺性要求，确定非金属板簧刚度；并且通过CAE分析，保证板簧在整个受力面内应力满足需求，提升板簧的可靠性。板簧中部采用金属扣板结构，防止板簧与骑马螺栓等金属件摩擦，避免出现应力集中现象损坏板簧本体。板簧吊耳与板簧本体采用螺栓连接，采用60Si2Mn材料，保证吊耳性能与金属板簧一致。

4.4.6.1　材料选型

目前，复合材料板簧中的增强材料主要为E玻纤、S玻纤及碳纤维三种。玻璃纤维复合材料有较高的比强度，具有较高的拉伸强度和刚度，质量轻，价格较碳纤维而言较低，重量与钢材相比减轻50%～

60%（表 4-24）。综合比较 E 玻纤、S 玻纤和碳纤维的性能，结合其成本和性能，最终选择 E 玻纤作为增强材料。复合材料板簧的热固性树脂基体主要有聚酯、乙烯基树脂和环氧树脂三类，其中环氧树脂具有良好的力学性能与层间剪切强度、较低的固化收缩率、较好的界面结合力，因此本节选择其作为复合材料板簧的基体材料。

表 4-24　前板簧材料性能

项目	玻纤增强复材板簧	钢板弹簧
密度 $\rho/(kg \cdot m^3)$	1600	7800
纵向弹性模量 E/MPa	40200	206000
比强度	66964	19623

4.4.6.2　结构设计

复合材料板簧的横截面可以采用恒定厚度恒定宽度、恒定厚度变宽度以及变厚度变宽度三种形式。首先建立复合材料板簧的结构数模，根据层合板理论，计算设计出要求尺寸，并以强度和刚度为约束，以质量最小为目标进行优化设计，得到最小质量下板簧的最佳尺寸，从而达到轻量化的要求（图 4-56）。采用等宽度变厚度设计，板簧中部最厚，由中部向两边厚度逐渐变小。整体玻纤铺层角度为 0°，在局部（钻孔、应力集中处）增设 45° 铺层增强力学性能。连接时两侧端部吊耳连接使用防脱螺栓固定打紧。

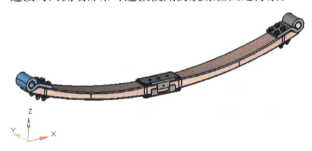

图 4-56　前板簧结构模型

针对前板簧主要有两种状态：空载状态（图 4-57、图 4-58）与施加额定载荷状态（图 4-59、图 4-60）。前板簧属于定刚度设计，纤维增强复合材料完全替代钢材。载荷从板簧底层中间位置施加，并在左右两吊耳处添加边界条件进行约束，最大应力主要集中在中部最厚部位。空车时板簧仍处于弯曲状态，加载额定载荷后板簧基本呈平直状态。

利用 ABAQUS 有限元软件进行力学仿真分析，计算复合材料板簧的刚度系数和最大承载力，并对采用模压工艺制备的复合材料板簧样件进行性能测试，进一步对薄弱区域进行优化设计。同时，利用实际道路载荷谱对非金属板簧进行 CAE 分析，根据轻型货车多场景应用工况下的不同要求，板簧本体纵向、横向均采用变截面结构，保证板簧在整个受力面内应力相同，满足轻型货车多场景应用工况下的不同要求，完成玻璃纤维复合材料板簧正向匹配设计。

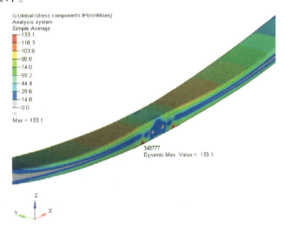

图 4-57　前板簧空载应力云图（空载）

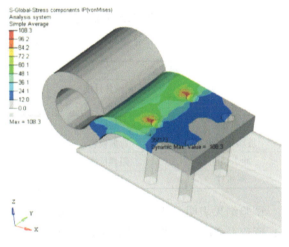

图 4-58　前板簧吊耳空载应力云图（空载）

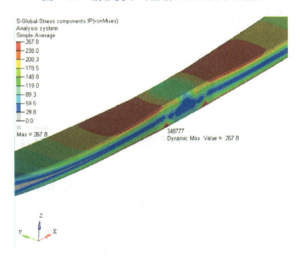

图 4-59　前板簧满载应力云图（满载）

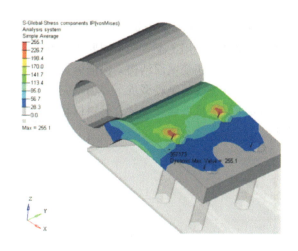

图 4-60 前板簧吊耳满载应力云图（满载）

通过对复合材料板簧的结构设计优化和仿真分析验证，前板簧在满载工况下最大应力为 267.8MPa，满足目标要求；吊耳在满载工况下最大应力为 255.1MPa，满足目标要求。

4.4.6.3 工艺成形

复合材料板簧的成形工艺方法有模压、拉挤、RTM 等工艺，这些板簧成形工艺方法各有特点。轻型货车复材板簧选用模压成形工艺，该成形方法是将多层纤维材料预浸布按照产品形状和尺寸进行剪裁、叠加铺设后，放入模具之间，加温加压成形的生产工艺。

轻型货车复合材料板簧项目通过对生产工艺效率进行优化，从温度、固化方式、模具设计等方面进行改进，提高生产效率。采用模压成形工艺，生产成本较低，便于连续操作和大规模生产。PCM 工艺制备的板簧表面光滑，质地密实，性能稳定。其流程是将玻纤通过树脂浸渍槽，经过挤压、烘干、压实，制成带状预浸料，后将预浸料裁剪、叠层，送入模具中压制固化成形。

4.4.6.4 性能测试

板簧需满足整车承载性能、平顺性及操纵稳定性要求，具有良好的可靠性、安全性及舒适性，整车性能超越基础车水平。参考车用复合材料弹簧的相关标准（CAB 1046—2018），结合使用性能要求，对各项性能进行测试（表 4-25）。

表 4-25 前板簧性能表

材料试验		台架试验		整车搭载试验
拉伸强度	耐液体性能	垂向刚度	垂向疲劳	可靠性
压缩强度	耐候性	纵扭刚度	纵扭疲劳	耐久性
弯曲强度	压缩模量	侧扭刚度	侧扭疲劳	……
玻璃化温度	弯曲模量	高温疲劳	低温疲劳	
冲击强度	阻燃性能	……	……	
耐水性	耐低温			

试验结果表明：非金属板簧的材料试验全部通过；疲劳寿命高，台架耐久寿命可达到 30 万次，是普通金属板簧的 1.8 倍，满足整车 B10 寿命。按照整车试验流程，进行 4 万 km 耐久试验、50 万 km 可靠性试验、50 万 km 小批量用户测试，相当于用户里程 250 万 km。完成 -50℃ 北安试验基地和 40℃ 吐鲁番试验基地高、低温适应性试验。

4.4.7 热塑性 PCM 顶盖横梁

4.4.7.1 碳纤维 /PA6 预浸料及其复合材料层合板制备

原材料主要包括增强体 T700 级碳纤维和树脂基体 PA6，通过热塑性预浸机，采用熔融浸渍法制备单向 CF/PA6 预浸料，碳纤维面密度 145g/m²；然后将 CF/PA6 预浸料按照顶盖横梁铺层设计叠层，采用双钢带压机进行连续模压成形，制备出 CF/PA6 复合材料层合板（图 4-61）；最后裁切成尺寸为 1350mm×270mm 的板材备用。

图 4-61 双钢带压机制备 CF/PA6 复合材料层合板

4.4.7.2 顶盖横梁零部件快速冲压成形

以上述制备的 CF/PA6 复合材料层合板为原料，采用快速热冲压系统制备顶盖横梁。为配合零部件快速冲压工艺和设备要求，设计了顶盖横梁零部件快速冲压模具。模具采用 P20 热作模具钢制成，由上、下两部分组成，尺寸为

1080mm×464mm×650mm。为便于夹持机械手输送物料,模具设计成开放式结构,并由四根定位柱固定相对位置。上、下模均采用电阻加热棒配合热流道控制模具温度,设计最高加热温度150℃,控温精度±3℃。

将CF/PA6复合材料层合板加热软化,然后通过机械手快速送入模腔进行热冲压,制得的顶盖横梁样件如图4-62所示,成形效率达3.4min/件。

图4-62 热塑性复合材料顶盖横梁样件

对CF/PA6复合材料顶盖横梁的表面质量和尺寸精度进行测试。通过目视检测,产品表面无褶皱、无凹陷、无气泡、无外来物等缺陷;并采用设备自带专业软件将测量结果与数模图进行对比,得到特定点的实际位置与设计数据间的差异,评价复合材料顶盖横梁的尺寸精度水平(图4-63)。从测量结果可见,满足尺寸精度要求。

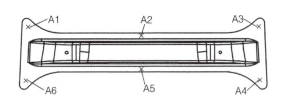

位置点	设计值/mm	实际测量值/mm	偏差/mm	精度要求/mm
A1	X: 17.091	X: 17.063	-0.028	
	Y: 171.627	Y: 171.644	0.017	
	Z: 2.751	Z: 3.037	0.286	
A2	X: 471.044	X: 471.052	0.008	
	Y: 150.457	Y: 150.452	-0.005	
	Z: 24.711	Z: 24.318	-0.393	
A3	X: 929.547	X: 929.603	0.056	
	Y: 167.255	Y: 167.275	0.02	≤0.50
	Z: 6.375	Z: 6.759	0.384	
A4	X: 930.856	X: 930.922	0.066	
	Y: 15.267	Y: 15.272	0.005	
	Z: 6.602	Z: 7.070	0.468	
A5	X: 540.630	X: 540.638	0.006	
	Y: 20.884	Y: 20.889	0.006	
	Z: 24.682	Z: 24.435	-0.247	
A6	X: 28.902	X: 28.950	0.048	
	Y: -2.657	Y: -2.648	0.009	
	Z: 5.505	Z: 5.186	-0.319	

图4-63 顶盖横梁位置点精度控制要求及三坐标测量

采用四点弯曲法测试复合材料顶盖横梁的弯曲强度和模量。在四点弯曲加载过程中,CF/PA6复合材料横梁的力-挠度曲线分为两个阶段(图4-64)。第一阶段在弯曲挠度达到15mm左右之前,力-挠度曲线都呈线性增长关系,发生的是弹性变形;继续加载时,复合材料横梁的载荷开始进入缓慢增长阶段,说明横梁发生了屈服现象。取挠度为5~10mm之间的力-挠度曲线斜率计算出CF/PA6复合材料横梁的弯曲模量(表4-26)。

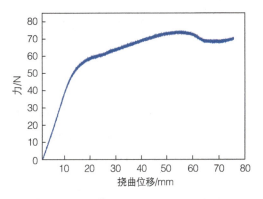

图4-64 热塑复合材料横梁四点弯曲测试及载荷-位移曲线

表4-26 CF/PA6复合材料横梁的弯曲强度和弯曲模量以及减重效果

材质	弯曲强度/MPa	弯曲模量/GPa	减重(%)
CF/PA6	10804.1	40.29	68.8

从表4-26可以看出,CF/PA6复合材料横梁具有较好的承载性能和减重效果,采用CF/PA6复合材料代替钢铁制造顶盖横梁是较为理想的选择。

4.4.8 碳纤维尾翼

碳纤维在汽车外饰件上的应用,在满足性能要求的同时,可提升整车的科技感和品质感。国外除兰博基尼、法拉利等高端跑车外,奥迪RS系列等也大量应用碳纤维外饰件,国内领克03、长城

VV7、名爵6等车型也有应用。本案例采用热压罐成形工艺解决外观质量控制难题，开发满足A级表面要求的碳纤维尾翼。

4.4.8.1 材料选择

预浸料应选择树脂含量均匀且织物外观编织均匀的产品，对于清漆外观部件，树脂的透明度会影响产品最终的外观质量，靠近外表面的材料应尽量选择纤维克重低的预浸料，以免制品表面有纤维编织印痕。同时，要求树脂皆为高透亮树脂体系。

碳纤维复合材料在高温条件下变形率大，喷涂不适宜采用高温固化的涂料体系。复合材料喷涂主要包含底漆和面漆。底漆通常使用双组分环氧树脂体系或双组分聚氨酯体系，根据基材的表面质量选择底涂的厚度，一般底漆厚度控制在30~60μm。底漆要求固含量高、干燥速度快、渗透性强、填充性优异、附着力好、耐冲击性能好、耐水耐化学试剂性能优异。面漆通常是采用双组分聚氨酯体系，一般厚度为30~60μm，要求与底漆结合力强，可低温固化、涂层光泽度高、易抛光、抗划伤性好、抗紫外线，具有良好的耐候性、耐湿性、耐温变性能及耐化学试剂性能等。

4.4.8.2 成形工艺

热压罐工艺由于受热受压均匀，产品外观质量好，因此制作尾翼时常采用该工艺。热压罐成形可制作形状复杂的部件，成形只需要单面模具，制品纤维含量高，孔隙率低。

热压罐工艺是指将预浸料按预定方向铺叠成复合材料预成形体，然后用真空袋将预成形体密封并将其放入热压罐内，利用热压罐提供的高温及气压对预成形体进行加热加压，从而固化成形的过程（图4-65）。该产品的质量与温度、压力、辅助材料及真空度等相关。

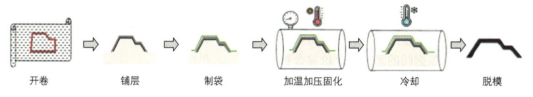

图4-65 热压罐工艺流程

喷涂前需对喷涂工艺进行验证，首选根据油漆特性进行喷涂工艺调试，通过底漆与面漆的工艺验证，选择油漆喷涂工艺（表4-27）。

表4-27 油漆喷涂工艺参数

参数	底漆	面漆
温度	22℃	22℃
湿度	65%RH	65%RH
层间闪干时间	10min	15min
烘烤前静置	30min	30min
烘烤条件	1.5h/80℃	2h/80℃
烘烤后静置	30min	30min

4.4.8.3 喷涂工艺

碳纤维喷涂基本工艺流程有遮蔽、打磨、喷涂、烘烤等（图4-66），根据产品表面状态可选择底涂喷涂次数及面漆喷涂次数。碳纤维尾翼零件外形如图4-67所示。

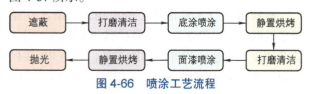

图4-66 喷涂工艺流程

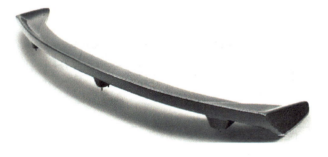

图4-67 碳纤维尾翼零件外形

4.4.8.4 小结

尾翼作为外饰件，有着较高的外观质量要求，属于A级表面。复合材料A级表面较难控制，产品制作时需要考虑模具、原料、喷涂三个重要因素。

在选择原材料时，对于预浸料来说，碳纤维织物纹理应均匀，无间隙不均、无毛丝乱纹现象，树脂应选择高透亮的树脂体系，另外预浸料的树脂浸润应均匀，树脂含量偏差不应超过5%。适用于复合材料的油漆相对较少，对于油漆选择需考虑其与基材的结合力及面漆与底漆的结合力。复合材料表面有针孔、气泡等缺陷，油漆的渗透性及填孔性能要好。

复合材料受热易变形的特点，使得大部分复合材料在喷涂时只能低温烘烤固化，对于易变形零件需进行固定以减少变形量。产品喷涂时应依据基材的状态适当调整底涂及面漆的层数，以得到最佳的产品外观。

4.4.9 三维编织A柱上加强件

A柱上加强件是重要的车身结构件，是影响车身刚度、整车碰撞性能的关键零件。采用三维编织碳纤维方案，可在提升车身扭转刚度等性能的同时，实现轻量化。国外宝马i3、i8、新7系及近期推出的宝马iX均已实现该技术的量产应用，国内北汽新能源、长安汽车等处于研究阶段。本案例采用三维编织碳纤维方案，通过RTM工艺成形，并通过胶接等方式实现与周边件的连接，在提升车身性能的同时实现轻量化。

碳纤维三维编织A柱上加强件采用3mm壁厚，与原钢质零部件在刚度上相当；根据碳纤维三维编织技术特点设计截面及与周边件搭接形式。A柱、B柱、C柱位置采用分件方式，为了匹配碳纤维A柱上加强件的装配方式，碳纤维件与连接件胶接，然后与车身焊接，并且在车身电泳后A、C柱处灌注聚氨酯胶保证连接及NVH性能，通过设计膨胀胶带保证注胶密封性，并设计溢胶孔保证注胶完全（图4-68）。

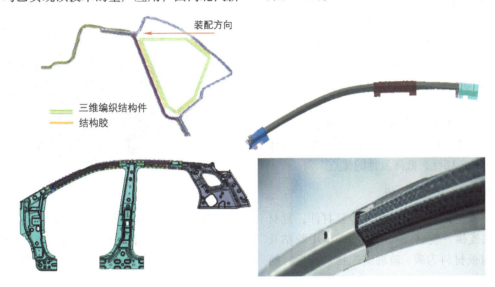

图4-68 碳纤维A柱上加强件的结构设计

采用三维编织工艺，可以根据不同车型相同部位零部件的具体需求进行定制化生产，从而达到更好的平台扩展性。

采用三维编织技术进行预制体的制造，然后通过RTM工艺进行模压成形，零部件面轮廓度为±0.5mm，尺寸一致性优异。通过仿真设计流道，保证成形效率和效果。

通过仿真及试验对比，使用碳纤维三维编织侧围加强梁后，白车身的扭转刚度提高了5.83%，并且通过侧碰、侧置碰、顶压、耐久等试验验证。碳纤维车身车顶抗压强度实测值为国标要求的1.6倍，且拆解碳纤维上边梁无破坏失效，碳纤维梁在顶压试验中的性能表现良好（图4-69）。

3mm厚的变截面设计，刚度与原热成形方案相当，碳纤维复合材料方案较钢方案全车减重3kg以上，零件减重45%以上。

图4-69 车身车顶抗压强度测试

4.4.10 碳玻混杂纤维复合材料前罩

本节从材料性能、仿真分析、性能测试等角度，对碳玻混杂纤维复合材料前罩进行研究开发。

4.4.10.1 材料性能

采用国产 T700-12K 级碳纤维与 E 玻纤进行混编,纤维的性能见表 4-28。将碳纤维、玻璃纤维按照 1∶1(体积比)的混杂比例,经纬向纱线交错编织,制成碳-玻混编平纹布。碳纤维织物与碳-玻混编织物照片如图 4-70 所示。

表 4-28 纤维的性能

种类	型号	密度/(g/cm³)	线密度/tex	拉伸强度/MPa	拉伸模量/GPa
碳纤维	T700-12K 级	1.79	800	4900	230
玻璃纤维	ECT468G-1200TEX	2.5	1200	2500	80

图 4-70 碳纤维织物与碳-玻混编织物照片

环氧体系树脂具有耐高温、低黏度的特性,适用于 RTM 工艺。同时,结构胶采用双组分聚氨酯体系结构胶,具有高韧性、低挥发性的优点。

4.4.10.2 结构设计及仿真分析

前舱盖总成包含内板、外板 2 个复材件,复材件之间用胶粘连接,复材件与金属加强板用胶粘及螺栓连接;内板材料为碳-玻混编织物,外板材料为碳-玻混编织物和碳纤织物;碳-玻混编织物单层厚度为 0.55mm,碳纤织物单层厚度为 0.45mm(图 4-71)。

图 4-71 前舱盖零件照片

对前舱盖总成进行扭转刚度、弯曲刚度、侧向刚度、模态及抗凹性的仿真分析,经过结构及铺层优化后,性能项均满足目标要求(图 4-72、图 4-73)。

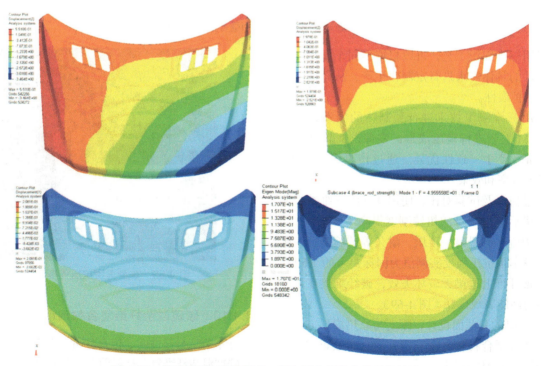

图 4-72 扭转刚度、弯曲刚度、侧向刚度及模态的分析结果

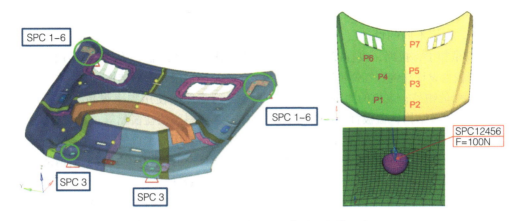

图 4-73 抗凹性分析边界条件及加载要求

零部件设计验证（Design Verification，DV）性能要求及测试结果。见表 4-29。

表 4-29 前舱盖性能要求

序号	项目	测试方法	要求	测试结果
1	耐高温试验	BAS-301	（90±3）℃/24h，试验后仍符合图样要求，且不得出现开裂、变形、发黏、变色、功能失效等异常现象	满足要求
2	耐低温试验	BAS-301	（-40±3）℃/24h，试验后仍符合图样要求，且不得出现开裂、变形、发黏、变色、功能失效等异常现象	满足要求
3	耐高低温湿热交变试验	BAS-301	试验仍符合图样要求，且不得出现开裂、变形、发黏、变色、功能失效等异常现象	满足要求
4	热空气耐老化性试验	—	（90±3）℃循环空气中，240h 后试样仍符合图样要求，不应出现裂纹和其他的缺陷	满足要求
5	耐冲击性能试验	QC/T 15—1992《汽车塑料制品通用试验方法》	-40℃条件下，经过 4h 后，在冷冻状态下用 500g、直径 50mm 的钢球，从 0.5m 高度落下冲击，冲击位置为试样表面的任意位置，冲击次数≥3，试验后试样表面及本体无裂纹、无损坏及颜色变化等现象	满足要求
6	燃烧特性	GB 8410—2006《汽车内饰材料的燃烧特性》	试样燃烧速度应小于 70mm/min	满足要求
7	防腐要求	GB/T 10125—2021《人造气氛腐蚀试验 盐雾试验》	紧固件 240h 无锈蚀；加强板 240h 表面无基体腐蚀、锐边处起泡、锈蚀面积小于锐边处总面积的 5%	满足要求

4.4.10.3 小结

本案例实现了混杂纤维增强复合材料在汽车闭合件系统上的应用，是碳纤维复合材料部件在量产车型上使用的案例之一，对后续开展汽车轻量化及低成本碳纤维复合材料在汽车上的应用具有重要意义。

4.4.11 PHC 复合材料备胎盖板

4.4.11.1 备胎盖板结构

备胎盖板是位于行李舱、覆盖行李舱内地板的装饰零件（图 4-74）。它的主要功能有：提供简洁美观的储物空间；有效分隔备胎舱与行李舱，最大限度地保证行李舱的空间；具备一定的承载功能，且经过环境交变试验后承载能力不能有明显的变化。

备胎盖板一般可分为三个部分：

图 4-74 备胎盖板总成示意图

1）护面材料。护面材料可以分为针刺地毯、簇绒地毯。最常用的是针刺地毯，一般用于中高端车型；通常只有部分豪华车上使用簇绒地毯，显得更加高档。

2）骨架材料。骨架材料可选种类比较多，如 PP 蜂窝板、PHC 板、塑料中空板、木纤维板等，主要提供备胎盖板的承重功能，可根据车型定位、大小、备胎舱结构等因素进行材料选择。

3）其他配件。根据不同的设计要求，备胎盖板的打开方式可以是扣手、拉绳，或直接在盖板设计时留出孔洞；盖板会设计挂钩、气弹簧等支撑件，以方便取出盖板下面的物品；盖板的固定安装可选择转轴-支座结构或铰链结构；盖板背面可黏结ES纤维毡或双组分吸声棉等材料来提高隔声降噪效果；且根据不同的设计，盖板下面可能黏结一些塑料件或EPP件来进行辅助支撑。

4.4.11.2 使用环境

1. 承重性

行李舱的主要作用是放置物品，这就需要其具有很好的承重性能，可根据备胎盖板设计的尺寸、分块情况（一体式、折叠式、分体式等），以及备胎舱工具盒的支撑情况和侧围搭接情况等来设计其所需的承重要求。

2. 抗老化性

化学合成纤维在空气、光照等因素作用下会发生氧化，使其性能下降，缩短使用寿命。

3. 耐污性、耐清洁性

行李舱的使用频率很高，经常放置各种物品，如酒水饮料、油盐酱醋等，会对备胎盖板面料造成污染，需要用清水或肥皂水等进行清洁。这就需要面料具有一定程度的耐污性、耐清洁性。

4. 耐磨性

将物品放置行李舱内会有推拉情况，从而对面料进行摩擦，经常使用会使其磨损露底。

5. 阻燃性

面料和骨架板材均遇火燃烧，为保证乘车安全性能，以燃烧速率≤100mm/min为合格。

4.4.11.3 工艺流程

PHC盖板成形工艺流程如图4-75所示。

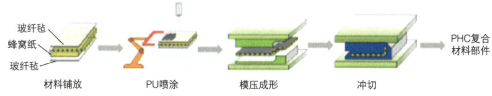

图4-75　PHC盖板成形工艺流程

1）按产品要求设定好玻纤毡尺寸，裁切；蜂窝纸芯拉伸，烘干定形，裁切；原材料以玻纤毡+蜂窝纸+玻纤毡的形式铺叠。

2）机器人按既定程序喷涂PU料，模压→冲切成形（模具温度设定为130℃±5℃，喷涂脱模剂进行预处理）。

3）自动喷涂PU胶粘接面料，裁切→翻边→整修（面料翻边区域增加施胶量）。

4）PHC板中预埋螺母，转轴等附件用螺钉固结。

4.4.11.4 技术要求

外观质量要求见表4-30。

表4-30　外观质量要求

项目名称	外观质量要求
颜色和花纹	在标准光源箱下与封箱进行对比，并且规定色差大于或等于4级
表面	PHC制品表面不能存在影响功能与美观的缺陷，无玻纤浮于表面，无目视可见的孔洞，无缺料现象，边界、孔位封闭良好，无蜂窝纸芯外露现象
装配	无脱落现象

性能要求见表4-31。

表4-31　性能要求

项目名称	技术要求
含水率（%）	≤2
高/低温尺寸变化率	[-0.5, 0.5]
低温落球冲击性	无破损
承重性能/mm	常温：无断裂、无破损 S_1[①]≤30，S_2[②]≤5；高温：无断裂、无破损
耐水性能/mm	外观无变化，N[③]≤2.5
剥离强度/（N/25mm）	常温试验后，平均值≥20或低于此值，面料已被破坏，可判合格
抗霉菌性	无霉菌且无强烈霉味
拉伸强度（纵/横）/（N/30mm）	L[④]≥150，T[⑤]≥200
弯曲强度（纵/横）/（N/50mm）	L≥20，T≥30
燃烧性能/（mm/min）	≤100

① S_1为加载时垂直变形量。
② S_2为卸载后垂直变形量。
③ N为最大凹陷距离。
④ L为纵向数值。
⑤ T为横向数值。

材料及零部件测试结果见表 4-32~ 表 4-34。

表 4-32 含水率试验结果

试验项目	序号	干燥前样品重量 A/g	干燥后样品重量 B/g	材料含水率 H（%）	评价
含水率试验	1#	118.2	117	0.93	合格
	2#	117.9	117.2	0.59	
	3#	118.7	117.5	1.01	

表 4-33 高低温尺寸变化率试验结果

测试项目	方向		初始样品尺寸 L_0/mm	试验后样品尺寸 L_1/mm	尺寸变化率 L（%）	评价
高温尺寸变化率试验	横向	T_1	200.01	200.11	0.03	合格
		T_2	200.02	200.11	0.04	
	纵向	L_1	200.09	200.05	−0.02	
		L_2	200.01	200.16	0.07	
低温尺寸变化率试验	横向	T_1	200.15	200.07	−0.04	合格
		T_2	200.01	200.06	0.02	
	纵向	L_1	200.07	200.04	−0.01	
		L_2	200.17	200.15	−0.01	

表 4-34 强度及理学性能试验结果

试验项目	测试结果		评价
低温落球冲击性试验	无破损，无开裂		合格
承重试验	无断裂，无破损，S_1 = 2mm，S_2 = 2mm		合格
耐水性能试验	外观无变化，N = 1.5mm		合格
燃烧特性	A-0 级阻燃级别		合格
抗霉菌性	无霉菌且无强烈霉味		合格
剥离强度	88.5N/50mm		合格
拉伸强度（纵/横）	纵向	313.3N/30mm	合格
	横向	429.0N/30mm	
弯曲强度（纵/横）	纵向	129.5N/50mm	合格
	横向	247N/50mm	

外观及减重结果是零部件表面无玻纤浮于表面，无目视可见的孔洞，无缺料现象，边界、孔位封闭良好，无蜂窝纸芯外露现象。相比钢板，零部件总成减重高达 40%~50%。

4.5 复合材料应用产业链分析

4.5.1 国外产业进展

1. 玻璃纤维方面

在第二次世界大战期间，玻璃纤维主要用于航空工业，如飞机雷达罩、副油箱等，之后逐步向交通、建筑、风电等民用领域的应用延伸。美国欧文斯科宁、加拿大 Fiberex、日本日东纺绩株式会社、俄罗斯玻璃钢科研生产联合体等均具备国际先进的玻纤生产技术。

2. 碳纤维材料方面

日本在碳纤维制造领域，无论是技术或是生产力皆较为先进，东丽、东邦、三菱这三大碳纤维供货商皆为日本厂商，其中东丽的生产规模约占全球的 33%，为全球最大的碳纤维供应商，此外该公司也掌握最高强度以及最高模量碳纤维的生产技术。美国的赫氏公司则以开发及制造航空用高强度碳纤维为主要产品，德国的西格里的产品以大丝束碳纤维产品为主，近年来则与宝马及大众公司合作积极推动汽车相关业务。

3. 设计及工艺制造方面

德国弗沃德（Forward）、英国英智迪（Engenurity）等专业复合材料设计公司已建立复合材料设计数据库，提供复合材料车身及零件设计服务。同时，克劳斯玛菲、迪芬巴赫、康隆等碳纤维零件成形装备及模具供应商，在湿法模压、表面 RTM 等低成本和自动化成形先进技术领域不断更新迭代。

4. 主机厂应用方面

欧美日等发达国家已形成较完善的汽车碳纤维应用产业链，世界上最大的碳纤维生产厂家日本东丽公司投资建立起汽车中心，并与戴姆勒汽车公司合作共同发展复合材料在汽车上应用的事业，首先用于奔驰车型上，使戴姆勒所有车型实现减重10%的目标；世界第二大碳纤维生产厂家东邦公司与丰田公司合作成立"复合材料创新中心"，生产跑车；西格里则组建专门生产低成本碳纤维的工厂，并在德国组建复合材料制造厂，与宝马成立合资公司，先后在宝马i3、7系及宝马iX上实现碳纤维的量产应用。

4.5.2 国内产业进展

我国复合材料行业诞生于1958年，前期发展以北京玻璃钢研究设计院、哈尔滨玻璃钢研究院、上海玻璃钢研究院等一批国家科研院所为主。近年来，我国复合材料产业链上下游不断健全，行业迅速发展壮大，尤其是民营复合材料生产企业如雨后春笋般快速成长。由于环保和节能的需要，汽车的轻量化已经成为世界汽车发展的潮流，各种工艺成形的复合材料制品越来越多地应用到汽车领域。

玻纤材料方面，我国大陆地区玻璃纤维纱产量占世界总产量的65%以上。巨石集团、泰山玻璃纤维、重庆国际复材三大玻纤生产企业，产能合计超过400万t，产能集中度达到60%以上，且玻璃纤维行业技术实力及产品质量不断提升，已成为世界玻璃纤维制造行业的领头羊，在池窑技术、玻璃配方与表面处理技术、自动化与智能化设备应用、节约能源技术等方面达到国际先进水平。

碳纤维材料方面，中国是碳纤维材料的新进参与者，占世界碳纤维需求的20%，但生产的碳纤维不到5%。中国工业对碳纤维的研究、开发和商业化落后工业化国家约35年，市场仍处于起步阶段。2000年，中国政府和行业开始投资碳纤维的生产，到2017年只有7家公司能够每年生产1000t以上的碳纤维来满足国内市场的需求，包括中复神鹰、威海光威、江苏恒神、吉林石化等，中国碳纤维工业在数量、质量、性能、应用等方面还需要加速发展。碳纤维的材料成本高仍是制约其在汽车上应用的关键因素之一，中复神鹰等正在开发低成本车用碳纤维制备关键技术，包括高速纺丝、快速预氧化、热能循环利用等，以降低碳纤维材料的制备成本。

设计及工艺制造方面，目前在汽车领域大规模应用先进复合材料，严重缺乏经验和数据。熟悉金属结构的汽车设计师不太熟悉甚至不懂先进复合材料的设计，致使如何在汽车上应用先进复合材料而获取最大效益成了问题。从2015年开始，国内逐渐出现了江苏亨睿、江苏澳盛、杭州卡涞、飞泽科技、长春英利等一批汽车复合材料零部件供应商，但各家具备的成形工艺能力存在一定的局限性，同时部分成形设备仍依赖进口，如HP-RTM注塑机及生产线、五轴机加设备等。

主机厂应用方面，玻纤在汽车上的应用已较为成熟和广泛，我国国产货车特别是重型货车，率先大量采用复合材料制件，包括保险杠、导风罩、脚踏板、侧护板等。2012年起，随着自主品牌汽车的崛起，汽车玻纤复合材料应用也逐渐发展，玻纤复合材料前端框架、电池上壳体等逐步得到推广和应用。而碳纤维则受制于材料成本高、设计能力不足、成形效率低等因素，暂未在国内多数主机厂中形成完善的碳纤维量产应用及供应链体系，包括原材料、结构设计、成形工艺、零件测试及应用，目前仅有北汽BJ80、蔚来ES6/EC6、领克03+、名爵6 XPOWER等少数车型实现应用。

4.5.3 发展趋势及建议

经济全球化给我国汽车材料工业带来了巨大冲击，同样也给我国汽车材料工业带来机遇。汽车复合材料的相关企业需抓住机遇，迎接挑战，积极参与国际竞争，充分发挥自身资源优势，持续创新，努力创造自己的生存和发展空间，形成有特色、有竞争力的汽车复合材料领域。

在技术发展领域，从材料性能、成形周期、零件质量、综合成本等方面入手，开发高性能、高质量的复合材料体系：一方面进行玻纤、碳纤维等材料的低成本、高性能开发，并进一步提升SMC、HP-RTM等工艺的成形效率，突破低成本、高性能、高质量复合材料的核心技术，力争在2030年实现材料性能提升10%，零件成形效率提升30%，综合成本降低20%；另一方面要扩宽碳-玻混合、夹心结构复合等的范围，积极尝试引入不同的元素，并注意提升多元复合材料的界面性能，实现复合材料的更多元化发展。

在市场开发方面，要紧跟汽车复合材料的应用需求，瞄准汽车轻量化、低碳化等推进过程中的产业痛点进行布局和建设。以汽车需求为牵引，加强原材料企业、零部件企业与汽车主机厂间的合作，进行主流核心技术和产业布局，并积极引进、消化和吸收国外先进技术，实现关键物料、核心设备的自主开发，快速提升国内的行业影响力和创新能力。

在产业发展方面，建立区域级甚至国家级的汽车复合材料开发研究联合体，建立从原材料开发、零件生产、性能测试、整车搭载到回收利用的完备体系，实现国内上下游全产业链的协同发展。此外，随着国际国内低碳产业的需求日益迫切，要加快建立低碳的汽车复合材料应用产业链，推动汽车复合材料及其制品向高品质化、低碳化方向发展，开创中国汽车复合材料的新天地。

参 考 文 献

[1] 张耀明，李巨白，姜肇中. 玻璃纤维与矿物棉全书 [M]. 北京：化学工业出版社，2002.

[2] 洛温斯坦 K L. 连续玻璃纤维制造工艺 [M].3 版. 高建枢，钱世准，王玉梅，等译. 北京：中国标准出版社，2008.

[3] 祖群，赵谦. 高性能玻璃纤维 [M]. 北京：国防工业出版社，2017.

[4] 《碳纤维复合材料轻量化技术》编委会. 碳纤维复合材料轻量化技术 [M]. 北京：科学出版社，2015.

[5] BHATT P, GOE A. Carbon fibres : production, properties and potential use[J]. Material Science Research India, 2017；14（1）：7-52.

[6] SULLIVAN R A. Automotive carbon fiber : opportunities and challenges[J]. JOM，2006，58（11）：77–79.

[7] TAUB A I, LUO A A. Advanced lightweight materials and manufacturing processes for automotive applications[J]. Mrs Bulletin, 2015, 40 (12): 1045-1054.

[8] RESINS D C. Carbon fibre SMC halves weight of automotive parts[J]. Reinforced Plastics, 2003, 47：16.

[9] 蔡永东. 新型机织设备与工艺 [M]. 上海：东华大学出版社，2007.

[10] 赵艳荣，胡平，梁继才，等. 碳纤维复合材料在汽车工业中的应用 [J]. 合成树脂及塑料，2015，32（5）：95-98.

[11] KOTHMANN M H, HILLEBRAND A, DEINZER G. Multi-material bodies for battery-electric vehicles[J]. Lightweight DesignWorldwide, 2018, 11（2）：6-13.

[12] BRAZEL C S, ROSEN S L. Fundamental principles of polymeric materials[M].[S.l.]：John Wiley & Sons，2012.

[13] HOLMES M. High volume composites for the automotive challenge[J]. Reinforced Plastics, 2017, 61：294–298.

[14] ALIYEVA N, SAS H S, OKAN B S. Recent developments on the overmolding process for the fabrication of thermoset and thermoplastic composites by the integration of nano/micron-scale reinforcements[J].Composites Part A, 2021, 149：106525.

[15] FERABOLI P, MASINI A. Development of carbon/epoxy structural components for a high performance vehicle[J]. Composites Part B, 2004, 35（4）：323-330.

CHAPTER 05
第5章
动力电池

当下，在"双碳"战略的驱动下，中国汽车产业正在加速向低碳化发展，新能源汽车成为新一代汽车产业的发展趋势，无论是纯电动还是插电混合动力驱动，都离不开核心系统——动力电池的发展。结合目前我国新能源汽车产业发展现状，本章立足于汽车市场产业化及应用需求，从锂离子电池及燃料电池出发，剖析电池系统关键新材料技术发展现状，结合现行工艺及性能表现，提出发展方向及建议，供产业界人士参考。

伴随政府对于新能源汽车整体及其生态链的大力支持，动力电池产业得到了高速发展。锂离子电池方面，产业发展日趋成熟，提高电池能量密度、提升关键零部件及材料质量依旧是市场对产业发展的核心诉求，锂离子电池关键材料包括正极材料、负极材料、隔膜、电解液四大部分。根据正极材料种类的不同，可分为磷酸铁锂电池和三元锂离子电池；根据电解液形态，又可分为液态电池和固态电池。因此，在锂离子电池部分，着重描述了主流应用动力电池——磷酸铁锂电池、三元锂电池以及未来应用潜力较大的固态电池等。

随着氢能战略的推进及配套设施、技术的发展，氢燃料电池已逐步走向汽车市场应用。我国氢燃料电池已初步形成了从研发、生产到应用相对完善的产业链体系，从2010年至今，我国燃料电池行业呈现逐年增长的发展态势，氢燃料电池在交通运输领域初步尝试商业化，但碍于燃料电池成本高昂，氢能源制备、储存、运输等各环节存在技术或产业应用问题，氢燃料电池的商业化发展仍有一定程度的不确定性。基于此，第5.2节从氢燃料电池组件四大关键材料出发，对质子交换膜、双极板、催化剂、气体扩散层相关材料及技术进行梳理，旨在分析我国氢燃料电池发展现状，理清技术发展问题，为产业化发展奠定基础，进一步促进清洁能源在汽车领域的应用。

5.1 锂离子电池

5.1.1 锂离子电池概述

5.1.1.1 锂离子电池简介及分类

锂离子电池又被称为可充电电池，发明于20世纪70年代，具有可循环利用的特性。经过多年的技术完善和创新，锂离子电池已经成为化学电源的首选，广泛应用于储能和动力系统领域，成为人类生活不可或缺的存在。

锂离子电池主要由正极、负极、隔膜、电解液和电池外壳组成。正极材料通常由可逆脱嵌锂的化合物组成，负极则是碳基材料或者非碳基材料。充电时，锂离子从正极脱出，经过电解质穿过隔膜，嵌入负极分子中。放电时，则相反。在充放电过程中，锂离子在正负极之间不断嵌入与脱嵌，也因此锂离子电池被形象地称为"摇椅电池"。图5-1所示为锂离子电池结构和工作原理示意图。

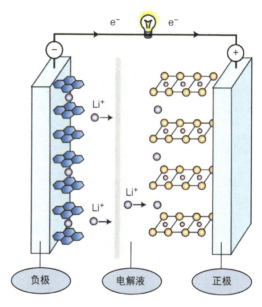

图5-1 锂离子电池结构和工作原理示意图

相比于传统电池，锂离子电池在能量密度、循环寿命等性能方面均显示出了巨大的性能优势，兼具环境友好等特点，成为当前最符合新能源应用发展趋势的储能技术选择（图5-2）。

目前，市场上锂离子电池种类繁多，根据其正负极材料、电解液材料和应用领域的不同有多种分类方式（表5-1）。如按照电解液材料划分，可分为液态锂离子电池和聚合物锂离子电池；按照应用领域划分，可分为便携式电器电池、储能锂离子电池、动力锂离子电池、微型电器用锂离子电池等；而最为常见的是按照正负极材料对锂离子电池进行分类命名。

随着锂离子电池技术水平的不断提升以及成本的不断下降，锂离子电池广泛应用于航空航天、轨道交通、新能源汽车、便捷式电子设备等领域，展示出广阔的应用前景和巨大的经济效益。其中，锂离子电池在新能源汽车领域的发展前景最为可观。在新能源汽车产业爆发式增长的背景下，动力电池市场需求飙升，在多种锂离子电池产品中，磷酸铁锂电池和三元聚合物锂电池（即 NCM 和 NCA）凭借良好的整体性能成为新能源汽车市场主流的动力选择。

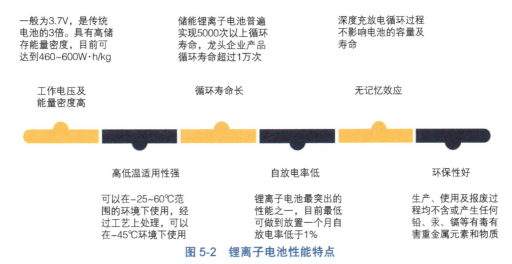

图 5-2　锂离子电池性能特点

表 5-1　锂离子电池分类及简介

名称	性能特点	应用领域
钴酸锂电池	能量密度高，但安全性和循环寿命方面性能一般，且成本高	手机、计算机、相机等 3C 数码产品
锰酸锂电池	可快速充电、安全性能好、成本低廉，但能量密度低、循环寿命短、耐高温性差	低端 3C 数码产品、电动工具、医疗设备等、电动汽车
三元锂电池	在比容量、循环寿命、能量密度、安全性及成本等方面具备综合优势，但成本较高，热稳定性较差	新能源汽车、储能设备、电子产品
磷酸铁锂电池	循环寿命长、安全性高、高温性能好、重量轻、成本较低，但能量密度不到钴酸锂离子电池的一半，低温性能差	新能源汽车、储能领域
钛酸锂电池	能快速放电并提供大功率输出，是目前锂离子电池中寿命最长、安全性最高的电池，低温安全性好，但能量密度低、成本高	电动汽车（主要为公交车及摆渡车）、大客车或坦克供电

5.1.1.2　锂离子电池在新能源汽车领域应用概述

为满足产业升级以及绿色消费的新需求，近年来，汽车逐步由燃油转向"燃电"，新能源汽车产业发展进入快车道。目前，锂离子电池在新能源汽车应用领域占据主流地位，成为支撑新能源汽车产业发展的关键产品之一。尽管现阶段锂离子电池技术已经相对成熟，能够基本满足新能源汽车基本性能要求，但其热稳定性与安全性始终是业界关注的焦点，另外，锂电池产品作为汽车的"心脏"，占据整车成本的 1/3 以上，高昂的成本也是限制其广泛应用的瓶颈，故如何在有效提高锂离子电池安全性的同时降低生产成本是当前电动汽车电池行业的重点研究方向。

锂离子电池汽车动力总成主要包含动力电池系统、整车控制系统和驱动电机系统，主要部件组成情况如图 5-3 所示。

锂离子电池最初与汽车"结缘"是在 1997 年，日产制造出全球第一辆搭载了锂离子电池的电动汽车——Prairie Joy EV。自此，多家车企开始针对车用动力电池展开研究。2008 年，比亚迪推出燃油与电驱并行的双模电动汽车。随后，特斯拉的 Roadster 跑车面世，开启了锂离子电池进入商用纯电动汽车应用领域的先河。2010 年底，日产发布电动汽车聆风（LEAF），实现锂离子电池纯电动汽车的正式产业化销售。自此以后，伴随各国利好政策的出台，多家企业嗅到商机，进一步聚焦车用锂电池技术的研发攻关及生产制造，韩国 LG 化学、三星 SDI、SK INNOVATION，日本松下、东芝，中国宁德时代、比亚迪、国轩高科等锂电池厂商纷纷涌现，不断优化产品性能，丰富产品系列，为锂离子电动汽车产业赋能。

如今，锂离子电池汽车行业高速发展，美国特斯拉、中国比亚迪发展迅速，日本丰田、本田，韩国现代，德国大众、宝马等诸多传统汽车企业也积极布局新能源汽车，并在全球市场中占据了一席之地（表 5-2）。

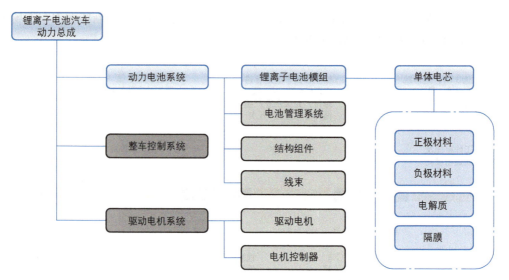

图 5-3　锂离子电池汽车动力总成主要部件组成

表 5-2　锂离子电池电动汽车全球主要生产商及车型

生产商	所属国	代表车型
特斯拉	美国	Model Y、Model 3
大众	德国	ID.3、e-Golf
上汽通用五菱	中国	宏光 MINI EV
上汽宝骏	中国	宝骏 E 系列
宝马	德国	530e/Le
现代	韩国	Kona EV、IONIQ 5
雷诺	法国	Zoe
日产	日本	聆风
比亚迪	中国	秦 Pro EV、元 Pro
奥迪	德国	e-tron
广汽集团	中国	Aion S

根据国际能源署（IEA）的全球电动汽车展望报告，2022 年全球电动汽车销量增长 55%，超过 1000 万辆，电动汽车在汽车总销量中的份额上升至 14%，创下历史新高。未来十年，全球电动汽车市场将继续保持增长态势。据 MarketsandMarkets 预测，2022—2030 年全球电动汽车市场将以 21.7% 的年复合增长率增长，预计到 2030 年市场规模将达到 3920.8 万辆。

近年来，我国不断加强战略谋划、强化政策支持、提升研发投入、完善产业布局，为新能源汽车产业发展提供大力支持。为保障新能源汽车产业高质量发展，力促新能源汽车消费，2020 年 4 月，四部委联合印发《关于完善新能源汽车推广应用财政补贴政策的通知》，宣布新能源汽车推广应用财政补贴政策实施期限将延长至 2022 年底。如今，我国新能源汽车产业发展迅猛，产销数据持续维持高位（图 5-4）。由于市面上的新能源汽车主要采用锂离子电池作为动力源，因此，新能源汽车销量的不断提高带动着锂离子动力电池需求的飙升，在国家政策的扶持下和下游市场的驱动下，国内锂离子电池产业链逐渐完善，整体产业化进程已处于国际领先地位。

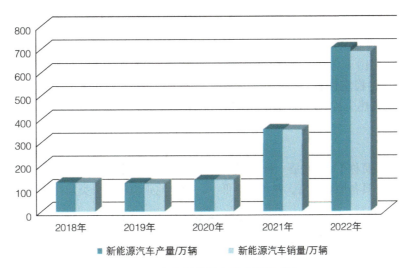

图 5-4 中国新能源汽车产销量对比

注：数据来源于中国汽车工业协会。数据统计仅包含纯电动车和插电式混合动力汽车，不包含燃料电池汽车。

5.1.2 正极材料

5.1.2.1 正极材料简介及分类

正极材料是锂离子电池最核心的组成材料，也是决定电池性能的关键因素，其优劣直接影响锂电池性能（如能量密度、热稳定性、安全性等）。另外，正极材料也是锂电池成本最高的部分，约占全电池成本的 30%~40%，因此，降低正极材料的成本是控制锂电池成本的重要途径。锂离子电池对正极材料的要求如图 5-5 所示。

图 5-5 锂离子电池对正极材料的要求

不同正极材料性能各异，差距明显。目前，新能源汽车用锂离子动力电池主流的正极材料主要为磷酸铁锂和三元材料两大类，另外有少量企业选择锰酸锂。

1. 磷酸铁锂正极材料

磷酸铁锂（$LiFePO_4$，简称 LFP）是一种橄榄石结构的磷酸盐，因不含有毒元素、安全性较高、成本低廉等特点被视为最具研发潜力和应用前景的锂离子电池正极材料之一，如今已经在储能锂离子电池和电动汽车动力电池领域得到大规模的应用。但由于材料本身电压偏低且压实密度较低，导致 LFP 所制成的锂离子电池能量密度低，面对车用市场不断增长的续驶里程需求，LFP 性能的根本性缺陷使其在应用中的局限性愈发明显。

2. 三元正极材料

三元正极材料是一种多元金属层状氧化物，包括镍钴锰酸锂材料（$LiNi_xCo_yMn_zO_2$，其中 $x+y+z=1$，简称 NCM）和镍钴铝酸锂材料（$LiNi_xCo_yAl_zO_2$，其中 $x+y+z=1$，简称 NCA）。

NCM 综合了钴酸锂、镍酸锂和锰酸锂三类正极材料的优点，可通过对镍、钴、锰三种元素配比的变化，平衡和调控材料的比容量、循环寿命、能量密度、安全性及成本，以实现更优的综合性能。NCM 被视为最理想的正极材料，市场上的产品中，镍、钴、锰常见的摩尔比例有532、622、811等。

NCA是当前能量密度最高的正极材料，整体性能与NCM不相上下，但由于含锰三元体系热稳定性更佳，镍钴铝晶体结构稳定性不如镍钴锰，易在高温状态下发生崩塌导致热失控，因此相较于NCM安全性偏低。

3. 锰酸锂正极材料

锰酸锂（$LiMn_2O_4$，简称LMO）是一种尖晶石结构的金属复合氧化物，具备原料丰富、制备成本低廉、安全性好、环境友好等特点，是一种较为理想的锂离子电池正极材料，既可用于3C数码产品锂离子电池，也可用于电动汽车（主要是轻型电动汽车）动力电池。但LMO中三价锰的Jahn-Teller效应通常导致其溶解，从而造成循环稳定性下降，高温下这一现象会加剧，最终导致锂电池高温储存特性较差且循环寿命衰减较快，难以满足市场应用越来越高的性能需求，极大地限制了其在动力电池领域的应用，车用动力电池正极材料分类及性能对比见表5-3。

表5-3 车用动力电池正极材料分类及性能对比

性能指标	磷酸铁锂（LFP）	三元材料（NCM和NCA）	锰酸锂（LMO）
比容量/（mA·h/g）	120~180	160~260	100~120
压实密度/（g/cm³）	2.1~2.5	3.7~3.9	2.9~3.2
工作电压/V	3.4	3.8	3.8
适用温度/℃	−20~75	−20~55	高温（>50）不稳定
成本	低	较高	低
循环寿命	<2000	1500~2000	500~1000
安全性	好	较好	较好
环保性能	好	钴、镍属有毒污染物	好

注：根据市场公开资料整理。

整体来看，三元正极材料因突出的高能量密度优势和环保特性备受新能源汽车动力电池市场青睐，与高性价比的LFP形成有力竞争，两类正极材料分别以性能和价格优势在动力电池应用领域平分秋色（图5-6）。

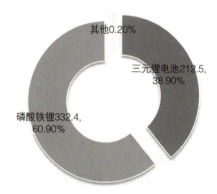

图5-6 2022年我国按材料类型划分的动力电池产量情况（GW·h）

因各国锂离子动力电池技术路线发展侧重点不同，各国对正极材料的选择也存在一定差异。磷酸铁锂电池是中国选择的主流发展路线之一，故磷酸铁锂正极材料市场主要由中国企业占据，代表性企业包括德方纳米、安达科技、湖南裕能、国轩高科、贝特瑞等。

日、韩等国聚焦三元锂电池技术，重点开发三元正极材料。日本和韩国在该领域发展起步较早，整体技术实力以及质量控制能力都优于中国，因此，高端三元正极材料由日韩企业垄断。头部企业主要有日本的住友金属（SMM）、日亚化学（NICHIA）、户田工业（Toda Kogyo）、田中化学（Tanaka），韩国的L&F公司、ECOPRO公司以及浦项钢铁公司（POSCO）。另外，欧美企业在全球三元正极材料市场也占据着一席之地，比利时优美科（Umicore）、美国3M公司以及德国巴斯夫（BASF）等欧美企业在全球三元正极材料也占据了有利地位。中国的三元材料虽起步稍晚，但以容百科技、当升科技、长远锂科、巴莫科技为代表的国内厂商经近十年的时间，努力突破日韩厂商筑下的技术壁垒，取得的成绩极为可观，已跻身国际市场并占据近一半的市场份额。

5.1.2.2 正极材料制备技术

目前，锂离子电池正极材料的制备方法主要有固相合成法、共沉淀法、水热合成法、溶胶凝胶法。其中，磷酸铁锂正极材料主流的制备工艺是固相合成法，三元正极材料则主要利用共沉淀法先制成前驱体材料，再经固相合成工艺制备而成。

1. 固相合成法

固相合成法是各种正极材料制备方法中工艺最简单、应用最广泛的合成方法,是目前90%以上企业的选择。其特点是将固体化合物原料混合物以固态形式直接反应,工艺流程为将固体原材料经过研磨混合后,在高温条件下长时间烧制,直接发生固相反应制得锂电池正极材料。固相合成法主要通过机械手段实现原材料的混合和细化,过程中易引入杂质,可能导致原料微观分布不均匀,影响正极的电化学性能。工业化生产中磷酸铁锂正极材料具体制备流程如图5-7所示。

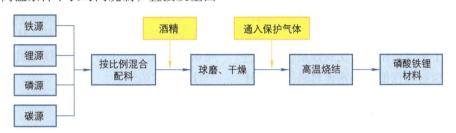

图 5-7　固相合成法制备磷酸铁锂正极材料工艺流程

2. 共沉淀法

共沉淀法也称液相法,其工艺核心为沉淀反应,需将原材料溶解后,在沉淀剂(如氢氧化物、碳酸盐和草酸盐)的作用下析出沉淀,经过滤、洗涤、干燥等一系列处理获得前驱体,再经后续焙烧工序制得正极材料。该方法因易操作、反应条件易控制、电化学性能稳定等优点,是产业上合成前驱体材料的重要方法。其工艺难点在于反应过程中涉及反应物浓度、温度、pH值、加料及搅拌速率等多个可能影响产品性能的条件因素,对反应条件控制的要求极为严格。实际生产过程中,共沉淀法主要用于生产三元前驱体材料,后续前驱体材料制备三元材料依然选用固相合成法(图5-8)。

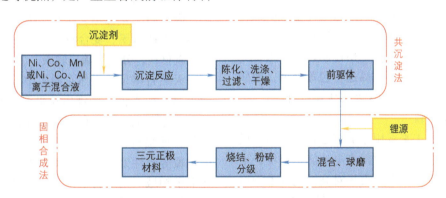

图 5-8　共沉淀法与固相合成法结合制备三元正极材料工艺流程

除上述两种商业化主流的生产工艺外,水热合成法、溶胶凝胶法是实验室合成正极材料较为常用的方法。水热合成法是指高温高压条件下,在过饱和液相溶液中进行化学合成制备正极材料的方法。相比于固相合成法,该方法制得的正极材料纯度高、物相均一性好、分散性好,但所需反应设备昂贵,制备过程安全性较差,量产难度大。溶胶凝胶法是将金属盐与络合剂均匀溶解后通过水解、缩合等化学反应,在分散剂中形成稳定的溶胶单体,再由活性单体聚合形成具有一定空间结构的凝胶,将其从溶剂中干燥脱出后得到金属离子均匀分布的干凝胶,继而加热去除干凝胶中残留的有机杂质,并经热处理工序获得最终产物。使用该方法制备的正极材料元素分布均匀、纯度高,而且合成温度低,但其成本高、反应周期长、处理过程复杂。因此,这两种工艺在工业生产中均没有得到广泛应用。

5.1.2.3　正极材料发展趋势

新能源汽车市场持续增长,对锂离子动力电池的续驶里程及经济性均提出了更高的性能要求,因此,正极材料的未来发展方向是充分平衡能量密度、安全性、循环性能以及制造成本各项指标,追求更优异的综合性能。基于当前正极材料的技术发展现状,需有针对性地对其进行突破。

1. 磷酸铁锂正极材料

尽管磷酸铁锂的能量密度低在实际应用中是致命短板，但其低廉的制造成本优势仍然被市场看好和期待。因此，在保持现有优点的同时提升能量密度是磷酸铁锂材料强势复苏的重点。磷酸铁锂正极材料历经多年的发展，技术体系已极为成熟，在技术研发方面缺少改善空间，短期内主要可在工艺角度加以改善。

目前，产业上通常采用纳米化及掺杂包覆工艺提升磷酸铁锂正极材料性能，但铁锂材料本身电导率弱，纳米化颗粒粒径小会导致振实密度及体积能量密度下降。因此，为兼顾各项性能，可选取的工艺路线为利用纳米化技术制备小粒径的一次颗粒，经掺杂包覆处理改善其导电性，继而制备粒径较大的团聚体颗粒，达到既提高振实密度，又能提升容量和体积能量密度的效果。

与磷酸铁锂同属橄榄石结构的磷酸锰锂具有更高的脱嵌锂电位，具有更高的能量密度，近年来得到广泛关注，但导电性低等问题限制其直接使用，不过有望通过与磷酸铁锂材料同时使用提升电池能量密度。

此外，学术领域在尝试利用石墨烯包覆增强磷酸铁锂材料电导率，目前技术尚不成熟，量化制备的瓶颈在于石墨烯层数难以严格控制，若未来工业上可突破对三层以下的石墨烯进行包覆处理，磷酸铁锂正极材料的性能改善效果势必大幅提升。

2. 三元正极材料

高能量密度是未来乘用车的核心指标，而正极材料中镍含量的提升能有效提高电池能量密度，增加电池的续驶里程，引发了市场对高镍化技术的追捧。与此同时，材料经济性也是考量的重点之一，三元正极材料制备所需的钴资源稀缺，价格高昂，因此，开发高镍低钴甚至高镍无钴材料成为三元正极材料提升性能降低成本的关键。

高镍低钴是三元材料下一步发展的必然趋势，在降低钴元素占比方面，产业上已经取得了一定的成果。另外，在三元高镍NCM正极材料的基础上，加入铝金属成分，开发四元镍钴锰铝（NCMA）正极材料，可有效提高能量密度，提升电池续驶里程和稳定性，故而NCMA有望成为高镍低钴技术的选项之一。

实现高镍无钴是三元正极材料未来的理想化追求，但技术上尚难以实现较高的能量密度和良好的倍率性能，后续还需通过一些掺杂包覆处理或改善前驱体材料的手段对材料性能做改进。

3. 新型及复合型正极材料

为迎合未来锂离子动力电池应用领域的多元化发展，拓宽应用场景，研发新型及复合型正极材料以实现材料性能互补的趋势也日渐明显。业界已经开始利用市场现有的正极材料进行复合尝试，例如将橄榄石结构LFP与层状正极材料复合，使其兼具高安全性与高能量密度。另外，从动力电池全寿命周期应用以及后期回收的角度考量，有机正极也是一种不错的选择。

5.1.3 负极材料

5.1.3.1 负极材料简介及分类

负极材料是锂电池的重要组成部分，是电池充放电过程中锂离子嵌入和脱出的载体，起着能量储存和释放的作用。负极材料对锂离子动力电池的首周效率、循环性能、安全性能、快速充放电能力有着重要影响。

根据材料的不同，锂离子动力电池负极材料分为碳材料和非碳材料两大类。

1. 碳材料

碳材料主要包括：①石墨类碳材料，分为天然石墨、人造石墨、复合石墨、中间相炭微球；②无定形碳材料，分为硬碳、软碳。

天然石墨是从天然石墨矿中提炼所得，具有储量丰富、成本低、嵌锂电位低且平坦、导电性好、安全无毒等优点，但存在倍率性较差、初始库仑效率低、低温析锂等问题，经过球形化、表面处理、碳包覆等改性处理后用于动力电池、储能电池和消费电子领域。人造石墨是炭质原料经过多道工序加工所得，具有循环寿命长、体积膨胀小、首周效率高、倍率性和循环性好等优点，被用于动力电池和消费电子领域。中间相炭微球是一种具有向列液晶层状堆积结构的微米级球形碳材料，具有倍率性优异、化学和热稳定性良好、导电性优良、堆积密度大等优点，但比容量低、成本高等缺点限制了它的应用。

软碳是指在2500℃以上的高温下能石墨化但未经高温处理的碳材料，层面排列不规则，具有循环性好、与电解液相容性好、成本低等优点；同时存在比容量低、首周充放电不可逆容量较高、无明显电压平台等缺点；常见的软碳有石油焦、针状焦、碳纤维等，一般不直接用作负极材料，而是作为制备人造石墨的原材料。硬碳则是在2500℃以上的高温难以石墨化的无定形碳,含有较多的缺陷结构和孔隙;硬碳具有循环性能好、倍率性能优异等优点,但首周效率低、首周不可逆容量大、电压滞后等缺点限制了硬碳的应用。

2. 非碳材料

非碳材料包括钛基材料、硅基材料、锡基材料等。钛基材料以钛酸锂为代表,钛酸锂为尖晶石结构,具有首周效率高、倍率性优异、循环寿命长、体积零应变、安全性高,尤其是低温下不析锂等优点,但是比容量低、导电性差、成本高、胀气等问题限制了它在动力电池中的使用,仅少量应用于短途车辆的电池中;硅的理论嵌锂比容量高达4200mA·h/g,是石墨的10倍,且具有储量大、成本低、环境友好等优点,极有希望成为新一代高能量密度电池负极材料,但其充放电过程中存在体积变化大、倍率性不佳、首周效率低等问题,目前多采用纳米化、碳包覆等方法制备硅复合材料来改善纯硅带来的问题;锡基材料嵌锂比容量可达993mA·h/g,但高体积膨胀率、循环性差等问题制约了锡基材料的应用。

目前,动力电池负极材料以天然石墨和人造石墨为主,合计占90%以上份额,硅基材料、中间相炭微球、钛酸锂等也少量应用于动力电池。其中,硅与石墨的复合材料被认为是下一代高能量密度动力电池负极材料的首选,国内外企业纷纷加快布局。有分析预计,2023—2025年,全球硅基负极材料的需求将以70%的年复合增长率快速增长,负极材料性能指标见表5-4。

表5-4 负极材料性能指标

负极材料	比容量/(mA·h/g)	首周效率(%)	振实密度/(g/cm³)	压实密度/(g/cm³)	工作电压/V	循环寿命/次	安全	倍率性能
天然石墨	340~370	90~93	0.8~1.2	1.6~1.85	0.2	>1000	一般	差
人造石墨	310~370	90~96	0.8~1.1	1.5~1.8	0.2	>1500	良好	良好
中间相炭微球	280~340	90~94	0.9~1.2	1.5~1.7	0.2	>1000	良好	优秀
硬碳	250~400	80~85	0.7~1.0	1.3~1.5	0.52	>1500	良好	优秀
钛酸锂	165~170	98~99	1.5~2.0	1.8~2.3	1.55	>30000	优秀	优秀
硅碳复合	380~950	60~92	0.6~1.1	0.9~1.6	0.3~0.5	300~500	良好	一般

目前,全球锂电池负极材料产能持续向中国集中,2020年中国负极材料产量达46万吨,约占全球总产量的85%,2021年产量为81.59万吨,全球市场占有率进一步攀升。国内负极材料企业形成了"四大多小"的格局:"四大"指贝特瑞、璞泰来、杉杉股份、凯金新能源;"多小"以中科星城、尚太科技、翔丰华等为代表。其中贝特瑞是天然石墨龙头,璞泰来和杉杉股份是人造石墨的领先企业,排名前五企业的负极材料产量占我国总产量的60%以上。海外企业则以日本昭和电工物料、三菱化学和韩国浦项化学为代表(表5-5)。

表5-5 国内外部分企业负极材料信息

国别	公司名称	产品信息
中国	贝特瑞	天然石墨918系列产品,人造石墨S360系列产品、AGP系列产品,硅碳负极材料
	璞泰来	人造石墨GT、F系列,硅碳380/400/420mA·h/g
	杉杉股份	人造石墨,中间相炭微球,天然石墨,复合石墨,硅氧负极材料
	凯金新能源	人造石墨AML、YL系列,硬碳KHC系列,硅基KY系列
	中科星城	天然石墨MNG-1、LNG-12,人造石墨MD系列,复合人造石墨HCG系列,动力电池类PSG系列,硅碳负极,硬碳负极GCM系列、软碳负极
	尚太科技	人造石墨ST系列,Q、D系列
	翔丰华	天然石墨DT、WJ、FG系列,人造石墨W、DT、X、HSG、SG系列,硅碳负极材料
日本	昭和电工物料(收购日立化成)	人造石墨,硅碳负极材料
	三菱化学	天然石墨MPG,人造石墨ICG
韩国	浦项化学	天然石墨,人造石墨,硅基负极材料

5.1.3.2 负极材料制备技术

负极材料的制备工艺因材料差异而各不相同，下面基于材料类别介绍天然石墨、人造石墨、硅基材料等负极材料的制备工艺。

1. 天然石墨负极材料

天然石墨颗粒不均匀、各向异性程度高、层间距小，不能直接作为负极材料使用，需要经过一系列加工才能使用。以天然鳞片石墨为原材料，经过粉碎、球化、纯化、改性处理、筛分、炭化、石墨化等工序制成，其中球形化、改性处理和石墨化是制备工艺的核心环节。球形化是通过球形化设备得到椭球形或类球形外形的石墨，以提高石墨的振实密度以及降低各向异性。改性处理在工业界主要是对石墨进行碳包覆，以达到优化倍率性能、提高循环稳定性的目的。高温处理即石墨化能够提高石墨的导电性和化学稳定性，具体生产工艺流程如图5-9所示。

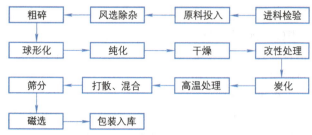

图 5-9 天然石墨材料生产工艺流程

2. 人造石墨负极材料

人造石墨负极材料以针状焦、石油焦、沥青焦等为原料，主要经过破碎、造粒、石墨化和筛分四大工序制成。其中破碎和筛分技术门槛较低、相对比较简单，而造粒和石墨化则是制备工艺的核心环节，体现企业的技术水平，二次造粒以及表面改性（如碳包覆）等工艺能够进一步提升人造石墨的性能。人造石墨生产的基本工序一致，但是每家企业的具体制备工艺有所差别，以璞泰来为例，具体生产流程如图5-10所示。

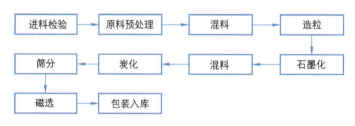

图 5-10 人造石墨生产工艺流程

3. 硅基负极材料

目前商业化程度较高的硅基负极材料是纳米硅/碳复合材料和碳包覆氧化亚硅与石墨复合材料。硅碳复合材料的生产方法有机械球磨法、化学气相沉积法、喷雾干燥法等，各企业的生产工艺各有特点，略有不同，下面以喷雾干燥法为例进行简要说明。硅碳复合材料的制备大致分三步：第一步为制备纳米硅；第二步为碳包覆；第三步为干燥成形（图5-11）。

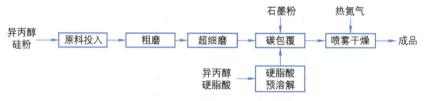

图 5-11 硅碳负极材料制备工艺流程

碳包覆氧化亚硅复合材料制备过程如下：首先采用主流气相沉积法制备碳包覆氧化亚硅，之后与人造石墨混合制得碳包覆氧化亚硅复合材料（图5-12）。具体来讲，第一步，硅和二氧化硅在高温真空环境中升华形成氧化亚硅蒸气，氧化亚硅蒸气在低温区域冷凝形成块状固体；第二步，氧化亚硅经粉碎、包碳（与沥青混合）、炭化等工序制得碳包覆氧化亚硅；第三步，包覆氧化亚硅与人造石墨掺杂混合、球磨制得碳包覆氧化亚硅复合材料。

5.1.3.3 负极材料行业发展趋势

目前，碳材料是市场化应用最普遍的负极材料，受限于比容量上限较低，难以满足不断增长的市场需求。硅基材料虽被视为最有前景的下一代负极材料，但本征存在的体积膨胀大、循环性能差等特点，严重限制着其规模化应用。近年来，新能源汽车的快速发展，对动力电池提出了高能量密度、高功率密度、高安全性、长循环寿命、快速充电和低成本等更高要求。这些要求引导锂电池负极材料向着高比容量、倍率性优良、高安全性、长循环寿命、低成本方向发展。

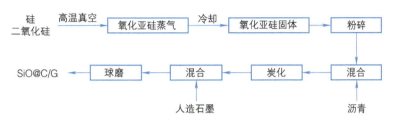

图 5-12　SiO@C/G 制备工艺流程

1. 改善电池低温性能衰减，提升低温安全性

目前石墨类材料是锂离子电池的主流负极材料，因具有较低的嵌锂电位，在低温充电条件下金属锂会以枝晶状形式优先沉积在石墨负极表面，造成负极析锂现象，进而导致电池容量加速衰减，并可能刺破隔膜引发电池内部短路和热失控。负极析锂是影响锂电池低温性能、循环寿命以及低温安全性的主要原因。针对石墨负极的析锂问题，可通过改进负极材料加以改善，如对石墨负极材料进行表面包覆、球形化等改性处理，或采用硅碳负极代替石墨负极。另外，也可通过加入特定电解液添加剂、导电剂等途径减缓负极析锂。

2. 提高负极材料的充电倍率

电动汽车充电分为慢充和快充，慢充和快充所耗的时间远大于燃油汽车加油的时间，影响汽车的使用便利性，因此需要一种安全的快充锂电池。

研究表明，锂电池的快速充电能力受负极材料影响，因此改善负极材料成为提高电池快速充电能力的重要途径之一。人造石墨成本较低、生产工艺成熟，虽然其比容量已非常接近其理论最大比容量，对动力电池能量密度提升难有贡献，但是可以通过减小粒径、造孔等手段缩短锂离子的扩散路径，改善石墨的倍率性能，从而提高电池的快速充电能力，缓解人们的充电焦虑。

3. 提高负极材料的比容量

石墨比容量已达 365mA·h/g，非常接近其理论最大比容量 372mA·h/g，石墨作负极对动力电池在能量密度提升方面难有贡献，需要研发新型负极材料来替代石墨。研究发现，硅的理论比容量高达 4200mA·h/g，远高于石墨，且储量丰富、环境友好，有希望成为下一代负极材料。但是硅的导电性差且纯硅负极充放电过程中伴随着巨大的体积变化，易引起负极材料粉化、从集流体脱落以及 SEI 膜反复破碎和重建，影响电池的容量、安全和使用寿命。硅的纳米化、与石墨复合、碳包覆、预锂化等是其走向产业应用的重要途径，目前碳包覆氧化亚硅、纳米硅碳两种硅基负极材料在国内外少数企业已实现量产，并应用于三菱汽车和特斯拉 Model 3 的动力电池当中。硅基材料虽已实现量产并少量应用于汽车领域，但与人造石墨负极材料相比，硅基负极材料仍有成本高、体积膨胀率较大、倍率性较差、循环寿命短等问题需要解决。此外，硅基材料的规模化生产存在高技术壁垒，日韩两国处于技术领先地位，而我国则处于初级化发展阶段，仅有少数企业实现量产供货，大部分处于研发和送样测试阶段。

5.1.4　隔膜

5.1.4.1　隔膜简介及分类

锂离子电池隔膜是正极和负极之间的一种具有微孔结构的薄膜，是锂离子电池产业链中最具技术壁垒的关键材料之一，成本约占锂电池总成本的 10%～20%。隔膜是锂离子电池的重要组成部分，主要起到分隔正负极防止短路和提供微通道以支持锂离子迁移两方面的作用，直接影响着锂离子电池的安全性能、循环寿命等特性。为了满足锂离子电池的工作要求，隔膜通常需要具备优良的电子绝缘性、热稳定性和化学稳定性，以及较高的机械强度、较好的孔隙率等多种条件，性能优异的隔膜对于提高锂离子电池的综合性能起到非常大的作用。此外，隔膜材料在高温条件下不收缩或者具有更高的热致收缩性能，对于提高电池高温稳定性至关重要。

常用锂离子电池隔膜按材料不同可分为微孔聚烯烃隔膜、改性聚烯烃隔膜、有机/无机复合隔膜等。其中微孔聚烯烃隔膜具有良好的稳定性和较低的成本，是目前商业化最成熟的隔膜产品，主要基材包括聚乙烯（PE）和聚丙烯（PP）两种，主流产品为单层 PP 隔膜、单层 PE 隔膜和三层 PP/PE/PP 复合膜（表 5-6）。虽然应用广泛，但微孔聚烯烃隔膜仍存在孔隙率较低、对电解液的亲和性较差等众多缺陷，因此通常需要对其进行表面接枝或表面涂覆等改性处理以制备改性聚烯烃隔膜，从而提高电池的综合性能。有机/无机复合隔膜是指将无机纳米颗粒和有机聚合物混合后涂覆在聚烯烃隔膜基材上的一种材料，兼具纳米颗粒表面改性和聚合物表面改性的优点，是一种很有发展前景的锂离子电池隔膜。随着市场对锂离子电池性能要求的不断提升，一些新型隔膜技术如聚合物（聚酰亚胺、聚醚醚酮等）隔膜、无机隔膜等也逐渐成为人们的研究热点。

表 5-6 不同微孔聚烯烃隔膜的比较

隔膜材料	工艺	特点
PE	挤出/注塑成形后再拉伸	力学性能优异，可双向拉伸；高温加热易氧化
PP	吹塑法成形后再加工	孔隙率高、耐热性好、力学性能好；熔点较低
PP/PE/PP	多层共挤	结合了 PP 的力学性能和 PE 的热反应性能；技术难度大，成本高

5.1.4.2 隔膜制备技术

当前，市场上主流的隔膜生产工艺主要分为干法和湿法两种，二者最大的区别就是微孔形成的原理不同（表 5-7）。干法也称为熔融拉伸法（MSCS），发展时间较长，主要用来生产 PP 微孔膜。湿法工艺又称为热致相分离法（TIPS），发展时间较短，主要用来生产 PE 微孔膜。

表 5-7 干法工艺和湿法工艺的产品性能对比

性能参数	干法工艺	湿法工艺
厚度/μm	12~30	5~30
孔径分布/μm	0.01~0.3	0.01~0.1
孔隙率（%）	30~40	35~45
横向拉伸强度/MPa	小于 100	130~150
纵向拉伸强度/MPa	130~160	140~160
穿刺强度/gf[①]	200~400	300~550

① $1gf = 9.8 \times 10^{-3} N$。

干法工艺是将聚烯烃树脂经过熔融、挤出、吹膜等工序制成结晶聚合物膜，再对其进行结晶热处理、退火后获得高取向的多层结构薄膜，最后在高温的条件下对其进一步拉伸，剥离其晶体界面，从而获得多孔结构膜。根据拉伸方向的不同，又可分为干法单向拉伸和干法双向拉伸。干法单向拉伸是由美国和日本企业研发出来的，只进行纵向拉伸没有横向拉伸的一种工艺。干法双向拉伸工艺由中科院化学所首先研发成功，生产的隔膜横向拉伸强度高于单向拉伸工艺，但综合性能较差，只能用于中低端电池。干法工艺成熟、简单，且成本较低，但难以控制孔隙率，制得的隔膜孔径分布不均匀，一致性方面也比湿法工艺产品差。

湿法工艺是将聚烯烃树脂和小分子化合物在较高温度下混合熔融形成均匀混合物后，再经降温发生相分离，拉伸后通过溶剂萃取出小分子产生微孔，制备微孔膜。湿法工艺相比干法工艺过程复杂，对设备要求较高，生产成本高，能耗大，但生产的隔膜产品微孔分散均匀、润湿性好，并且具有更高的孔隙率和更薄的厚度，适合做高容量电池。随着技术和设备的不断突破，湿法工艺将成为未来生产隔膜的主要方法。

全球锂离子电池隔膜市场主要被日本、韩国和中国所占据。据 Techno Systems Research 统计，2019 年全球锂离子电池隔膜市场中排名前三的厂商分别为上海恩捷新材料科技股份有限公司、日本旭化成株式会社和韩国 SK IE Technology。其他主要的锂离子电池隔膜厂商有日本宇部兴产和东丽，以及国内的星源材质、中材科技等。其中旭化成是隔膜市场的先驱，能够灵活运用湿法和干法两种隔膜生产技术，产品主要为单层/多层聚烯烃隔膜和陶瓷涂层隔膜。韩国 SK IE Technology 拥有"逐次延伸""陶瓷涂层隔膜"等技术，2020 年在 Tier1（指特斯拉、大众、雷诺日产、丰田等引领电动汽车市场的整车企业）湿法隔膜市场的占有率达到 26.5%。

国内锂离子电池隔膜产业发展较快，现有企业达到 40 多家，代表性企业有恩捷股份、星源材质、中材科技等。恩捷股份拥有水性和溶剂型涂布隔膜的研发制造能力，主要采用湿法工艺开发生产高性能锂离子电池隔膜，已成功应用在混合动力汽车和电动汽车等领域，成为全球出货量最大的锂离子电池隔膜供应商。星源材质则是国内干法隔膜领域的龙头企业，同时还掌握着湿法隔膜和涂覆隔膜制备技术，已陆续为宁德时代、比亚迪、天津力神、孚能科技，以及韩国LG化学等国内外领先的锂离子电池厂商提供了隔膜产品。国内外锂离子电池隔膜企业产品信息见表5-8。

表5-8 国内外锂离子电池隔膜企业产品信息

公司名称		产品信息
旭化成	Hipore™	一种聚烯烃平膜，广泛用于锂离子电池隔膜
	Celgard™	H系列：聚丙烯外层和聚乙烯内层组成的高孔隙度微孔三层膜；Q系列陶瓷涂层：微孔三层隔膜由聚丙烯外层和涂有陶瓷涂层的聚乙烯内层组成；单层聚丙烯
宇部兴产	UPORE	微孔聚烯烃隔膜，采用独创的干法单向拉伸工艺生产，具有三层结构，聚丙烯为外层，聚乙烯为内层，厚度范围为12～25μm
	CPORE	陶瓷涂层隔膜，厚度范围（基膜和涂层的总厚度）为13～25μm，适用于纯电动汽车（BEV）、插电式混合动力汽车（PHEV）、混合动力汽车（HEV）
东丽		SETELA™聚乙烯单层和多层隔膜，规格为5～25μm
恩捷股份		基膜、陶瓷和有机涂布膜，基膜厚度为5～30μm
星源材质		同时拥有隔膜干法、湿法和涂覆制备技术，产品包括SJ系列聚合物涂覆隔膜、SH系列陶瓷涂覆隔膜、SQ高强度系列干法隔膜
中材科技		主要产品为7～16μm湿法隔膜及陶瓷涂覆膜，在南京具备2720万m^2/年的基膜产能和600万m^2/年的涂覆产能

5.1.4.3 隔膜行业发展趋势

国内锂离子电池隔膜的生产技术日趋成熟，干法工艺已经迈入全球第一梯队，但湿法工艺与国际巨头相比，尚有一定差距，且湿法工艺的设备复杂，国外设备拥有较好的稳定性、低能耗性，可以保障高良品率，国内企业核心设备主要依赖进口。与此同时，锂离子电池的进步与发展对隔膜技术的要求愈发提高，传统的聚烯烃隔膜由于热稳定性和对电解液的润湿性较差已逐渐无法满足高端市场需求。因此，研发关键生产设备、探索性能优异的基膜材料和先进的隔膜加工工艺、开发具备成本优势的隔膜产品成为未来锂离子电池隔膜的发展方向。

1. 优化生产工艺，突破核心生产设备

湿法隔膜相比干法隔膜具有诸多优势，在市场空间驱动下，越来越多的传统干法隔膜厂家陆续转向湿法隔膜，湿法隔膜厂家也在不断扩建产能。2021年5月，星源材质表示将投资100亿元用于锂电池湿法隔膜和涂覆隔膜的研发和生产项目，湿法工艺正在逐渐成为隔膜技术发展的主流方向。在现有湿法工艺的基础上，通过改善PE、PP基材配方，开发更适合湿法工艺的基材，研发专有萃取工艺等优化湿法工艺，并深入研究湿法抄造工艺、熔喷纺丝工艺、相转化法等新兴锂离子电池隔膜制备工艺，促进新兴工艺应用，提高生产效率，降低生产成本。此外，设备的精度直接影响着隔膜性能，国内还需在包括拉伸设备、涂布机等核心生产设备领域迎头赶上，尽快实现国产化突破。

2. 涂覆隔膜将成为锂离子电池隔膜发展方向

以聚烯烃、聚酯等为基材，通过涂布、复合等工艺生产的涂覆隔膜，具有可定制化设计和生产的特点，可根据不同锂离子电池企业的需求制备出不同性能和规格的涂覆隔膜产品，作为区别于标准化聚烯烃隔膜的新产品，很好地补充了对锂离子电池隔膜的不同性能需求。并且，通过在基膜上涂覆Al_2O_3陶瓷粉、芳纶、聚四氟乙烯等材料能提高隔膜的热稳定性，降低高温收缩率，提升隔膜的综合性能。早在2015年，厦门大学的赵金保教授便与中航锂电（洛阳）有限公司合作开发了陶瓷隔膜，这一项目也被称为锂离子电池产业界中的"产学研合作典范"。恩捷股份利用自有的专利技术，采用陶瓷、聚偏氟乙烯等耐热材料为涂层，开发的涂覆隔膜耐热性大幅提高，部分产品也已成功推向市场，2020年12月，恩捷与日本帝人签订了合作协议，携手发展隔膜业务。根据协议，帝人将其持有的溶剂型锂离子电池涂布隔膜的数百件专利独家授权给恩捷及其关联公司，同时双方将合作开发下一代新型锂离子电池涂布隔离膜产品。随着涂覆隔膜技术的不断成熟，涂覆隔膜有望成为未来锂离子电池隔膜产品的主流。

3. 研发新型隔膜基材，提高隔膜性能

为了开发高性能的隔膜产品，多种性能优异的材料开始被用作基材来制备高端隔膜，以达到提高电池安全性、提升离子电导率、抑制电池热失控等效果。2020年11月，东丽宣布利用高耐热芳纶聚合物开发了一种锂离子电池用无孔隔膜，该隔膜可以抑制锂枝晶生长，显著提高电池的安全性能；中国科学技术大学的研究团队采用溶胶-凝胶方法制备了一种具有高孔隙率（78.35%）、高柔韧性、耐高温的新型聚酰亚胺气凝胶隔膜（PIA），并首次将其应用到锂离子电池中；王艳使用静电纺丝制备了锂离子电池用聚丙烯腈/纤维素复合隔膜，相比聚丙烯具有更高的离子电导率（1.990mS/cm）；清华大学核能与新能源技术研究院与阿贡国家实验室合作，通过一种新型的凝胶拉伸取向方法，制备了一种纳米多孔不收缩聚酰亚胺隔膜，可同时阻断化学串扰和内短路。从基材性能上入手，研发新型材料体系，促进隔膜材料的多元化，通过应用高性能的隔膜基础材料来提高隔膜性能，生产耐高温、孔隙率可调、厚度均匀的隔膜产品是未来锂离子电池隔膜行业发展的重点。

5.1.5 电解液

5.1.5.1 电解液简介及分类

电解液是锂电池四大材料之一，在电池正负极间传递锂离子，保障离子传输路径通畅，并且在很大程度上影响电池的能量密度、充放电倍率、工作温度范围、循环寿命、安全性等特性，被称为锂离子电池的"血液"。

电解液由一定比例的电解质锂盐、溶剂以及功能性添加剂配制而成（表5-9）。电解质锂盐在液体环境下能够轻易电解出锂离子，能够为锂电池提供自由穿梭的离子并承担电池内部传输离子的作用，决定着电解液的基本理化性能；溶剂作为介质材料，是电解质的主体部分；添加剂主要包括成膜添加剂、高/低温添加剂、阻燃添加剂和过充电保护添加剂等种类。不同的添加剂能大幅改变电解液的性能，例如改善电池循环性能、提高电池热稳定性、防止过度充放电等。电解液种类繁多，可根据各组分选料不同进行分类。一种主流分类方法是按照溶剂的属性不同，分为有机液体电解液、水系电解液和离子液体电解液。其中，无机液体电解液和离子液体电解液因电位窗口、电解液黏度、电阻、成本等问题应用领域有限，目前使用范围最广泛的是有机液体电解液。

目前，全球锂离子电池电解液生产集中在中国且行业集中度较高，2022年中国锂离子电池电解液溶剂出货量为75.7万吨，在全球占比达到81.9%。其中，广州天赐材料高新材料股份有限公司、深圳新宙邦科技股份有限公司、张家港市国泰华荣化工新材料有限公司、宁波杉杉股份有限公司等产量排名前十的企业生产了我国80%以上的电解液产品。海外电解液生产企业主要分布于日本和韩国，主要企业包括三菱化学（Mitsubishi Chemical Corporation）、宇部工业株式会社（Ube Industries Co）、中央硝子株式会社（Central Glass Co., Ltd.）、旭成化学（Panax Etec Co., Ltd.）、Soulbrain Holdings Co., Ltd. 等。2019年，韩国东和股份（Dongwha Enterprise）收购了Panax Etec，成立了电解液部门Dongwha Electrolyte；2020年10月1日，宇部将其电解液业务转让给其与三菱化学株式会社分拆的合资公司MU离子解决方案株式会社（MU Ionic Solutions Co., Ltd.）。部分国内外企业的电解液产品信息见表5-10。

表5-9 电解液构成材料分类及特性

组分	分类		特性
电解质锂盐	六氟磷酸锂（$LiPF_6$）		综合性能高，但对水敏感，适用温度范围较窄
	双氟磺酰亚胺锂盐（LiFSI）/双（三氟甲基磺酰）亚胺锂（LiTFSI）		电导率高、高低温性能优良、水敏感度低，循环寿命长、安全性高；但技术难度大，成本高
溶剂	有机溶剂	碳酸乙烯酯（EC）	化学稳定性高、相对介电常数大、循环性能佳
		碳酸丙烯酯（PC）	相对介电常数小、离子电导率较差
		碳酸二甲酯（DMC）	气味小、溶解能力强、成本低、对电导率提升效果好、低温充放电性能佳
		碳酸二乙酯（DEC）	黏度大、对电导率提升低、低温充放电性能差
		碳酸甲乙酯（EMC）	黏度大、对电导率提升低、低温充放电性能差
	无机溶剂	水	环境友好、不易燃、成本低，但电化学稳定性窗口狭窄、系统循环性能较差

(续)

组分	分类		特性
溶剂	离子液体	阳离子：咪唑类/季铵盐/吡咯类/哌啶类等	不挥发、不易燃、离子电导率高、化学和电化学稳定性良好、电化学稳定性窗口宽、有机和无机化合物的溶解度大，但黏度高导致电导率/流动性下降、成本高
		阴离子：PF_6^- / BF_4^- / $TFSI^-$ 等	
添加剂	亚硫酸丙烯酯（PS）/碳酸亚乙烯酯（VC）		协助正/负极成膜，减少电池材料分解，提高循环寿命
	二氟磷酸锂（$LiPO_2F_2$）/双草酸硼酸锂（LiBOB）/二氟草酸硼酸锂（LiDFOB）		提高电池在高低温环境下的充放电和循环性能，拓宽锂电池使用范围
	氟代碳酸乙烯酯（FEC）/双氟代碳酸乙烯酯（DFEC）		改变电解液的循环性能、低温性能，而且还具有良好的阻燃效果

表 5-10 部分国内外企业的电解液产品信息

公司名称	国别	产品信息
天赐材料	中国	产品包括基于有机溶剂法生产的车用三元电解液（25℃电导率为 7.5 ~ 10.0mS/cm）、磷酸铁锂电解液（25℃电导率为 8.0 ~ 10.0mS/cm），以及 $LiPF_6$ 和 LiFSI 等锂盐及电解液添加剂
新宙邦	中国	产品包括三元圆柱电解液、高镍硅碳圆柱电解液、高比能量密度铁锂电解液、高电压三元动力电解液、811/AG 动力电解液，25℃电导率为（10.0±0.5）mS/cm
国泰华荣	中国	SHINESTAR® 系列电解液 25℃ 电导率为 [（7.8 ~ 11.5）] ± 0.5mS/cm，纯度 $H_2O \leq 20 \times 10^{-6}$，$HF \leq 50 \times 10^{-6}$，产品包括用于动力储能的电解液，以及高倍率、高/低温、防过充电等功能型电解液
MU Ionic Solutions	日本	基于高纯度溶剂、DMC、$LiPO_2F_2$ 等的电解液 Pure Light®、Power Light® 产品，其电解液纯度 $H_2O < 15 \times 10^{-6}$，$HF < 30 \times 10^{-6}$，用于锂离子一次电池、二次电池和电容器
东和电解液	韩国	StarLyte® 系列产品成分是混合了 3~5 锂盐（$LiPF_6$、$LiAsF_6$、$LiClO_4$、$LiBF_4$、LiTFSI、LiBOB）的有机溶剂，溶剂纯度在 99.99% 以上，含 $H_2O < 20 \times 10^{-6}$，用于 3C、汽车、储能领域的等多种形态锂离子电池及电容器
Soulbrain	韩国	低水分、高纯度的锂离子电解质 PuriEL 及电解液产品，纯度 $H_2O < 10 \times 10^{-6}$、$HF < 1 \times 10^{-6}$

5.1.5.2 电解液制备技术

电解液制备的关键环节是物料混合，依次在反应釜中加入适量溶质、溶剂和添加剂，在适当的条件下搅拌均匀。该过程没有复杂的化学反应，因此核心技术是电解液配方以及电解液配置条件。

1. 电解液配制

目前，电解液配方由电池厂商和电解液企业根据需求共同研制，电解质锂盐以 $LiPF_6$ 为主，溶剂选取 DMC+EC 等链状碳酸酯和环装碳酸酯混合溶剂，最后通过改变添加剂配方，实现不同电池厂商对于性能的差异化需求。由于杂质含量影响电解液的稳定电压，且 $LiPF_6$ 等溶质材料遇水易分解，因此在物料混合前须对溶剂进行充分精馏或脱水脱醇，使纯度达到 99.99% 以上；电解液灌装前也需要对包装桶进行水洗、氩气置换等工序，具体生产流程如图 5-13 所示。

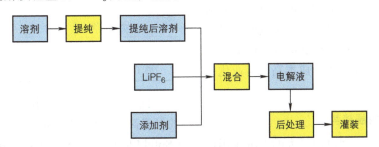

图 5-13 有机液体电解质生产流程

2. 电解液原料制备

虽然配方是电解液制造技术的核心，但目前主流电池厂商在配方方面各有所长，并与电解液厂商采取共有配方的模式。相比之下，电解液上游原料合成链条长，电解液原料的成本和质量壁垒更高。

（1）电解液溶质

主流溶质材料 $LiPF_6$ 热稳定性较差，且遇水极易潮解，因此目前氟化氢法是国内生产 $LiPF_6$ 的主要工艺，占比超过 80% 以上。利用该方法制备时需在无水氟化氢、低烷基醚等非水溶剂中进行,生产过程涉及低温、强腐蚀、无水无尘等苛刻工况条件,因此设备及工艺控制要求较高(图5-14a)。

与氟化氢法原理相似,有机溶剂法制备$LiPF_6$可省略溶质的结晶过程,直接获得$LiPF_6$有机溶液。

其制备工艺可概括为:将LiF颗粒分散在对$LiPF_6$有很好溶解性的EC、DEC、DMC等酯类有机溶剂中,向其中通入提纯后的PF_5气体,获得$LiPF_6$有机溶液,后续通过除杂和添加功能助剂获得高质量电解液产品(图5-14b)。

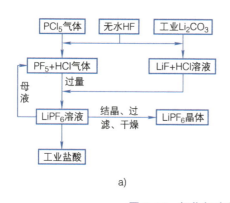
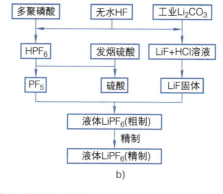

图5-14 氟化氢法和有机溶剂法工艺流程

(2)电解液溶剂

微量的杂质会明显影响溶剂的电化学窗口,降低电解液的稳定性,因此电池级有机溶剂纯度要求高(99.99%~99.999%)。目前主流碳酸酯类溶剂合成工艺可概括为:利用环氧乙烷/环氧丙烷与CO_2生成EC/PC,EC/PC与甲醇经过酯基转移反应生成DMC和乙二醇/丙二醇,再利用DMC生产DEC、EMC。整个工艺流程需要多道精馏,每道环节对温度和压力的控制不尽相同,且越往后端引入杂质的可能性越高,提纯难度越大。目前国内工业溶剂技术逐渐成熟,但电池级溶剂实际有效产能不足,有能力生产的企业屈指可数。

(3)电解液添加剂

中高端电解液的主要技术壁垒在于添加剂的研发,添加剂能大幅改变电解液的性能,电池厂商对于电解液的定制需求往往通过改变添加剂配方来实现。添加剂种类繁多,包括氟代碳酸酯、磷酸酯类等,国内相关产品生产规模小、成本高,商业化的合成技术有待提升。

5.1.5.3 电解液行业发展趋势

随着新能源汽车成为锂电池最大的下游应用市场,动力电池对电解液需求短期内将急剧攀升,电解液行业也将顺应动力电池发展趋势,不断提升产能、优化行业结构、推出高性能技术产品。

1. 提升电解液原材料供应能力

电解液需求伴随动力电池市场快速增长,然而由于上游原材料供应紧缺,目前电解液企业整体的开工率不足,产能释放受限。电解液上游原料合成链条长,涉及石油化工、氟化工等高门槛行业,电解液各原料纯度要求苛刻,工艺设备复杂;此外,在电动汽车成本下行压力下,近年电解液价格却逆市上扬,也均由于原材料价格居高。因此,未来行业健康发展需要依靠电解液龙头企业垂直整合原料端,带动行业高质量发展。

2. 突破新型电解液产业化技术

随着动力电池对能量密度和充放电倍率等指标要求的提升,电解液必须迎合电池高电压、稳定化发展趋势,LiFSI耐高温高压性能优异,有望替代$LiPF_6$成为下一代主流电解液溶质(表5-11)。

表5-11 $LiPF_6$与LiFSI性能对比

性能	$LiPF_6$	LiFSI
分解温度/℃	60	280
氧化电压/V	>5.0	≤4.5
离子电导率/(mS/cm)	8.0	9.8

此外,为实现更高电压,近年正极材料厂商纷纷开发高镍产品,LiFSI也有助于固体电解质表面层(Solid Electrolyte Interphase,SEI膜)形成,抑制镍离子催化活性,提高三元体系稳定性。LiFSI对于水分、金属离子十分敏感,且目前尚无有效的纯化方法,相关商业化生产技术有待突破。此外,各种功能添加剂,尤其是成膜、阻燃等提升电池寿命和安全性的添加剂,也应随主盐变化进行适当调整,并尽快突破低成本、高产量工艺技术。

3. 开发新型高安全电解质体系

为了提升动力电池安全性，使用固态电解质是未来电池体系的长期发展趋势，但短期内仍不能取代液态电解质，因此仍需针对未来动力电池高温高压发展趋势进行电解液配方调控，开发具有更高安全性的电解质体系。为此，首先要继续探索有机硫酸酯类、磷酸酯类以及锂盐型等低阻抗成膜添加剂，以应对高镍正极金属溶出以及硅负极消耗电解液、低温下 SEI 膜的均匀性等问题；其次，开发氟代芳香族化合物等新型防过充电添加剂也是预防针刺起火的主要思路；最后，可以氟代碳酸酯、醚或羧酸酯为主要溶剂，配合磷腈类阻燃添加剂开发阻燃溶剂体系。与此同时，加快半固态电解质材料工艺研究，推动电解质材料向全固态方向发展。

5.1.6 固态电解质（全固态锂离子电池）

5.1.6.1 固态电解质分类与主要技术路径分析

全固态锂离子电池以固体电解质替代了传统锂离子电池的电解液和隔膜，一方面避免了液体电解质的挥发、漏液、易燃易爆等问题，以及锂枝晶刺破隔膜而导致的短路问题，很大程度上提高了电池的安全性能；另一方面，固态电解质的热稳定性更高，可以减少辅助散热机构，简化系统设计的同时进一步提高能量密度。并且，固态电解质的密度明显高于液态电解质，有利于研发出具备更高能量密度的全固态锂离子电池。除了安全性能和能量密度以外，全固态锂离子电池还有望解决新能源汽车电池器件对循环寿命、耐挤压、耐振动等性能的要求。

固态电解质作为全固态锂离子电池的核心，其研发进展直接影响固态电池产业化进程。理想的固态电解质需要满足力学强度高、热力学/化学/电化学稳定性、电极材料兼容性、室温离子电导率在 10^{-3} S/cm 以上等条件。目前，常用的固态电解质主要有三种，分别是聚合物、硫化物和氧化物。

1. 聚合物固态电解质

聚合物固态电解质（SPE）由聚合物基体和锂盐组成，具有良好的界面相容性，易于制造，便于大规模生产。常见的基体有聚环氧乙烷（PEO）、脂肪族聚碳酸酯（PC）和聚硅氧烷，锂盐包括 $LiClO_4$、$LiAsF_6$、$LiPF_6$、$LiTFSI$ 等。在聚合物固态电解质中，离子的传输是由聚合物无定形区域的链段运动来实现的。因此，这类材料室温下的离子电导率较低，限制了其应用。

PEO 由于其优异的盐溶性和电极界面相容性，成为研究最早、最深入，也是应用最广泛的聚合物电解质之一。但 PEO 的离子电导率较低，室温电导率一般为 10^{-5} S/cm，因此通常需要采用接枝、交联和共混的方法降低 PEO 的结晶性，提高电导率。相比之下，PC 中大量的羰基可以通过较弱的相互作用溶剂化锂离子，从而得到较高的离子电导率，但还需进一步提升离子电导率，才能满足全固态锂电池对倍率充放电的苛刻要求。聚硅氧烷在常温下呈现无定形态，有利于链段运动加速离子传导，但聚硅氧烷的化学稳定性和力学性能较差，往往需要对其进行改性。除上述几种聚合物外，聚酰亚胺、聚偏氟乙烯等材料也开始被应用于聚合物电解质中。

2. 硫化物固态电解质

硫化物固态电解质具有较高的离子电导率，室温下可达到 $10^{-4} \sim 10^{-2}$ S/cm，明显优于聚合物和氧化物固态电解质，另外还具有热稳定性高、安全性能好、电化学窗口宽等优点，已成为固体电解质研究的一大热点。根据晶体结构，可以将硫化物固态电解质分为非晶态、晶态和微晶玻璃硫化物，也可以根据组成成分将硫化物固态电解质分为以 $Li_2S-P_2S_5$ 为代表的二元系硫化物和以 $Li_{10}GeP_2S_{12}$ 为代表的三元系硫化物。基于硫化物固态电解质的众多性能优势，硫化物全固态锂电池能够兼备高能量密度和高倍率性能，还具备高安全、长循环寿命等特点。

虽然具有较高的离子电导率，但硫化物固态电解质对空气非常敏感，易氧化，遇水汽容易发生反应，生成 H_2S 有毒气体，因此硫化物固态电解质对生产环境的要求严苛，需要隔绝水和氧气，还要面临会产生有毒气体的风险，工业化难度非常高。另外，硫化物固态电解质也易在界面处与负极锂金属和传统的正极材料发生副反应，形成空间电荷层，制约了其发展和应用。

3. 氧化物固态电解质

氧化物固态电解质形貌致密，相比硫化物具有更高的机械强度和化学稳定性，还兼备原料成本低、电化学窗口宽等优点，容易实现规模化生产。按制品形状，氧化物固态电解质可分为薄膜型与非薄膜型两种。其中薄膜型主要包括 LiPON 型，非薄膜型包括钙钛矿型、石榴石型、钠超离子和锂超离子型等。石榴石型是一种研究较为普遍的氧化物固态电解质材料，目前研究最多的是 $Li_7La_3Zr_2O_{12}$（LLZO）。

薄膜型氧化物固态电解质使用传统的涂布法无法控制粒径与膜厚，因此多采用真空镀膜、磁控溅射、脉冲激光沉积等方法生产，制备工艺复杂，生产成本高，不适合规模生产。非薄膜型氧化物固态电解质的电导率虽略低于薄膜型产品，但仍远高于聚合物固态电解质，并且综合性能较好，是比较适合量产的固态电解质技术路径之一。

4. 氯化物固态电解质

氯化物固态电解质因同时具备硫化物的高离子电导率、可变形性，以及氧化物对高电压正极材料的稳定性等独特的性能优势，逐渐成为新兴的研究热点。

目前，氯化物固态电解质技术商业化面临两大瓶颈。

1）原材料成本偏高。即使应用最廉价的卤化物材料、利用当前最先进的工艺，原材料成本仍高达20美元/m^2以上，远高于业界对固态电解质材料成本的要求，严重缺少市场竞争力。

2）材料湿度稳定性较差。在现阶段的研究中，对湿度耐受性最强的氯化物固态电解质Li_3InCl_6都无法在湿度低于1%的气氛中保持稳定，因此其生产、储存及使用均要求严格控制气氛，增加了规模化生产的成本。

5.1.6.2 固态电解质产业现状分析

全固态锂离子电池相比已经商业化的锂离子电池安全性能更高，能量密度的提升空间更大，未来将会为新能源汽车的大规模普及以及"碳中和"目标的实现提供重要支撑。日本、美国及欧洲多个国家早已开始利用各自优势，加速布局。粗略来看，以丰田和三星为首的日韩企业由于在硫化物领域积累深厚，多偏好硫化物固态电解质技术路径，而欧美企业在固态电解质的技术路径选择上相对较均衡。截至目前，全球只有一家能够规模化生产电动汽车固态电池的企业，即法国Bolloré公司的子公司Blue Solutions。该公司开发了一种独特的LMP®锂金属聚合物电池，工作温度在-30～60℃之间，循环寿命在4000次以上，已经应用到电动公交车中。Bolloré公司目前在全球运营着400多辆配备LMP®电池的电动公交车。国内外企业的固态电池产品信息见表5-12。

表5-12 国内外企业的固态电池产品信息

公司名称	国别	电解质类型	能量密度	现状/规划
Bolloré	法国	聚合物	230W·h/L	目前由法国和加拿大的工厂生产，年产能1.5GW·h；预计2025年能量密度达到295W·h/L
Solid Power	美国	硫化物	320W·h/kg	2022年初开始在公司的试点生产线上生产汽车用电池
QuantumScape	美国	固态陶瓷	目标为1000W·h/L	计划2024年开始批量生产
丰田	日本	硫化物	—	有望在2025年实现限量生产
三星	韩国	硫化物	900W·h/L	商业化技术开发阶段
清陶新能源	中国	氧化物	400W·h/kg	已量产并用于特种电源、高端数码等领域

日本对于全固态电池的研发以产业界为主，申请的专利数量居世界首位，产业化进程方面也领先于其他国家。日本企业关于固态电解质的研究以硫化物居多，其中出光兴产拥有硫化物固态电解质原料——硫化锂的高纯制造技术，目前已经开始运营硫化物基固态电解质的量产示范设施。三井金属也引进了硫化物电解质的量产测试设备。另外，丰田作为领先企业，正在逐步推动全固态电池在电动汽车中的应用，但目前面临着电池寿命短的重大技术问题，主要是由于当电池反复充电和放电时，固体电解质收缩，从而导致与负极材料之间产生间隙，加速了电池的劣化。因此，丰田现如今正在专注于开发一种不易收缩的固态电解质材料以解决电池寿命短的问题。

韩国研究全固态电池的企业主要有三星SDI、LG等，技术路径也以硫化物固态电解质为主。三星SDI一直与三星先进技术研究院（SAIT）和三星日本研究所（SRJ）合作研发固态电池。2020年3月，三星的研究人员开发出了新型的袋装固态电解质锂电池，创新使用厚度仅为5μm的超薄银碳（Ag-C）复合层作为负极，大幅降低负极厚度，使得电池体积相比传统的锂离子电池缩小约50%。测试结果显示，该电池一次充电可行驶800km，循环寿命超过1000次。

美国对于全固态电池的研究比较分散，主要以高校和研究机构衍生出的中小型初创公司为主，涉及企业包括Solid Power、QuantumScape、Natrion等，技术路径也各不相同。Solid Power主要研究硫化物固态电解质，其全固态电池一次充电可以行驶近500mile（1mile = 1609.344m），产品已于

2020年底得到了福特和宝马的验证；QuantumScape开发了一种100%固态陶瓷电解质，单层电池在室温和适度压力下以极低的1C功率循环1000次时可保留90%以上的容量，多层电池在相同条件下循环800次可保留相同的容量；Natrion公司于2021年5月发布了一种高性能、柔性、耐用的固体电解质薄膜，即锂固体离子复合材料（LISIC），电池制造商可以用这种"即插即用"型的组件将其现有产品转变为全固态电池，从而减少火灾风险，还可以延长电动汽车的续驶里程。LISIC技术选用了聚合物陶瓷复合材料，室温离子电导率为0.3mS/cm，在能量密度大于1000W·h/L的化学构成中，仍能够与锂金属负极和富镍正极保持高压兼容性。

国内全固态电池的技术路径以氧化物为主，代表企业为清陶新能源。该公司率先量产了氧化物固态电池产品，能量密度在400W·h/kg以上，已成功应用于特种电源、高端数码等领域，并在新能源汽车领域先行先试。2020年7月，搭载清陶新能源固体电池的纯电动样车在北汽新能源成功下线，这也是国内首次公开的可行驶固态电池样车。由于全固态电池的商业化生产仍面临众多困难，考虑到新能源汽车对高性能动力电池的迫切需求，国内大部分企业开始瞄准混合固液电解质电池作为过渡方案，包括半固态电池（液体电解质质量百分比为5%~10%）和准固态电池（液体电解质质量百分比小于5%）。赣锋锂业开发的第一代和第二代固态电池即混合固液电解质电池，其第一代混合固液电解质电池产品能量密度为235~280W·h/kg，已通过多家客户送样测试，并于2019年建成了年产亿瓦时级的第一代固态电池研发中试生产线，第二代固态电池的能量密度超过350W·h/kg，循环寿命约400次。2021年初，蔚来汽车推出了搭载150kW·h半固态电池的新车型，其能量密度达到360W·h/kg，续驶里程超过1000km。

5.1.6.3 固态电解质行业发展趋势

随着新能源汽车对动力电池要求的不断提升，全固态电池因其在安全性能、能量密度等方面的优势，逐渐被寄予厚望，被认为是下一代动力电池的主角。但从全球进展来看，车用全固态电池产业化条件仍不成熟，存在离子电导率低、界面稳定性差等众多问题，攻克现有产业化技术难题、开发性能优异的复合固态电解质将是未来固态电解质行业发展的重点。

1. 提高界面稳定性是实现全固态电池商业化的必经之路

正极/固态电解质的界面阻抗对电池的循环性能影响显著，电极与固态电解质之间的界面问题也是影响离子传输的重要因素，有效构筑电极/固态电解质界面、降低界面阻抗、提高界面稳定性是全固态锂离子电池研究的重要课题。目前来说，通过电极材料的表面包覆是比较常规的技术手段。其中正极材料的包覆主要是解决界面接触性差、界面电阻大的问题，改善电池效率与循环寿命；金属锂负极与电解质之间界面层的构建主要是为了降低界面处副反应，从而提升固态电池稳定性，采用硅基负极材料替代金属锂也是解决负极与固态电解质界面稳定的重要手段。2021年9月，美国加州大学圣地亚哥分校孟颖研究小组开发了硫化固体电解质实现无碳高负载硅负极。研究人员通过研究硫化物固体电解质的界面钝化特性，使质量分数为99.9%的微米级硅负极稳定运行，固体和表面表征以及界面成分的量化表明，这种方法消除了由界面继续生长和不可逆的锂损失带来的问题。该成果于同年9月24日发表在Science期刊上。

2. 研究电极与电解质间空间电荷层的抑制问题，突破电池性能限制

空间电荷层是近年来被重新重视起来的有关固态电池性能制约关键因素，解决空间电荷层的主要方法就是通过建立缓冲层降低空间电荷层，从而降低界面电阻。实际上这个概念是对电池界面稳定性改进手段的进一步提炼和表述，也是随着近年来表征技术进步而重新引起关注的研究热点。在近年来的研究中，南京大学何平教授、周豪慎教授团队联合荷兰代尔夫特理工大学Marnix Wagemaker教授团队，通过固态核磁共振二维交换试验和模型计算定量地揭示了空间电荷层在全固态锂电池内对锂离子输运的影响，指出减轻正极和固态电解质之间空间电荷层效应的重要性；中科院青岛能源所崔光磊团队和天津理工大学团队联合采用原位扫描透射电镜差分相衬成像技术首次实现了钴酸锂/硫化物电解质界面锂离子传输的可视化研究，并且通过设计制备具有非连续分布钛酸钡（$BaTiO_3$）纳米单晶颗粒的界面结构，证明了一种新型的内建电场和化学势耦合技术改善界面锂传输的可行性。这两项研究工作都比较直接地观察到空间电荷层在固态电池中的存在与充放电过程中的衍化过程，为改善界面锂离子传输和提升电池快充性能提供了新的技术方案。

3. 探索抑制锂枝晶生长的方法，提高电池的安全性能

在全固态锂离子电池中，锂金属生长出来的枝晶可以刺穿固态电解质，导致电池失效，大幅降低了电池的循环寿命。探索抑制锂枝晶生长的方法对于实现全固态锂离子电池的商业化量产具有重要意义。加拿大西安大略大学孙学良院士与工业界合作紧密，合作伙伴包括加拿大巴拉德电源系统公司、美国通用汽车等，在锂离子电池材料领域研究经验丰富，2021年1月，孙学良院士和青岛大学的郭向欣教授合作，通过原位取代反应制备了一种柔性的电子阻挡界面屏蔽层（EBS）。EBS可以增加亲锂性、稳定锂的体积变化，是一种抑制锂枝晶的有效方法；2021年7月，诺贝尔奖得主美国得克萨斯大学奥斯汀分校的Goodenough教授团队发现在PEO基聚合物固体电解质中添加Li_2S_6，可形成超薄的Li_2S/Li_2S_2层来稳定Li/电解质界面，从而增加界面处的离子传输并抑制锂枝晶生长。

4. 复合固态电解质将是解决现有问题的最优选择之一

通过设计制备复合固态电解质，利用多组分之间的协同作用实现优势互补，可以得到机械稳定性、离子传导率、界面处电化学稳定性等综合性能优异的全固态电池。尤其以聚合物固态电解质为基体，无机固态电解质为填料制备的复合固态电解质是近年来研究的热点。例如固态陶瓷电解质耐高温、电导率高，聚合物固态电解质可塑性好、质量轻，但电导率低，二者复合形成的陶瓷-聚合物复合电解质综合了双方的优点，具备优异的柔韧性、较高的机械强度和离子电导率。探索聚合物和无机组分之间的配比，最大化协同作用，将是提高全固态电池离子电导率的重要途径之一。

5.1.7 锂离子电池应用产业链分析

随着消费锂离子电池市场的饱和以及电动汽车领域迎来快速发展契机，使得动力锂离子电池的需求快速增长，全球核心的锂离子电池企业纷纷开始布局和发展动力电池业务，动力电池的发展也随之迎来了"黄金时代"。2022年全球新能源汽车销量约1010万辆，同比增长59%；动力电池装机量约498GW·h，同比增长70%（图5-15）。

动力电池作为电动汽车产业的核心环节，其性能直接影响着整车的动力和续驶里程。前文所述的正极、负极、隔膜与电解液四部分是制造电池/电芯的关键材料，按照所制备出的电池结构形状可分为圆柱电池、方形电池以及软包电池三种。将制备好的单体电池经由串并联方式组合、装配后，会进一步制成电池模组，同时辅以结构系统、电气系统、热管理系统和电池管理系统，对上述系统再进行模块化的设计和组装后，便组成了电动汽车的动力来源核心——电池包。

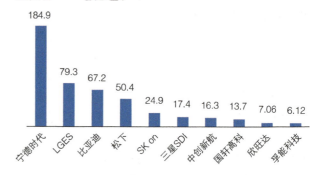

图5-15　2022年全球动力电池装机量排名前十企业（GW·h）

数据来源：高工产业研究院（GGII）。

目前，国内外主流的电动汽车选用的动力电池几乎全部是三元锂离子电池或者磷酸铁锂电池，而能量密度更大、安全性更好的固体电解质锂电池则是未来电动汽车理想的动力来源，也是主要的电池厂商现阶段重点布局和开拓的领域。从电池技术角度上分析，三元锂电池的高能量密度是其最大优势，目前整体上来看，三元锂电池凭借这一优势在动力电池市场上依然占主流，尤其是在中高端车型领域。而从电池的形状结构角度上看，方形电池占据了主要的市场份额，特别是在国内市场，2020年方形电池的装车量分别是圆柱电池和软包电池的5.5倍和12.9倍。但是，特斯拉仍旧是将圆柱电池作为其品牌的主力，同时软包电池在海外市场的接受程度也越来越高，大众、奥迪、奔驰、通用、现代、福特等车企的主流车型都使用了软包电池，未来软包电池可能会迎来一波新的发展浪潮。

随着全球汽车电动化进程的深入，优质的动力电池资源势必会成为各主流车企供应链环节争相布局的焦点。车企也会打破传统的单一供应模式，更多地通过合资、入股、签订长协等方式拓展多源供应，而且具备技术研发以及产能规模优势的头部企业会在未来的发展中更具优势，市场的集中度会进一步加深。2022年全球动力电池装机量排名前十的榜单中，中国企业占据了6席（表5-13）。全球动力电池企业的竞争已经形成了以中、日、韩三国为首的"三足鼎立"的

市场格局，伴随的结果也是国内外主流的汽车制造商所需的电池产品也基本被三国的企业所瓜分。

表 5-13 2022 年全球动力电池装机量排名前十企业

排名	电池企业	国别	装机量/GW·h	市场份额	车企客户
1	宁德时代	中国	184.9	37.13%	特斯拉、蔚来、小鹏、宇通、理想、上汽、长城、北汽、吉利、通用、日产雷诺、捷豹路虎、北京奔驰、华晨宝马、一汽大众、上汽大众、东风本田、广汽本田、北京现代等
2	LGES	韩国	79.3	15.92%	大众、通用、戴姆勒、日产、雷诺、现代、起亚、福特、FCA、沃尔沃等
3	比亚迪	中国	67.2	13.49%	比亚迪、一汽
4	松下	日本	50.4	10.12%	特斯拉、大众、福特、丰田
5	SK on	韩国	24.9	5.00%	起亚、现代、大众、戴姆勒
6	三星SDI	韩国	17.4	3.49%	宝马、戴姆勒、大众、沃尔沃、FCA、捷豹路虎等
7	中创新航	中国	16.3	3.27%	江淮、北汽、众泰、奇瑞、上汽大通等
8	国轩高科	中国	13.7	2.75%	吉利、长安、长城、奇瑞、零跑、威马
9	欣旺达	中国	7.06	1.42%	吉利、东风柳汽、广汽、上通五菱、小鹏
10	孚能科技	中国	6.12	1.23%	戴姆勒、广汽、北汽、长城、吉利、一汽、江铃、长安、东风
	其他		30.72	6.18%	—
	合计		498	100.00%	—

5.1.7.1 国外产业进展

过去 10 年间，电动汽车的产业链不断向东亚聚集，使得目前除中国外，国际市场上动力电池生产厂家主要为日本和韩国的企业。但受到新冠肺炎疫情对锂电池供应链造成的冲击以及推动全球共同削减二氧化碳排放量这一共识性目标的影响，促使了欧美等国对锂电池本土化供应的需求开始有所增加。彭博新能源财经（BNEF）最新发布的"全球锂电池供应链排行榜"中，美国、德国、瑞典、加拿大、芬兰、挪威和法国等欧美国家已经跻身该排行榜的前十名，剩下的三个名额则仍旧被中日韩所占据。

日本作为商品化锂电池的发源地，技术实力雄厚、产业自动化程度好、产品质量高，代表性企业——松下一直是特斯拉各型电动汽车的核心供应商，而且随着特斯拉在全球的热销，松下电池的市占率稳步提升。松下集团在 2021 年 8 月 6 日的官方消息中宣布其汽车电池业务进入新阶段，将在未来推出 4680 型圆柱电池等新产品，并将建造 4680 型电池超级工厂。4680 型电池是埃隆·马斯克在 2020 年 9 月"特斯拉电池日"上发布的新产品，相比于主流的 1865 和 2170 电池，这款新型电池的单体能量密度提高了 5 倍，配合无模组结构设计能量密度可达 300W·h/kg，续驶里程增加 16%，输出功率较现有的 1865 和 2170 电池也提升了 6 倍，而且成本还能降低 14%。此外，松下在 2021 消费电子展（CES）上对外表示，公司将致力于开发不含钴正极的锂离子电池，在接下来的几年里，会将钴的使用比例从现在的低于 5% 降至零。

韩国的电池技术水平略低于日本，但凭借其特有的大财团优势，培育出了 LG 新能源（LG 化学全资子公司）、三星 SDI 和 SKI 等电池厂商。其中 LG 新能源在全球动力电池供应商中位列前三，并且同国际知名的汽车制造商都保持着较为紧密的合作。2021 年，韩国的电池企业继续在欧美地区扩大电池生产的布局，SKI 先后在匈牙利和美国的田纳西州、肯塔基州投资建设电池生产厂，LG 也与 Stellantis 集团达成协议成立合资企业为北美生产电池和模块。新产品的开发方面，LG 新能源已于 2020 年年底在韩国大田实验室开始研发软包磷酸铁锂电池技术。此外，SKI 的 CEO 接受路透社访问时，称其电池业务部门正在考虑开发磷酸铁锂电池。新结构电池生产方面，据《韩国先驱报》的一份报告显示，三星 SDI 和 LG 新能源均已经开发出了 4680 圆柱电池的原型，现阶段正在它们各自的工厂中进行各种测试，以验证其结构的完整性。LG 新能源计划在 2023 年开始批量生产 4680 型电池，并考虑在美国或欧洲建立潜在的生产基地，但三星 SDI 的量产时间目前尚不明确。

5.1.7.2 国内产业进展

受到国内新能源补贴政策的影响，2015 年后中国电动汽车的产量进入爆发增长阶段，国内电动汽车的产销量快速增长促使中国成为全球最大的动力电池需求市场。同时,为了促进国内动力电池企业的发展,国内实行了动力电池"白名单制度",该制度为国内锂电池企业的发展赢得了宝贵时间,同时凭借国内动力电池装车规模的迅速增长以及补贴政策的扶持,使我国锂离子电池在全球的市场占有率显著提升,全球前十大动力电池市占率企业排名中中国企业占据6席。其中,宁德时代在2022年国内动力电池的装车占比高达48.2%,比亚迪紧随其后占比23.45%,而中航创新、国轩高科、欣旺达等一众国产电池厂商的装车占比则全部为个位数。当然,汽车制造商也开始意识到了头部电池企业对其供应的束缚,于是很多车企将目光转向了二线电池生产企业,着手拓展其电池供应来源。2020年5月,大众汽车(中国)正式入股国轩高科,戴姆勒7月份宣布与孚能科技深化战略合作。此外,万向一二三、亿纬锂能、蜂巢能源等企业也快速进入跨国车企的供应链中。未来,二线电池厂商或许会随绑定车企的电动车型放量从而在市占率位次上发生变化,但短期内头部企业凭借其优势地位造成的份额集中趋势仍旧不会改变。

国内市场另一大变化是,由于电动汽车市场补贴政策的逐年退坡,成本问题开始成为左右国内电动汽车市场的重要因素,如何降低电池制造成本成为电池厂商们现阶段主要布局的方向。磷酸铁锂电池较三元锂电池能量密度较低、有效续驶里程偏短,在之前的补贴政策下一直处于市场弱势地位。但其在安全性能、循环使用寿命和最重要的成本方面有较大优势,而且磷酸铁锂电池在经过宁德时代CTP(Cell to Pack)技术和比亚迪刀片电池等技术创新加持后,电池的能量密度、稳定性有所增加,成本进一步下降,磷酸铁锂电池开始重新获得市场认可。随着五菱宏光MINI、特斯拉Model 3、特斯拉Model Y、比亚迪汉、长安奔奔、奇瑞eQ1、小鹏P7等一众热销车型推出搭载磷酸铁锂电池的版本,使得磷酸铁锂电池的市场占比稳步提高,呈现出快速增长的新趋势(图5-16)。

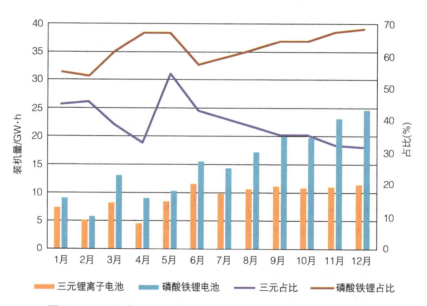

图5-16 2022年1—12月国内三元电池、磷酸铁锂电池装机量

数据来源:中国汽车动力电池产业创新联盟。

新技术开发方面,工信部的第348批新车公示中,蔚来新车ET7搭载了混合材料组成的电池包。所谓混合材料电池包,就是将三元锂电池和磷酸铁锂电池模组串联起来,共同集成在同一个电池包内,从而构成了双体系电池系统。两种电池材料均来自宁德时代全资子公司江苏时代,蔚来则负责电池包系统的设计和混包电池管理技术的开发。这种新型混合电池包中两种材料的电池比例可以是不固定的,能够根据实际需求灵活搭配,要想降低成本,只需要提高磷酸铁锂电池的比重即可,这也为未来车载动力电池的发展提供了新的思路。除了价格因素外,突破现有硬壳方形电池和传统1865、2170电池的能量密度限制,有效提升电动汽车续驶里程也是众多国内电池厂商进行产品开发的重点。软包电池和4680型电池便是现阶段厂商发力的两个关键方向。此前,软包电池领域一直是日韩企业主导。而随着我国新能源汽车补贴的逐步退坡,电动汽车将完全由"市场驱动",软包电池凭借其优异的性能,已经得到了海外电动汽车市场的认可，接下来在国内市场也会迎来一波发展的契机。在这一趋势下，国内软包电池厂商如亿纬锂能、孚能科技、远景AESC、万向一二三等纷纷开始放量，宁德时代、国轩高科等非软包电池企业也在积极布局相关电池项目。大圆柱电池领域，受到特斯拉品牌带动效应的影响，4680型电池也成为各大电池厂商竞相角逐的热点，如果能进入特斯拉的4680电池供应链，那么对于电池企业无疑是一次"打破格局"的好机会。目前，国内的宁德时代、亿纬锂能和比克电池都开始积极布局或者已经布局了4680型电池的研发、生产。

5.1.7.3 发展趋势及建议

在技术发展领域，从比能量和比功率、安全性、电池寿命以及成本控制四个方面入手，开发适应未来电动汽车需求的电池体系：一方面要在现有电池材料体系下优化和提升高容量材料的功率性能，开发长寿命的正负极材料、提升电解液纯度、开发新添加剂、新隔膜和电极安全涂层，保障电池长寿命下的安全性需求，并不断优化电池的设计和生产工艺，有效降低电池制造成本；另一方面要注重固态电池等新结构电池的研发，重点突破固液电解质结合技术以及固液界面的优化，并且为新的电池结构和材料体系的生产做好工艺准备。力争在2030年将电池的单体性能提升至比能量为300W·h/kg、比功率为1500W/kg、寿命为5000次循环、成本为0.8元/W·h。

市场开发领域要注重电动汽车生态链的建设，瞄准电动汽车推广过程中的产业痛点进行技术的布局。首先，做好配套充电技术的开发工作，针对大功率快速充电技术所需的电力配套设施、电池等进行技术和产业布局；其次，探索电动汽车换电模式的技术和产业路径，开辟电动汽车推广新的市场业态；最后，重视电池梯次回收利用技术的开发，做好电动汽车全周期闭环式经营，有效回应全球环境治理大背景下的产业发展诉求。

产业链发展上，要努力实现国内企业对上下游全产业链的布局，特别是对于上游资源原料等的布局，要上升到产业和国家发展战略的高度。此外，随着补贴政策的退坡以及国外电池巨头的冲击，要加快提升国内电池企业参与国际竞争、开辟国际市场的能力。未来电池企业与电动汽车制造企业的深度融合将是必然趋势，如何顺应这一趋势找准自身定位，也是未来国内电池企业进行产业链延伸必须要考虑的事情。

5.2 燃料电池

5.2.1 燃料电池概述

5.2.1.1 燃料电池简介及分类

氢能，被誉为21世纪最具发展前景的清洁能源，而燃料电池是氢理想的转化装置，是氢能终端应用的关键技术。燃料电池又称电化学发电器，是以氢气、甲醇或者甲烷等为燃料，以空气中的氧气或纯氧作为氧化剂，在铂等贵金属催化剂作用下反应，把燃料的化学能转化为电能的装置，主要由双极板、气体扩散层、质子交换膜和辅助设备组成。它被称为继水力发电、热能发电和原子能发电后的第四种发电技术。燃料电池具有突出的优势：可以实现化学能到电能的一步转化，相比30%的传统发电效率，燃料电池的能量转化率可达50%以上；此外，燃料电池的排放反应物主要为水蒸气，清洁环保；最后，所用燃料具有普适性，多种燃料皆可作为其发电供给。

燃料电池主要分为质子交换膜燃料电池（PEMFC）、固体氧化物燃料电池（SOFC）、直接甲醇燃料电池（DMFC）、碱性燃料电池（AFC）、磷酸燃料电池（PAFC）和熔融碳酸盐燃料电池（MCFC）6类（表5-14）。其中质子交换膜燃料电池作为第五代燃料电池，具有功率密度高、能量转换效率高、工作温度低和启动快速等优点，是非常有潜力的汽车动力源，近年来已成为电化学和能源科学领域中的研究热点。

质子交换膜燃料电池的"心脏"是电堆，其结构包含膜电极、双极板和外壳，膜电极又由质子交换膜、催化剂和气体扩散层组成。其工作机理为阳极的氢气和阴极的氧气分别进入反应室两侧，经气体扩散层传递至催化剂层表面，被催化剂分解为氢离子、电子和氧离子，氢离子与水结合形成水合氢离子穿过质子交换膜并与阴极侧的氧离子复合形成水，电子通过外电路从阳极到达阴极从而使外部负载进行工作，如图5-17所示。在此过程中，质子交换膜、催化剂、气体扩散层以及双极板分别扮演着重要的角色，是整个燃料电池的核心组件。

5.2.1.2 燃料电池在汽车上的应用

研究表明，燃料电池技术有望大规模应用在汽车、便携式发电和固定发电站等领域，同时也可作为航空航天飞行器、船舶推进系统的技术备选路线。目前燃料电池技术还面临低生产成本（质子交换膜、催化剂等关键材料）、结构紧凑性、耐久性及寿命等挑战。美国能源部燃料电池技术项目研究认为，燃料电池汽车（FCV）是减少温室气体排放、降低传统石油使用量的有效路径，随着技术发展，全产业生产成本和氢燃料成本将与其他类型车辆及燃料持平。优化控制系统、开发催化剂及其耐蚀性载体等新型材料，是提高系统耐久性和寿命，进而促进氢燃料电池技术大规模商业化应用的有效路径。

应用在汽车上的氢燃料电池动力系统可以简单概括为：用氢气储能，用燃料电池电堆发电，用电机驱动。因此，氢燃料电池汽车相比传统燃油汽车及锂离子电池汽车具备能量密度高、补充能量快、行驶安静平顺三大优势。燃料电池汽车主要部件构成如图 5-18 所示。

表 5-14 燃料电池分类简介

名称	电解质	传导离子	燃料	氧化剂	催化剂	电效率	应用领域
质子交换膜燃料电池（PEMFC）	全氟磺酸型固体聚合物	H^+	氢或净化重整气	空气或纯氧	Pt/C 或 Pt-Ru/C	43%~58%	电动汽车、潜艇推动、可移动动力源
固体氧化物燃料电池（SOFC）	氧化钇、稳定的氧化锆	O^{2-}	净化煤气或天然气	空气	—	50%~65%	区域性供电、联合循环发电
直接甲醇燃料电池（DMFC）	全氟磺酸型固体聚合物	H^+	甲醇	空气	Pt/C	40%	移动电话、单兵电源
碱性燃料电池（AFC）	氢氧化钾溶液	OH^-	A 型：纯氢 B 型：N_2H_4 分解气	A 型：纯氧 B 型：空气	多种	60%~90%	航天、特殊地面应用
磷酸燃料电池（PAFC）	浸有浓 H_3PO_4 的 SiC 微孔膜	H^+	天然气重整气体	空气	Pt/C	37%~42%	特殊需求、区域性供电
熔融碳酸盐燃料电池（MCFC）	浸有 K、Li 的 $LiAlO_2$ 隔膜	CO_3^{2-}	净化煤气或天然气	空气	雷尼镍 氧化镍	>50%	区域性供电

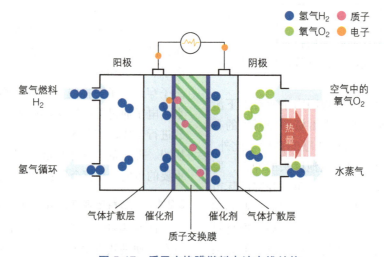

图 5-17 质子交换膜燃料电池电堆结构

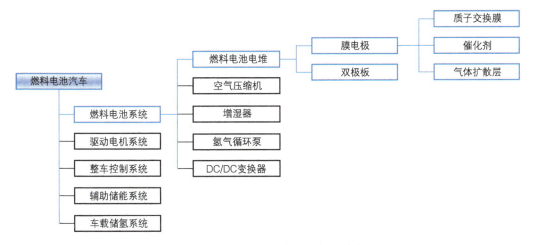

图 5-18 燃料电池汽车主要部件构成

早期燃料电池的应用主要集中在潜艇、航天等特殊领域,且技术已相对成熟,而民用领域主要包括固定电站、备用电源领域、交通运输领域和便携式领域四大类,近年来受益于各国政策支持,燃料电池汽车技术取得了较大突破,有效推动了燃料电池汽车产业化进程。第一辆燃料电池概念汽车诞生于 1966 年,1994 年部分汽车商开始进入燃料电池汽车领域。但是由于技术成熟度的限制,在 2000 年以前,燃料电池汽车一直处于试验及技术改进阶段。2005 年以后,戴姆勒和本田相继推出续驶里程超过 400km 的燃料电池汽车,整个产业发展进入新阶段。2008 年,本田 FCX Clarity 在美国加州采用租售方式推广,标志着燃料电池汽车开始商业化。2015 年,丰田、本田、现代开始量产 FCV。

从全球来看,目前燃料电池汽车生产主要集中在日韩企业。随着日产、本田相继退出燃料电池汽车生产,日本的丰田及韩国现代是燃料电池汽车生产的主力军。此外,德国巨头戴姆勒聚焦于燃料电池货车,奔驰则计划小批量生产乘用车型。反观国内,上汽、长城等车企已经发布有关氢燃料电池汽车的战略规划,广汽、海马等车企也在积极布局。

燃料电池汽车市场方面,据市场分析机构预测,全球燃料电池汽车市场将从 2021 年的 20168 辆增至 2028 年的 596255 辆,复合年增长率达 62.2%。从国内来看,2022 年全年,中国燃料电池汽车产量为 3626 辆,销量为 3367 辆,同比增长 112.2%,保有量达到 12306 辆。

政策的推动将是未来燃料电池汽车产业发展的重要因素。近年来,我国陆续出台了多个政策激励燃料电池产业发展。2020 年下半年,财政部、工业和信息化部、科技部、发展改革委、国家能源局五部门发布了《关于开展燃料电池汽车示范应用的通知》,提出建立燃料电池汽车示范应用城市群,目前京津冀、长三角、珠三角三个城市群作为首批示范应用城市群建设已获得批复。2020 年 10 月,《节能与新能源汽车技术路线图 2.0》发布,提出 2030—2035 年实现氢能及燃料电池汽车的大规模应用,燃料电池汽车保有量达 100 万辆左右。同年 11 月,国务院办公厅正式下发的《新能源汽车产业发展规划(2021—2035 年)》,提出到 2035 年燃料电池汽车实现商业化应用。这也预示着未来几年,氢燃料电池汽车产业链将从基础材料、技术工艺、装备及市场配套等方面逐步完善,成为新能源汽车市场的三大支柱产业之一。中国燃料电池汽车产销量对比如图 5-19 所示。

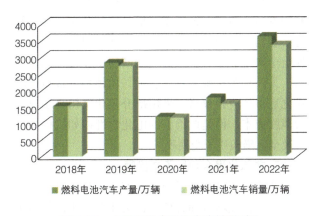

图 5-19 中国燃料电池汽车产销量对比

注:数据来源于中国汽车工业协会。

5.2.2 质子交换膜

5.2.2.1 质子交换膜简介及分类

质子交换膜（Proton Exchange Membrane，PEM）作为质子交换膜燃料电池的核心材料，成本通常占到燃料电池堆总成本的11%左右。其性能特征与燃料电池的输出性能密切相关，且直接影响燃料电池的使用寿命。理想的质子交换膜应具有质子传导能力和化学稳定性良好、气体渗透率低、机械强度高、可加工性强以及成本低廉等特点。

根据氟含量的不同，可以将质子交换膜分为全氟磺酸质子交换膜、部分氟化聚合物质子交换膜、非氟化聚合物质子交换膜、复合质子交换膜四类。各类型质子交换膜对比及对应产品见表5-15。

表5-15 各类型质子交换膜对比及对应产品

质子交换膜类型	优点	缺点	代表企业及产品
全氟磺酸质子交换膜	机械强度高；化学稳定性好；湿度大的条件下电导率高；低温条件下电流密度大，质子传导电阻小	高温条件易降解，质子传导性降低；单体合成难度大，成本高	杜邦（美国）Nafion系列 陶氏化学（美国）Xus-B204膜 旭化成（日本）Alciplex系列 旭硝子（日本）Flemion和氯工程C系列 巴拉德（加拿大）BAM膜 东岳（中国）DF988、DF2801膜
部分氟化聚合物质子交换膜	工作效率高；单电池寿命高；成本低	氧溶解度低	巴拉德（加拿大）BAM3G膜
非氟化聚合物质子交换膜	环境污染小；成本低	化学稳定性较差；高质子传导性和良好的力学性能难以兼顾	DAIS（美国）磺化苯乙烯-丁二烯/苯乙烯嵌段共聚物膜（研制）
复合质子交换膜	电导率较高；具备特殊功能	制备工艺有待进一步完善	戈尔（美国）Gore-select® 增强膜

1. 全氟磺酸质子交换膜

全氟磺酸树脂是制备该种质子交换膜最常用的材料，主要由四氟乙烯和全氟乙烯基醚共聚制备而成。由于全氟磺酸树脂分子主链具有聚四氟乙烯（PTFE）结构，因而带来优秀的热稳定性、化学稳定性和较高的力学强度。全氟磺酸质子交换膜是最先实现产业化，并且应用最为广泛的质子交换膜。

2. 部分氟化聚合物质子交换膜

部分氟化主要体现在用氟化物代替氟树脂，或者是用氟化物与无机或其他非氟化物共混。这有利于在燃料电池苛刻的氧化环境下保证质子交换膜的使用寿命。质子交换基团一般是磺酸基团，部分氟化聚合物质子交换膜通常有两种基团引入方式：一种是全氟主链聚合，带有磺酸基的单体接枝到主链上；另一种是全氟主链聚合后，单体侧链接枝，经磺化后单体直接聚合。采用部分氟化结构会明显降低薄膜成本，但是此类膜的电化学性能如机械强度不及全氟磺酸质子交换膜。

3. 非氟化聚合物质子交换膜

非氟化聚合物质子交换膜实质上是碳氢聚合物膜，它不仅成本低而且环境污染相对较小，是质子交换膜发展的一大趋势。无氟化烃类聚合物膜用于燃料电池的主要问题是它的化学稳定性较差，目前具有优良的热和化学稳定性的高聚物很多，如聚苯醚、芳香聚酯、聚苯并咪唑、聚酰亚胺、聚砜、聚酮等，其关键在于如何将它们经过质子化处理用于质子交换膜燃料电池。

4. 复合质子交换膜

复合质子交换膜是为解决全氟磺酸质子交换膜原材料合成难度高、制备工艺复杂、成本高等问题而开发的。因此，复合质子交换膜主要是通过掺杂、共混等不同的复合改性手段对全氟磺酸质子交换膜进行性能优化。改性后制得的复合膜不仅改善了原有膜的性质，达到节约材料、降低成本等目标，还赋予它们一些特殊功能。目前，复合质子交换膜主要包括机械增强型质子交换膜、高温质子交换膜以及自增湿型质子交换膜。

目前全球质子交换膜市场形成美日垄断的局面，国内主要依赖进口，处于受限于人的被动状态。全氟质子交换膜是最先实现产业化，并且应用最为广泛的质子交换膜。目前市面销售的全氟磺酸质子交换膜大部分为杜邦公司[现产品属于科慕（Chemours）]的Nafion系列，当前全球商业化的全氟质子交换膜几乎都是以Nafion结构为基础。占据市场重要地位的企业还包括日本旭化成、日本旭硝子、比利时索尔维（Solvay）等（表5-16）。国内方面，尚且只有东岳集团可规模化生产全氟磺酸质子交换膜产品。

随着复合质子交换膜的诞生，美国戈尔（Gore）开始逐渐占据最大的市场份额，成为质子交换膜领域新的领军者。在车用氢燃料电池质子交换膜市场中，国内生产的膜电极中多数使用 Gore 的增强复合膜，2019 年市占比达 90% 以上。随着戈尔 15μm 膜的停产，转为只提供 12μm、8μm 膜，同时其实验室还储备了 5μm 乃至更薄膜的技术能力。目前国内江苏科润也正在为批量化生产燃料电池复合质子交换膜做积极准备。

表 5-16 国外主要商品化质子交换膜的基本性能

制造商	产品型号	EW/（g/mol）	膜厚度/μm	电导率/（S/cm）
戈尔	Gore-Select®	1100	20	0.05
戈尔	Gore-Select®	900	12	0.10
戈尔	Gore-Select®	1100	5	0.03
杜邦	Nafion112	1100	60	0.10
杜邦	Nafion115	1100	34	0.06
杜邦	Nafion117	1100	37	0.11
旭化成	Aciplex-S	1000	43	0.11
索尔维	Aquivion®E98-05S	980	50	0.16

注：EW 是指当量重量，即 1mol 磺酸基团的树脂质量。

5.2.2.2 质子交换膜制备技术

全氟磺酸质子交换膜是当前世界上主流的质子交换膜，复合质子交换膜是过去数十年间质子交换膜领域最重要的技术进步。因此，本节主要介绍全氟磺酸膜及以全氟磺酸膜为基础的复合质子交换膜的典型制备工艺。

1. 全氟磺酸质子交换膜挤出成形工艺

全氟磺酸质子交换膜的挤出成形工艺可细分为熔融挤出成形和凝胶挤出成形，其中，熔融挤出成形工艺具有厚度均匀、生产效率高、树脂熔融时破坏程度小、产品质量稳定等优点。其工艺过程主要包括三个部分：全氟磺酰氟树脂（PFSR）挤出造粒、全氟磺酰氟薄膜制备和全氟磺酰氟薄膜的转型。具体制备流程如图 5-20 所示。

2. 全氟磺酸质子交换膜溶液浇铸成形工艺

溶液浇铸成形工艺是在常压下将树脂溶液注入固有模具，将溶液加热挥发后制备成膜。该方法的优点是成本较低且操作简单可控，是目前国内科研机构普遍使用的方法，但存在所制膜厚均匀性较差的缺点。此工艺过程主要包括四个部分：全氟磺酸钠盐树脂溶液配制、钢带流延成形、溶剂挥发和质子膜转型干燥。具体制备流程如图 5-21 所示。

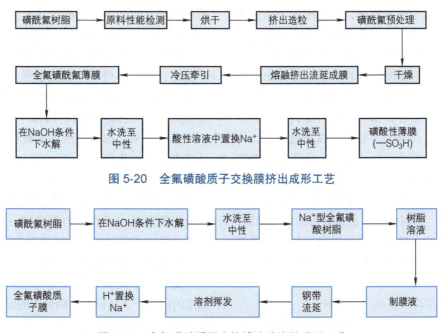

图 5-20 全氟磺酸质子交换膜挤出成形工艺

图 5-21 全氟磺酸质子交换膜溶液浇铸成形工艺

3. 复合质子交换膜复合成形工艺

复合质子交换膜通过引入其他材料改善全氟磺酸质子膜性能。目前产业上常使用聚四氟乙烯多孔材料减少PFSR的用量，达到力学性能提升和成本降低的效果。溶液复合成形工艺是其中一种较为典型的制备工艺，溶液与其他材料的复合通常利用浸没、涂布、喷涂等方法，产品复合后再进行干燥成膜。具体制备流程如图5-22所示。

5.2.2.3 质子交换膜技术问题分析

尽管东岳集团的技术突破和产业布局让国内质子交换膜产业发展看到国产替代的希望，但国内仍面临着短期难以破解的困局。当前国内企业产品比较单一，不能满足各种燃料电池对膜的细分需求。究其原因，国内质子交换膜技术发展还是主要受到制膜原材料自给率不足和工艺水平欠缺的限制。

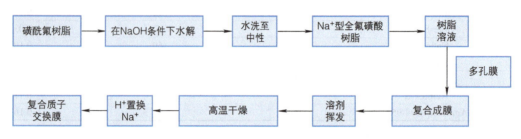

图5-22　复合质子交换膜复合成形工艺

1. 国内高端氟材料研发和产业化水平有待进一步提升

高端有机氟材料是新材料领域重要的发展方向之一，而且对传统材料产业技术升级有着重要意义。全氟磺酸树脂是质子交换膜的重要原材料，但目前国内也仅有东岳集团凭借其完整的氟化工产业链优势，研发生产出了专用于质子交换膜的全氟磺酸树脂，大部分的市场仍然被国外厂商所占据。因此，国内在制膜所需的高端氟材料方面还不能做到自给自足，这将影响国内质子交换膜技术的革新。

（1）短支链氟材料

燃料电池是一个开放系统，处于电压不断变化的氧化环境，酸度比硫酸还要高出很多，身处其中的质子交换膜极容易被腐蚀，氟离子会随着电池的运行不断流失，这对交换膜材料的稳定性提出了极高的要求。此外，全氟的高分子材料有非常多的种类，各种可成膜的聚合物都可以作为原料。从分子结构来看，氟化聚合物的链如果可以再短一点，传导质子的"基团"就会增加，此外，分子结构中间的氟也都可以带上支链增加质子传导的通道，这将是全氟质子膜的发展方向。未来燃料电池堆可实现更大的功率密度，达到8kW/L也是有可能的。然而，目前国内生产的短支链全氟磺酸树脂化学稳定性等性能方面与国际先进水平仍存在较大差距，尚不能满足应用需求。

（2）高性能聚四氟乙烯微孔材料

微孔聚四氟乙烯作为质子交换膜制备的重要原材料，其性能优劣会直接影响到成品膜的性能。用于高性能质子交换膜的微孔聚四氟乙烯材料需要具备高强度和高孔隙均匀性，因此需要性能优异的超高分子量聚四氟乙烯作为原材料。聚四氟乙烯微孔材料由美国Gore公司于1976年首先研制成功，随后日本、德国、瑞士等国家开始争相研制。目前国际上比较成熟的制备方法是拉伸成孔法，需将聚四氟乙烯树脂与助剂以一定比例混合均匀获得糊料后，将糊料放入模具配合适当的压力、速度和技术温度将坯挤出，压延成膜后在加热条件下拉伸制得。整个工艺流程复杂，参数要求精密，要获得孔径均匀、孔隙率高的膜难度非常大。反观国内，原材料方面，超高分子量聚四氟乙烯的分子量大小以及分子量均匀性尚无法对标国际水平；制备工艺方面，国内的多孔聚四氟乙烯大部分是针对服装产业和环保产业开发的，产品多处于中低端水平，高端多孔制品比例非常低，现有的设备和工艺控制水平均难以满足高性能聚四氟乙烯微孔材料制备。

总体看来，国内目前高端氟材料整体产业化水平还有待进一步提升，这主要是由于氟材料的合成研发困难较大、工艺路线复杂、工艺条件的验证耗时也长，企业很难在短期内取得成果，这使得一些企业不愿涉足也没有能力涉足这一领域，这在一定程度上阻碍了我国相关领域的产业化进展问题。

2. 制膜工艺仍然存在差距

复合质子交换膜最大的优点是在不影响寿命和强度的前提下，可以有效降低膜的厚度，同时也可以改善全氟磺酸膜吸水后的膨胀问题。首先，膜的厚度降低可以减少电池内阻，增强电池性能；其次，降低膜吸水后的膨胀尺寸，有助于延长膜的使用寿命。但是，复合质子交换膜的制备工艺相对复杂，工艺控制节点非常多。复合膜的制备除了要求传统制膜工艺如流延、双向拉伸之外，聚四氟乙烯多孔膜与磺酸树脂进行复合时，如何保证两种材料复合界面的强度以及磺酸树脂在聚四氟乙烯多孔材料中浸润，都需要严格的工艺控制。因此，保证性能的前提下对膜厚度进行控制，也体现了制膜的工艺水平。

5.2.3 催化剂

5.2.3.1 催化剂简介及分类

催化剂作为燃料电池膜电极中的重要组成部分，能够降低电极反应的活化能，加速电化学反应速率，决定着燃料电池的效率和寿命，也是电池成本的重要控制因素，被誉为燃料电池的"心脏"。膜电极中的催化剂层分为阳极催化剂层和阴极催化剂层，氢气和氧气分别在阳极催化剂和阴极催化剂的作用下发生氧化还原反应，其中阴极氧化还原反应比较复杂、缓慢，是燃料电池全反应的速控步骤，因此阴极一侧的催化剂用量通常需要占到膜电极中催化剂总用量的 80%～90%。

按照材料的不同，燃料电池催化剂可分为铂（Pt）系金属催化剂和非铂催化剂（表 5-17）。铂能够长期承受燃料电池内部的复杂化学环境和高电流密度，同时可以足够稳定地使氢和氧以最佳速率进行反应，并且还具有良好的分子吸附、离解特性，是目前为止最理想也是唯一商业化的催化剂材料。非铂催化剂虽然在成本方面具有一定的优势，但在催化活性及稳定性等方面与铂系金属催化剂还存在一定的差距，限制了其商业化应用。当前最常用的商用催化剂是以铂碳（Pt/C）为代表的铂系金属催化剂，但铂存在价格昂贵、储量有限和易中毒等缺点。因此，提高铂催化剂活性、降低铂的用量以及开发非铂催化剂一直是国内外研究的热点。

表 5-17 催化剂分类

	分类	定义	特点
铂系金属催化剂	Pt 合金催化剂	Pt 与过渡金属合金催化剂，包括 Pt-Co/C、Pt-Fe/C、Pt-Ni/C 等二元合金催化剂	利用过渡金属催化剂对 Pt 的电子与几何效应，提高其稳定性和质量比活性，降低 Pt 用量
	Pt 单原子层催化剂	Pt 单原子层的核壳结构催化剂	有效降低 Pt 用量，提高 Pt 催化剂的利用率，同时改善催化剂的氧还原性能
	Pt 核壳催化剂	非 Pt 材料为支撑核、贵金属为表面壳的结构	可降低 Pt 用量，提高质量比活性 3～4 倍
	Pt 纳米管电催化剂	有序碳层上的单晶 Pt 纳米线规则的 Pt 纳米晶等	催化活性高，碳载体耐久性好，对于 Pt 溶解核膜化学侵蚀的损耗更小
非铂催化剂	非贵金属催化剂	主要有过渡金属原子簇合物、过渡金属氮化物和碳化物	降低成本，过渡金属-氮-碳化合物具有优异的催化活性
	钯基催化剂	使用金属钯代替 Pt	钯储量丰富，价格便宜，但催化活性不及 Pt 催化剂
	非金属催化剂	各种杂原子掺杂的纳米碳材料，包括硼掺杂、氮掺杂、磷掺杂等	碳材料掺杂后能提升氧还原催化活性，但稳定性方面较 Pt 基催化剂仍有很大差距

燃料电池催化剂市场主要被国外企业占据，代表企业有日本的田中贵金属（Tanaka）、科特拉（Cataler）和日清纺（Nisshinbo），以及英国的 Johnson Matthey、比利时的优美科（Umicore）和美国的 3M 公司。其中 Johnson Matthey 公司长期领跑催化剂的制造，是目前全球最大和最专业的燃料电池贵金属催化剂的生产厂家。2021 年 4 月，优美科和英美资源集团达成了研发合作协议，共同为用于燃料电池电动汽车和其他移动应用的液态有机氢载体（LOHC）开发新的基于铂族金属的催化剂。

国内现有燃料电池催化剂生产企业 10 多家，重点企业有武汉喜马拉雅、南京东焱、苏州擎动科技和贵研铂业等。武汉喜马拉雅联合清华大学经过多年研制，成功开发了燃料电池纳米负载型催化剂，并首创了管道均质连续化管道微波合成生产工艺，突破了国产催化剂的量产技术，日产能达到 1200g。擎动科技的膜电极采用碳纳米管薄膜担载的铂八面体合金催化剂，一次性解决了膜电极贵金属用量大、使用寿命短、性能不足的三大缺点，具有极大的技术优势。

部分国内外企业的催化剂产品信息见表 5-18。

表 5-18　部分国内外企业的催化剂产品信息

公司名称	产品信息
Johnson Matthey	产品包括 HIFUEL® 贱金属催化剂和 HIFUEL® 贵金属催化剂
Tanaka	生产 Pt/C 催化剂、PtRu/C 催化剂（Pt/Ru 摩尔比：1∶1、1∶1.5、1∶2）
日清纺	用碳合金催化剂代替铂催化剂来降低燃料电池成本，实现了无铂燃料电池催化剂的商业化
科特拉	与丰田汽车共同开发了 PtCo/C 催化剂，应用于世界首款量产燃料电池汽车 Mirai
Umicore	Pt/C 阴极催化剂（Pt 含量 50%、20%）、PtCo/C 阴极催化剂（Pt/Co 含量为 50%、30%）、Pt/C 阳极催化剂（Pt 含量 50%、20%）、IrO_2 阳极催化剂（Ir 含量为 75%）
3M	生产 PtCoMn 和 PtNi NSTF 催化剂
武汉喜马拉雅	Pt/C 催化剂，颗粒尺寸一般在 3～5nm 之间，电化学活性面积可达 90m^2/g（质量分数为 60% 的 Pt/C 催化剂），铂含量为 68%～71.2%
擎动科技	Pt/C 催化剂（Pt 含量 60%、40%），高催化活性，质量比活性可达传统 Pt/C 的 4 倍以上

5.2.3.2　催化剂膜电极制备技术

在燃料电池的发展进程中，膜电极的制备工艺经历了三代革新，大体上可分为气体扩散电极（Gas Diffusion Electrode，GDE）型膜电极、催化剂涂覆膜（Catalyst Coated Membrane，CCM）型膜电极和有序化膜电极制备技术。最先出现的工艺是 GDE 热压法，方法简单，但制备的膜电极整体性能不佳，目前已经基本被淘汰。第二代 CCM 三合一技术制备的膜电极综合性能较好，是目前工业上最常用的方法。有序化膜电极是第三代膜电极制备技术的主攻方向，目前只有 3M 公司实现了该技术的商业化。

1. GDE 型膜电极

GDE 型膜电极是将催化剂浆料涂覆到气体扩散层上，构成阳极催化层和阴极催化层，然后再将其与质子交换膜通过热压方式结合在一起形成 GDE 结构的膜电极（图 5-23）。该方法的催化剂利用率低，仅有 10%～20%，并且由于催化剂与质子交换膜的膨胀系数不同，容易导致两者的结合度不好，制备的膜电极整体性能不佳，目前该工艺已很少使用。

图 5-23　GDE 型膜电极制备技术路线

2. CCM 型膜电极

CCM 型膜电极是用卷对卷直接涂布、喷涂、转印、化学沉积法、电化学沉积法、物理溅射沉积法、干粉喷射法等方法直接将催化剂涂布到质子交换膜的两侧，即可制得膜电极（图 5-24）。CCM 方法较为简便，能紧密结合电极催化层和膜，避免了催化层和膜的剥离，并且能大幅降低膜电极成本，提高催化剂利用率，是目前应用最为广泛的制备技术。

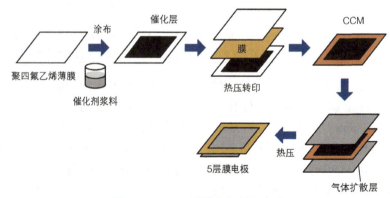

图 5-24　CCM 型膜电极制备方法

3. 有序化膜电极

有序化膜电极通过构建三维多孔有序电极结构，实现反应气体和反应产物的高效输运，有助于提高催化剂利用率，全面提升膜电极和燃料电池的性能。根据多相物质传输通道，可将有序化膜电极分为基于催化剂载体的有序化膜电极、基于催化剂的有序化膜电极和基于质子导体的有序化膜电极。3M公司研发的纳米结构薄膜（NSTF）电极以有序的有机晶须作为催化剂载体，晶须被涂覆在微结构衬底上，在晶须表面通过物理气相沉积溅射铂作为催化层，形成一层铂合金薄膜（图5-25）。

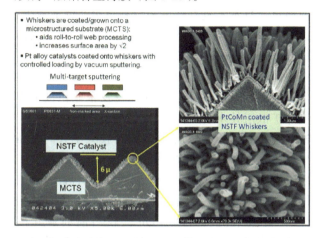

图5-25　3M公司有序化膜电极的扫描电镜图

5.2.3.3　催化剂技术问题分析

发展至今，我国催化剂产品刚刚实现小规模的量产，生产技术有待提高，国内市场主要掌握在Johnson Matthey、Tanaka等国外企业手中。要实现国内燃料电池的大规模产业化，还需尽快解决催化剂的成本及供应难题。

1. 铂纳米颗粒尺寸难以控制，无法确保产品质量

3~5nm铂纳米颗粒的表面能非常大，极易团聚，从而导致产品分散性不好影响膜电极性能。只有严格把控生产条件，才能生产出品质均一、稳定性好的催化剂产品。另外，铂金属的晶体结构决定了只有制备出具有最佳取向的催化剂产品，才能最大限度地提高铂的利用率。我国虽然实现了铂纳米催化剂的量产，但产品稳定性欠佳，还需对铂纳米颗粒的尺寸、结构进行精确控制，确保催化活性比表面积。

2. 碳载体稳定性欠佳，不能满足车用工况下的使用寿命

燃料电池运行过程中，较高的温度、压力、含氧量等环境条件容易造成催化剂碳载体的腐蚀，影响燃料电池的稳定性。国内对碳材料的研究基础非常薄弱，现有纳米多孔碳材料存在机械强度低、电导率低、开孔率低等诸多问题，迫切需要制备出表面积高和导电性更好的碳载体，通过提高碳载体的石墨化程度提升稳定性，以满足车用工况下的使用寿命。

3. 铂在碳载体上的分散性问题面临众多挑战

铂在碳载体上的高度分散是催化剂设计的重要因素，而国内在将铂以纳米形式高度分散在碳载体技术上还有待提高。影响铂催化剂分散性的因素有很多，包括碳载体的类型、疏水性、表面官能团、比表面积，以及催化剂的负载过程、碳载体的表面处理过程等。为了实现铂催化剂在碳载体上的高度分散，提高铂的利用率，降低铂用量，国内在催化剂设计和制备方面仍有待进一步展开深入研究。

4. 低铂化和非铂催化剂作为未来发展目标存在众多技术难题

为了达到商用要求，国内催化剂中铂含量普遍较高，铂载量大多在0.3~0.4g/kW之间，而国外燃料电池催化剂的铂载量在0.1~0.2g/kW之间。低铂、非铂催化剂作为解决燃料电池大规模商业化应用的有效方案，国内还需通过深入研究阴极氧化还原反应的反应路径和催化活性点，创新制备方案和表征技术等方式解决低铂、非铂催化剂的稳定性和催化活性难题。

5.2.4　气体扩散层

5.2.4.1　气体扩散层简介

气体扩散层（Gas Diffusion Layer，GDL）是质子交换膜燃料电池的重要组成部分，它被嵌于催化剂层和双极板之间，一方面为电极反应提供气体通道、排水通道以及有效的载流子通道等功能；另一方面可起到支撑催化剂、稳定电极结构的作用。其成本通常占到燃料电池堆总成本的13%左右。

气体扩散层由支撑层和微孔层组成。支撑层材料多为经过憎水处理的多孔碳纸或碳布，它是气体扩散层的核心部分，也是整个气体扩散层组成中技术壁垒最高的部分。微孔层通常由导电炭黑及憎水剂（常用聚四氟乙烯疏水树脂）构成，用于降低催化层和支撑层之间的接触电阻，促使反应气体和反应产生的水在流场与催化层之间实现均匀再分配，利于提升导电性能和电极性能。因此，气体扩散层的性能会直接影响到燃料电池的综合性能。性能优良的气体扩散层应满足以下要求：①良好的透气性能；②电阻率低，载流子传输能力强；③结构紧密且表面平整，降低接触电阻；④良好的机械强度，适当的刚性与柔性，确保电池结构长期稳定性；

⑤适当的憎水和亲水平衡，防止水分过多堵住扩散层孔隙而降低电池效率；⑥良好的化学稳定性和热稳定性；⑦制造成本低。

不同的气体扩散层材料对于电极的结构、制作工艺和电池性能有很大的影响。鉴于对气体扩散层的要求，选择合适的材料是制备气体扩散层的关键。目前，气体扩散层材料主要有碳纤维纸、碳纤维编织布、非织造布及炭黑纸等，也有一些金属材料，如金属海绵等。其中，碳纤维纸（简称碳纸）因主要原料为碳纤维，具备优异的导电性、化学稳定性和热稳定性，兼具制造工艺成熟、成本相对较低以及适于再加工等优点，成为气体扩散层材料的首选。碳纸类气体扩散层也因此成为目前市场上的主流产品。

从碳纸材料角度来看，全球范围内气体扩散层核心材料碳纸市场已形成寡头垄断现状，供应商主要有日本东丽（Toray）、德国西格里（SGL）及加拿大巴拉德（Ballard）三家。而就量产技术而言，全球气体扩散层量产技术发展整体还不够成熟，生产的一致性和成本问题还有待解决，尽管国外巨头已经实现产品自动化生产，但仍需从生产规模着手进一步实现产品高度稳定性和低成本双赢的目标。整体看来，国外气体扩散层材料虽然已经形成相对稳定的市场格局，但产品供应量的提高受到诸多因素的限制。东丽受到自身碳纸产能和供应量的限制，西格里从日本三菱获取的原材料供给在逐渐减少，巴拉德的剩余产能也固定供应给约商。因此，气体扩散层的市场价格已经出现上升趋势。

国内中南大学、武汉理工大学、北京化工大学、上海河森和安泰环境等高校及企业积极从事气体扩散层技术的相关研究，并已取得显著进展。2020年，北京化工大学与青岛科技大学共同制备出了一种具有分层孔隙的新型气体扩散层，提高了质子交换膜燃料电池在高电流密度下的性能。该气体扩散层的最高功率在100%湿度下可达1.24W/cm^2，极限电流为3500A/cm^2，较当前商业化的GDL性能上有明显进步。因此，国内碳纸虽已具备相对成熟的技术基础，但因规模化生产能力不足，仍未摆脱被垄断的现状。国内外碳纸基本性能对比见表5-19。

表5-19 国内外碳纸基本性能对比

生产厂家	产品型号	厚度/mm	密度/(g/cm^3)	孔隙率(%)	透气率/[mL·mm/(cm^2·h·mmHg)]	电阻率/$m\Omega \cdot cm$	抗拉强度/MPa	抗弯强度/MPa
日本东丽	TGP-H-060	0.19	0.44	78	1900	5.8	50	40
	TGP-H-090	0.28	0.44	78	1700	5.6	70	40
	TGP-H-120	0.37	0.45	78	1500	4.7	90	40
中南大学		0.19		78	1883	5.9	50	—
国内厂商		—	—	78	2278	2.17	30.2	—

注：数据来源于日本东丽公司官方网站及燃料电池发动机工程技术研究中心。

5.2.4.2 气体扩散层制备技术

碳纸类气体扩散层制备的工艺流程为：碳纸材料的制备—聚四氟乙烯浸渍—微孔层涂层—焙烧。即首先制备支撑层材料碳纸，然后使用聚四氟乙烯对其进行憎水处理，再经微孔层涂覆和焙烧处理后，最终制成气体扩散层。在整个制备过程中，碳纸的制备工序对技术水平的要求最高，实现稳定量产的难度最大，这也是碳纸类气体扩散层技术的核心所在。

碳纸的制备工艺可分为干法和湿法，两种工艺各有所长。具体工艺介绍见表5-20。

表5-20 碳纤维纸制备工艺介绍

制备工艺	制备方法	优点
干法	利用气流制网工艺首先将碳纤维制成厚度可控、均匀的无纺布，进而经过催化炭化、石墨化等一系列处理后制成碳纤维纸	无须将碳纤维短切；成纸强度性能较好；规模化生产容易
湿法	将短切碳纤维均匀分散于水中，利用造纸技术和热黏结技术初步制成碳纤维网，再浸渍于热固性树脂中进行固化、石墨化处理后制成碳纤维纸	纤维分散性好，成纸具有良好且均匀的大量孔隙；可通过调节酚醛树脂的量控制孔隙率的大小，有利于制备多种实际需求的碳纤维纸

湿法制备碳纸的工艺流程如图5-26所示。

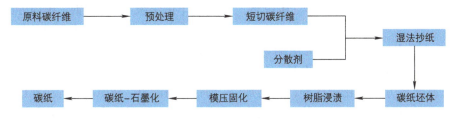

图5-26 湿法制备碳纸的工艺流程

5.2.4.3 气体扩散层技术问题分析

综合来看，国内在气体扩散层材料领域的技术探索已经有所建树，碳纸类材料的实验室技术可对标国际部分先进产品水平，但在实现产品规模化生产方面还有待发展。究其原因，国内气体扩散层产业化需要解决碳纸国产化和量产技术不成熟的难题，改善这一现状还需从原材料、设备以及量产技术多方面着手发力。

1. 高性能碳纸原材料自主供应链发展不完全，初级原材料难以摆脱进口依赖

目前已商业化的碳纸制备均使用高性能聚丙烯腈（PAN）基碳纤维作为原材料，尽管国内T800级、T1000级超高强度聚丙烯腈基碳纤维制备技术已经打破国际封锁，但从原材料角度来看，用于高性能碳纤维生产的聚丙烯腈原丝仍受制于人，国产聚丙烯腈原丝的性能还需要进一步提高。

聚丙烯腈原丝的制备过程中需要两种主要的聚合原料：丙烯腈和二甲基亚砜。两种原料的纯度直接影响聚合反应的难度及原丝的质量，故必须在聚合前通过离子交换的方法降低其中金属离子的含量，使之符合聚合的要求。但国内原材料的纯化技术水平不足，无法生产高纯度（99.95%）的初级原材料，因此目前无法完全自主制备高性能碳纤维所需的聚丙烯腈原丝，只能以高昂的价格进口。这也是间接导致国产高性能碳纸无法从根源上摆脱垄断的原因。

2. 国产石墨化设备难以满足高性能碳纸的工艺要求

碳纤维的石墨化过程是通过高温热处理（HTT）对原子重排及结构转变提供能量，使碳纤维结构趋向于理想的石墨结构，可有效提高碳纤维的拉伸模量，将普通碳纤维转变为高性能的增强材料。气体扩散层制备过程中的石墨化工序通常需要2000℃以上的高温，且该工序对石墨高温炉的温度一致性和气密性要求非常严苛。石墨化气氛稳定性不足会导致碳纸品质不佳，最终影响气体扩散层产品性能。而国内目前生产的石墨高温炉对这些参数的稳定控制还有所欠缺。因此，解决石墨化技术难题的关键在于研发高端量产制造装备，提升设备性能及运行参数稳定性。

3. 微观结构控制难度较大，量产产品一致性和稳定性难以保证

理想的气体扩散层结构，一方面需具备良好的气体透过率，维持电极高功率工作条件下的气体反应物供应；另一方面需拥有优异的多孔结构，可形成足够多的三相界面，保证膜电极将化学能转化为电能的能力。通过优化气体扩散层的孔隙结构，增加电化学反应场所，可有效提升膜电极的性能。气体扩散层从碳纸的制备、碳纸的憎水处理到微孔层的制备都会影响产品最终的多孔结构，尽管国内对气体扩散层的研究持续多年，但产品量产过程中微观结构中孔径分布及孔隙率的控制依然是较大的难点。

5.2.5 双极板

5.2.5.1 双极板简介及分类

在燃料电池中，双极板与膜电极交替层叠组成电堆，也是燃料电池的核心结构零部件之一。其主要作用是收集传导电流；将正负极气体均匀分配到气体扩散层；减少热量的产生，保持电池温场均匀，提高电池发电效率；为燃料电池结构单元提供机械支撑，保护膜电极；在保持一定机械强度和良好阻气作用的前提下，双极板厚度应尽可能薄，以减少对电流和热的传导阻力。

双极板材料可分为三大类：炭质材料、金属材料和复合材料。炭质材料包括石墨、模压炭材料等。石墨双极板具有低密度、良好的耐蚀性，可满足燃料电池长期稳定运行的要求；金属双极板材料包括铝、镍、钛及不锈钢等金属材料，这类材料强度高、韧性好，且具有良好的导电性和加工性能；复合双极板材料一般由高分子树脂基体和石墨等导电填料组成，复合双极板具有耐腐蚀、易成形、体积小、强度高等特点。

三种双极板中，人造石墨是最常用的极板材料，其生产技术难度较低，成品导电性、导热性、耐蚀性和气密性各方面都比较优异，但是加工时间成本高，大批量生产效率低。其主要供应商包括加拿大的巴拉德（Ballard），美国的步高石墨有限公司（POCO）、格拉夫技术国际控股有限公司（Graftech），日本的藤仓橡胶工业株式会社（Fujikura RubberLTD）和九州耐火炼瓦株式会社（Kyushu Refractories）。国内石墨双极板已实现国产化，制备工艺方面有一定突破。大多数企业采用精密的机械加工生产石墨双极板，加工费用高。国内代表性企业包括上海弘枫、中国神奇电碳等公司的产品性能已经达到美国能源部 DOE（2015 年）双极板性能参数指标。在 FCVC 2021 展会上，上海弘竣展示了超薄石墨板产品，这款产品通过浸渍工艺使石墨板减少了 95% 以上的孔隙率。

金属双极板具有易成形、极板轻薄、体积功率和重量功率密度高等优点，是目前双极板发展趋势之一。然而在含氧且酸性环境中，金属板面临严峻的腐蚀问题和界面接触问题，通常采用表面改性的方法提高使用寿命，这也使得成本上涨。当前的研发生产主力仍为欧、美、日等国企业。欧美方面，金属双极板主要供应商有瑞典 CelliMPact、德国 Dana、德国 Grabener、美国 Treadstone 等；日本主要有丰田纺织/神户制钢。国内方面，安泰环境已向加拿大著名燃料电池大厂巴拉德供货。国内金属双极板产品的研发和批量化制造技术在近年来取得重大进展，但多处于研发试制阶段，上海佑戈、上海治臻新能源、新源动力等企业已研制出车用燃料电池金属双极板，并尝试在电堆和整车中实际应用。2021 年 3 月 28 日，上海治臻位于常熟高新区的全资子公司——苏州治臻举行了年产千万片级金属极板产线投产仪式，该生产基地总投资达 2.6 亿元，全部达产后可以年产 1000 万片金属极板，成为当下全球最大金属极板生产基地。

复合材料双极板加工简单，成本较低，但是在导电性能和气密性方面两者很难平衡，以至于至今尚未广泛应用。其衍生产品膨胀石墨双极板是一种较为理想的双极板材料，也已在燃料电池市场成功应用。日本日清纺株式会社、美国格拉夫等公司都拥有自膨胀石墨双极板生产线，并都与巴拉德动力公司进行合作和研究。目前国际市场上，欧、美、日石墨、金属双极板整体较强，美、英复合材料双极板处于世界先进水平。国内新源动力开发的不锈钢/石墨复合双极板电堆已经应用于上汽大通 V80 轻型客车上，爱德曼氢能源的金属双极板电堆和系统应用于东风的物流系统。广东国鸿引进加拿大巴拉德膨胀石墨/树脂复合双极板生产技术，并实现批量生产。美国 DOE 双极板性能参数指标见表 5-21。

表 5-21 美国 DOE 双极板性能参数指标

性能	2015 年指标	2020 年目标
成本/（美元/kW）	7	3
重量/（kg/kW）	<0.4	0.4
氢气体透过率/（std·cm³/s·cm²·Pa）	0	$<1.3\times10^{-14}$
腐蚀阳极/（μA/cm²）	没有活跃峰值	<1，且没有活跃峰值
腐蚀阴极/（μA/cm²）	<0.1	<1
电导率/（S/cm）	>100	>100
面阻抗/（Ω·cm²）	0.006	<0.01
抗弯强度/MPa	>34（碳双极板）	>25
延伸率（%）	20~40	40

5.2.5.2 双极板制备技术

1. 石墨双极板

石墨是最早开发的双极板材料。与金属双极板、复合双极板相比，石墨双极板具有低密度、导电性高、耐蚀性强等特点，可以满足燃料电池长期稳定运行的要求。其工艺流程如图 5-27 所示。

石墨双极板要求低电阻和良好的气密性。石墨原材料的纯度不够可能会导致电阻升高，出现气孔缺陷增加等问题。对石墨板进行树脂浸渍，会增强极板的气密性，但会导致电阻增加，因此保持石墨双极板的良好气密性和维持低电阻是制备过程中的重要环节之一。

第5章 动力电池

```
碳粉/石墨粉
与可石墨化  →  机压成形  →  石墨化      →  石墨板浸渍  →  加工气体
的树脂混合                 (2200~       封孔           流道
                          2800℃)
```

图 5-27 双极板制备工艺流程

由于浸渍的石墨板脆性大，柔韧性差，加大了气体流道加工难度，因此机加工时可能会增加废品率，导致加工成本高；另一方面，在电堆装配过程中，如何平衡双极板所受压力、避免石墨双极板的破碎也是需要解决的一大重要问题。

2. 金属双极板

金属双极板一般采用不锈钢、钛（钛合金）、铝合金等材料。金属双极板成形方法有塑性成形技术、液态成形技术和特种加工技术。日本、欧洲等公司已具备成熟的冲压、液压以及高速热成形工艺。

不锈钢双极板通常采用304、316L 不锈钢作为基体材料，成本低，易于加工。工业上多采用在板材上冲压、焊接或者电化学刻蚀的方法加工而成（表5-22）。

表 5-22 不锈钢双极板制备工艺

分类	工艺流程	优点	缺点
通过冲压焊接的方式制备	涂层→冲压→焊接：先对不锈钢板进行批量化涂层处理，然后进行冲压（类似水电镀接插件的工艺），完成后通过激光进行焊接	成本低，适合大批量生产	要求涂层具备非常好的塑性，在冲压过程中不会被破坏，对涂层性能要求高；由于极板表面有涂层，对焊接工艺有较高要求
	冲压→焊接→涂层：最常用的金属双极板加工工艺	对涂层性能塑性要求不高，可以保证涂层的完整性	批量化生产效率一般
	冲压→涂层→焊接：该工艺经常应用于对双极板导电性能要求极高的电堆上	导电性能较好	成本翻倍，由于极板表面有涂层，对焊接工艺有较高要求
通过电化学刻蚀流场的方式直接制备而成	—	不需要进行焊接，镀膜后可以直接使用；流场成形不通过冷加工，无残余应力	厚度（大于流道高度）、质量是冲压双极板的数倍，制备成的相同燃料电池的比功率较冲压双极板低，一般应用于客车、货车、运输车、固定燃料电池等；成本高，过程复杂，不适合大批量生产

钛合金双极板同样采用冲压焊接的方式制备。由于钛合金韧性好，要达到燃料电池对双极板流场平整度的要求，对冲压工艺要求非常高。目前丰田已掌握该冲压工艺，国内钛合金冲压工艺大多不成熟，其生产的双极板存在平整度较差、缺陷较多等问题。

铝合金双极板一般也采用冲压焊接的方法进行制备。铝合金易于成形，冲压工艺相对比较简单，但由于铝合金硬度低、熔点低，因此表面改性难度较大。目前，国内采用铝合金作为双极板基体材料的企业较少。

我国双极板性能正在逐步接近国际领先水平。新源动力生产的双极板腐蚀电流已降低到国际双极板主要供应商的水平，上海佑戈与上海治臻生产的双极板腐蚀电流已达到 DOE 发布的指标要求。国内外金属双极板性能对比见表5-23。

表 5-23 国内外金属双极板性能对比

企业	腐蚀电流/（μA/cm²）	接触电阻/mΩ·cm²	电导率	厚度
瑞典 CelliMPact	0.5	—	—	—
德国 Dana	0.5	—	—	—
新源动力	0.5	—	—	—
上海佑戈	<1	3	—	0.1~0.3mm
上海治臻	<1	5	—	—

3. 膨胀石墨双极板

膨胀石墨双极板是一种以可膨胀石墨为基材并辅以材料复合改性的双极板。由天然鳞片石墨经氧化插层、高温膨胀后压制而成，加工简单，可大规模批量生产，具有耐腐蚀、良好导电导热、阻气隔气等特点，集成了传统石墨和金属材料极板的优点，属于复合材料双极板类型中衍生出的一种具有广泛应用潜力的类型。

其主要制备工艺是先将膨胀石墨滚压成低密度柔性板，再通过压机压成形高密度极板，后续再进行聚合物真空浸渍、烘箱固化等处理，最终获得性能优异的膨胀石墨双极板。

制备工艺可分为直接模压和预制板模压两种。其工艺流程如图5-28所示。

图 5-28　膨胀石墨双极板制备工艺流程

膨胀石墨具有良好的压制成形性能，且膨胀石墨直接模压成形不需要二次石墨化处理，但也存在极板强度和隔气不良等问题。

制备膨胀石墨的关键在于层间化合物的生成，天然鳞片石墨在化学氧化过程中，石墨边缘区域和层间区域是同时进行的，石墨纯度不够可能会导致石墨晶格缺陷和位错等的情况出现，影响膨胀石墨的导电性能。

石墨粒度也会影响膨胀石墨层间化合物的形成，石墨粒度的过小或过大都会影响石墨膨胀后所具有的比表面、石墨的膨胀厚度以及层间深度。

5.2.5.3　双极板技术问题分析

1. 石墨双极板

国内石墨双极板孔隙率控制技术有所突破，降低成本是下一步目标。

石墨是较早开发和利用的双极板材料，但由于石墨双极板基体本身存在气密性问题，在制备过程中易产生气孔，若使用带有气孔的石墨双极板，容易造成燃料与氧化剂相互渗透，对燃料电池的性能产生不良影响。因此，保持石墨双极板良好的气密性是制备石墨双极板的重要环节之一。

目前，上海弘竣采用真空加压的方式以硅酸钠浓溶液浸渍石墨双极板方法，减少了制造过程中的气孔问题。在保持真空度为1MPa、压力为0.6MPa的试验条件下，随着时间的延长，石墨板中的二氧化硅残留量增加，石墨板的孔隙率降低。通过浸渍工艺，石墨板孔隙率降低了70%以上，其主要性能见表5-24。

表 5-24　上海弘竣石墨双极板的主要性能

技术参数	标准范围
体积密度 / (g/cm³)	≥ 1.90
电阻率 /μΩ·m	≤ 15
抗压强度 /MPa	≥ 75
抗弯强度 /MPa	≥ 50
肖氏硬度 /HS	≥ 41
气孔率 (%)	≤ 0.5
运行温度 /℃	≤ 180
空气渗漏系数	厚度 0.4mm；负压 0.1MPa 不漏气

上海弘竣通过浸渍工艺制造的石墨双极板，减少了制造过程的气孔问题。此突破提升了石墨双极板的性能，满足市场的需求。但由于批量生产能力和市场需求量的不足，石墨双极板生产成本过高，产业缺乏良性循环，因此降低石墨双极板成本仍是需要解决的问题。

2. 金属双极板

（1）冲压后翘曲控制是商业化难点

冲压是制备流道工业上较为普遍的工艺。在金属双极板成形方面，日本、欧洲等公司通过冲压、液压、高速热成形等工艺，已经解决了流道细密化和平整度问题。目前国内多家企业也已取得突破，但仍需提高平整度以及控制缺陷。典型硬模冲压工装如图5-29所示。

然而制备亚毫米尺寸复杂流道时，冲压出的形状不够精确、尺寸回弹、产生翘曲等问题。随着板材厚度的减小，变形不易控制，金属板翘曲程度增加。虽然在后期装配过程中可以通过工装压紧，但是由于翘曲造成的接触电阻增加，气密性减小等瑕疵会影响燃料电池的工作性能。冲压力、冲压速度、冲压温度和冲头圆角对成品形状性能都有较大影响。目前，超薄（小于0.5mm）金属双极板冲压过程的变形机理与冲压后翘曲控制是双极板商业化的难点。

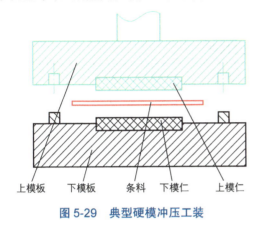

图5-29 典型硬模冲压工装

瑞典CelliMPact公司将冲压速度提高，在极短时间内将冲头的动能转化为几个吉帕的压强，金属板料在高压强下以近液态形式填充模腔，成形金属双极板。该瞬时冲压方法比较好地解决了翘曲问题，但是成形设备过于昂贵。

（2）表面改性工艺平衡接触电阻与防腐性能两大矛盾

金属双极板在燃料电池工况条件下易被腐蚀，产生的金属离子将会进入气体扩散层、多孔电极和质子交换膜中，加速膜的分解。金属双极板会因腐蚀层而增加接触电阻，导致燃料电池性能的降低。因此，利用涂层提高耐蚀性，是金属双极板应用面临的主要问题。金属双极板的涂层材料必须具有良好的导电性，并且与金属表面结合力强，涂层可分为金属涂层、非金属涂层和复合涂层。金属涂层有较好的导电性和化学稳定性，但贵金属涂层由于成本较高已较少使用；非金属涂层具有制备简单、成本低的特点，但也有部分类型存在耐蚀性差和易脱落的问题；复合涂层结合了金属涂层和非金属涂层的优点，具有一定的耐蚀性同时能够保持良好的导电性，但是掺杂的金属离子也会影响涂层的表面微观结构。研究改进涂层的加工工艺、提高其导电性和耐久性是目前研究的主要方向。金属双极板防腐涂层及工艺见表5-25。

表5-25 金属双极板防腐涂层及工艺

涂层材料	双极板基底材料				加工方法
	不锈钢	铝	镍	钛	
石墨箔	√				石墨乳液黏结
无定形石墨涂层	√				涂覆
碳化物的合金	√				物理气相沉积
无定形碳				√	射频等离子体化学气相沉积
导电聚合物	SS304L				电化学沉积
金				√	电镀
铌	SS304L				
钢锡氧化物	√				
氧化铅	√				
掺氟氧化锡	铁素体				化学气相沉积
碳化硅	√				
Ti-Al		√			
氮化钛	SS410L				物理气相沉积
氮化铬	SS304L				低温等离子体氮化
硼化镍			√		粉末包覆硼化

根据2017年DOE发布的关于金属双极板涂层工艺的进展得知，国外研究者采用靶材马赛克法，克服了制造成本高、PVD交付周期长的技术障碍。在有效降低金属板涂层和基底的接触电阻的同时，提升了金属板涂层的耐蚀性。

此外，TreadStone的Lite Cell技术基于金属防腐保护设计，该技术使用低成本金属和廉价制造工艺制造双极板。采用TreadStone Lite Cell技术的燃料电池堆比目前使用的重型石墨燃料电池组轻40%~50%。通过Lite Cell的防腐蚀保护，燃料电池可以保持高水平的性能和低接触板电阻。

（3）优化流道设计是提高运行效率的关键

被称为燃料电池骨架的双极板在工作中不仅承受了电堆两端端板的夹紧力，还承受着反应气体压力、冷却水压力和MEA材料的膨胀（或缩水）耦合效应。因此，双极板上的流道设计对电池性能、运行效率和制造成本有很大影响。目前使用较为广泛的双极板通常情况下采取的都是平行流道、蛇形流道、网格流道等几种流道设计方式（表5-26）。

表5-26 流道设计类型及优缺点

类型	优点	缺点
	较小的流动阻力，而且实际产生的压降也比较小	流体流速较低的时候，不容易实现液态水的排放
	可快速完成积水的排放，而且在应用过程中不容易出现堵塞现象	会产生较大的压降，非常容易导致流道后半段出现气体供应不足的现象
	较强的排水功能，而且能够实现气动在流道内的均匀分布	会产生较大的压降从而导致内部流动短路现象
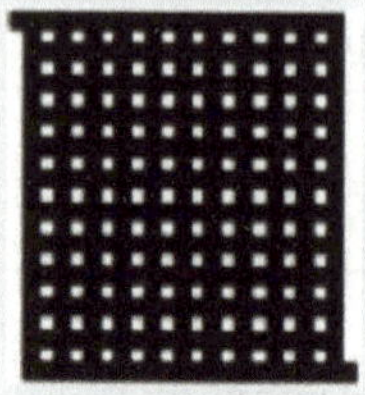	有较强的保湿能力	其内部不能实现均匀流动
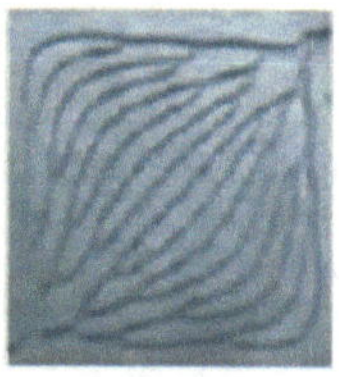	提升流体在流道内部的均匀性，也能够进一步降低压降	加工过程非常复杂

目前国内外流道设计均已趋于成熟,可以通过合理设计有效规避金属板固有的结构缺陷,但配合现有工艺,降低成本,提高成品精确度和流场平整度依旧是我国企业需要努力的方向。

3. 膨胀石墨双极板

(1)直接模压成形工艺仍存在原料混合配比及方式问题

柔性的膨胀石墨具备良好的压制成形性能,但存在极板强度弱和阻隔气体不良等问题,在直接模压制备过程需添加聚合树脂以增强极板强度和改善极板气密性。导电性高的极板材料需混合量相对较多的膨胀石墨,而气密性好且高强度的极板材料需混合量相对较多的树脂,因此处理好膨胀石墨与树脂的混合配比问题是模压成形工艺中的重要环节之一。

除配比问题,在直接模压制备膨胀石墨双极板过程中,将膨化的蠕虫石墨与聚合树脂颗粒通过螺杆挤压或者三维立体摇匀机混合均匀,仍会出现聚合树脂颗粒局部集中的现象。处理好膨胀石墨双极板过程存在膨胀石墨与树脂的混合方式也是直接模压石墨需要解决的问题。

(2)制备过程需平衡石墨在平面及垂直板平面方向的性能差距

石墨的叠层结构造成了其在平面方向和垂直板平面方向的性能差异巨大。为平衡巨大的性能差异,需在预制膨胀的过程添加相应的辅助剂来改变膨胀石墨蠕虫的有序结构,增强板材竖直方向的导电性和导热性。

5.2.6 燃料电池应用产业链分析

5.2.6.1 产业链概述

燃料电池在汽车方向的产业链主要包含上游的燃料电池动力系统及关键部件和下游整车生产两大部分。最上游的核心部件是由质子交换膜、催化剂、气体扩散层组成的膜电极,与双极板叠加后形成单体,各单体间加上密封件,以不同的封装方式封装成电堆。再搭配上辅助子系统及氢循环装置、空压机、增湿器、散热器等形成燃料电池系统,工作原理示意图如图5-30所示。

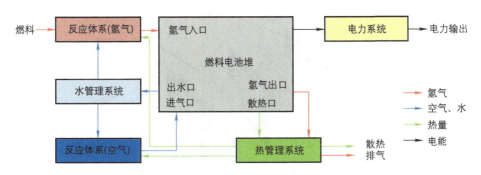

图5-30 燃料电池电化学反应系统工作原理

由燃料电池系统、供氢系统、驱动电机系统、整车控制系统、辅助储能系统共同组成燃料电池汽车。与传统汽车产业链相比,燃料电池汽车产业链主要新增了燃料电池系统和车载供氢系统,其中燃料电池系统是核心结构。图5-31梳理了国内外电池关键材料企业、电堆企业、电池系统企业及汽车厂商。

5.2.6.2 电堆产业情况

燃料电池动力系统的核心部分是发生电化学反应的场所,即燃料电池堆(电堆,图5-32)。燃料电池堆由多个燃料电池单体以串联方式层叠组合构成。前文详细介绍的质子交换膜、催化剂、气体扩散层组成膜电极,与双极板交替叠合,各单体之间嵌入密封件,经前、后端板压紧后用螺杆紧固拴牢,即构成燃料电池堆。燃料电池堆性能除了受材料的影响外还受到其他设计技术的影响,如密封、绝缘板、端板、紧固件等。

1. 国外燃料电池堆生产及应用情况

生产方面,欧美可以单独供应车用燃料电池堆的知名企业主要有加拿大的巴拉德(Ballard)和Hydrogenics,欧洲和美国正在运营的燃料电池公交车绝大多数采用这两家公司的石墨板电堆产品,已经通过了数千万千米、数百万小时的实车运营考验,这两家加拿大电堆企业都已经具备了一定的产能。此外还有一些规模较小的电堆开发企业,例如英国的Erlingklinger、荷兰的Nedstack等,它们在个别项目有过应用,目前产能比较有限。巴拉德9SSL电堆参数见表5-27。

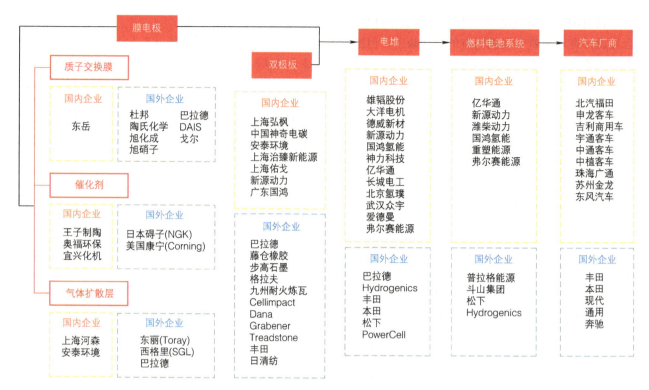

图 5-31 燃料电池汽车应用产业链企业梳理

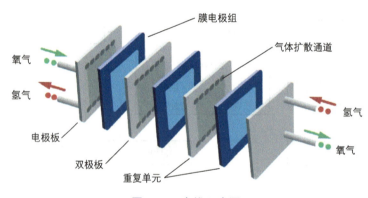

图 5-32 电堆示意图

表 5-27 巴拉德 9SSL 电堆参数

功率范围 /kW	3.8	4.8	10.5	14.3	17.2	21
直流电压（300A）/V	12.8	16	35	48	57.4	70.2
最大电流 /A	300					
质量（无冷却系统）/kg	7.1	7.2	10.7	13	15	17
功率密度 /（kW/kg）	0.54	0.67	0.98	1.10	1.15	1.24
电堆长度 /mm	92	104	174	220	255	302
电堆宽度 /mm	760	760	760	760	760	760
电堆高度 /mm	60	60	60	60	60	60
氢气纯度要求	99.5% 或更高（潮湿环境）					
电堆温度 /℃	−25～75					

注：数据来源于国金证券。

根据应用需求不同，燃料电池堆可直接供货给乘用车厂商或是重型动力领域、机械领域等的客户，也可先供货给燃料电池系统厂商，再由其将产业链延伸，这取决于最终客户是否有燃料电池系统设计和生产的能力。

国外乘用车厂大多自行开发电堆，并仅供自己使用，不对外开放，如丰田、本田、现代等，也有少数采用合作伙伴的电堆来开发发动机的乘用车企业，如奥迪（采用加拿大巴拉德定制开发的电堆）和奔驰（采用奔驰与福田的合资公司 AFCC 的电堆）。在重型货车、工业用车等方面，是由燃料电池系统厂商如普拉格能源将电堆集成，加入空气压缩机、增湿器、氢气循环泵等，再向下游客户供货。例如，巴拉德公司向普拉格能源提供两款电堆产品，型号分别为 FCgenTM-1020ACS 空冷电堆以及 FCvelocityTM-9SSL 液体冷却电堆。其中风冷电堆用于 Class3 托盘搬运车，而水冷电堆将用于 Class2 前伸式叉车以及 Class1 配重式叉车。

电堆决定了整个燃料电池的功率密度与净功率，燃料电池系统决定了汽车的动力性能。在目前投产的燃料电池汽车中，电堆是一大重要参数，国外乘用车常用的电堆参数见表 5-28。

表 5-28　国外乘用车常用的电堆参数

主要性能	通用	本田	奔驰	丰田	现代
装机车型			轿车		
型号	—	Clarity	—	Mirai（旧款）	Nexo
体积比功率密度 /（kW/L）	1.5	3.1	—	3.1	3.1
重量比功率密度 /（W/kW）	707	—	—	2036	—
总功率 /kW	92	>100	100	114	160
寿命 /h	5500	5000	5000	5000	5000
铂载量 /（g/kW）	0.326	0.120	0.200	0.175	0.400
低温启动 /℃	-30	-30	-25	-30	—

注：部分数据来源于光大证券。

2. 国内燃料电池堆生产及应用情况

目前，国内的燃料电池堆已经部分实现了国产化，新源动力、上海捷氢等公司已经掌握了自主燃料电池堆的设计和制造技术；广东国鸿等通过合作或引进的方式，也实现了电堆的量产。但总体来看，其产品与巴拉德、丰田等公司的下一代产品仍有一定差距。国内典型电堆厂商产品参数见表 5-29。

表 5-29　国内典型电堆厂商产品参数

项目	新源动力	神力科技	广东国鸿
技术模式	自主研发	自主研发	引进国外
产品电堆	HYMOD 300 型车用燃料电池堆	SL-C 系列	巴拉德 FCvelocity-9SSL
体积功率密度 /（kW/L）	1.13	1.3	1.52
耐久性 /h	5000	10000	>20000
低温性能	-10℃低温启动，-40℃储存	-40℃储存	-20~75℃
产能 /万 kW	1.5	6	30
动力系统客户	新源动力	亿华通	国宏重塑
整车用户	上汽	宇通、福田、申龙、厦门金龙	东风、厦门金龙、宇通、飞驰
应用车型	轿车、荣威 750 燃料电池轿车、上汽大通 FCV80	商用车	商用车、东风物流车

注：数据来源于国金证券。

国内目前生产的燃料电池汽车几乎全部是客车以及专用车的重型车，乘用车还没有规模化的量产。据亿华通官网显示，亿华通的 C290-40 和 C290-60 电堆已分别在 9m 级和 12m 级客车中应用，额定功率分别达到 47kW 和 76kW，体积功率密度分别达到 1.74kW/L 和 1.92kW/L。短期内，我国燃料电池乘用车的应用占比不会有大幅度的提升，燃料电池的成本和乘用车适用的加氢站数量是限制因素。

3. 国内外产业进展

国外产业方面，巴拉德与普拉格能源较为活跃。在物料搬运领域，截至 2021 年 4 月，普拉格能源采用巴拉德电堆部署了超过 12000 套 GenDrive® 系统，交付给WalmartCanada、Sysco、BMW、Coca-Cola、Central Grocers、FedExFeight和Wegmans等客户。此外，巴拉德公司设立碳排放清单，对产品进行生命周期评估，同时强化产品回收，使铂回收率达到95%，到2030年公司产品实现碳中和。

燃料电池堆国产化进程在逐步加快，国内电堆厂主要有两个方向：一是以新源动力为代表的自主研发企业；另一类是以广东国鸿为代表的引进国外成熟电堆技术的企业。

2020年7月28日，在"2020广汽科技日"的线上发布会现场上，广汽集团旗下的首款燃料电池乘用车——Aion LX Fuel Cell正式亮相。其搭载的是由新源动力提供的第三代金属板电堆HY-MOD®-70，电堆的峰值功率为85kW。新源动力匹配这款量产车型的电堆，采用薄金属双极板，体积功率密度突破3.4kW/L，可以在-30℃实现低温启动，并且空气系统无需外增湿。

2020年，国鸿氢能推出了自主研发的鸿芯GI电堆及鸿途G系列产品，在膜电极、双极板等零部件实现100%国产化，目前GI已经成为国鸿氢能销售的主力产品。未势能源自主研发的G15型大功率燃料电池堆实现了峰值功率150kW、堆芯体积功率密度大于4.2kW/L、耐久性10000h、-30℃冷启动等性能水平。它的质量小，仅为82kg，与国内同类产品相比，具有明显的优越性。爱德曼氢能源研发并生产的152kW电堆通过国家强检，其配套的C03-150燃料电池发动机也通过国家强制检测认证，系统额定功率达到123kW，峰值功率达到124kW。该电堆采用了爱德曼最新一代金属双极板技术，单堆功率即可达到150kW以上，体积功率密度达到4.3kW/L，单堆功率最大支持扩展至180kW。2021年7月5日，河钢集团氢能重型货车投运全国首发式在河钢唐钢新区隆重举行，配套的是国鸿氢能鸿途G110燃料电池系统和鸿芯GI电堆。国内领先的氢能源燃料电池生产厂商爱德曼氢能源，2021年6月实现了150kW高功率密度质子交换膜金属板燃料电池堆的研发及产业化。

近年来，国内燃料电池系统也频频传出好消息。重塑科技在2020年推出了PRISMA镜星燃料电池系统系列中的一款大功率升级产品，其多项技术指标有所提升：质量功率密度达702W/kg，系统额定功率下辅助设备功耗减少近10kW，系统效率提升约10%，电堆体积功率密度达4.4kW/L，较上一代产品提升25%。2020年11月24日，东风商用车与长城控股集团旗下未势能源签署战略合作协议，双方将共同打造氢能重型货车，在氢能产业链建设、氢能与燃料电池汽车示范推广等领域开展合作。2020年11月16日，未势能源联合大运汽车股份有限公司推出燃料电池重型货车，搭载自主研发的100kW商用燃料电池发动机——超越300E，使用寿命突破10000h，整车一次性续驶里程可达1100km。

5.2.6.3 发展趋势及建议

总体来看，国内燃料电池堆在高速发展，发展模式与国外略有不同。以巴拉德为代表的国际电堆生产企业具有较强的技术积累和产业化能力，可以对外单独供应车用电堆，而国内电堆生产以与车企合作研发为主。

2022年，全球主要国家（韩国、德国、日本、美国、中国）燃料电池汽车销量达到17921辆，其中韩国销量位于首位达到10164辆，美国为2707辆，德国为835辆，日本为848辆。我国燃料电池汽车销量为3367辆。从销售车型来看，我国燃料电池乘用车占比较少，商用车占比较多。2022年我国燃料电池牵引车销量占比26%，燃料电池客车占比24%，燃料电池专用车占比24%，之后为燃料电池载货车占比11%、燃料电池自卸车占比9%、燃料电池乘用车占比6%。

我国燃料电池堆发展势头强盛，核心材料在逐步填补国内空白，自主设计电堆和系统的能力也在提升。未来氢气供应、储存、运输等系统的完善将会扩大燃料电池乘用车市场，推动燃料电池堆的发展。

1. 发展辅助系统关键零部件产业

就电堆关键材料而言，膜电极、双极板和质子交换膜等已具有国产化能力，尽管生产规模较小，但发展势头良好。然而，国内的辅助系统关键零部件产业发展还较为落后。例如，密封剂是电堆的辅助组成部件，但是国内关于密封剂的资料和产品甚少，针对电堆密封工艺设计、密封材料、密封方法还需要改良，电堆的组装也需要相关部件的配合，电堆封装和模具的开发也起到了关键辅助作用。

2. 优化空气循环系统，亟待开发高性能材料

结合燃料电池汽车应用需求，优化电堆空气循环系统性能。一方面，供气系统要保障压缩空气绝对干净，以保证质子交换膜具有良好的工作特性；另一方面，供气子系统能够根据燃料电池输出功率的大小及时调整供气量与供气压力，并兼具结构紧凑、重量轻、噪声低、可靠性高等特点,以提高燃料电池的综合性能。而空气压缩机作为循环系统的核心部件,需要满足低成本、低噪声和耐久性的目标,为其开发具有低成本、稳定摩擦性能以及耐磨的涂层和材料迫在眉睫。

3. 提升电堆制造规模,结合氢气供应系统,整体降低燃料电池系统成本

随着燃料电池堆生产规模的提升,当达到每年万套级的级别时,双极板、催化剂、质子交换膜和气体扩散层的降成本效果将非常显著。但随着规模继续扩大,燃料电池堆的成本主要由电极催化剂和双极板用量来决定,因此,催化剂和双极板的技术与工艺水平将是降低成本的关键所在。此外,也可以通过研发高温膜和抗毒阳极电催化剂,降低燃料电池堆对氢气质量的要求,从而实现燃料端降本。

参 考 文 献

[1] 胡友作.铁基锂离子电池电极材料的合成与电化学性能研究[D].成都:电子科技大学,2016.

[2] 朱晟,彭怡婷,闵宇霖,等.电化学储能材料及储能技术研究进展[J].化工进展,2021,40(9):4837-4852.

[3] NITTA N, WU F X, LEE J T, et al. Li-ion battery materials: present and future[J]. Materials Today, 2015, 18 (5): 252-264.

[4] 荣志国.氧化钼锂离子电池纳米结构负极材料制备及电化学性能[D].大连:大连理工大学,2021.

[5] 赵帅.基于电化学机理的锂离子电池健康状态估计研究[D].大连:大连理工大学,2018.

[6] GOODENOUGH J B. How we made the Li-ion rechargeable battery[J]. Nature Electronics, 2018, 1(3): 204.

[7] ROY P, SRIVASTAVA S K. Nanostructured anode materials for lithium ion batteries[J]. Journal of Materials Chemistry A, 2015, 3(6): 2454-2484.

[8] 林乙龙,肖敏,韩东梅,等.锂离子电池化成技术研究进展[J].储能科学与技术,2021,10(1):50.

[9] 纪常伟,王兵,汪硕峰,等.车用锂离子电池热安全问题研究综述[J].北京工业大学学报,2020,46(6):630-644.

[10] LI W. Review-An unpredictable hazard in lithium-ion batteries from transition metal ions: dissolution from cathodes, deposition on anodes and elimination strategies[J]. Journal of The Electrochemical Socicty, 2020, 167(9): 090514.

[11] 贺慧,程璇,张颖,等.锂离子电池正极材料的研究进展[J].功能材料.2004,(6):667-671.

[12] 于佳瑶.锂离子电池负极材料钛酸锂的制备及掺杂改性[D].大连:大连海事大学,2020:6.

[13] 陆浩,刘柏男.锂离子电池负极材料产业化技术进展[J].储能科学与技术,2016,5(2):109-119.

[14] LU H, WANG J, Liu B, et al. Influence of carbon on the electrochemical performance of SiO@C/graphite composite anode materials[J]. Chinese Physics B, 2019, 28(6): 068201-1- 068201-8.

[15] 储健,虞鑫海,王丽华.国内外锂离子电池隔膜的研究进展[J].合成技术及应用,2020,35(2):24-29.

[16] 鲁成明,虞鑫海,王丽华.国内外锂离子电池隔膜的研究进展[J].电池工业,2019,23(2):101-105.

[17] 刘艳,胡香玉.浅谈锂离子动力电池隔膜材料的发展现状和趋势[J].江西化工,2021,37(3):43-46.

[18] DENG Y, PAN Y, ZHANG Z H, et al. Novel Thermotolerant and Flexible Polyimide Aerogel Separator Achieving Advanced Lithium-Ion Batteries[J]. Advanced Functional Materials, 2022, 32(4): 2106176.1-2106176.10.

[19] DONG G, LI H, WANG Y, et al. Electrospun PAN/cellulose composite separator for high performance lithium-ion battery[J]. Ionics, 2021, 27: 2955-2965.

[20] SONG Y, LIU XREN D, et al. Simultaneously blocking chemical crosstalk and internal short circuit via gel-stretching derived nanoporous non-shrinkage separator for safe lithium-ion batteries[J]. Advanced Materials, 2022, 34(2): 2106335.1-2106335.10.

[21] LI Q, CHEN J, FAN L, et al. Progress in electrolytes for rechargeable Li-based batteries and beyond[J]. Green Energy & Environment, 2016, 1(1): 18-42.

[22] 杨鹏举,王永智,王学真,等.高品质六氟磷酸锂合成工艺研究进展[J].浙江化工,2020,51(10):8-12.

[23] 赵永锋,张海涛.高纯六氟磷酸锂晶体产业化制备工艺研究进展[J].过程工程学报,2018,18(6):1160-1166.

[24] 米多,孔庆国.2020年碳酸二甲酯技术与市场[J].化学工业,2021,39(3):76-80.

[25] 李倩慧,张亚,郑丹丹,等.双氟磺酰亚胺锂的性能及其在锂离子电池中的应用[J].河南化工,2020,37(11):10-13.

[26] QIAN Y X, KANG Y Y, HU S G, et al. Mechanism study of unsaturated tripropargyl phosphate as an efficient electrolyte additive forming multifunctional interphases in lithium ion and lithium metal batteries[J]. ACS Applied Materials & Interfaces, 2020, 12(9): 10443-10451.

[27] 侯涛. 一种阻燃型锂离子电池的电解液: 2010106155794[P]. 2010-12-30.
[28] 何天贤, 顾凤龙. 固态电解质的理论计算与试验研究进展述评[J]. 材料研究与应用, 2021, 15 (2): 165-177, 190.
[29] 胡方圆, 王琳, 王哲, 等. 聚合物固态电解质的研究进展[J]. 高分子材料科学与工程, 2021, 37 (2): 157-167.
[30] 宋洁尘, 夏青, 徐宇兴, 等. 全固态锂离子电池的研究进展与挑战[J]. 化工进展, 2021, 40 (9): 5045-5060.
[31] TAN D H S, CHEN Y T, YANG H, et al. Carbon-free high-loading silicon anodes enabled by sulfide solid electrolytes[J]. Science, 2021, 373 (6562): 1494-1499.
[32] CHENG Z, LIU M, GANAPATHY S, et al. Revealing the impact of space-charge layers on the Li-ion transport in all-solid-state batteries[J]. Joule, 2020, 4 (6): 1311-1323.
[33] WANG L, XIE R, CHEN B, et al. In-situ visualization of the space-charge-layer effect on interfacial lithium-ion transport in all-solid-state batteries[J]. Nature communications, 2020, 11 (1): 1-9.
[34] HUO H, GAO J, ZHAO N, et al. A flexible electron-blocking interfacial shield for dendrite-free solid lithium metal batteries[J]. Nature Communications, 2021, 12 (1): 1-10.
[35] FANG R Y, XU B Y, NICHOLAS S, et al. Li_2S_6-Integrated PEO-Based Polymer Electrolytes for All-Solid-State Lithium-Metal Batteries[J]. Angewandte Chemie International Edition, 2021, 60 (32): 17701-17706.
[36] SHARAF O Z, ORHAN M F. An overview of fuel cell technology: Fundamentals and applications [J]. Renewable and Sustainable Energy Reviews, 2014, 32: 810-853.
[37] GARLAND N L, PAPAGEORGOPOULOS D C, STANFORD J M. Hydrogen and fuel cell technology: Progress, challenges, and future directions [J]. Energy Procedia, 2012, 28: 2-11.
[38] ZHANG T, WANG P Q, CHEN H C, et al. A review of automotive proton exchange membrane fuel cell degradation under start-stop operating condition [J]. Applied Energy, 2018, 223 (1): 249–262.
[39] 张泽, 潘牧. GDE 和 CCM 技术制备氢氧 PEMFC 膜电极的性能对比 [J]. 武汉理工大学学报, 2018, 40 (8): 8-12.
[40] 夏丰杰, 叶东浩. 质子交换膜燃料电池膜电极综述 [J]. 船电技术, 2015, 35 (6): 24-27.
[41] 刘锋, 王诚, 张剑波, 等. 质子交换膜燃料电池有序化膜电极 [J]. 化学进展, 2014, 26 (11): 1763-1771.
[42] DEBE M K. Nanostructured Thin Film Electrocatalysts for PEM Fuel Cells - A Tutorial on the Fundamental Characteristics and Practical Properties of NSTF Catalysts [J]. ECS Transactions, 2012, 45 (2): 47-68.
[43] LI T, WANG K, WANG J. et al. Preparation of hierarchical-pore gas diffusion layer for fuel cell[J]. Journal of Materials Science, 2020, 55 (26): 4558–4569.
[44] 黄岳强, 梁剑莹, 张晓飞, 等. PEMFC 双极板的材料和加工方法 [J]. 电池, 2008 (1): 53-56.
[45] DAUD W R W, ROSLI R E, MAJLAN E H, et al. PEM fuel cell system control: A review[J]. Renewable Energy, 2017, 113: 620-638.